기독교행정학

Understanding Christian Public Administration

강태평

기독교행정학

초판인쇄　2019년 5월　20일
초판발행　2019년 5월　25일

펴낸곳　도서출판 영성네트워크
펴낸이　서예석
지은이　강태평
기　획　유정숙
편　집　이성덕
디자인　김은미
관　리　류권호

주　　소　서울시 노원구 덕릉로 129길 19
　　　　　TEL 02)3391-7733 _ FAX 02)930-4907
홈페이지　www.csn21.co.kr
e-mail　　socs25@hanmail.net

Printed in Korea
ⓒ 2019 by 강태평
저자와 협약 아래 인지는 생략되었습니다.
이 출판물은 저작권법에 의해 보호를 받는 저작물이므로 무단 전제와 무단 복제를 할 수 없습니다.

기독교행정학

추천의 글

기독교행정이 온 땅 위에서
실천되어지길 바라며

　지난날 국가의 성장과 발전이 정부 주도로 이루어져 온 이유로 인하여 우리 사회에서 행정의 역할과 행정학의 위상은 그 어느 국가나 사회에서보다 높았던 것이 사실이다. 정부 주도의 성장·발전전략은 행정공무원에 의해 수립되고 집행되었으며 많은 부작용과 어려움이 있었음에도 불구하고 그 결과는 대체로 긍정적인 평가를 받아왔다. 거의 모든 대학에서는 행정학과를 설치하고 행정전문가들을 배출해 냈으며, 행정학을 전공한 졸업자들은 정부나 공공부문은 물론이고 다양한 민간 분야에서도 상당한 행정력을 발휘해 왔다고 말할 수 있다. 그러나 세계화·지식정보화 등으로 인하여 행정환경이 급속히 변화되면서 행정학의 정체성 또한 전례 없는 도전을 받게 되었다. 무엇보다도 정부 주도의 성장·발전 전략은 더 이상 과거처럼 유용하지 못한 것으로 결론이 난 지 이미 여러 해가 지났다. 새로운 정부는 관료제의 무능을 비판하면서 정부실패의 대안으로 여러 정책들을 제시하고 있다. 그러나 정책 집행의 결과는 항상 만족스럽지 못한 것이 사실이다. 이런 조류의 영향으로 대학에서 행정학을 가르치는 사람들은 전에 없던 어려움을 겪고 있다. 새롭게 변화하는 행정환경에도 적용될 수 있는 새로운 행정이론을 수립하는 일이 난해한 과제가 되고 있다. 많은 행정학자들은 지금까지의 행정이론으로는 급속하게 변화하는 행정현상을 적절히 설명할 수 없음을 발견하고 또한 이러한 요구에 신속하게 대응하지 못하는 자신들을 보면서 가치관의 혼란을 겪고 있다.

이러한 때 그리스도 예수 안에서 백석대 강태평 교수는 기존의 행정학을 연구하고 가르치시는 분들이 행정현상을 바라보는 관점에서 벗어나 기독교적 세계관을 통하여 행정현상을 새롭게 바라보면서 기독교행정학을 강의하고 있다. 그리고 금번에는 기독교적 관점에서 행정현상을 설명하는 기독교행정학을 내놓게 되었다. 기독교행정학은 기독교 조직뿐만 아니라 국가·기업·학교·병원·사회복지 등 모든 조직에서 발생하는 행정현상에 대해 새로운 관점에서 설명을 시도하고 있다.

목사는 하나님의 말씀을 가르치는 위치에 있으면서 교회 행정가이다. 급격하게 변화하고 있는 이 시대에 기독교적 관점으로 행정현상을 풀어준 이 책은 기독교계에 유례가 없는 행정 지침서가 되리라 확신한다.

이제 이 책 한권을 통하여 행정학은 새로운 눈을 뜨게 될 것이다. 행정을 배우는 분들은 새로움을 만나게 될 것이다. 행정을 하시는 분들은 놀라운 일들을 경험하게 될 것이다. 기독교행정은 하나님의 눈으로 행정현상을 보기 때문이다. 예수 그리스도의 이름으로 보내신 보혜사 성령께서 하나님의 정답(Living Word)으로 행정을 하기 때문이다. 기독교행정학을 통하여 기독교행정이 온 땅위에서 실천되어 질 때 하나님나라는 확장 되어질 것이다.

강태평 교수를 통하여 주님께서 내놓은 이 한권의 책에 대해 신뢰와 확신을 가진다. 그리고 기쁜 마음으로 추천하는 바이다.

철학박사 **양병희** 목사 (한국교회연합 전 대표회장_ 고든콘웰신학대학원 동북아평화연구소장)

들어가며

하나님의 생각으로 사는 사람

사람 중에는 '육의 눈'으로 사는 사람이 있고, '영의 눈'으로 사는 사람이 있다. 사람의 시각으로 사는 사람이 있고, 예수 그리스도 이름으로 오신 성령의 시각으로 사는 사람이 있다. 사람의 생각으로 사는 사람이 있고, 하나님의 생각으로 사는 사람이 있다.

창조주 하나님의 Living Word

사울이 길을 가다가 다메섹에 가까이 이르더니 홀연히 하늘로부터 빛이 그를 둘러 비추는지라(행9:3).

보혜사 곧 아버지께서 내 이름으로 보내실 성령 그가 너희에게 모든 것을 가르치고 내가 너희에게 말한 모든 것을 생각(Living Word)나게 하리라(요14:26).

예수께서 이르시되 너희가 맹인이 되었더라면 죄가 없으려니와 본다고 하니 너희 죄가 그대로 있느니라(요9:41).

육신의 생각은 사망이요 영의 생각은 생명과 평안이니라(롬8:6).

예수께서 또 말씀하여 이르시되 나는 세상의 빛이니 나를 따르는 자는 어둠에 다니지 아니하고 생명의 빛을 얻으리라(요8:12).

이스라엘 백성들이 문제를 만났다. 많은 사람들이 선호하는 상태와는 다르게 정탐결과가 나왔다. 불만이 터져 나왔다. 이스라엘 사회에 문제가 찾아온 것이었다. 사회문제란 사실(Facts)이다. 그러나 사회문제에 대한 시각은 달랐다. 열 명의 정탐꾼과 두 명의 정탐꾼(여호수아와 갈렙)은 같은 문제에 대해 다른 시각을 가지고 있었다. 욕구의 다양성 때문에 사람과 사람의 시각차이가 다를 수 있다. 그런데 정탐사건은 사람의 시각과 하나님의 시각 차이를 말하고 있다. 왜 이렇게 다른 것인가? 열 명의 정탐꾼은 육신의 눈을 가졌고, 두 명의 정탐꾼은 성령의 눈을 가졌기 때문이다. 하나님이 은혜로 주시는 영의 눈을 갖지 못한 사람들은 모든 것을 세상이 합의해 놓은 세계관, 가치관, 행동양식에 의해 판단을 하면서 산다.

영광의 하나님의 Living Word

거기서 네피림 후손인 아낙 자손의 거인들을 보았나니 우리는 스스로 보기에도 메뚜기 같으니 그들이 보기에도 그와 같았을 것이니라(중략). 다만 여호와를 거역하지 말라 그들은 우리의 먹이라 그들의 보호자는 그들에게서 떠났고 여호와는 우리와 함께 하시느니라 그들을 두려워하지 말라 하나. 온 회중이 그들을 돌로 치려 하는데 그때에 여호와의 영광이 회막에서 이스라엘 모든 자손에게 나타나시니라(민13:33; 14:9~10).

한 걸음 더 나아가 육적인 것을 더 가치 있게 여기고 이를 체감하며 살아가는 사람이 있고, 영적인 것을 더 가치 있게 여기고 이를 체감하며 살아가는 사람이 있다.

갈렙은 육의 눈을 가진 사람들은 볼 수 없는 회막에 나타난 여호와의 영광, 참빛이신 하나님을 영의 눈으로 보고 경외하며 최고의 가치로 체감하며 살았다. 먼저 영이신 하나님을 만나 사랑하고 기뻐하며 행복한 사람들은 육적인 세상 것으로 기뻐하며 행복하며 만족하려 하지 않는다. 세상의 가치로부터 자유를 얻는다. 세상을 이긴다.

들어가며

사랑의 하나님의 Living Word

예수께서 이르시되 내 말이 네가 믿으면 하나님의 영광을 보리라 하지 아니하였느냐 하시니(요11:40).

나는 빛으로 세상에 왔나니 무릇 나를 믿는 자로 어둠에 거하지 않게 하려 함이로라 (요12:46).

아버지여, 아버지께서 내 안에, 내가 아버지 안에 있는 것 같이 그들도 다 하나가 되어 우리 안에 있게 하사 세상으로 아버지께서 나를 보내신 것을 믿게 하옵소서, 내게 주신 영광을 내가 그들에게 주었사오니 이는 우리가 하나가 된 것 같이 그들도 하나가 되게 하려 함이니이다(요17:21-22).

아버지여 내게 주신 자도 나 있는 곳에 나와 함께 있어 아버지께서 창세 전부터 나를 사랑하시므로 내게 주신 나의 영광을 그들로 보게 하시기를 원하옵나이다(요17:24).

그런즉 너희는 먼저 그의 나라와 그의 의를 구하라 그리하면 이 모든 것을 너희에게 더하시리라(마6:33).

하나님의 나라는 여기 있다 저기 있다고도 못하리니 너희 안에 있느니라(눅17:21).

하나님의 나라는 먹는 것과 마시는 것이 아니요 오직 성령 안에 있는 의와 평강과 희락이라(롬14:17).

그러므로 예수께서 자기를 믿은 유대인들에게 이르시되 너희가 내 말(Living Word)에 거하면 참으로 내 제자가 되고, 진리를 알지니 진리가 너희를 자유롭게 하리라(요8:31-32).

무릇 하나님께로부터 난 자마다 세상을 이기느니라 세상을 이기는 승리는 이것이니 우리의 믿음이니라, 예수께서 하나님의 아들이심을 믿는 자가 아니면 세상을 이기는 자가 누구냐(요일5:4~5).

믿는 사람이 다 함께 있어 모든 물건을 서로 통용하고 또 재산과 소유를 팔아 각 사람의 필요를 따라 나눠주며(행2:44-45).

비록 무화과나무가 무성하지 못하며 포도나무에 열매가 없으며 감람나무에 소출이 없으며 밭에 먹을 것이 없으며 우리에 양이 없으며 외양간에 소가 없을지라도, 나는 여호와로 말미암아 즐거워하며 나의 구원의 하나님으로 말미암아 기뻐하리로다(합3:17-18).

그날에 여호와께서 말씀하신 이 산지를 지금 내게 주소서 당신도 그날에 들으셨거니와 그 곳에는 아낙 사람이 있고 그 성읍들은 크고 견고할지라도 여호와께서 나와 함께 하시면 내가 여호와께서 말씀하신 대로 그들을 쫓아 내리이다 하니, 여호수아가 여분네의 아들 갈렙을 위하여 축복하고 헤브론을 그에게 주어 기업을 삼게 하며(수14:12-13).

그러면 우리는 두 명의 정탐꾼처럼 과연 제대로 된 지혜와 판단력을 발휘하여 사람과 사건과 상황 등을 해석하고 있는가? 영적인 것을 육적인 것보다 우선적 현실로 체감하며 살아가고 있는가? 세상 문제가 문제로 보여지지 않고 있는가? 잘 안 된다. 오죽 하면 사도바울도 그의 서신에서 "날마다 죽노라"고 하였겠는가? 우리는 영의 눈으로 세상을 바라보아야 하는 사람들이다. 영적인 것을 우선적 현실로 체감하며 살아가야 하는 사람들이다. 그러면 어떻게 해야 하는가? 육의 눈이 감겨야 영의 눈이 뜨이게 된다. 그리스도 예수 안에서 하나님께서 2000년 전 십자가에서 행하신 일을 지금 우리 마음에 행하심으로, 예수 그리스도 이름으로 오신 또 다른 보혜사 성령을 받아, 마음이 세상가치 보다 창조주 하나님을 더 먼저 경외하여 우선적 현실로 체감하고 있을 때, 그리스도께서 하나님의 시각으로 세상을 바라본다. 영의 눈에 보여 지는 대로 일은 반드시 이루어진다. 따라서 2000년 전 십자가 사건은 날마다 지금 여기서 우리의 신앙적 사건이 되어야 한다. 주여! 2000년 전 십자가와 무덤에서 일어난 일이 지금 여기서 우

들어가며

리 마음에 동일하게 일어나게 하옵소서! 그리스도의 시각으로 세계를 바라보게 하옵소서!

전지전능하신 하나님의 Living Word

형제들아 내가 그리스도 예수 우리 주 안에서 가진 바 너희에 대한 나의 자랑을 두고 단언하노니 나는 날마다 죽노라(고전15:31).

우리가 항상 예수의 죽음을 몸에 짊어짐은 예수의 생명이 또한 우리 몸에 나타나게 하려 함이라(고후4:10).

내가 그리스도와 함께 십자가에 못 박혔나니 그런즉 이제는 내가 사는 것이 아니요 오직 내 안에 그리스도께서 사시는 것이라 이제 내가 육체 가운데 사는 것은 나를 사랑하사 나를 위하여 자기 자신을 버리신 하나님의 아들을 믿는 믿음 안에서 사는 것이라(갈2:20).

허물로 죽은 우리를 그리스도와 함께 살리셨고(너희는 은혜로 구원을 받은 것이라), 또 함께 일으키사 그리스도 예수 안에서 함께 하늘에 앉히시니(엡2:5-6).

먼저 영적인 것을 우선적 현실로 체감하며, 영의 눈으로 세상을 바라보며, 살아계신 하나님의 활력 있는 말씀(Living Word)으로 세상을 사는 두 명의 정탐꾼이 바로 이 시대 영적 그리스도인, 영적 행정가의 자화상이 아닌가 싶다. 이러한 영적 행정가 한명 한명이 백석대학원 기독교행정학과에서 양성 되어져 정부 · 공공기관 · 기업 · 학교 · 병원 · 총회 · 교회가 이들을 중심으로 행정이 처리되고, 하나님 나라가 확장되었으면 하는 바람이 생긴다.

이러한 바람으로 저자는 '기독교행정학'을 존경하는 스승님들, 선배 교수님들 그리고 후배님들 앞에 내 놓는다. 이해가 부족한 부분이나 보충 설명이 필요한 부분은 선후배 교수님들의 조언과 독자님 들의 비판과 후배님들과의 소통을 통해 메꿔나가도록 할 것이다.

끝으로 추천의 글을 써주신 양병희 목사님께 큰 감사를 드리며, 이 책의 지면을 통해 평소 마음으로 존경하고 사랑하는 백석대학교 설립자 장종현 박사님께도 감사를 전한다. 장종현 박사가 주창한 개혁주의생명신학은 이 책을 집필하는데 큰 지침이 되었다.

하나님나라운동은 온 세상 모든 분야를 하나님의 나라로 만들어야 한다는 운동입니다. 교회만이 아니라 기독교대학만이 아니라 정치, 경제, 사회, 모든 분야를 하나님의 나라로 만들어서 그 가운데서 하나님의 뜻이 이루어지도록 만들어야 하는 운동입니다(창1:28). 정치 분야에서는 모든 사람이 하나님의 형상으로 소중하게 존중받으며 살 수 있는 세상을 만들어나가도록 노력해야 할 것이고, 경제 분야에서는 인간이 돈을 벌기 위한 도구가 아니라 궁극적인 목적으로 대우받는 세상이 되도록 노력해야 할 것입니다. 또 사회, 문화 모든 분야에서도 성경이 가르쳐주시는 하나님의 뜻이 이루어지도록 노력해야 할 것입니다. "이는 만물이 주에게서 나오고 주로 말미암고 주에게로 돌아감이라 그에게 영광이 세세에 있을 지어다 아멘"(롬11:36). 이 구절은 왜 우리가 교회뿐만 아니라 정치, 경제, 사회, 문화 모든 분야에서 하나님의 뜻을 실천하기 위해 노력해야 하는지를 잘 보여줍니다. 그것은 하나님이 세상 모든 것의 창조주이시고, 세상 모든 것의 주관자이시기 때문입니다. 세상의 그 어느 것도 하나님 없이는 존재할 수 없습니다. 세상 모든 것의 주인은 하나님이십니다.

자료: 개혁주의생명신학7대실천운동, 장종현, 2018.

저자 강태평

Contents

추천의 글 / 머리말

제1장 기독교 행정의 이해

제1절 기독교 행정의 본질 20
1. 행정의 의미 20
2. 정치와 행정의 관계 23
3. 행정과 경영의 관계 24
4. 기독교 행정의 의미 27
5. 기독교 행정의 유형 29
6. 기독교 행정의 질적·기능적 특징 30

제2절 기독교 행정의 환경 33
1. 행정 환경의 의의 33
2. 글로벌 거시 환경 34
3. 행정의 일반 환경 36
4. 한국의 행정 환경 38

제3절 기독교 행정 문화 44
1. 행정 문화의 의의 44
2. 선진국의 행정 문화 46
3. 한국 행정문화의 특징 48
4. 기독교 문화 51
5. 기독교 행정 문화 52

제4절 기독교 행정 가치 54
1. 행정 가치의 의의 54
2. 기독교 행정 가치의 의의 62
3. 행정 가치 갈등 문제 63
4. 기독교 행정 가치 갈등의 조정 64

제2장 기독교 행정학의 이해

제1절 기독교 행정학의 의의 68
1. 기독교 행정학의 개념 68
2. 기독교 행정학의 학문적 성격 69
3. 기독교 행정학의 필요성 72

제2절 기독교 행정학 접근 방법 76
1. 기독교 행정학 접근 방법의 개념 76
2. 기독교 행정학의 실천적 과제 92

제3절 기독교 행정이론 94
1. 이론의 의의 94
2. 이론의 기능 95
3. 이론의 유형 96
4. 행정이론 97
5. 기독교 행정이론 99

제3장 기독교 정책

제1절 기독교 정책의 의의 106
1. 기독교 정책학의 연구목적 106
2. 기독교 정책학의 성격 112
3. 기독교 정책학의 한계와 과제 114
4. 기독교 정책철학 116
5. 정책의 개념 121
6. 정책의 성격 123
7. 정책의 분류 124
8. 기독교 정책의 개념 124

제2절 기독교 정책의 구성요소 126
1. 구성요소의 의의 126
2. 기독교 정책의 구성요소 126

제3절 기독교 정책환경 129
1. 의의 129
2. 환경이 정책에 미치는 영향 129
3. 정책이 환경에 미치는 영향 130
4. 정치·행정적 요인 130
5. 경제적 요인 133
6. 사회적 요인 134

7. 기독교정책 환경의 개념　137

제4절 기독교 정책과정　138
1. 기독교 정책 과정의 의의　138
2. 기독교 정책 과정의 참여자　140
3. 기독교 정책 의제 설정　140
4. 기독교 정책분석　145
5. 기독교 정책결정　156
6. 기독교 정책결정 모형　168
7. 기독교 정책집행　179
8. 기독교 정책평가　193
9. 기독교 정책종결　203

제4장 기독교 조직

제1절 기독교 조직의 기초 개념　214
1. 기독교 조직의 의의

제2절 기독교 조직 이론　225
1. 조직 이론의 개념
2. 조직 이론의 분류　226
3. 조직 이론의 결론과 한계점　231
4. 기독교 조직 이론　232

제3절 기독교 조직구조　234
1. 조직구조의 의의　234
2. 조직구조의 기본 요소　236
3. 조직의 구조 유형　238
4. 기독교 조직구조의 의의　248

제4절 기독교 조직의 기본적 원리　249
1. 계층제의 원리　249
2. 통솔 범위의 원리　249
3. 조정의 원리　250
4. 기능의 원리　250
5. 명령통일의 원리　250
6. 기독교 조직의 기본적 원리　250

제5절 기독교 조직 관리　252
1. 조직 관리의 의의　252
2. 조직 관리의 과정　252
3. 조직 관리의 유형　254
4. 기독교 조직 관리　259

제6절 기독교 특수 조직관리　261
1. 기독교 전략적 관리　261
2. 기독교 핵심역량의 관리　264
3. 기독교 지식 관리　266

제7절 기독교 조직 환경
1. 환경의 의의　274
2. 조직 환경의 의의　274
3. 조직 환경에 대한 연구　275
4. 조직 환경의 유형　275
5. 조직과 환경과의 상호작용　275
6. 기독교 조직 환경　276

제8절 기독교 조직과 인간　277
1. 의의　277
2. 기독교적 인간관　277
3. 기독교 동기부여　280
4. 기독교 성격 및 지각과 조직문화　286
5. 기독교 조직 내의 집단　296
6. 기독교 갈등관리　301

제9절 기독교 커뮤니케이션　306
1. 커뮤니케이션의 의의　306
2. 커뮤니케이션의 요소　306
3. 커뮤니케이션의 기능　308
4. 커뮤니케이션의 원칙　308
5. 커뮤니케이션의 장애　309
6. 커뮤니케이션의 변질　311
7. 기독교 커뮤니케이션의 정의　312

Contents

제10절 기독교 통제　　　　　　313
1. 통제의 의의　　　　　　　　313
2. 행정통제의 개념　　　　　　313
3. 행정통제의 과정　　　　　　314
4. 행정통제의 유형　　　　　　314
5. 기독교 통제 과정　　　　　　315

제11절 기독교 리더십　　　　　316
1. 리더십의 의의　　　　　　　316
2. 리더십의 중요성　　　　　　318
3. 리더십의 구성 요소　　　　　318
4. 리더십의 기능　　　　　　　320
5. 리더십 이론의 변천　　　　　321
6. 리더십의 유형　　　　　　　322
7. 기독교 리더십　　　　　　　327

제5장 기독교 인사행정

제1절 기독교 인사 행정의 개념　330
1. 인사 행정의 의의　　　　　　333
2. 인사 행정의 변천　　　　　　333
3. 기독교 현대 인사행정의 특징　337

제2절 보직의 분류　　　　　　341
1. 직위분류제　　　　　　　　342
2. 계급제　　　　　　　　　　344
3. 직위분류제와 계급제의 특성 비교　345

제3절 기독교 인력계획　　　　　349
1. 인력계획의 의의　　　　　　349
2. 인력계획의 중요성　　　　　349
3. 인력계획의 과정　　　　　　351

제4절 기독교 채용과 교육훈련　　353
1. 기독교 모집　　　　　　　　353
2. 기독교 시험　　　　　　　　355
3. 기독교 임용　　　　　　　　355
4. 기독교 교육훈련　　　　　　356
5. 교육훈련 업무의 편성과 운영　369

제5절 기독교 성적 평정과 승진 및 보수　375
1. 기독교 근무성적 평정　　　　375
2. 기독교 승진　　　　　　　　379
3. 기독교 배치전환　　　　　　381
4. 기독교 보수　　　　　　　　382

제6절 기독교 사기진작　　　　　384
1. 사기의 의의와 개념　　　　　384
2. 사기의 역할　　　　　　　　386
3. 사기의 조사　　　　　　　　387
4. 사기에 영향을 미치는 요인 및 제도　387
5. 사기의 효과와 저해요인　　　391
6. 기독교 사기진작　　　　　　392

제7절 기독교 부패와 징계제도　　393
1. 부패　　　　　　　　　　　393
2. 징계제도　　　　　　　　　397
3. 기독교 부패 및 징계　　　　　399

제8절 기독교 행정윤리　　　　　400
1. 행정윤리의 개념　　　　　　400
2. 행정윤리의 중요성　　　　　401
3. 행정윤리 확보 수단　　　　　403
4. 행정윤리 규범 체계의 문제점　404

제9절 기독교 행정개혁　　　　　408
1. 행정개혁의 의의와 목적　　　408
2. 행정개혁 과정　　　　　　　409
3. 행정개혁의 목표　　　　　　410
4. 행정개혁의 특징　　　　　　411
5. 기독교 행정개혁의 접근 방법　411
6. 행정개혁의 문제점　　　　　413
7. 행정개혁의 저항　　　　　　413

제10절 기독교 정치적 중립 420
1. 정치적 중립의 의의 420
2. 정치적 중립의 내용 421
3. 외국의 경우 422
4. 정치적 중립과 실적주의의 관계 422
5. 정치적 중립의 필요성 423
6. 정치적 중립의 확립 요건 424
7. 정치적 중립에 대한 비판 425
8. 기독교 정치적 중립 426

제6장 기독교 재무행정

제1절 재무행정 428
1. 재무행정의 의의 428
2. 재무행정의 개념 429
3. 기독교 재무행정의 개념 430

제2절 기독교 예산의 개념과 기능 431
1. 예산의 개념 431
2. 예산의 기능 432
3. 기독교 예산의 기능 434

제3절 기독교 예산의 원칙 435
1. 예산 원칙의 의의 435
2. 예산 원칙의 종류 435
3. 기독교 예산원칙 436

제4절 기독교 예산의 분류와 법률체계 437
1. 기독교 예산의 분류 437
2. 기독교 예산의 법률체계 439

제5절 기독교 예산 과정 441
1. 예산과정의 개념 441
2. 예산과정의 의의 441
3. 예산과정의 단계 442
4. 기독교 예산 과정 443

제6절 기독교 예산 제도 444
1. 기독교 예산 제도의 의의 444
2. 예산 제도의 내용 444
3. 기독교 예산 제도 447

제7절 기독교재무회계
1. 재무회계의 의의 448
2. 기독교 재무회계의 정의 449
3. 기독교 재무회계정보 450
4. 기독교 재무회계과정 451
5. 기독교 재무회계기준의 확립 452
6. 주요 회계 용어 정의 454
7. 거래의 이중성(복식부기) 456

제8절 기독교관리회계
1. 관리회계 개요 461
2. 회계자료의 필요성 462
3. 재무회계와 관리회계 462
4. 관리회계의 영역 463
5. 관리회계 환경의 변화 464
6. 기독교 계획수립 467
7. 기독교 관리회계의 의의 및 순환과정 469
8. 기독교 관리회계 담당자의 역할 474

제9절 기독교 세무행정
1. 조세의 개념 476
2. 조세의 목적 477
3. 조세의 근거 478
4. 기독교 조세의 원칙 479
5. 조세의 분류 481
6. 기독교 조세법의 기본원칙 484
7. 우리나라의 조세체계 488
8. 일반적인 조세 용어의 정의 489
9. 법률상 인격 496
10. 기독교 국세부과의 원칙 500
11. 기독교 세법적용의 원칙 506

Contents

제7장 기독교 행정정보화

제1절 기독교 지식정보화사회의 대두 512
1. 기독교지식정보화사회의 의의 513
2. 지식행정 패러다임 515
3. 기독교 지식 정보사회의 행정환경 변화 516

제2절 기독교 행정 정보 체계와 행정정보화 522
1. 기독교 행정 정보의 개념과 특징 522
2. 기독교 행정 정보 체계의 개념과 특성 524
3. 기독교행정정보 체계의 특성 526

제3절 기독교 행정 정보화 527
1. 지식 관리 행정의 의의 527
2. 지식 관리와 지식화 정책 528

제4절 기독교 정보화 정책 529
1. 정보공개제도 529
2. 개인 정보 보호 529
3. 지적재산권 보호 530

제8장 기독교 노사관계

제1절 기독교 노사관계의 의의 534
1. 기독교 노사관계의 일반적 개념 534
2. 기독교 노사관계의 특수성 534

제2절 기독교 노사분쟁 해소 방식의 유형 535
1. 교섭 교차 분쟁의 개념과 유형 536
2. 분쟁 해소 방식 536
3. 분쟁 해소 방식에 대한 평가 539

제9장 기독교 행정의 응용: 기독교 사회복지행정

제1절 사회복지행정의 동향 524
1. 사회복지행정의 대두 524
2. 사회복지행정의 필요성 544

제2절 사회복지행정과 일반행정의 구분 546
1. 사회복지행정의 영역 546
2. 유사점과 차이점 547

제3절 기독교사회복지행정의 정의 550

제4절 기독교사회복지행정의 특성 553

제5절 기독교사회복지행정의 가치 556
1. 인간의 존재성 556
2. 인간의 본질성 557
3. 인간의 독자성 557
4. 인간의 의미성 558
5. 인간의 잠재성 558

제6절 기독교사회복지행정의 이념 560
1. 효과성 560
2. 효율성 560
3. 형평성 561
4. 접근성 561
5. 책임성 561

제7절 기독교사회복지행정의 접근방법 562
1. 관료적 접근방법 563
2. 민주적 접근방법 563
3. 혼합적 접근방법 564
4. 기독교사회복지접근방법 564

개혁주의생명신학 선언문 566
개혁주의생명신학 7대 실천운동 573
참고문헌 584

Chapter 01
기독교행정의 이해

제1절 기독교행정의 본질

1. 행정의 의미

1) 어원적 의미

그리스도 예수 안에서 하나님께서 허락하신 행정을 administration 이라고 하는데 이는 라틴어의 administrare 로부터 왔다. administrare는 '앞에'의 의미를 나타내는 ad와 '섬기다·봉사하다'의 의미를 나타내는 ministrare가 합해서 된 말이다. 또한 ministry, ministration은 목회를 뜻하기도 하며, minister는 성직자, 목사를 뜻하기도 한다.

그러므로 어원적 의미에서의 행정은 국가의 행정이면 '국가 앞에 섬기다·봉사하다', 학교의 행정이면 '학교 앞에 섬기다·봉사하다' 교회의 행정[1]이면 '교회 앞에 섬기다·봉사하다'는 뜻으로 이해되어야 할 것이다.

> >>> 창조주 하나님의 Living Word
>
> "그러므로 너희가 그리스도 예수를 주로 받았으니 그 안에서 행하되"(골2:6).
>
> "은사는 여러 가지나 성령은 같고, 직분은 여러 가지나 주는 같으며, 또 사역은 여러 가지나 모든 것을 모든 사람 가운데서 이루시는 하나님은 같으니, 각 사람에게 성령을 나타내심은 유익하게 하려 하심이라"(고전12:4-7).

또한 동사인 '행정하다'는 영어로 administer, 프랑스어로 administrer라 하는데, 이에는 '관리하다'의 뜻이 내포되어 있고, 또 '통치행위'라는 뜻도 있다.

---

[1] 17세기경에 기록된 흠정역본인(Authorized Version) KJV 고린도전서 12:5에서는 "직분(직임)은 여러 가지나 주는 같으며"라는 말씀을 "And there are different of administrations, but the same Lord"라 기록하고 있다.

>>> 창조주 하나님의 Living Word

"하나님이 이르시되 우리의 형상을 따라 우리의 모양대로 우리가 사람을 만들고 그들로 바다의 물고기와 하늘의 새와 가축과 온 땅과 땅에 기는 모든 것을 다스리게 하자 하시고"(창1:26).

"형제들아 너희 가운데서 성령과 지혜가 충만하여 칭찬 받는 사람 일곱을 택하라 우리가 이 일을 그들에게 맡기고"(행6:3).

"또 너희가 나로 말미암아 총독들과 임금들 앞에 끌려가리니 이는 그들과 이방인들에게 증거가 되게 하려 하심이라, 너희를 넘겨 줄 때에 어떻게 또는 무엇을 말할까 염려하지 말라 그 때에 너희에게 할 말을 주시리니, 말하는 이는 너희가 아니라 너희 속에서 말씀하시는 이 곧 너희 아버지의 성령이시니라"(마10:18-20).

"시몬베드로가 대답하여 이르되 주는 그리스도시요 살아 계신 하나님의 아들이시니이다, 예수께서 대답하여 이르시되 바요나 시몬아 네가 복이 있도다 이를 네게 알게 한 이는 혈육이 아니요 하늘에 계신 내 아버지시니라"(마16:16-17).

"너희 안에서 행하시는 이는 하나님이시니 자기의 기쁘신 뜻을 위하여 너희에게 소원을 두고 행하게 하시나니"(빌2:13).

"살리는 것은 영이요 육은 무익하니라 내가 너희에게 이른 말(Living Word)은 영이요 생명이라"(요6:63).

"예수께서 또 말씀하여 이르시되 나는 세상의 빛이니 나를 따르는 자는 어둠에 다니지 아니하고 생명의 빛을 얻으리라"(요8:12).

"그 날에는 내가 아버지 안에, 너희가 내 안에, 내가 너희 안에 있는 것을 너희가 알리라"(요14:20)

"보혜사 곧 아버지께서 내 이름으로 보내실 성령 그가 너희에게 모든 것을 가르치고 내가 너희에게 말한 모든 것을 생각나게 하리라"(요14:26).

"아버지께서 나를 사랑하신 것 같이 나도 너희를 사랑하였으니 나의 사랑 안에 거하라"(요15:9).

"내가 아버지께로부터 너희에게 보낼 보혜사 곧 아버지께로부터 나오시는 진리의 성령이 오실 때에 그가 나를 증언하실 것이요"(요15:26).

"만일 너희 속에 하나님의 영이 거하시면 너희가 육신에 있지 아니하고 영에 있나니 누구든지 그리스도의 영이 없으면 그리스도의 사람이 아니라"(롬8:9).

"아버지여, 아버지께서 내 안에, 내가 아버지 안에 있는 것 같이 그들도 다 하나가 되어 우리 안에 있게 하사 세상으로 아버지께서 나를 보내신 것을 믿게 하옵소서"(요17:21).

> ● 실천을 위해 함께 생각해 보아요
> - 에덴에서 제3자의 삶?
> - 행정의 주체? 어떻게 말씀으로 행정을 하시는가?

2) 근대적 의미

그리스도 예수 안에서 하나님께서 허락하신 행정이라는 말이 서구사회에 나타나게 된 것은 1517년 종교개혁 이후에 당시 카톨릭교회가 국가권력으로부터 손을 떼고 세속적 국가가 국민의 제반사항을 관장하기 시작한 이후라 할 수 있다. 즉, 행정은 종교의 속박으로부터 벗어난 세속의 국가가 근대성을 나타내면서 자유민주주의에 기반을 두는 법치국가의 성립을 계기로 분화 발전되어가는 계기를 맞이하게 되었다.

3) 일반적 의미

그리스도 예수 안에서 하나님께서 허락하신 행정은 인류 역사상 가장 오래된 직업 중의 하나에 해당하며[2], 오늘날 우리의 모든 일상생활과 밀접하게 관련되어 있는 활동이며 사회 현상이다. 사회 구성원의 한 사람으로서 살아가고 있는 우리들은 매일의 생활 속에서 행정 현상을 경험하며, 행정의 주체로서 또는 행정의 객체로서 살아가고 있다.

따라서 행정에 대한 개념 정의는 일반적으로 광의와 협의로 나누어서 이해할 수 있다. 광의적 개념으로의 행정이란 조직 일반에 적용할 수 있는 인간의 협동적 측면에 초점을 맞추어 "고도의 합리성을 수반하는 인간의 집단적 협동행위"를 뜻한다.

광의적 개념의 행정의 예가 교회행정, 학교행정, 병원행정 등이다. 반면 협의적 개념의 행정

---

[2] 가장 오래된 직업은 샤먼(shaman)이고, 그 다음이 교회에서 장부를 정리하는 관리행위로서의 행정이라고 할 수 있다(김광웅, 1983: ⅰ).

이란 "정부, 자치단체, 공공기관이 특정한 목적을 달성하기 위해 수행하는 제반 활동이나 인적·물적 자원의 내부적 관리"를 의미하는 것으로 이해할 수 있다(이종수 외, 2015).

그러나 이러한 개념은 단순히 적용 범위를 놓고 구분한 것에 지나지 않으며, 행정을 파악하는 측면에 따라 그 개념도 달라 질 수 있다. 이를테면 행정을 목적을 실현하기 위한 사람과 물자의 관리로 보는 행정관리설, 행정을 정치와 구별하지 않고 정책결정과 집행을 중심으로 하는 통치 과정의 일부로 보는 정치기능설, 행정을 공동 목표를 달성하기 위한 합리적이고 집단적인 협동행위로 보는 행정행태설, 행정을 바람직한 방향으로 사회를 변화시키고 발전을 유도하는 동력으로 보는 발전기능설 등이 그러한 예가 된다(이종수 외, 2015).

2. 정치와 행정의 관계

그리스도 예수 안에서 하나님께서 허락하신 사회에는 다양한 사람들이 어울리며 살아간다. 사람마다 가치관과 생각이 달라 갈등이 생기고, 여러 사람에게 영향을 미치는 공동의 문제가 발생한다. 이런 문제를 조정하고 해결하는 과정을 정치라고 한다. 이러한 정치는 구성원 간 다양한 이해관계의 합리적 조정을 통해 대립과 갈등을 해결하여 사회 통합의 역할을 한다. 조정된 이익이 정책에 반영됨으로써 사회 구성원들의 욕구가 충족되고 행복을 증진시키기도 한다. 공동의 의사 결정을 통해 사회 문제의 해결책을 찾고 사회가 나아갈 방향을 제시하기도 한다.

행정과 유사한 개념으로 가치의 권위적 배분인 정치를 들 수 있다. 행정과 정치는 개념적으로 구분되지만, 행정이 정치라는 환경을 벗어나서 존재하기는 어렵다. 행정과 정치는 동전의 양면처럼 공존한다. 행정과 정치의 역할은 구분되지만, 실질적으로 분리하여 생각할 수 없는 것이다. 정치행정 일원론과 이원론이 있다.

그리스도 예수 안에서 행정을 정치과정에 포함시킬 성질의 것(정치·행정 1원론)이냐 아니면 별개의 것(정치·행정 2원론)이냐와 또 행정이 과학(science)이냐 예술(art)이냐의 논쟁에서 그 설득력에 따라 지지 또는 비판을 받아 왔다.

오늘날의 행정은 정치와 행정의 관계에서 정치·행정 1원론의 입장을 취함으로써 행정의 기능을 단순히 정책집행에만 국한하지 않고 정책형성과 정책결정까지 담당하는 것으로 보고 있다. 또한 과학과 예술의 관계에서도 양자택일이 아니라 행정은 과학성과 예술성을 모두 지닌 영역의 것으로 보는 견해가 지배적이다.

그리스도 예수 안에서 정치의 좁은 의미는 국회가 법을 만드는 일, 정부가 법에 따라 정책을 수립하고 집행 하는 일 등과 같이 정치인들이 국가 권력을 획득하고, 유지하며, 행사하는 활동이다.

하지만 넓은 의미로 보면 일상생활에서 발생하는 사회 구성원 간의 대립과 갈등을 조정하고 해결해 가는 활동으로 초등학교에서 청소 당번을 정하는 학급회의, 가정에서 주말 여행지를 정하기 위한 가족회의 등도 정치에 해당한다.

>>> 왕이신 하나님의 Living Word

"예수께서 총독 앞에 섰으매 총독이 물어 이르되 네가 유대인의 왕이냐 예수께서 대답하시되 네 말이 옳도다 하시고"(마27:11).

"그러나 너희는 택하신 족속이요 왕 같은 제사장들이요 거룩한 나라요 그의 소유가 된 백성이니 이는 너희를 어두운 데서 불러내어 그의 기이한 빛에 들어가게 하신 이의 아름다운 덕을 선포하게 하려 하심이라"(벧전2:9).

● 실천을 위해 함께 생각해 보아요
(영적, 육적) 그리스도인들의 정치참여 ?

3. 행정과 경영의 관계

1) 의의

그리스도 예수 안에서 하나님께서 허락하신 행정과 유사한 다른 한 가지의 개념으로 경영을 들 수 있다. 행정과 경영은 목표의 상이성이라는 측면에서는 구분되지만 능률성과 경제성을 추구하는 합리적 행동이라는 면에서는 매우 유사하고, 관리기법적 측면에서는 구분하기가 어렵다.

경영이라 하면 일정한 목적 달성을 위하여 인적·물적 자원을 결합한 조직의 활동이라 정의할 수 있다. 이것을 넓은 뜻으로 경영이라고 한다. 경영이라는 낱말 자체에는 여러 가지 뜻이 있어서 사람에 따라 견해가 다양하다. 따라서 경영을 '회사·상점이나 가정을 경영 한다' 와 같이, 어떤 일을 계획적 또는 체계적으로 운용, 관리한다는 뜻으로 해석할 수도 있다.

그리고 경영과 흔히 혼동되는 말로는 기업이 있다. 이 기업 역시 국민경제를 구성하는 기본단위이자 영리목적을 추구하는 경제단위로서 자본주의 경제 특유의 조직체이며, 좁은 뜻의 경영에 속한다고 하는 것이 통설로 되어 있다.

2) 행정과 경영의 유사성

그리스도 예수 안에서 행정(공행정)과 경영(사행정)은 엄격하게 구분되는 개념이긴 하지만 동시에 목표 달성을 위한 관리적 수단이라는 측면에서 양자는 다음과 같이 유사성을 갖기도 한다.

첫째, 관리 기술적인 측면에서 양자는 매우 유사성을 갖는다. 행정과 경영은 모두 목표 달성을 위해 인적·물적을 동원·배분·관리하는 방법에서 거의 차이가 없다. 즉 기획, 조직, 인사, 관리, 조정, 통제 방법 등과 관리·운영상의 기술적 측면에서 유사하며, 궁극적으로는 능률성과 효과성을 지향한다.

둘째, 관료제적인 성격을 갖는다. 관료제는 분업, 전문화, 계층제, 합리성, 안정성 등의 순기능적 특징과 형식주의, 획일주의, 문서주의, 할거주의, 몰인간성(비정의성) 등의 역기능적 특징을 갖는다. 정부, 기업, 대학교, 종합병원 등은 모두 이와 같은 관료제적 특징을 갖는 대규모 조직이라는 점에서 서로 유사성이 높다.

셋째, 협동행위를 통해 이루어진다. 협동은 사회생활과 조직생활에서 불가피한 요소가 된다. 행정과 경영은 각각 공동의 목표 달성을 위해 의식적이고 합리적인 협동행위와 집단적인 노력을 추구한다. 이 과정에서 가능한 한 많은 대안과 다양한 의견을 통해 최선의 또는 최적의 대안을 선택·결정하게 된다.

넷째, 목적 달성을 위한 수단이다. 행정과 경영은 목적은 서로 다르지만 각각의 목적 달성을 위한 수단이라는 점에서 유사한 성질을 갖는다.

다섯째, 구성원의 행태에서도 유사성이 발견된다. 즉, 행정과 경영의 구성원들은 승진, 처우, 위신, 안정, 참여, 능력발휘 등에 대한 욕구와 기대를 가지며, 이러한 욕구는 구성원의 동기부여와 조직효과성에 영향을 미치게 된다.

3) 행정과 경영의 차이점

첫째, 행정과 경영은 추구하는 목적이 서로 다르다. 행정은 공익의 추구, 질서유지 및 공공봉사 등을 위해 다원적 목적을 갖지만, 경영은 일반적으로 이윤극대화라는 단일의 목적을 추구한다. 즉, 행정은 국가의 운영과 경제사회 발전에 대해 책임을 지며, 정의·형평 등과 같은 공적가치에 더 큰 관심을 갖는다. 반면 경영은 사적가치에 더 큰 매력을 가지며 비용과 이익을 철저히 계산한다. 그러나 오늘날 경영의 주체인 기업도 사회적 책임을 요구 받고 있으며, 행정의 주체인 정부도 때로는 공익을 해치지 않은 범위 내에서 또는 공익 추구의 수단으로서 사익(수익)을 추구하기도 한다. 따라서 양자는 상이한 목적을 추구하지만 그것의 차이는 상대적인 것이다.

둘째, 행정과 경영은 법적 규제에서 차이가 있다. 행정은 조직의 신설·증설·폐지 등의 변화, 인력의 충원, 그리고 예산의 운영 등에서 경영보다는 엄격한 법적 규제를 적용받는다. 반면 경영은 법을 어기지 않는 범위 내에서 정관이나 내부규칙에 의해 모든 활동이 이루어지기 때문에 행정과 같이 직접적인 법적규제를 받지는 않는다. 이에 따라 행정은 경영에 비해 환경변화에 대한 대응과 적응을 느리게 하는 경직성을 나타낸다.

셋째, 정치 권력적 성격에서 차이가 난다. 행정은 본질적으로 정치적 성격을 가지고 있으며, 강제적·일방적 권력과 구속력을 통해 행정 기능을 수행하게 된다. 그러나 경영은 특별한 경우(예를 들면 정부의 규제 대상인 사업의 경우)를 제외하고는 정치로부터 분리된다.

넷째, 평등성의 측면에서 차이가 있다. 경영은 이윤을 추구하는 기업 활동 과정에서 수익자 부담 원칙에 따라 고객과 소비자에 대한 차별성이 용인 된다. 그러나 행정은 법에 의해 일관성과 엄격한 평등 원칙을 유지해야 한다. 물론 실제적으로는 항상 평등 원칙이 지켜지는 것은 아니다.

다섯째, 독점성이 정도에 차이가 있다 경영(기업)은 원칙적으로 자유로운 시장 원리에 의해 경쟁이 보장되거나 요구됨으로써 재화와 서비스의 질적 향상을 고려하게 된다. 그러나 행정

(정부)은 재화와 서비스의 공급 측면에서 독점성을 가지며 이로 인한 비효율성이 문제가 되기도 하다. 물론 기업영역에서도 현실적으로 독과점 현상이 나타나기도 하며, 이러한 현상이 과도 하게 나타날 경우에는 사회적 효율성과 사회적 후생이 감소하게 됨으로써 다수의 국민과 이해 집단들에게 불이익을 초래하게 된다.

> >> 통치하시는 하나님의 Living Word

"만군의 여호와께서 맹세하여 이르시되 내가 생각한 것이 반드시 되며 내가 경영한 것을 반드시 이루리라, 내가 앗수르를 나의 땅에서 파하며 나의 산에서 그것을 짓밟으리니 그 때에 그의 멍에가 이스라엘에게서 떠나고 그의 짐이 그들의 어깨에서 벗어질 것이라, 이것이 온 세계를 향하여 정한 경영이며 이것이 열방을 향하여 편 손이라 하셨나니, 만군의 여호와께서 경영하셨은즉 누가 능히 그것을 폐하며 그의 손을 펴셨은즉 누가 능히 그것을 돌이키랴"(사14:24-27).

"너희를 위하여 내게 주신 하나님의 그 은혜의 경륜(경영, 관리)을 너희가 들었을 터이라"(엡3:2).

"이 세상이나 세상에 있는 것들을 사랑하지 말라 누구든지 세상을 사랑하면 아버지의 사랑이 그 안에 있지 아니하니, 이는 세상에 있는 모든 것이 육신의 정욕과 안목의 정욕과 이생의 자랑이니 다 아버지께로부터 온 것이 아니요 세상으로부터 온 것이라"(요일 2:16-17).

- 실천을 위해 함께 생각해 보아요
  - 육(세상 말)의 경영과 영(하나님 말씀)의 경영 차이?

4. 기독교행정의 의미

기독교행정은 그리스도 예수 안에서 살아계신 창조주 하나님의 섭리하심 가운데 행하여진 앞의 행정의 개념 정의 모두를 포함해서 "그리스도 예수 안에서 하나님께서 십자가에서 일어난 일을 지금 마음에서 동일하게 일어나게 하심으로, 예수 그리스도 이름으로 보내신 또 다른 보혜사 성령을 받아, 마음이 세상가치보다 창조주 하나님을 더 먼저 경외하여 우선적 현실로 체감하고 있을 때, 그리스도가 하나님의 시각으로 세계를 바라보며, 하나님 나라 확장을 위하여 지혜·권능의 Living Word로 행정의 객체 및 영적인 객체를 바람직한 상태, 조건, 환경, 사건 등으로 통치·관리하는 것"으로 개념을 정의할 수 있다.

>>> 창조주 하나님의 Living Word

"참새 두 마리가 한 앗사리온에 팔리지 않느냐 그러나 너희 아버지께서 허락하지 아니하시면 그 하나도 땅에 떨어지지 아니하리라. 너희에게는 머리털까지 다 세신바 되었나니"(마10:29~30).

"사울이 길을 가다가 다메섹에 가까이 이르더니 홀연히 하늘로부터 빛이 그를 둘러 비추는지라"(행9:3).

"너희가 성경에서 영생을 얻는 줄 생각하고 성경을 연구하거니와 이 성경이 곧 내게 대하여 증언하는 것이니라. 그러나 너희가 영생을 얻기 위하여 내게 오기를 원하지 아니하는도다"(요5:39-40).

"그러나 내게는 우리 주 예수 그리스도의 십자가 외에 결코 자랑할 것이 없으니 그리스도로 말미암아 세상이 나를 대하여 십자가에 못 박히고 내가 또한 세상을 대하여 그러하니라"(갈6:14).

"예수께서 이르시되 내 말이 네가 믿으면 하나님의 영광을 보리라 하지 아니하였느냐 하시니"(요11:40).

"내가 아버지 안에 거하고 아버지는 내 안에 계신 것을 네가 믿지 아니하느냐 내가 너희에게 이르는 말은 스스로 하는 것이 아니라 아버지께서 내 안에 계셔서 그의 일을 하시는 것이라, 내가 아버지 안에 거하고 아버지께서 내 안에 계심을 믿으라 그렇지 못하겠거든 행하는 그 일로 말미암아 나를 믿으라, 내가 진실로 진실로 너희에게 이르노니 나를 믿는 자는 내가 하는 일을 그도 할 것이요 또한 그보다 큰 일도 하리니 이는 내가 아버지께로 감이라"(요14:10-12).

"보혜사 곧 아버지께서 내 이름으로 보내실 성령 그가 너희에게 모든 것을 가르치고 내가 너희에게 말한 모든 것을 생각나게 하리라"(요14:26).

"내가 그리스도와 함께 십자가에 못 박혔나니 그런즉 이제는 내가 사는 것이 아니요 오직 내 안에 그리스도께서 사시는 것이라 이제 내가 육체 가운데 사는 것은 나를 사랑하사 나를 위하여 자기 자신을 버리신 하나님의 아들을 믿는 믿음 안에서 사는 것이라"(갈2:20).

"하나님의 말씀은 살아있고(Living Word) 활력이 있어 좌우에 날선 어떤 검보다도 예리하여 혼과 영과 및 관절과 골수를 찔러 쪼개기까지 하며 또 마음의 생각과 뜻을 판단하나니"(히4:12).

● 실천을 위해 함께 생각해 보아요

우리는 세상 모든 분야 속에서 하나님의 뜻을 실천해 나가도록 노력해야 하고 그렇게 함으로 복음을 전해야 합니다. 그것이 하나님 나라 운동입니다. 하나님 나라운동을 실천하기 위해 필요한 성경적인 기준을 기독교 세계관이라고 부릅니다. 하나님이 만왕의 왕이시고 만주의 주이시기 때문에 하나님을 믿는 우리는 세상의 모든 것을 바라볼 때 하나님의 관점에서 바라보아야 합니다. 하나님의 관점이 어떤 것인지는 성경을 읽으면 발견할 수 있습니다. 성경이 제시하고 있는 하나님의 관점을 우리는 기독교 세계관이라고 칭합니다. 자료: 개혁주의생명신학7대실천운동, 장종현, 2018.

5. 기독교행정의 유형

행정의 유형으로 그 예는 무수히 많다.

1) 기능중심: 기능을 중심으로 행정을 다음과 같이 구분해 볼 수 있다.
 (1) 사람을 다루는 인사행정
 (2) 물질을 다루는 재무행정

2) 조직중심: 조직을 중심으로 다음과 같이 구분해 볼 수 있다.
 (1) 교육조직을 다루는 교육행정

(2) 교회조직을 다루는 교회행정
(3) 병원조직을 다루는 병원행정
(4) 국가·자치단체·공공기관조직을 다루는 공공행정

3) 역할중심: 행정을 역할을 기준으로 다음과 같이 구분해 볼 수 있다.
  (1) 조직역할에 의한 분류로서 계선행정, 참모행정, 보조행정
  (2) 리더의 역할에 의한 분류로서 권위적행정, 참여적행정, 방임적행정

4) 주체기준: 행정의 주체를 기준으로 분류해보면 다음과 같이 구분해 볼 수 있다.
  (1) 사람이 다루는 사람행정
  (2) 성령이 다루는 성령행정
  (3) 그리스도가 다루는 기독교행정
  (4) 하나님이 다루는 하나님행정

5) 목표기준: 행정의 목표를 기준으로 분류해보면 다음과 같이 구분해 볼 수 있다.
  (1) 사람의 목표를 이루기 위한 희망행정
  (2) 하나님의 목표를 이루기 위한 소망행정

6. 기독교행정의 질적·기능적 특징

>>> 앞에 계신 하나님의 Living Word

"내가 아버지의 말씀을 그들에게 주었사오매 세상이 그들을 미워하였사오니 이는 내가 세상에 속하지 아니함 같이 그들도 세상에 속하지 아니함으로 인함이니이다"(요17:14).
"그들을 진리로 거룩하게 하옵소서 아버지의 말씀은 진리니이다"(요17:17).
"내게 주신 영광을 내가 그들에게 주었사오니 이는 우리가 하나가 된 것 같이 그들도 하나가 되게 하려 함이니이다"(요17:22).

"곧 내가 그들 안에 있고 아버지께서 내안에 계시어 그들로 온전함을 이루어 하나가 되게 하려 함은 아버지께서 나를 보내신 것과 또 나를 사랑하심 같이 그들도 사랑하신 것을 세상으로 알게 하려 함이로소이다"(요17:23).

"아버지여 내게 주신 자도 나 있는 곳에 나와 함께 있어 아버지께서 창세전부터 나를 사랑하시므로 내게 주신 나의 영광을 그들로 보게 하시기를 원하옵나이다"(요17:24).

"의로우신 아버지여 세상이 아버지를 알지 못하여도 나는 아버지를 알았사옵고 그들도 아버지께서 나를 보내신 줄 알았사옵나이다"(요17:25).

"내가 아버지의 이름을 그들에게 알게 하였고 또 알게 하리니 이는 나를 사랑하신 사랑이 그들 안에 있고 나도 그들 안에 있게 하려 함이니이다"(요17:26).

"우리가 알거니와 하나님을 사랑하는 자 곧 그의 뜻대로 부르심을 입은 자들에게는 모든 것이 합력하여 선을 이루느니라"(롬9:28).

"우리가 항상 예수의 죽음을 몸에 짊어짐은 예수의 생명이 또한 우리 몸에 나타나게 하려 함이라"(고후4:10).

1) 행정의 전문화

그리스도 예수 안에서 사회문제가 복잡해질수록 문제 해결에 어려움이 가중되고, 행정 기능이 증대하게 되면 행정 업무의 효율적인 처리가 요구된다. 문제 해결을 위해 행정은 점차 전문화·기술화되고 전문적 기술의 필요성은 관리과학과 같은 기술적 분야를 발달시킨다. 컴퓨터를 이용한 행정전산화와 행정정보화가 촉진되고, 체제분석·프로그램평가·검토기법(PERT), 운영연구(OR) 등의 관리과학과 각종 관리기법이나 관리정보체계(MIS)가 문제해결, 의사결정, 정책분석 등에 폭넓게 활용된다. 이러한 현상은 전문기술관료(technocrats)의 필요성과 증가를 가져오며, 다양한 행정 수요에 대응하기 위한 행정의 분화 현상 때문에 조정과 통합 기능 또한 중시 되고 있다. 한편, 그리스도 예수 안에서 행정의 전문가는 성령과 Living Word이다.

2) 기획과 조사 통계의 중시

그리스도 예수 안에서 행정의 합리화를 위한 기획 기능의 충실화가 요구 되었다. 이를 위해 목표의 설정, 정책 결정, 기획의 입안과 계획의 수립 등이 중시 되었다. 또한 행정 실태와 현황 및 행정 수요의 정확한 진단과 파악은 합리적인 정책 결정과 선택을 위한 전제가 되는 것이다. 이러한 행정 업무 수행을 위한 체계적 과학적인 조사활동과 함께 그 기초가 되는 다양한 기술·기법 및 통계의 중요성이 높아지고 있다. 한편, 그리스도 예수 안에서 행정을 가장 합리적으로 처리하시는 분은 성령과 Living Word이다.

3) 유연한 조직 및 행정 기능의 중시

그리스도 예수 안에서 급속한 환경의 변화에 능동적으로 대응하기 위한 조직 운영과 행정 기능이 요구 되고 있다. 이를 위해 행정 조직의 경직성을 타파하고 능동성과 신축성을 확보하기 위한 동태적 조직과 기능의 활용이 강조되고 있다. 한편, 그리스도 예수 안에서 환경변화에 가장 잘 대응하시는 분은 성령과 Living Word이다.

제2절 기독교행정의 환경

1. 행정 환경의 의의

그리스도 예수 안에서 하나님의 섭리 가운데 주어지고 있는 환경이란 인간, 생물체 및 조직이나 체제에 직·간접적으로 영향을 미치는 모든 주변 여건으로 이해된다. 생명체적 관점에서 보면, 환경이란 생물이 생명력을 유지하는 일생 동안 영향을 미치는 모든 것을 의미하며, 이는 인위적 생명체인 조직이나 사회 및 국가 등에도 해당된다. 따라서 넓은 의미에서 환경은 자연적으로 또는 인위적으로 조성되거나 만들어져서 관점의 주체가 되는 것에 영향을 미치는 모든 것을 의미한다.

그리스도 예수 안에서 과거에는 조직을 환경과는 별로 관계가 없는 자급자족적인 폐쇄체제로만 파악하였던 것이나, 점차 사회가 복잡화되고 변화무쌍해짐에 따라 조직은 주위 환경과 긴밀한 관계를 맺고 있으며 환경을 떠나서는 존립할 수 없음을 알게 되었다. 즉, 1950년대 초의 생태론적 연구(생태론적 접근법)로 조직은 환경으로부터 많은 영향을 받고 있음을 알게 되었고, 1960년대 이후에는 개방체제이론과 상황적응이론의 등장으로 조직이 환경으로부터 영향을 받고만 있는 것이 아니라 영향을 주기도 한다는 사실을 인식하게 되었다. 그 영향은 직접적인 것만이 아니라 간접적인 것도 모두 포함된다. 그 중에서도 어떤 특정 조직에 영향을 미치는 환경으로서는 그 대상조직과 상호관계를 가지는 외부 조직들(환경)이 더욱 중요시된다. 따라서 환경적 요인으로서 이러한 외부 조직들을 다른 환경의 기타 요인들과 구분해서 특정 환경 또는 과업 환경이라 하고, 그 밖의 모든 환경을 통틀어서 일반 환경 이라고 부른다. 그리스도 예수 안에서 오늘날과 같이 격변하는 환경 속에서 조직이 생존하고 발전해 나가려면 환경의 변화에 적절히 대응하여 이를 극복하지 않으면 안 된다. 그렇게 하기 위해서 우선 조직은 영향을 받게 될 환경적 변화를 그때그때 정확히 파악하여 알고 있어야(인지)하겠고, 그리고 그

대응책을 세우기 위하여 필요한 정보를 수집하여 분석해 보아야 한다. 그 분석 자료를 토대로 대처방안이 마련되면 그것에 따라 조직의 구조·과정 등을 변경시켜야 하는데(변화의 실현), 이 단계에서 가장 중요시되는 것은 변화에 대한 저항의 극복 문제이다. 이때 조직 내에 바람직하지 못한 부작용이 생기면 그것을 제거하거나 관리하면서 환경의 변화에 적응할 수 있는 조직으로 혁신시켜야 할 것이다(변화의 정착). 이렇게 하여 조직 내의 변화가 완료되면, 끝으로 그 결과(산출)를 환경으로 내보내어 그것이 환류를 통해 평가받음으로써 조직이 변화된 환경과 균형을 유지할 수 있게 된다.

그리스도 예수 안에서 이상과 같이 조직은 환경의 변화에 적응하기 위하여 '환경적 변화의 인지 → 정보의 수집과 처리 → 조직 내 변화의 실현 → 조직내 변화의 정착 → 변화의 결과를 환경에 전달 → 환류'의 과정을 단계적으로 밟는 것이 일반적이다. 한편 그리스도 예수 안에서 행정환경이란 행정의 경계 밖에서 행정에 영향을 미치거나 영향을 받는 모든 자연적 여건 또는 인위적 조건이라 할 수 있다. 즉, 국내외적인 사회적 환경, 정치적 환경, 경제적 환경 등과 자연발생적이거나 불가항력적인 자연적 환경 등이 행정의 반응과 대응을 요구하는 영향 요인들이다. 특히 오늘날의 급속한 변화의 소용돌이와 높은 불확실성의 환경은 행정에 지대한 영향을 미치고, 변화에 대응한 행정수요의 투입과 산출 및 환류의 과정을 통해 행정의 진화를 가져오게 된다. 그러나 환경의 변화에 능동적으로 대응하지 못하게 되면 행정 체제 역시 도태되거나 경쟁력을 갖기 어렵게 된다. 성령과 Living Word는 행정의 환경변화에 가장 잘 대응을 한다.

2. 글로벌 거시환경

글로벌 거시환경에는 개방화와 세계화, 지식정보화와 디지털화, 환경위기와 자원 갈등이 있다.

1) 개방화와 세계화
그리스도 예수 안에서 개방화란 국가 간의 인적·물적 교류가 자유로워지는 것을 의미하며, 세계화란 개방화의 결과로 자연스럽게 나타나는 현상이며, 의식과 행동을 세계적으로 지향하도록 요구한다. 이러한 개방화와 세계화의 조류에 의해 무국경, 무경계, 무한경쟁, 협력, 융합 등의 가치가 함께 나타나게 된다. 이에 따라 과거의 배타적이고 비개방적인 체제의 운영 방식에 큰 변화가 일어나면서 다음과 같이 행정에 다양한 영향을 미치게 된다.

첫째, 국민의 의식에 영향을 행정의 변화를 요구한다. 개방화와 세계화의 속도와 폭에 비례해 활발한 인적 교류와 문화적 소통 등을 통한 학습 효과와 기대심리가 작용하게 된다. 이에 따라 효율적인 정부 운영과 질 높은 행정 서비스에 대한 국민적 요구도 증대하게 되고 행정은 이러한 환경 변화에 대응해야 한다.

둘째, 국가 간의 활발한 물적 교류가 행정시스템을 변화시킨다. 무국경의 무한경쟁과 블록경제의 보호주의 흐름에서 국내의 산업과 기업은 대외적인 질적 경쟁 우위를 추구해야 한다. 이에 대한 행정의 적극적 지원이나 적절한 보호가 필요하게 된다. 그러나 과도한 규제는 기업의 활동을 위축시키고 경쟁력을 저하시킬 수 있기 때문에 규제 강화와 규제 완화에 대한 적정한 정책 조절이 필요하다.

셋째, 세계화는 행정인의 확대된 능력을 요구한다. 세계화의 물결은 국가 간의 교류와 협력은 물론 이해관계를 둘러싼 분쟁을 촉진할 수 있다. 즉, 통상, 농업, 어업, 환경, 자연재해, 자원, 각종 범죄 등과 관련된 공동협력과 갈등을 해결하기 위한 역량이 더욱 요구된다. 따라서 정부의 책임성과 행정인의 전문적 역량증진이 필요하게 된다(이종수외, 2012).

2) 지식정보화와 디지털화

그리스도 예수 안에서 지식정보사회로 일컬어지는 후기산업사회는 사회나 산업을 불문하고 정보와 지식을 통한 가치 증강을 위해 자원투입과 시스템 운용이 이루어지는 정보집약적 이고 지식집중적인 모습으로 진전되어 가고 있다. 이는 정부 시스템과 행정 운용에도 적용되는 현상이다. 지식정보사회로의 대변혁은 정부와 행정에 대해 전통적 의식과 구조에 의한 행정 체제와 운용에서 벗어나 합리적이고 협업적인 창조적 기업가형 시스템으로 전환하게 하고 있다.

또한 현대 사회는 메가트렌드뿐만 아니라 보이지 않는 마이크로트렌드에 의해 움직여지고 있다. 정보 통신과 컴퓨터 및 인터넷의 급속한 발전에 따라 시간과 공간의 경계가 무너지면서 전통사회와 산업사회의 양식과 양태에 큰 변화를 초래하고 있다. 다양한 디지털 기기는 개인 차원의 일상생활과 의식에 놀라운 변화를 일으키고, 사회적으로는 대중적 문화 양태를 획기적으로 변화시키고 있다. 그리고 정부 차원에서는 전자정부 구축에 의한 행정관리 시스템을 변화시켜 구매, 정보제공, 서비스제공 등에서 효율성과 경쟁력 제고를 위한 방향으로 변화를 유도하고 있다.

3) 환경위기와 자원 갈등

그리스도 예수 안에서 지구촌의 환경문제는 21세기의 화두가 되고 있고, 지구온난화에 따른 자연재해와 환경호르몬과 슈퍼바이러스와 같은 생물학적 환경재앙이 점점 심화되고 있어 인류의 미래를 위협할 수준이라는 것이 일반적인 견해이다. 이러한 환경위기는 각 국가와 세계기구뿐만 아니라 시민사회에 위기 대응과 친환경적 대안 모색을 요구하고 있다. 즉, 환경 위기를 초래한 '공유의 비극'을 넘어 '공유자원의 관리'를 위한 국내·외적인 노력들이 이루어지고 있다. 선·후진 국가를 막론하고 환경산업 및 환경 기술과 같은 친환경 분야가 경제 발전의 중심축이 될 것으로 전망되고 있다. 이에 따라 환경과 자원에 대한 인적·물적 투자와 육성을 위한 정부와 행정의 역할은 향후 더욱 확대·강화될 수 있다.

한편, 기후 변화와 함께 대두되고 있는 자원 고갈 문제도 인류가 해결하거나 개선할 중요한 현안이다. 산업화 시대의 성장을 견인해 왔던 동력으로서 화석연료의 과용과 그로 인한 지구온난화 등의 환경 문제에 대응하기 위해 새로운 성장 동력으로서 대체에너지와 친환경자원을 확보하는 새로운 성장 및 생존 패러다임으로 바뀌고 있다. 이에 따라 대체에너지와 신재생에너지의 개발과 확보를 위한 세계적인 자원전쟁 역시 정부 시스템과 사회 운영의 틀을 변화시키고 있다.

글로벌 거시환경의 변화에 가장 잘 대응하시고, 글로벌 거시환경을 때에 따라 변화 시키는 분이 성령과 Living Word이다.

3. 행정의 일반환경

1) 정치적 환경

그리스도 예수 안에서 민주주의 체제 하에서 정치와 행정의 기본 관계는 삼권분립에 의한 견제와 균형의 원리적용, 그리고 결정과 집행 및 사법적 판단의 구조로 이루어진다. 대의제 형태의 수권정치 권력은 국민의 의사를 실현하기 위해 정책을 결정하고, 행정부는 이를 민주적이고 효율적으로 집행하는 것이다. 이러한 체제 내에서 공공기관과 행정은 외부와 끊임없이 교호관계를 가지며, 특히 정치적 환경에 민감하게 반응하게 된다. 다시 말하면, 현대 사회에서 경제적·사회적·기술적·문화적인 문제나 현상은 끊임없이 발생하면서 정치권력에 대해 요구와 투입 요인으로 작용한다. 이에 대해 정치 메커니즘은 이를 선택적으로 수렴하고 의제화함으로써 행정에게 이를 구체화하도록 한다. 즉, 입법부, 대통령, 정당은 국가의 목표와 방향을 설정함으로써 행정기관의 집행력을 구속하는 환경적 변수로 작용한다.

그리스도 예수 안에서 특정 국가의 정치 체제가 민주적이냐 아니면 권위적이냐에 따라 행정에 미치는 영향은 크게 차이가 날 것이다. 민주적인 정치 체제의 경우, 다원화된 행위 주체들 간의 활발한 상호작용과 의사소통이 이루어지게 되고, 정치 체제의 경우, 정치·행정일원론적 측면에서 정치 또는 행정에 의한 권위적 결정성이 지배하게 된다. 이에 따라 사회 내의 활발한 교호작용이 상대적으로 규제됨으로써 정치적 투입만이 행정에 영향을 미치는 변수가 되고 시민사회의 참여와 여론은 무시된다. 또한 민주주의 정치 체제에서도 대통령중심제를 택하느냐 또는 내각책임제를 택하느냐에 따라서도 차이가 날 것이다. 그리고 정당정치의 운용상의 실제 또는 형식에 따라서도 차이가 날 수 있다.

2) 경제적 환경

그리스도 예수 안에서 정치적 환경에서는 주요 행위자가 비교적 명확하게 드러나는 반면, 경제적 환경을 구성하는 기업과 노동계는 단일한 성격을 갖는 제도적 행위자가 아니다. 다만 경제적 환경 인자들도 안전과 복지 및 임금 등과 관련된 규제 강화, 규제 완화, 복지 확대, 임금 투쟁 등의 요구를 통해 행정에 영향을 미치게 된다. 즉, 행정의 환경요인으로서 경제는 시장의 효율성에 대한 추상적 논의와 정부의 시장 개입 여부에 대한 규범적 논의가 양자 관계의 중심이 된다(이종수 외, 2014).

그리스도 예수 안에서 전자는 시장에서의 재화와 서비스가 사회적 적정 생산량을 보장하지 못해 초래되는 시장실패를 전제로 두고 있으며, 후자는 시장실패에 대한 정책으로서 정부 개입의 정당화나 정부 개입의 축소를 논거로 주장한다. 문제는 정부 개입의 결과가 시장의 비효율성과 불평등을 개선하지 못하고 오히려 경제적 상황을 더욱 악화시키게 되는 정부실패를 초래할 수도 있다는 것이다. 시장은 그 자체의 자율성 또는 정부의 규제성만으로는 그 기능을 제대로 발휘하기 어렵기 때문에 시간과 공간적 여건을 고려해 자율성과 규제성의 완급을 적절히 조절할 필요가 있다.

3) 법적 환경

그리스도 예수 안에서 민주주의는 권력 분립과 법치주의라는 가치에 근거를 두고 있다. 권력 분립은 입법권, 행정권, 사법권을 분리해 상호간의 견제와 균형을 통해 국가 권력의 남용과 오용을 제어하고 국민의 기본권을 보장하기 위한 통치구조의 원리이다. 법치주의는 국가와 정부가 국민의 자유와 권리를 제한하거나 의무를 부과하기 위해서는 반드시 법률에 근거해야 한다는 원리이다. 즉, 모든 행정행위는 국민의 권리보장과 복리를 위해 자의성을 배제하고 법률적 근거에 기반해 이루어져야 한다는 것이다. 만일 국민의 권리가 침해되었을 경우에는 사법부의 심사·판결을 통해 구제받게 된다. 이때에 사법부는 행정기관의 위법한 행정작용에 대한 사후 권리구제 장치로서 행정에 직접 영향을 미치게 된다. 특히 헌법재판소의 위헌 결정은 정부정책의 실질적인 심사 및 수정이라는 과정과 결과를 통해 행정부의 정책 결정이나 집행을 뒤바꿀 수 있을 정도로 그 영향력이 크다(이종수외, 2014).

4) 사회적 환경

그리스도 예수 안에서 사회 전반의 양극화·불평등·고령화, 다문화, 복지수준, 이념 간·집단 간·지역 간·세대 간 갈등 등의 문제는 국가에 따라 수준과 범위에 차이가 있을 수는 있지만, 경제적 문제를 내포하고 있는 사회적 환경이라 할 수 있다. 특히 사회적 복잡성이 높아질수록 다양한 양상의 갈등은 불가피하게 나타나는 현상이지만, 극복 과정과 자정 노력을 통해 사회를 건강하게 하는 측면도 있다. 특정 이슈와 관련해 일반 국민이나 특수한 이해관계 집단은 언론과 다양한 매스커뮤니케이션을 통해 여론을 형성하거나 집단행동을 함으로써 정치와 행정에 영향을 주기도 한다.

또한 정부(제1섹터)와 시장(제2섹터)이 충족시키지 못하는 틈새 수요는 정부와 시장의 사이에서 제3섹터인 비정부기구(NGO) 비영리단체(NPO)들이 담당하고 있다. 이들 역시 정부와 행정에 영향을 미치는 환경적 변수인 동시에 자발성에 입각해 자체적으로 공공서비스를 생산하고 제공하기도 한다. 최근에는 네트워크, 융합, 협업, 거버넌스, 집단지성 등이 강조되는 사회현상과 함께 '신뢰'를 포함하는 사회적 자본이 크게 중요시 되고 있다. 왜냐하면 국가의 건강성과 경쟁력이 그 사회에 내재하는 신뢰관계의 수준에 의해 좌우될 수 있다는 인식이 높아지고 있기 때문이다. 이러한 사회적 자본도 정부와 행정의 역량과 대응에 영향을 미치는 중요한 변수가 되고 있다.

한편, 그리스도 예수 안에서 행정의 환경 중 정치적 · 경제적 · 법적 · 사회적 환경에 가장 잘 대응하시고, 이러한 환경을 필요에 따라 가장 잘 변화시키는 분이 성령과 Living Word이다.

4. 한국의 행정환경

1) 스마트 사회 진전

그리스도 예수 안에서 세계적인 IT강국의 기술력과 디지털 기반의 문화 양식의 발전에 따라 사회 전반에 걸쳐 스마트한 생활과 활동이 더욱 확산 되고 있다. 스마트 사회는 진화되는 IT기술을 바탕으로 유비쿼터스, 컨버전스, 인공지능 등을 기반으로 하는 지능형 사회를 의미한다. 다양한 분야의 IT융합 현상과 함께 스마트폰, 트위터, 블로그, 인스타그램 등과 같은 SNS와 LBS(위치정보 서비스) 등 디지털기기 활용의 급속한 확산은 생산성 향상, 사회적 투명성, 생활의 편리성, 사회적 권리 신장, 정치 참여 확대 등의 긍정적 효과를 기대하게 하면서 똑똑한 사회를 만들어 가고 있다.

반면, 그리스도 예수 안에서 우리 사회의 가치와 규범이 정보화의 속도에 미치지 못하면서 나타나는 프라이버시 침해, 정보 격차, 사이버 폭력 등을 포함한 다양한 역기능을 확대시키기도 한다. 따라서 이러한 요인들은 스마트 역기능을 해결하고 스마트 사회의 진전을 위한 정부의 정책적 · 제도적 개입뿐만 아니라 스마트 사회의 진화에 대응하는 정부개혁의 근거가 된다. 그리스도 예수 안에서 스마트 사회 진화에 가장 잘 대응하며, 필요에 따라 스마트 사회를 가장 잘 변화시키시는 분은 예수 그리스도 이름으로 오신 성령과 Living Word이다.

2) 저출산·고령화 현상

그리스도 예수 안에서 인구 규모는 국가별로 성장의 토대냐 아니면 발전의 장애냐 하는 차이를 가져온다. 선진국의 규모 있는 인구는 내수시장의 확보를 통해 안정적인 경제와 성장의 기반이 될 수 있다. 하지만 대체로 과다한 인구와 적은 일자리를 가진 후진국은 빈약한 정부의 경제적·재정적 부담을 가중시켜 성장과 발전에 오히려 걸림돌이 될 수 있다. 세계적으로는 인구가 지속적으로 증가하는 추세이지만, 선진국의 경우에는 저출산을 억제하기 위한 정책적 대응에 고민하고 있다. 우리나라의 경우, 세계적으로 인국의 감소에 따른 사회적 생산성 저하 및 관련 산업의 붕괴, 노인 부양과 국민연금에 대한 재정적 부담 및 세대 간 갈등, 그리고 지방소멸 등이 우려되고 있다.

또한 그리스도 예수 안에서 과학기술의 발달과 경제 발전에 의한 보·건의료환경의 개선 및 평균수명의 연장은 후진국의 인구를 증가시키는 반면, 선진국에서는 저출산·고령화를 촉진시킴으로써 급속하게 인구구조를 변화시키고 있다. 특히 선진국의 경우, 인구고령화에 따른 경제활동인구가 지속적으로 감소할 것으로 예상된다. 우리나라는 세계적으로 유례없이 급속한 속도로 고령화사회(2000)에서 고령사회(2019)와 초고령사회(2016)로 진입할 것으로 전망되고 있다. 이는 고령인구에 대응하는 새로운 산업별 수요 패턴과 시장 규모를 확대시킴으로써 기회 요인이 될 수도 있다.

그러나 분명한 것은 저출산·고령화는 심각한 노동력 부족과 성장의 둔화와 같은 문제를 초래한다는 점이다. 또한 노인복지 수요의 증대와 고령인구에 대한 부양은 정부의 재정적 부담을 가중시키는 위협 요인이 된다는 점이다. 따라서 한국 사회에서 저출산·고령화에 따른 인구구조의 변화는 저개발 시대와는 다른 고도 산업사회의 경제구조나 산업 발전과 밀접하게 관련되어 있어 중장기적으로 이에 대한 정부의 정책적·제도적 대응과 사회공학적 대안 모색이 필요하다. 한편, 저출산·고령화 현상에 가장 잘 대응하시고 저출산·고령화사회를 가장 바람직한 쪽으로 인도하시는 분은 성령과 Living Word이다.

3) 복지 수요 증대

그리스도 예수 안에서 경쟁과 성과 및 유연성 등을 중심으로 하는 신자유주의의 사회경제적 가치 정향은 차이와 차별의 구조를 통한 불평등과 비형평을 초래하게 된다. 이 과정에서 소득

계층 간, 직업 간, 영역 간 등에서 양극화가 심화될 수 있다. 자연에서 나타나는 황금률과 같이 경제학자 파레토가 제시한 '80대20' 구조의 사회적 양극화 현상이 심화되고 고착화되면서 각 영역 간의 갈등과 대립구조로 인해 건전한 사회공동체의 운영이 어렵게 된다. 특히 점점 커지는 복지 수요에 대응하는 과정에서 복지 부담자인 경제활동인구와 복지 수혜자인 사회적 약자 간의 충돌까지 예견되고 있어 문제가 된다. 그러나 이러한 문제에 대한 교정을 가족, 교회, 기업 등의 민간 영역에 기대하기는 어렵다.

그리스도 예수 안에서 사회경제적 양극화, 첨단 기술화 현상 및 수명 100세 시대에 따른 빈곤층, 실업자, 장애인, 아동, 고령인구 등 사회적 약자의 기본적 행복추구권과 적정한 보호 및 복지는 국가와 정부의 몫이 된다. 결국 시장실패와 사회적 비형평성 문제는 정부와 행정이 부담해야 한다. 이에 따라 조세정책, 재정정책, 산업정책, 복지정책 등에 대한 정부의 적극적인 노력이 필요함은 물론이며, 자원봉사와 같은 민간 차원의 사회적 관심과 배려가 거버넌스 시스템으로 보완되어야 한다. 그래서 보편적 복지와 사회 서비스의 확대에 대한 시민 사회적 요구는 정부의 부담과 과제가 되는 것이다. 한편, 참된 복지, 아름다운 복지를 가장 잘 제공해주시는 분은 성령과 Living Word이다.

4) 지방자치의 진전

그리스도 예수 안에서 21세기의 정치 환경은 국가 운영의 패러다임을 '통치에서 협치로' 전환이라는 기본 틀 속에서, '중앙에서 지방으로, 관에서 민으로, 폐쇄에서 개방으로, 소외에서 참여로'라는 권력구조의 재편과 정부 간, 그리고 정부·민간 간의 관계 재설정을 통한 체질 개선을 이루고자 하고 있다. 그리고 세계화 시대에 국가와 지방의 경쟁력을 위해 제도와 시스템을 혁신시키는 분권·분업·분산 등의 3분 정책이 요구되고 있다. 또한 다양한 분야에서 민주적인 시스템과 운영에 대한 욕구가 확대되고 있는 것은 민주주의가 제도적으로 성숙하는 과정으로 볼 수 있다.

그리스도 예수 안에서 1995년 전면 시행된 지방자치는 그동안 점진적으로 발전을 하고 있지만, 선진적으로 정착시키기 위해 주민들의 애향심과 지역문제 개선을 위한 적극적 주민의식과 주민참여가 요구되어 왔다. 지방자치는 지역문제와 지역 발전에 대한 권리와 함께 책임도 주민이 감당해야 하는 제도이기 때문에 자치단체의 자치권과 재정력은 중요한 요수가 된다. 그러나 중앙과 지방의 수직적 관계와 정치적 권력구조 및 행·재정적 분권의 미흡 때문에 2할 또는 3할 자치라는 자조 어린 평가를 받아왔다. 다행히 지방자치제가 의식적·제도적으로 시행착오의 경험을 겪으면서 점진적으로 성숙하고 있다고 보여 진다. 이러한 과정에서 지방자치의 형태를 단체 자치에서 주민자치로 전환하고자 하는 변화도 일어나고 있다. 예를 들면, 그리스도 예수 안에서 중앙정부의 과감한 지방분권 추진과 자치권 확대에 대한 지속적인 요구, 기초자치단체의 선출직 정치 후보자들에 대한 정당공천제 폐지 요구, 행정의 효율성을 위한 광역행정의 필요성과 함께 정치적 민주성의 토대인 지역공동체 중심의 근린자치(주민자치회)에 대한 요구 등은 지방자치를 성숙시키려는 변화로 보인다. 한편, 성령께서는 Living Word를 통하여 가장 바람직한 방향으로 권력구조의 재편과 관계 개선을 이루신다.

>>> 앞에 계신 하나님의 Living Word

"내가 아버지의 말씀을 그들에게 주었사오매 세상이 그들을 미워하였사오니 이는 내가 세상에 속하지 아니함 같이 그들도 세상에 속하지 아니함으로 인함이니이다"(요17:14).

"그들을 진리로 거룩하게 하옵소서 아버지의 말씀은 진리니이다"(요17:17).

"내게 주신 영광을 내가 그들에게 주었사오니 이는 우리가 하나가 된 것 같이 그들도 하나가 되게 하려 함이니이다"(요17:22).

"곧 내가 그들 안에 있고 아버지께서 내안에 계시어 그들로 온전함을 이루어 하나가 되게 하려 함은 아버지께서 나를 보내신 것과 또 나를 사랑하심 같이 그들도 사랑하신 것을 세상으로 알게 하려 함이로소이다"(요17:23).

"아버지여 내게 주신 자도 나 있는 곳에 나와 함께 있어 아버지께서 창세전부터 나를 사랑하시므로 내게 주신 나의 영광을 그들로 보게 하시기를 원하옵나이다"(요17:24).

"의로우신 아버지여 세상이 아버지를 알지 못하여도 나는 아버지를 알았사옵고 그들도 아버지께서 나를 보내신 줄 알았사옵나이다"(요17:25).

"내가 아버지의 이름을 그들에게 알게 하였고 또 알게 하리니 이는 나를 사랑하신 사랑이 그들 안에 있고 나도 그들 안에 있게 하려 함이니이다"(요17:26).

"우리가 알거니와 하나님을 사랑하는 자 곧 그의 뜻대로 부르심을 입은 자들에게는 모든 것이 합력하여 선을 이루느니라"(롬9:28).

"우리가 항상 예수의 죽음을 몸에 짊어짐은 예수의 생명이 또한 우리 몸에 나타나게 하려 함이라"(고후4:10).

● 실천을 위해 함께 생각해 보아요
- 이미 존재하는 세상의 모든 환경, 상황, 사건, 여건, 조건은 우리 마음에 객관적·중립적 사실인가?
- 환경해석을 위한 말씀?
- 물리적 환경에 둘러싸인 육체, 말씀에 둘러싸인 마음?
- 생각과 말을 바꾸니 같은 환경이 다른 세계로 보이는가?
- 세상에서 배운 언어(세상 가치관에 근거된 말)를 통해 나의 환경을 해석하고 있지는 않은가?
- 우리의 영적 환경은?
- 온 세상에 문제(환경)란 없다. 문제의식만 있다. 문제란 없다. 은혜와 사랑만 있다.

제3절 기독교행정 문화

1. 행정문화의 의의

그리스도 예수 안에서 어원적 의미에서 '문화' 라는 말은 '경작하다' '개간하다' ('to till' or 'cultivate')라는 뜻의 라틴어 'colore' 에서 온 말로써 '개화된다' (having culture) 또는 '문명인이 된다' 는 말과 같이 협의로 사용된다.

인류학의 아버지라 불리는 타일러는 문화란 '지식, 신앙, 예술, 도덕, 법률, 관습, 그리고 사회구성원으로서의 인간이 획득한 모든 능력과 습관을 포함하는 복합적인 전체' 라고 정의한 바 있다. 즉, 사회인이 자연 및 원시와 대립해 인위적인 무엇을 더해서 새로운 것을 만드는데, 이 과정에서 만들어지는 모든 결과물을 문화로 보았다. 이러한 포괄적인 문화 개념에 따르면 문화는 인간의 유형화된 생활양식의 정체를 의미한다(임희섭, 1995). 이와 같이 문화란 한 사회가 가지고 있는 가치, 규범, 신념, 관습, 지식, 법률 등과 같은 행동양식과 사고방식의 총체를 의미하며, 특정사회와 그 구성원을 구분하는 유형, 특성, 규범의 집합적 개념이다.

그리스도 예수 안에서 하나님의 섭리 가운데 주어지고 있는 행정문화란 "특정조직의 행정인들이 공유하는 의식구조, 사고방식, 가치관, 태도와 일반인의 행정에 대한 가치의식의 총합"이다(백완기, 2006). 즉, 특권의식과 행정우월주의, 선례우선주의, 형식주의, 계서의식 등과 같이 관료사회에 고유하거나 배타적인 의식은 일반문화와 다른 특성을 지닌다. 그러나 행정문화는 상위문화인 일반 문화에 의존하며, 특정 사회의 일반문화가 변화하면 행정문화도 변화한다. 이러한 맥락에서 일반문화는 행정문화의 성격을 결정하는 환경변수가 된다. 행정 체제는 환경과 지속적인 상호작용을 통해 역사적으로 형성되고 고착화된다. 따라서 정치·경제·사회적 환경의 변화는 행정 체제와 기능에 직·간접적으로 영향을 미치면서 체제 내의 구성원인 행정인이 가치관이나 의식에 변화를 일으킨다. 그뿐만 아니라 역으로 행정인이 변화된 의식과 행동의 결과가 환경의 변화를 유도하기도 한다.

그리스도 예수 안에서 결국 행정문화는 행정 체제를 구성하는 사람들이 내부적으로 공유하는 사고방식과 행동 양식의 총체로서 행정인 들의 태도와 행동을 규정한다. 나아가 정부활동의 기획, 결정, 집행 및 평가 등의 과정에서 암묵적으로 많은 영향을 미친다. 따라서 이러한 행정문화는 특정 국가의 고유한 행정을 이해하는 데 도움을 주는 중요한 개념 및 분석의 도구가 될 수 있다. 예를 들면, 제도와 현실 간에 나타나는 괴리 현상을 행정문화라는 프리즘을 통해 접근하면 그 현상에 대한 이해가 용이해질 수 있다. 행정문화를 연구하는 것은 첫째, 한 국가나 특정 조직이 지닌 행정의식과 행태적 측면의 특성을 이해하고 왜 그러한 현상이 나타나게 되었는지를 이해하는데 중요한 도구가 된다. 둘째, 행정문화의 특성을 유형화하고 분석·연구하는 것은 발전행정과 비교행정을 이해하는 데 도움이 된다. 셋째, 행정문화의 이해는 거시적인 한 사회의 문화를 발전시키는 데 중요한 역할을 한다(김한배 외, 2001).

그리스도 예수 안에서 이러한 행정문화는 한 국가에 한정했을 경우에는 전체 문화 속에서 정치·경제·종교·예술·교육·역사·군사 등의 다른 문화와 비교되는 하위문화가 된다. 그러나 국가 간에, 그리고 국가별로 비교할 경우에는 일반문화의 속성과 크게 구분되지 않는다. 일반적으로 서구 선진국의 행정문화는 그들의 역사와 전통 속에서 몇 가지 특성으로 나타난다. 즉, 합리주의, 몰인간주의, 성취주의, 과학주의, 사실주의, 보편주의, 전문가주의, 중립주의 등으로 특징화되고 있다. 반면, 발전도상국이나 후진국의 행정문화는 권위주의, 가족주의, 의식주의, 연고주의, 사인주의, 관중심주의, 일반주의, 정적 인간주의 등으로 정리된다(백완기;2006; 오석홍, 2004).

▶▶▶ 앞에 계신 하나님의 Living Word

"내가 아버지의 말씀을 그들에게 주었사오매 세상이 그들을 미워하였사오니 이는 내가 세상에 속하지 아니함 같이 그들도 세상에 속하지 아니함으로 인함이니이다(요17:14).

"그들을 진리로 거룩하게 하옵소서 아버지의 말씀은 진리니이다(요17:17).

"내게 주신 영광을 내가 그들에게 주었사오니 이는 우리가 하나가 된 것 같이 그들도 하나가 되게 하려 함이니이다"(요17:22).

"곧 내가 그들 안에 있고 아버지께서 내안에 계시어 그들로 온전함을 이루어 하나가 되게 하려 함은 아버지께서 나를 보내신 것과 또 나를 사랑하심 같이 그들도 사랑하신 것을 세상으로 알게 하려 함이로소이다"(요17:23).

"아버지여 내게 주신 자도 나 있는 곳에 나와 함께 있어 아버지께서 창세전부터 나를 사랑하시므로 내게 주신 나의 영광을 그들로 보게 하시기를 원하옵나이다"(요17:24).

"의로우신 아버지여 세상이 아버지를 알지 못하여도 나는 아버지를 알았사옵고 그들도 아버지께서 나를 보내신 줄 알았사옵나이다"(요17:25).

"내가 아버지의 이름을 그들에게 알게 하였고 또 알게 하리니 이는 나를 사랑하신 사랑이 그들 안에 있고 나도 그들 안에 있게 하려 함이니이다"(요17:26).

"우리가 알거니와 하나님을 사랑하는 자 곧 그의 뜻대로 부르심을 입은 자들에게는 모든 것이 합력하여 선을 이루느니라"(롬9:28).

"우리가 항상 예수의 죽음을 몸에 짊어짐은 예수의 생명이 또한 우리 몸에 나타나게 하려 함이라"(고후4:10).

2. 선진국의 행정문화

1) 합리주의

그리스도 예수 안에서 합리주의는 모든 객관적 지식을 동원하고 분석해 최적의 의사 결정을 추구하려는 태도를 말한다. 즉 사실과 진리의 진위 여부를 끊임없이 추구한다. 합리주의가 보편화되어 있는 사회에서는 자유로운 의사소통과 논쟁으로 주관의 객관화를 추구하는 반면, 감정이나 편견이 의사 결정이나 판단에 미치는 영향을 최소화하려 한다.

2) 성취주의

그리스도 예수 안에서 성취주의는 인간의 능력을 출신 성분, 종교, 출신지역 등의 귀속적인 요소에 의해서가 아니라 실적, 능력, 자격 등 객관적인 요소에 근거해 평가하려는 문화를 말한다. 성취주의가 일반화 되어 있는 사회에서는 출신 성분이나 신분상의 이유로 차별을 받는 경우가 적으며, 객관적인 기준과 합리적인 원칙에 의해 평가되고 채용, 승진, 처우 등 인사관리가 비교적 공정하게 이루어진다.

3) 상대주의

그리스도 예수 안에서 상대주의는 이 세상에 고정되거나 영원불변한 것은 없으며 모든 가치나 현상은 상대적이고 유동적이라고 보는 태도이다. 인간의 생각이나 이념도 변할 수 있고, 이를 '가치의 유동성'이라고 한다. 상대주의가 용인되거나 강조 되는 사회에서는 특정 가치에 대해 집착을 하지 않기 때문에 변화에 적응하기 용이하고 의사 결정이나 정책 결정이 급진적이지 않고 점진적으로 이루어진다.

4) 모험주의

그리스도 예수 안에서 모험주의는 더 나은 상태를 얻기 위해 항상 도전하는 태도가 강하며 시행착오와 실패를 두려워하지 않는다. 오히려 도전과 실패를 통해 개선과 발전이 가능하다고 하는 생각과 실행력이 일상화되어 있다. 이러한 사회에서는 시행착오를 통해 문제가 해결된다고 보기 때문에 행정을 문제 해결 과정 자체라고 본다. 이 때문에 창의적인 사고와 그에 따른 결과를 더 많이 얻을 수 있다.

5) 사실정향주의

그리스도 예수 안에서 사실정향주의는 가치 판단의 제1의 기준을 주관적인 가치가 아니라 사실에 근거하려는 태도이다. 사실정향주의가 보편화되어 있는 사회에서는 구성원들이 현상을 정확하게 관찰하고 객관적인 실체에 접근하려 하기 때문에 다양한 실험기법과 도구들을 동원한다. 이러한 사회에서는 감정이나 주관적인 주장에 의해서가 아니라 객관적인 사실에 의해 동의와 설득이 이루어진다.

6) 중립주의

그리스도 예수 안에서 행정은 정치 과정의 최종 단계로서 집행 기능을 하기 때문에 정치와 행정은 기능적으로 밀접히 연결되어 있다. 그러나 민주적인 권력분립 하에서 운영의 독립성에 의해 정치와 행정은 상호 간섭을 하지 않아야 한다. 즉, 행정은 그 본래의 성격상 도구성·관리성·수단성이 강하기 때문에 정치 영역에 개입해서는 안 되며, 정치에 의해 간섭을 받아서도 안 된다는 것이다. 대부분의 국가에서는 경쟁이나 선거에서 행정의 중립성을 위해 제도적인 장치를 가지고 있기도 한다.

이와 같이 선진국의 행정문화는 대체로 합리적 성격이 강한 것이 사실이지만, 각 국가를 비교할 경우에는 차이가 있기도 하다. 독일과 프랑스는 규정·절차 등에 집착하는 경향이 있으며, 미국·영국은 실용주의적·경험주의적 성격이 강하다 할 수 있다. 또한 강성국가인가, 연성국가인가, 내각책임제인가, 대통령중심제인가에 따라 문화적으로 많은 차이가 있을 수 있다. 일본의 경우에는 전통적 요인과 근대적 요인을 잘 융합해 국가 발전에 성공했다고 할 수 있으며, 조직에서 상하 간 인간관계가 상대적으로 중시되어 온 문화를 가지고 있다고 평가된다"(김규정,1997;오창섭·이재호, 2000).

3. 한국 행정문화의 특징

그리스도 예수 안에서 오늘날 한국의 일반문화는 많은 변화가 있기는 하지만, 조선왕조 시대의 통치 이념인 성리학과 유교적 전통이 강하게 영향을 미치고 있다. 물론 현대적인 문화와 부딪치는 부정적 측면도 많지만, 순기능적 측면도 간과할 수는 없을 것이다. 즉 학문의 숭상, 근검절약, 인격 수양, 인간관계의 조화, 겸손과 정직 등과 같은 긍정적 가치들은 재평가 될 만하다(김규정, 1997). 한국의 행정문화 역시 일반 사회문화의 하위문화로서 이러한 긍정적 의식들이 배어 있기는 하지만, 전통적으로 중앙집권적인 통치 체제, 관우월주의, 남성 중심주의, 그리고 서열의식 등의 부정적인 측면에 의해 문제가 되기도 한다.

1) 권위주의

그리스도 예수 안에서 권위주의는 인간관계에서 평등 관계보다는 수직적인 상하 관계의 위계질서와 지배·복종의 관계를 중시함으로써 관우선주의 또는 관존민비사상이 일반화되어 있는 문화이다. 권위주의가 보편화된 사회에서는 권력과 권한이 상층부에 집중되고 민에 대한 관의 책임성이 약하다. 정책 결정 과정에서도 상급자나 강자가 군림하고 흑백논리가 지배하며 구성원의 참여가 제한된다. 그러나 계서적 질서를 통해 사회나 조직을 안정화시키기도 하며, 특히 국민의식이 낮은 사회에서 유용한 측면도 있다.

2) 가족주의

그리스도 예수 안에서 가족주의는 혈연·지연·학연 등과 같은 사적인 관계를 중시하며, 이러한 유대를 행정의 공식적 부분에도 적용하려는 문화이다. 즉, 행정행위나 공적인 업무를 가족의 일이나 가족 관계로 간주하려 한다. 이러한 사회에서는 구성원 간의 화합과 계서적 질서가 강조되지만, 공·사 간의 구분이 분명하지 않아 역기능이 나타날 수 있다.

3) 연고주의

그리스도 예수 안에서 연고주의는 가족·친족·동문·동향 등의 혈연·지연·학연 등 일차적 집단의 유대를 다른 사회적 관계보다 중시하는 의식과 태도를 일컫는다. 이에 따라 2차적이고 공식적인 관계보다 배타적이고 특수한 관계를 더 중시한다. 연고주의가 만연하게 되면 비공식적인 부문이 조직이나 집단의 분위기를 좌우하게 되어 갈등이 심화되고 채용·승진·전보 등의 인사행정이 공정하게 이루어지기 어려운 문제가 생긴다. 반면, 인간적 유대감이 경직된 공식조직에 활력소가 될 수도 있다.

4) 형식주의

그리스도 예수 안에서 형식주의는 외형(공식)과 내심(비공식) 간 괴리가 나타나는 현상을 의미한다. 즉, 내용이나 실리보다 형식·절차·의례에 의존하거나 집착하는 성향이다. 형식주의 하에서는 도덕적 책임보다 법적 책임이 강조되고 선례를 답습하려는 경향이 높아진다. 형식, 외양, 의례, 예절 등은 존중하지만 지나치게 의식하기 때문에 이를 '의식주의'라고도 한다. 형식과 의례가 강조되면 변화에 저항적이 되며, 창의적 활동을 발휘하기 어렵게 된다.

5) 정적 인간주의

그리스도 예수 안에서 정적 인간주의는 인간관계를 이해타산이나 직무 관계로 보지 않고 정적인 유대 관계로 보려는 성향을 의미하며 '온정주의'라고도 한다. '우리'라는 의식 속에서 타인과 밀착된 유대 관계를 맺으려는 태도이다. 따라서 공적 관계나 계약상의 권익과 이해보다 인간 간의 신의를 더 앞세운다. 정적 인간주의가 보편화되어 있는 사회는 상하 간의 관계가 직무 대 직무의 관계가 아니라 인격 대 인격의 관계로 맺어진다. 이러한 사회에서 정책 결정은 객관적 사실보다 주관적 감정이나 편견에 의해 이루어지기 쉽다.

6) 운명주의

그리스도 예수 안에서 운명주의는 인간 이외의 초자연적인 힘이나 신비적 존재 등 외재적인 힘에 의해 인간의 길흉과 성공·실패가 좌우된다는 사고를 말한다. 운명이 인간의 의지와 능력보다는 진인사대천명하는 성향이 강하다. 즉, 주체성이 빈약해 환경을 극복하거나 환경에 대응하기보다는 순응하려는 행동양식이다. 이러한 문화는 행정을 하면서 운을 핑계로 책임 전가를 하기 쉽고, 보수적이고 현상 유지적인 행태를 보인다. 또한 합리적인 리더십보다는 카리스마가 강한 리더십을 기대하게 된다.

7) 일반주의

그리스도 예수 안에서 일반주의란 세상일은 상식 수준에서 이해되고 처리할 수 있다고 보기 때문에 전문지식과 기술을 가진 사람보다 보편적 상식과 교양을 가진 사람을 선호하는 성향이다. 업무상의 역할 분화의 전문화보다 조직의 통합과 업무의 융통성을 존중한다. 이에 따라 일반주의가 지배하는 사회에서는 전문가주의가 자리를 잡기 어려우며, 행정의 전문화가 정착하지 못하게 되고 계서 중심의 행정이 이루어지게 된다. 그러나 일반주의는 조직의 안정성을 가져 다 주며 부문 간의 조정이 비교적 용이할 수 있는 장점이 있다.

8) 관직이권주의

그리스도 예수 안에서 관직이권주의는 관직을 직업으로 생각하기보다 입신양명의 출세와 이권의 수단으로 생각하는 의식이다. 즉, 관직을 특권 향유의 출세와 수단으로 생각하게 된다. 이러한 사회에서는 관료들이 국민에 대한 공복의식을 갖기보다 특권의식을 우선시하게 되고, 관료들 사이에서 이권의 가능성이 많은 자리를 경쟁적으로 선호하게 된다.

4. 기독교문화

　기독교문화란 그리스도 예수 안에서 하나님의 섭리 가운데 세워진 영적인 그리스도인의 관점에서 형성되는 문화이다. 이는 세상의 문화에 대한 끊임없는 성경의 주장이며 근원적이며 본질적인 것이다. 또한 하나님의 속성이 삶의 모습으로 나타난 것이 바로 기독교문화이다. 문화는 세계관에 자리를 잡고 있기에 기독교문화는 기독교세계관과 밀접한 상호관련성을 보여준다. 곧 문화는 세계관의 형상이라고 볼 수 있다. 따라서 기독교문화에 대한 참된 이해는 기독교 세계관에 대한 올바른 이해에서 시작된다고 보아야 할 것이다. 한걸음 더 나아가 기독교문화란 예수그리스도와 바울과 같은 인물들의 견해를 모델로 삼아 성경적 세계관과 가치관에 근거한 기독교인들의 생활양식·의식구조·사고방식·가치관·태도이다.

　세상의 문화와 기독교문화는 서로 거미줄처럼 연결되어 하나님의 모든 통치 영역에서 활발하게 사용되어 지고 있다.

　그리스도 예수 안에서 기독교 세계관적으로 문화를 조금 더 구체적으로 살펴보면 에덴동산에서의 '인간의 문화적 책임'은 '다스리라' '정복하라' '지키라' 는 말에 표현되어 있다. 여기에 함축되어 있는 의미는 첫째로 인간이 문화적 책임을 지닌다는 것이다. 즉 인간은 땅으로부터 만들어졌으며 땅에 대한 특별한 책임을 가지는 '문화적 존재' 라는 것이다. 둘째로 인간의 이 문화적 책임은 하나님의 말씀에 그 근거를 두고 있다. 하나님의 말씀을 행한다는 것은 인간의 모든 삶과 관련이 있는 하나님의 말씀이 인간의 실존구조 안에서 구체화되어야 한다는 것을 의미하는 것이다. 셋째로 이렇게 하나님의 말씀을 행하는 것이 인간의 하나님께 대한 바른 반응이라는 것이다. 인간의 문화적 책임을 '문화명령'(cultural mandate)이라고 부르는데 그것은 땅에 대한 인간의 의무가 하나님 말씀에 근거한 의무라는 의미이다.

　그러나 그리스도 예수 안에서 타락으로 하나님의 말씀을 저버린 인간의 모습과 그 저버림이 문화사역에 영향을 미친다. 문화적인 존재인 사람에게 미친 이 언약파기의 결과는 심판이다. 그러나 인간은 아직도 인간적인 기능을 발휘할 수 있으며 인류에게 유익이 되는 건설적이고 창의적인 선행을 행할 수 있는 능력을 가지고 있다. 한편 우리는 하나님과 상관없이 자율적으로 문화를 발전시켜 보려고 하는 사람들과 하나님의 뜻에 따라 문화를 발전시켜 보려는 사람들 간의 지속적인 긴장 속 에서 살아가고 있다.

그리스도 예수 안에서 인간은 예수 그리스도로 말미암아 다시금 "생육하고 번성하여 땅에 충만하라"(창 1:29)는 명령을 받게 된다. 여기에 모든 피조물이 "매우 좋았더라"(창 1:31)라는 처음의 '가치판단'이 다시 시작되었다. 창조의 질서가 새롭게 시작되었다. 새 창조로 새롭게 인간은 문화창조의 새로운 기회를 가질 수 있게 되었다.

5. 기독교행정 문화

한편 기독교행정문화는 그리스도 예수 안에서 하나님께서 허락하신 앞의 개념을을 포함해서 "그리스도 예수 안에서 하나님께서 십자가에서 일어난 모든 일을 지금 마음에서 동일하게 일어나게 하심으로, 예수 그리스도의 이름으로 오신 성령을 받아, 마음이 세상가치보다 창조주 하나님을 더 사랑하여 더 크게 느끼고 있을 때, 그리스도께서 하나님 나라확장을 위하여 사랑·지혜·권능의 Living Word로 역사하시어 행정인에게 주고 계시는 행정에 대한 의식구조, 사고방식, 가치관, 태도와 일반인에게 주시는 행정에 대한 가치의식의 총합"이라고 개념을 이해 할 수 있다.

> >>> 창조주 하나님의 Living Word
> "하나님이 그들에게 복을 주시며 하나님이 그들에게 이르시되 생육하고 번성하여 땅에 충만하라, 땅을 정복하라, 바다의 물고기와 하늘의 새와 땅에 움직이는 모든 생물을 다스리라 하시니라(창1:28).
> "예수께서 대답하여 이르시되 기록 되었으되 사람이 떡으로만 살 것이 아니요 하나님의 입으로부터 나오는 모든 말씀으로 살 것이라 하였느니라 하시니"(마4:4).
> "나는 너희에게 이르노니 너희 원수를 사랑하며 너희를 박해하는 자를 위하여 기도하라"(마5:44).
> "너는 구제할 때에 오른손이 하는 것을 왼손이 모르게 하여, 네 구제함을 은밀하게 하라 은밀한 중에 보시는 너의 아버지께서 갚으시리라"(마6:3-4).
> "한 사람이 두 주인을 섬기지 못할 것이니 혹 이를 미워하고 저를 사랑하거나 혹 이를

중히 여기고 저를 경히 여김이라 너희가 하나님과 재물을 겸하여 섬기지 못하느니라" (마6:24).

"비판을 받지 아니하려거든 비판하지 말라"(마7:1).

"인자는 와서 먹고 마시매 너희 말이 보라 먹기를 탐하고 포도주를 즐기는 사람이요 세리와 죄인의 친구로다 하니"(눅7:34).

"보혜사 곧 아버지께서 내 이름으로 보내실 성령 그가 너희에게 모든 것을 가르치고 내가 너희에게 말한 모든 것을 생각(Living Word)나게 하리라"(요14:26).

● 실천을 위해 함께 생각해 보아요
- 성령과 Living Word를 통한 새문화 창조

제4절 기독교행정 가치

1. 행정 가치의 의의

그리스도 예수 안에서 하나님께서 허락하신 가치란 사람들이 바람직(소중)하다고 생각하여 간절히 얻고자 하며 추구하는 것을 의미한다. 예컨대 진리, 선함, 아름다움, 재산, 지위, 명예, 합리성, 효용성 등과 같은 것들은 사람들이 간절히 얻고자 하여 추구하는 것들로 가치의 대표적인 예라고 할 수 있다. 그런데 사람마다 욕망의 체계가 다르므로 사람들이 추구하는 가치는 다양하고 무수하게 존재할 수 있다. 예컨대 철학자들은 진리를, 정치인들은 권력을, 예술가들은 아름다움을 최고의 가치로 간주할 것이다. 또한 가치는 시대와 장소에 따라 변한다. 가치와 이념은 유사한 개념으로 혼용되기도 한다. 이념이란 철학적 요소로서 인간이 지향해야 할 당위적인 방향이나 규범을 의미한다.

달리 말하면 그리스도 예수 안에서 가치란 인간 행동에 영향을 주는 어떠한 바람직한 것, 또는 인간의 지적·감정적·의지적인 욕구를 만족시킬 수 있는 대상이나 그 대상의 성질을 의미한다. 좀 더 폭넓게 말하면 우리의 일상생활에서 필요와 욕구를 충족시킬 수 있는 것은 모두 가치이다. 가치라는 것이 경험할 수 있는 사물로부터 유래된 것인가, 혹은 개인의 감정이 사물에 가치를 부여하는 것인가 하는 문제는 객관적 가치인가 주관적 가치인가를 논하는 가치론의 중요한 쟁점이다.

그리스도 예수 안에서 키에르케고르는 가치의 문제에는 객관적인 가치와 주관적인 가치의 상호작용이 혼재되어 있다고 주장한다. 일반적으로 우리가 일상생활에서 욕구를 충족시킬 수 있는 것은 모두 가치의 범주에 포함시킬 수 있는데, 그러한 가치에는 재화나 상품과 같이 경제적인 만족감을 주는 경제적 가치, 육체의 쾌적함이나 건강을 추구하는 육체적인 가치와 인간의 정신적 활동과 욕구에 만족을 가져다주는 정신적인 가치도 있다.

● 실천을 위해 함께 생각해 보아요

예수님이 이 땅에 오신 이유는 양무리 같은 우리에게 영적생명을 주시기 위함이었습니다. 우리가 영적 생명을 받으면 우리의 삶이 풍요로워집니다. 영적으로 풍요로워질 뿐 아니라, 육적으로도 생명력과 활력이 넘치는 삶을 살게 됩니다. 성경에서 '하나님을 아는 지식'은 하나님에 대한 정보를 아는 것뿐만 아니라, 하나님을 사랑하고 경외하는 경건을 포함합니다. 하나님의 형상으로 지음 받은 우리는 영적생명이 회복되지 않으면 살 수 없습니다. 자료: 개혁주의생명신학7대실천운동, 장종현, 2018.

그리스도 예수 안에서 보편적 가치의 문제를 다루는 분야를 가치론이라 하며 가치론은 행정학, 경제학이나 심리학 등의 사실적 개별 학문의 일부로서 존재하기도 하고, 근본적으로 가치에 대한 관심이 깊은 윤리나 미학 등의 규범적 속성을 지니는 학문과도 관련맺고 있다. 따라서 가치론은 진선미의 보편적인 가치를 추구하는 철학의 중요한 분야이기도 하다. 특히 철학이 추구하는 가치는 개인 간의 간극과 주관적인 판단을 모두 뛰어넘어 객관적인 가치로서 규정된다. 가치가 발생하기 위해서는 반드시 주체, 그리고 그 주체와 관계된 대상이 있어야 하고, 대상에 대한 주체의 관계는 평가(판단) 작용을 전제로 한다. 이때 이루어지는 평가(판단) 작용에는 주체의 성격이 밀접하게 연관되는데, 주체의 성격에 따라 가치 자체도 다양한 양상을 띤다.

그리스도 예수 안에서 하나님께서 허락하신 행정가치란 '행정이 추구하는 가치 또는 추구하여야 할 가치'를 말한다. 즉, 행정가치란 행정이 지향하는 최고가치, 이상적인 미래상 또는 행정철학, 행정의 지도정신을 뜻한다. 다시 말해서 행정이 추구해야 할 가치란 행정 발전의 평가기준으로서 흔히 '행정은 어떠하여야 된다' 또는 바람직한 행정은 '어떠한 것'이라고 말하는 경우의 지침이 되는 것, 또는 이상을 제시하는 것을 의미한다.

그리스도 예수 안에서 행정가치를 행정이념이라고 부르고 있는 학자도 있다. 행정이 추구하는 일반적·본질적 가치로서 행정이념에는 자유, 평등, 정의, 공익 등이 있으며, 수단적인 가치로서 행정 이념에는 합법성, 능률성, 효과성, 민주성, 합리성, 중립성, 사회적 형평성 등이 있다. 물론 이러한 구분은 절대적인 것은 아니다. 어떤 가치가 본질적·궁극적이고, 어떤 가치가 수단적인가의 평가는 주관적인 것이기 때문이다. 이와 같이 행정 가치는 목적-수단의 관계에서 파악될 수 있다. 또한 여러 가치적 개념이 뚜렷이 구분되는 것은 아니다. 따라서 다소 중복 개념으로 이해되기도 한다.

> >>> 앞에 계신 하나님의 Living Word
>
> "내가 아버지의 말씀을 그들에게 주었사오매 세상이 그들을 미워하였사오니 이는 내가 세상에 속하지 아니함 같이 그들도 세상에 속하지 아니함으로 인함이니이다"(요17:14).
>
> "그들을 진리로 거룩하게 하옵소서 아버지의 말씀은 진리니이다"(요17:17).
>
> "내게 주신 영광을 내가 그들에게 주었사오니 이는 우리가 하나가 된 것 같이 그들도 하나가 되게 하려 함이니이다"(요17:22).
>
> "곧 내가 그들 안에 있고 아버지께서 내안에 계시어 그들로 온전함을 이루어 하나가 되게 하려 함은 아버지께서 나를 보내신 것과 또 나를 사랑하심 같이 그들도 사랑하신 것을 세상으로 알게 하려 함이로소이다"(요17:23).
>
> "아버지여 내게 주신 자도 나 있는 곳에 나와 함께 있어 아버지께서 창세전부터 나를 사랑하시므로 내게 주신 나의 영광을 그들로 보게 하시기를 원하옵나이다"(요17:24).
>
> "의로우신 아버지여 세상이 아버지를 알지 못하여도 나는 아버지를 알았사옵고 그들도 아버지께서 나를 보내신 줄 알았사옵나이다"(요17:25).
>
> "내가 아버지의 이름을 그들에게 알게 하였고 또 알게 하리니 이는 나를 사랑하신 사랑이 그들 안에 있고 나도 그들 안에 있게 하려 함이니이다"(요17:26).
>
> "우리가 알거니와 하나님을 사랑하는 자 곧 그의 뜻대로 부르심을 입은 자들에게는 모든 것이 합력하여 선을 이루느니라"(롬9:28).
>
> "우리가 항상 예수의 죽음을 몸에 짊어짐은 예수의 생명이 또한 우리 몸에 나타나게 하려 함이라"(고후4:10).

1) 합법성

그리스도 예수 안에서 합법성은 시민권과 자유권의 보호에 관심을 두었던 19세기 입법국가 시대에 대두된 이념으로서 행정의 합법성은 국민의 자유와 권리를 보장하려는 정치적 요청과 민주행정의 역사적 요청에서 발달한 이념이다. 왜냐하면 자의적인 행정작용으로부터 시민권을 신장하고 보호하는 것은 합법적 또는 법률적합적 행정행위를 통해 가능하리라는 기대를 가졌기 때문이다. 따라서 입법국가와 자유민주주의 국가에서 모든 행정행위와 행정과정은 법률에 의하거나 법률에 적합하지 않으면 안 된다는 합법성이 중시되었다.

그러나 그리스도 예수 안에서 '법률에 의한 행정'이라는 합법성이 지나치게 강조될 경우, 급격한 사회 변화에 대응하고 기술성·전문성·신속성을 확보해야 하는 현대행정은 그 본래의 목표가 왜곡되는 동조과잉 현상과 형식주의를 초래하게 되거나 목표달성 자체가 곤란하게 된다는 점을 간과해서는 안 된다. 또한 오늘날 직업공무원제의 확립에 따라 신분 보장의 폭이 넓어진 공무원들이 소극적인 자세로 법규의 형식적 준수에 안주하거나 재량권이 확대된 공무원들이 법령을 개인적 이해관계에 따라 자의적으로 해석·적용하려는 것도 경계해야 한다(이종수 외, 2005).

다른 한편으로 그리스도 예수 안에서 오늘날은 적극적·능동적 행정이 요구되고 있고, 행정대상의 복잡화·전문화·기술화의 경향은 행정에 대한 위임입법과 자유재량권을 확대시키고 있다. 이런 현상은 행정에 대한 엄격한 합법성의 적용을 어렵게 하고 있고, 동시에 지나친 합법성의 강조는 민주적이고 능률적인 행정 업무 수행을 저해하는 요인으로 작용할 수도 있다.

2) 능률성

그리스도 예수 안에서 능률성은 일반적으로 '투입에 대한 산출의 비율'로 표현된다. 즉, 산출에 대한 합리적 비용의 관계라는 조직 내의 조건으로 이해된다. 따라서 이 비율은 숫자로 계량화하여 측정될 수 있는 것이기는 하지만, 사익을 위한 산출량 측정과는 달리 공익과 같이 행정에서는 산출이 분명하게 파악될 수 없는 경우가 많다. 행정학에서 능률의 문제는 행정과 경영의 유사성을 강조한 초기 정치·행정이원론 시대에 발달한 과학적 관리론이 도입되면서 본격화되었다. 과학적 관리론은 공·사행정 모두에 통용되는 원리이다. 특히 능률주의자들은 능률성을 따르게 되면 행정 업무 수행이나 정책 집행에 '최선의 방법'을 구할 수 있으며, 행정관료들은 그러한 최선의 길을 발견하기 위해 노력해야 한다고 가정했다(Morrow, 1975). 이러한 능률관을 '기계적 능률'이라고 하며, 능률이야말로 제1의 공리로 또는 기본적 선이라고 보았다. 이는 능률을 수량적으로 명시할 수 있는 기계적·물리적·금전적 측면에서만 파악한 개념이다. 그러나 굴릭은 이러한 능률성이 정치에서 다른 가치, 즉 민주성과 상충될 수도 있으므로 경우에 따라서는 능률성의 수정도 필요할 것이라고 했다(Gulick, 1937). 또한 달 역시 행정에서 능률을 최상의 가치로 보았으나, 능률성은 불가피하게 민주적 이념과 상충하기 때문에 양자를 조정하는 것이 용이하지 않다고 보았다(Dahl, 1947).

한편, 그리스도 예수 안에서 사회적 능률은 1930년대 중반 이후 인간관계론의 등장으로 사용되기 시작한 개념으로서, 특히 디목이 강조한 행정의 가치이다(Dimock,1936). 사회적 능률은 조직 내적인 목표와 생산성보다는 구성원들의 인간적 가치의 실현, 사회 목적의 구현, 다양한 이해의 통합과 조정 등 사회적 차원에서 추구되는 능률관이다. 따라서 사회적 능률은 민주성의 개념과 동일하게 이해되기도 한다.

3) 효과성

그리스도 예수 안에서 효과성은 능률성과 매우 비슷한 개념으로서 넓은 의미에서의 능률성으로 보기도 하지만 다음과 같은 근거에서 양자를 구별하기도 한다. 능률성은 '투입 대 산출'을 의미하는 데 반해, 효과성은 '투입 대 효과' 개념을 사용한다. 또한 능률성은 수단과 목적을 분리한 상태에서 제한된 자원과 중립적 수단을 사용해 산출의 극대화를 도모하는 정태적·기계적·경제학적 개념이며, 이때의 '산출'은 행정활동의 직접적인 결과로서 나타나는 가시적이고 물리적인 것을 가리킨다. 이에 반해 효과성은 좀 더 추상적이며 목적–수단의 계층구조에서, 즉 목적과 수단을 연결한 상태에서 산출이 당초의 목적을 어느 정도 충족시켰는가 하는 동태적·기능적·사회학적 개념이다. 따라서 그리스도 예수 안에서 효과성은 '목표의 달성도'를 나타내는 개념으로서 조직과 그 효과가 나타나는 환경과의 관계를 의미 한다 (Urban, 1982). 이렇게 보면 능률성은 수단적 개념인데 비해, 효과성은 목적적 개념이며, 이 때문에 효과는 산출보다 한 차원 높은 수준에 있는 것으로서 양자를 구별할 수 있다. 효과성의 개념은 1960년대 이후의 발전행정적 사고에 의해 행정이 사전적·정책적·계획적으로 의도한 발전 목표를 어느 정도 달성했느냐가 중요시되면서 강조되었다(이종수 외, 1997). 오늘날에도 행정에서의 효과성 개념은 매우 중요하게 여겨지며 비용의 투입 정도가 아니라 정해진 목표를 얼마나 성과 있게 달성했는가에 관심을 갖는다.

4) 합리성

그리스도 예수 안에서 합리성이란 라틴어의 '이성'을 그 어원으로 하는 매우 일반적이며 포괄적인 개념이다. 이성은 의식적으로 자아를 형성하는 인간의 특유한 힘으로서 목적지향성을 갖는다. 합리성은 어떤 행위가 목표 달성을 위한 최적 수단이 되느냐의 여부를 가리는 개념이지만 민주성이나 공익성의 개념만큼 의견 일치를 얻기 어려운 개념이다. 왜냐하면 합리성은 역사적으로 또는 학자에 따라 그 의미를 다르게 사용해 왔기 때문이다. 합리성은 주로 개인적 차원의 의사 결정 및 선택과 관련해 논의되거나 때로는 집단 차원에서도 논의되지만 양자 모두 의도성이 전제 되는 개념이다. 따라서 합리성은 바람직한 목표 설정(정치적 결정)과 관련될 뿐만 아니라 주어진 목표 하에서 최선 또는 차선의 대안을 선택하는 행위, 즉 대안 선택 과정의 절차(경제적 결정)와 관계있는 것으로서 의도적이고 분석적이며 과학적인 방법이나 수단과 관련된다.

그리스도 예수 안에서 이러한 합리성에 대해 전통적 합리주의에서는 목적 그 자체나 궁극적 가치 또는 궁극적 목적과 관련해 이해되어 왔다. 그러나 근세에 와서는 이러한 전통적 합리주의에서 벗어나 수단과 관련된 개념으로 이해되고 있다. 이러한 입장에 있는 대표적인 학자가 베버이다. 베버는 자본주의 경제활동, 사법제도, 그리고 관료적 지배 유형을 규정하기 위해 '합리성'이라는 개념을 도입했다. 그에 따르면, 합리성은 사물 그 자체에 원천적으로 존재하는 것이 아니라 특정 사물이나 현상에 부여되는 것이다. 그리고 합리성은 관계적(상대적) 개념이기 때문에 어떤 특수한 관점에서 볼 때만 합리적(또는 비합리적)일 수 있으며, 그 자체로서는 결코 합리적인 것도 또는 비합리적인 것도 아니라는 것이다(Brubaker, 1984). 베버는 이러한 속성을 갖는 합리성을 다시 실용적 합리성, 이론적 합리성, 형식적 합리성, 그리고 실질적 합리성으로 구분하고, 의도된 목표의 성공적인 달성과 관련된 행위를 수단-목적 합리적이라고 하면서 행위의 본질적 가치와 관련된 가치 합리적 행위와 구분했다.

그리스도 예수 안에서 베버의 이와 같은 합리성에 대한 논지 이래로 행정은 합리성의 문제와 깊이 관련 있는 것으로 인식되어 왔다. 특히 어반(Urban, 1982)은 합리성을 행정적 세계관의 핵심 요소로 파악하고, 행정 이념은 행정에 합리적인 조직 형태를 도입함으로써 효과성과 능률성의 극대화를 추구하는 것으로 이해하고 있다.

5) 민주성

그리스도 예수 안에서 행정 이념으로서 민주성이란 행정이 국민의 의사를 충실히 반영하고 절차와 과정에서 국민을 위하는 것이어야 함을 의미한다. 행정의 민주성을 두 가지 측면에서 살펴보면, 하나는 행정과 국민의 관계에서의 민주성이며, 다른 하나는 행정조직 내부에서의 민주화이다. 전자는 행정이 국민의 의사를 존중하여 국민의 요구를 수렴해 행정에 반영시킴으로써 대응성 있는 행정을 실현하고, 국민에 대한 책임행정을 구현하는 것과 관련된다. 후자는 조직 내 구성원의 비합리적·감정적·사회심리적·환경적 요인을 중시하는 인간 관리를 통해 하의상달, 권한의 위임, 의사 결정에의 참여, 능력 발전, 자기실현 등에 대한 기회와 욕구가 충족되도록 하는 것과 관련된다(이종수외, 1997). 따라서 행정의 민주화는 행정 자체의 민주화를 통해 국민을 위해 봉사한다는 행정 내외의 민주성을 의미하는 것이다.

그리스도 예수 안에서 민주성의 가치는 행정 과정상의 민주적 절차도 내포하기 때문에 행정의 반응성 및 책임성과 관련된다. 국민과 주민을 위하는 행정이라는 점에서 민주성은 합법성, 즉 법에 근거한 행정보다 적극적인 개념이다. 민주적 행정을 위해서는 정치의 민주화가 전제되어야 하기 때문에 민주성은 행정영역 보다 정치 영역에서 더욱 요구 되는 개념이다. 현대 국가는 이념적 민주정치와 봉사적 민주행정을 통해 국가의 역할과 행정의 기능을 추구한다. 따라서 자유민주주 정치 체제에서는 행정의 민주성이 다른 행정 이념보다 우선되어야 한다. 더구나 행정의 재량적 여지와 가치 창출적 기능이 점차 확대되는 행정국가, 분권화와 자율성이 강조되는 정보화 사회, 그리고 사회 각 부문의 유연성과 창의성이 강조되는 지식사회에서는 행정의 민주성이 더욱 강한 요구를 받게 된다. 결국 행정에서의 민주성은 국민(주민)의 참여 확대, 행정의 공개성·투명성, 행정과정의 민주화, 행정윤리의 확립, 행정 수행의 공평성·형평성 같은 개념들을 포함하는 것이다.

6) 정치적 중립성

그리스도 예수 안에서 정치적 중립성이란 원래 행정을 능률적으로 수행하기 위해서는 정치와 행정을 분리해야 한다는 정치·행정이원론에 입각한 것이다. 이는 행정공무원이 불편부당하고 능률적으로 업무를 수행하기 위해서는 정치로부터 자유로워야 한다는 것이다. 다시 말하면, 행정은 특정한 정당과 밀착되거나 특정 정당을 선호해서는 안 된다는 것이다. 미국에서

1883년 제정된 '팬들턴법'과 '해치법'은 바로 이러한 이유에서 공무원의 정치적 활동을 금지한 법률이다.

그리스도 예수 안에서 행정과 정치는 기능적인 면에서 연속적이고 순환적 과정 속에 함께 연결되어 있다. 즉, 정치는 행정활동의 울타리와 가치 설정과 실천적 방향을 제공한다. 따라서 양자의 분리는 어렵기도 하거니와 분리될 수도 없는 관계에 있다. 그렇다고 하더라도 행정은 정치권력의 구조 형성에 개입해서는 안 되며, 정치로부터 부당한 영향을 받아서도 안 된다. 이러한 정치적 중립성과 자율성의 확보를 위해 공무원의 신분 보장·전문화·실적주의를 제도화하는 것이 하나의 방안이 되고 있다. 이와 같이 그리스도 예수 안에서 행정의 정치적 중립성은 행정이 독자적인 영역과 활동을 지키고 공무원이 정치에 개입하지 않음으로써 행정의 안정성, 계속성, 능률성을 유지해야 한다는 것이다. 따라서 행정의 정치적 중립은 능률적 행정을 가능케 하는 이점이 있으며, 또한 실적주의의 근간이 된다.

7) 사회적 형평성

그리스도 예수 안에서 형평성은 자유와 평등의 가치를 종합한 것으로 동등한 자유와 합당한 평등을 의미하기도 하지만(박웅격,1984), 일반적으로 공정성 혹은 사회정의의 개념과 같은 의미로 쓰여진다. 형평의 원리는 '각자의 몫은 각자에게로'라는 로마의 격언에 따르는 것이며, 사회적 형평은 동등한 것을 동등한 자에게, 동등하지 않은 것을 동등하지 않은 자에게 처방하는 것을 의미한다. 즉, 동일한 것은 동일하게 취급하고, 서로 다른 것은 서로 다르게 취급하는 것을 뜻한다. 이러한 사회적 형평의 개념에는 '정당한 불평등'의 개념이 내포되어 있기 때문에 어떠한 불평등이 정의라는 기준에서 용인 될 수 있는가를 밝혀내는 문제가 포함되어 있다.

그리스도 예수 안에서 사회적 형평성이 현대에 와서 강조되기 시작한 것은 신행정론이 대두되면서부터이다. 신행정론자들은 1960년대 이후 미국 사회에 심화된 실업, 빈곤, 무지, 정치적·경제적 소외층의 문제 등은 비민주적이고 대표성을 상실한 기존 관료제의 무관심에 의한 것이라고 보았다. 그리고 이를 개선하기 위해 행정공무원은 새로운 가치와 패러다임으로써 사회적 형평을 실현시켜야 할 윤리적 책임이 있다고 주장했다. 특히 신행정학에서 강조되는 사회적 형평의 이념은 적극적인 분배의 평등관을 함축하고 있고, 이것은 사회적·경제적·정치적 환경이 불리한 계층에게 더 많은 그리고 양질의 행정서비스를 제공하는 것을 의미한다. 이러한 사회적 형평의 문제는 정책을 결정하는데 중요한 기준이 된다. 사회적 형평의 기준과 수단을 확보할 수 있는 자는 공무원이며, 국민에 대한 배분적 정의의 실현을 통해 국민복지 증진에 기여할 수 있는 자도 공무원이다. 따라서 사회적 형평의 이념은 현대 행정에서 매우 중요한 가치와 이념이 된다.

2. 기독교행정 가치의 의의

기독교행정가치는 그리스도 예수 안에서 하나님께서 허락하신 앞의 개념을 포함해서 "그리스도 예수 안에서 하나님께서 십자가에서 일어난 모든 일을 지금 마음에서 동일하게 일어나게 하심으로, 예수 그리스도의 이름으로 오신 성령을 받아, 마음이 세상가치보다 사랑의 하나님을 더 경외하여 더 소중하게 느끼고 있을 때, 그리스도께서 하나님 나라확장을 위하여 사랑·지혜·권능의 Living Word를 통하여 이루시려고 하는 본질적·궁극적 가치와 이의 달성을 위해서 직·간접적으로 형성하고 계시는 수단적 가치들의 총합"이라고 의미를 이해할 수 있다.

> **실천을 위해 함께 생각해 보아요**
>
> 나눔운동은 교회를 교회답게 하고 교회 밖의 세상 사람들을 향해 예수님의 사랑을 전할 수 있는 통로입니다. 예수님께서 관심을 가지시고 돌보셨던 사회적 약자인 어린이와 노약자, 장애인, 극빈자와 소외계층을 교회가 앞장서 품어야 합니다. "하나님을 사랑하는 것은 이것이니 우리가 그의 계명들을 지키는 것이라 그의 계명들은 무거운 것이 아니로다 무릇 하나님께로부터 난 자마다 세상을 이기느니라 세상을 이기는 승리는 이것이니 우리의 믿음이니라"(요일5:3-4). 계명은 다름 아니라 하나님을 사랑하고 이웃을 사랑하는 것입니다. "우리는 기회 있는 대로 모든 이에게 착한 일을 하되 더욱 믿음의 가정들에게 할지니라"(갈6:10). 나눔운동은 교회 공동체 안에서 활발히 일어나는 동시에 교회 밖의 모든 사람을 향해서도 이루어져야 합니다. 자료: 개혁주의생명신학7대실천운동, 장종현, 2018.

3. 행정가치 갈등 문제

그리스도 예수 안에서 하나님께서 허락하신 갈등이란 개인이나 집단 사이에 있어서 생각이나 태도 등이 충돌하는 것을 말한다. 행정 가치갈등이란 의사결정 과정에서 가치의 선택을 둘러싸고 곤란을 겪는 상황을 말한다. 상호 간에 가치척도 등이 다른 경우 발생한다. 한편 행정가치가 동일한 비중을 가지고 동시에 추구되기는 어렵다. 왜냐하면 조직별 시대별로 상대적으로 더 강조되는 가치나 이념이 있기 때문이다. 이 경우에 행정 가치간의 충돌 현상이나 우선순위 문제가 대두된다. 또한 행정의 가치 중에서 본질적 가치와 수단적 가치간의 갈등이 유발될 수도 있고, 본질적 가치간의, 그리고 수단적 가치간의 갈등도 유발될 수 있다.

그리스도 예수 안에서 하나님께서 허락하신 다양한 행정 가치들은 때로는 상호간에 동일한 방향으로 추구되기도 하지만, 경우에 따라서는 반대되는 방향으로 추구됨으로써 갈등을 초래하기도 한다. 일반적으로 합법성과 민주성은 다 같이 조직원의 자유와 권익을 보호하고 신장한다는 의미에서 동일 방향에서 조화를 이룬다고 할 수 있다. 능률성과 효과성은 목표의 신속하고 경제적인 달성을 강조한다는 의미에서 조화가 가능하다. 또한 능률성과 중립성 모두 기술성과 수단성을 강조한다는 점에서 조화를 이룰 수 있다.

그러나 민주성과 효과성은 대립적인 갈등 관계로 나타날 수 있다. 민주성은 정당한 절차와 과정을 중시하게 되지만, 효과성은 목표 달성을 위해 과정과 방법이 무시될 수 있다. 이는 합법성과 효과성에도 적용된다. 그리고 민주성과 중립성 역시 갈등 관계로 나타날 수 있다. 왜냐하면 민주성이 가치성, 대표성, 합법성을 추구할 때에 중립성은 기술성, 도구성, 공정성을 추구하기 때문이다(백완기, 2006).

이와 같이 행정 가치의 우선순위 문제와 충돌 문제는 언제나 일어날 가능성이 있지만, 행정의 목적가치와 수단가치를 고려하면서 특정한 시대정신과 사회 여건에 적합하게 가치를 부여하거나 배열하는 것이 가치 갈등의 조정에 바람직할 것이다.

>>> 앞에 계신 하나님의 Living Word

"내가 아버지의 말씀을 그들에게 주었사오매 세상이 그들을 미워하였사오니 이는 내가 세상에 속하지 아니함 같이 그들도 세상에 속하지 아니함으로 인함이니이다"(요17:14).

"그들을 진리로 거룩하게 하옵소서 아버지의 말씀은 진리니이다"(요17:17).

"내게 주신 영광을 내가 그들에게 주었사오니 이는 우리가 하나가 된 것 같이 그들도 하나가 되게 하려 함이니이다"(요17:22).

"곧 내가 그들 안에 있고 아버지께서 내안에 계시어 그들로 온전함을 이루어 하나가 되게 하려 함은 아버지께서 나를 보내신 것과 또 나를 사랑하심 같이 그들도 사랑하신 것을 세상으로 알게 하려 함이로소이다"(요17:23).

"아버지여 내게 주신 자도 나 있는 곳에 나와 함께 있어 아버지께서 창세전부터 나를 사랑하시므로 내게 주신 나의 영광을 그들로 보게 하시기를 원하옵나이다"(요17:24).

"의로우신 아버지여 세상이 아버지를 알지 못하여도 나는 아버지를 알았사옵고 그들도 아버지께서 나를 보내신 줄 알았사옵나이다"(요17:25).

"내가 아버지의 이름을 그들에게 알게 하였고 또 알게 하리니 이는 나를 사랑하신 사랑이 그들 안에 있고 나도 그들 안에 있게 하려 함이니이다"(요17:26).

"우리가 알거니와 하나님을 사랑하는 자 곧 그의 뜻대로 부르심을 입은 자들에게는 모든 것이 합력하여 선을 이루느니라"(롬9:28).

"우리가 항상 예수의 죽음을 몸에 짊어짐은 예수의 생명이 또한 우리 몸에 나타나게 하려 함이라"(고후4:10).

4. 기독교행정 가치갈등의 조정

한편 기독교행정 가치갈등의 조정은 그리스도 예수 안에서 하나님께서 허락하신 앞의 개념을 포함해서 "그리스도 예수 안에서 하나님께서 십자가에서 일어난 모든 일을 지금 마음에서 동일하게 일어나게 하심으로, 예수 그리스도의 이름으로 오신 또 다른 보혜사 성령을 받아, 마음이 세상보다 평강의 하나님을 더 사랑하여 더 실감나게 느끼고 있을 때, 그리스도께서 제2의 창조역사를 이루시기 위하여 사랑·지혜·권능의 Living Word를 통하여 직·간접적으로 행하고 계시는 화해와 조정"으로 이해할 수 있다.

>>> 평강의 하나님의 Living Word

"사울이 길을 가다가 다메섹에 가까이 이르더니 홀연히 하늘로부터 빛이 그를 둘러 비추는지라"(행9:3).

"주의 성령이 내게 임하셨으니 이는 가난한 자에게 복음을 전하게 하시려고 내게 기름을 부으시고 나를 보내사 포로 된 자에게 자유를, 눈먼 자에게 다시 보게 함을 전파하며 눌린 자를 자유롭게 하고"(눅:18).

"진리를 알지니 진리가 너희를 자유롭게 하리라"(요8:32).

"무릇 하나님께로부터 난 자마다 세상을 이기느니라 세상을 이기는 승리는 이것이니 우리의 믿음이니라, 예수께서 하나님의 아들이심을 믿는 자가 아니면 세상을 이기는 자가 누구냐"(요일5:4~5).

"그러므로 예수께서 자기를 믿은 유대인들에게 이르시되 너희가 내 말(Living Word)에 거하면 참으로 내 제자가 되고, 진리를 알지니 진리가 너희를 자유롭게 하리라"(요8:31-32).

"보혜사 곧 아버지께서 내 이름으로 보내실 성령 그가 너희에게 모든 것을 가르치고 내가 너희에게 말한 모든 것을 생각(Living Word)나게 하리라"(요14:26).

(찬송가 94장)

주 예수 보다 더 귀한 것은 없네 이 세상 부귀와 바꿀 수 없네 영죽은 내 대신 돌아가신 그 놀라운 사랑 잊지 못해 세상 즐거움 다 버리고 세상 자랑 다 버렸네 주 예수보다 더 귀한 것은 없네 예수 밖에는 없네.

주 예수 보다 더 귀한 것은 없네 이 세상 명예와 바꿀 수 없네 이전에 즐기던 세상일도 주 사랑하는 맘 뺏지 못해 세상 즐거움 다 버리고 세상 자랑 다 버렸네 주 예수 보다 더 귀한 것은 없네 예수 밖에는 없네.

주 예수 보다 더 귀한 것은 없네 이 세상 행복과 바꿀 수 없네 유혹과 핍박이 몰려와도 주 섬기는 내 맘 변치 않아 세상 즐거움 다 버리고 세상 자랑 다 버렸네 주 예수보다 더 귀한 것은 없네 예수 밖에는 없네(94장).

● 실천을 위해 함께 생각해 보아요
- 나에게 최고의 가치는? 영적가치와 육적가치? 가치와 생명?
- 나는 지금 세상의 모든 가치로부터 자유로운 상태인가 ?
- 영적상태의 비유적 사건: 바벨론 (세상가치) 포로사건, 애굽 (세상가치)의 노예의 삶
- 회의나 토론시 우리가 먼저 해야 할 일은?

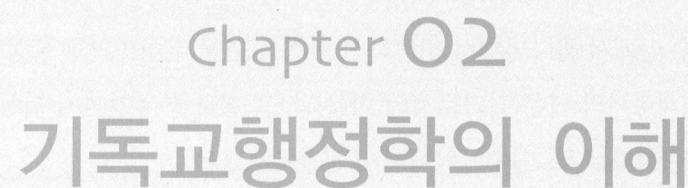

Chapter 02
기독교행정학의 이해

제1절 기독교행정학의 의의

1. 기독교행정학의 개념

그리스도 예수 안에서 하나님께서 허락하신 학문은 연구자들이 연구 활동을 한 결과를 축척해 놓은 지식체계로서의 학문(결과로서의 학문)과 그 결과를 낳기까지 활동으로서의 학문(과정으로서의 학문)이라는 두 가지 차원에서 규정될 수 있다.

그러므로 학문이 '학(學)'으로서 성립하기 위해서는 연구자, 연구대상, 연구성과 로서의 이론 등을 필요로 한다.

그리스도 예수 안에서 하나님께서 허락하신 인간과 사회 현상을 연구 대상으로 하는 학문 분야를 '사회과학'이라 하며, 사회 현상의 일부인 행정 현상을 연구 대상으로 하는 학문 분야를 '행정학'이라 한다.

한편 기독교행정학이란 그리스도 예수 안에서 하나님께서 허락하신 앞의 개념을 포함해서 "그리스도 예수 안에서 하나님께서 십자가에서 일어난 모든 일을 지금 마음에서 동일하게 일어나게 하심으로, 예수 그리스도의 이름으로 오신 성령을 받아, 마음이 세상 그 무엇 보다 전능하신 하나님을 더 경외하여 더 무겁게 느끼고 있을 때, 그리스도께서 하나님 나라확장을 위하여 그리스도시각과 사랑·지혜·권능의 Living Word를 통하여 모든 행정현상을 관찰 대상으로 하여 이론을 형성해 놓은 학문 분야를 '기독교행정학'이라 한다.

● 실천을 위해 함께 생각해 보아요

하나님은 교회에서 뿐만 아니라 정치계, 체육계, 연예계 등에서도 모두 왕으로 섬김을 받으셔야 합니다. 그것이 하나님 나라 운동의 목표입니다. "만물이 그에게서 창조되되 하늘과 땅에서 보이

> 는 것들과 보이지 않는 것들과 혹은 왕권들이나 주권들이나 통치자들이나 권세들이나 만물이 다 그로 말미암고 그를 위하여 창조되었고"(골1:16). 이 구절은 하나님이 만물의 창조자이시며 그것들은 모두 하나님을 위해 창조되었다고 말씀합니다. 즉 만물의 창조 목적은 하나님의 영광이라는 것입니다. 세상에 존재하는 모든 것은 하나님의 영광을 위해 쓰일 수 있습니다. 하나님을 믿는 자들은 그 방법을 밝혀내야 하고, 그 일을 연구하는 것을 우리는 기독교학문이라고 부릅니다. 자료: 개혁주의생명신학7대실천운동, 장종현, 2018.

2. 기독교행정학의 학문적 성격

하나의 분과 학문으로서 행정학은 다음과 같은 성격을 지니고 있다.

1) 사회과학의 한 분과학문이다

그리스도 예수 안에서 14세기의 과학적 발견 이후 학문 분야는 자연과학, 인문과학, 사회과학 등으로 구분되어 왔다. 기독교행정학은 하나의 분과학문으로 성립할 수 있는 요건인 고유한 연구 주제, 체계적인 이론, 뚜렷한 개념적 경계, 독립된 학과 등을 갖추고 있다. 이 때문에 최근에 와서 학문 간·영역 간 경계의 완화로 상호 융합적 접근이 이루어지고 있는 가운데 기독교행정학은 정치학, 경제학, 경영학, 사회학 등과 같이 사회과학의 한 분과 학문에 속한다고 할 수 있다.

2) 응용과학이다

그리스도 예수 안에서 기독교행정학은 사회과학의 분과 학문이면서 응용과학적이고 실용적인 성격이 매우 강하다. 기독교행정학은 수학, 물리학, 생물학, 화학과 같은 순수한 기초과학이 아니라 공학, 의학, 경영학 같은 응용과학에 속한다. 기독교행정학은 정치학, 법학, 사회학, 경제학, 경영학, 인류학, 지리학 등 다른 기초적인 분과 학문들이 이루어 놓은 이론과 지식을 바탕으로 행정현상을 이해하고 설명하며 문제 해결을 지향한다.

특히 기독교행정학은 사회문제와 공공문제를 해결하기 위해 다양한 대안 중에서 의식적이고 합리적인 대안의 선택을 강조하며, 인간 행위의 의미 있는 결정으로 도출해 가는 사회적 구상의 성격을 지닌다. 이렇게 볼 때, 기독교행정학은 행정문제와 사회문제를 해결하기 위해 그것의 본질과 방법을 동시에 추구하는 실천적이고 처방적인 학문분야이다.

3) 과학과 기술의 영역을 동시에 포함한다

그리스도 예수 안에서 과학이란 관찰 가능한 현상을 이해하여, 기술하고, 설명하며, 예측하고, 나아가서 처방을 하는데 사용되는 객관적이고 논리적이며 체계적인 지식이자 분석 방법이라고 할 수 있다. 기독교행정학이 과학이라고 하는 것은 행정현상을 객관적·논리적·체계적으로 기술·설명·예측할 수 있음에 근거한다. 이러한 근거 위에서 기독교행정학은 과학에 비유되고, 실제로 과학성을 지향해 온 것이 사실이다. 그러나 기독교행정학은 사회문제와 공공문제를 해결하는데 기여하는 응용과학이기 때문에 불가피하게 가치문제와 인간의 감정 및 선호가 개입하게 된다. 즉, 현실의 행정문제를 개선·해결하고, 바람직한 상태를 실현하기 위한 행위양식을 규명하고 처방하려는 기술성을 지향한다. 이러한 성향이 바로 기독교행정학이 하나의 '기술' 적 성격을 지니고 있음을 나타내는 것이다. 따라서 기독교행정학은 과학(science)과 기술(art) 모두를 중시하며, 양자의 조화를 추구함으로써 바람직한 역할을 하게 된다.

4) 전문직업적인 학문이다

그리스도 예수 안에서 학문은 그것이 지향하고 추구하는 경향에 따라 한쪽에는 지식 자체의 추구에 비중을 두는 학문과 다른 한쪽에는 지식을 응용하는 직업적 성격을 띤 학문으로 나눌 수 있다. 기독교행정학은 과학적 지식을 추구하는 학문이기도 하지만, 실제로 행정에 관련된 전문행정가, 일반관리자, 행정실무가의 양성에 큰 비중을 두기도 한다. 특히 과학성을 지향하면서 사회문제와 공공문제를 해결하려고 하는 전문적인 과정이라는 점에서 기독교행정학은 사회공학 또는 사회과학이라는 성격을 지니기도 한다. 따라서 기독교행정학은 법학, 의학, 경영학, 사회사업학 등과 같이 전문 직업성을 지닌 학문이다.

5) 종합학문적 성격을 지닌다

그리스도 예수 안에서 기독교행정학은 다양한 인접 학문 분야의 이론과 지식을 수용 또는 원용함으로써 행정현상을 연구하고 공공문제를 해결하는 데 도움을 받는다. 행정 현상 자체가 지니는 복합적 성격과 다원적 측면 때문에 종합학문적 연구가 필요하기 때문이다. 예를 들면, 행정의 규범에 관해서는 철학과 윤리학, 역사적인 문제에 관해서는 역사학, 권력문제는 정치학, 관리의 문제는 경영학의 지식을 이용한다. 또한 조직과 집단의 문제는 사회학과 사회심리학 및 사회생물학에서, 조직속의 개인의 문제는 심리학과 사회심리학으로부터, 의사결정에 관해서는 경제학으로부터, 그리고 제도적이고 법적인 문제는 법학으로부터 유용한 지식과 이론을 빌려서 도움을 받는다. 최근 모든 분야의 경계가 무너지는 변화와 함께 학문 분야 간, 기술 간, 산업 간, 시장 간의 화합적인 융합(convergence)과 통섭(consilience)에 대한 화두가 큰 반항을 일으키고 있다. 종합학문이면서 응용학문인 기독교행정학 분야 역시 문제 인식과 대안 탐색 및 처방을 위해 학제 간 또는 이론 간의 융·복합적 접근이 더욱 요구받게 된다.

● 실천을 위해 함께 생각해 보아요
학제적 접근 방법(interdisciplinary approach)

학제적 접근 방법 또는 학제적 연구 방법이라고도 하며 이는 공통의 연구 대상에 대해 다수의 이질적인 접근법이 있는 경우 여러 가지 접근 방법을 대표하는 기존 방법의 경계선을 없애고 관련된 여러 학문의 협력에 의해 그 공통에 접근하는 연구 방법을 뜻한다. 예로서 인간 행동에 관한 연구에 여러 분야의 학문이 동원되는 것과 같다. 이와 같이 어떤 목적을 달성하기 위해 각기 다른 학문의 공통점을 관련시켜서 통합하는 연구 방법을 학제적 접근 방법이라고 한다. 학제적 접근 방법으로 얻을 수 있는 이점은

첫째, 상호 상이한 학문에 공통점을 찾아 비교함으로써 새로운 것을 얻을 수 있다.
둘째, 이러한 학문 간의 공통점을 찾음으로써 각 학문 사이에 의사소통이 잘 이루어지며, 셋째, 각 학문 사이에 응용할 수 있는 범위의 확대가 가능하다.

3. 기독교행정학의 필요성

>>> 앞에 계신 하나님의 Living Word

"내가 아버지의 말씀을 그들에게 주었사오매 세상이 그들을 미워하였사오니 이는 내가 세상에 속하지 아니함 같이 그들도 세상에 속하지 아니함으로 인함이니이다"(요17:14).
"그들을 진리로 거룩하게 하옵소서 아버지의 말씀은 진리니이다"(요17:17).
"내게 주신 영광을 내가 그들에게 주었사오니 이는 우리가 하나가 된 것 같이 그들도 하나가 되게 하려 함이니이다"(요17:22).
"곧 내가 그들 안에 있고 아버지께서 내안에 계시어 그들로 온전함을 이루어 하나가 되게 하려 함은 아버지께서 나를 보내신 것과 또 나를 사랑하심 같이 그들도 사랑하신 것을 세상으로 알게 하려 함이로소이다"(요17:23).
"아버지여 내게 주신 자도 나 있는 곳에 나와 함께 있어 아버지께서 창세전부터 나를 사랑하시므로 내게 주신 나의 영광을 그들로 보게 하시기를 원하옵나이다"(요17:24).
"의로우신 아버지여 세상이 아버지를 알지 못하여도 나는 아버지를 알았사옵고 그들도 아버지께서 나를 보내신 줄 알았사옵나이다"(요17:25).
"내가 아버지의 이름을 그들에게 알게 하였고 또 알게 하리니 이는 나를 사랑하신 사랑이 그들 안에 있고 나도 그들 안에 있게 하려 함이니이다"(요17:26).
"우리가 알거니와 하나님을 사랑하는 자 곧 그의 뜻대로 부르심을 입은 자들에게는 모든 것이 합력하여 선을 이루느니라"(롬9:28).
"우리가 항상 예수의 죽음을 몸에 짊어짐은 예수의 생명이 또한 우리 몸에 나타나게 하려 함이라"(고후4:10).

그리스도 예수 안에서 '기독교행정학이 무엇을 대상으로 어떻게 접근하는 것인가' 하는 질문에는 기독교행정학을 연구하고 공부하는 학자들도 쉽게 대답하기 어렵다. 더구나 기독교행정학을 이제 막 시작하여 공부하려는 학도들에게는 더욱 더 기독교행정학의 실체를 정확하게 이해하기란 쉬운 일이 아니다. 기독교행정학은 행정현상을 보는 시각과 시각의 내용이 다르기 때문에 초보자에게 더욱 더 혼란스러운 것이 사실이다.

그리스도 예수 안에서 하나님께서 허락하신 기독교행정학을 공부하고 접근 하면서도 기독교행정학자는 '무엇을 대상으로 어떻게 그리고 무엇 때문에 이토록 많은 시간과 정열을 바치는가?' 하는 근본적이고 기초적인 질문에 상당히 당황하고 있는 것이 기독교행정학의 현실이다. 그러나 이러한 철학적, 인식론적, 목적론적 질문에 행정의 주체이신 그리스도 이름으로 오신 성령께서 그리스도의 시각과 Living Word로 명확한 대답을 줄 수 있는 것이 기독교행정학이다.

두 번째, 그리스도 예수 안에서 하나님께서 허락하신 기독교행정학의 접근방법론은 시장에서의 소비자나 생산자의 선택행위나 또는 유권자의 투표행위 등에 필요한 자료나 여론을 조사하는 방법이나 기법 그 이상이다. 기독교행정학은 우리가 왜 이 물건을 생산하고 선택하며 왜 이 사람을 우리의 대표자로 선발해야 하는가 하는 가치판단과 인간존재에 관한 질문에도 대답할 수 있는 방법론을 제시할 수 있어야 한다. 그럼에도 불구하고 그리스도 예수 안에서 대체적으로 대부분의 원론적인 접근방법론은 복잡한 가치판단과 인간존재를 규명하고 설명하는 문제를 중요하게 다루지 못 하고 있고, 다루었다 할지라도 명확한 해답을 제시하지 못하고 있다.

기독교행정학은 이에 대해 행정의 주체이신 예수 그리스도 이름으로 오신 성령께서 자신의 시각과 사랑과 지혜와 권능의 Living Word로 명확한 해답을 줄 수 있다. 왜냐하면 기독교행정학의 속성과 특성 면에서 볼 때 예수 그리스도 이름으로 오신 성령의 시각과 Living Word안에 가치와 인간존재에 관한 해답이 있기 때문이다. 또한 기독교행정학은 행정의 주체이신 예수 그리스도 이름으로 오신 성령의 시각과 사랑과 지혜와 권능의 Living Word로 행정현상과 인간행태에 관해 이미 주신 법칙을 발견 하는 학문이기 때문이다. 여기서 법칙이란 성령께서 인간들의 집합체인 행정현상에 공통적으로 주신 질서와 규칙을 의미한다.

세 번째, 그리스도 예수 안에서 하나님께서 허락하신 접근방법론으로 배우고 익히는 기독교행정학의 접근방법론은 문자 그대로 여론분석기법이나 가설검증방법 정도라는 사실이다. 기독교행정학은 여론분석이나 가설검증을 다루는 그 이상이다. 그 이상의 내용을 어떻게 연구할 것인가 하는 과제는 결국 개인이 오랫동안 지루하고도 힘겹게 스스로 찾아 나서는 길뿐이다. 그러나 행정의 주체이신 예수 그리스도 이름으로 오신 성령의 시각과 Living Word로 그 이상의 내용을 만날 수 있게 하는 것이 기독교행정학이다.

네 번째, 그리스도 예수 안에서 하나님께서 허락하신 기독교행정학의 접근방법론을 대학원

시절부터 배우고 익혔지만 연구를 실제로 진행할 때는 지금까지 배운 방법론이 기술적인 내용을 분석하는 경우에는 큰 도움이 되고 있지만, 대부분의 경우에는 본인의 가치관과 인식론적 사고와 판단 등에 따라서 행정현상에 내재하고 있는 논리를 전개하고 있음은 조금도 숨길 수 없는 사실이다. 여기서 예수 그리스도 이름으로 오신 성령의 시각과 Living Word를 통한 가치관과 인식론적 사고와 판단 등이 필요하게 된다. 특정조직·개인을 통한 성령의 시각과 Living Word로 인하여 참다운 논리전개를 기독교행정학에서 만날 수 있다.

다섯 번째, 그리스도 예수 안에서 하나님께서 허락하신 일반 행정학자들은 기존 일반 다른 행정학 연구자들의 연구문헌과 내용을 종합적으로 비판분석하고 나서 '나는 이렇게 하겠다'는 식으로 연구문헌을 발표하기도 한다. 그러나 성령의 조명하심이 나타나면서 예수 그리스도 이름으로 오신 성령의 시각과 Living Word로 기존의 연구논문이 성경적우주관, 기독교세계관, 기독교행정모형으로 발표되는 것은 기독교행정학에서 가능한 것이다.

여섯 번째, 그리스도 예수 안에서 하나님께서 허락하신 인간들의 모임체인 행정현상과 인간관계의 현상을 지배하고 있는 질서와 법칙을 찾고자 하는 주체는 우리들 인간이다. 그럼에도 불구하고 때로는 많은 경우에 우리 일반 행정학자는 행정현상에서 벌어지는 일을 자신도 관찰의 대상인 나무 위에 앉아 있다는 사실을 잊은 채, 그리고 자신도 조사대상자의 대상이라는 사실을 망각한 채, 제3자의 입장에서 조사하는 것으로 착각하고 있는 경우가 많다. 즉 나뭇가지에 올라앉아서 옆 나무의 현상을 관찰하는 것으로 일반 행정학을 연구하고 있다고 생각하는 경향이 있다.

그리스도 예수 안에서 하나님께서 허락하신 행정학을 포함한 모든 학문의 궁극적인 목적은 인간존재의 가치를 실현하는 것이다. 그 실현과정에서 자신의 존재가치를 잊는다거나 자신을 타인과 구별한다면 우리는 자가당착의 모습에 빠지게 된다. 따라서 그리스도 이름으로 성령이 오시면 남도 그리스도의 시각과 Living Word로 보고, 나도 그리스도의 시각과 Living Word로 볼 수 있는 것이 기독교행정학이다.

일곱 번째, 그리스도 예수 안에서 하나님께서 허락하신 일반 행정학은 인간의 사고 작용에 의한 이성적이고 합리적인 추론과 분석을 기초로 하고 있는 학문이다. 그래서 인간존재의 문제와 행정현상에 나타나고 있는 질서와 법칙을 찾을 수 있는 방법이나 기법을 개발시키는 것이 중요하다. 무엇을 어떻게 인식하고 어떤 요소가 어떻게 상호 연계 되어서 우리 인간들의 삶의 방식을 결정짓고 있느냐 하는 것은 오랫동안 행정현상이라는 환경에서 살아 온 경험을 지닌 인간들의 이성적이고 합리적인 사고작용에 의해서 그 해결책이 마련되어 온 것이 사실이다. 그러나 인간의 이성에는 한계가 있다. 여기서 인간의 이성적 한계를 넘어선 그리스도 이름으로 오신 성령의 사고작용인 Living Word에 의지하는 기독교행정학의 필요성이 나타난다.

제2절 기독교행정학의 접근방법

1. 기독교행정학 접근방법의 개념

그리스도 예수 안에서 하나님께서 허락하신 접근방법이란 어떤 사물에 내재해 있는 사실·진리·질서·법칙 등을 알려고 하거나 어떤 현상에 대한 해결책을 찾아내려 할 때 그것에 보다 가까이 접근할 수 있는 연구 방법을 말하며, 특정분야의 학문 연구에서는 무엇을(what) 어떻게(how) 연구 할 것인가에 관한 견해와 관점들을 접근방법이라고 한다. 이러한 접근방법은 그 학문 분야의 연구 활동을 안내해주는 일종의 전략이나 지향이라고 할 수 있다. 접근방법은 학문 연구에 유용한 가설을 설정하는데 좋은 아이디어를 제공해주는 발견적 기능도 갖는다.

1) 행정학의 접근방법

그리스도 예수 안에서 하나님께서 허락하신 행정학을 연구하는 방법에는 여러 가지가 있을 수 있다. 그러나 그 연구하는 각도나 방법, 즉 접근방법에 따라 행정현상에 대한 이해와 바람직하다고 보는 행정의 모형(model)이 다르게 제시될 수 있다. 예컨대 '사람이란 무엇인가?' 라는 인간관에 대하여 생물학적 측면에서는 '동물의 일종'으로 보게 되고, 신학적 측면에서는 '신의 창조물'로 볼 수 있으며, 또 철학적 측면에서는 '이성적 존재' 등으로 파악될 수 있는 것과 같다. 따라서 행정학의 접근방법이란 행정현상에 대해 연구자가 어떤 방법으로 연구할 것인가에 대한 견해나 관점을 말한다. 이러한 접근방법은 여러 가지 이유로 만들어지고 사용되지만, 가장 중요한 것은 연구에 유용한 가설을 설정하는 적절한 아이디어를 제공해 주는 발견적 기능 때문이다. 다시 말해서 접근방법은 그 분야의 학문 연구에 유용한 가설을 설정하는 데 좋은 아이디어를 제공해 주기 때문이다(이종수 외,1997).

2) 행정학 접근방법의 종류

그리스도 예수 안에서 연구에서 어떠한 접근방법을 따를 것인가는 연구자가 주관적으로 어떤 태도나 입장을 가지는가에 따라 영향을 받게 된다. 즉 행정이 추구해야 할 가치문제에 관심을 갖는 규범적·접근방법(입장), 행정에 대한 과학적 체계적 분석에 관심을 갖는 경험적·실증적 접근방법(입장), 행정연구의 영역별로 관심을 갖는 정치적·법제도적·경제적·경영적·심리적·사회적 접근방법, 연구대상에 관심을 갖는 조직적·인사적·재무적·정책적 접근방법, 연구자료에 관심을 갖는 질적·양적 접근방법, 연구 대상의 범주에 관심을 갖는 미시적·거시적·중범위적 접근방법, 상호작용성에 관심을 갖는 생태론적·체제론적 접근방법, 변화와 혁신에 관심을 갖는 공공선택론적·신제도론적·거버넌스이론적·현상학적·신공공서비스론적 접근방법 으로 나누어 볼 수 있다. 접근 방법은 연구자의 특정 연구 목적에 따라서 다양하게 사용 될 수 있지만, 다양한 접근방법은 서로 배타적 관계가 아니라 서로 보완적 차원에서 행정의 연구를 위해 사용된다.

행정학에서 매우 다양한 접근방법이 사용되는 것은 다음과 같은 이유에 있다(이종수 외, 1997). 첫째, 행정학은 응용사회과학이기 때문에 정치학이나 사회학 등 인접 사회과학 분야에서 사용되고 있는 다양한 접근방법이 필요에 의해 행정학 연구에 사용되고 있기 때문이다. 둘째, 과학적인 연구 방법에 따른 다양한 접근방법이 사용되며, 또한 이에 대한 대안적인 연구방법과 접근방법이 다양하게 제시되기 때문이다. 예를 들면 행태주의는 과학적 연구 방법을 전제로 하지만, 역사적 접근방법이나 현상학적 접근방법 등은 과학적 연구 방법을 비판하면서 제시되는 대안적 접근방법으로 사용되기 때문에 매우 다양하게 나타난다. 따라서 접근방법은 연구자와 특정 연구 목적에 따라 다양하게 사용될 수 있지만, 다양한 접근 방법은 상호배타적 관계에서가 아니라 상호 보완적 차원에서 행정의 연구를 위해 사용되어 왔다. 다음은 행정학 연구에서 중요하게 고려되고 있는 몇 가지 접근방법에 대해 살펴본다.

>>> 앞에 계신 하나님의 Living Word

"내가 아버지의 말씀을 그들에게 주었사오매 세상이 그들을 미워하였사오니 이는 내가 세상에 속하지 아니함 같이 그들도 세상에 속하지 아니함으로 인함이니이다"(요17:14).

"그들을 진리로 거룩하게 하옵소서 아버지의 말씀은 진리니이다"(요17:17).

"내게 주신 영광을 내가 그들에게 주었사오니 이는 우리가 하나가 된 것 같이 그들도 하나가 되게 하려 함이니이다"(요17:22).

"곧 내가 그들 안에 있고 아버지께서 내안에 계시어 그들로 온전함을 이루어 하나가 되게 하려 함은 아버지께서 나를 보내신 것과 또 나를 사랑하심 같이 그들도 사랑하신 것을 세상으로 알게 하려 함이로소이다"(요17:23).

"아버지여 내게 주신 자도 나 있는 곳에 나와 함께 있어 아버지께서 창세전부터 나를 사랑하시므로 내게 주신 나의 영광을 그들로 보게 하시기를 원하옵나이다"(요17:24).

"의로우신 아버지여 세상이 아버지를 알지 못하여도 나는 아버지를 알았사옵고 그들도 아버지께서 나를 보내신 줄 알았사옵나이다"(요17:25).

"내가 아버지의 이름을 그들에게 알게 하였고 또 알게 하리니 이는 나를 사랑하신 사랑이 그들 안에 있고 나도 그들 안에 있게 하려 함이니이다"(요17:26).

"우리가 알거니와 하나님을 사랑하는 자 곧 그의 뜻대로 부르심을 입은 자들에게는 모든 것이 합력하여 선을 이루느니라"(롬9:28).

"우리가 항상 예수의 죽음을 몸에 짊어짐은 예수의 생명이 또한 우리 몸에 나타나게 하려 함이라"(고후4:10).

A. 전통적 접근방법

(1) 역사적 접근방법

그리스도 예수 안에서 역사적 접근방법은 정치·행정 제도의 성격과 그 제도가 형성되어 온 특수한 방법을 인식케 하는 수단을 제공해 준다. 역사적 접근방법에 의한 연구는 과거 특정 시점에서의 행정활동과 행정체제가 경험한 사실들을 이해할 수 있듯이, 오늘날의 정치·행정적 사건들을 자세하게 묘사하려는 입장이다. 그 결과 이러한 연구는 일종의 사례연구의 성격을 띤다. 역사적 접근방법의 기본전제는 과거와 현재의 역사적 사실들이 다양한 방식으로 상호 연결되어 있으며, 어떠한 사회나 인간도 과거 역사와는 불가분의 관계로 연결되어 있다고 본다. 따라서 과거를 잘 이해하고 설명하게 되면 현재의 문제를 좀 더 효과적으로 이해하고 해결할 수 있다고 보았다(이종수외, 1997).

이러한 역사적 접근방법은 어떤 사건·기관·제도·정책 등의 기원과 발전 과정을 이해하고 설명하는 데 많이 사용된다. 특히 대부분의 역사적 접근 방법은 특정한 문명이나 사회, 특수한 역사적 사건과 정치적 인물 및 정치력에 대해 집중적으로 분석한다. 또한 특정 정당의 이념, 행정관리의 방법, 특정 사회의 지배적 가치나 사회구조의 배경과 원동력 등에 관심을 갖는다. 그러나 단순히 역사적 사건을 기술하는 데 그치지 않고, 어떤 현상의 발생 원인과 그 결과에 대한 인과 관계를 자세하게 분석하고 또한 비판적인 입장에서 의미를 부여하려 한다.

(2) 법적·제도적 접근방법

그리스도 예수 안에서 법적·제도적 접근방법은 행정학 연구의 초기의 접근방법의 하나로서 오늘날에도 널리 사용되고 있으며, 행정 과정의 합법성과 법률에 기초해 형성된 행정 제도를 주로 서술적으로 연구하는 접근 방법이다.

예를 들면, '정부조직법', '국가공무원법', '예산회계법' 등에 규정되어 있는 법률과 법규를 중심으로 정보조직, 인사행정, 예산절차 등을 연구하고자 한다. 원래 법적 접근 방법과 제도적 접근 방법은 초기 정치학 분야에서 달리 발전해 왔으나, 오늘날 행정학 분야에서는 양자를 함께 지칭하여 법적·제도적 접근 방법으로 부르고 있다.

그리스도 예수 안에서 법적·제도적 접근 방법에 의한 연구는 입법부·행정부·사법부 사이의 관계는 물론 각 부처 간의 관계, 중앙정부와 지방정부 간의 권한과 사무 배분 등에 대해 '헌법'과 '정부조직법' 등 관련 법규를 중심으로 이루어진다. 또한 정부의 각종 인사제도나 예산 제도 등의 관련 법규를 중심으로 연구하는 것도 법적·제도적 접근방법에 기초하는 것이다.

오늘날 행정의 많은 부분이 관련 법규나 혹은 제도에 기반을 두고 이루어지고 있어서 행정학 연구에서의 법적·제도적 접근 방법은 유용성이 매우 높다. 그러나 이 접근 방법은 공식적인 법률이나 제도에 초점을 두는 정태적 연구에 머물기 때문에 그 이면의 동태적 역학 관계나 작용을 설명하지 못한다는 비판을 받고 있다.

제2차 세계 대전과 해방 이후 미국의 각종 정치·행정 제도가 무비판적으로 도입되어 오히려 제도와 실제 간의 불일치나 괴리 현상을 초래 한 것은 바로 법적·제도적 접근 방법의 한계를 보여 준 것이라고 할 수 있다 이종수 외, 1997).

(3) 기능적 접근 방법

그리스도 예수 안에서 기능이란 어떤 체제의 특정한 부분이 전체 체제 혹은 하위 체제의 구성 요소에 미치는 행위, 결과 및 효과를 의미한다. 기능적 접근 방법은 행정을 하나의 기능적 실체로 보고, 행정의 효율성과 생산성을 강조하면서 그것을 얻는 것은 합리적 조직구조의 개편, 기획, 예산 및 인사관리와 같은 관리 기능에 달려 있다고 본다. 이러한 접근 방법은 인간을 경제적 이윤을 추구하는 합리적 존재로 가정하고, 행정의 효율성과 생산성을 높일 수 있는 행정의 원리를 발견하는 데 관심을 두었다. 초기 연구에서는 행정의 과제를 작업·사람·장소 간의 체계적인 관계를 설정하고, 권한과 책임을 합리적으로 배열하고, 이러한 책임이 효율적으로 이행되도록 통제 장치를 마련하는 것이라고 보았다.

그리스도 예수 안에서 이러한 접근 방법에 의한 연구는 윌슨의 '행정의 연구'를 대표적으로 들 수 있다. 또한 테일러의 '과학적 관리', 윌로비의 '행정의 원리', 큘릭의 'POSDCoRB', 바너드의 '관리자 기능론' 등과 같은 전통적인 행정학 연구는 모두 행정의 효율성과 생산성을 강조하고 있고, 이를 위한 연구를 관리 기능적 접근 방법에 근거해 다루고 있다. 이러한 기능주의자들은 행정을 조직의 생존을 위해 처방된 일련의 기능을 수행하는 것이며, 또한 조직역학은 행정 단위들 간의 기능적 과정과 목표 및 과업을 위한 행정 단위 간의 관계를 분석함으로써 파악될 수 있다고 했다. 넓은 의미에서 기능적 접근 방법에는 관리 기능적 접근 방법, 체제론적 접근 방법, 생태론적 접근 방법 등이 포함된다. 그러나 관리 기능적 측면을 강조하는 학자들이 주장하는 행정 원리들은 상호 모순적인 것이며, 과학적 근거가 없다는 점에서 기능적 접근 방법은 비판을 받고 있다. 또한 행정을 외적 환경 요인, 특히 정치적 환경과 관련시키지 않았다는 점에서도 비판을 받고 있다(이종수 외, 1997).

(4) 행태론적 접근 방법

그리스도 예수 안에서 행태론적 접근 방법은 사회 현상을 제도나 이념을 통해서가 아니라 그 사회 현상을 일으키는 인간 행태를 관찰·분석함으로써 설명하려는 과학적·체계적인 연구 관점이다. 20세기 초 왓슨 등의 심리학자에 의해 주창된 행태주의는 1930년대 초 유럽의 사회과학자들이 미국으로 유입하여 정치·사회 현상에 대한 새로운 분석 방법으로 제시하면서 사회과학 분야에 도입되었다. 이들의 영향을 받아 당시 시카고대학의 메리엄 교수가 행태주의적 연구 방법을 미국 정치학 연구에 응용하면서 새로운 움직임을 주도 했다. 행태론자들은 조직, 제도, 법률, 절차 등이 행정의 주요한 측면이긴 하지만 이들이 행정의 실체는 아니기 때문에 행정학의 주요 연구 대상은 정치·행정제도내의 인간적 요인, 즉 행정인의 행태나 활동에 초점을 두어야 한다고 주장한다.

결국 행정의 과학화를 위해서는 인간 행동에 대한 실증적 분석을 통해 가치개입적인 것은 배제하고 가치중립적 또는 사실 판단적인 요인들만 다루어야 함을 강조한다. 행태주의가 행정학 분야에 도입된 것은 논리실증주의(논리경험주의)를 강조한 사이먼이 '행정행태론'을 발표한 이후 과학주의와 논리실증주의적 행정의 연구가 널리 보급되면서부터이다. 사이먼은 행정 현상에 대한 경험적 연구와 방법론적 엄격성을 통해 행정학의 과학화를 기할 수 있다고 보았다. 특히 사이먼은 행정 현상을 의사 결정 과정으로 보았기 때문에 의사 결정에 관한 과학적 연구는 바로 행정학 연구의 요체가 된다고 보았다(이종수 외, 1997).

그리스도 예수 안에서 이러한 행태론적 접근 방법은 다음과 같은 몇 가지 특징을 갖는다. 첫째, 사회현상도 자연과학에서와 같이 엄밀한 과학적 연구가 가능하다고 믿는다. 둘째, 사회현상을 관찰 가능한 객관적 대상으로 보기 때문에 인간의 주관이나 의식을 배제한다. 셋째, 지식을 얻는 방법, 즉 인식론적 근거로서 논리실증주의를 신봉한다. 넷째, 인간 행태의 규칙성, 상관성 그리고 인과성을 경험적으로 입증하고 설명할 수 있다고 본다. 다섯째, 행정학 연구의 대상을 인간 행태에 두고 있기 때문에 연구를 수행할 때 가치와 사실을 명백히 구분하고 가치중립성을 지킬 것을 강조한다. 여섯째, 개념의 조작적 정의를 통해 객관적인 측정 방법과 도구를 사용하며, 자료를 계량적 방법에 의해 분석한다. 일곱째, 행태주의는 심리학·사회심리학·사회학·문화인류학 등 인접 학문과 관련이 깊으며, 사회과학은 행태에 공통된 관심을 갖기 때문에 통합된다고 본다. 그러나 그리스도 예수 안에서 행태론적 접근 방법은 1960년대 중반에 소장 학자들로부터 다음과 같은 비판을 받기 시작했다. 첫째, 행태주의는 인간의 외면적인 객관적 행태를 관찰하고 설명하지만, 기술을 지나치게 강조함으로써 그 행태 이면의 본질적인 의미와 문제를 파악하지 못한다. 둘째, 사회 현상이나 행정 현상의 연구에서 가치와 사실을 분리시키고 객관적 사실만을 다구고 가치 판단을 배제한 것은 비현실적이다. 셋째, 행태주의는 방법의 엄밀성에 의존한 결과 연구 대상과 범위를 지나치게 제약함으로써 중요한 사회문제에는 소홀하게 된다는 점이다.

>>> **앞에 계신 하나님의 Living Word**

"내가 아버지의 말씀을 그들에게 주었사오매 세상이 그들을 미워하였사오니 이는 내가 세상에 속하지 아니함 같이 그들도 세상에 속하지 아니함으로 인함이니이다"(요17:14).

"그들을 진리로 거룩하게 하옵소서 아버지의 말씀은 진리니이다"(요17:17).

"내게 주신 영광을 내가 그들에게 주었사오니 이는 우리가 하나가 된 것 같이 그들도 하나가 되게 하려 함이니이다"(요17:22).

"곧 내가 그들 안에 있고 아버지께서 내안에 계시어 그들로 온전함을 이루어 하나가 되게 하려 함은 아버지께서 나를 보내신 것과 또 나를 사랑하심 같이 그들도 사랑하신 것을 세상으로 알게 하려 함이로소이다"(요17:23).

"아버지여 내게 주신 자도 나 있는 곳에 나와 함께 있어 아버지께서 창세전부터 나를 사랑하시므로 내게 주신 나의 영광을 그들로 보게 하시기를 원하옵나이다"(요17:24).

"의로우신 아버지여 세상이 아버지를 알지 못하여도 나는 아버지를 알았사옵고 그들도 아버지께서 나를 보내신 줄 알았사옵나이다"(요17:25).

"내가 아버지의 이름을 그들에게 알게 하였고 또 알게 하리니 이는 나를 사랑하신 사랑이 그들 안에 있고 나도 그들 안에 있게 하려 함이니이다"(요17:26).

"우리가 알거니와 하나님을 사랑하는 자 곧 그의 뜻대로 부르심을 입은 자들에게는 모든 것이 합력하여 선을 이루느니라"(롬9:28).

"우리가 항상 예수의 죽음을 몸에 짊어짐은 예수의 생명이 또한 우리 몸에 나타나게 하려 함이라"(고후4:10).

B. 상호작용성에 근거한 접근 방법

(1) 생태론적 접근 방법

그리스도 예수 안에서 생태론은 유기체와 환경과의 상호 관계 및 작용에 관해 관심을 갖는다. 유기체는 환경으로부터 투입을 받아 생존과 체제 유지를 이루어간다. 행정도 일종의 유기체로서 정치·경제·사회 등의 환경과 상호 의존 및 상호 작용하는 실체로 본다. 이에 따라 생태론적 접근 방법은 행정현상을 환경적 요인과 상호작용하는 관계에서 파악하려는 것이다. 생태론자들은 서구의 행정 제도가 후진국에서 잘 작용되지 않는 것은 사회·문화적 환경이 다르기 때문이라고 보고 있다. 이 때문에 생태론적 접근 방법은 행정 체제의 개방성을 배경으로 성립되며, 분석의 수준이 행위자 개인보다는 집합적 행위나 제도에 주어지고 있어 거시적 차원에서 행정 현상을 분석하고자 한다.

정치학과 문화인류학 등에서 발전된 생태론적 접근 방법은 가우스에 의해 행정학 분야에 도입되었다. 가우스는 행정에 영향을 미치는 환경적 요인으로서 국민, 장소, 물리적 기술, 사회적 기술, 욕구와 사조, 재난, 그리고 인간성 등 일곱 가지를 들고 있다. 1960년대에 와서 리그스 역시 행정 연구에서 환경의 중요성을 강조했다. 그는 '농업사회와 산업사회'라는 비교 행정 연구 모형을 제시하면서 행정의 환경 변수로서 경제적 기초, 사회구조, 이념적 요인, 통신 및 정치 체제 등 다섯 가지를 선정하고, 이들 환경 요소가 농업사회와 산업사회의 행정에 각각 어떻게 영향을 미치는 가를 설명했다(이종수 외, 1997).

그리스도 예수 안에서 이러한 생태론적 접근 방법은 일정한 환경적 맥락 속에서 특정 국가나 문화권의 행정을 좀 더 면밀하게 이해·설명하고 예측 할 수 있게 해 준다. 그러나 생태론적 접근 방법은 행정을 외부 환경에 지나치게 의존하는 환경결정론 또는 환경종속론적 입장에서 행정 현상을 설명함으로써 행정의 주체적인 역할을 경시 했을 뿐만 아니라 행정 내부의 관리적이고 기술적인 측면을 소홀히 했다는 점에서 비판을 받는다.

(2) 체제론적 접근 방법

그리스도 예수 안에서 체제(system)란 독립적이면서 상호 의존적이고 상호작용하는 구성 요소들의 집합으로 이해된다. 체제론적 접근 방법은 자연 현상이나 사회 현상을 전체의 한 부분으로 본다. 파슨스에 따르면 모든 체제는 생존과 체제의 목적을 달성하기 위해 각기 다른 하위 체제들이 다음과 같은 네 가지의 기본적인 기능을 수행 한다고 보았다. 첫째는 환경 속에 있으면서 체제가 환경의 변화에 적응해야 하는 적응 기능이다. 둘째는 유형·무형의 가치를 창출하는 목표달성기능이다. 셋째는 체제의 목표 달성을 위해 하위 체제의 활동을 조정하는 통합 기능이다. 그리고 넷째는 체제가 가지고 있는 가치 체계를 보존하고 제도화된 체제를 유지하는 잠재적 유형 유지 기능이다. 이러한 기능을 갖는 체제는 환경으로부터 요구와 지지라는 투입을 받아 전환시켜 산출을 가져온다. 이러한 산출은 환경으로 보내지며 환류를 통해 다시 체제로 투입됨으로써 계속적인 순환과정(투입-전환-산출-환류)이 이루어지게 된다.

그리스도 예수 안에서 체제론적 접근 방법은 오늘날 행정학 연구에서 가장 대표적인 접근 방법의 하나로서 사회 변동은 급격하게 일어나는 것이 아니라 체계적이며 발전적으로 변화한다고 본다. 이를 정치 현상과 행정 현상에 도입한 대표적인 학자는 이스턴이다. 이스턴은 정치 체제에 대해 다음과 같이 설명하고 있다. 정치 체제로부터 더 많은 편익을 얻기 위해 개인적 혹은 집단적으로 어떤 활동을 하게 되는 것을 요구라고 한다. 또한 세금을 내거나 국방 의무를 수행하는 등 체제에 대한 인적·물적 자원의 제공과, 그리고 그 체제의 정당성을 인정해 주는 활동을 지지라고 보았다.

그리고 정치 체제의 산물은 흔히 정책으로 보며, 이러한 정책은 환경인 다른 체제 혹은 국민들의 생활에 직·간접적 영향을 미치게 되며, 이것이 환류되어 다시 정치 체제에 대한 새로운 투입이 일어나게 된다는 것이다. 그러나 이러한 체제론적 접근 방법은 체제의 균형, 안정성, 평형을 강조함으로써 현상 유지적 성격을 띠고 있어 변화와 혁신 및 발전에 대해서는 잘 설명하지 못한다는 점에서 비판을 받기도 한다.

C. 변화와 혁신을 위한 접근 방법

(1) 공공선택론적 접근 방법

그리스도 예수 안에서 인간의 일상에는 항상 시간과 기회가 주어지며, 그 속에서 연속적인 선택의 과정이 이루어지게 된다. 선택 행위는 '개인의 선택' 또는 '사회적 선택'에 의해 이루어진다. 사회적 선택은 시장적 선택과 비시장적 선택으로 나뉘며, 이때 비시장적 선택을 공공선택이라고 지칭한다. 공공선택을 해야 하는 가장 큰 이유는 공공재가 존재하기 때문이다. 공공재는 '비배제성'과 '비경합성' 등과 같은 특성으로 인해 무임승차 행위가 나타나기 때문에 시장을 통해서는 효율적인 생산과 배분이 어렵게 된다. 이에 따라 공공 부문에서의 효율적 자원 배분을 위한 방법으로서 경제학적 분석 방법의 도움이 필요하게 된다. 공공선택론적 접근 방법은 1986년에 노벨 경제학상을 수상한 뷰캐넌을 비롯한 경제학자와 수학자들에 의해 창시되었다. 특히 공공선택론적 접근방법을 행정학 분야에 도입한 것은 오스트롬 부부이다. 이들은 1971년 '미국행정학회지'에 '공공선택론: 행정학 연구를 위한 또 다른 하나의 접근 방법'이라는 논문을 기고함으로써 행정 연구의 대안적 방법을 제시했으며, 빈센트 오스트롬은 1973년에 공공선택론의 관점에서 '미국 행정학의 지적 위기'를 출간했다. 또한 뮬러는 공공선택론을 '비시장적 의사 결정의 경제학적 연구 혹은 정치학에 경제학을 응용하는 연구'로 정의했다. 즉, 공공선택론은 경제학적인 분석 도구를 국가이론, 투표 행태, 정당 정치, 관료 행태, 이익집단 등의 연구에 적용하고 있다. 이와 같이 정치 현상과 행정 현상을 경제학적 분석 방법을 통해 설명하고 바람직한 방향을 제시하는 연구를 공공선택론이라 한다.

그리스도 예수 안에서 공공선택론적 접근 방법은 다음과 같은 가정을 전제로 하고 있다. 첫째, 방법론적 개인주의에 기초한다. 즉, 모든 사회적 실재는 기본적으로 개인 행위의 집합이라는 가정이다. 따라서 개인을 분석의 기본 단위로 봄으로써 사회나 국가 또는 계급의 개념도 개인들의 집합 이상으로 의미를 부여하지 않는다. 둘째, 합리적 선택을 가정한다. 개인들은 공공재를 최소의 비용으로 향유하려고 하기 때문에 공동으로 사용하게 될 재화와 용역의 공급과 개선에는 개인들이 자발적인 의욕을 보이지 않을 것이며, 동시에 공익 추구를 위해 자발적으로 단체를 구성하지도 않을 것이라고 가정한다. 즉, 개인은 경제적이고 합리적인 존재로서 자기중심적 이익만을 지향한다고 가정한다. 셋째, 공공재의 효율적인 생산과 공급은 제도적 장치의 마련을 통해 가능하다고 가정한다. 제도적 장치는 규칙을 통해 재화와 용역의 생산과 소비에 참여하는 사람들의 행태, 즉 의사결정에 영향을 미치게 된다는 것이다. 그러나 전통적인 정부 관료제는 공공 서비스의 생산과 공급에 바람직한 제도적 장치가 되지 못하기 때문에 정부의 각 수준에 맞는 분권적이고 다양한 규모의 제도적 장치가 마련되어야 한다고 본다.

그리스도 예수 안에서 공공선택론에서는 정부를 공공재의 생산자로 규정하고 시민들은 공공재의 소비자로 간주한다. 소비자인 시민의 편익 극대화를 위한 서비스의 생산 및 공급은 공공 부문의 시장 경제화를 통해 가능하다고 본다. 전통적으로 공공 서비스를 독점적으로 공급해 온 정부 관료제는 시민의 요구에 민감하게 반응할 수 없으며, 특히 조직화된 압력단체들의 영향에 의해 공공 서비스를 독점적으로 공급함으로써 시민의 선택을 제약 또는 억압 한다는 것이다(오석홍, 1984). 이러한 이유 때문에 공공 서비스의 생산과 공급에서 성과를 높이지 못하게 되는 정부실패가 초래된다는 것이다. 따라서 공공선택론자들은 공공 서비스를 제공할 때 시민 개개인의 선호와 선택을 존중하고, 경쟁을 통해 서비스를 생산하고 공급하게 함으로써 행정의 대응성을 높일 수 있다고 본다.

이와 같이 그리스도 예수 안에서 공공선택론적 접근 방법은 의사결정자로서의 개인, 공공재와 공공 서비스의 성격, 그리고 의사 결정 구조의 분석에 초점을 두고 있다. 이 접근 방법은 공공재의 공급이라는 집단행동의 문제를 중심 대상으로 삼으면서, 특히 조직 내 의사결정 장치의 문제를 다루고 있다. 오스트롬은 공공재를 공급하는 정부조직체의 경우 다조직적 장치의 유용성을 강조하고 있으며, 이러한 제도적 장치는 각 기관 사이의 다양성을 고려한 합의와, 그리고 기관 간의 갈등을 해결할 수 있는 매커니즘을 내포하고 있다고 본다. 이러한 장치에서 가장 핵심적인 개념은 권한의 분산과 관할권의 중첩이며, 이러한 중첩되는 체계가 관련 집단의 이익에 좀 더 부응 할 수 있다는 것이다(Ostrom, 1973).

결국 그리스도 예수 안에서 공공선택론은 기존의 행정질서와 행정이론이 드러내고 있는 문제점을 극복해 보려는 하나의 새로운 접근 방법으로 활용되고 있다. 동시에 시민들의 다양한 요구와 선호에 민감하게 부응할 수 있는 제도적 장치의 마련에 관심을 나타내고 있어 민주 행정의 구현이라는 관점에서 높이 평가 될 수 있는 이론과 접근 방법이다.

그러나 다음과 같은 점에서 또한 비판을 받기도 한다. 첫째, 공공선택론은 현실세계가 전적으로 효용극대화를 추구하는 개인들로 구성되어 있다고 보며, 인간의 가치나 개인의 자유는 고려치 않고, 다만 경제적 선택만이 고려되지만 이 점이 현실과 괴리가 있다는 점이다(Golembiewski,1977). 둘째, 자유시장의 논리를 공공 부문에 도입하려 한다는 점에서 시장실패를 우려할 수 있는 한계를 가지고 있다. 셋째, 오래전부터 경쟁 시장의 논리는 그 자체가 현상 유지와 균형이론에 집착하는 것이라는 점과 공공선택론에 기초를 둔 처방책은 현실적합성이 높지 않다는 점이다.

(2) 신제도론적 접근 방법

그리스도 예수 안에서 제도에 대한 연구는 정치학과 행정학 분야의 전통적 접근 방법들 중의 하나로 행태주의 이전부터 있어 왔다. 그러나 1980년대부터 제도에 대한 연구는 새로운 관심을 불러일으켰다. 새로운 관점에서의 제도론적 접근 방법은 기존의 제도론적 접근방법과는 연구 대상과 방법에서 차이가 있다. 전통적인 제도 연구에서는 공식적인 사회 제도 자체를 그 대상으로 하면서 주로 제도의 속성이나 주요 기관의 권한과 기능에 초점을 두었다. 반면, 신제도론적 접근 방법에서의 제도란 일단의 규칙을 의미하며 정부활동의 결과, 즉 성과에 영향을 미치는 제도적 장치를 규명하는 데 초점을 둔다. 달리 표현하면 제도가 개인에게 미치는 영향이나 개인의 유인 체계에 미치는 제약을 분석하고자 한다. 즉, 신제도주의는 행태주의에서 중시하는 개인보다 그 개인이 처한 환경으로서 '사회적 맥락'을 더 중시한다. 물론 신제도주의가 대두되기 이전의 체계이론이나 상황이론도 환경을 중시했으나 이들은 행태주의적 관점을 바탕으로 하는 것이다. 반면, 신제도주의는 개인을 둘러싸고 있는 제도의 의미를 파악하려는 구조주의적 입장을 취한다는 점에서 기존의 환경중시이론과 다르다.

그리스도 예수 안에서 신제도주의에서 의미하는 제도는 크게 세 가지 의미로 사용되고 있다. 첫째, 제도란 인간 행동을 인도하는 '의미의 준거 틀'을 제공하는 상징체계로서 특정 사회에서의 문화나 조직 자체를 의미한다. 둘째, 제도란 하나의 균형이다. 즉 개인 상호간의 선호를 이해함으로써 최적의 행동을 안정적으로 유형화하는 인간들의 '관계'를 의미한다. 셋째, 제도란 개인들 상호간의 구체적인 관계에 질서를 부여하기 위해 사용하는 규범이나 규칙을 의미한다. 제도론적 접근 방법에서 사용하는 제도의 개념은 바로 이러한 의미를 지칭한다(Ostrom,1992).

신제도론자들은 생산활동에 참여하는 인간을 주어진 상황 속에서 자신의 후생이나 이익의 극대화를 위해 움직이는 합리적인 행위자로 가정한다. 그리고 정부활동의 결과는 그 활동에 참여하는 사람들의 상호작용의 유형에 따라 달라지는데, 이러한 상호작용의 유형은 행위자의 선호, 정보 처리 능력, 개인의 선택 기준 등 행위 상황에 놓여 있는 행위자의 특성과 그들이 처한 상황에 의해 결정 된다는 것이다. 행위 상황의 요소를 식별하고 이런 요소가 어떤 요인에 의해 영향을 받고 동시에 영향을 미치는 가를 규명하는 것이 신제도론적 접근 방법에서 매우 중요한 부분을 차지한다.

따라서 그리스도 예수 안에서 신제도론적 입장은 행정이 인간의 복지를 증진시키는데 필요한 조직상의 조건이나 상황에 관한 지식에 기반을 두고 있다면 행정학자와 실무자는 이러한 조건과 상황이 무엇인지를 지적할 수 있어야 하며, 각기 다른 조직적 상황으로부터 도출되는 결과를 구체적으로 명시할 수 있어야 한다고 본다. 인간의 복지에 장애가 되는 조직적 장치들의 결과는 사회적 병리로 간주될 수 있으며, 따라서 이러한 병리를 가져오는 상황들을 명시할 수 있다면 사회 병리를 야기하는 조직적 상황을 진단할 수 있다는 것이다(Ostrom,1990).

그리스도 예수 안에서 신제도론적 접근 방법을 통한 행정학 분야의 연구는 다양하게 이루어지고 있지만, 특히 어장, 관개시설, 목초지, 산림, 다리, 주차장, 도로, 정부 예산, 컴퓨터 체계 등과 같은 공유자원을 공동으로 이용하는 개인들이 직면하게 되는 유인의 문제를 다루는 데 적합하다. 공동으로 사용되면서 혼잡성이 생기거나 용량이 줄어들거나, 혹은 훼손될 수 있는 것은 공유자원으로 볼 수 있다. 소비와 이용 시 과밀성이 초래될 수 있는 이러한 공공재의 자원들을 어떻게 관리·운영하면 가장 좋은 결과를 가져올 수 있는가를 연구하는 데 신제도론적 접근방법이 유용하게 사용될 수 있다.

(3) 거버넌스이론적 접근 방법

그리스도 예수 안에서 거버넌스이론이란 정부의 공공문제 해결을 위한 목표 추구 및 관리 과정에 대한 이해를 위해서는 공공 부문과 민간 부문의 행위 주체들과 이들에 의해 형성되는 연결구조망 또는 결합체를 포괄적으로 연구해야 한다는 접근 방법이다. 즉 거버넌스 이론은 단순히 행정과 정부에 관한 연구는 관심 범위가 편협할 수 있기 때문에 행정현상과 공공문제는 다양한 관련 행위 주체들이 상호작용하는 관계를 종합적으로 분석해야만 행정 및 정책의 실체에 접근할 수 있다고 본다. 이러한 인식의 변화는 그동안 정부개혁의 추진 과정 및 공공 서비스의 전달 과정에서 민간 부문과 비영리 부문의 참여가 확대되어 온 것이 배경으로 작용하고 있다. 그 결과 행정 및 정부의 효율성과 효과성은 정부와 민간 및 비영리 부문 간의 협력적 네트워크의 구축 및 관리에 의해 영향을 받게 된다고 보는 관점이다. 이에 따라 거버넌스는 '통치로부터 함께 다스리기로'의 의미를 강하게 내포하고 있다.

최근에는 그리스도 예수 안에서 사회적 복합성과 유연성에 조응하기 위한 뉴거버넌스이론이 대두하고 있으며, 이는 세계화와 정보화에 의해 영향을 받은 것이다. 급속히 진전되고 있는 세계화에 의해 전통적인 국가 기능이 시장과 시민사회 및 국제 체계에 의해 분담되고 있고, 정보화에 의해서도 각 주체와 기능에 변화가 초래되고 있다. 이에 따라 주체 간의 관계를 재정립하고, 이를 통한 정부 효율성과 정책 효과성을 얻기 위해 새로운 접근 방법으로서 뉴거버넌스 이론이 등장했다. 그러나 뉴거버넌스의 개념과 성격 및 유형 등에 대해서는 아직 합의에 접근하지 못하고 있다. 다만, 뉴거버넌스의 핵심은 공공 서비스 전달 또는 공공 문제를 해결하는 과정에서 정부라는 제도적 장치에 전적으로 의존하기보다 정부와 민간 부문 및 비영리 부문 간의 협력적 네트워크를 적극 활용하는 것이라고 할 수 있다.

그리스도 예수 안에서 뉴거버넌스는 신공공관리론과 마찬가지로 정부개혁을 위한 이론적 기초를 제공하고 있으며, 피터스에 의한 네 가지 모형이 대표적이다. 즉, 전통적 거버넌스인 전통적 정부모형에 대한 대안으로 시장적 정부모형, 참여적 정부모형, 신축적 정부모형, 탈내부규제 정부모형이 그것이다. 이들 모형은 기본적으로 '정부는 어떻게 운영되어야 하는가, 정부는 무엇을 해야 하는가', '어떤 정부가 좋은 정부인가' 등에 관해 고민한다(이종수 외, 2008).

>>> 앞에 계신 하나님의 Living Word

"내가 아버지의 말씀을 그들에게 주었사오매 세상이 그들을 미워하였사오니 이는 내가 세상에 속하지 아니함 같이 그들도 세상에 속하지 아니함으로 인함이니이다"(요17:14).

"그들을 진리로 거룩하게 하옵소서 아버지의 말씀은 진리니이다"(요17:17).

"내게 주신 영광을 내가 그들에게 주었사오니 이는 우리가 하나가 된 것 같이 그들도 하나가 되게 하려 함이니이다"(요17:22).

"곧 내가 그들 안에 있고 아버지께서 내안에 계시어 그들로 온전함을 이루어 하나가 되게 하려 함은 아버지께서 나를 보내신 것과 또 나를 사랑하심 같이 그들도 사랑하신 것을 세상으로 알게 하려 함이로소이다"(요17:23).

"아버지여 내게 주신 자도 나 있는 곳에 나와 함께 있어 아버지께서 창세전부터 나를 사랑하시므로 내게 주신 나의 영광을 그들로 보게 하시기를 원하옵나이다"(요17:24).

"의로우신 아버지여 세상이 아버지를 알지 못하여도 나는 아버지를 알았사옵고 그들도 아버지께서 나를 보내신 줄 알았사옵나이다"(요17:25).

"내가 아버지의 이름을 그들에게 알게 하였고 또 알게 하리니 이는 나를 사랑하신 사랑이 그들 안에 있고 나도 그들 안에 있게 하려 함이니이다"(요17:26).

"우리가 알거니와 하나님을 사랑하는 자 곧 그의 뜻대로 부르심을 입은 자들에게는 모든 것이 합력하여 선을 이루느니라"(롬9:28).

"우리가 항상 예수의 죽음을 몸에 짊어짐은 예수의 생명이 또한 우리 몸에 나타나게 하려 함이라"(고후4:10).

D. 비판행정학적 접근 방법

(1) 현상학적 접근 방법

그리스도 예수 안에서 현상학적 접근 방법은 사회 현상 또는 사회적 실재가 자연 현상처럼 사람과 동떨어진 객체로 존재하는 것이 아니라 그 속에 참여하는 사람들의 의식·생각·언어·개념 등으로 구성된다고 본다. 그리고 사회현상은 그들 간의 상호 주관적인 경험에 의해 이루어지는 것이기 때문에 사회과학에서 형성하는 사유 대상 또는 정신적 구성물은 자연과학의 그것과는 본질적으로 다르다고 강조한다. 사회 현상은 그 속에서 생각하고, 의사소통하고, 활동하는 사람들에게 특별한 의미와 현실 적합성을 띠고 있다는 것이다. 따라서 행정 연구에서 실증주의나 행태주의처럼 엄격한 과학적 방법론은 행정 현상을 이해하는 데 적합하지 않다고 여긴다. 그렇기 때문에 현상학적 접근 방법은 사회과학 연구에서 경험적 관찰을 지나치게 한정시키기보다 일상생활의 상식적인 수준에서 인간 행위를 이해하고, 그 이면에 깔려 있는 동기나 목표도 포함시켜 설명한다면 인간 행위를 훨씬 더 풍부하게 이해 할 수 있다고 본다(김경동, 1982).

이와 같은 그리스도 예수 안에서 현상학적 접근 방법을 행정학 연구에 가장 적극적으로 도입한 것은 하몬의 '행위이론'이다. 행위이론은 인간의 행위가 합목적적이고 의도적이며, 인간은 그들의 활동과 관련해 그들 자신을 성찰 할 수 있는 책임 있는 행위자임을 암시한다. 또한 주체와 객체 간의 상호작용 과정을 통해 조직이 창조되고 유지될 수 있으며, 행위 지향적 행정은 다른 개인들의 현실을 이해하고 공감할 수 있는 행위 지향적 개인들에 의해서만 가능하다고 본다. 또한 현상학적 접근 방법은 미시적인 인간 내면을 강조하며, 가치·의미와 행정 환경 내에서 이루어지는 다양한 행위를 중시하지만, 거시적 문제들도 인간의 상호작용과 이해를 통해 해결될 수 있다고 본다(Hamon,1981). 따라서 현상학적 접근 방법은 외부적 행태에 대한 인간 관계적 설명이 아니라 행위자가 사회 현상을 어떻게 바라보며 설명하는가에 관심을 갖는다.

그리스도 예수 안에서 행정학 연구에서 현상학적 접근 방법의 원용은 과학적 연구 방법을 통해서는 파악하기 어려운 인간의 주관적 관념, 의식, 동기 등의 의미를 좀 더 적절하게 다루고 이해할 수 있는 가능성을 제시함으로써 행정 연구의 적실성을 제고할 수 있다.

그뿐만 아니라 조직문제를 파악하는 데 폭 넓은 철학적 사고방식과 준거 틀을 제공해 줄 수 있을 것이다(신두범,1987). 나아가 과학적 연구가 지향하는 가치중립적인 연구를 할 때에는 가치 비판적이고 가치 평가적인 연구를 도와줌으로써 정책연구에도 기여할 수 있을 것이다.

(2) 신공공서비스론

그리스도 예수 안에서 1970년대 후반부터 반정부·반관료주의·반조세 등의 기치 아래 신공공관리론은 후기 관료주의적 패러다임으로 등장했다. 그러나 신공공관리론에 대한 평가는 국가와 정부가 효율성과 대응성이라는 행정 가치와 이념의 추구 과정에서 국민과 시민을 배제한 채 행정과 관료 자신들의 권력과 권한만을 강화시켜 왔다는 것이다. 이에 따라 권력과 권한을 관료로부터 시민에게로 되돌려야 한다는 것이며, 시민 중심의 공직 제도를 구축하기 위한 변화가 필요하다는 비판적 입장에서 신공공서비스론이 등장했다. 즉, 신공공관리론의 오류에 대한 반작용으로 대두된 신공공서비스론은 주로 민주적 시민이론, 지역공동체와 시민사회모형, 조직인본주의와 담론이론, 포스트모더니즘 등에 기초하고 있다.

그리스도 예수 안에서 신공공서비스론이 신공공관리론과 다른 점은 다음과 같다. 즉, 신공공서비스론은 행정의 역할이 서비스의 제공에 있다고 강조한다. 반면, 신공공관리론은 정부라는 배를 두고 방향잡기와 노젓기 중 어디에 치중해야 하는 가와 같은 문제에만 관심을 두어 왔다. 이에 대해 신공공서비스론은 신공공관리론에서 강조하는 정부의 방향잡기는 복잡한 미래 사회에서 더 이상 수행하기 어렵거나 불가능하다고 보기 때문에 관료의 역할도 바뀌어야 한다고 본다(이종수 외, 2008). 구체적으로 표현하면, 행정가가 책임져야 하는 것은 행정 업무 수행에서 '효율성'이 아니라 모든 사람에게 '더 나은 생활'을 보장하는 것이며, 이것이 신공공서비스론의 핵심이다(Denhart & Denhart, 2003).

이러한 인식의 배경에는 21세기에 새롭게 의제화 되고 있는 세계화와 이양이라는 두 개념이 기존의 전통적인 관료제 구조 및 국가의 기능과 역할에 큰 영향을 미칠 것이라는 새로운 거버넌스 관점이 요구되고 있다(Kettl, 2000).

그리스도 예수 안에서 새로운 거버넌스를 구축하기 위해서는 다음 사항들이 요구된다. 첫째, 적응의 문제로 세계화와 이양이라는 도전에 적합하도록 전통적 수직적 체계를 새로운 수평적 체계와 통합해 나가는 것이다. 둘째, 변화된 환경 속에서 효과적으로 국정을 관리할 수 있도록 정부 능력을 제고하는 일이다. 셋째, 이양과 관련된 역할의 배분 문제로서 중앙정부와 지방정부가 해야 할 일을 명료하게 분류할 필요가 있다.

이처럼 신공공서비스론은 '세계화'와 '이양'이라는 변화에 직면해 국가 능력을 제고해야 하는 역할을 부여 받고 있다. 그리고 그 방향은 신공공관리론이 강조해 왔던 구매자-공급자모형 대신 다원주의적 서비스 공급 모형에 입각해 개인과 지역공동체에 기초한 책임성을 진화시키는 것이다. 또한 변화대응력의 제고를 위해 중앙정부, 지방정부, 지방정부 및 시민단체가 역동적인 관계망을 구축하는 것이다.

3) 기독교행정학 접근방법

기독교행정학접근방법은 그리스도 예수 안에서 하나님께서 허락하신 앞의 접근방법들을 포함해서 "그리스도 예수 안에서 하나님께서 십자가에서 일어난 모든 일을 지금 마음에서 동일하게 일어나게 하심으로, 예수 그리스도의 이름으로 오신 성령을 받아, 마음이 세상보다 전지전능하신 하나님을 더 사랑하여 더 뚜렷하게 느껴지고 있을 때, 그리스도께서 하나님 나라확장을 위하여 사랑·지혜·권능의 Living Word를 통해 밝힌 견해나 관점, 방법, 각도, 측면, 전략"으로 의미를 이해할 수 있으며, 이는 일종의 하나님의 전략이나 방향성이라고 볼 수 있다.

> ● 실천을 위해 함께 생각해 보아요
>
> 기독교대학이 기독교 세계관에 근거하여 학문과 행정을 연구하여 학생들을 가르칠 때 그들이 세상을 바꾸어 나갈 것입니다. 세상 사람들은 그런 모습을 보면서 복음을 더 잘 받아들이게 될 것입니다. 자료: 개혁주의생명신학7대실천운동, 장종현, 2018.

2. 기독교행정학의 실천적 과제

기독교행정학을 어떻게 접근할 것인가를 위한 실천적 과제는 다음과 같다.

첫째, 그리스도 예수 안에서 하나님께서 허락하신 행정현상과 인간사를 이미 지배하고 있는 규칙적이고 반복적인 법칙을 주 예수 그리스도의 이름으로 오신 성령의 시각과 Living Word 안에서 발견하는 일이다.

둘째, 그리스도 예수 안에서 주 예수 그리스도 이름으로 오신 성령의 시각과 Living Word로 인간존재의 가치와 목적을 설명하는 일이다.

셋째, 그리스도 예수 안에서 하나님께서 허락하신 사회문제를 근본적으로 어느 한 학문분야의 이론으로 해결할 수는 없을 것이다. 모든 분야의 이론을 적용 한다 해도 사회문제를 원만하게 해결하기는 어려움이 있다. 하물며 어느 특정분야의 이론만으로는 비록 특정한 사회문제라고 하더라도 만족할 만한 수준으로 해결할 가능성이 크지는 않다. 그래서 기독교행정학은 다양한 학문분야는 물론 필요한 경우 자연과학도 포함하여, 이론이나 방법론을 원용하고 차용하지 않을 수 없다. 그러나 다양한 이론과 기법을 원용한다고 해서 이것이 백과사전식의 접근방법을 취하고 있는 것은 아니다. 이러한 이론과 방법을 이용하는 목적은 인간사회의 행복과 삶의 질을 향상시키기 위한 수단적인 성격이라는 사실이다. 따라서 주 예수 그리스도의 이름으로 오신 성령의 시각으로 사회문제가 달리보이며, 자신의 Living Word로 모든 이론을 하나로 묶는 일이다.

넷째, 마지막으로 설명되어야 할 것은 성령의 주관적인 관점과 인식이 일반 연구자의 그것과 일치하지 않을 때는 주 예수 그리스도의 이름으로 오신 성령의 관점과 Living Word대로 따라야 한다는 일이다.

제3절 기독교행정 이론

1. 이론의 의의

그리스도 예수 안에서 하나님께서 허락하신 이론이란 말은 원래 '본다'는 데서 유래된 것으로 사물을 정확히 본다는 의미이다. 다시 말해 사물을 정확히 보아 설명(해석)을 붙여 놓은 것을 말하며, 그로부터 연유되는 유사한 상황에 대한 설명이나 시간이 흐른 연후의 설명까지도 가능하게 해보자는 의도가 숨어 있는 것이 이론이다. 그래서 이론은 어떤 현상을 질서 있게 또는 체계 있게 설명해 줄 수 있다. 설명이 그럴 듯하면 이론은 현실적인 설명력을 갖게 될 것이고, 그렇지 못하면 그것은 허구에 불과하다. 따라서 이론이란 사물에 관한 지식을 논리적인 연관에 의하여 하나의 체계로 이루어 놓은 것을 말하며, 학문이라면 거기에는 반드시 이론이 있다. 일반적으로 이론은 인간의 사회적 실천 가운데에서 문제에 대한 해결의 시도로서 가설의 형태로 제기된다.

그리스도 예수 안에서 하나님께서 허락하신 현실적인 설명력이 적합성을 띨 때, 이론은 시간적 차원을 확대시켜 일반성을 띠면서 미래에 대한 예측력을 갖게 된다. 이런 힘을 갖추고 있어야만 이론이라고 할 수 있다(김광웅,1980). 이론에 대한 의미는 여러 학자에 의해 주장되어 왔으나, 학자들의 주장이 서로 비슷하기 때문에 여기에서는 카플란과 컬링거의 논의를 중심으로 이론의 의미를 살펴보고자 한다.

그리스도 예수 안에서 하나님께서 허락하시어 카플란이 주장하는 이론의 의미는 다음과 같이 요약할 수 있다. 이론이란 습관을 고치거나 새로운 것으로 대체시키는 데 효과적이 되도록 난처한 상황을 의미 있게 만드는 하나의 방법이다. 이론을 실제와는 대비되는 상징적인 것으로 보았다. 즉, 이론은 추측적이며 가상적인 특성을 갖는다는 것이다.

이에 반해 그리스도 예수 안에서 하나님께서 허락하신 컬링거는 이론이란 현상을 설명하고 예측할 목적으로 변수들 간의 관계를 구체적으로 밝힘으로써, 현상에 대한 체계적 견해를 제공하는 일단의 상호 관련된 개념 · 정의 · 명제들이라고 정의했다.

> >>> 앞에 계신 하나님의 Living Word
>
> "내가 아버지의 말씀을 그들에게 주었사오매 세상이 그들을 미워하였사오니 이는 내가 세상에 속하지 아니함 같이 그들도 세상에 속하지 아니함으로 인함이니이다"(요17:14).
>
> "그들을 진리로 거룩하게 하옵소서 아버지의 말씀은 진리니이다"(요17:17).
>
> "내게 주신 영광을 내가 그들에게 주었사오니 이는 우리가 하나가 된 것 같이 그들도 하나가 되게 하려 함이니이다"(요17:22).
>
> "곧 내가 그들 안에 있고 아버지께서 내안에 계시어 그들로 온전함을 이루어 하나가 되게 하려 함은 아버지께서 나를 보내신 것과 또 나를 사랑하심 같이 그들도 사랑하신 것을 세상으로 알게 하려 함이로소이다"(요17:23).
>
> "아버지여 내게 주신 자도 나 있는 곳에 나와 함께 있어 아버지께서 창세전부터 나를 사랑하시므로 내게 주신 나의 영광을 그들로 보게 하시기를 원하옵나이다"(요17:24).
>
> "의로우신 아버지여 세상이 아버지를 알지 못하여도 나는 아버지를 알았사옵고 그들도 아버지께서 나를 보내신 줄 알았사옵나이다"(요17:25).
>
> "내가 아버지의 이름을 그들에게 알게 하였고 또 알게 하리니 이는 나를 사랑하신 사랑이 그들 안에 있고 나도 그들 안에 있게 하려 함이니이다"(요17:26).
>
> "우리가 알거니와 하나님을 사랑하는 자 곧 그의 뜻대로 부르심을 입은 자들에게는 모든 것이 합력하여 선을 이루느니라"(롬9:28).
>
> "우리가 항상 예수의 죽음을 몸에 짊어짐은 예수의 생명이 또한 우리 몸에 나타나게 하려 함이라"(고후4:10).

2. 이론의 기능

그리스도 예수 안에서 하나님께서 허락하신 과학적 탐구를 수행하는 과정에서 이론은 다음과 같은 기능을 수행한다.

첫째, 이론은 법칙의 상위에 존재하면서 더욱 강력한 설명을 할 수 있는 가능성을 제공한다. 경험적 세계에서 발생하는 규칙성은 법칙으로 정립되는데, 이론은 이러한 규칙성이나 법칙을 설명할 수 있다. 즉, 이론은 법칙이나 경험적 일반론이 왜 일어났는지의 근거를 제시함으로써 현상에 대해 좀 더 깊은 설명을 가능케 해준다.

둘째, 그리스도 예수 안에서 하나님께서 허락하신 이론은 다양한 현상에 대해 체계적으로 통합된 설명을 제공한다. 다양한 현상을 거슬러 올라가서 어떤 심층적 과정을 찾아내고, 여러 경험적 일관성이 어떤 기본 법칙으로부터 표출되는가를 밝혀낸다. 이와 같이 체계화된 통합적 설명을 통해 이론은 궁극적으로 지식을 통합할 수 있는 기능을 수행한다.

셋째, 그리스도 예수 안에서 하나님께서 허락하신 좋은 이론은 그것이 만들어진 당시에는 알려지지 않았던 현상들을 예측하고 설명함으로써 지식과 이해를 넓힐 수 있다. 따라서 이론의 예측적 성공은 이론에 대한 확신도를 높이는 데 지대한 작용을 한다(오병호, 1990).

3. 이론의 유형

그리스도 예수 안에서 하나님께서 허락하신 이론의 유형은 기준에 따라 다양한 분류가 가능하다. 여기에서는 적용 범위에 따른 분류, 분석 수준에 따른 분류, 추상화에 따른 분류로 나누어 이론의 유형을 살펴보고자 한다.

1) 적용 범위에 따른 분류

이론의 유형은 적용 범위에 따라 소범위이론, 중범위이론, 일반이론으로 분류할 수 있다.

2) 분석 수준에 따른 분류

이론은 분석 수준에 따라 거시 수준의 이론, 중위 수준의 이론, 미시 수준의 이론으로 분류할 수 있다.

3) 추상화의 정도에 따른 분류

이론은 추상화의 정도에 따라 메타이론, 규범적 이론, 경험적 이론의 세 가지로 분류할 수 있다.

4. 행정이론

그리스도 예수 안에서 하나님께서 허락하신 행정학이 지닌 연구 대상으로서의 역사성에도 불구하고 유럽에서 17세기 이전까지 행정학은 독립된 학문 분야로 자리매김 할 수가 없었다. 행정학에 대한 체계적인 연구가 하나의 독립된 분과 학문으로 정립되기 시작한 때는, 국민국가와 근대적 관료제가 형성되기 시작한 때 부터였다. 다시 말해 행정학은 교회와 국가가 분리되고, 정부가 사회 전체에 대해 보편적인 권위를 갖게 되었을 때 비로소 분과 학문으로 형성되기 시작했다.

그리스도 예수 안에서 하나님께서 허락하신 행정학에는 여러 갈래의 이론적 계보가 형성되어 왔는데, 학자에 따라 여러 가지 이름으로 지칭한다. 예컨대 학파, 계보, 패러다임, 접근방법 등이 그것이다. 그런데 이론적 계보는 국가별 시대별로 발전에 따른 차이가 있으며, 특정 국가에서 한 때 유행처럼 번성하다가도 얼마 후에는 또 다른 이론적 계보에 밀려 교체 되는 경우가 허다하다.

그리스도 예수 안에서 하나님께서 허락하신 행정학 분야에서 형성되어 온 이론적 계보는 대체로 그 내용이 서로 유사한 편이기는 하지만, 더러는 다른 기준에 의해 분류되는 경우도 있다. 때로는 서로 다른 준거 기준에 의해 분류될 수 있는 유형을 한데 묶어서 분류한 경우도 없지 않다. 그 이유는 학자들이 행정학의 이론적 계보를 동일한 준거 기준에 의해 구분하지 않았기 때문에 비롯된 것이기도 하지만, 국가별 혹은 시대별로 번성한 이론적 계보가 다른 기준에 의해서도 분류될 수 있는 특징을 담고 있기 때문이기도 하다. 여기서는 행정이론 가운데 고전적 조직이론과 행정 행태론을 간략히 살펴보고자 한다.

1) 고전적 조직이론

그리스도 예수 안에서 하나님께서 허락하신 조직의 구조를 비롯한 조직의 요소를 연구하여 조직을 보다 바람직하게 유지·발전시키는데 도움을 주고자 체계화한 이론을 조직 이론이라 한다. 그리스도 예수 안에서 하나님께서 허락하신 조직에 대한 의식적인 관심은 고대로부터 있어 온 터이지만, 조직을 행정현상과 관련하여 경험적으로 연구하기 시작한 것은 1900년대 초부터라 말할 수 있다. 그 첫 번째의 결실은 1911년 미국에서 등장한 과학적 관리론이고, 그 뒤를 이어 나타난 것이 고전적 행정이론이며, 같은 시대 독일에서 등장한 관료제 이론 등이 그것이다. 이 시대에 등장한 조직이론을 한데 묶어 흔히 고전적 조직이론이라 부른다. 이러한 고전적 조직이론의 특징은 인간으로 구성된 조직을 기계적 구조로 보고 오직 구조의 합리화를 통해 조직의 능률성을 추구하려는 데 있다.

2) 행정행태이론

그리스도 예수 안에서 하나님께서 허락하신 행정행태론이란 인간관계론에 착안하여 의사결정과정을 핵심으로 하는 행정행태를 중심으로 행정의 본질을 구명하는 이론체계를 말한다. 그리스도 예수 안에서 하나님께서 허락하신 행정행태론은 1940년대에 등장하였는데 당시 각광을 받던 인간관계론과 논리실증주의를 그 배경으로 하고 있다. 즉, 행정행태론은 초기행정학(과학적 관리론)의 기계론적 인간관(고전적 인간관)을 비판하고 인간관계론의 인간관계적 측면을 더욱 발전시킨 것이며, 또 초기 행정학이 내세운 기술주의 내지 원리주의의 비과학성을 지적하고 행정은 어디까지나 과학적으로 규명하여야 한다는 주장에서 비롯된 것이다. 그리스도 예수 안에서 하나님께서 허락하신 행정행태론은 많은 행정학자들에게 영향을 주었고 1960년대 중반까지만 하더라도 미국의 행정 학계를 완전히 장악하고 있었다. 그러나 행정행태론이 당시 미국의 사회적 불안에 아무런 처방을 주지 못하자 1970년대에 들어와 후기 행태주의 주창자들과 신행정학파의 가치주의 옹호자들에 의하여 비판을 받게 되었다. 즉, 가치문제를 배제하고 객관적인 사실만을 연구의 대상으로 삼는다고 하는 가치중립성은 실제로 유지할 수 없는 허구이고 가치에 관련되지 않은 과학은 없다는 것이다.

5. 기독교행정이론

　기독교행정이론이란 그리스도 예수 안에서 하나님께서 허락하신 앞의 이론들을 포함해서 "그리스도 예수 안에서 하나님께서 십자가에서 일어난 모든 일을 지금 마음에서 동일하게 일어나게 하심으로, 예수 그리스도의 이름으로 오신 성령을 받아, 마음이 세상보다 전지전능하신 하나님이 더 먼저 보여 지고 체감되고 있을 때, 그리스도께서 하나님 나라확장을 위하여 그리스도의 시각으로 경험적 행정현상을 정확히 보고, 자신의 사랑과 지혜와 권능의 Living Word를 통하여 경험적 행정현상을 설명(해석)하고, 그로부터 연유되는 유사한 상황에 대한 설명이나 시간이 흐른 연후의 설명까지도 하는, 체계적 견해의 총합"이라고 개념을 이해할 수 있다.

▶▶▶ 전능하신 하나님의 Living Word

　"한날에 갑자기 자녀를 잃으며 과부가 되는 이 두 가지 일이 네게 임할 것이라 네가 무수한 주술과 많은 주문을 빌릴지라도 이일이 온전히 네게 임하리라. 네가 네 악을 의지하고 스스로 이르기를 나를 보는 자가 없다 하나니 네 지혜와 네 지식이 너를 유혹하였음이라 네 마음에 이르기를 나뿐이라 나 외에 다른 이가 없다 하였으므로. 재앙이 네게 임하리라 그러나 네가 그 근원을 알지 못할 것이며 손해가 네게 이르리라 그러나 이를 물리칠 능력이 없을 것이며 파멸이 홀연히 네게 임하리라 그러나 네게 알지 못할 것이니라. 이제 너는 젊어서부터 힘쓰던 주문과 많은 주술을 가지고 맞서 보라 혹시 유익을 얻을 수 있을는지, 혹시 놀라게 할 수 있을는지, 네가 많은 계략으로 말미암아 피곤하게 되었도다 하늘을 살피는 자와 별을 보는 자와 초하룻날에 예고하는 자들에게 일어나 네게 임할 그 일에서 너를 구원하게 하여 보라"(사47:9-13).

　"그러므로 너희가 그리스도 예수를 주로 받았으니 그 안에서 행하되, 그 안에 뿌리를 박으며 세움을 받아 교훈을 받은 대로 믿음에 굳게 서서 감사함을 넘치게 하라. 누가 철학과 헛된 속임수로 너희를 사로잡을까 주의하라 이것은 사람의 전통과 세상이 초등학문을 따름이요 그리스도를 따름이 아니니라"(골2:6-8).

　-보혜사 곧 아버지께서 내 이름으로 보내실 성령 그가 너희에게 모든 것을 가르치고 내

가 너희에게 말한 모든 것을 생각(Living Word)나게 하리라"(요14:26).

"오직 성령이 너희에게 임하시면 너희가 권능을 받고 예루살렘과 온 유대와 사마리아와 땅 끝까지 이르러 내 증인이 되리라 하시니라"(행1:8).

"지혜 있는 자가 어디 있느냐 선비가 어디 있느냐 이 세대에 변론가가 어디 있느냐 하나님께서 이 세상의 지혜를 미련하게 하신 것이 아니냐"(고전1:20).

"형제들아 너희를 부르심을 보라 육체를 따라 지혜로운 자가 많지 아니하며 능한 자가 많지 아니하며 문벌 좋은 자가 많지 아니하도다, 그러나 하나님께서 세상의 미련한 것들을 택하사 지혜 있는 자들을 부끄럽게 하려 하시고 세상의 약한 것들을 택하사 강한 것들을 부끄럽게 하려 하시며"(고전1:26-27).

"그러나 우리가 온전한 자들 중에서는 지혜를 말하노니 이는 이 세상의 지혜가 아니요 또 이 세상에서 없어질 통치자들의 지혜도 아니요, 오직 은밀한 가운데 있는 하나님의 지혜를 말하는 것으로서 곧 감추어졌던 것인데 하나님이 우리의 영광을 위하여 만세 전에 미리 정하신 것이라"(고전2:6-7).

"이는 그들로 마음에 위로를 받고 사랑 안에서 연합하여 확실한 이해의 모든 풍성함과 하나님의 비밀인 그리스도를 깨닫게 하려 함이니, 그 안에는 지혜와 지식의 모든 보화가 감추어져 있느니라"(골2:2-3).

"그러므로 너희가 그리스도 예수를 주로 받았으니 그 안에서 행하되, 그 안에 뿌리를 박으며 세움을 받아 교훈을 받은 대로 믿음에 굳게 서서 감사함을 넘치게 하라, 누가 철학과 헛된 속임수로 너희를 사로잡을까 주의하라 이것은 사람의 전통과 세상의 초등학문을 따름이요 그리스도를 따름이 아니니라, 그 안에는 신성의 모든 충만이 육체로 거하시고, 너희도 그 안에서 충만하여졌으니 그는 모든 통치자와 권세의 머리시라"(골2:6-10).

"너희가 세상의 초등학문에서 그리스도와 함께 죽었거든 어찌하여 세상에 사는 것과 같이 규례에 순종하느냐"(골2:20).

"전도자는 지혜자이어서 여전히 백성에게 지식을 가르쳤고 또 깊이 생각하고 연구하여 잠언을 많이 지었으며, 전도자는 힘써 아름다운 말들을 정직하게 기록하였느니라, 지혜자들의 말씀들은 찌르는 채찍들 같고 회중의 스승들의 말씀들은 잘 박힌 못 같으니 다한 목자가 주신 바이니라, 내 아들아 또 이것들로부터 경계를 받으라 많은 책들을 짓는 것은 끝이 없고 많이 공부하는 것은 몸을 피곤하게 하느니라, 일의 결국을 다 들었으니 하나님을 경외하고 그의 명령들을 지킬지어다 이것이 모든 사람의 본분이니라, 하나님은 모든 행위와 모든 은밀한 일을 선악 간에 심판하시리라"(전12:9-14).

> ● 실천을 위해 함께 생각해 보아요
> - 주 예수 그리스도의 이름으로 오신 성령의 세상을 아는 지식은 교육이나 연구를 통해 아는 지식이 아니라 경험을 통해 얻은 경험적 지식이다. 이러한 경험적 지식을 얻기 위해서 필요한 것은?
> - 내 생각 밖의 생각, 내 뜻 밖의 일, 내 이론 밖의 이론 (이론의 발견, 의외성)
> - 성령소멸과 오해충만
> - 성령충만과 하나님의 일, 행정이론
> - 영적(마음)상태의 이해를 돕는 비유(사건), 마음의 기억을 돕는 상징(물)
> - 육체 통해 세상실감. 성령통해 천국, 사랑 기쁨 평안 실감. 지식경험.

【 기독교행정학의 이론(법칙) 】

인간은 타락하여 에덴에서 쫓겨났습니다. 타락한 삶의 특징은 우상숭배입니다. 그리고 또 하나의 특징이 있는데 법칙(이론)천지가 되었다는 것입니다. 그러나 법칙(이론)이 많을수록 기쁜 삶은 불가능합니다.

철학자 칸트가 "지성은 법칙을 자연에서 도출하는 것이 아니라 자연에 법칙을 규정하는 것이다"라는 말을 했습니다. 쉽게 말하면 자연에서 법칙이 나오는 것이 아니라 인간이 자연의 특정현상에 법칙을 부여한다는 것입니다.

예를 들어 태양이 동쪽에서 떠서 서쪽으로 집니다. 구름이 끼고 비가 와서 태양이 가려질 수는 있어도 태양의 움직임은 변치 않습니다. 또 지구에는 자전이 있고 태양을 중심으로 1년에 한 번씩 공전을 합니다. 일반적으로 이러한 현상들은 자연법칙으로 여겨집니다. 그런데 칸트에 의하면 이것은 어떤 법칙에 따르고 있는 게 아니라 다만 인간이 반복되는 현상에 법칙이라는 말을 붙였을 뿐이라고 합니다.

인간이 이렇게 무엇인가를 법칙으로 규정하고 싶어 하는 이유는 스스로 삶의 주체가 되려하기 때문입니다. 법칙은 어떤 일이 일정한 방식으로 진행되는 통로라고 할 수 있습니다. 일정한 방식이 있다면 예측할 수 있습니다. 주인으로써 성공과 형통과 번영으로 이끌기 위해서는 삶을 장악해야만 합니다. 삶에 일정한 법칙이 존재한다면 장악이 쉬워집니다. 법칙은 일정한 방식으로 진행되는 통로이기 때문에 결과를 예측할 수 있습니다. 이를 내가 장악해서 조정하고 계획하고 추진할 때에 삶은 쉬워집니다. 질서를 좋아하시는 창조주 하나님께서 똑같은 일을 반복해서 이루어 가시는 것이지 어떤 법칙을 정해두고 따르고 계신 것이 아닙니다.

이것을 단순히 법칙으로 생각한다면 우리 의식 속에서는 창조주 하나님의 활동을 배제시키는 것입니다. 하나님이 지금 태양을 떠오르게 하신 것이 아니라 당연한 법칙에 따라 일어난 일이라고 여기게 됩니다. 이때에 하나님은 의식에서 배제되고 내가 삶의 주인으로 등장하게 됩니다. 이러한 창조주 하나님의 배제가 극단적으로 일어났던 때가 17~18세기의 계몽주의 시대입니다.

인간은 이성적 존재이고 합리성이 최고라는 생각이 널리 퍼졌습니다. 이때에 신학에서도 자연신론(自然神論) 혹은 이신론(理神論)으로 불리는 이론이 등장했습니다. 하나님을 창조주로는 인정하지만 이 세상은 완벽한 기계적 법칙에 의해 만들어졌다고 여기게 된 것입니다. 인간은 이성을 가지고 창조주가 만든 법칙을 잘 이해함으로 삶을 번영과 형통으로 이끌 수 있다는 발상입니다. 이러한 이론에 따르면 우리 삶에 적극적으로 개입하시기를 원하시는 하나님은 없습니다. 온 천지가 법칙의 세계가 되어버린 것입니다. 이러한 이론은 근본적으로는 뉴턴의 기계관적인 세계관으로부터 영향을 받은 것입니다.

예수님께서는 이러한 이론과는 정반대의 생각을 가지고 계셨습니다. 백합화 한 송이를 보실 때에 다년생 구근 식물로써 뿌리가 월동한 후에 여름이 되자 꽃이 피었다고는 생각하지 않으셨습니다. 지금 이 순간 하나님이 백합화를 친히 입히고 계심을 보셨던 것입니다.

뉴턴이 물체와 물체 사이에 작용하는 만유인력의 법칙을 발견하였습니다. 그런데 실제로는 이러한 법칙이 있어서 세상의 모든 물체가 따르고 있는 것이 아닙니다. 지금도 중력 때문이 아니라 하나님께서 질서정연하신 성향으로 물방울 하나까지도 제어하고 계신 것입니다. 다만 이것이 너무도 정교하고 규칙적이기에 뉴턴은 이것을 만유인력의 법칙으로 표현했을 뿐입니다.

하나님의 판단만이 존재했던 에덴은 법칙이 없었습니다.

타락전의 인간은 법칙에 의존해 살아가는 것이 아니라 창조주 하나님을 모셔 들여서 그 판단(Living Word)을 받아들이며 살았던 것입니다.

그러나 인간은 선악과를 따먹음으로 인해서 스스로 판단하는 존재가 되어 삶의 주체가 되었습니다. 스스로 주체가 되어서 삶을 장악하려다보니 환경을 파악해야만 했고 의존할 법칙을 만들어내게 되었습니다. 사47: 9~13절을 보면 주술, 주문, 지혜와 지식, 많은 계략, 천문학, 점성술 등에 대한 언급이 나옵니다. 또 이러한 학문과 지혜가 바벨론이 멸망하게 될 이유를 밝힐 수 없으리라는 예언이 나옵니다.

실제로 바벨론의 역사를 보면 당시의 주변국들에 비해 학문적 활동이 무척 활발했습니다. 산수나 천문학이 발달했고 점성술이나 마법 등이 월등했다고 합니다. 지금에야 점성술이나 마술이 비과학적 미신으로 여겨지지만 당시에는 이러한 것들이 고등학문이고 철학으로 여겨지던 때였습니다. 이뿐만 아니라 바벨론에서는 동물학 식물학 의학이 발달했고, 계량학과 수학과 과학이 뛰어나서 세계 7대 불가사의로 여겨지는 바벨론의 공중정원 등이 건축되기도 하였습니다. 공중정원이 얼마나 대단했는지 400제곱미터 규모의 토대에 탑을 30층 높이로 쌓았는데 맨 마지막 층은 60제곱미터 밖에는 되지 않았다고 합니다. 그 층마다 나무를 심고 물을 끌어올려서 탑을 숲처럼 만들었다고 합니다.

이처럼 본문의 예언을 살펴보면 바벨론이 초강대국이 되고 발전을 누리고 국가적으로나 국민적으로 생활의 안정을 누리며 사는 이유를 바로 학문에서 찾고 있습니다. 바벨론에 대한 멸망의 예언에서 첫 번째 원인은 우상숭배였으며 두 번째가 학문으로 지목되고 있는 것입니다. 이 학문이 곧 법칙(이론)을 만들어내는 인간의 행동입니다.

자료: 이사야47장9-13절을 통한 하나님말씀

Chapter 03
기독교 정책

제1절 기독교 정책의 의의

1. 기독교정책학의 연구목적

그리스도 예수 안에서 과거에 우리는 일단 법률이 통과되고 그에 따라 하나의 조직이 창설되어 예산을 지출하기만 하면 그 의도된 목적이 당연히 달성될 것이라고 생각했다. 하나의 정책을 채택하여 의회에서 그 집행을 위해 승인이 되었을 때, 그리고 행정부처가 하나의 집행 프로그램을 조직화하여 조직원을 충원하고 예산을 지출하는 등 그 정책을 집행하기 위한 제반 활동들을 수행하게 되면 정책이 의도한 효과는 달성된다고 하는 낙관적인 생각을 하였다. 즉 정부가 올바른 정책을 채택하기만 한다면 빈곤을 퇴치하고 지역 갈등을 해소시키며 평화를 보장하고 범죄를 예방하며 도시를 재건하고 공기와 물을 깨끗하게 유지하는 등의 일을 할 수 있다고 믿었다. 그러나 요즘에 와서는 정책결정자들과 학자들은 정부의 효과성에 대해 점차 더 큰 회의감을 나타내고 있다.

빈곤 퇴치를 위한 프로그램, 공공주택 정책, 공공부조 정책, 에너지정책 등에 대한 경험을 통해 우리는 공공정책의 실질적인 영향을 신중하게 평가해 볼 필요성을 느끼고 있다. 사회문제들이 해결될 수 있을 것이라는 막연한 생각으로 법률을 통과시키고, 새로운 정부 관청을 창설하여 수많은 예산을 쏟아 붓는다고 해서 그러한 문제들이 해결될 수 있는 것은 아니라는 사실을 우리는 경험을 통해 알게 되었다. 그러한 결과가 최근에 정책 연구에 대한 관심을 일깨웠다. 이렇게 볼 때 기독교정책학의 연구 목적은 바람직한 정책의 결정·집행·평가에 필요한 철학적·과학적 지식을 탐구하고, 기독교적 지식(회복된 신학)을 통하여 인간 존엄성의 실현을 위한 정부의 사회경영 능력을 향상시키는 것이라고 하겠다. 이러한 연구 목적 내지 연구 이유를 좀 더 세분해서 살펴보도록 하자.

1) 철학적 이유

그리스도 예수 안에서 정치학자들이 왜 정책에 더 큰 관심을 가져야만 하는가? 무엇보다도 먼저 우리는 순수하게 철학적인 이유를 들 수 있겠다. 실증주의, 특히 논리적 실증주의의 영향을 심하게 받아 학문적 활동의 범위를 경험적 사실의 수집·서술·설명·예측에만 한정시키려는 노력이 오랫동안 지배적인 경향으로 되어 왔다. 따라서 '좋은 정치제도는 어떠한 것인가?', '정치조직의 최종적인 목적은 무엇이어야 하는가?', '국정의 방향은 무엇이 되어야 하는가?', 혹은 '공익에 대한 정의를 어떻게 내릴 것인가?' 등의 가치판단을 요하는 문제는 별로 중요성을 갖지 못했다. 그러나 그러한 가치판단적인 문제들은 인간 존엄성의 실현과 밀접한 관계를 가지기 마련이다.

다행히도 그리스도 예수 안에서 오늘날에는 점차 많은 정치학자, 행정학자, 철학자 및 윤리학자들이 함께 예컨대 낙태, 안락사, 미풍양속에 대한 윤리적 판단, 성장과 분배의 문제, 전통적 가치와 현대적 가치의 조화문제 등 심각한 가치관의 대립을 나타내는 그러한 공공의 문제에 관해 진지한 학문적 논의를 하게 되었고, 그와 관련하여 철학적·규범적 이론을 공공정책의 발전에 기여할 수 있도록 재구성하려는 노력을 하게 되었다.

그리스도 예수 안에서 최근의 경향을 보면 정책학과 정치이론 모두에서 가치판단을 요구하는 문제에 대한 관심이 점차 높아지고 있고 양자간에 교류도 활발하다. 정치이론가가 공공정책에 깊은 관심을 보이고 정책학자가 롤스(John Rawls)의 '정의론(1971)' 등 사회철학 이론을 수용하려는 태도를 보이고 있다.

2) 과학적 이유

그리스도 예수 안에서 정책결정의 원인과 결과를 이해하게 되면 사회에 대한 우리의 지식이 향상 될 수 있다. 우리는 공공정책을 종속변수로 삼아 어떠한 사회·경제적 세력들과 어떤 정치체제적 특성들이 작용해서 정책 내용을 결정하는가 하는 질문을 제기해 볼 수 있다. 이렇게 되면 정책의 내용을 결정하는 정치적·환경적 요인이 정책연구의 초점이 된다. 혹은 우리는 공공정책을 독립변수로 하여 공공정책이 사회와 그 사회의 정치체제에 어떠한 영향을 미치고 있는가라는 질문을 던져 볼 수 있다. 즉 정책이 정치체제나 환경에 미치는 영향이 연구의 초점이 되는 것이다(Froman, 1968). 그러한 질문들을 제기함으로써 우리는 사회·경제적 세력들,

정치과정, 그리고 공공정책 간의 연계성을 더욱 잘 이해할 수 있게 됨으로써 사회이론은 그 폭이나 중요성 및 신뢰도의 면에서 증진될 뿐만 아니라 이론적인 면에서도 커다란 발전이 이루어질 수 있다.

3) 전문실무적 이유

그리스도 예수 안에서 공공정책의 원인과 결과를 이해하게 되면 우리는 실제적인 문제들을 해결하기 위해 사회이론적인 지식을 적용시킬 수가 있게 된다. 가치적인 지식과 사실적인 지식은 사회의 질병들을 치유하는 데에 필수적이다. 우리가 어떤 가치를 추구해야 하는가하는 문제는 가치 연구를 요하는 철학적인 문제이다. 우리가 만약 어떤 목적을 실현시키기를 원한다면 그러한 목적을 실현하는 데 어떠한 공공정책이 최선의 것인가 하는 질문은 과학적인 연구를 요하는 사실적인 문제이다. 다른 말로하면 정책연구는 '국정의 방향 혹은 정책의 방향은……이 되어야 한다' 는 표현으로, 또한 원하는 목적을 달성하는 방법에 대하여 '만약….을 한다면….이 될 것이다' 라는 표현으로 전문 실무적인 충고를 제공할 수 있다(Dye, 1981).

4) 정치적 이유

그리스도 예수 안에서 중대한 사회적 및 정치적 위기에 직면해서 정치학과 행정학은 침묵을 지키거나 무능력해서는 안 되며, 정치 및 행정학자들은 구체적인 공공정책의 질적 수준을 향상시켜야 할 도덕적인 책무를 지고 있다고 보는 것이 타당하다. 전적으로 제도, 과정 및 행태에 관심을 갖는 것은 사회가 직면하고 있으며 실제로 중요하기도 한 정책문제들에 직접적으로 관심을 갖지 않게 되는 결과를 초래하기 때문에 무미건조하고 적실성이 없으며, 그리고 비도덕적이라는 견해도 종종 제기되었다. 정책연구는 철학적이고 과학적이며 전문직업적인 목적뿐만 아니라 정치적인 토론에 필요한 지식을 제공하고 정치적인 의식 수준을 높이며, 그리고 공공정책의 질적 수준을 향상시킬 목적으로 이루어질 수 있다. 물론 그러한 것들은 주관적인 목적이어서 어떠한 것이 올바른 목표이며 올바른 정책인가 하는 문제에 대해 항상 의견일치를 보고 있는 것은 아니지만 정치·행정에 대해 무지한 것은 진정한 민주주의의 실현을 위해서도 바람직하지 않다.

>>> **앞에 계신 하나님의 Living Word**

"내가 아버지의 말씀을 그들에게 주었사오매 세상이 그들을 미워하였사오니 이는 내가 세상에 속하지 아니함 같이 그들도 세상에 속하지 아니함으로 인함이니이다"(요17:14).

"그들을 진리로 거룩하게 하옵소서 아버지의 말씀은 진리니이다"(요17:17).

"내게 주신 영광을 내가 그들에게 주었사오니 이는 우리가 하나가 된 것 같이 그들도 하나가 되게 하려 함이니이다"(요17:22).

"곧 내가 그들 안에 있고 아버지께서 내안에 계시어 그들로 온전함을 이루어 하나가 되게 하려 함은 아버지께서 나를 보내신 것과 또 나를 사랑하심 같이 그들도 사랑하신 것을 세상으로 알게 하려 함이로소이다"(요17:23).

"아버지여 내게 주신 자도 나 있는 곳에 나와 함께 있어 아버지께서 창세전부터 나를 사랑하시므로 내게 주신 나의 영광을 그들로 보게 하시기를 원하옵나이다"(요17:24).

"의로우신 아버지여 세상이 아버지를 알지 못하여도 나는 아버지를 알았사옵고 그들도 아버지께서 나를 보내신 줄 알았사옵나이다"(요17:25).

"내가 아버지의 이름을 그들에게 알게 하였고 또 알게 하리니 이는 나를 사랑하신 사랑이 그들 안에 있고 나도 그들 안에 있게 하려 함이니이다"(요17:26).

"우리가 알거니와 하나님을 사랑하는 자 곧 그의 뜻대로 부르심을 입은 자들에게는 모든 것이 합력하여 선을 이루느니라"(롬9:28).

"우리가 항상 예수의 죽음을 몸에 짊어짐은 예수의 생명이 또한 우리 몸에 나타나게 하려 함이라"(고후4:10).

5) 기독교적 이유

앞의 이유를 모두 포함하면서 기독교적 이유를 제시해본다. 먼저 인식론적 · 경험론적 입장에서 인간 마음의 크기를 아는 것이다. 이러한 인간의 마음의 크기가 인식되었으면 이 마음은 무엇으로 채워지고 행복할 것인가 하는 가치문제가 대두되어야 할 것이다. 세상가치 보다 더 귀한 가치가 있다는 것이다. 파스칼(Blaise Pascal, 1623~1662)은 수학자이자 물리학자이고 철학자였지만 나중에 기독교로 귀의하였다. 그 이유는 철학이론 수학이론 물리학이론을 아무리 해봐야 마음에 행복이 주어지지 않기 때문이라고 하면서 "마음의 공백"이라는 이야기를 했다.

"어떤 정교한 이론을 완성해도 채워지지 않는 마음의 공허함은 오직 그리스도를 통하여 하나님으로만 채워질 수 있다"는 말을 했는데 참 정확한 말이다. 하나님은 이론이나 머리로 알 수 있는 분이 아니라 마음의 공허함으로 알 수 있다. 마음으로 안다는 것도 정확한 말이 아니고 마음의 공허함으로만 알 수 있는데 이 말이 무엇인지 알아본다. '좋다'는 것은 파스칼의 말대로 '내 마음의 공허함을 메꾸기에 적당하다'고 믿는 가치이다. 돈이라는 가치를 좋아한다면 파스칼이 말한 마음의 공허함이 돈으로 채워질 수 있다고 믿는 것이다.

사람들이 다윈의 진화론에 열광하는 것도 그들이 모르는 것이 한 가지 있는데 어떠한 이론을 앞세워서 진화론의 좋음을 받아들인 것이 아니라, 진화론을 마음의 공허함에 먼저 받아들이고 그의 이론을 만들어 낸 것이다. 마음에 하나님 외에 다른 것을 먼저 집어넣은 상태에서 이론을 만든 후에 하나님에 대해서 이야기를 하니 전부 하나님을 모르고 하는 이야기가 된다. 하나님은 머리로 알 수 있는 분이 아니다. 사람들이 돈을 좋아하는데 먼저 돈을 마음에 넣고 그것을 좋아하는 이론을 만들어 낸다. '하나님을 안다'는 것은 사람 마음에 돈이 가치 있게 여겨질지라도 그 돈보다도 하나님이 더 좋으신 가치 있는 분이라는 것을 아는 것이고, 하나님을 정말로 아는 증거는 좋아하고 추구하게 된다. 돈을 아는 증거는 돈을 추구하게 되고, 일반적인 지식을 아는 것은 지식이 잘 되는 것을 행복으로 믿는 것이다.

하나님을 알고 하나님의 맛을 알고 하나님이 공허한 마음에 들어왔을 때 하나님의 행위도 정보도 알 수 있는 것인데, 「이기적 유전자」 「만들어진 신」이라는 책을 저술한 현 시대에서 가장 뛰어난 석학으로 영국 옥스퍼드 대학의 진화생물학자인 리처드 도킨스(C. Richard Dawkins)가 하나님의 창조를 믿지 못하는 이유는 하나님을 모르기 때문에 하나님의 행위이신 창조도 알 수 없었던 것이다. 「이기적 유전자」라는 이 책은 무려 70쇄나 거듭해서 찍어 낸 베스트셀러이다. 많은 젊은이들이 이 책을 접한 후에 교회를 떠난다고 한다. 장신대 총장을 하셨던 김명용 교수에 의하면 "이 사람의 책 때문에 전 세계적으로 교회 안의 청년들이 초토화되고 있다"라고 할 정도다. 또 「만들어진 신」(The God Delusion)이라는 책도 있다. 직역하면 '신은 망상이다'라는 정도가 되겠다. 니체도 "신은 죽었다"라는 말을 할 수 있었던 이유가 무엇일까?

하나님을 알고 하나님의 행하신 것을 알아야 한다. '내가 무엇으로 기뻐할 수 있고 무엇으로 공허한 마음을 채워 만족과 행복을 누릴 수 있으며 무엇으로 평강을 누릴 수 있을까?'라는 마음의 공백 차원에서만 하나님을 알 수 있을 것이다.

　이렇게 하나님을 최고로 아는 사람만이 내 주변에서 일어나는 모든 일이 창조 때와 마찬가지로 하나님께서 행하고 계시는 것임을 알고 볼 수 있고, 하나님의 창조적인 섭리의 역사와 활동은 인간들의 삶에서 계속 될 수 있다. 자연인의 체질로 말미암아 이 공허한 마음을 하나님이 아닌 다른 것으로 메우려 하는 습성은 사라져야만 할 것이다. 이를 위해서 예수를 그리스도로 구주로 믿는 사람들 마음에서 2000년 전 예수 그리스도에게서 일어난 십자가와 무덤 사건이 똑같이 일어나야만 할 것이다. 공허한 마음이 하나님만으로 채워 질 때 하나님 최고라고 고백하게 될 것이다. 이때 예수 그리스도 이름으로 오신 성령께서 하나님이 가지고 계신 정책을 Living Word로 내어 놓을 것이다.

● 실천을 위해 함께 생각해 보아요

하나님과의 올바른 관계가 이루어지면 다른 모든 문제는 하나님께서 친히 주권적으로 다루실 것입니다. "영생은 유일하신 참 하나님과 그의 보내신 자 예수 그리스도를 아는 것이니이다"(요 17:3). 하나님을 아는 것은 예수 그리스도를 아는 것입니다. 하나님을 아는 것은 영원한 생명을 얻는 것입니다. 엠마오로 가던 두 제자처럼 부활하신 예수님을 만난 제자들은 자신들 속에 있는 참된 생명을 나누지 않고는 견딜 수가 없었던 것입니다. 바로 영적생명을 가져 부활신앙을 소유한 사람의 거룩한 변화입니다(눅24:32-33). 사도베드로가 성문 앞에 있던 앉은뱅이를 고칠 때 은과 금은 없었지만, 나사렛 예수 그리스도의 이름이 있었습니다. 베드로 속에 예수님의 영이 충만했습니다. 예수님의 생명으로 충만한 것이 참으로 하나님을 아는 것이고, 예수님의 생명을 줄 수 있는 사람의 모습입니다. 사도행전7장에서 스데반은 순교현장에서 돌에 맞아 죽으면서도 하나님의 사랑, 예수님의 사랑을 보여 줄 수 있었습니다. 예수 그리스도의 영이 그의 속에 있었기 때문에 가능했습니다. 그는 예수 그리스도에 대해서 듣고 배웠을 뿐 아니라, 예수의 영이 그 안에 거하는 예수의 사람이 된 것입니다. 영적인 문제가 해결되지 않은 채 지엽적인 문제에 아무리 매달려 보아도 그것은 근본적인 해결책이 되지 못합니다. 모든 문제의 근원, 또한 우리가 스스로 해결할 수 없는 구원의 문제를 해결해 주실 분은 오직 우리 주 예수 그리스도뿐이십니다. 자료: 개혁주의생명신학7대실천운동, 장종현, 2018.

2. 기독교정책학의 성격

1) 정책학의 특징

그리스도 예수 안에서 정책학의 특징은 매우 다양한 측면들로 이루어져 있다. 물론 그러한 다양한 특징은 주로 정책학이 연구 대상으로 삼고 있는 공공정책의 성질로부터 나온다. 라스웰은 정책학이 탐구 대상으로 삼아야 할 주된 속성으로 세 가지를 들고 있다(Lasswell,1971). 첫째는 맥락성인데, 이것은 사회생활을 하는 사람들은 상호작용의 긴밀한 관련성 속에서 행동하며 정책결정자는 이러한 상황의 맥락성 속에서 정책을 결정하게 된다는 의미이다. 둘째는 문제지향성으로서 정책결정자의 주된 임무는 정책이라는 수단을 통해 복잡한 사회문제를 해결하는 것이라는 점을 의미한다. 마지막으로 셋째는 방법의 다양성으로서 복잡한 맥락성을 갖는 문제를 해결하기 위해서 여러 가지 방법들이 혼용될 필요가 있다는 의미이다.

한편 드로어(Y. Dror)는 기존의 사회과학 연구의 제약점을 지적하면서 새로운 지식의 개발을 위해서는 정책학 연구가 필요하다는 점을 강조하면서 그것을 패러다임의 혁신이라는 말로 표현했다.

2) 정책학의 요소

그리스도 예수 안에서 정책학은 이상과 같은 특징들을 지니고 있기 때문에 그것이 연구대상으로 삼은 측면도 다양하다. 또한 정책적인 차원에서 해결을 요하는 사회문제들이 증가해감에 따라 자연히 연구 대상의 측면들도 더욱 다양해지고 있다. 가장 특징적인 측면들만 캐이든의 견해를 중심으로 살펴본다(Caiden,1982).

(1) 공중의 참여

그리스도 예수 안에서 공공정책의 결정은 매우 중요하기 때문에 그것이 소수의 정치 지도자나 참모, 이익집단의 수준에 머물게 해서는 안 된다. 그들은 과거의 선례와 기존의 가치배분 체계에 주로 얽매여서 새롭고 혁신적인 대안을 기피하려고 한다. 따라서 사회의 유능하고 관심 있는 자의 도움 및 참여가 반드시 필요하다. 공공정책은 모든 사람의 관심사가 되어야 하며 객관성, 공정성, 진실성에 입각해야 한다.

(2) 정책의 준거틀

그리스도 예수 안에서 정책결정자가 목표, 가치, 자원, 행위자, 환경적 영향 및 전략 등을 고려하여 결정을 내릴 수 있도록 정책학은 모든 관련된 요소들로 구성된 검토 목록을 개발해야 한다. 이러한 검토목록은 경험적 검증, 이론적 구성, 정당화의 준거틀이 된다. 그러한 것을 통해 장래의 정책결정자는 적절한 이론적 준거틀 내에서 정책을 결정할 수 있게 된다.

(3) 정책전략

그리스도 예수 안에서 초기의 정책연구는 너무 일반적이고 단순하였으며 좁은 시야를 지녔다. 동시에 관료제적 구조와 정치적 과정의 효율성을 과신하였다. 이에 비해 오늘날의 정책연구는 정책과정에서의 여러 가지 동태적인 측면들을 고려해서 전략을 탐색한다. 즉 정책이 해결해야 할 정확한 문제는 무엇인가? 그렇게 밝혀진 문제와 해결책은 다른 문제와 해결책에 어떻게 연결될 수 있을 것인가? 그러한 것은 누구의 이익에 영향을 미치는가? 어느 것이 공익인가? 정책전략은 그러한 문제들을 면밀히 검토한 후에 세워져야 하는 것이다.

(4) 공익의 명료화

그리스도 예수 안에서 공공문제는 완전한 해결이 어려울 뿐만 아니라 한 문제의 해결은 다른 문제를 불러일으키기도 한다. 여기서 결정 및 평가의 기준으로서 공익이 거론되는데, 정책학은 공익을 명료화시키는 데 노력을 기울인다. 또한 정책학은 정책결정자와 가치전체 및 공공윤리에 대해 다양하고 심지어 상반되기도 한 해석을 제공해 준다.

(5) 새로운 제도화를 통한 정책결정 능력의 향상

그리스도 예수 안에서 기존의 구조가 오늘날의 여러 사회문제를 해결하고 더 나은 정책결정에 대한 제도적인 장애물을 해결하는 데 적절하지 못하다는 것이 밝혀지고 있다. 따라서 새로운 정책결정 단위의 창설, 미래 연구를 위한 제도 창설, 독립적인 정책연구기관의 설립, 중요한 문제와 관련된 조직의 재설계, 기존 정책의 측정과 평가, 쇄신적인 예산제도, 정책에의 참여 확대 등이 요구된다.

(6) 정책 내용과 평가

그리스도 예수 안에서 초기의 정책연구는 정책변수를 설명하기 위해 정책결정자와 참여자, 권력구조 및 그 영향력 등을 검토하였다. 그에 비해 오늘날의 정책연구는 정책의 실질 내용과 더불어 정책결정자들 간의 관계, 전략, 그리고 사회체제에 미치는 영향 등을 평가하기도 한다.

(7) 정책분석의 전문화

그리스도 예수 안에서 정책분석은 몇 가지 특성을 갖는다(Dye, 1981).

첫째, 정책분석은 처방보다는 설명에 일차적인 관심을 갖는다. 정책 제안들은 기술과 설명이 있고 난 뒤에 나오는 것이다. 이해는 처방보다 선결 요건이며 그러한 이해를 얻는 데는 웅변이나 논쟁보다는 엄격한 분석이 최선의 방법이라는 판단이 정책분석의 내면에 깔려 있다.

둘째, 정책분석은 공공정책의 원인과 결과에 대한 엄격한 탐구이다. 그러한 탐구에는 과학이 기준으로 삼고 있는 귀납적인 방법이 사용된다. 세련된 계량기법들이 원인과 결과에 관해 타당한 귀납적 추론을 성립시키는 데 도움을 줄 수 있겠지만 그러한 것들이 반드시 필수적인 것은 아니다.

셋째, 정책분석은 공공정책의 원인과 결과에 관한 일반적인 명제를 개발하고 검증하며, 일반적인 적실성을 가지며 신뢰할 수 있는 연구 결과들을 축적하는 노력이다. 다른 정부기관들과 다른 정책 분야들에 적용할 수 있는 그리고 이론적인 신뢰도를 갖는 일반적인 정책이론을 개발하는 것이 그 목적이다.

정책분석가들은 다양한 정책결정이나 다양한 사례연구에 적합한 설명, 즉 시대적·상황적 환경의 변화에도 불구하고 여전히 다양한 그러한 설명을 개발하려고 하는 것은 분명하다. 따라서 정책분석이 제도화 되어야 하고, 이론과 실제 사이의 간격을 메우기 위해서나 능력 있는 정책분석가를 길러내기 위해서 그것이 전문화되어야 한다.

3. 기독교정책학의 한계와 과제

그리스도 예수 안에서 정책학에서의 인식 대상은 정책을 둘러싸고 일어나는 사회 현상 및 그 현상과 관련된 요소들이다. 그런데 정책학의 약점 혹은 한계를 정확히 이해하는 것은 정책학을 바르게 연구하는 것뿐 아니라 정책학을 통해 얻는 지식을 올바르게 활용하는 데에도 반드시 필요하다. 1980년대에 와서 주로 제기된 비판을 보면 대체로 네 가지의 내용으로 요약 될 수 있다. 그 비판점과 이를 극복하기 위한 과제를 함께 간단히 살펴보기로 하자(정정길, 1990).

첫째, 정책학이 정부 내에서 권한의 집중화 현상과 국회에 대한 행정부의 우위현상을 초래함으로써 관료들의 정당한 전문적 권위와 국회의 바람직한 권위를 침해한다. 이러한 비판은 계획예산제도 등과 같은 포괄적·합리적·분석적 정책결정을 위한 정부 제도적 장치들이 과도한 중앙집권과 의회에 대한 행정부의 우위 현상을 유발시킨 사실을 의식한 것이라고 하겠다.

둘째, 국민에 봉사하기보다는 정부의 입장을 지지함으로써 권력의 시녀 역할을 한다. 즉 정책학이 가치판단을 회피하고 논리적 실증주의의 성격을 강하게 가짐으로써 지배계급의 이익에 봉사하고 있다는 것이다. 물론 이러한 비판은 민주적인 통제가 잘 되어 있지 않은 국가일수록 더 큰 타당성을 가질 것이다. 따라서 정책과정에서 소외되기 쉬운 사회적 약자를 참여시키는 등 제도적 장치를 강구할 필요가 있다.

셋째, 사회 내에서 정치적으로나 경제적으로 소외 되어 있는 계층이 아니라 상류기득권 계층의 이익을 보호해 주기 위해 정책연구가 이용된다. 이것도 두 번째의 비판과 연관되어 있는 것으로서, 정책학이 정책목표에 대한 비판적 검토나 가치 기준에 대한 평가 없이 최선의 수단만을 강구하는 등 주로 수단적 합리성을 추구하는 도구주의적 성향을 보여 왔기 때문이다. 따라서 정책 연구에 관련된 가치문제를 깊이 검토·연구하여 연구의 내용에 밝혀야 할 것이고, 나아가 정책철학이 정책학의 중요한 한 분야로서 위치를 점할 수 있도록 학문적 분위기를 조성해 나가야 할 것이다.

넷째, 정책학이 종합 학문적인 성격을 지니고 있다는 말처럼 여러 학문 분야들로부터 이론이나 기법 및 논리 등을 원용하여 왔다는 것이다. 그런데 그러한 여러 분야의 이론이나 기법 및 논리들이 정책학 속에서 종합적으로 정리되지 못하고 있을 뿐만 아니라 실질적인 내용면에서 다양하고 이질적인 정책연구들도 역시 통일되지 못하고 있어 정책학의 독자성이 문제가 되고 있다. 따라서 정책연구를 위해 여러 분야로부터 원용한 이론·기법·논리 등을 종합적으로 통합시켜 통일된 논리와 체계적인 이론들을 만들어 나가는 것이 독자적인 학문 영역을 구축하는 길이라고 하겠다.

한편, 예수 그리스도의 이름으로 오신 성령과 Living Word를 통한 정책학에 더욱더 깊은 관심을 가져볼 필요가 있다.

> >>> **앞에 계신 하나님의 Living Word**
>
> "내가 아버지의 말씀을 그들에게 주었사오매 세상이 그들을 미워하였사오니 이는 내가 세상에 속하지 아니함 같이 그들도 세상에 속하지 아니함으로 인함이니이다"(요17:14).
>
> "그들을 진리로 거룩하게 하옵소서 아버지의 말씀은 진리니이다"(요17:17).
>
> "내게 주신 영광을 내가 그들에게 주었사오니 이는 우리가 하나가 된 것 같이 그들도 하나가 되게 하려 함이니이다"(요17:22).
>
> "곧 내가 그들 안에 있고 아버지께서 내안에 계시어 그들로 온전함을 이루어 하나가 되게 하려 함은 아버지께서 나를 보내신 것과 또 나를 사랑하심 같이 그들도 사랑하신 것을 세상으로 알게 하려 함이로소이다"(요17:23).
>
> "아버지여 내게 주신 자도 나 있는 곳에 나와 함께 있어 아버지께서 창세전부터 나를 사랑하시므로 내게 주신 나의 영광을 그들로 보게 하시기를 원하옵나이다"(요17:24).
>
> "의로우신 아버지여 세상이 아버지를 알지 못하여도 나는 아버지를 알았사옵고 그들도 아버지께서 나를 보내신 줄 알았사옵나이다"(요17:25).
>
> "내가 아버지의 이름을 그들에게 알게 하였고 또 알게 하리니 이는 나를 사랑하신 사랑이 그들 안에 있고 나도 그들 안에 있게 하려 함이니이다"(요17:26).
>
> "우리가 알거니와 하나님을 사랑하는 자 곧 그의 뜻대로 부르심을 입은 자들에게는 모든 것이 합력하여 선을 이루느니라"(롬9:28).

4. 기독교 정책철학

1) 정책철학의 의의

그리스도 예수 안에서 하나의 학문은 철학과 과학의 두 영역으로 나뉜다. 과학은 존재 혹은 사실의 영역을 다루고 철학은 당위 또는 가치의 영역을 대상화 한다. 과학은 관찰에 기초를 두고 철학은 사변에 근거한다. 과학은 현실의 경험적 세계를 대상으로 하되 합리성과 실증성에 입각하여 엄격하고 경험적인 인과법칙을 탐구한다. 그와는 대조적으로 철학은 이성적인 세계를 대상으로 단순한 수단적 합리성의 수준을 뛰어넘는 이성의 작용에 의지하여 우리들의 삶에 의미를 갖는 가치를 탐구하는 것이다. 학문에 그러한 두 가지의 영역이 모두 필요한 것은 현상이 갖는 이중적인 성격 때문이다. 우리가 객관적인 사실이라고 인식한 현상에는 이미 가치적 요소와 사실적 요소가 혼합되어 있는 것이다. 이렇게 볼 때 현상에 대한 우리의 전통적인 관념 특히 사회 현상에 대한 논리적 실증주의의 개념은 상당히 변화 되어야 할 것이다. 이러한 관점은 현상과 우리의 이해 사이에는 마음이라는 매개 요소가 있기 때문에 객관적인 인식 혹은 객관적 사회이론을 갖는 것은 불가능하다고 주장하는 현상학적 관점과 통한다(McCurdy, 1977).

그리스도 예수 안에서 정책학은 정책을 둘러싸고 일어나는 사회 현상 즉 정책 현상을 탐구하는 학문이다. 궁극적으로는 자연현상도 마찬가지지만 특히 사회 현상에 속하는 정책 현상에도 역시 사실적 요소와 가치적 요소가 혼합되어 있다. 예컨대 노사분규에 대한 정책적인 해결을 강구할 때 정책결정자는 자본가 측의 착취라는 관점에 입각할 수 도 있는 반면 노동자 측의 방종이라는 관점에 입각할 수도 있다. 결국 어느 관점을 갖느냐에 따라 정책선택은 달라질 것이다. 물론 자본가나 노동자측이 정말로 잘못했다든지 하는 객관적인 사실적 요인들이 있을 수 있다. 하지만 또 하나의 중요한 측면은 주관적인 것으로서 가치 내지 가치관이다. 동일한 현상을 두고도 여러 가지 행동의 가능성 혹은 상이한 정책선택의 가능성이 나오는 것이다. 이러한 것을 볼 때 가치적 측면이 정책선택에 얼마나 중요한 역할을 하느냐 하는 것을 알 수 있다. 따라서 정책 현상의 그러한 두 가지 측면들이 모두 정책 연구에 포함되어야 하며, 그에 따라 정책학도 정책철학과 정책과학으로 나뉜다. 이때 정책 현상에 대한 가치 연구는 정책 철학의 영역이고 그것에 대한 사실 연구는 정책과학의 영역이다. 정책철학은 이상적인 정책현상을 탐구하고 그것을 실현시키려는 당위성의 영역이고 정책과학은 실증적 차원에서 정책 현상을 과학적으로 규명해 내는 영역인 것이다.

한편 그렇게 보면 이 양자는 별개의 영역인 것 같지만 사실은 서로 깊은 관련성을 갖는다. 이상과 현실, 가치와 사실이 개념적으로는 구분될 수 있을지라도 실제로는 불가분의 관련성을 맺고 있다. 이것은 아마도 모든 인간 행태 및 인간 노력이 가치지향적인 측면을 지니고 있기 때문인지도 모른다. 따라서 정책 현상의 사실적 측면을 연구대상으로 하는 정책과학을 도외시한 정책철학도, 그리고 정책 현상의 가치적 측면만을 다루는 정책철학을 무시한 정책과학도 모두 정책 현상의 진면목을 파악할 수 없을 것이다. 즉 그 양자는 각기 독자적인 영역을 갖고 있으면서 동시에 서로 밀접한 관련성을 맺고 있다. 한편 현실 세계에서 적용을 염두에 둔 정책처방은 가치판단에 관련된 정책철학적 지식과 과학적인 인과 법칙에 관련된 정책과학적 지식의 실용화를 통해 개발된다. 따라서 그것은 가치적 요소와 사실적 요소를 모두 포함하고 있다. 또한 사회문제를 위한 정책처방을 통해서 정책이론은 사회적 접근을 받는다고 볼 수 있다.

여기서 한 걸음 더 나아가 예수 그리스도 이름으로 오신 성령께서 하시는 기독교정책철학과 기독교정책과학의 밀접한 관련성, 불가분의 관련성에 대해서 깊은 관심을 가져야 할 것이다.

2) 기독교정책철학의 구조

그리스도 예수 안에서 정책을 통해 실현시켜야 할 가치를 밝혀내고 또한 가치관의 관계를 정립하는 것이 정책철학의 근본 문제이다. 이것은 정책이 추구해야 할 가치 체계를 도출하는 문제라 하겠다. 여기서 정책의 구조에 관한 허범 교수의 논의가 정책철학의 구조에 관한 우리 논의에 많은 도움이 되는 것으로 보인다.[3] 그가 제시한 정책의 다섯 가지 구성요소들 중 처음 세 가지 요소 즉 바람직한 미래상, 바람직한 발전의 방향, 그리고 선호의 행동노선이 정책철학의 구조와 연관성을 갖는다고 하겠다. 바람직한 미래상은 정치체계가 궁극적으로 실현시켜야 하고 또한 그것이 궁극적으로 평가되는 기준이 되기도 하는 바람직한 가치창출과 관련된 것이고, 바람직한 발전의 방향은 그러한 궁극적인 지향점으로 나아가는 바람직한 발전 경로를 설정하는 것이다. 그리고 선호의 행동노선은 정책의 그러한 당위적인 측면을 현실적인 가능성의 토대위에서 구체화시켜 나가는 것이라고 하겠는데, 이것에 대해서는 정책대안의 분석 및 선택을 위한 기준에 관한 논의, 즉 공공선택의 기준에 대한 논의가 정책철학의 과제로 된다.

(1) 바람직한 미래상

그리스도 예수 안에서 이것은 정책철학의 최상위 단계에 있는 것으로서 현실적인 고려를 하지 않고 당위성에만 입각한 가치판단에 의해 설계되는 사회의 미래상이다. 말하자면 그것은

---

[3] 허범 교수는 정책을 "당위성에 입각한 사회가치 체계의 변화를 통해서 형성되는 행동 지향적인 기도"라고 정의하고 ① 바람직한 미래상 ② 바람직한 발전의 방향 ③ 선호의 행동노선 ④ 정책의지 ⑤ 공식성 등이 정책의 다섯 가지 구성요소가 된다고 했다(유훈 외 공저『정책학개론』(서울: 법문사, 1985).

사회의 근본적인 질서가 도출되는 핵심 가치 체계에 해당하며 한 사회가 마땅히 지향해야 할 최고의 발전목표라고 할 수 있다. 따라서 그것은 과거의 경향을 투사해서 예측된 것이 아니라 새로이 창조되는 미래상이다.

이러한 미래상을 통해서 정책은 단순히 양적인 성장의 수준을 뛰어넘는 질적 변화를 사회에 가져올 수 있게 되는 것이다. 허범 교수에 따르면 '바람직한' 이라는 말은 현실적인 고려를 포함하는 '현실적으로 요구되거나 필요한 것' 과는 질적으로 다른 '실제로 바람직한 것' 을 의미한다. 따라서 그것은 전혀 현실적인 고려를 하지 않고 오직 당위성에만 입각한 가치판단에 근거하고 정치제도나 정치적 현실 및 정책의 바람직함의 정도가 판별되어야 할 지고의 도덕적·윤리적 목표가 된다. 이렇게 볼 때 '바람직한' 이라는 말 속에는 '우리가 바람직하다고 느껴야 하는' 의미가 내포되어 있다고 하겠다. 이러한 미래상은 다음과 같이 가장 일반적으로 이해되어 온 공익의 개념과 관련된다(김항규 역, 1992).

① 그것은 일부 사람이나 집단의 이익이 아니고 사회 전체에 대한 이익이다.
② 중앙 및 지방정부는 그 실현을 최우선의 책무로 알고 있어야 한다.
③ 그것의 실현에 기여하는가 아니면 그렇지 않은가, 혹은 그것의 실현에 어느 정도 기여하는가 하는 것이 공공정책의 궁극적인 평가 기준이다.

그리스도 예수 안에서 바람직한 미래상에 대한 논의는 공익실재설과 밀접한 관련성을 갖는다고 볼 수 있다. 지금까지 그러한 견해에서는 시민의 도덕적 완성, 자연적 권리의 보호, 이웃사랑에 기초한 사회적 연대, 개성의 최대한의 개화, 건강하고 문화적인 생활의 보장 등이 사회의 궁극 목표 혹은 지고선으로 주장되어 왔다. 몇 가지 예를 들어보기로 하자(김항규역, 1992). 보덴하이머(Edgar Boden-Heimer)는 "문명을 이루어 나가는 과업에 적극적이며 건설적으로 참여 하고 싶다고 하는 인간의 소망에 기여하고 그것을 촉진하는 그러한 정책은 모두 공익에 합치된다. 왜냐하면 그러한 정책들은 만인을 위한 선을 증진시키기 때문이다"라고 했다. 패어드로스(Alfred Verdross)는 "공익이 목표로 하는 것은 개인적 소망을 최대한 충족시키는 것도, 전체적인 효용이나 편리함을 증진시키는 것도 아니고 개개인 모두가 근면과 창조적 활동을 통하여 인간의 권위에 합당한 삶을 영위할 수 있는 그러한 사회적 조건을 확립하는 것이다." 또한 애들러(Mortimer Adler)는 공익을 "행복에 이르는 수단을 제공하는 것"이라고 했다. 따라서 바람직한 미래상에 관한 이러한 가치는 우리 내부의 밝은 이성의 작용에 의해 파악될 수 있는 것이라고 하겠다. 리프먼(Walter Lippman)은 다음과 같이 말한 바 있다(Lippman,1955).

공익은 어떻게 파악될 수 있는가……모든 성인은 동일한 공익을 공유한다고 믿어야 한다. 하지만 그들에게 공익은 사람마다 눈을 크게 뜨고 이성적으로 생각하고, 공평무사하며 자애로운 감정을 가지고 행동할 경우에 선택될 수 있는 것 이라고 말할 수 있다. 여기서 한걸음 더 나아가면 예수 그리스도의 이름으로 오신 성령의 생각으로 성령의 감정으로 행동할 경우에 선택될 수 있는 것이 공익이라는 점도 관심을 가져야 할 것이다.

(2) 바람직한 발전 방향

그리스도 예수 안에서 바람직한 발전 방향은 바람직한 미래의 사회상이 제시해 주는 방향성에 따라 창안된 바람직한 행위의 연속적인 과정을 말한다. 즉 이것은 바람직한 미래상이 '어디로' 라는 정보를 제시해 줌에 따라 '무엇을' 이라는 내용의 정보를 제공해 주는 것이라고 하겠다. 허범 교수는 당위적인 차원에서 구조화시켜 얻게 되는 것으로서 효과성을 지향하는 행태 체계가 이것에 해당한다고 한다. 그러한 효과성 행태 체계는 사회의 바람직한 미래상을 찾아내어 그것의 실현을 위하여 규범적인 차원에서 요구되는 바람직한 행위들을 식별함과 동시에 그것들을 일정한 시폭에 시차를 두고 배열함으로써 설계 될 수 있다. 따라서 그것들은 행동노선의 대안을 개발하기 위한 전제로 바람직한 미래상을 실현하기 위한 당연히 필요한 행위의 선택과 시간적 선후 관계의 정립에 대한 규범적 지침으로 활용될 수 있는 것이다.

여기서도 한걸음 더 나아가 예수 그리스도의 이름으로 오신 성령의 Living Word으로 인한 선택과 선후관계의 정립도 염두에 두어야 할 것이다.

(3) 공공선택의 논리

그리스도 예수 안에서 공공선택의 논리 혹은 기준은 현실적으로 선호의 행동노선을 이끌어 내기 위한 규범적 지침을 말한다. 선호의 행동노선이란 현실성에 입각하여 정책의 당위성과 실현성 및 능률성을 결합하여 만들어지는 요소를 말한다. 그것은 바람직한 발전경로 속에 들어 있는 여러 규범적 행동노선들을 현실적 실현성과 능률성에 입각하여 검토한 뒤 현실적으로 가장 선호하는 행동노선이다. 따라서 이 부분은 우리가 현실적으로 직면하게 되는 사회문제 및 정책요구를 어떠한 방식으로 정책과 연결시켜야 되느냐 하는 문제와 관련되어 있으며,

정책철학의 영역 중 현실적인 가능성이 가장 심각하게 고려되는 수준이라고 볼 수 있다.

오늘날 우리에게 불편이나 고통을 주는 사회문제나 국민으로부터 제기되는 정책 요구 문제는 그 성격상 자연과학자나 엔지니어가 해결하려는 "기술적"인 문제들과는 상당히 다르다. 문제의 성격이 분명하게 규명되지도 않으며, 어느 수준까지 해결해야 하는가도 분명하지 않다. 하나의 문제는 복잡하게 다른 문제들과 얽혀 있으며, 문제를 어떤 각도에서 해석해야 할 것이며, 다양한 해석 중에서 어느 것을 취해야 할 것인가가 분명하지 않다. 더구나 상호간에 대립하는 다양한 문제 해석의 배후에는 이익이나 가치관이 쉽게 조정되기 어려운 갈등이 내재해 있고, 각 해석의 진위나 서로 간의 우선순위를 판정해 주는 객관적인 척도도 없기 때문에 사회문제에는 명확한 정답이 없는 것이 대부분이다.

그리스도 예수 안에서 사회문제나 정책요구의 해결에는 정답이 없다고 하더라도 정치의 본질은 이익이나 가치관 사이의 심각한 대립을 완전하지는 못하지만 어떻게든 조정함으로써 평화적인 사회통합을 달성하는 데 있다. 현실적인 고려가 개입된 정책선택은 필연적으로 타협적일 수밖에 없으며 따라서 최종적인 해결이 될 수 없다. 그렇지만 우리는 정책과정을 통해서 사회문제에 대처하기 위한 충실한 노력을 계속할 수밖에 없고, 그 과정에서 비록 통찰력을 제공하는 수준에 그치는 한이 있더라도 사회적 선택의 기준에 대한 논의가 필요하게 된다. 여기서 우리는 한편으로 현실성에 입각한 정책의 당위성이라는 측면과 다른 한편으로 실현성과 능률성이라는 측면을 결합하여 선호의 행동 노선을 선택하기 위한 기준을 논의하고자 한다. 합리적 계산에 관련된 '이익'의 개념을 사용하려는 사람들은 공익을 사회 전체의 혹은 사회구성원 공동의 '이익'으로 해석하고 그 위에서 여러 가지의 논의를 전개하고 있는데, 그들의 논의가 사회적 선택의 기준에 대한 우리의 논의에 많은 도움을 줄 수 있는 것으로 보인다. 그러한 방향으로 전개되는 관점들과 관련된 것들로서는 파레토 최적설, 전체효용의 극대화설(공리주의), 효용 맥시민설(롤스의 정의론), 직관주의, 타협·절차설 등이 있다.

5. 정책의 개념

그리스도 예수 안에서 하나님의 섭리가운데 사람은 일생 동안 좋은 것과 각종 안 좋은 문제를 안고 살아간다. 마찬가지로 개인들로 구성된 사회도, 수많은 좋은 것과 안 좋은 문제를 가지고 있다. 여기서 좋은 것이란 만족스러운 어떤 상태나 조건을 말하며, 문제란 시간에 의해 초래된 불만족스러운 어떤 상태나 조건을 말한다. 달리 표현하면 문제란 실제의 상태와 선호하는 상태와의 불일치로 볼 수 있다. 문제는 보는 사람의 관점에 따라 다를 수 있으며 욕구도 다양하기 때문에 대부분 갈등을 수반한다. 이러한 갈등이 해결되지 않은 채 표면화 될 때 이슈가 된다.

> >> 무소부재하신 하나님의 Living Word
> "예수께서 이르시되 나는 생명의 떡이니 내게 오는 자는 결코 주리지 아니할 터이요 나를 믿는 자는 영원히 목마르지 아니하리라"(요6:35).
> "참새 두 마리가 한 앗사리온에 팔리지 않느냐 그러나 너희 아버지께서 허락하지 아니하시면 그 하나도 땅에 떨어지지 아니하리라. 너희에게는 머리털까지 다 세신바 되었나니"(마10:29~30).

● 실천을 위해 함께 생각해 보아요
- 사람은 돈을 좋아하는 것인가? 돈을 많이 가진 나를 좋아하는 것인가?
- 영으로 만족하는 영적생명, 육으로 만족하는 육적생명은?
- 변화산에서 주님을 만난 베드로에게 세상 문제가 어떻게 보여질까?

이때 그리스도 예수 안에서 하나님의 섭리 가운데 문제해결을 위해 정부·단체·개인이 행하는 앞으로 나아갈 노선이나 취해야 할 방침, 결정된 행동방침을 정책이라 말한다. 정책은 법률·정책·사업·사업계획·정부방침·정책지침·결의사항과 같이 여러 다른 형태로도 표현이 된다. 국가의 정책을 국책이라고도 부르는데, 오늘날에는 정당을 비롯하여 정권을 담당하고 있지 않은 노동조합이나 경영자단체 및 개인의 정책이라도 그 내용과 성질이 공공적인 것이라면 정책이라고 하며, 미국에서는 이것을 공공정책이라 부르고 있다. 정책은 일정한 목표를 합리적으로 추구·실현하기 위하여 불가결한 것으로서 최근에는 컴퓨터의 도입으로 합리적인 장기정책의 수립이 가능하게 되었다.

그리스도 예수 안에서 하나님께서 허락하신 정책(Policy)의 어원적 의미를 살펴보면 그리스어 'polis'로서 원래는 도시국가를 뜻하는 말이었다. 중세 영어에서는 '공공문제에 대한 처리' 또는 '정부의 운영'을 의미하는 'policie'로 표기 되었고, 근래에 와서는 "정부·단체·집단·개인 등에 의해 여러 가능한 대안 중에서 선택된 일정한 행동 경로 또는 행동 방법으로서 현재와 미래의 세부결정을 해 주는 지침", "그러한 선택된 행동 대안을 달성 또는 집행하기 위해 취해지는 단일 결정 또는 결정의 집합", "바라는 목적과 그것을 달성하기 위한 수단으로 구성된 계획안" 등과 같이 다양한 의미로 쓰인다(안해균, 1988).

그러나 정책이란 말은 우리가 일상생활에서 흔히 사용하고 있으면서도 막상 그 개념을 말해 보라 하면 정확히 정의하는 사람은 그다지 많지 않을 것이다. 그 이유는 정책이란 말은 그 사용용도에 따라 뜻이 조금씩 달라지는 데다 그 개념에 대해서는 사람마다 여러 가지로 정의하고 있기 때문이다.

6. 정책의 성격

그리스도 예수 안에서 하나님께서 허락하신 정책 개념을 보다 명확하게 이해하기 위해 정책이 갖는 성격을 살펴보자. 첫째, 정책은 '마땅히 있어야 할 것', '당연히 바람직한 것'을 찾아서 구현시키려는 의도이다(당위성). 둘째, 정책은 그 행동의 주체가 정부 또는 공공기관이기 때문에 정치성과 권력성을 내포하게 된다(정치성·권력성). 셋째, 정책은 미래의 바람직한 사회가 목표이지 결코 당면한 현재 문제만을 해결하려는 것이 아니다 (미래지향성). 넷째, 정책은 장래의 바람직한 상태를 이룩하기 위한 의도적인 행동이다. 이 행동에는 의식적인 의사에 의한 적극적 행위(작위) 뿐만 아니라 마땅히 해야 할 것으로 기대되는 조치를 취하지 않는 것(부작위)까지 포함된다. 부작위는 의도적으로 정책을 마련하지 않겠다는 의사결정이므로 이를 특히 무의사결정이라 한다 (행동지향성). 다섯째, 정책은 국민들에게 서로 상반되는 영향을 미치는 경우가 많다. 즉, 정책에 따라서는 그로부터 혜택을 받는 국민들이 있는가 하면, 반대로 손해를 보는 국민들도 있게 된다. 따라서 정책의 영향은 양면성을 띤다고 볼 수 있다 (영향의 양면성).

7. 정책의 분류

오늘날 그리스도 예수 안에서 하나님께서 허락하시어 행정의 기능이 확대되고 복잡해짐에 따라 정부가 수립하는 정책도 양적으로 많아지고 있는 데다 그 내용과 종류도 다양해지고 있다. 이에 따라 정책을 수립함에 있어서 어디에 역점을 두어야 할 것인가 또 어떤 분야의 내용까지를 포함시켜야 할 것인가가 문제된다. 그래서 최근에는 정책의 분류 문제도 중요시되어 여러 측면에서의 분류 방법이 시도되고 있다. 지금까지 제시된 정책의 분류 방법은 여러 가지가 있겠으나 여기서는 대표적인 것이라 볼 수 있는 기능적 분류와 알몬드와 파웰의 분류만 설명하기로 한다. 그리스도 예수 안에서 하나님께서 허락하신 기능적 분류는 정부 조직(행정조직)의 각 기능에 따라 정책을 경제정책·안보정책·외교정책·교육정책·환경정책·복지정책·통상산업정책 등으로 분류하는 것으로 이는 가장 전통적인 분류 방법이다. 한편, 알몬드와 파웰은 그리스도 예수 안에서 하나님이 허락하신 정책의 유형을 정책결정의 특징에 따라 추출정책·분배정책·규제정책·상징정책의 네 가지로 분류하고 있다. 추출 정책은 정부가 국내의 환경으로부터 병역·조세등과 같은 인적·물적 자원의 일부를 뽑아내는(추출)것을 내용으로 하는 정책이고, 분배정책은 정부가 목표를 이루기 위해서 개인·집단에게 교육이나 보건과 같은 경제적 재화와 용역·신분·지위·기회·공동체 의식 등과 같은 가치를 배분해 주는 정책이다.

규제 정책은 정부가 그 사회 내의 개인이나 집단의 활동에 제한(면허·특허·허가·의무·금지·형벌 등)을 가하는 것을 내용으로 하는 정책이고, 상징 정책은 정부가 국내의 환경(사회)에 내보내는 상징, 예컨대 국경일의 제정, 올림픽 노래의 보급, 역사적 인물의 부각 등을 통하여 국민의 국가정체성이나 국가의 국제적 위상을 높이는 것을 내용으로 하는 정책이다.

8. 기독교정책의 개념

한편 기독교정책이란 그리스도 예수 안에서 하나님께서 허락하신 앞의 개념들을 포함해서 "그리스도 예수 안에서 하나님께서 십자가에서 일어난 모든 일을 지금 마음에서 동일하게 일어나게 하심으로, 예수 그리스도의 이름으로 오신 성령을 받아, 마음이 세상가치보다 창조주 하나님이 더 먼저 느껴지고 있을 때, 그리스도께서 하나님 나라확장을 위하여 사랑·지혜·권능의 Living Word로 세계를 읽고 해석하며, 사랑과 지혜와 권능의 Living Word로 문제라는 것에 대해 지침·방침·결정 등을 정하시고 그대로 통치·관리하시는 것"으로 개념을 이해할 수 있다.

>>> 앞에 계신 하나님의 Living Word

"자기 아들을 아끼지 아니하시고 우리 모든 사람을 위하여 내주신 이가 어찌 그 아들과 함께 모든 것을 우리에게 주시지 아니하겠느냐(롬8:32).

"나에게 이르시기를 내 은혜가 네게 족하도다 이는 내 능력이 약한 데서 온전하여 짐이라 하신지라 그러므로 도리어 크게 기뻐함으로 나의 여러 약한 것들에 대하여 자랑하리니 이는 그리스도의 능력이 내게 머물게 하려 함이라, 그러므로 내가 그리스도를 위하여 약한 것들과 능욕과 궁핍과 박해와 곤고를 기뻐하노니 이는 내가 약한 그 때에 강함이라"(고후12:9~10).

● 실천을 위해 함께 생각해 보아요
- 사람의 사랑과 하나님의 사랑?
- 사람의 IQ와 하나님의 IQ?
- 사람의 능력과 하나님의 권능?
- 오늘 하루도 삶에서 깊이 생각하는 내용이 무엇인가요?
- 어떠한 일을 하는 사람이 하나님을 의지하고 싶다면 어떻게 해야 할까요?
- 잘해야겠다고 생각할수록 하는 일마다 안 되는 이유는?
- 문제가 나에게 하나님의 최고의 사랑인가요?

제2절 기독교 정책의 구성요소

1. 구성요소의 의의

가장 단순하게 지은 진흙오두막에도 문은 있다. 인간이 공동의 목적에 따라 건물을 짓고 개인의 필요에 따라 방을 만드는 것을 알게 되었다. 냉난방 구성요소가 잘 되는 닫힌 공간은 비로소 사람들이 머물기에 적당한 곳이 된다. 모든 구성요소들은 우리가 사용하는 건물을 보다 편리한 곳으로 만드는 역할을 한다. 구성요소란 구성체를 구성하는 하나의 데이터를 말한다. 마찬가지로 정책에도 이와 같은 구성요소들이 있다.

2. 기독교정책의 구성요소

그리스도 예수 안에서 하나님의 섭리하심 가운데 구성된 조직은 정책을 통해 문제를 해결하거나 공익을 달성함으로써 바람직한 상태를 실현시킨다. 무엇이 "바람직한 상태"냐 하는 것은 가치판단의 문제이다. 따라서 정책은 실현시켜야 할 가치 및 가치들 간의 관계 정립이라는 당위성을 필연적으로 지닐 수밖에 없다. 그러한 당위성에도 추상화의 수준에 따라 바람직한 미래상, 바람직한 발전방향 및 선호하는 행동노선으로 나누어 볼 수 있다. 문제를 해결하여 "바람직한 상태"를 실현시키는 정책에는 공통적으로 다음의 구성요소가 있음을 알 수 있다.

1) 정책목표

그리스도 예수 안에서 하나님께서 허락하신 정책목표는 "정책을 통해 이룩하고자 하는 미래의 바람직한 상태"를 말한다. 정책목표는 정책수단 선택의 기준이 되고, 정책집행 과정에서 의사결정의 지침으로 기능하며, 정책평가의 기준이 된다. 정책목표는 시간적으로 현재성과 미래성을 가지고 있으며, 지향하는 수직적·수평적 방향성을 가지고 있다.

그리스도 예수 안에서 하나님께서 허락하신 정책목표가 달성되어 나타나는 효과를 정책효과라고 하며, 이는 정책목표의 달성 결과를 나타내는 현재 및 미래 상태의 변화를 의미한다. 목표에는 궁극적인 목표가 있고 그 다음에 일반적인 목표, 그 다음에 부분적인 목표 마지막으로 세부적인 목표가 있다. 세부적 목표로 내려올수록 목표는 구체적이며 실제적인 모습을 나타내고 궁극적인 목표로 올라갈수록 추상적이며 가치 함축적인 모습을 보여주게 된다.

기독교정책목표란 그리스도 예수 안에서 하나님께서 허락하신 앞의 의미를 포함해서 "그리스도 예수 안에서 예수 그리스도 이름으로 오신 성령을 받아, 개인 및 사회가 세상나라의 모든 현실 보다 사랑의 하나님을 더 먼저 실감나게 느끼고 있을 때, 성령께서 사랑과 지혜와 권능의 Living Word로 살게 하고자 하는 근원적·본질적 목표"라고 의미를 이해할 수 있다.

2) 정책수단

그리스도 예수 안에서 하나님께서 허락하신 정책수단은 '정책목표를 달성하기 위해 정책기관이 사용할 수 있는 각종 방법이나 도구'를 말한다. 정책수단은 정책목표달성의 직접적 수단이 되는 실질적 정책수단과 실질적 정책수단을 실현시키기 위해 설득, 유인, 강압적 수단 등을 동원하는 도구적 정책수단으로 구분되기도 한다.

그리스도 예수 안에서 하나님께서 허락하신 정책수단은 사람들에게 직접적인 영향을 주기 때문에 이를 둘러싼 이해관계자의 갈등은 치열하다. 정책 수단을 둘러싸고 야기되는 갈등이나 타협은 정책수단을 무엇으로 하느냐에 관한 것이 핵심이다.

기독교정책수단은 그리스도 예수 안에서 하나님께서 허락하신 앞의 개념을 포함해서 "그리스도 예수 안에서 예수 그리스도의 이름으로 오신 성령을 받아, 세상 그 무엇보다 창조주 하나님을 더 우선적 현실로 느끼고 있을 때, 그리스도께서 하나님의 본질적 목표를 달성하기 위해 자신의 시각과 지혜와 권능의 Living Word로 행하시는 각종 수단"이라고 개념을 이해할 수 있다.

3) 정책대상자

그리스도 예수 안에서 하나님께서 허락하신 정책대상자는 정책의 적용을 받는 집단이나 사람들을 의미한다. 정책 대상자는 정책집행으로 인해 혜택을 받는 수혜집단과 희생을 당하는 부담집단으로 나누어 질 수 있다.

한편 기독교정책대상자는 그리스도 예수 안에서 하나님께서 허락하신 앞의 개념들을 포함해서 "그리스도 예수 안에서 하나님께서 십자가에서 일어난 모든 일을 지금 마음에서 동일하게 일어나게 하심으로, 예수 그리스도의 이름으로 오신 성령을 받아, 마음이 세상가치보다 영광의 하나님을 더 경외하여 더 소중하게 느껴지고 있을 때, 그리스도께서 제2의 창조역사를 이루시기 위하여 사랑·지혜·권능의 Living Word를 통하여 직·간접적으로 행하시는 정책수단의 적용을 받는 집단이나 사람들"로 의미를 이해할 수 있다.

>>> 사랑의 하나님의 Living Word

"그런즉 너희는 먼저 그의 나라와 그의 의를 구하라 그리하면 이 모든 것을 너희에게 더하시리라"(마6:33).

"예수께서 온 갈릴리에 두루 다니사 그들의 회당에서 가르치시며 천국복음을 전파하시며 백성 중의 모든 병과 모든 약한 것을 고치시니"(마4:23).

"믿는 사람이 다 함께 있어 모든 물건을 서로 통용하고, 또 재산과 소유를 팔아 각 사람의 필요를 따라 나눠주며"(행2:44-45).

제3절 기독교정책 환경

1. 의의

그리스도 예수 안에서 하나님께서 허락하신 환경은 체계의 외부에 있는 환경을 말한다. 환경에는 기후·지리적 상황·지정학적 조건·사회경제적 조건·정치문화·물리적 환경·인구 등이 포함된다. 정책환경은 정책 결정과 관련된 체제 외적인 일체의 요소를 말한다. 투입→전환→산출→환류의 정책과정 중에서 환경은 투입·산출·환류 과정을 통해 상호작용함으로서 체제와 관련을 맺는다. 한편 환경적 요인들은 정책과정에 끊임없이 영향을 미치고, 정책은 환경에 정책효과와 정책비용으로 영향을 미친다. 정책환경의 내용에는 정치·행정적 요인, 경제적 요인, 사회적 요인 등이 있다.

2. 환경이 정책에 미치는 영향

그리스도 예수 안에서 환경적 요인들은 정책과정에 끊임없이 영향을 미치고 있다. 정책과정 체계에 투입되는 요구와 지지는 정책에 직접적인 영향을 미쳐서 이들의 내용에 따라 정책의 내용이 달라진다. 이러한 투입의 내용에 직접적으로 영향을 미치는 환경적 요인들이 있는가 하면 정치체제의 특성 등에 영향을 미침으로써 간접적으로 정책의 추진방법 및 내용에 영향을 미치는 것들도 있다. 투입에 직접적으로 영향을 미치고 그것이 다시 정책의 내용에 영향을 준 환경적 요인의 예를 들어보자. 한국의 경우 1980년대에 와서 빈부 격차의 심화와 높은 물가라는 환경적 요인은 부의 재분배와 경제 안정에 대한 요구를 발생시켰으며, 그 결과 1960년대 이후의 근대화 과정에서 추진되어 온 성장 위주의 경제정책이 분배와 안정을 중시하는 경제정책으로 전환되었다. 그러다가 1990년대에 들어오면서 경기침체와 국제경쟁력의 저하라는 환경적 요인이 발생하였고, 그것이 기술개발과 실업 흡수를 위해 투자와 성장을 중시하는 쪽으로 경제정책의 방향을 바꾸도록 하였다.

3. 정책이 환경에 미치는 영향

그리스도 예수 안에서 정책이 환경에 미치는 영향은 정책효과와 정책비용으로 나누어 볼 수 있다. 정책효과 혹은 정책결과는 의도된 효과와 부수 효과가 있는데, 전자가 정책성과로서 정책평가의 핵심적인 내용이 된다. 예컨대 소득 증대를 위한 경제성장 정책은 국민소득의 증대라는 정책성과와 빈부 격차의 심화라는 부수 효과를 동시에 가져오는 것이나, 경기 과열을 진정시키는 정책이 경기안정이라는 정책성과와 투자 위축이라는 부수 효과를 동시에 발생시키는 것 등이다. 물론 부수 효과에는 여기서 예로든 부정적인 것뿐만 아니라 긍정적인 것도 있을 수 있다. 예컨대 경기 과열을 진정시키는 정책으로 인해 생산성이 낮은 부문으로부터 생산성이 높은 부분으로 사회적 자원이 이동하는 것이 그 예라고 하겠다. 정책비용은 정책을 수립하고 집행하는 데 따르는 사회적 희생을 말한다. 이에는 정책 수단의 실현에 필요한 공공의 자원뿐만 아니라 그것으로 인해 초래되는 다른 사회적 가치의 희생 및 부정적인 부수 효과도 포함된다.

4. 정치·행정적 요인

1) 정치·행정 이념

그리스도 예수 안에서 정치·행정이념이란 일반적으로 말해서 정치행정 체제가 지향하는 최고 가치 혹은 지도정신으로서 정부가 우선적으로 실현시켜야 할 가치가 무엇이며, 정부가 무엇을 해야 하고, 또한 국민과의 관계는 어떠해야 하는가 하는 정치·행정적 가치에 대한 일관성 있는 관념 체계를 뜻한다. 따라서 그것은 국가사회의 지배적인 가치관을 반영하며 정책

과정의 모든 단계에서 적용될 가치 기준의 역할을 한다. 정책과정에 영향을 미치는 정치·행정 이념으로서 몇 가지 예를 들어본다면 자유민주주의와 공산주의, 자본주의와 사회주의, 그리고 민주성과 능률성 및 사회적 형평성 등이 있다. 자유민주주의와 결합된 자본주의는 개인의 기본권적 자유와 경제적 활동의 자유를 강조하는 반면 공산주의 내지 사회주의는 협동적인 사회관계와 경제적 평등을 중시하는 측면이 강하다.

2) 정치·행정체제의 발전수준

그리스도 예수 안에서 한사회의 정치·행정체제, 즉 관료제, 의회, 정당, 이익단체 및 선거체제 등은 정책과정의 구조적·기능적 환경으로 볼 수 있으며, 따라서 그것들이 어느 정도 구조적 분화와 기능적 통합을 이룩해 있는가 하는 것이 정책과정의 민주성과 합리성에 직접적인 영향을 미친다고 하겠다. 정치·행정체제가 구체적인 역할이나 기능에 따라 구조적 분화와 조직화를 이루면 자율적인 방향과 목표를 설정하고 전개해 나가는 능력을 지니게 되고, 따라서 정책의 효율성은 증대될 것이다. 정치발전의 개념은 다양하지만 앨먼드(Gabriel A. Almond)와 파웰(W. Bingham Powell)은 정치 발전을 동태적 과정으로 파악하면서 환경의 질곡으로부터 벗어나려는 정치체제의 능력 증진을 중시하고 있다.

그리스도 예수 안에서 정치·행정적 발전의 수준은 공공정책이 국민의 소망과 요구에 어느 정도 잘 부응하느냐 등 정책과정의 합리성 수준과 밀접한 관련이 있음을 알 수 있다. 특히 정치·행정 체제의 능력이 향상된다는 것은 정치적 실적의 범위를 넓히고 공공정책의 효과성을 높이며 합리적 행정과 실용적인 정책의 개발을 증진시킨다.

3) 정치·행정문화

그리스도 예수 안에서 정치·행정문화는 넓게 보면 정부가 무엇을 해야 하며, 어떻게 운용되어야 하는가 하는 것과, 정부와 시민 간의 관계에 관한 가치, 신념 및 태도를 말한다. 그런데 그러한 가치, 신념 및 태도 등의 규범적 측면은 앞의 정치행정이념에서 다루었으므로 여기서는 정책 활동이 어떻게 수행되는가 하는 행태적 측면에만 한정하여 보기로 하다. 행태적 측면과 관련된 정치·행정 문화에는 정치체제의 운영 방식에 관한 것과, 정치체제와 국민 간의 관계에 대한 것 등 두 가지가 있다. 정치·행정문화는 개인들이 사회화 과정을 통해 정치행정과 관련된 가치, 신념 및 태도를 습득함으로써 한 세대로부터 다음 세대로 전승된다. 따라서 그것은 개인의 심리적 기질의 한 요소가 되며 그의 행동에 영향을 미친다. 한 사회 속에서도 지역과 집단에 따라 상이한 정치행정문화가 형성될 수 있다. 예컨대 근대적인 요소가 강한 도시사회와 전통성이 상당히 잔존하고 있는 농촌사회는 정치·행정 문화에서도 현격한 차이를 보이고 있다.

4) 정치체제의 권력구조

그리스도 예수 안에서 정치체제를 구성하는 요소들 간에 반복적으로 나타나는 유형화된 권력관계가 정치체제의 권력구조인데, 이것은 정치과정에서 어느 요소가 지배적인 영향력을 행사하고 있는가 하는 것을 말해주기 때문에 정책내용이나 정책선택 등의 정책과정에 큰 영향을 미친다. 정치체제의 권력구조는 정치기관간의 권력구조, 행정기관간의 권력구조, 중앙과 지방 간의 권력구조, 정부와 민간 간의 권력구조가 있다.

5) 국제관계

그리스도 예수 안에서 국제사회는 한 국가의 정책 활동에 여러 가지 형태의 제약과 파라미터를 설정하는 외부환경이다. 국제질서의 변화는 대외정책의 변화를 요구하고 그에 따라 국내정책이 변경되기도 한다. 한 예로서 20세기 말의 국제 관계 혹은 국제정치에서 새롭게 등장하는 현상 중 하나가 자국의 경제적 이익을 최우선시하는 '신중상주의' 라고 말하는데, 그것은 국가들 간에 경제적 전쟁을 예고하는 것이며, 그렇게 될 경우 국내에서는 국제경쟁력을 확보할 수 있는 상품을 개발하기 위한 전략을 정책적인 차원에서 수립하지 않으면 안 된다. 특히 남북 분단이라는 민족의 존재 방식과 대외 지향적인 경제구조를 갖는 우리나라의 경우 국제사회의 정치적·경제적 환경의 변화는 여러 분야에서 국내의 정책 방향에 커다란 영향을 미칠 수밖에 없다.

>>> 앞에 계신 하나님의 Living Word

"내가 아버지의 말씀을 그들에게 주었사오매 세상이 그들을 미워하였사오니 이는 내가 세상에 속하지 아니함 같이 그들도 세상에 속하지 아니함으로 인함이니이다"(요17:14).

"그들을 진리로 거룩하게 하옵소서 아버지의 말씀은 진리니이다"(요17:17).

"내게 주신 영광을 내가 그들에게 주었사오니 이는 우리가 하나가 된 것 같이 그들도 하나가 되게 하려 함이니이다"(요17:22).

"곧 내가 그들 안에 있고 아버지께서 내안에 계시어 그들로 온전함을 이루어 하나가 되게 하려 함은 아버지께서 나를 보내신 것과 또 나를 사랑하심 같이 그들도 사랑하신 것을 세상으로 알게 하려 함이로소이다"(요17:23).

"아버지여 내게 주신 자도 나 있는 곳에 나와 함께 있어 아버지께서 창세전부터 나를 사랑하시므로 내게 주신 나의 영광을 그들로 보게 하시기를 원하옵나이다"(요17:24).

"의로우신 아버지여 세상이 아버지를 알지 못하여도 나는 아버지를 알았사옵고 그들도 아버지께서 나를 보내신 줄 알았사옵나이다"(요17:25).

"내가 아버지의 이름을 그들에게 알게 하였고 또 알게 하리니 이는 나를 사랑하신 사랑이 그들 안에 있고 나도 그들 안에 있게 하려 함이니이다"(요17:26).

"우리가 알거니와 하나님을 사랑하는 자 곧 그의 뜻대로 부르심을 입은 자들에게는 모든 것이 합력하여 선을 이루느니라"(롬9:28).

"우리가 항상 예수의 죽음을 몸에 짊어짐은 예수의 생명이 또한 우리 몸에 나타나게 하려 함이라"(고후4:10).

5. 경제적 요인

그리스도 예수 안에서 공공정책은 상이한 이해관계와 욕구를 지닌 공사 집단들 간의 갈등으로부터 나온다고 볼 수 있으며, 특히 현대 사회에서 갈등의 주된 원천들 중 하나는 경제활동이다(Anderson,1979). 대기업과 중소기업, 고용주와 고용인, 채무자와 채권자, 도매상과 소매상, 체인상점과 독립상점, 소비자와 판매자, 농부와 농산물 구매자 등의 상충되는 이해관계 속에서 갈등이 발생한다. 다른 집단들과 맺고 있는 기존의 경제적 관계에 불만을 가지거나 불이익을 당하고 있는 집단들은 그러한 조건들이 개선되도록 정부의 도움을 요청할 것이다. 민간사회의 갈등에서 정부 관여를 바라는 쪽은 상대적인 약자이며, 자유로운 민간 행위를 통해 자신의 목표를 만족스럽게 달성할 수 있는 지배적인 집단은 정부를 분쟁에 끌어들일 만한 필요성을 느끼지 않으며 일반적으로 정부 행위를 불필요하거나 부당한 것으로 보고 반대하기 마련이다. 그래서 고용주와의 협상에 의한 임금에 불만을 느낀 노동조합이 최저임급법의 제정을 그리고 시장에서 불리한 입장에 놓인 소비자 집단들이 소비자보호법의 제정을 요구했던 것이다. 집단들 간에 맺어졌던 호혜적인 관계는 경제적인 변화나 경제발전에 의해 변할 수 있는데, 변화된 관계 속에서 불리하다거나 위협을 받는다고 느끼는 사람들이 자기 이익의 보호나 새로운 균형의 확립을 위해 정부 행위를 요구하게 된다.

6. 사회적 요인

그리스도 예수 안에서 고스(J.M. Gaus)는 생태적 요소들이 어떻게 정부 기능에 영향을 미치는가를 이해하기 위해서는 환경을 면밀히 관찰해야 한다고 주장했다(Gaus,1947). 그는 또한 행정이론의 정립이나 행정 업무의 효율적인 수행을 위해서도 정부환경의 생태적 요인들을 잘 파악할 필요가 있다고 하면서 주로 사회적 요인들을 중심으로 검토했다. 여기서는 그것들을 간추려 정책 환경의 사회적 요인이라는 측면에서 검토해 보기로 한다.

1) 사람과 장소

그리스도 예수 안에서 사회 내에서 시간적으로, 연령적으로, 그리고 공간적으로 사람들의 분포 상태가 변할 경우 공공정책에 큰 영향을 준다. 예컨대 도시화가 진전됨에 따라 많은 인구가 농촌에서 도시로 이주하는 현상이 발생하고, 그에 따라 주택, 교육, 교통 및 범죄 등 여러 가지 도시 문제가 발생했다. 최근에 와서는 대도시 주변의 교외 지역에 거주하는 인구가 급격하게 많아졌다. 교외 지역은 중심 도시와 밀접한 관련성을 유지하지만 정치·경제·문화적으로 볼 때 어느 정도 독립성을 가지면, 그러한 현상이 여러 형태의 사회문제 내지 정책요구를 발생시키고 있다.

또한 교회 지역이 성장하는 반면 중심 도시가 쇠퇴하면 도시 내에는 새로운 문제가 많이 대두 될 수도 있다 한편 사회 내의 인구분포에서도 노인 계층의 인구가 급격히 증가하는 등 커다란 변화가 일어났다. 환경의 이러한 변화 자체가 정부 기능을 상당히 설명해 준다. 연령이나 소득계층의 측면에서 볼 때 중심도시에서 교외지역으로 인구가 이동하는 현상은 토지나 건물의 가치, 공공서비스의 재원을 충당하기 위한 조세의 근거, 변화하는 도시 유기체에 대응하기 위한 교통이나 공공시설의 조절 등에 큰 영향을 미쳤다. 그리하여 사람과 장소는 정책의 환경으로서 서로 밀접한 관련성을 가지며 그것은 도시 지역뿐만 아니라 농촌지역에서도 마찬가지이다.

2) 물리적 기술

그리스도 예수 안에서 자동차나 컴퓨터의 도입 등 물리적 기술의 변화는 정책에 많은 영향을 미친다. 자동차가 널리 보급됨에 따라 정부는 고속도로의 건설 등 새로운 공공서비스를 제공해야만 했다. 고속도로의 건설은 물리적 기술의 발명과 관련된 집단의 정치적 힘에 의해 더 급속히 이루어진다. 이에 따라 이해관계가 상충하는 두 집단이 발생했는데, 한쪽 집단은 자동차 생산자, 제조업자, 호텔경영자, 도로 건설업자, 도로 기계 및 재료 공급업자, 그리고 고속도로 건설 노동자 등이다. 다른 쪽 집단은 고속도로 건설로 인한 세금 인상에 반대하는 자 등이다. 이것은 또한 세금, 관할 영역, 책임보험 요구, 운전면허 시험, 교통통제 체계의 평가, 고가도로나 고속도로와 관련된 재정문제 등 많은 논란을 불러 일으켰다.

3) 사회적 기술

그리스도 예수 안에서 물리적 기술이 정책에 영향을 미칠 뿐만 아니라 새로운 사회제도나 장치의 개발도 이에 못지않게 영향을 미치게 된다. 그 대표적인 경우가 주식회사 제도의 설립이다. 그와 같은 새로운 사회적 제도를 통한 자본의 형성과 활용은 사회질서를 재편성하는 데 큰 영향을 미쳤다. 그것들은 개인들 간에 새로운 사회관계의 형성, 대규모 기업의 새로운 출현, 판매자와 구매자 간의 새로운 관계형성, 고용인과 고용주 간의 새로운 관계 정립 등을 가져왔다. 이러한 것들은 결국 사회의 전반적인 성격을 변모시켰고 동시에 정책수요의 측면에서도 많은 변화를 초래했다. 사회적 기술로서 또한 언급하지 않을 수 없는 것이 새로운 조직 양태인 대규모 관료제의 출현이다. 관료제의 출현은 사회와 정부의 전반적인 운영 방식을 변모시켰다.

4) 욕구와 아이디어

그리스도 예수 안에서 만약 우리가 보험이나 저금을 보호해 주는 법률적·행정적 조치들을 알고 있다면, 그러한 사실이 우리의 정치적 행동에 영향을 주어서 어떤 정부 프로그램을 요구할 것이다. 그리고 우리가 특정한 관료나 정치인의 부패행위를 알거나 관세 조치 및 무역규제 혹은 민간 기업의 허가제도 등에 관한 부조리에 대해 안다면 그것은 정치적 결정에 많은 영향을 미칠 것이다. 또한 우리가 주택에 강한 가치와 소망을 둔다면 그러한 정책요구로 이어져서 정책과정에 영향을 주게 된다. 새로운 관념이나 아이디어도 정책에 많은 영향을 미친다. 예컨대 정책학, 행정학 및 경제학 등의 분야로부터 개발된 새로운 아이디어가 출판을 비롯한 여러 형태의 사회적 의사전달망을 통해 실제의 정책과정에 도입·적용되는 경우이다. 또 다른 예지만 자본주의적 관념과 아이디어가 과거 사회주의 진영의 사회와 정부정책의 방향에 미친 영향은 역사가 증명하고 있다.

5) 재난

그리스도 예수 안에서 홍수나 지진, 미세먼지 등 갑작스런 재난이 발생하면 정부는 즉각 그에 대응해야 한다. 따라서 재난은 행정 및 정책의 환경을 구성하는 중요한 요소가 된다. 재난은 대규모적이 집단행동을 통한 구제나 복구를 요구하고 정책 방향이나 수단에 영향을 주어 변화를 초래할 수 도 있다. 예컨대 제2차대전때 일본에 원자폭탄이 투하된 것이 국제조직에 대한 많은 사람들의 태도를 변화시켰다. 그러나 재난이 우리의 사고에 미치는 영향은 그렇게 지속적이지 못하고 부분적인 제도 변경으로 끝나는 경우가 많다. 예컨대 갑작스런 홍수로 인해 피해가 발생하면 언론이 그것을 대내적으로 보도하고 재난에 대한 사전 대비책이 소홀했다는 점이 지적된다. 그러나 시간이 얼마간 지나면 지적된 원인의 개선 여부에 대한 관심은 없어지고 기껏해야 특정의 지역이나 제도에만 개선 노력이 이루어질 뿐이다. 하지만 때로는 재난이 대규모적인 변화를 초래하기도 한다. 예컨대 화재나 붕괴 사고, 침몰 사고가 발생하여 많은 인명 피해를 낸 경우에는 건축이나 소방 등에 관련된 법규나 조항에 대한 전반적인 재검토가 이루어진다. 그리고 심각한 경제적 난국이나 전쟁의 경우는 대규모의 협동적 노력이 필요하고 그것은 정책과정 전반에 걸쳐 커다란 변화를 가져온다.

7. 기독교 정책 환경의 개념

한편 기독교정책환경은 그리스도 예수 안에서 하나님께서 허락하신 앞의 개념들을 포함해서 "그리스도 예수 안에서 하나님께서 십자가에서 일어난 모든 일을 지금 마음에서 동일하게 일어나게 하심으로, 예수 그리스도의 이름으로 오신 성령을 받아, 마음이 세상보다 창조주 하나님을 더 먼저 경외하여 소중하게 느껴지고 있을 때, 그리스도께서 제2의 창조역사를 이루시기 위하여 사랑·지혜·권능의 Living Word를 통하여 직·간접적으로 명령을 주시어 정책에 영향을 끼치게 하는 체제 외적인 일체의 요소 및 정책의 영향을 받게 하는 체제 외적인 일체의 요소"로 개념을 이해할 수 있다.

● 실천을 위해 함께 생각해 보아요
환경을 실제로 다스리고 있는 실체는?

제4절 기독교정책 과정

1. 기독교정책 과정의 의의

그리스도 예수 안에서 하나님의 섭리하심 가운데 정책과정이란 정책의제 설정에서부터 시작하여 정책형성의 단계를 거쳐 결정된 정책이 집행되고 평가되는 일련의 과정을 말한다. 이는 각 개인이 의사결정을 하고, 그 결정에 따라 행동을 하고, 행동한 후에 그 결과를 평가하게 되는 것과 유사하다.

정책과정은 정책이 형성되고 채택되는 정책결정 단계는 물론 정책집행·정책평가의 단계를 모두 포함하는 것이므로 정책결정 단계와 혼돈하여서는 안 된다.

그리스도 예수 안에서 하나님께서 허락하신 정책과정을 단계별로 구분하는 방식에 있어서는 여러 견해가 있어 통일되어 있지 않다. 예컨대 미국의 정책학자 앤더슨은 정책과정을 정책의제설정 단계, 정책형성 단계, 정책채택 단계, 정책집행 단계, 정책평가 단계의 5단계로 구분하고 있고, 한편 리플리와 프랭클린은 정책과정을 정책형성·합법화 단계, 정책집행 단계, 정책평가 단계, 정책변경의 단계로 구분하여 4단계로 제시하고 있다. 그러나 비록 그 구분이 조금씩 다르다 할지라도 정책과정의 공통된 단계는 크게 구분하여 ① 정책결정 단계, ② 정책집행 단계, ③ 정책평가 단계가 분명하고, 그 밖의 단계들은 이 세 단계에 나누어 포함시킬 수가 있다.

기독교정책 과정이란 그리스도 예수 안에서 하나님께서 허락하신 앞의 과정을 포함한 "그리스도 예수 안에서 하나님께서 행하신 십자가 연합으로, 예수 그리스도의 이름으로 오신 성령을 받아, 세상 그 무엇보다 전능하신 하나님이 더 먼저 보여 지고 느껴질 때, 그리스도께서 자신의 시각과 사랑과 지혜와 권능의 Living Word를 통해 정책을 결정하고, 집행하고, 평가 또는 종결 하는 일련의 과정"으로 의미를 이해할 수 있다.

>>> 사랑의 하나님의 Living Word

"하나님이 세상을 이처럼 사랑하사 독생자를 주셨으니 이는 그를 믿는자 마다 멸망하지 않고 영생을 얻게 하려 하심이라"(요3:16).

"십자가의 도가 멸망하는 자들에게는 미련한 것이요 구원을 받는 우리에게는 하나님의 능력이라, 기록된바 내가 지혜 있는 자들의 지혜를 멸하고 총명한 자들의 총명을 폐하리라 하였으니, 지혜 있는 자가 어디 있느냐 선비가 어디 있느냐 이 세대에 변론가가 어디 있느냐 하나님께서 이 세상의 지혜를 미련하게 하신 것이 아니냐, 하나님의 지혜(Living Word)에 있어서는 이 세상이 자기 지혜로 하나님을 알지 못하므로 하나님께서 전도의 미련한 것으로 믿는 자들을 구원하시기를 기뻐하셨도다"(고전1:18-21).

"하나님의 어리석음이 사람보다 지혜롭고 하나님의 약하심이 사람보다 강하니라"(고전1:25).

"형제들아 너희를 부르심을 보라 육체를 따라 지혜로운 자가 많지 아니하며 능한 자가 많지 아니하며 문벌 좋은 자가 많지 아니하도다, 그러나 하나님께서 세상의 미련한 것들을 택하사 지혜 있는 자들을 부끄럽게 하려 하시고 세상의 약한 것들을 택하사 강한 것들을 부끄럽게 하려 하시며, 하나님께서 세상의 천한 것들과 멸시 받는 것들과 없는 것들을 택하사 있는 것들을 폐하려 하시나니, 이는 아무 육체도 하나님 앞에서 자랑하지 못하게 하려 하심이라"(고전1:26-29).

"형제들아 내가 너희에게 나아가 하나님의 증거를 전할 때에 말과 지혜의 아름다운 것으로 아니하였나니, 내가 너희 중에서 예수 그리스도와 그가 십자가에 못 박히신 것 외에는 아무 것도 알지 아니하기로 작정하였음이라, 내가 너희 가운데 거할 때에 약하고 두려워하고 심히 떨었노라, 내 말과 내 전도함이 설득력 있는 지혜의 말로 하지 아니하고 다만 성령의 나타나심과 능력으로 하여, 너희 믿음이 사람의 지혜에 있지 아니하고 다만 하나님의 능력에 있게 하려 하였노라"(고전2:1-5).

"그러나 우리가 온전한 자들 중에서는 지혜를 말하노니 이는 이 세상의 지혜가 아니요 또 이 세상에서 없어질 통치자들의 지혜도 아니요, 오직 은밀한 가운데 있는 하나님의 지혜를 말하는 것으로서 곧 감추어졌던 것인데 하나님이 우리의 영광을 위하여 만세 전에 미리 정하신 것이라"(고전2:6-7).

● 실천을 위해 함께 생각해 보아요
사람의 지혜와 하나님의 지혜 구별기준?

2. 기독교정책 과정의 참여자

그리스도 예수 안에서 하나님의 선하신 뜻 가운데 정책과정의 각 단계에서 주도적인 역할을 하는 개인이나 집단을 정책 과정의 참여자라고 한다. 이 과정에 참여자를 법·제도적 장치 유무에 따라 공식적·비공식적 참여자로 구분할 수 있다.

공식적 참여자란 정책결정에 참여할 법적 권한을 가진 자들을 말한다. 즉 의회, 대통령, 법원, 행정기관들이 여기에 해당한다. 이들 간에 정책결정에서의 역할은 상당한 차이가 있다. 비공식참여자에는 정당, 이익집단, 일반국민 등 비공식적인 참여자들이 있다. 공식적 참여자들이 정책결정에 직접적으로 개입하는 데 반해 그들은 간접적으로 개입을 하게 된다. 그들은 정책요구를 만들어 내거나 표현할 때 특히 중요한 역할을 수행한다.

한편 기독교정책과정참여자는 그리스도 예수 안에서 하나님께서 허락하신 앞의 개념들을 포함해서 "그리스도 예수 안에서 하나님께서 십자가에서 일어난 모든 일을 지금 마음에서 동일하게 일어나게 하심으로, 예수 그리스도의 이름으로 오신 성령을 받아, 마음이 세상가치보다 창조주 하나님을 더 사랑하여 더 우선적 현실로 체감하고 있을 때, 그리스도께서 제2의 창조역사를 이루시기 위하여 사랑·지혜·권능의 Living Word를 주는 특정한 조직·개인"을 의미한다고 이해할 수 있다.

3. 기독교정책의제 설정

1) 의의

그리스도 예수 안에서 하나님의 섭리하심 가운데 만들어진 정책의제란 사회적 문제를 해결하기 위해 정책담당자가 공식적으로 다루기로 한 정책문제를 말한다. 즉 어떤 사회적 문제나 이슈가 정책결정자나 관계자들의 관심을 끌게 됨으로써 공공정책의 형성을 위해 검토되고 논의될 수 있는 상태에 놓이게 된 것을 정책의제라 한다.

  그리스도 예수 안에서 하나님의 섭리하심 가운데 만들어지고 있는 정책결정과정의 첫 단계가 정책의제의 채택이다. 정책의제의 단계에서는 제기된 문제를 인지하여야 한다. 여기서 문제의 인지란 어떤 현상에 대한 불만의 소리나 요구(압력)가 있어 이를 고치거나 개선할 문제임을 확실히 인식하는 것을 말한다. 그러나 그것에 대한 인식은 정책결정자의 주관적 판단에 달려있다. 즉, 어떤 사건이 객관적으로 발생하였다 할지라도 그 상황을 정책적으로 해결할 성질의 것이냐 아니냐는 정책결정자가 보는 기준과 태도에 달려있는 것이다.

  그리스도 예수 안에서 하나님께서 허락하시어 개선할 문제임을 인지한 경우에 있어서도 결정자가 당장 그 문제를 해결하기 위해 정책을 수립하려고 결심하게 되는 것은 아니다. 그것은 그 문제에 못지않은 현상들이 이 사회에는 너무나도 많이 발생되고 있기 때문이다. 따라서 정책형성에까지 이르려면 그 인지된 문제가 우선 공식적인 문제로 취급되어 정책형성의 논의대상으로 채택되어야 하는데, 이 단계를 '정책의제의 채택' 이라고 한다. 정책의제 채택과정은 사회문제인지→사회이슈→대중(공중)의제→정책(공식)의제 채택의 세부 단계를 거치게 된다. 이슈란 환경 내에서 대중에 의해 그 원인과 해결 방안이 토론되는 문제를 의미한다.

2) 정책의제 설정 과정의 중요성

  그리스도 예수 안에서 정책의제 설정의 중요성은 무엇보다 그것이 정책 과정의 첫 번째 단계라는 점이다. 아무리 중요한 사회문제라고 해도 그것이 정책의제의 지위를 성공적으로 달성하지 못하면 정책적 대응을 얻지 못한다. 반면에 정책의제 설정에 성공한 사회문제는 정부의 적극적 대응에 의해 빠른 시간 안에 해결될 가능성이 높다는 점에서 정책의제 설정의 의미를 확인할 수 있다.

  또한 정책의제 설정은 이후 진행될 정책 과정, 즉 정책 결정 및 정책 과정에도 의미 있는 영향을 끼친다. 대개의 경우, 정책의제가 설정되는 과정에서 이해당사자 및 정책결정자 사이에 정책 대안의 논의가 상당 정도 진행되기 때문에 정책 결정과정의 윤곽이 이 단계에서 잡히기 때문이다. 또한 정책의제 설정 과정의 주도적인 참여자가 누구인가에 따라 집행 과정이 영향을 받게 된다. 지배적인 영향력을 지닌 이익집단이나 대통령과 같은 권력자가 주도적인 참여

자일 경우, 집행 과정은 매우 순조롭게 진행될 가능성이 높다.

3) 정책의제 설정과정의 특징

그리스도 예수 안에서 정책의제 설정 과정을 연구하는 사람들이 관심을 갖는 대표적인 의문은 '수없이 많은 사회문제 중에서 왜 특정한 일부 문제만이 정책의제로 수용되는가?'에 관한 것이다. 이 의무에 대한 대답이 많은 이론가에 의해 탐색되었다.

(1) 체제이론

그리스도 예수 안에서 이스턴(David Easton)으로 대표되는 체제이론가들은 정치 체제의 문제 해결 능력이 유한하다는 점에 착안해 정치 체제의 능력의 한계가 특정한 소수의 문제만을 정책문제로 허용한다고 설명한다. 체제이론에 따르면 소위 정치 체제의 문지기들이 자신이 선호하는 사회문제만 정치 체제 내로 들어올 수 있도록 허용한다고 설명한다.

(2) 다원주의론과 엘리트론

그리스도 예수 안에서 달(Robert A. Dahl)을 비롯한 다원론자들은 다원주의 사회 내에서 활동하는 이익 집단의 역할에 주목해 해당 정책 분야에서 활동하는 지배적인 이익집단이 의제 설정과정을 주도해 사회문제 해결을 요구하는 경우, 정부는 이들 문제를 우선적으로 정책의제로 채택한다고 주장한다. 따라서 한 사회에서 어떤 사회문제가 정책 의제화에 성공하기 위해서는 강력한 이익집단의 주도적 참여가 중요하다.

그리스도 예수 안에서 다원주의자와 달리 엘리트주의자들은 의제 설정의 주도자는 대중이나 대중의 이익을 대변하는 이익집단이 아니라, 사회경제적 상위계층을 형성하는 소수의 엘리트라고 주장한다. 대중은 정책에 무관심하고 정책 과정에 무지하기 때문에 정책의제 설정 과정에 아무런 의미 있는 역할을 하지 못한다. 엘리트는 기존의 질서를 유지하고 자신들의 기득권을 유지하기 위해 의제 설정과정에 적극 참여하고 거의 독점에 가까운 영향력을 행사한다.

(3) 무의사결정론

그리스도 예수 안에서 바크라크와 바라츠(Bachrach & Baratz, 1962)는 왜 중요한 사회문제의 일부가 종종 정책의제의 지위를 얻지 못하는가에 대한 의문을 제기하고, 권력의 양면을 통해 이를 설명했다. 보편적인 권력의 모습은 주요한 의사 결정에 참여해 영향력을 과시한다. 그러나 권력이 항상 의사결정에 참여하는 방식으로 자신의 힘을 과시하지 않는다. 좀 더 은밀한 권력의 측면은 무의사결정을 통해 나타난다. 권력자들은 사회 내에서 자신이 누리고 있는 기존의 이익이나 특권의 배분에 변화가 예상되는 문제에 대해서는 정책의제 설정 단계에서부터 이를 억압함으로써 그런 민감한 문제가 정책 결정의 단계에 이르지 못하도록 방해한다는 것이다.

4) 정책의제 설정과정

(1) 사회문제 인지 단계

그리스도 예수 안에서 사회문제의 인지 단계란 어떠한 문제가 관련된 개인이나 집단에 의해 사회문제로 인식되는 것을 의미한다. 이때 사회문제란 상당수의 집단이나 사람들이 사회적 표준에 어긋나거나 사회조직의 중요한 어떤 측면을 파괴하는 것으로 인식한 상태를 말한다. 사회문제는 사회적 맥락 속에서 발생되며 다수의 사람들이 그 속에 관련되어 있는 문제이다. 그러나 그 기초는 사회적 존재로서의 개인적 문제에 두고 있는 것이다. 사회 내 일부 개인들이 기회부족, 열등감, 무력감 등으로 자신들이 처한 어떤 상황을 문제로 제기하고, 어떤 계층이나 범주에 속한다고 스스로 인지하고 있는 다수의 사람들이 그 문제에 대해 공감을 할 뿐만 아니라 문제로 인식할 때 그 문제는 사회문제로 전환되는 것이다. 특히 그 문제에 관련된 불특정 다수가 같은 계층, 지역, 인종 등 평소 그 유대가 긴밀한 경우 그 문제에 대한 사회적 갈등은 더욱 심각성을 갖게 되는 경우가 많다.

이처럼 사회문제는 사회적 존재로서의 개인 문제를 기초로 하여 생성된 사회의 불특정 다수가 관련된 문제일 뿐만 아니라 상태가 시간적으로 계속성을 가져야 하는 것을 그 기본 속성으로 하고 있다.

(2) 사회 이슈화 단계

그리스도 예수 안에서 사회 이슈화 단계란 그 사회문제에 대해 반대의사를 갖거나 해결방법에 따른 다른 견해를 갖는 다수의 개인이나 집단이 나타나, 그 문제의 해결에 합의점을 찾지 못하고 갈등이 야기되는 단계를 의미한다. 이처럼 어떠한 사회문제를 놓고 다수의 사람들이 논쟁을 벌인다는 것은 그 문제에 대하여 사회 일반이 명확하고도 공감을 얻을 수 있는 정의를 내리지 못하기 때문인 경우가 많다. 즉 사람들은 각기 다른 경로를 가지고 있을 뿐만 아니라, 그 문제를 인지하는 형태도 다르며, 가치관도 다르기 때문에 당연히 다양한 견해를 제시하게 되는 것이다.

따라서 이러한 이슈의 과정은 사회적 토론의 과정이며, 이슈의 개념을 규정하기 위한 과정으로 볼 수 있는 것이다. 그러나 흔히 이들 이슈들에 대한 명확한 개념 정의는 남겨 놓은 채, 이슈에 대한 다양한 견해들이 서로 하나의 일정한 범주 내로 연결되고 그 범주 내에서 다시 논쟁을 벌이게 된다. 그리하여 처음 그 문제를 인지했던 자들은 사회문제가 아닌 사회 이슈로서 그것에 대한 바람직한 조치를 진술하게 되며, 여기에 대해 타 집단의 반응이나 다른 조치가 제시된다.

이러한 과정 속에서 이유 대중(이슈에 관심을 나타내는 일반대중)이 나타나며, 이들은 그 이슈와의 이해관계 정도나 개입 수준 등에 따라 다양하게 분류된다. 그리고 이들에 의해 그 이슈는 사회적 갈등의 단계로 진입함으로써 이슈 상태는 더욱 가열되는 것이다.

(3) 공중의제화 단계

그리스도 예수 안에서 이 단계는 많은 사회문제들 중에서 정부의 정책적 해결 노력이 꼭 필요하다고 많은 공중이 믿고 있는 사회 이슈들의 집합체가 형성되어 가는 단계를 의미한다. 이러한 공중의제는 그 내용이 얼마나 지속적이고, 현실 세계의 정치적 상황 변화와 얼마나 논리적으로 연결되며, 그 문제에 대해 많은 대중들 간의 합의 정도를 얼마나 반영하느냐 등에 따라 다른 이슈들과 구분할 수 있다. 그리고 이를 측정하기 위해 투표나 정기적인 여론조사 등이 유용하게 이용될 수 있다. 따라서 공중의제화 단계란 정부가 어떤 이슈에 대해 직접적으로 관심을 나타내게 되는 사회 이슈로 부각되는 단계이다.

(4) 공식의제화 단계

그리스도 예수 안에서 이 단계는 여러 가지 공중의제들 중에서 정부가 그 해결을 위해 관심과 행동을 집중하는, 즉 정부의제가 선별되는 단계를 의미한다. 공중의제가 공식 의제화 되는 과정을 분명하게 구분하기란 매우 어렵지만 일단 공식의제로 된다는 것은 빠른 시일내에 그것에 대한 해결책이 강구됨을 의미하며, 나아가 어떠한 조치를 위할 것인가, 어디서(정부의 어느 기관) 그 조치가 취해질 것인가를 지적해 주는 효과를 지닌다.

그러나 그리스도 예수 안에서 공식의제가 되었다고 해서 모두가 정책결정의 대상이 되는 것은 아니다. 즉 공식의제가 정책결정의 대상이 되는 것은 ① 주로 정부 내부에서 그러한 문제들을 받아들이고 ② 그것에 대한 정책적 중요성의 정도를 측정하며 ③ 그 결과에 근거하여 정책결정자들에게 그 문제의 정책적 해결 노력의 필요성을 인식시키는 활동을 수행하는, 정부 내부의 정보통으로서 의제 주창자들이 어떠한 역할을 하느냐에 따라 영향을 받게 된다. 그리고 이들 의제 주창자들의 역할은 이슈 제기자로서의 역할과 이슈 중개인으로서의 역할이라는 두 가지 유형으로 구분될 수 있다.

그리스도 예수 안에서 정책의제가 형성되는 과정은 논리적으로는 지금까지 설명한 바와 같이 4단계 과정으로 구분할 수 있지만 현실적으로는 앞에서 제시한 모든 단계를 반드시 거치지 않고 일부의 단계만 거쳐 공식의제로 성립되는 경우도 있다.

한편 기독교 기독교정책의제설정이란 그리스도 예수 안에서 하나님께서 허락하신 앞의 개념들을 포함해서 "그리스도 예수 안에서 하나님께서 십자가에서 일어난 모든 일을 지금 마음에서 동일하게 일어나게 하심으로, 예수 그리스도의 이름으로 오신 성령을 받아, 마음이 세상 가치보다 창조주 하나님을 더 먼저 경외하여 더 우선적 현실로 체감되고 있을 때, 그리스도께서 제2의 창조역사를 이루시기 위하여 지혜와 권능의 Living Word를 통하여 친히 다루실 목적으로 선택하신 목록들"로 의미를 이해할 수 있다. 물론 성령께서는 다양한 방법으로 문제들을 선택하신다.

4. 기독교정책 분석

>>> 앞에 계신 하나님의 Living Word

"내가 아버지의 말씀을 그들에게 주었사오매 세상이 그들을 미워하였사오니 이는 내가

세상에 속하지 아니함 같이 그들도 세상에 속하지 아니함으로 인함이니이다"(요17:14).
"그들을 진리로 거룩하게 하옵소서 아버지의 말씀은 진리니이다"(요17:17).
"내게 주신 영광을 내가 그들에게 주었사오니 이는 우리가 하나가 된 것 같이 그들도 하나가 되게 하려 함이니이다"(요17:22).
"곧 내가 그들 안에 있고 아버지께서 내안에 계시어 그들로 온전함을 이루어 하나가 되게 하려 함은 아버지께서 나를 보내신 것과 또 나를 사랑하심 같이 그들도 사랑하신 것을 세상으로 알게 하려 함이로소이다"(요17:23).
"아버지여 내게 주신 자도 나 있는 곳에 나와 함께 있어 아버지께서 창세전부터 나를 사랑하시므로 내게 주신 나의 영광을 그들로 보게 하시기를 원하옵나이다"(요17:24).
"의로우신 아버지여 세상이 아버지를 알지 못하여도 나는 아버지를 알았사옵고 그들도 아버지께서 나를 보내신 줄 알았사옵나이다"(요17:25).
"내가 아버지의 이름을 그들에게 알게 하였고 또 알게 하리니 이는 나를 사랑하신 사랑이 그들 안에 있고 나도 그들 안에 있게 하려 함이니이다"(요17:26).
"우리가 알거니와 하나님을 사랑하는 자 곧 그의 뜻대로 부르심을 입은 자들에게는 모든 것이 합력하여 선을 이루느니라"(롬9:28).
"우리가 항상 예수의 죽음을 몸에 짊어짐은 예수의 생명이 또한 우리 몸에 나타나게 하려 함이라"(고후4:10).

1) 의의

그리스도 예수 안에서 하나님의 놀라우신 섭리가운데 행하여지는 정책분석이란 정책을 결정하기에 앞서 여러 가지 정책대안을 체계적으로 연구하여 그 각각의 정책대안에 대한 장·단점을 구체적으로 검토하는 일을 말한다. 정책분석에는 제기된 문제의 해결방법, 정보의 수집과 해석, 그리고 정책집행 과정에서 생겨날 수 있는 현상에 대한 예견까지 모두 포함된다. 그리스도 예수 안에서 하나님께서 허락하신 정책분석을 정책평가와 혼돈하기 쉬우나 정책분석은 정책대안을 선택하는 정책결정자가 합리적으로 정책결정을 할 수 있도록 돕기 위한 사전평가인데 반하여, 정책평가는 결정된 정책을 정책집행자가 집행하는 과정이나 그 결과를 본 후 그 정책의 효과 또는 잘잘못을 따져보는 사후평가라는 점에서 구별된다. 이와 같이 정책분석의 근본 목적은 합리적이고 바람직한 정책결정을 할 수 있도록 정책결정자를 보조하는 데 있다. 따라서 해결해야 할 당면 문제는 물론 쟁점, 법률, 정치적 책임의 소재, 행정기관의 사업 등 정책과 관련되는 중요한 문제라면 모두 정책분석의 대상이 된다.

2) 특징

그리스도 예수 안에서 던(W.N.Dunn)이 설명한 정책분석의 특징들을 살펴보기로 한다(나기산외 역:1994).

첫째, 정책분석은 하나의 응용 사회과학의 분야이다. 정책분석은 응용 사회과학으로서 행태과학뿐만 아니라 행정학, 법학, 철학, 윤리학 및 다양한 체제분석과 응용수학으로부터 이론과 기법을 인용한다. 따라서 정책분석가는 다음에 세 가지 질문에 대한 정보와 타당한 논증을 제공해 줄 것이 기대된다.

① 그 실현 여부나 문제 해결의 여부를 판단하게 해주는 가치들
② 가치의 달성을 제약하거나 촉진시켜 주는 사실들
③ 가치의 달성이나 문제의 해결을 가져다주는 행동들

이 세 가지 질문에 대한 타당한 논증과 정보를 산출하기 위해 정책분석가는 분석의 세 가지 접근법을 즉 경험적, 평가적, 그리고 규범적 접근법들을 사용할 수 있다. 경험적 접근법은 주로 공공정책의 원인과 결과들을 기술하는 것이며 "어떤 사실이 존재하며 또 존재할 것인가?" 하는 질문을 다루고 기술적·예견적 정보를 산출한다. 평가적 접근법은 정책의 가치문제를 결정하는 것이며, 그것이 어떤 가치를 갖는가 하는 질문을 다루며 평가적 정보를 산출한다. 그리고 규범적 접근법은 공공문제를 해결할 수 있는 미래의 행동노선을 제안하는 것이며, 무엇이 행해져야 할 것인가 하는 질문을 다루고 주로 처방적인 정보를 산출한다.

둘째, 정책분석은 다양한 탐구 방법을 지닌다. 정책 관련 정보는 일정한 분석적 절차를 거쳐 산출되는데 정책분석은 인간의 문제를 해결하기 위한 모든 노력에 공통적인 점검 혹은 기술, 예측, 평가, 제안 혹은 처방, 등으로 이루어지는 일반적 분석절차와 문제 구조화를 이용한다. 이를 좀 더 상세히 살펴보면 다음과 같다.

① 점검 혹은 기술은 정책의 과거 원인과 결과에 관한 정보를 산출한다
② 예측은 정책의 미래 결과에 관한 정보를 산출한다

③ 평가는 과거 및 미래의 정책이 내포하고 있는 가치에 관한 정보를 산출한다

④ 제안(처방)은 미래의 행동노선이 가져다 줄 바람직한 결과들에 관한 정보를 산출한다

⑤ 문제구조화는 위의 네 가지 일반적인 분석절차와는 직접적으로 연관 지을 수 없는 것으로서, 어떤 정책 결과에 관한 정보를 대하게 된 분석가들이 "근심스럽고 당혹스러우면서도 뭔가를 해야만 하는 상황, 즉 총체적으로 어렵게 된 상황"을 탐구하는 단계이다(Dewey,1993)

셋째, 정책분석은 정책 논증의 구조이다. 정책분석은 단지 정책 관련 정보를 산출하기 위한 다양한 탐구방법을 사용 하는 데에 그치지 않는다. 즉 분석가는 다양한 정보를 산출하려 할 뿐만 아니라 그러한 정보를 공공정책에 대한 타당한 논증으로 전달하려 한다. 정책 논증은 이해관계자들이 정책대안에 대해 합의하지 못하는 이유를 밝혀 줄 뿐만 아니라 정책 이슈에 대한 논쟁을 하기 위한 중요한 도구이기도 하다. 모든 정책 논증은 다음의 여섯 가지 요소를 포함한다(Toulmin,1958).

① 정책관련정보: 여러 가지 방법 들을 통해 산출되며 분석가의 주장에 대한 증거를 구성하며 정책 논증의 출발점이다. 정책분석은 정책문제, 정책미래, 정책행위, 정책결과, 정책성과 등에 관한 정보를 산출해 내기 위해 다양한 방법을 사용한다.

② 정책주장: 정책 논증의 결론이며 정책정보의 출현에 뒤따라 나타날 때 '그러므로' 라는 표현으로 연결된다. 따라서 정책주장은 정책 관련 정보의 논리적 귀결이다.

③ 근거: 정책분석가가 정책 관련 정보를 정책 주장화 시키는 데 필요한 정책논증에서의 가정이다. 이것은 정책 관련정보를 합의하지 못하거나 갈등이 유발 될 수 있는 정책주장으로 전환하는 과정에서 그 주장이 수용되도록 정당한 이유를 제공하는 역할을 한다.

④ 보강: 근거가 제대로 수용되지 않을 경우 근거를 보강하기 위해 사용될 수 있는 추가적인 가정이다. 이것은 분석가로 하여금 좀 더 근본적인 가정들을 파악할 수 있게 해준다.

⑤ 반론: 원래의 주장이 수용되지 않거나 조건부로 수용되는 상태를 말하는 제2의결론, 가정, 혹은 논증이다. 정책주장과 반론이 합쳐져서 정책이슈를 형성하며 분석가들은 반론들로 인해 상대방의 입장을 이해할 수 있고 자신의 주장과 가정 및 논증들을 비판적인 관점에서 체계적으로 조명해 볼 수 있다.

⑥ 정당화의 요건: 정책주장에 대한 분석가의 확신 정도를 나타낸다.

넷째, 정책분석은 정보 활용의 정치이다. 다양한 방법으로 정책 관련 정보와 타당한 논증

들을 산출해 내었다고 해서 그것이 곧 정책결정자에게 이용된다는 보장은 없다. 정책분석이 본질적으로 인지적 과정인 반면 정책결정은 정치적 과정이기 때문이다.[4] 정책결정자가 정책분석을 활용하게 되는 데는 방법론 외에 많은 요인들이 영향을 미친다. 즉 정치적 힘의 구조, 제안된 대안의 정치적 실현가능성, 시간과 자원의 제약, 정보의 형태와 내용, 정책결정자 자체의 성격 등이 있다(Weiss,1976). 따라서 정책분석가는 정책과정에서 정책분석의 활용화를 실현시키기 위한 계획을 미리 세워야 한다.

다섯째, 정책분석가는 정책체제에 관련되어 있는 다양한 형태의 행위자들 중 하나이다. 정책체제 즉 정책이 만들어지는 전반적인 제도적 형태는 공공정책과 정책관련자 그리고 정책환경이라고 하는 상호 관련성을 갖는 세 요소로 구성되어 있다.

이상에서 살펴본 정책분석의 핵심은 정책결정자를 도와 합리적인 정책결정이 이루어지도록 하는 데 있다. 따라서 정책결정과 집행이 이루어지고 난 뒤 그 효과성을 사후적으로 평가하는 정책평가와는 구분된다.

3) 정책분석 과정의 종합

그리스도 예수 안에서 하나님의 선하신 뜻 가운데 이루어지는 정책분석은 일반적으로 다음과 같은 과정을 거친다. 정책분석과정은 한번 만에 그치는 것이 아니라 계속적이고 반복적인 과정이다. 또한 반드시 전체적인 과정이 그대로 일어나는 것이 아니라 현실 세계에서는 생략되거나 중복되는 경우도 빈번하다. 정책분석과정을 좀 더 세분화해서 설명하면 다음과 같다.

① 문제의 명확화: 현실에서 수많은 복잡한 정책문제가 대두되는데, 먼저 그 성질과 유형을 명확히 밝혀야 한다. 즉 정책문제를 명확하게 인식하는 데서 정책분석이 시작된다.
② 목표와 기준의 설정: 다음은 문제 해결을 위해 목표를 명확히 설정해야만 한다. 설정된 목표가 명확하지 않으면 정책 대안의 탐색에서 어려움을 겪게 된다. 또한 이 단계에서 여러 대안들을 평가할 때 사용될 평가 기준을 정해야 하는데, 그것은 관점에 따라서 그 내용이나 수준이 달라질 수 있다.
③ 대안의 탐색: 정책문제를 해결하는 데는 여러 방법들이 있을 수 있다. 처음에는 가능한

---

[4] 바우어는 지적인 인식, 분석, 선택활동 및 보장과 벌칙의 체제, 측정과 할당의 체제 등의 조직 구조에 의해 형성된 정책집행의 사회적 과정을 구분하였다(Bauer,1968).

한 많은 방법들을 고려해 보는 것이 바람직하나, 시간, 자원, 인식 능력 등의 면에서 만나게 되는 현실적 제약으로 인해 많은 대안들을 탐색하는 데는 그만큼 어려움이 따르게 되고, 결국은 몇 가지의 정책 대안들만을 수립하는 데 그치게 된다.

④ 자료와 정보의 수집: 정책문제의 해결과 관련된 상황은 매우 복잡할 뿐만 아니라 동태적이다. 따라서 이를 해결하기 위한 대안의 탐색이나 결과의 예측에는 많은 정보와 자료가 필요하게 된다. 이러한 자료의 수집과 정보의 산출 및 전달을 위해서는 관리정보 체제나 자료 은행 등이 요구된다.

⑤ 모형의 작성과 검증: 미래의 체제가 운영되는 여러 가지 방법에 따른 비용과 기타 영향 등을 비교하기 위해서는 광범위하고 상이한 조건에 수반되는 체제의 성과를 평가할 필요가 있다. 이를 위해서 그 환경과 체제 간의 모형을 작성해서 사전에 시뮬레이션 등의 실험을 통해 미래에 대한 더욱 정확하고 필요한 정보를 얻을 필요가 있다.

⑥ 각대안의 실현가능성에 대한 검증: 정책 대안이 마련되면 그것에 대한 정치적·사회적·경제적·기술적 실현 가능성을 검토해 보아야 한다. 아무리 바람직하다고 생각되는 대안이라도 현실적으로 그러한 측면들에 비추어 실현 가능하지 않을 경우에 채택될 수 없는 것은 당연하다.

⑦ 비용효과의 분석: 검토되는 각 대안의 비용과 효과를 분석하면 그 대안들의 우선순위를 정할 수 있다. 하지만 공공정책의 경우 비용과 효과를 정확히 측정한다는 것은 대단히 어려운 일이며 오늘날 그것을 위해 여러 가지 분석기법들이 개발되고 있다.

⑧ 평가와 제안: 이러한 단계를 거쳐 각 대안 간의 우선순위가 정해지면 그 중에서 가장 바람직한 대안의 선택이 이루어진다. 그러나 분석가의 주관이 개입될 뿐만 아니라 공공정책의 경우 대안 간에 우선순위가 명백하게 매겨지는 경우가 드물기 때문에 현실적으로 그러한 선택도 용이한 것만은 아니다. 일단 정책대안이 선택되고 나면 최종적으로 정책결정자에게 제안을 하게 된다. 최종안이 만족스럽지 못할 때에는 처음 단계로 돌아가서 반복될 수 있음은 물론이다.

>>> 앞에 계신 하나님의 Living Word

"내가 아버지의 말씀을 그들에게 주었사오매 세상이 그들을 미워하였사오니 이는 내가

세상에 속하지 아니함 같이 그들도 세상에 속하지 아니함으로 인함이니이다"(요17:14).

"그들을 진리로 거룩하게 하옵소서 아버지의 말씀은 진리니이다"(요17:17).

"내게 주신 영광을 내가 그들에게 주었사오니 이는 우리가 하나가 된 것 같이 그들도 하나가 되게 하려 함이니이다"(요17:22).

"곧 내가 그들 안에 있고 아버지께서 내안에 계시어 그들로 온전함을 이루어 하나가 되게 하려 함은 아버지께서 나를 보내신 것과 또 나를 사랑하심 같이 그들도 사랑하신 것을 세상으로 알게 하려 함이로소이다"(요17:23).

"아버지여 내게 주신 자도 나 있는 곳에 나와 함께 있어 아버지께서 창세전부터 나를 사랑하시므로 내게 주신 나의 영광을 그들로 보게 하시기를 원하옵나이다"(요17:24).

"의로우신 아버지여 세상이 아버지를 알지 못하여도 나는 아버지를 알았사옵고 그들도 아버지께서 나를 보내신 줄 알았사옵나이다"(요17:25).

"내가 아버지의 이름을 그들에게 알게 하였고 또 알게 하리니 이는 나를 사랑하신 사랑이 그들 안에 있고 나도 그들 안에 있게 하려 함이니이다"(요17:26).

"우리가 알거니와 하나님을 사랑하는 자 곧 그의 뜻대로 부르심을 입은 자들에게는 모든 것이 합력하여 선을 이루느니라"(롬9:28).

4) 정책분석 기법

(1) 의의

그리스도 예수 안에서 정책분석의 핵심은 정책미래를 예측하고 합리적인 정책대안을 제안함으로써 정책결정을 돕는데 있다. 우선 정책결정의 합리성을 높이기 위해서는 특히 대안이 초래할 미래 결과를 예측할 수 있어야 한다. 정책문제의 본질에 대한 정보를 근거로 해서 미래의 사회 상태에 대한 실제적인 정보를 얻는 절차인 예측에는 세 가지의 유형이 있는데, 첫째, 투사의 형식이 있다. 이것은 현재까지의 역사적 사실의 경향을 장래로 연장하여 예측하는 것으로서 시계열 분석기법이 이러한 목적에 유용하다. 둘째, 어떤 이론적 전제를 근거로 한 예측의 형식이 있는데, 경로분석, 회귀분석 등의 기법들이 이러한 목적에 유용한데 여기서는 회귀분석기법이 소개된다. 셋째 개인의 주관에 근거하여 장래를 예측하는 추측의 형식이 있는데,

경험적 자료나 과학적인 이론보다는 통찰과 예지에 입각하여 주관적인 판단이나 직관적인 주장이 여기에 해당하며 델파이 기법이 소개된다.

한편 그리스도 예수 안에서 예측을 통해 정책 미래에 대한 정보를 얻었다고 해서 그것만으로 하나의 미래상태가 다른 미래 상태보다 왜 더 가치가 있는가 혹은 구체적으로 무엇이 행해져야 하는가라는 질문에 답할 수는 없다. 그러한 문제에 사용될 수 있는 기법들로서는 비용·편익분석, 비용·효과분석 그리고 의사결정분석 등이 있다.

(2) 시계열분석

그리스도 예수 안에서 이 기법은 다수의 시점에서 수집하여 시간의 흐름에 따라 배열한 수치들을 분석하여 추세 연장적 예측을 제공해 주는데, 경제 성장, 인구 감소, 에너지 소비, 생활수준, 기관의 업무량 등을 투사하는데 이용된다. 투사에 이용 될 때 추세 연장적 예측은 사회현상의 지속성, 규칙성, 그리고 자료의 신뢰성과 타당성이라는 세 가지 가정에 기초를 두며, 그 가정들이 충족 될 때 추세 연장적 예측은 동태적인 변화에 대한 통찰력을 주고 잠재적 미래의 사회 상태를[5] 좀 더 잘 이해하게 해준다. 전통적 시계열 분석에서는 시계열이 현실적 경향, 계절적 변동, 순환적 파동, 그리고 불규칙한 진동 등 네 가지 요소를 지닌다고 보며, 선형성, 지속성, 규칙성의 조건들을 충족시키지 못하는 비선형 시계열은 진동, 주지, 성장, 감소, 재난이라는 다섯 가지 유형이 있다.

(3) 회귀분석

그리스도 예수 안에서 회귀분석은 둘 또는 그 이상의 변수들 간의 상관관계를 이용하여 영향을 미치는 변수(들)를 독립변수(들)로 그리고 영향을 받는 하나의 변수를 종속변수로 한 예측모형인 회귀모형을 설정하여 그 모형의 구체적인 형태를 추정한 다음 미래의 일정한 시점에서 특정한 독립변수의 값에 대응되는 종속변수의 값을 추정하는 방법이다. 독립변수가 한 개일 경우를 단순 회귀분석, 두 개 이상 일 때는 다중 회귀분석이라고 한다. 회귀분석에서 우선

---

5) 미래에는 세 가지 종류가 있는데, 실제로 나타나는 사회 상태와 구별하여 나타날 수도 있는 미래의 사회 상태를 뜻하는 잠재적 미래, 정책결정자가 사건들의 진로를 바꾸려고 간여하지 않으면 자연이나 사회의 인과 관계에 관한 가정들에 기초하여 생기게 되리라고 믿게 되는 미래 상태인 개인적 미래, 그리고 그 두가지 미래 중에서 욕구,가치,기회 등에 대하여 분석가가 생각하는 것과 일치하는 규범적 미래가 그것들이다(나기산외, 1994).

필요한 것이 이론적 근거에 의해 어떤 것이 독립변수이고 어떤 것이 종속변수인가를 결정해야 한다. 이 독립변수에 의해 종속변수를 예측하려는 것이 회귀분석의 목적이다.

(4) 델파이 기법

그리스도 예수 안에서 델파이 기법은 여러 전문가들로부터 식견 없는 견해를 획득하고 교환하고 개발하는 판단적 예측 절차이다. 이 기법은 1948년 랜드연구소에서 개발되어 공공부문이나 민간부문에서 수많은 예측 활동에 이용되어 왔다. 토의에서 나타나는 여러 가지 왜곡된 의사전달의 근원을 제거하기 위해 고안되었으므로 다음과 같은 사항들이 강조된다.

① 익명: 모든 전문가나 지식인들은 익명이 보장된 상태로 개별적으로 답변한다.
② 반복: 개인의 판단들을 집계해서 그 결과를 모두에게 다시 돌려줌으로써 각자가 이전의 의견을 수정할 수 있게 한다.
③ 통제된 환류: 종합된 판단의 전달은 질문지에 대한 응답들을 집계한 형태로 이루어진다.
④ 통계처리: 개인들의 응답 데이터는 통계적으로 대표값(중위수, 최빈수, 평균), 산포도 및 빈도 등으로 요약된다.
⑤ 전문가 합의: 이 기법의 최종 목표는 전문가들 사이의 합의가 도출될 수 있게 하는 것이다.

이런 델파이 기법을 정책문제에 대해 적용하는 정책 델파이가 개발되었다. 그런데 전통적인 델파이는 기술적인 문제에 대한 그 방면의 동질적인 전문가들의 의견을 수집하여 합의된 견해를 도출하려고 하는 반면 정책 델파이는 주요 정책이슈의 해결책에 대하여 있을 수 있는 강력한 반대 의견을 창출하려고 한다. 정책 델파이는 전통적 델파이의 반복과 통제된 환류라는 두 가지 원칙에 기초를 두되 다음의 몇 가지 원칙들을 더 가지고 있다.

- 선택적 익명: 예측의 초기 단계에서만 익명이 유지되고 정책대안들에 대한 상반된 주장이 표면화되면 공개적인 토론이 이루어지게 한다.
- 식견 없는 다수의 확보: 참가자 선정에서 '전문성' 뿐만 아니라 '흥미와 식견'도 기준이 된다.
- 통계적 반응의 차별화: 개인의 판단들을 집계할 때 일반적인 방법 외에 불일치와 갈등을 부각시키는 수치가 사용된다.
- 갈등의 구조화: 정책 대안을 탐색하는데 정책 이슈에 대한 갈등을 의도적으로 조성하고 그

것을 이용한다. 대립되는 입장의 가정과 논증을 표면화하여 명백하게 한다. 따라서 정책 델파이의 결과는 합의일 수도 있고 계속적인 갈등일 수도 있다.
- 컴퓨터 회의 방식: 컴퓨터 회의를 통해 개인들 간의 의견 교환을 익명으로 진행시키고 직접 대면할 필요성을 줄인다.

정책 델파이를 한다는 것은 그것 자체가 하나의 조사이기 때문에 조사 방법의 이론에 따라서 표본선정, 질의서 작성, 신뢰도와 타당도의 검증 등을 거쳐야 한다.

(5) 비용·편익분석

그리스도 예수 안에서 비용편익분석은 한 대안의 투입에 필요한 총화폐적 비용과 그 대안이 초래할 총화폐적 편익을 비교하는 정책제안의 접근 방법이다. 이 기법은 원래 시장경제를 전제로 경제학의 영역에서 개발되었으며, 따라서 화폐가치를 대상으로 했으나 오늘날에는 그것을 공공 분야에 적용하는 경우도 많아졌다. 공공분야 중 기업적 성질을 가진 영역에 대해서는 이윤의 원리를 적용할 수 있겠지만 많은 정책 문제들에 대해서는 이윤이나 순편익 혹은 기회비용 등의 전통적인 경제적 논리를 적용하는 데는 많은 제약이 따르기도 한다.[6] 비용과 편익의 유형은 다음과 같다.

첫째, 정책의 대상집단 또는 대상 지역 내에서 편익과 비용이 발생하는 것인지 또는 그 밖에서 발생하는 것인지에 따라 내부비용 및 편익과 외부비용 및 편익이 있다. 둘째, 비용 및 편익이 가시적이냐 불가시적이냐에 따라 직접 측정비용 및 편익과 간접 측정비용 및 편익이 있다. 불가시적인 것은 분석가의 주관적인 가치판단에 의해 정하는 것으로서 잠재가격이라 한다. 셋째, 정책의 직접적 결과인가 간접적 결과인가에 따라 일차적 비용 및 편익과 2차적 비용 및 편익이 있다. 넷째, 총편익의 증가를 가져오는가 아니면 편익의 분배 상태에 영향을 미치는가에 따라 순능률과 재분배적 편익이 있다.

(6) 비용·효과분석

그리스도 예수 안에서 비용·효과분석은 총비용과 총효과를 비교하여 최적대안을 선택하는

---

6) 이러한 한계를 갖는 근본적인 이유는 공공 부문의 행정이 민간 부문의 활동과는 달리 ① 관련된 정당한 이해 당사자들이 다양하며 ② 공공재가 주요 대상이며 ③ 편익과 비용이 사회화되어 사회적 편익과 비용이 됨으로써 측정하기가 어려우며 ④ 대안 간의 비교나 판단에 가치의개입이 크다.

기법이다. 비용·편익분석에서는 편익 쪽도 화폐가치로 표현되어야 하지만 비용·효과분석의 경우 효과 쪽은 화폐가치가 아니라 물건의 단위나 용역의 단위 기타 측정 가능한 효과로 나타낸다. 따라서 비용·효과분석에서는 비용과 효과의 비는 계산되지만 순효과나 순편익과 같은 개념은 사용되지 않는다. 비용·효과분석도 비용·편익분석에서와 마찬가지로 사전적 분석과 사후적 분석이 모두가능하다. 비용·편익분석은 후생경제학 분야에서 계발되었지만 비용·효과분석은 1950년대에 국방부의 재정 업무와 관련하여 생겨난 것이다. 즉 랜드연구소가 군사전략과 무기체계의 대안들을 평가하는 과정에서 개발되었는데 국방부 내의 사업예산을 편성하는 데 사용되었고, 1960년대에 와서는 다른 정부기관들도 확대·적용하게 되었다(Novick, 1954).

5) 정책분석의 한계점

그런데 그리스도 예수 안에서 다음과 같은 정책분석의 한계점이 발생한다.

첫째, 좀 더 합리적인 정책 결정의 필요를 백번 인정하더라도 정책분석을 통한 합리적·분석적 정책 결정은 현실성이 부족한 이상적 정책결정모형일 가능성이 매우 높다.

둘째, 정책결정자의 지식과 경험 부족 그리고 편향된 가치관이나 편견이 합리적인 정책대안의 종합적이고 객관적인 발굴과 평가에 장애로 작용한다. 셋째, 현실에서 이루어지는 정책 결정은 합리적·분석적 노력과 함께 비분석적이고 정치적인 활동이 복합적으로 작용하는 경우가 대부분이다. 그 결과 타당성이 부족한 정책 목표가 설정되기도 하고 불합리한 정책대안이 개발되어 채택되기도 한다.

6) 기독교 정책 분석의 개념

한편 기독교정책분석은 그리스도 예수 안에서 하나님께서 허락하신 앞의 정책분석 개념들을 포함해서 "그리스도 예수 안에서 하나님께서 십자가에서 일어난 모든 일을 지금 마음에서 똑같이 일어나게 하시어, 예수 그리스도 이름으로 오신 성령을 받아, 마음이 세상가치보다 창조주 하나님을 더 먼저 사랑하여 더 뚜렷하게 느껴질 때, 그리스도께서 하나님 나라 확장을 위하여 사랑·지혜·권능의 Living Word로 바람직한 상태, 조건, 환경, 사건으로 정책을 분석하는 것"으로 개념을 이해할 수 있다.

> >>> 인자하신 하나님의 Living Word
>
> "내 눈을 열어서 주의 율법에서 놀라운 것을 보게 하소서"(시119:18).
>
> "여호와여 주의 인자하심이 땅에 충만하였사오니 주의 율례들로 나를 가르치소"
> (시119:64).
>
> "주의 입의 법이 내게는 천천 금은보다 좋으니이다"(시119:72).
>
> "내가 주의 법을 어찌 그리 사랑하는지요 내가 그것을 종일 작은 소리로 읊조리나이다"(시119:97).
>
> "만일 우리가 그의 죽으심과 같은 모양으로 연합한 자가 되었으면 또한 그의 부활과 같은 모양으로 연합한 자도 되리라, 우리가 알거니와 우리의 옛사람이 예수와 함께 십자가에 못 박힌 것은 죄의 몸이 죽어 다시는 우리가 죄에게 종노릇하지 아니하려 함이니, 이는 죽은 자가 죄에서 벗어나 의롭다 하심을 얻었음이라"(롬6:5-7).

5. 기독교정책 결정

1) 의의

그리스도 예수 안에서 하나님의 놀라우신 섭리 가운데 만들어지는 정책결정이란 행정기관이 국가 목표를 설정하고, 그것을 달성하기 위한 정책대안을 작성해 그 결과를 예측·분석하고 채택하는 동태적인 과정을 말한다. 즉 정책결정은 정책이 추구하는 미래의 바람직한 상태 즉, 목표 상태를 결정할 뿐만 아니라, 정책목표 달성의 수단으로서의 정책대안을 개발·분석·채택하는 일련의 과정을 말한다.

그리스도 예수 안에서 하나님께서 허락하시어 채택된 정책의제를 정책으로 바꾸어 나가는 과정 또는 정책을 수립하는 일련의 과정인 정책결정 과정은 넓게는 정책의제의 설정, 정책형성, 정책채택까지 포함되고, 좁게는 정책채택만을 뜻한다. 정책결정은 정부기관의 공공정책에 관한 의사결정인 것이다. 정책결정은 정치성·공공성을 띤 내용을 대상으로 하고, 장래의 행정활동에 대한 방향을 결정하는 것으로서 국민에게 관심을 갖게 하며, 여러 사람의 참여와 많은 노력 끝에 결정되는 동태적·능동적·활동적 과정이다.

2) 정책결정의 특징

그리스도 예수 안에서 정책결정을 할 때 다음과 같은 특징들이 있다.

(1) 정책결정에는 참여자가 다양하다.

그리스도 예수 안에 있는 사회에는 제각기 이익이 상반되는 여러 개인이나 집단이 있을 수 있으며, 이들은 각기 다양한 방법과 수단을 동원해서 정책결정자에게 접근하여 자신들의 이익을 관철시키려 노력하게 된다. 그리고 이러한 관계가 명확하게 드러나는 경우도 있지만 그렇지 못한 경우가 상당히 많다.

(2) 정책결정은 동태적인 과정이다.

그리스도 예수 안에서 정책결정의 참여자들은 어느 한 단계에서만 활동을 하고 멈추는 것이 아니고, 단계를 따라 계속적으로 자기 이익을 위해 노력을 한다. 이러한 과정에서 결국은 자원이 많은 쪽의 주장이 관철될 것이다.

(3) 정책결정의 전 단계로서 정책의제의 설정 단계가 매우 중요하다.

그리스도 예수 안에 있는 사회에는 무수한 문제가 있는데 그 중에서 일부만 정부에서 해결을 위해 공식적인 의제로 채택이 된다. 이러한 정책의제에는 그의 시행을 통해 항상 이익을 보는 쪽과 손해를 보는 쪽이 있게 된다. 따라서 이익을 보는 쪽은 그러한 정책의 채택에서 찬동할 것이고, 손해를 보는 쪽은 결사적으로 그에 반대할 것이다. 사실 이들의 경쟁은 의제 채택뿐만 아니라 결정, 집행, 평가 단계에까지 계속 될 것이다.

(4) 정책결정은 의사결정의 일종이다.

그리스도 예수 안에서 정책결정에서 사용되는 이론은 대다수가 의사결정 이론이다. 예를 들면 사이먼의 의사결정론은 정책결정론에서도 중요하게 사용되고 있다. 다만 의사결정과 정책결정에는 주체나 영향의 범위 면에서 상대적인 차이가 있기 때문에 의사결정의 이론들을 그대로 정책결정에 적용하기에는 곤란한 점이 있으며, 수정과 발전이 필요하다. 이러한 차이점을 좀 더 살펴보면 다음과 같다(Keeling,1972).

첫째, 배분기능에서 차이가 난다. 정부는 보건의료, 교육, 국방 등의 분야에서 자원을 배분하는 기능을 수행하는데 이에 대한 결정은 개인이나 기업의 의사결정과 차이가 있다. 둘째, 규모나 복잡성 면에서 차이가 있다. 정부의 결정은 이윤 극대화를 추구하기보다는 공익을 추구하는 것이며, 이에 따라 목표도 매우 다양하다. 셋째, 정치적 영향 면에서 차이가 난다. 정책결정은 정치적 요소에 민감하여 일반 대중이나 이익집단으로부터의 압력에 직면하게 된다. 넷째, 공공서비스에 대한 측정의 어려움에 차이가 난다. 사적 분야에서는 산물에 대한 평가의 기준선이 있지만 공공 분야에서는 서비스에 대한 평가기준이 모호하다. 다섯째, 조직 및 인사관리 면에서도 차이가 난다. 사조직도 규모가 커지면 관료제의 속성을 나타내며, 또한 양 부문 사이의 교류 확대의 증가로 차이점이 감소되고 있지만 아직은 차이점이 여전히 크다. 여섯째, 정책분석학적 측면에서 차이가 나는데 공공 분야의 경우 문제의 대상, 효과성 측정, 자료와 시간, 분석기법의 개발, 양적 모형의 사용 등이 어렵거나 모호하다(Drake,1972).

요컨대 의사결정이란 개인이 자기 문제를 해결하기 위해 내리는 결정이며, 정책결정이란 정책결정자가 자신의 문제를 해결하기 위해서가 아니라 국민들 전체에 관련있는 문제에 대해 내리는 결정을 의미한다. 따라서 효과의 범위에서 차이가 생길 수 있지만 이러한 차이는 결코 상대적인 것이지 절대적인 것은 아니라 하겠다.

(5) 정책결정은 문제 해결을 위한 공식적 목표와 수단을 개발하는 과정이다.

그리스도 예수 안에서의 정책결정은 앞으로 실현할 일반적인 목표를 설정한다. 그런데 이러한 일반적인 목표를 달성하기 위해서는 그 하위정책인 수단을 마련해야 하는데 이 양자의 구분이 명확한 것만은 아니다.

(6) 정책결정은 행동 지향적이다.

그리스도 예수 안에서의 정책결정은 사회문제를 정책의제로 채택하여 이를 해결하기 위하여 여러 가지 대안을 마련하고, 이의 집행을 통해서 사회에 영향을 미치려는 행동 의지가 담겨 있는 것이다.

(7) 정책결정은 미래 지향적이다.

그리스도 예수 안에서의 정책결정은 현실적으로 직접적인 행동을 취하여 사회에 영향을 미치는 것보다는 장래의 집행을 위하여 사전에 행동노선을 마련하는 것이므로 항상 불확실성을 내포하게 된다. 따라서 정책의 결정에서 사용되는 용어가 애매모호해지기 쉬우며, 이 때문에 집행에까지도 영향을 미치게 된다.

(8) 정책의 궁극적인 가치는 공익의 달성에 있다.
 그리스도 예수 안에서의 공익이 무엇인지에 대해서는 의견이 분분하지만 정책이 공식적으로 표방하는 것은 공익의 실현이라는 것이다. 그러나 현실적으로 이러한 이상을 실현하는 데는 수많은 난관이 따른다. 이것은 정책결정자뿐만 아니라 그 나라의 정치·행정제도나 사회·경제적인 여건에 의해서도 크게 영향을 받기 때문이다.

3) 정책결정의 일반적 유형

(1) 의사결정 방법의 유형의 의의
 그리스도 예수 안에서 인간은 일상생활 속에서 매일 많은 결정 상황에 직면하게 된다. 이러한 결정 상황 중에는 매우 긴박하고 중요한 것도 있을 수 있으며, 별로 중요하지 않은 것도 있을 수 있다. 예를 들면 어느 대학에 갈 것인가, 누구와 결혼할 것인가 안할 것인가, 유학을 갈 것인가 안 갈 것인가 등은 비교적 중대한 문제라 할 수 있다. 반면에 어느 커피숍에 들어갈 것인가, 무슨 넥타이를 맬 것인가 등은 별로 중대한 문제라고 할 수 없다. 그리고 운동경기나 전쟁의 상황처럼 급하게 결정을 내려야 할 경우가 있는가 하면 그렇지 않은 경우도 있다.
 이와 같이 인간은 복잡 다양한 결정 상황에 수없이 직면하면서 그 때마다 결정을 해 나간다. 이러한 경우에 과연 인간은 어떤 형태로 결정을 내리고 있는가? 이러한 개인의 결정 유형을 정책결정자의 결정 유형에 유추해 볼 수 있다.

(2) 분석에 의한 의사결정
 예수 안에서의 분석이란 복잡하게 뒤엉켜 있는 것을 성질별 분류해 내는 것을 의미한다.
① 완전분석에 의한 의사결정: 이것은 의사결정이 합리적으로 되기 위해 거쳐야 할 단계를

빠짐없이 거쳐 의사결정을 하는 방법이다. 즉 문제정의-대안탐색-대안평가(결과예측 및 평가)-최선대안 선택의 여러 단계를 거쳐서 의사결정을 하는 것을 말한다. 완전분석이란 특히 모든 가능한 대안을 탐색하고, 나타날 수 있는 모든 결과를 다 예측한다는 의미를 지니고 있다. 그러나 인간의 일상생활에서 부딪치는 결정상황은 대체로 시간이 제약되어 있는 경우가 많고, 인간은 능력상으로도 제약되어 있다. 따라서 이러한 완전분석을 행하기는 현실적으로 거의 불가능하다. 심지어 매우 중요한 문제까지도 완전분석에 의하는 경우는 현실적으로 거의 드물다.

② 불완전분석에 의한 의사결정: 이것은 의사결정의 네 단계를 모두 거치지만 완전 분석과의 차이는 모든 가능한 대안을 탐색하는 것이 아니고, 중요한 대안만 탐색하는 것을 말한다. 결과를 예측할 때에도 모든 결과보다는 중요한 것에만 한정한다. 따라서 현실적으로 가능한 것처럼 보이지만 실제로는 이것도 잘 안 되고 있다. 더구나 중요한 정책결정에서조차도 불완전분석에 의한 의사결정이 잘 안 되고 있는 실정이다.

(3) 직관에 의한 의사결정

그리스도 예수 안에서 이것은 의사결정의 네 단계를 무의식의 수준에서 거의 순간적으로 모두 거쳐 의사결정을 한다. 예를 들면, 운전도중 갑작스레 사람이 뛰어들 경우 순간적으로 머리에 스치는 대안은 '그냥 지나간다, 급정거한다, 급회전한다, 뛰어내린다' 등 무수히 많다. 그리고 이러한 대안 각자에 대해 순간적으로 결과를 예상하여 대안을 선택하게 된다. 즉 의사결정의 네 단계가 일순간에 주마등처럼 스쳐 지나간다 이러한 결정의 질은 사람의 직관력에 달려 있는데, 이러한 직관력의 요소는 ?선천적·본능적요소와 ?후천적인 교육과 훈련 경험에 의한 요소로 나타난다. 따라서 정책결정자의 교육훈련이 얼마나 중요한 것인가를 알 수 있다.

(4) 관습에 의한 의사결정

그리스도 예수 안에서 이것은 반복적으로 등장하는 문제의 해결에 사용하는 방법이다. 즉 처음에 문제가 등장할 때에는 (1)과(2)의 방법 중 어느 하나에 의해서 문제를 해결할 수 있다. 그 다음 또 동일한 문제가 등장할 때는 전례를 검토하여 행한다. 이것이 계속 거듭되면 그 다음에는 그 문제에 대해 거의 자동적으로 인지를 하게 되고, 인지를 하자마자 이전의 방법을 무의식적으로(관습적으로) 사용하게 된다. 나중에는 조직 전체가 하나의 관습에 의해서 움직일 가능성도 있다. 그 예로서 표준운영 절차(S.O.P.s)를 들 수 있다.

4) 정책결정의 기준

그리스도 예수 안에서 정책결정자가 실제 결정행위를 할 때 고려하는 기준은 무수히 많다. 이것은 정책자체의 성격에서 연유하기도 하고, 정치・경제・사회적인 환경에서 연유하기도 한다. 개인의 결정과 달리 정책을 결정하는 자는 자신의 판단에 의해서뿐만 아니라 외부의 무수한 압력에도 직면하게 된다. 여기서는 결정자가 맞이하는 이러한 많은 기준 중에서 가장 특징적인 것만 몇 가지 살펴보기로 한다.

(1) 가치

그리스도 예수 안에서 정책결정자의 행태에 영향을 미치는 가치를 다음과 같이 다섯 가지로 요약해 볼 수 있다(Anderson, 1979).

① 정치적 가치: 정책결정자는 정책대안을 평가하거나 결정을 내릴 때 자신의 정치적 집단이나 고객집단의 이익을 고려하게 된다.

② 조직의 가치: 결정자들, 특히 관료는 조직의 가치에 영향을 많이 받는다. 왜냐하면 조직은 결정자에게 여러 가지 유인을 주기 때문이다. 따라서 그들은 자신이 속한 조직의 생존을 위해서나 권력 및 이권의 유지를 위해서 또는 활동의 증진을 위해서 정책결정을 하려는 동기를 지닌다.

③ 개인적 가치: 결정자들은 자신의 복지와 직위・명성을 높이려고 노력 할 것이며, 이것은 결정 행위에 커다란 영향을 미친다. 특정한 결정에 대해서 뇌물을 받은 정치가가 바로 여기에 해당한다.

④ 정책의 가치: 결정자들은 정치적 가치, 조직의 가치, 개인의 가치 이외에도 공익이나 도덕적 신념 및 윤리에 입각하여 결정을 하기도 한다. 사실 당위성의 입장에서 이것이 가장 우선적인 기준이라 하겠다. 그러나 이러한 정책의 가치는 명확하게 결정자에게 제시되는 것은 아니다. 따라서 정책결정자가 당위적으로 따라야 할 기준으로서 정책철학을 연구하여 구체적인 행위지침을 밝혀내는 일에 관심을 기울여야 할 것이다.

⑤ 이념적 가치: 이데올로기라는 것은 현실의 모습을 단순하게 제시하는 논리적으로 연결된 가치 및 신념 체계로서 결정자의 행위에 영향을 미친다. 특히 공산주의 국가의 경우 결정자에 대한 이데올로기 교육이 강조되고 있다. 아시아나 아프리카의개발도상국가들이 민족주의에 입각하여 정책을 결정하는 것도 이러한 예에 해당한다.

(2) 정당에의 충성심

그리스도 예수 안에서 비록 지도자의 영향이나 이념적인 가치의 고려와 구별하기는 어렵지만 정당에의 충성심이 결정자들, 특히 국회의원들의 결정행위에 중요한 영향을 미친다. 오늘날의 정치가 정당정치로 변모해 감에 따라 이의 영향은 더욱 커진다고 하겠다.

(3) 선거구민이나 이익집단의 이익

그리스도 예수 안에서 국회의원들은 그들 선거구민의 이익을 중요시 하게 된다. 왜냐하면 그들의 대표자 일뿐만 아니라, 그들의 투표에 따라 자신의 정치생명이 좌우되기 때문이다. 한편 선출되지 않은 행정관료들도 선거구민은 없지만, 어떠한 특정한 이익집단의 이익을 반영시키려고 노력하는 경우가 많다.

(4) 여론

그리스도 예수 안에서 여론이 정책결정에 영향을 미치는 것은 매우 파악하기가 어렵다. 여론의 영향을 분석하기 위한 한 가지 방법은 정책결정을 광범위하고 위급한 정책에 대한 결정과 일상적이고 관례적인 정책에 대한 결정으로 구분하는 것이다. 후자의 경우 여론은 정책결정의 기준으로 미약하다. 왜냐하면 이러한 경우는 일반대중이 정책의 구체적인 내용에 대해서 잘 알고 있지 못하기 때문이다(Key,1981). 요약하면, 공공정책의 일반적 경계와 방향은 여론에 의해 많은 영향을 받지만 그 관계는 명확한 것은 아니다.

(5) 복종

그리스도 예수 안에서 때때로 결정자들은 다른 사람들, 특히 전문가나 직속상관 및 수반의 의견에 복종하여 결정을 내리기도 한다. 종래 우리나라의 경우 특히 이러한 경향이 심하였다.

(6) 결정규칙

그리스도 예수 안에서 결정자들은 동의의 여부에 관계없는 부동의의 규칙이나 지침을 마련하여 이에 벗어나는 특수한 사실과 관계에 초점을 맞추곤 한다. 이러한 지침이나 부동의의 규칙은 결정 과정을 단순화시켜 주고 규칙화시켜 준다(Anderson, 1979).

5) 정책결정의 제약 요인

그리스도 예수 안에서 정책결정 과정에 영향을 미치는 여러 가지 환경적 요인과 참여자들을 살펴보았다. 여기서는 그들과 다소 중복되는 곳도 있을 수 있으나 주로 합리적인 정책결정에 대한 제약 요인이라는 측면에 초점을 두어 설명하기로 한다.

(1) 인간적 요인

그리스도 예수 안에서 정책결정을 담당하는 자는 시간상·능력상 여러 가지 제약을 지니고 있다. 오늘날 대두되는 수많은 정책문제는 그 성질상 복잡할 뿐만 아니라 전문성을 요구한다. 또한 정책결정자는 나름대로의 가치관과 신념을 지니고 있으며 그의 배경도 다양한데, 그것이 정책결정에 영향을 미치기도 한다. 정책결정자의 개인적인 속성으로서 정책결정 과정에 제약 요인으로 작용할 수 있는 것을 몇 가지 들면 다음과 같다. 첫째, 모든 정책결정자들은 자신의 가치관과 신념을 가지고 있으며, 그것을 바탕으로 정책문제를 인식하고 결정을 하게 된다. 따라서 결정자는 보통 자신에게 유리한 결정을 도모하는 편견을 나타낸다.

둘째, 인간의 능력에는 한계가 있다는 점이다. 따라서 정책결정자가 문제를 인식하고, 그 해결을 위한 각종 대안을 탐색하며, 그 결과를 분석·평가할 때 많은 제약이 따르기 때문이다.

셋째, 정책결정자는 권위의식에 사로잡히기 쉽다. 권력, 연령, 계층적 지위를 기준으로 하여 권위가 부여되어 있는 정치·행정·문화권 내에서는 그것들을 불평등하게 소유하고 있는 사람들이 평등한 입장에서 정책결정에 접근하기 어려우며 또한 정책결정자는 주어진 권위에 따라 결정을 내리기 쉽다.

(2) 구조적 요인

그리스도 예수 안에서 정책결정이 이루어지는 구조 자체의 특성으로 인해 합리적인 정책결정이 제약을 받기도 한다. 이러한 구조적 요인으로서 중요한 몇 가지를 들면 다음과 같다.

첫째, 조직 내의 표준운영 절차(S.O.P)를 들 수 있다. 이러한 표준운영 절차는 정책의 쇄신을 저해하고 선례를 따르게 만든다. 따라서 급격히 변화하는 상황에 적응하여 새로운 정책이 요구되는데도 불구하고 계속하여 기존의 방식과 절차에 얽매이게 된다.

둘째, 정책결정 구조가 집권화 되어 있을 경우 폭넓은 참여가 어렵게 되어 각종 대안의 탐색과 분석이 충분히 행해지지 못하게 되고, 그 결과로 정책의 질은 저하된다.

셋째, 조직 내 의사전달망이 원활하지 못할 경우 정보의 왜곡이 일어나게 되며, 정책결정이 합리적으로 이루어지기는 어렵다. 특히 상향식 의사 전달이 중요하게 된다.

넷째, 지나친 분화나 전문화가 이루어질 경우 국지적 합리성은 이루어질지 몰라도 전체적인 합리성이 저해될 수 도 있다. 또한 자신의 분야에만 집착하여 다른 분야와의 협력을 소홀히 하고 자신의 세력 확장에 급급하여 갈등과 충돌을 야기할 수도 있다.

(3) 환경적 요인

그리스도 예수 안에서 공공정책의 경우 그것은 정부조직 내의 문제만이 아니고 조직 외부의 환경과 밀접한 관련성을 지닌다. 이러한 환경으로서는 크게 경제적인 요인과 정치적인 요인으로 구분해 볼 수 있다. 경제 발전의 수준은 한 국가의 정책의 영향과 범위를 결정짓기도 하며 그 질적 수준에도 커다란 영향을 미치게 된다. 정부는 금융정책, 재정정책, 국제정책 등을 통하여 경제 발전을 이룩하려 하며, 그것은 또한 정책에 영향을 미치기도 한다 (Edwards,1978).

그리스도 예수 안에서 정책결정 과정에서 정책결정자는 경제적 실현 가능성뿐만 아니라 정치적 실현 가능성도 매우 중요한 요인으로 고려한다. 정치적 제약 요인으로서는 우선 정치문화를 들 수 있다. 그 나라의 정치문화에 따라 정책결정은 크게 달라지게된다. 또한 민주국가의 정책결정이 합리적인 분석에 의해서가 아니라 흥정과 타협이라는 정치활동을 통하여 이루어지는 경향이 있다. 정책결정자는 독단적으로 모든 정책을 결정하는 것이 아니고 다른 정책결정자와의 끊임없는 상호작용을 통하여 정책을 형성하게 된다. 이러한 과정에서 여러 이해관계가 둘이 타협하고 흥정을 하게 되며, 따라서 최선의 합리적인 정책결정이 이루어질 가능성은 그만큼 적어진다.

(4) 정보 및 물적 자원의 부족

　그리스도 예수 안에서 합리적인 정책결정에서 가장 중요한 것은 풍부한 정보의 저장 및 분석이다. 문제의 인지 및 정의, 대안의 탐색과 분석 등을 정확히 하기 위해서는 관련된 정보의 축적이 필요하다. 따라서 오늘날 정보관리 체제(MIS)의 확립을 위해 많은 노력을 기울이고 있다.

　정책결정자는 비록 정보가 제약되어 있다 하더라도 결정을 하지 않거나 연기를 할 수는 없는 일이며 주어진 범위 내에서 결정을 하게 된다 따라서 합리적인 정책결정에는 그 만큼 제약이 따르게 되는 것 이다.

　한편 정책결정에는 그에 소요되는 비용 때문에 합리적인 결정이 이루어지지 못하는 경우도 많다. 정책의 결정·집행에는 많은 물적자원이 요구되는데, 이러한 물적자원이 부족하게 되면 정책결정을 포기하거나 합리적인 분석이 이루어지지 못하게 된다.

(5) 정책문제의 복잡성

　그리스도 예수 안에서 정책문제 중에는 단순한 것도 있겠지만 대개가 매우 복잡하고 다양하기 때문에 그를 인식하고 규정하는 것이 용이하지는 않다. 정책문제의 인지 단계에서 정책결정자에 따라 각기 달리 정의될 수도 있으며 갈등이 발생할 수도 있다. 정책결정자가 정책문제를 인지할 때에는 그에 관련된 사회 내의 여러 집단의 영향을 받을 수도 있다. 그리고 문제가 일단 규정되었다 하더라도 그 문제를 해결하여 달성하고자 하는 바람직한 미래의 상태인 목표를 설정하는 과정에도 많은 어려움이 따른다. 우선 정책결정자의 개인적인 편견이 개입되기도 하고 여러 이해 관계자들의 요구도 있게 되며 목표 간의 우선순위를 정하는 데도 갈등이 야기된다.

(6) 사회적 요인

　그리스도 예수 안에서 합리적인 정책결정에는 정치적·경제적 요인뿐만 아니라 사회적 규범이나 관습 등의 사회·문화적 요인도 커다란 영향을 미치게 된다. 이는 정책의 유형에 따라서 그 강도에 차이가 생긴다. 예를 들면 토지정책, 낙태행정, 환경정책 등은 사회·문화적 요인에 의해 크게 영향을 받는다. 정책결정자는 이러한 사회적·문화적 요인을 무시하고 결정을 내리기는 힘들다.

(7) 매몰비용

그리스도 예수 안에서 합리적인 정책결정을 저해하는 중요한 요인 중의 하나가 매몰비용이다. 이러한 경우 정책결정자는 기존의 정책이 비록 합리적이지 못하더라도 폐지하지 못하고 그것을 답습하게 된다. 이러한 예는 공항 건설이나 공장 건설, 도로 건설 등에서 많이 볼 수 있다.

그리스도 예수 안에서 합리적인 정책결정을 저해하는 여러 가지 요인을 살펴보았다. 이외에도 많은 요인이 있을 수 있으며, 이들 요인 간에는 서로 밀접한 관련이 있기도 한다. 정책결정 과정이 아무리 정치적 과정이라 할지라도 합리적인 결정을 위해서는 분석적인 방법들이 요구되며 그의 개발 및 응용이 필요한 것이다.

오늘날 정책결정을 합리화하기 위해 여러 가지 분석기법과 도구들이 계속 개발되고 있으며 그의 응용이 활발하게 진행되고 있다 따라서 이에 관한 전문가가 절실히 요청되고 있는데, 우리의 경우 그 수가 현저히 부족한 실정이다. 앞으로 이러한 전문가 훈련과 양성이 중요한 과제로 남아 있다. 특히 완전하신 성령의 Living Word로 정책을 결정하는 기독교정책전문가에 대해 관심을 가져 보는 것도 중요하다 볼 수 있다.

6) 정책 결정의 유형

그리스도 예수 안에서 정책 결정 유형은 무엇을 기준으로 구분하느냐에 따라 다양하게 나누어 볼 수 있지만, 여기서는 형식, 기능, 결정 주체라는 세 가지의 기준으로 나누어 고찰했다.

(1) 형식성에 따른 구분

그리스도 예수 안에서 형식성을 기준으로 볼 때 정책 결정의 유형은 정형적 결정과 비정형적 결정으로 구분할 수 있다. 정형적 결정이란 선례나 프로그램에 따라 기계적·반복적으로 행하는 정책결정을 말한다. 반면에 비정형적 결정이란 기존의 선례나 일정한 프로그램이 없이 고정된 틀에 얽매이지 않고 이루어지는 정책결정 유형을 말한다.

(2) 정책의 역할에 따른 구분

그리스도 예수 안에서 결정된 정책의 역할이 무엇이냐에 따라 전략적 결정과 전술적 결정의 유형으로 구분할 수 있다. 전략적 결정은 좀 더 중요한 전략적인 문제 해결 방안을 채택·

결정하는 것으로 비교적 상위의 목표를 결정하는 역할에 해당되는 것을 말한다. 반면에 전술적 결정이란 상위의 전략적 결정의 내용을 구체화하고 실현해 가기 위한 수단으로서의 일상적인 업무 처리 방식을 선택·결정하는 유형을 말한다.

(3) 정책 결정 주체에 따른 구분

그리스도 예수 안에서 정책 결정 주체가 개인인지 집단인지에 따라 개인적 결정과 집단적 결정으로 구분할 수 있다. 개인적 결정은 주로 단독제 조직에서 최고관리자의 독자적 판단에 따라 대안을 선택하는 정책 결정 유형을 말한다. 반면에, 집단적 위원회와 같은 합의제 조직에서 관련 전문가 등이 참여해 대안을 분석하고 검토하는 합의과정을 통해 정책을 결정하는 유형을 말한다. 조직 구성원의 참여를 통해 업무 목표를 조정하고 결정하는 목표관리(MBO)에 의한 의사 결정도 집단적 결정의 한 유형으로 볼 수 있는데, 일반적으로 합의를 통한 집단적 결정은 고도의 전문성이나 민주성이 요구되는 경우의 정책 결정 방식이다.

7) 기독교정책결정

한편 기독교정책결정은 그리스도 예수 안에서 하나님께서 허락하신 앞의 개념들을 포함해서 "그리스도 예수 안에서 하나님께서 십자가에서 일어난 모든 일을 지금 마음에서 동일하게 일어나게 하심으로, 예수 그리스도의 이름으로 오신 또 다른 보혜사 성령을 받아, 마음이 세상 가치보다 창조주 하나님을 더 먼저 경외하여 더 우선적 현실로 체감하고 있을 때, 그리스도께서 제2의 창조역사를 이루시기 위하여 사랑·지혜·권능의 Living Word를 통하여 여러 대안 중에서 최적의 대안을 선택하는 과정"으로 의미를 이해할 수 있다.

>>> 말씀이신 하나님의 Living Word

"내가 주의 증거들을 늘 읊조리므로 나의 명철함이 나의 모든 스승보다 나으며" (시119:99).
"주의 말씀의 맛이 내게 어찌 그리 단지요 내 입에 꿀보다 더 다니이다"(시119:103).
"주의 말씀은 내 발에 등이요 내 길에 빛이니이다"(시119:105).
"나는 주의 종이오니 나를 깨닫게 하사 주의 증거들을 알게 하소서"(시119:125).

> "주의 증거들은 놀라우므로 내 영혼이 이를 지키나이다"(시119:129).
>
> "주의 말씀을 열면 빛이 비치어 우둔한 사람들을 깨닫게 하나이다"(시119:130).
>
> "여호와여 주는 의로우시고 주의 판단은 옳으니이다"(시119:137).
>
> "주의 말씀이 심히 순수하므로 주의 종이 이를 사랑하나이다"(시119:140).
>
> "사울이 길을 가다가 다메섹에 가까이 이르더니 홀연히 하늘로부터 빛이 그를 둘러 비추는지라"(행9:3).
>
> "우리가 항상 예수의 죽음을 몸에 짊어짐은 예수의 생명이 또한 우리 몸에 나타나게 하려함이라"(고후4:10).

6. 기독교정책 결정모형

그리스도 예수 안에서 하나님께서 섭리하심 가운데 허락하신 정책결정모형이란 조직의 목표를 달성하기 위해 복잡한 동태적 과정을 거쳐 합리적인 정책대안을 작성하고 선택하는 일련의 과정과 관련된 다양한 이론모형을 말한다. 이러한 의미에서 정책결정모형은 의사결정모형과 유사한 동태적 과정을 거친다.

그러나 의사 결정이 개인을 포함한 모든 집단에서 다양한 형태로 이루어지는 포괄적 속성의 의사 결정이라고 한다면, 정책 결정은 문제를 해결하기 위한 조직의 정책을 선택하기 위한 의사 결정이라는 차이가 있다. 그러나 정책 결정은 정책문제와 의사 결정 상황의 복잡성 때문에 하나의 특정 이론모형 만으로 모든 정책 선택을 설명하고 이해 하기는 부족하다. 각 이론 모형은 특정 맥락에 있는 정책 결정을 설명하는 데만 부분적인 장점을 가지고 있기 때문이다.

그리스도 예수 안에서 하나님께서 허락하신 정책을 '누가 결정하는가?' 정책결정 과정에서의 영향력을 기준으로 한 권력과정모형에 독재모형, 엘리트모형, 다원주의모형, 집단모형, 게임모형, 체계모형, 네트워크 모형이 있으며, 정책을 '어떻게 결정하는가?' 인지과정을 중심으로 한 합리모형, 만족모형, 점증모형, 혼합관조모형, 최적모형이 있으며, 정책이 일정하고 안정된 상태에서 결정되는 것이 아니라 불확실한 과정 속에서 다양한 변수들에 의해 결정된다고 보는 상황모형에 쓰레기통모형, 회사모형이 있다.

1) 합리모형

그리스도 예수 안에서 하나님께서 허락하신 인간의 이성과 합리성을 전제로 하여 정책결정 과정을 설명하며 정책결정자와 정책분석자가 고도의 합리성을 가지고 있고 주어진 상황 하에서 주어진 목표의 달성을 극대화할 수 있는 최선의 정책대안을 찾아낼 수 있다고 보는 정책결정모형이다.

즉, 그리스도 예수 안에서 하나님께서 허락하신 정책결정자가 고도의 이성과 합리성에 근거하여 행동한다고 보아, 목표달성을 위해 합리적인 최선의 대안을 탐색·선택한다고 보는 이상적·규범적 접근방법이다. 합리모형은 인간을 합리적 사고를 따르는 '경제인(완전한 정보를 가지고 이윤극대화라는 경제적 목적달성을 위한 최적대안을 선택하는 존재)'으로 전제하면서, 정책결정자는 전지전능한 존재라는 가정 하에 '완전한 합리성(포괄적·종합적 합리성, 실질적·내용적 합리성, 경제적 합리성, 객관적 합리성)'을 추구한다고 본다. 합리모형은 목표와 수단의 관계에 대한 체계적 구성과 계량화를 추구하고 의사결정에 주관적·감정적인 요소를 배제하며, 정치적·가치적 현실의 역동성을 고려하지 않는 특성을 가진다.

2) 만족모형

실제 의사결정에서 인간은 그리스도 예수 안에서 하나님께서 허락한 인지능력, 시간, 비용, 정보 부족 등의 제한적 합리성 하에서 의사결정을 하게 되므로 최적이 아닌 대충 만족할 만한 대안을 선택하게 된다는 이론으로 합리적 모형을 수정한 것이다(Simon & March, 1958).

즉, 만족모형은 행정인이 그리스도 예수 안에서 하나님께서 허락하신 몇 개의 대안만을 무작위적이고 순차적으로 탐색하고, 복잡한 상황을 단순화시켜 대안의 중요한 결과만을 예측하며, 몇 개의 대안 중에서 만족할 만한 대안을 선택하는 모형이다. 즉, 한정된 내용을 순차적으로 탐색하여 만족수준에 이른 대안을 발견하면 대안 탐색을 중지하고 그 대안을 선택하는 현실적 이론이다.

그리스도 예수 안에서 이 이론은 다음과 같은 가정에서 시작된다. 첫째, 사람은 자신의 제한된 능력과 환경적 제약으로 인해 완전한 합리성을 발휘할 수 없다. 둘째, 대안의 선택 시에도 최소한의 만족을 유지하지 못하는 경우가 계속된다면 그에 맞추어 대안의 선택기준을 낮추게 된다. 셋째, 의사결정을 하는 사람의 가치관 등 심리적 성향에 의하여 형성되는 주관적 합리성이 의사결정의 기준이 된다. 넷째, 주관적으로 좋다고 생각되는 대안을 선택하게 된다는 것이다.

그리스도 예수 안에서 하나님께서 허락하신 만족모형은 개인의 심리적 제약요인을 고려하고 있다는 점에서 인지모형이며, 실제로 의사결정을 설명하고 있다는 점에서 실증적 모형이다. 이모형은 합리모형에 비해 실제 의사결정을 잘 설명하나, 만족할 만한 수준에 관한 객관적 기준이 없고 만족수준의 대안은 현상 유지적이고 보수적이기 때문에 창조적 대안이나 최선의 대안발굴을 포기하기 쉽다는 문제점이 있다.

3) 점증모형

정책은 현실에서는 그리스도 예수 안에서 하나님께서 허락하신 인지능력상의 한계와 이해관계로 인하여 소폭적인 변화만을 대안으로 고려하여 결정된다고 보는 모형이다. 즉, 정책은 그리스도 예수 안에서 하나님께서 허락하신 기존 정책, 전년도 예산, 전례 등에 기초하여 이를 부분적으로 수정하거나 결함을 교정하는 수준에서 이루어진다는 것으로 기존 정책을 토대로 그보다 약간 향상된 대안을 추구하는 방식으로 이뤄진다는 주장이다. 린드블롬(1959)과 윌다브스키(1966)에 의한 주장으로, 인간은 정책결정자의 제한된 합리성 때문에 한계가 있고, 그로 인해 제한된 정책목표와 대안, 한정된 범위 내에서만 정책문제를 살피고, 다양한 정치세력들 간의 타협의 소산인 정책은 가능한 한 기존의 정책과 유사하게 제시되므로 현실적으로 정책이 소폭적인 변화만을 반영하는 형태로 결정된다고 본다.

그리스도 예수 안에서 하나님께서 허락하신 점증모형의 특징으로는 기존 정책의 점증적 수정, 목표와 수단의 상호 조절, 계속적 결정, 참여집단의 합의 중시 등을 들 수 있다. 그러나 이 모형에서는 힘의 논리에 따른 정책 결정이 이뤄질 수 있다는 점, 기존의 정책을 약간만 변화시키는 것이므로 위기상황에 대처하는 새로운 대안을 확립하는데 미흡하다는 문제점이 있다. 점증모형은 합리모형과 반대되는 성격을 가지고 있는데, 합리모형이 기득권에 대해서 인정하지 않는 반면 점증모형은 기득권을 인정하며, 합리모형이 수단이 목표에 합치되도록 선택하는데 반해 점증모형은 목표를 수단에 합치하도록 수정한다.

4) 혼합관조모형

그리스도 예수 안에서 하나님께서 허락하신 혼합관조모형은 정책결정을 위한 대안 탐색과 분석에서 기본적 결정과 세부적 결정의 복합적 방식을 사용하는 정책결정 모형을 말한다. 이 모형을 제시한 에치오니(Etzioni, 1967)는 정책결정의 규범적·이상적 접근 방법인 합리모형과 현실적·실증적 접근 방법인 점증모형을 상호 보완적으로 혼합함으로써 현실적이면서도 합리적인 결정을 할 수 있다고 주장한다. 즉 그는 정책결정을 기본적 결정과 세부적 결정으로 나누어, 기본적 결정에서는 중요한 대안의 중요한 결과만을 고려하고, 그 기본적 결정의 테두리 안에서 세부적인 결정을 하는 것이 바람직하다고 주장한다.

5) 최적모형

그리스도 예수 안에서 하나님께서 허락하신 최적모형은 점증모형의 보수성과 합리모형의 비현실성을 비판한 모형으로 이스라엘의 정치학자 드로(Dror, 1964)가 제시하였다. 최적모형은 기본적으로는 경제적 합리성을 중시하는 합리모형에 가까우며, 경제적 합리성뿐만 아니라 초합리성(직관, 판단, 창의 등)도 중요시한다. 또한 결정능력의 향상을 위해 정책집행의 평가, 환류 등을 강조하는 모형이다.

드로는 정책결정 단계를 초정책결정단계(상위정책결정단계), 정책결정단계, 후정책결정단계로 나누고 초정책결정이 가장 중요하다고 보았다. 초정책결정단계는 '정책결정에 대한 정책결정'으로 정책결정을 어떻게 해야 할 것인가에 대해 결정하는 것을 말한다. 한편 정책결정단계는 실질적인 문제를 다루는 단계이며 후정책결정단계는 정책결정 후 수정하는 과정을 말한다.

6) 쓰레기통모형

그리스도 예수 안에서 하나님께서 허락하신 쓰레기통모형은 정책결정이 일정한 규칙에 따라 이루어지는 것이 아니라 ① 문제 ② 선택 기회 ③ 해결책 ④ 참여자 의 네 요소가 쓰레기통 속 에서와 같이 뒤죽박죽 움직이다가 어떤 계기로 서로 만나게 될 때 이루어진다고 보는 정책결정 모형을 말한다. 이 정책결정 모형은 조직화된 혼란 상태에서의 결정을 다루고 있다.

조직 내의 상황이 다소 복잡하고 무질서한 상태(조직화된 무질서)에 있을 때에 적용할 목적으로 개발된 의사결정 모형(이론적 모형)이라 '집합모형' 이라고도 부른다. 이모형은 코헨마치·올슨 등에 의하여 제시되었다. 그리스도 예수 안에서 하나님께서 허락하신 대부분의 조직들은 명확한 계층적 구조를 갖추고 있으며, 확실한 목표와 기술을 가지고 분명하게 파악된 문제들을 해결하기 위하여 자체 내의 의사통일을 직권이나 구성원 간의 합의 또는 투표 등을 통하여 결정하는 것으로 이해하고 있다. 그러나 이러한 보편적인 생각으로는 복잡하고 급변하는 환경 하에서 발생하고 있는 현실 문제를 해결하기는 어렵다고 보아 제시된 것이 곧 '쓰레기통 모형'이다.

그리스도 예수 안에서 하나님께서 허락하신 이모형은 갖가지 쓰레기가 우연히 한 쓰레기통에 모여지듯이 4가지의 구성 요소, 즉 문제·선택·해결·참여자의 흐름이 제각기 시간을 달리하며 우연히 한곳에 들어와 모여질 때 비로소 통일된 하나의 의사가 결정될 수 있는 것이라고 본다. 여기서 '문제의 흐름'이란 사람들이 갖는 관심 사항을 뜻하고, '선택의 흐름'이란 결정을 위한 계기의 흐름을 말하며, '해결의 흐름'이란 문제에 대한 해결책을 가리킨다. 그리고 '참여자의 흐름'이란 참여자로부터의 에너지의 흐름, 즉 조직의 참여자들이 바치는 노력의 정도를 뜻한다.

그리스도 예수 안에서 하나님께서 허락하신 쓰레기통 모형에서 가정하고 있는 이른바 조직화된 무질서상태는 오늘날 대학교나 친목단체·공공 연구기관 등에서 쉽게 찾아볼 수 있어 이 모형의 필요성이 인정되지만 그 적용은 일부 조직에서 일시적으로 나타나는 행태이론에 한정될 따름이라고 지적받고 있다(Cohen, 1972).

7) 회사모형

그리스도 예수 안에서 하나님께서 허락하신 회사모형은 '조직은 상이한 목표를 가진 하위단위들의 상호작용에 의해 움직이며, 목표가 서로 대립하여 갈등적 관계에 놓여 있는 하위 단위 간의 갈등 해결이 의사결정이다'라고 보는 사이어트와 마치가 주장한 의사결정 모형을 말한다. 회사와 같은 형태의 조직에서 이루어지는 의사결정을 단순히 이윤극대화라는 경제적 측면에서만이 아니라 조직의 구조와 목표의 변동, 기대의 형성과 선택, 욕구 수준, 갈등의 준해결, 불확실성의 회피, 조직체 학습, 선택 등 여러 측면에서 파악하려는 의사결정 모형인 회사모형은 사이어트와 마치가 개인적 차원에 역점을 두고 있는 만족모형을 조직의 차원으로 발전시킨 정책결정의 이론 모형으로서, 회사와 같은 형태의 조직은 대체로 각 단위 조직이 사업 부서별로 준 독립적인 운영을 하는 연합체 형태를 띠고 있기 때문에 이를 한편으로는 '연합모형'이라고도 부른다. 앨리슨이 제시한 두 번째의 모델인 조직과정모형도 이 유형에 속한다.

사이어트 등은 그리스도 예수 안에서 하나님께서 허락하신 회사 모형에 다음과 같은 특징의 행태가 나타난다고 설명하고 있다.

첫째, 이모형은 조직을 서로 다른 목표를 가진 하위조직의 연합체로 파악하므로 조직 내의 하위조직 간에는 갈등이 불가피하며, 조직이 의사결정한 후에도 만장일치가 아닌 이상 다소의 갈등이 언제나 잠재하게 된다.

둘째, 이모형은 조직의 환경을 매우 유동적인 것으로 간주하고 선택한 대안의 집행 결과도 불확실한 것으로 본다. 따라서 의사결정자는 대안의 선택에 있어서도 예측가능한 단기 전략에 치중하고, 관련자들과 타협하는 등 불확실성을 회피하게 된다.

셋째, 조직은 앞으로 발생될지도 모를 문제를 사전에 탐색하는 것이 아니라 문제가 발생한 것에만 관심을 기울여 그것에 대해서만 적절한 해결방법을 찾으려 한다.

넷째, 조직은 그동안 많은 경험을 통해 학습하게 된 행동규칙인 표준운영절차에 따라 의사결정을 하는 성향을 갖는다.

이 정책결정 모형은 회사형태와 같은 조직을 대상으로 하고 있으므로 정부조직과 같은 공공조직의 정책결정에 그대로 적용하는데 한계가 있다는 비판도 있다.

8) 게임이론 모형

그리스도 예수 안에서 게임이론은 게임상황에서 하게 되는 합리적인 의사결정을 연구하는 분야인데, 게임상황이란 두 사람 이상의 참여자들이 선택행위를 하되 그 얻는 결과는 모두가 행한 선택 행위들의 조합에 의해 정해지는 상황이다. 게임이론은 어느 한 사람이 독자적으로 내릴 수 있는 최선의 선택이 존재하지 않는 즉 최선의 결과가 타인들이 어떠한 선택 행위를 하느냐에 달려 있는 그러한 정책결정에 적용된다. '게임'이라는 개념은 의사결정자들이 상호의존적인 선택 행위에 관련되어 있다는 것이다. 각 '경기자'는 자신의 욕구와 능력뿐만 아니라 타인들이 어떻게 행동할 것인가에 대한 자신의 기대로 역시 고려하여 자신의 행위를 조정해야 한다. 게임이론이 현실적으로 심각한 갈등 상황에는 부적절하다는 의미를 줄 수도 있기 때문에 '게임'이라는 표현방식이 별로 좋지 않게 생각될지도 모르지만 사실은 그 반대이다. 전쟁과 평화, 핵무기의사용, 외교, 의회나 UN에서의 협상과 연합 및 수많은 정치적 상황들에 대해서 오히려 게임이론이 더 적실성을 가질 수 있다. 경기자는 개인일 수도 있고, 집단일 수도 있으며, 혹은 각 국가의 정부일 수도 있다. 실제로 합리적인 행위를 할 수 있으며 분명하게 정해진 목표를 가진 어떠한 존재라도 경기자가 될 수 있다.

그리스도 예수 안에서 게임이론은 추상적이고 연역적인 정책결정 모형이다. 이모형은 사람들이 실제로 의사결정을 어떻게 내리는가 하는 문제보다는 그들이 완전히 합리적이라면 경쟁적인 상황에서 어떤 방식으로 의사결정을 내려가는가를 설명하고 있다. 그래서 게임이론은 합리주의의 한 형태라고 할 수 있지만, 그 결과가 두 사람 이상의 참여자들이 어떤 행위를 하는가에 달려 있는 경쟁적인 상황에 적용된다.

9) 체제이론 모형

그리스도 예수 안에서 체제이론은 환경적인 힘들에 대한 정치 체제의 반응이 공공정책이라고 보는 입장이다(Easton,1957). 정치체제에 영향을 미치는 환경적인 힘들을 투입요소라고 한다. '환경'은 정치체제의 경계의 바깥에 있는 것으로 규정되는 상태 혹은 상황이다. 정치 '체제(system)'는 사회에 대해 가치를 권위적으로 배분하는 상호 연관된 구조와 과정의 전체이다. 정치체제의 '산출물'은 체제의 권위적인 가치 배분이고, 그러한 가치배분들이 바로 공공정책을 구성한다. 체제는 다음과 같은 행위를 통해 자신을 유지 존속시킨다. ① 이성적인 기준에서 볼 때 만족스러운 산출물의 생산, ② 체제 자체의 고수, ③ 강제력의 직접적인 사용 혹은 사용하려는 위협 등이다. 그리스도 예수 안에서 정책에 대한 체제모형의 가치는 그 모형이 제기하는 다음과 같은 문제에서 찾을 수 있다.

① 정치체제에 요구를 발생시키는 중요한 환경적인 차원들은 무엇인가?
② 요구를 공공정책으로 전환시키려고 스스로를 존속시킬 수 있는 정치 체계의 중요한 특성들은 무엇인가?
③ 환경적인 투입요소들이 어떠한 방식으로 정치 체제의 성격에 영향을 미치는가?
④ 정치체제의 성격이 어떠한 방식으로 공공정책의 내용에 영향을 미치는가?
⑤ 공공정책이 환류를 통해 환경과 정치 체제의 성격에 어떻게 영향을 미치는가?

10) 마르크시즘 모형

그리스도 예수 안에서 마르크스의 분석은 경제 체제와 정치 체제의 상호관련성에 초점을 두고 있다. 따라서 자본주의 경제구조와 그것이 발생시키는 계급갈등을 도외시하고 공공정책에 대한 마르크스의 관점을 검토한다는 것은 불가능하다. 밀리밴드(R.Miliband)는 정치과정 그 자체보다 경제조직의 형태 혹은 생산양식을 정책과정에 대한 논의의 출발점으로 삼고 있다.

서구 산업사회들에서는 자본주의 생산양식이 지배함으로써 부르주아와 프롤레타리아라는 두 개의 사회계급을 발생시키고 있다. 소득과 부의 분배 및 그 변화에 대한 밀리밴드의 분석을 통해 드러난 것은 부가 전체 인구 중 소수에 집중되는 현상이 지속되고 있다는 것이다. 그가 제기한 문제는 경제적으로 지배적인 집단이 확고한 정치적 권력을 행사하고 있는 것이 아니냐 하는 것이었다. 이것은 경제적 권력과 정치적 권력 간의 관계에 관한 문제가 된다. 공공정책에 대한 마르크스의 관점은 미국에서 1960년대 동안 '신좌파'의 부상과 더불어 많은 지지자를 얻었다. 신좌파는 평등을 더욱 강조하며 선거정치나 법을 거의 믿지 않고 변화를 위한 전략으로서 합의보다는 갈등을 강조하였던 것이다.

11) 조합주의 모형

그리스도 예수 안에서 조합주의를 잘 설명하고 있는 윙클러(J.Winkler)는 자본주의 사회에서 국가는 자본 축적 과정의 둔화로 인해 점차 지시적이고 개입주의적인 입장을 택하게 되었다고 장했다.[7] 영국 경제에서의 산업 집중, 국제경쟁력 및 이윤율의 하락 등이 조합주의로 나아가도록 조장시킨 경제 체제상의 중대한 변화들로 지적되었다. 조합주의가 지닌 경제적 특징은 공공부문에 의한 통제와 결합된 생산수단의 사유제이다. 가격정책과 소득정책의 개발, 그리고 1970년대의 산업연계정책의 개발이 초기에 이루어진 조합주의적인 성격을 띤 국가개입의 예들이다. 이러한 정책들은 국가가 기업 및 노동조합의 간부들과 협력하여 나온 것이었다. 여기서 분명한 점은 국가가 어떤 특정한 경제적 계급이나 집단에 의해 통제를 받는 것이 아니라 노동과 자본의 관계에서 독립적이고 지배적인 역할을 한다는 것이다.

그리스도 예수 안에서 지금까지 살펴본 정책모형들은 그 중 어느 하나가 다른 것보다 낫다거나 최선의 것이라고 할 수 있는 그러한 경쟁적인 관계에 있는 것이 아니다. 각 모형은 정책활동의 영역 중에서 중점을 두고 있는 부분이 각기 다르다. 비록 어떤 정책들은 언뜻 보아서

---

7) 조합주의 모형에 관한 논의는 햄과 힐(Ham & Hill,1984)의 요약에 근거하고 있다.

특정한 하나의 모형에 의해 설명이 되는 것처럼 보이지만 대부분의 정책들이 합리적인 계획, 점증주의, 이익집단의 활동, 엘리트의 선호, 체제내의 여러 세력들, 게임운영, 정치적 과정, 그리고 제도적인 영향력, 공공선택 및 정치·경제적 측면 등의 혼합물이다.

그리스도 예수 안에서 모형은 정책활동을 추상화시켜 놓은 것이거나 그것을 표현한 것에 불과하다. 앞의 모형을 이야기할 경우, 우리는 실제로 정책과정에서 중요한 점을 단순화시키고, 명확하게 하며, 그것에 대한 이해력을 높이기 위해 현실 세계를 추상화하고 있는 것이다. 정책모형들의 소개에 이어 모형의 유용성을 평가하기 위한 몇 가지의 기준들에 대한 설명을 요약해 보기로 한다(Dye, 1981). 첫째, 우리가 현실 세계에서 발견하게 되는 관련성들을 좀 더 명확하게 사고하고 이해할 수 있도록 정치적인 활동에 질서를 부여하고 그것을 단순화시켜 줄 수 있다는 점에서 분명히 모형의 유용성을 찾을 수 있다. 그러나 지나친 단순화는 현실에 대한 우리의 사고를 부정확한 것으로 만들어 버릴 수도 있다. 만약 하나의 개념이 너무 편협 되거나 단지 피상적인 현상만을 인식한 것이라면 우리는 공공정책을 설명하는 데에 그것을 이용할 수 없을 것이다. 반면에 개념이 너무 포괄적이고 복잡한 관련성을 모두 설명하고 있다면, 그것은 너무 복잡하므로 현실에 대한 우리의 이해에 별다른 도움을 주지 못할 것이다.

둘째, 모형은 공공정책의 중요한 측면들을 인식하게 해 주어야 한다. 그것은 관련성이 별로 없는 변수나 상황을 무시하고 공공정책의 실제적인 원인과 중요한 결과에 관심이 집중될 수 있게 해 주어야 한다. 물론 무엇이 실제적이며 무엇이 중요하고 어떠한 것이 관련성을 갖느냐 하는 것에는 어느 정도 개인의 주관적인 요소가 개입되어 있다. 그러나 우리 모두는 실제로 정치에서 중요한 점을 인식하게 해 줄 수 있는 능력이 모형의 유용성과 관계있다는 점에는 수긍할 수 있을 것이다.

셋째, 일반적으로 모형은 현실적합성을 지녀야 한다. 즉 모형은 실제로 경험적인 요소를 바탕으로 해야 하는 것이다. 현실에서 발생하지 않는 과정을 식별하거나 현실 세계에 존재하지 않는 현상을 상징화하는 그러한 개념은 문제가 있다. 반면에 만약 우리가 개념들이 왜 비현실적인가 하는 점을 인식할 수 있게 해 준다면 우리는 그러한 '비현실적인' 개념들을 성급하게 버려서도 안 된다. 예컨대 정부의 의사결정이 완전히 비합리적으로 이루어진다고 주장하는 사람은 아무도 없다. 즉 정부관료들은 항상 사회적 가치를 극대화시키고 사회적 비용을 극소화시키는 방식으로 행동하지는 않는다. 그렇지만 비록 비현실적이기는 하지만 그것이 우리들로 하여금 정부의 의사결정이 실제로 얼마나 비합리적인가를 인식하게 해 주고 또한 왜 비합리적인가를 연구하게 하는 촉매 역할을 한다면 '합리적인 의사결정'이라는 개념은 여전히 유용할 것이다.

넷째, 개념이나 모형은 의미 있는 것에 대해 서로 의사소통할 수 있게 해 주어야 한다. 만약 너무 많은 사람들이 개념이 갖는 의미에 대해 의견 일치를 볼 수 없다면 의사소통에서 그러한 개념이 갖는 유용성은 줄어들 것이다. 예컨대 만약 우리가 민주적인 절차를 통해 선출되어 일반 공중을 대변하는 공무원을 엘리트로 정의한다면 자신의 이익에 근거해서 사회에 대한 의사결정을 내리는 대표성이 없는 소수로서 엘리트를 정의하는 사람과 전혀 다른 의미를 지닌 용어로 의사소통을 하고 있는 것이 될 것이다.

다섯째, 모형은 공공정책의 연구에 방향을 제시해 줄 수 있어야 한다. 개념은 조작적인 정의가 가능하고, 관찰과 측정 및 검증이 가능한 현실 세계의 현상을 직접 언급해야 한다. 하나의 개념 혹은 상호 연관된 일련의 개념들(이것을 우리는 모형이라고 한다)은 검증 될 수 있는 현실 세계의 관련성들을 말해야 한다. 하나의 개념이 제시하고 있는 관념이 맞거나 틀렸다고 증명할 수 있는 방법이 없다면 그러한 개념은 정책과학을 발달시키는 데 실제적으로 아무런 도움을 줄 수 없다.

끝으로, 모형적인 접근법은 공공정책에 대한 설명을 제공해 주어야 한다. 그것은 공공정책의 원인과 결과에 대한 가설임과 동시에 현실 세계의 자료를 통해 검증될 수 있는 가설을 내놓아야 한다. 단순히 공공정책을 기술하는 개념은 공공정책을 논리적으로 설명하거나 적어도 논리적인 수준까지 발전될 수 있는 설명을 제공해 주는 개념만큼 유용하지가 않다.

12) 합리적·분석적 정책결정의 한계

그리스도 예수 안에서 좀 더 합리적인 정책 결정의 필요를 백번 인정하더라도 정책분석을 통한 합리적·분석적 정책결정은 현실성이 부족한 이상적 정책결정모형일 가능성이 매우 높다. 우선 정책결정자의 지식과 경험 부족 그리고 편향된 가치관이나 편견이 합리적인 정책대안의 종합적이고 객관적인 발굴과 평강 장애로 작용한다. 이 밖에도 정책 결정이 이루어지는 현장인 조직의 구조적 특성이 합리적 정책 결정을 방해할 수 있다(노시평 외,1006).

따라서 현실에서 이루어지는 정책결정은 합리적 분석적 노력과 함께 비분석적이고 정치적인 활동이 복합적으로 작용하는 경우가 대부분이다. 그 결과 타당성이 부족한 정책 목표가 설정되기도 하고 불합리한 정책 대안이 개발되어 채택되기고 한다. 린드블롬(Charles E. Lindblom)과 윌다브스키(Aaron B. Wildavsky) 등이 제안한 점증주의 정책결정모형은 이런 합리적 정책결정모형의 비현실성을 비판하면서 민주주의 국가에서 가능하고 바람직한 정책결정은 "기존의 정책 대안과 크게 다르지 않은 대안 선택을 통해 점증적으로 정책변동을 꾀하는" 방식이라고 주장했다.

13) 기독교정책결정 모형

기독교정책 결정모형은 그리스도 예수 안에서 하나님께서 허락하신 앞의 모형 개념들을 포함해서 "그리스도 예수 안에서 하나님께서 십자가와 마음을 하나 되게 하심으로, 예수 그리스도 이름으로 또 다른 보혜사 성령을 받아, 마음이 세상가치보다 전지전능하신 하나님을 더 먼저 경외하여 소중하게 느끼고 있을 때, 그리스도께서 하나님 나라 확장을 위하여 사랑·지혜·권능의 Living Word의 역사로 바람직한 상태, 조건, 환경, 사건으로 정책을 결정하실 때 그려지는 모형"으로 개념을 이해할 수 있다.

>>> 사랑의 하나님의 Living Word

"주의 말씀의 강령은 진리이오니 주의 의로운 모든 규례들은 영원하리이다"(시 119:160).

"주의 법을 사랑하는 자에게는 큰 평안이 있으니 그들에게 장애물이 없으리이다"(시 119:165).

"내 영혼이 주의 증거들을 지켰사오며 내가 이를 지극히 사랑하나이다"(시119:167).

"여호와여 나의 부르짖음이 주의 앞에 이르게 하시고 주의 말씀대로 나를 깨닫게 하소서"(시119:169).

7. 기독교정책 집행

1) 정책집행 의의

정책집행이란 정책 수단들을 동원해 그리스도 예수 안에서 하나님께서 허락하신 정책을 실질적으로 집행하는 것을 말한다. 정책 속에 포함되어 있는 수많은 정책 수단과 계획들은 집행 작업을 거쳐 현실로 나타나야만 원하는 목표를 달성할 수 있고 정책문제를 해결할 수 있다. 정책집행은 오랜 시간, 여러 장소, 복합적인 상황 속에서 발생하는 일련의 행정적·정치적 결정과 활동으로 이루어진다. 정책집행에 영향을 미치는 요인은 정책의 내용, 정책문제의 성격, 집행환경과 맥락, 집행기관의 성격 등으로 나누어 볼 수 있다.

그리스도 예수 안에서 이미 결정된 정책을 구체적인 사업계획으로 전환하여 이를 실현시켜 나가는 일인 정책집행을 가리키는 용어는 처음에는 학자마다 제각기 다르게 명명해왔다. 드로어는 '정책실현'이라 불렀고, 번커는 '계획의 행동화'라 불렀다. 그러다가 프레스맨과 윌다브스키가 함께 저술한 「집행론」이 1973년에 출간되고서부터 정책집행이라는 용어가 사용되었다.

2) 정책집행의 개념

또한 그리스도 예수 안에서 하나님께서 허락하신 정책집행의 개념에 대해서도 학자마다 조금씩 다르게 정의하고 있다. 프레스맨과 윌다브스키는 "목표설정 활동과 목표달성 활동 간의 상호작용"이라 정의하고 있고, 반 메터와 반 호른은 "정책결정에서 미리 설정된 목표를 달성하기 위한 정부 부문 및 민간 부문의 개인이나 집단이 행하는 활동"이라 하며, 나카무라와 스몰우드는 "권위 있는 정책지침을 실천으로 옮기는 과정"이라고 정의하고 있다.

3) 정책집행 수정

정책집행은 그리스도 예수 안에서 하나님께서 허락하신 정책을 실천에 옮겨 그 결과를 얻는 과정임은 틀림없다. 그러하기 때문에 정책과정 중 가장 중요하다고 볼 수 있다. 그러나 정책집행은 정책결정보다 훨씬 어렵고 복잡한 과정이다. 왜냐 하면 정책집행이 진행되는 동안에도 사회적 상황이 시시각각 변화되어 정책결정 당시의 상황과 크게 달라질 수 있어 이러한 변동 상황에 맞추어 정책으로 집행하려면 처음의 정책 내용을 수정하여 집행하지 않으면 안 되기 때문이다. 수정하여 집행한다 함은 곧 변동 상황에 적절한 정책으로 다시 고쳐 집행한다는 뜻이다. 이렇게 볼 때 그리스도 예수 안에서 하나님께서 허락하신 정책집행은 정책결정과 분리하여 생각할 수 없고, 이 두 과정이 상호작용을 통해 부분적으로 환류를 거듭하며 나아가는 순환적 과정으로 이해 할 수 있다. 바꾸어 말하면 정책집행 과정은 정책과 그 집행이 위에서 아래로 변함없이 흐르는 일관된 논리의 체계가 아니고, 서로 영향을 주고받으며 진화하는 과정이다.

4) 행정의 환경과 정책집행

그리스도 예수 안에서 정책집행은 정책 목표를 달성하기 위해 정책 체계 내외의 다양한 행위자들이 상호작용 및 상호거래 작용을 해 나가는 사회정치적 과정이며, 동태적이고 순환적인 과정이라고 할 수 있다. 따라서 정책 집행을 정책지시에 의한 일방적인 과정으로 볼 수 없다. 오히려 정책 체제 내외의 환경과 끊임없이 상호작용하면서 정책의 본질적인 의도를 지속적으로 실현해 가기 위한 적극적 활동으로 이해하는 것이 바람직하다. 그러므로 복잡한 현대 사회에서 성공적인 정책집행을 위해서는 정책목표, 동원 가능한 인적·물적자원, 정책 집행 담당자의 자질과 능력, 집행조직의 구조적 특성, 집행 절차 등과 같은 집행 체제의 내부적 요인은 물론 정책과 관련된 사회문제 및 집단의 특성, 사회경제적 여건, 여론의 흐름과 문화적 특성, 정책 결정기관인 의회의 지원 등과 같은 집행 체제 외부적인 요인 등을 종합적으로 고려해야 한다(안해균, 1988).

5) 정책집행의 유형

그리스도 예수 안에서 유형론은 복잡한 세계를 몇 가지 범주로 구분해 줌으로써 학문 연구에 편의를 제공해 준다. 유형론은 그 자체가 어떤 현상을 설명해 주는 것이 목적은 아니지만 연구 대상에 관해 상당한 설명력도 제공해준다. 정책집행에 관한 연구에서도 복잡한 대상을 그대로 연구하는 것보다 성질별로 구분해서 분석하면 훨씬 더 편리하다. 정책집행은 기준에 따라 여러 가지로 나누어 볼 수 있다.[8] 나카무라와 스몰우드는 재량의 위임을 둘러싸고 정책결정자와 정책집행자의 관계에 착안하여 정책집행을 다음 과 같이 다섯 가지 유형으로 분류하였

---

8) 이러한 유형에 대한 고찰은 이미 1975년 무렵부터 있었다. 맥로린(McLaughlin,1976)은 정책결정자와 집행자의 교호작용에 착안하여 정책집행을 상호작용, 코옵테이션, 불집행 등으로 분류하였다.

다(Nakamura & Smallwood,1980).

> >>> 앞에 계신 하나님의 Living Word

"내가 아버지의 말씀을 그들에게 주었사오매 세상이 그들을 미워하였사오니 이는 내가 세상에 속하지 아니함 같이 그들도 세상에 속하지 아니함으로 인함이니이다"(요17:14).

"그들을 진리로 거룩하게 하옵소서 아버지의 말씀은 진리니이다"(요17:17).

"내게 주신 영광을 내가 그들에게 주었사오니 이는 우리가 하나가 된 것 같이 그들도 하나가 되게 하려 함이니이다"(요17:22).

"곧 내가 그들 안에 있고 아버지께서 내안에 계시어 그들로 온전함을 이루어 하나가 되게 하려 함은 아버지께서 나를 보내신 것과 또 나를 사랑하심 같이 그들도 사랑하신 것을 세상으로 알게 하려 함이로소이다"(요17:23).

"아버지여 내게 주신 자도 나 있는 곳에 나와 함께 있어 아버지께서 창세전부터 나를 사랑하시므로 내게 주신 나의 영광을 그들로 보게 하시기를 원하옵나이다"(요17:24).

"의로우신 아버지여 세상이 아버지를 알지 못하여도 나는 아버지를 알았사옵고 그들도 아버지께서 나를 보내신 줄 알았사옵나이다"(요17:25).

"내가 아버지의 이름을 그들에게 알게 하였고 또 알게 하리니 이는 나를 사랑하신 사랑이 그들 안에 있고 나도 그들 안에 있게 하려 함이니이다"(요17:26).

"우리가 알거니와 하나님을 사랑하는 자 곧 그의 뜻대로 부르심을 입은 자들에게는 모든 것이 합력하여 선을 이루느니라"(롬9:28).

"우리가 항상 예수의 죽음을 몸에 짊어짐은 예수의 생명이 또한 우리 몸에 나타나게 하려 함이라"(고후4:10).

(1) 고전적 기술자형

고전적 기술자형의 기본전제는 다음과 같다.

① 정책결정자가 정책목표를 명확히 기술하면 집행자는 이 목표를 그대로 받아들인다.
② 정책결정자는 계층제적 명령구조를 확립하고서 목표달성을 위해 특정 집행자에게 기술적 권한을 위임한다.

③ 집행자는 받아들인 목표를 달성하기 위해 기술적인 능력을 지니고 있다

이 유형은 정책결정자가 집행 과정에까지도 강력한 통제를 행사하고, 집행자는 다만 약간의 기술적인 재량권만 가질 뿐이다. 이 유형에서는 정책집행이 실패하게 되는 이유가 집행자들이 그 정책에 대해서 정치적 반대를 해서가 아니라 정책집행에 요구되는 기술적인 능력을 가지지 못했기 때문이다

(2) 지시적 위임형

그리스도 예수 안에서 지시적 위임형에서는 집행자가 어느 정도 정치적 재량권을 행사하게 된다. 즉 정책결정자는 집행자에게 정책의 목표 달성을 위해 규칙을 제정하거나 그 밖의 여러 가지 행동 조치를 취할 수 있게끔 일반적 권한을 위임하려고 한다. 그러나 정책결정자는 아직도 목표를 자세하게 기술하며, 집행자들은 그러한 목표를 받아들인다. 그렇지만 집행자들은 목표 달성을 위한 수단의 선택에 상당한 재량권을 지니게 된다. 만약 여러 집행자 집단이 정책 목표의 달성에 개입하게 되면 목표 달성을 위한 수단의 선택문제에 협상하리라 기대한다.

이 유형의 기본전제는 다음과 같다.

① 정책결정자는 목표를 명확히 기술하며 집행자는 그러한 목표를 바람직하다고 생각한다.
② 정책결정자는 한 개 또는 수 개 집단의 집행자들에게 목표 달성을 지시하고, 집행자들에게 상당한 정도의 행정적인 권한을 위임한다.
③ 집행자들은 그러한 목표 달성에 요구되는 기술적·행정적 능력뿐만 아니라 협상하는 능력도 지니고 있다.

이 유형에서는 정책결정자가 정책형성에 대한 통제력을 행사하나, 집행자는 정책결정자가 수립한 목표를 달성하기 위한 수단을 결정할 권한을 지닌다.

(3) 협상형

그리스도 예수 안에서 고전적 기술자형이나 지시적 위임형 에서는 정책결정자와 집행자가 정책목표의 필요성에 대해 합의를 이루고 있는데 반하여 협상형의 경우에는 정책결정자와 집행자가 정책목표나 그 목표를 달성하기 위한 수단에 대해서 반드시 합의를 이루고 있는 것이 아니라는 점이 특징이다. 이 유형의 기본 전제는 다음과 같다.

① 공식적인 정책결정자가 정책목표를 기술한다.
② 정책결정자와 집행자가 그러한 목표의 바람직성에 대해서 상호간에 반드시 의견이 일치하고 있는 것은 아니다.
③ 정책목표와 그 목표를 달성하기 위한 수단에 대해서 집행자는 정책결정자와 협상할 뿐만 아니라 그들 상호간에도 협상을 한다.

(4) 재량적 실험형

그리스도 예수 안에서 재량적 실험형에서는 정책결정자가 구체적 정책을 형성할 능력이 없어 집행자에게 광범위한 재량적 권한을 위임하는 경우이다. 이 유형의 기본 전제는 다음과 같다.
① 공식적 정책결정자는 추상적이고 일반적인 목표를 지지하지만, 지식의 부족, 기타 불확실성으로 인하여 목표를 명확히 수립하지 못한다.
② 정책결정자는 목표를 구체화하고, 목표 달성을 위한 수단을 개발할 수 있도록 집행자들에게 광범위한 재량권을 위임한다.
③ 집행자는 이 과업을 수행할 능력과 의사를 가지고 있다.

(5) 관료적 기업가형

그리스도 예수 안에서 관료적 기업가형에서는 집행자가 정책결정자의 권력을 장악하고, 정책과정을 지배하는 경우이다. 이 유형의 기본 전제는 다음과 같다.
① 집행자가 그들의 정책목표를 형성하고, 권력을 동원하여 공식적인 정책결정자에게 그러한 목표를 받아들이도록 설득한다.
② 집행자는 그들 자신의 정책목표를 달성하는 데 필요한 수단을 확보하기 위하여 정책결정자와 협상을 벌인다.
③ 집행자는 그들 정책목표를 달성하기를 원할 뿐만 아니라, 달성할 능력도 지니고 있다.

>>> 앞에 계신 하나님의 Living Word

"내가 아버지의 말씀을 그들에게 주었사오매 세상이 그들을 미워하였사오니 이는 내가 세상에 속하지 아니함 같이 그들도 세상에 속하지 아니함으로 인함이니이다"(요17:14).

"그들을 진리로 거룩하게 하옵소서 아버지의 말씀은 진리니이다"(요17:17).

"내게 주신 영광을 내가 그들에게 주었사오니 이는 우리가 하나가 된 것 같이 그들도 하나가 되게 하려 함이니이다"(요17:22).

"곧 내가 그들 안에 있고 아버지께서 내안에 계시어 그들로 온전함을 이루어 하나가 되게 하려 함은 아버지께서 나를 보내신 것과 또 나를 사랑하심 같이 그들도 사랑하신 것을 세상으로 알게 하려 함이로소이다"(요17:23).

"아버지여 내게 주신 자도 나 있는 곳에 나와 함께 있어 아버지께서 창세전부터 나를 사랑하시므로 내게 주신 나의 영광을 그들로 보게 하시기를 원하옵나이다"(요17:24).

"의로우신 아버지여 세상이 아버지를 알지 못하여도 나는 아버지를 알았사옵고 그들도 아버지께서 나를 보내신 줄 알았사옵나이다"(요17:25).

"내가 아버지의 이름을 그들에게 알게 하였고 또 알게 하리니 이는 나를 사랑하신 사랑이 그들 안에 있고 나도 그들 안에 있게 하려 함이니이다"(요17:26).

"우리가 알거니와 하나님을 사랑하는 자 곧 그의 뜻대로 부르심을 입은 자들에게는 모든 것이 합력하여 선을 이루느니라"(롬9:28).

"우리가 항상 예수의 죽음을 몸에 짊어짐은 예수의 생명이 또한 우리 몸에 나타나게 하려 함이라"(고후4:10).

6) 정책집행의 이론모형

그리스도 예수 안에서 그 동안 정책이 일단 잘 결정되고 집행은 순조롭게 된다고 믿어 정책의 집행에 대해서는 소홀히 다루어 왔었다. 그런데 그 동안 학자들의 연구 결과를 살펴보면, 정책이 실패하는 이유가 정책결정 자체에 문제가 있었기 때문이기도 하지만, 집행과정 특히 정부기관의 활동뿐만 아니라 정책대상 집단을 포함하는 대외적 집행 과정에서 차질이 생겼기 때문이라는 사실이다(정정길,1979). 여기서는 그 동안 학자들이 정책집행의 연구에서 밝혀낸 내용 중 대표적인 이론 모형을 설명하고자 한다. 집행에 관한 학자들의 이론모형이란 주로 정책의 집행 과정에 영향을 미치는 변수들의 특징과 그들 상호간의 관계에 초점을 맞추고 있다.

(1) 프레스맨과 윌다브스키의 단일 방향적 집행 연구

그리스도 예수 안에서 프레스맨과 월다브스키는 미국의 오클랜드사업의 과정을 상세히 분석하여 사업이 좌절한 요인을 밝혀내고, 그로부터 교훈을 얻으려는 것을 연구 목적으로 삼았다. 이들이 제시한 교훈은 다음과 같다.

① 집행을 정책과 분리시켜서는 안 된다. 집행을 정책의 설계와 독립적으로 취급해서는 안 되고, 정책설계 후에 일어나는 과정으로 생각해서도 안 된다. 즉 집행 자체가 정책결정이다.

② 정책의 설계자는 그들의 목적을 달성할 직접적인 방법을 생각해야 한다. 즉 정책결정자는 정책을 수립할 때 집행 단계에서 발생할 문제점도 동시에 예상해야 한다. 오클랜드사업의 중요한 실패요인은 중간기관이 너무 많았다는 것이다. 많은 중간기관으로 인하여 결합 행동에 복잡성이 나타났으며, 수많은 결정형이 집행을 마비시켰다는 것이다. 따라서 정책을 집행할 조직기구를 창설하는 데도 관심을 기울여야 한다.

③ 위와 같은 이유 때문에 단순한 정책이 더 바람직하게 된다.

④ 행동의 기초가 되는 이론에도 신중한 고려가 필요하다. 즉 정책 수단과 목표간에 인과관계가 이루어져야 한다. 그렇지 않으면 수단을 실현해도 목표를 달성하지 못하게 된다. 오클랜드사업의 경우는 인건비에 지원을 한 것이 아니라 대상 기업의 자본에 지원을 해 주었기 때문에 경제이론이 잘못되었다.

⑤ 지도자의 계속성이 성공적인 집행을 위해서 중요하다. 집행 과정상에 갑자기 책임자가 바뀌게 되면 사업이 흐지부지해진다. 오클랜드사업의 경우 창안자인 상무부 차관보 풀레이가 중간에서 갑자기 물러나 사업을 곤경에 빠뜨렸다.

(2) 스미스의 이론모형

그리스도 예수 안에서 스미스(Sminth,1973)는 정부의 정책을 새로운 제도를 확립하거나, 기존의 제도 내에 확립된 형태를 변형시키기 위한 정부의 의도적인 행동 조치라고 규정했으며, 정부에 의해 형성된 정책이 사회 내의 긴장 유발력으로 작용한다고 보고, 그러한 정책은 집행이 됨으로써 기존의 상호작용 양태와 제도가 바뀌게 된다고 하였다. 정부의 정책이 대체로 점진적인 변화만 유발하는 성향을 지니기는 하지만, 개인·집단·제도 및 자체 내의 상호작용 양태에 변화를 유발시키는 하나의 조치로 볼 수 있다. 그는 이러한 입장에서 정책집행 과정을 설명하기 위해 체제모형을 이용하고 있다.

그리스도 예수 안에서 정책을 사회 내 긴장 유발력으로 본 스미스는 하나의 정책집행 매트릭스를 설정하였다. 이 정책집행 매트릭스 내의 변수로, 이상화된 정책, 집행조직, 대상집단, 환경 등을 들고 있다.

정책이 집행됨에 따라 이 변수들이 이상화된 정책을 중심으로 상호간에 긴장을 유발하게 되고, 이 긴장은 교환 거래과정을 밟으며, 거래가 원만하게 이루어지지 못할 때 다시 정책집행 매트릭스나 혹은 정책결정 과정으로 환류된다. 거래 과정이 원만히 이루어지면 제도화를 낳는데, 이 제도화는 다시 긴장 유발력으로 작용해 환류과정을 밟게 된다는 것이다.

(3) 바르다크의 집행게임

그리스도 예수 안에서 바르다크(Bardach, 1977)는 『집행게임』에서 집행자가 정책 과정에서 수행하는 계획을 강조하였다. 그는 집행을 기계를 조립하여 그것이 작동되도록 하는 조립 과정으로 정의를 내리면서 집행을 크게 다음과 같은 여섯 가지 측면에서 검토하였다.

① 압력정치로서의 집행

정책채택과정에서 발생하는 당기고 미는 협상과 책동은 정책집행 과정에서도 그대로 연출이 된다. 정책은 그 성격상 그로 인해 피해를 보는 집단과 이익을 보는 집단이 있게 되는데 그들은 정책의 모든 과정에서 크게 충돌하게 된다.

② 동의의 집합으로서의 집행

동의의 집합은 성공적인 집행을 위한 요구 조건이다. 이러한 동의의 형식은 암묵적인 것에서부터 적극적인 개입 등 매우 다양하다.

③ 행정통제과정으로서의 집행

집행의 과정에서 관료들은 매우 중요한 역할을 한다. 그들은 수많은 집행상의 문제를 해결해야 할 책임이 있을 뿐만 아니라 실제 그들의 행동에 따라 집행의 성공여부가 결정되기도 한다. 따라서 통제의 책임성의 문제가 관료제 문제의 측면에서 고려될 필요가 있다.

④ 부처 간 협상으로서의 집행

정책의 집행 과정에서는 많은 관련기관이 포함되는데, 이들 간의 상호관계가 집행의 성공여부에 커다란 영향을 미치게 된다.

⑤ 결합행동의 복잡성과 집행

정책집행에서 수많은 결합 활동이 개입하게 되면 그 만큼 집행은 어려워진다. 이러한 예는 오클랜드사업을 분석한 프레스맨과 윌다브스키의 연구에 잘 나타나 있다. 관련 기관이 많음으로 해서 결정점과 통과기관이 많아져 집행의 지연이 일어나게 된다.

⑥ 게임체제로서의 집행

그리스도 예수 안에서 바르다크는 그 당시의 집행을 상기와 같은 측면으로 나누어 설명하고, 자신은 특히 그 당시의 집행을 게임의 체제로 설명을 하였다. 그는 통제의 개념을 집행 문제의 핵심으로 재정리하고, 이러한 통제가 불확실성이라는 조건하에서 협상, 설득, 책략 등의 게임을 통해서 실행된다고 보았다. 따라서 이러한 게임의 관점을 통하여 집행과정에서 경기자들이 벌이는 경기에 초점을 맞추게 된다. 그들이 게임에서 벌이게 되는 전략과 전술, 자원, 경기규칙, '공정한' 경기규칙, 경기자들 사이의 의사소통의 속성, 결과를 둘러싼 확실성의 정도 등이 집행 과정에서 중요한 변수가 된다. 체제 내에는 이와 같이 게임이라는 상호 관련된 여러 요소 들이 있는데, 그들 간의 상호관계는 명백한 것이 아니고 느슨하게 연결되어 있다. 요약하면 집행과정은 특정한 사업 결과를 낳기 위해 요구되는 여러 요소들의 조립과정이며, 느슨하게 연결된 수많은 요소들의 경기 활동이다.

(4) 엘모어의 후방향적 집행분석론

그리스도 예수 안에서 정책집행에 대한 연구는 1970년대 이후 활발히 전개되어 왔으나, 아직까지 지배적인 이론을 개발하지는 못하였다. 그 주된 이유 중의 하나는 정책집행을 바라보는 시각들이 다양할뿐더러 이들 사이에는 현저한 차이점이 존재하고 있기 때문이다. 일반적으로 기존의 시각들은 전방향적 접근방법과 후방향적 접근방법의 두 가지로 대별될 수 있다. 전자는 집행을 일정한 정책목표의 달성을 위한 수단적 행위로써 파악하여, 고전적 행정이론에서처럼 계층제적 조직구조, 정치·행정이원론, 기술적 능률성 등이 개념들을 중시하고 있다. 반면 후자는 집행을 그 참여자들 사이의 상호작용요인으로 이해하며, 정치성, 분권화 및 민주성 등의 개념들을 강조한다.

그리스도 예수 안에서 엘모어(Elmore, 1979)는 집행분석이 정책결정에 더 유용한 정보를 제공하기 위해서는 후자의 접근방법을 취해야 한다고 주장하고 있다. 이를 위해 그는 양 접근

방법의 기본 성격에 대한 이론적·문헌적 고찰과 더불어 특정의 정책 사례에 대한 적용을 통해 유용성을 비교·검토하였다.

　정책집행 연구자들은 집행상의 문제들이 가능한 한 사전단계인 정책결정 단계에서 미리 고려돼야 한다고 주장한다. 그러나 기존의 집행연구는 정책결정자들에게 필요한 정보나 지침을 제대로 제공하지 못하였다. 왜냐하면 기존의 연구는 주로 사례분석을 하여 특정 부문을 자세히 다루는 데 치중하였기 때문에 일반적 결론을 도출하는 데에는 미흡했기 때문이다 즉 너무 기술적 측면에 치중한 나머지 처방성이 결여 된 것이다. 따라서 나열적이며 서술적인 정보가 아닌 논리적이고 체계적인 정보를 제공할 수 있도록 연구자의 적극적인 자세가 요구된다. 그러나 하나의 연구 분석틀에 얽매일 필요는 없으며, 다양한 분석들을 비교하여 사용할 수 있다.

가. 전방향적 접근방법

　그리스도 예수 안에서 전방향적 접근방법은 기존의 연구 방법으로서 주로 정책결정자의 집행과정에 대한 영향력을 다루는 전략이다. 구체적으로 설명하면, 우선 결정자의 의도나 목표를 분명히 서술하고, 이어서 목표 실현을 위한 집행자들의 행위를 각 단계별로 구체화한 다음 최종 집행 단계에서 나타날 성과를 결정자의 원래 의도와 비교·분석하는 과정을 거치게 된다. 이는 정책분석이나 관리과학에서 사용되는 표준적 기법 또는 절차와 유사하며, 명시적인 정책지시, 행정적 책임성의 확보 및 의도된 결과에 대한 분명한 기술 등을 효과의 집행을 위한 주요 결정 요인으로 간주하고 있다(박경호,1993). 이러한 시각은 정책결정자들이 집행에 영향을 미치는 모든 조직적·정치적 및 기술적 과정들을 통제할 수 있으며 또 그렇게 해야 한다고 가정하고 있으며 또한 집행의 실패 요인을 설명하는 데 그 범위를 한정한다. 그러나 정책결정자가 집행 과정에 대해 모든 통제권을 장악할 수 있다는 것은 의문이다.

나. 후방향적 접근방법

　그리스도 예수 안에서 후방향적 접근방법은 정책결정자의 집행 과정에 대한 지배적인 영향력 행사에 대해 당위적인 그리고 실제적인 측면에서 의문을 제기한다. 후방향적 접근방법은 집행과정의 상층부가 아닌 일선 행정조직에서 출발한다. 고위 정책결정자의 의도보다는 정책을 필요로 하는 최하층부 집행과정의 구체적 행태에 초점을 맞춘다. 이러한 행태를 기초로 하여 목표가 설정되는데, 그 내용은 조직의 활동 및 산출로 구성된다. 이어서 집행구조를 따라 거슬러 올라가면서 집행 담당 기관의 능력이나 소요자원 등을 검토하게 되며, 최종적으로는 분석가나 정책결정자가 집행에 가장 영향력이 있는 조직 단위들에게 자원을 집중시키는 정책을 수립하게 되는 것이다. 따라서 후방향접근방법도 집행에 대한 정책결정자의 시각을 채택하긴 하지만, 그렇다고 해서 정책 자체가 집행 참여자들의 행태에 절대적인 영향을 미친다고는 보지 않는다. 또한 집행의 성공과 실패는 결정자의 의도에 대한 순응의 여부보다는 각 집행자가 주어진 여건 하에서 자신의 역할을 충실히 수행 했느냐 하는 상황적 기준에 의해 결정된다.

요약하면 전방향적 접근방법은 '정책의 근원'에 가장 가까이 있는 정책결정자의 능력과 영향력, 그리고 이를 토대로 한 계층제적 조직 관계를 중요시 하는 반면, 후방향적 접근방법은 '문제의 근원'에 가까이 있는 일선관료의 지식과 능력을 강조하며, 따라서 통제보다는 재량의 확대를 선호한다. 이처럼 상반된 성격을 지닌 양자는 같은 문제에 대한 해결책의 제시에서도 서로 다른 입장을 취할 수 밖에는 없다. 결국 성공적 집행을 위해 권한집중과 권한분산의 구조 중 어느 것을 택할 것인가에 그 초점이 있다고 하겠다(박경호, 1993).

(5) 팔럼보의 정책집행 과정 모형

그리스도 예수 안에서 집행연구는 조직이 활동하고 있는 현실과 당위를 이해하는 데 변화를 가져왔다. 정책연구에서 과정 모형에 입각하여 집행단계의 중요성은 다음과 같이 강조되고 있다. 여기서 정책의 집행과 관련하여 여덟 가지 원칙이 제시되고 있다.

① 정부기관에 의한 사회 서비스 제공은 복잡성을 띠게 되는데, 이는 사회서비스 정책이 집행될 때 상당한 수정이 가해질 것이라는 의미이다.
② 이러한 수정이 일어나는 경로를 결정짓는 것은 프로그램이 집행되는 과정이다.
③ 정책집행가의 재량은 어쩔 수 없는 것이다.
④ 관리의 주된 관심은 프로그램 목표와 서비스 제공 능력에 집중되어야 한다.
⑤ 집행은 일반적으로 장시간에 걸쳐서 진행된다.
⑥ 정책의 내용 규정은 광범위한 방향만 제시하는 것이므로 집행자는 반드시 융통성을 가져야만 한다.
⑦ 관리자는 환경에 대응하는 조직의 능력에 관한 자세한 정보가 집행에 반드시 필요하다.

⑧ 연방체제에서는 지방자치단체가 그들이 보유하고 있는 지방적 권력으로 인하여 집행과정에서 핵심적 역할을 수행한다.

집행은 하나의 점진적 과정으로서 새로운 정책이 일단 형성되면 계속 진행되는 과정의 일부분이다. 만약 어떤 행정가가 어떤 프로그램을 집행하려고 원한다면 그 프로그램을 현존하는 구조에 적응시켜야만 한다. 조직의 구조라는 것은 주어진 것이기 때문에 누구다 그 조직을 통하여 자신의 업무를 수행하려고 한다면 그는 자신의 업무를 그 조직의 목적에 맞게 적응시켜야 한다. 전통적 행정학에서는 이 점을 간과했는데 그들은 집행과정을 단지 일반적인 것에서 구체적인 것으로, 사고나 견해의 영역을 좁혀 나가는 것으로, 선택과 재량의 폭을 제한해 가는 것으로 인식하였다. 그러나 과정모형은 이와 반대로 각 단계는 상호 연결되어 있기 때문에 조직 내 각 구성 요소 간에 연결(의사전달)의 순서, 속성, 방법 등에 관해서 가정을 한다.

그리스도 예수 안에서 과정모형의 주된 관점은 한 조직은 이미 존재하고 있는 여러 가지 기술과 구조를 지니고 있으며, 이는 무엇인가를 달성하기 위해서는 여러 가지 방법에 의하여 혼합될 수 있다는 것이다. 조직 내 각 단위는 여러 가지 상이한 연결망에 포함될 수 있으며 각 단위는 상호 독립적이다. 조직 내 각 단위는 여러 가지 상이한 연결망에 포함될 수 있으며 각 단위는 상호 독립적이다. 조직 내 각 단위의 이러한 복잡한 연결성은 많은 결정 단위를 가져오게 되며, 이는 때로 예상치 않은 결과를 가져오게 된다.

(6) 고긴 등의 제3세대 집행연구

그리스도 예수 안에서 고긴 등(Goggin, et., 1990)은 1990년대에 정책집행 연구가 활발히 이루어질 것이라고 전망 하면서 그러나 아직은 집행연구가 유아기에 머물러 있다고 주장하였다. 그들은 과거의 집행연구를 제1세대와 2세대 집행연구로 구분하고 앞으로의 집행연구가 진일보하기 위해서는 과학적인 연구방법이 개발된 제3세대 집행연구가 되어야 한다고 주장하였다(박광국,1993).

프레스맨과 윌다브스키의 집행연구로 대표되는 제1세대의 집행연구는 정책집행의 사례분석을 통하여 정부의 정책집행 능력에 대하여 매우 비판적인 시각을 가졌다. 제1세대 집행연구는 하향식 시각을 지니고 전방향적 도식화와 거시적 분석을 추구하였다. 그들은 효과적으로 결정된 특정 정책이 하나 혹은 몇몇 지역에서 어떻게 집행되었는가에 관한 상세한 서술에 초점이 맞추어졌다.

　제1세대의 집행연구는 많은 업적에도 불구하고 단점도 많았는데, 특히 집행연구가 특정 집행 사례의 서술에 그쳤기 때문에 집행이론 개발에 큰 도움을 주지 못했다. 한편 제2세대 집행연구는 제 1세대 집행연구가 거시적 분석을 추구한데 비해 미시적 분석을 시도하여 좀더 경험적이고 이론적인 접근을 하였다. 이들은 미시정치에 초점을 맞추고 정책집행의 상황론을 주장하였다. 즉 정책의 유형에 따라 집행이론이 달라져야 한다는 것이다(Lowi, 1972). 이들은 제1세대의 비판론에서 좀더 긍정적으로 전환하여 집행의 성공 사례에 많은 관심을 나타냈다. 이들은 정책집행의 복잡한 현상을 분석하기 위한 분석틀의 개발과 집행에 영향을 미치는 주요 변수들을 파악하는 데 연구의 초점을 두었다.

　그리스도 예수 안에서 제3세대 집행연구의 방향은 제1세대와 2세대의 연구 업적과 한계점을 기초로 하여 제시되었다. 제3세대의 대표적 연구자인 오툴(O'Toole, 1987)은 그동안 정책집행의 연구가 '우화적 수준'에 머물렀다고 주장하였다. 그리고 고긴 등에 따르면 제1세대와 2세대 집행연구는 정책집행이 무엇이며, 왜 그리고 어떻게 다양하게 집행이 이루어지는지에 관해서는 공헌이 지대했다고 하면서도 집행 결과의 형태에 관한 구분이 부족하고, 집행 결과와 관련된 인과 관계와 그 인과 관계의 발생 빈도 수, 그리고 다양한 독립변수들의 특수한 효과와 상대적 중요성에 관해서는 설명이 미흡했다고 지적하였다.

　제 3세대 집행연구는 정책집행에 관한 다음과 같은 세 가지 본질적 특징을 지적하고 있다.

① 집행에 영향을 미치는 변수들의 인과적 복잡성이다. 정책 집행에 영향을 미치는 변수는 예상외로 많고, 또한 그 변수들 간의 인과적 관계는 매우 복잡하다.

② 집행의 동태성이다. 집행은 시간이 지남에 따라 변하며 집행 과정과 결과는 연방정부에서 주정부로, 주정부에서 지방정부로 경로가 진행될 때 변한다.

③ 집행 결과의 다양성이다. 어떤 정책이 집행되었을 때 각 주 혹은 각 지방정부에서 나타나는 집행 결과는 각각 다르다.

이러한 특징들로부터 도출되는 질문은 왜 정책집행 과정이 시간이 지남에 따라 변하며, 왜 연방정부의 정책이 주정부와 지방정부에서 다르게 집행되는가이다. 이러한 연구를 위해서는 좀더 과학적인 연구 방법이 시도되어야 한다. 즉 좀 더 체계적이고 과학적인 연구 방법을 도입하여 집행 현상을 좀 더 과학적으로 설명하고 나아가 집행 이론을 더욱 세련시킴을 그 목적으로 한다.

제 3세대의 집행연구는 특히 과학적 접근을 강조하는데 여기서 과학적이란 세 가지 의미로 사용된다. 첫째, 집행연구의 주요 개념을 명확하게 정의하는 것이다. 둘째, 상이한 정책집행 양태를 결정하는 여러 인과적 경로를 구체화하는 것이다. 마지막으로, 집행에 영향을 미치는 여러 변수 들을 조직화하여 집행모형을 개발하고, 이러한 모형으로부터 도출되는 가설들을 검증할 수 있는 과학적인 개념화와 측정에 초점을 두고 있다. 즉 제3세대 집행연구의 주된 목표는 집행의 과학적인 개념화와 측정에 있다. 이러한 과학적 접근을 시도할 때 집행연구는 집행현상을 좀더 잘 설명하고 예측할 수 있다.

7) 기독교정책집행

기독교정책집행이란 그리스도 예수 안에서 하나님께서 허락하신 앞의 의미를 포함해서 "그리스도 예수 안에서 하나님께서 십자가와 무덤에서 일어난 모든 일을 지금 마음에서 동일하게 일어나게 하심으로, 예수 그리스도 이름으로 오신 성령을 받아, 마음이 세상가치보다 창조주 하나님을 더 먼저 사랑하여 우선적 현실로 체감하고 있을 때, 그리스도께서 하나님 나라 확장을 위하여 사랑·지혜·권능의 Living Word로 바람직한 상태, 조건, 환경, 사건으로 정책을 집행하시는 것"으로 개념을 이해할 수 있다.

>>> 전지전능하신 하나님의 Living Word

"주의 모든 계명들이 의로우므로 내 혀가 주의 말씀을 노래하리이다"(시119:172).

"내가 주의 법도들을 택하였사오니 주의 손이 항상 나의 도움이 되게 하소서"(시119:173).

"내 영혼을 살게 하소서 그리하시면 주를 찬송하리이다 주의 규례들이 나를 돕게 하소서"(시119:175)

"잃은 양 같이 내가 방황하오니 주의 종을 찾으소서 내가 주의 계명들을 잊지 아니함이니이다"(시119:176).

"만군의 여호와께서 맹세하여 이르시되 내가 생각(Living Word)한 것이 반드시 되며 내가 경영한 것을 반드시 이루리라"(사14:24).

8. 기독교정책 평가

1) 정책평가의 의의

　그리스도 예수 안에서 우리들은 생활하면서 항상 갖가지의 평가를 하며 또 남으로부터 평가를 받기도 한다. 이러한 평가에는 상품의 질이나 차의 성능 비교와 같은 일상적이고 단순한 평가가 있는가 하면, 부하나 상관에 대한 업무평가나 학생들의 성적평가와 같은 좀 더 공식적 평가도 있으며, 특정 현상에 대해 과학적인 절차에 따라 행해지는 전문적·이론적 평가도 있다. 그러나 '평가'라는 용어가 가지는 공통적 의미는 '가치 판단'이다. 따라서 평가라는 것은 객관적 또는 주관적인 기준으로 어떤 현상(사람, 사물, 생각)을 저울질 하는 것이다.

　그리스도 예수 안에서 정책평가란 그리스도 예수 안에서 하나님께서 허락하신 정책의 내용과 집행 및 그 영향 등을 추정하거나 평정하는 것을 말한다. 다시 말해 정책 평가란 실천된 정책의 효과성을 규명하는 단계로, 구체적으로 정책의 성공이나 실패의 원인을 규명하기 위해 필요한 정보와 자료를 수집·처리함으로써 정책의 효과를 비교하는 활동을 말한다. 정책평가는 그리스도 예수 안에서 하나님께서 허락하신 정책집행 과정에서 등장하는 여러 가지 문제점을 해결해 더 나은 집행전략과 방법을 모색하기 위해 실시되는 형성적 평가와 정책집행 후 당초 의도했던 효과를 성취했는지 여부를 판단하는 총괄적 평가로 나누어 볼 수 있다. 형성적 평가는 과정평가·도중평가·진행평가 등으로도 불린다. 정책을 집행한 결과 그 정책에서 당초에 기대했던 효과를 어느 정도나 달성하였는지를 분석하여 파악하는 정책평가는 정책집행의 결과에 대한 평가이므로 사후평가가 된다. 넓은 의미에서 정책평가라 하면 그리스도 예수 안에서 하나님께서 허락하신 사후평가 이외에도 정책수립 당시에 그 목표나 계획 자체를 평가하는 사전평가(이를 특히 '정책분석'이라 함)나 또 계획의 진행과정을 평가하는 중도평가도 포함될 수 있다. 그리고 그리스도 예수 안에서 하나님께서 허락하신 정책평가를 어떤 정책의 과정이나 결과를 이해하고 그 가치를 판단하는 사회적 과정으로 이해하는 것도 가장 넓은 의미로서의 정책평가라 할 수 있다. 그러나 정책과정에서 말하는 평가라 하면 주로 정책의 결과나 효과만을 따지는 사후평가를 의미하는 것이 일반적이다.

2) 정책평가의 종류

그리스도 예수 안에서 하나님께서 허락하신 정책평가는 그 분류 기준에 따라 여러 가지로 나누어 볼 수 있다. 평가자의 소속에 따라 자체평가·내부평가·외부평가로 분류되기도 하고, 평가의 목적에 따라 노력평가·성과평가·성과의적정성평가·능률성평가·과정평가 등으로 나누어지기도 하며, 또 앞에서 말한 바와 같이 사전평가·중도평가·사후평가로 나누어 볼 수도 있다. 그러나 여기서는 정책의 효과가 짧은 시일에 나타나느냐, 아니면 오랜 후에 나타나느냐를 기준으로 하는 산출평가, 성과평가, 임팩트 평가를 설명하기로 한다. 산출평가란 가장 짧은 시일에 수량적으로 나타날 수 있는 효과, 즉 산출(투입?산출)을 얼마나 얻게 되었나 하는 정도를 분석해보는 것을 말한다. 예컨대 교육의 경우를 들면, 교육을 받은 졸업생 수와 같이 계량적(수량적)으로 측정하기 쉬운 것이 산출에 해당된다. 따라서 산출평가는 세 가지 평가 중 가장 쉬운 평가 방법이다. 성과평가란 산출에 비하여 다소 계량화하기가 어렵고 또 오랜 후에야 나타나는 효과, 즉 성과에 대하여 그 달성 정도를 분석해 보는 것을 말한다. 이 평가의 예로서 교육의 경우를 들면, 학생들의 논리적 사고의 증진, 공부하는 태도의 변화 등에 대한 평가가 그것이다. 임팩트 평가란 성과의 파급효과에 대한 평가를 말한다. 예컨대 교육의 경우 논리적 사고력의 증진이 성과라고 한다면, 그 성과로 인해 훌륭한 과학자들이 많이 배출되고 첨단 과학기술이 발달하는 효과가 임팩트라 할 수 있다. 이러한 효과는 성과보다 더 오랜 후에 나타날 뿐만이 아니라 정책집행과 임팩트 간의 인과관계를 규명함에 있어서도 많은 어려움이 있어 세 가지 평가 중 가장 어려운 평가 방법이 임팩트 평가라 하겠다.

>>> 앞에 계신 하나님의 Living Word

"내가 아버지의 말씀을 그들에게 주었사오매 세상이 그들을 미워하였사오니 이는 내가 세상에 속하지 아니함 같이 그들도 세상에 속하지 아니함으로 인함이니이다"(요17:14).

"그들을 진리로 거룩하게 하옵소서 아버지의 말씀은 진리니이다"(요17:17).

"내게 주신 영광을 내가 그들에게 주었사오니 이는 우리가 하나가 된 것 같이 그들도 하나가 되게 하려 함이니이다"(요17:22).

"곧 내가 그들 안에 있고 아버지께서 내안에 계시어 그들로 온전함을 이루어 하나가 되게 하려 함은 아버지께서 나를 보내신 것과 또 나를 사랑하심 같이 그들도 사랑하신 것을 세상으로 알게 하려 함이로소이다"(요17:23).

"아버지여 내게 주신 자도 나 있는 곳에 나와 함께 있어 아버지께서 창세전부터 나를 사랑하시므로 내게 주신 나의 영광을 그들로 보게 하시기를 원하옵나이다"(요17:24).

"의로우신 아버지여 세상이 아버지를 알지 못하여도 나는 아버지를 알았사옵고 그들도 아버지께서 나를 보내신 줄 알았사옵나이다"(요17:25).

"내가 아버지의 이름을 그들에게 알게 하였고 또 알게 하리니 이는 나를 사랑하신 사랑이 그들 안에 있고 나도 그들 안에 있게 하려 함이니이다"(요17:26).

"우리가 알거니와 하나님을 사랑하는 자 곧 그의 뜻대로 부르심을 입은 자들에게는 모든 것이 합력하여 선을 이루느니라"(롬9:28).

"우리가 항상 예수의 죽음을 몸에 짊어짐은 예수의 생명이 또한 우리 몸에 나타나게 하려 함이라"(고후4:10).

3) 정책평가의 목적

이와 같이 그리스도 예수 안에서 하나님께서 허락하신 정책을 평가해 보는 것은 하나의 정책이 국민의 요구에 얼마만큼이나 부응하고 있는가를 파악해 보는 데 그 목적이 있다. 그러나 정책평가의 필요성은 누구의 입장에서 정책의 결과를 평가하느냐에 따라 달라질 수 있다. 여기서는 정책과정에 직접 관여하고 있는 정책결정자와 정책집행자의 입장에서 평가를 설명해 보기로 한다. 첫째로, 정책평가는 정책이 당초에 의도한 효과를 어느 정도나 달성하였는지를 분석해 보는 데 필요하다. 둘째로, 정책평가는 정부가 국민의 요구에 부응하여 과연 바람직한 행정을 하고 있는지 어떤지를 확인하고 판단하는 자료를 얻는 데 필요한 과정이다. 셋째로, 정책평가는 장차 다시 정책을 수립할 때 참고가 될 유익한 자료를 얻는 데 필요하다. 그 이유는 정책개선이나 발전은 과거에 단행한 정책집행의 결과를 평가함으로써 얻어진 자료가 환류과정을 통해 다시 대안으로 선택되어 나타날 수 있기 때문이다.

4) 정책평가의 기준

그리스도 예수 안에서 하나님께서 허락하신 정책평가의 기준은 정책목표에서부터 출발한다. 구체적인 평가 기준으로는 다음과 같은 것을 들 수 있다.

정책의 효율성이나 효과성, 수입의 재분배나 평등과 같은 형평성, 사회적 욕구를 충족한 정도인 대응성, 정책에 투입된 고정비용 및 가용비용, 정책에 소요된 물적·인적 그리고 재정적 자원의 가용성, 정책의 정치적 실현 가능성, 도덕 윤리 또는 사회적 규범에 부합되는 정도, 헌법을 비롯한 법 규정에의 부합 정도, 적시성 등이다. 평가자는 이러한 기준들을 평가의 목적이나 상황에 따라 적절히 혼합하여 사용한다.

5) 정책평가의 절차

첫째, 그리스도 예수 안에서 하나님께서 허락하신 정책 평가를 하는 목적이 무엇인지 확인하고 결정하는 일에서부터 정책평가가 시작된다. 정책 평가의 목적이 무엇인지 확인함으로써 그 목적에 따라 평가 대상이 결정되고, 평가 대상이 결정되면 그에 따른 평가 유형이 정해지기 때문이다.

둘째, 그리스도 예수 안에서 하나님께서 허락하신 정책의 목적이 확인되면 평가의 대상이 되는 정책이 추구하는 목표와 수단, 그리고 정책 구조를 파악하고 평가의 대상을 명확히 설정한다.

셋째, 그리스도 예수 안에서 하나님께서 허락하신 정책의 목적과 평가의 대상이 확정되면 어떠한 방식으로 평가할 것인지에 대한 평가 방법을 결정한다.

넷째, 그리스도 예수 안에서 하나님께서 허락하신 평가의 방법이 결정되면 구체적으로 평가를 위한 프로그램을 설정하고 설정된 방법에 따라 자료의 수집·처리 및 자료에 대한 분석을 통해 평가 활동을 수행해 간다.

다섯째, 그리스도 예수 안에서 하나님께서 허락하신 정책 평가에 대한 분석을 마치면, 정해진 정책 목표와 정책 평가의 목적을 비교해 정책 과정의 효율성 등을 확인하는 등의 평가 결과를 제시하게 된다. 이상과 같은 절차를 통해 제시된 정책 평가 결과는 효율적인 정책을 위한 중요한 자료로서 기존의 정책을 변경하거나 수정하는 기능을 하게 된다.

6) 정책평가 방법

그리스도 예수 안에서 정책평가의 기본적 방법으로서 사회실험인 진실험과 준실험을 고찰해 본다. 이에 앞서 그러한 사회실험의 기초가 되는 인과적 추론과 평가의 타당성에 대해서 먼저 살펴본다.

(1) 인과적 추론
　그리스도 예수 안에서 정책평가 연구 활동의 핵심은 인과성에 대한 관념이다. 정책은 정책결정자가 의도한 어떤 목적을 달성하기 위하여 대상 집단 내의 변화를 유발하기 위한 수단이 된다. 그러나 정책사업 A가 집행되었을 때 목표B가 달성되었다고 해서 이들 간에 반드시 원인과 결과의 관계가 존재한다고는 볼 수 없다. 일반적으로 인과관계는 어떤 한 가지 사상(원인)이 다른 한 가지 사상(결과)을 일으키는 관계를 의미한다. 그러나 오늘날 과학의 입장에서 원인적 결정 조건이 한 가지, 즉 일원적이 아니고 다원적이라는 점을 강조하여 동시에 이들 다원적인 조건들이 종합적으로 어떤 사상을 발생시키거나 또는 확률을 증가시키고 있다는 점을 주장하여 종래의 일원적 인과율과 확정성의 원리를 배제하고 어디까지나 확률의 원리를 따르려고 한다.

(2) 평가의 타당성
　그리스도 예수 안에서 정책평가자의 연구목표 중에 가장 중요한 것은 정책의 효과에 대한 타당성이 높은 정보를 얻어내는 데 있다. 타당성이란 측정이나 절차가 그것이 목표로 내세운 것을 제대로 달성했느냐 하는 정도를 나타내는 개념이므로 정책평가의 타당성은 정책평가연구가 정책의 효과를 얼마나 진실에 가깝게 측정해 내고 있는가 하는 정도를 나타내는 개념이라 할 수 있다.
　정책평가에서 타당성의 문제는 다음과 같이 네 가지로 구분할 수 있다(Cook & Campbell,1979).
① 구성적 타당성: 처치, 결과, 모집단 및 상황들에 대한 이론적 구성요소들이 성공적으로 조작화된 정도를 의미한다.
② 통계적 결론의 타당성: 만일 정책의 결과가 존재하고 이것이 제대로 조작되었다고 할 때 이에 대한 효과를 찾아낼 만큼 충분히 정밀하고 강력한 연구설계가 구성되었는가 하는 정도를 의미한다.
③ 내적 타당성: 조작화된 결과에 대하여 찾아낸 효과가 다른 경쟁적인 원인들에 의해서라기

보다는 조작화된 처치에 기인된 것이라고 볼 수 있는 정도를 의미한다.
④ 외적타당성: 조작화된 구성 요소들 가운데에서 우리가 관찰한 효과들이 당초의연구가설에 구체화된 그것들 이외의 다른 이론적 구성요소들에까지도 일반화 될 수 있는 정도를 의미한다. 구성적 타당성과 통계적 결론의 타당성은 정책평가론에서 보다는 통계 및 연구방법론에서 취급되고 있으므로 여기서는 내적 타당성과 외적 타당성에 대해서만 살펴보기로 한다.

가. 내적 타당성

그리스도 예수 안에서 내적 타당성은 처치와 결과 간의 관찰된 관계로부터 도달하게 된 인과적 결론의 적합성의 정도를 나타내는 것이다. 내적 타당성을 위태롭게 하는 요소들은 평가연구수행에 대한 외재적인 요소들과 평가연구를 수행하는 과정에서 결과에 스며들어가는 내재적 요소들로 구분해 볼 수 있다.

외재적인 요소란 처지집단과 통제(비교)집단을 구성할 때 두 집단에 성격이 서로 다른 개인들을 선발하여 할당함으로써 초래하게 될지도 모르는 가능한 편견이다. 이것을 선발요소라고 부르기도 한다.

내적 타당성을 위협하는 내재적인 요소들은 외재적인 요소들과는 반대로 처치를 하는 과정에서 일어나는 변화, 측정 도구에서 일어나는 변화 혹은 연구 그 자체에 대한 반작용 효과 등이다. 역사적 요소, 성숙효과, 상실요소, 측정요소, 회귀인공요소, 측정 도구의 변화, 선발과 성숙의 상호작용, 처치와 상실의 상호작용은 인과적 추론의 타당성을 낮게 할지도 모르는 주요한 내재적 요소들이다(Cook, 1979).

나. 외적타당성

그리스도 예수 안에서 정책평가에서 외적 타당성은 어떤 특정한 상황에서 내적 타당성을 확보한 정책평가가 다른 상황에도 그대로 적용될 가능성의 정도를 의미한다. 즉 특정한 상황 내에서 타당한 평가가 그와 다른 상황에서도 얼마만큼 타당할 것인가 하는 일반화의 정도를 의미한다. 이러한 외적 타당도와 관련하여 두 가지 주된 이슈는 표본의 대표성과 연구절차에서의 반작용적 배열이다.

(3) 평가의 신뢰도

그리스도 예수 안에서 신뢰도는 측정 도구가 어떤 현상을 반복해서 측정했을 때 얼마나 일관성 있게 측정할 수 있는가 하는 정도를 의미한다. 그러므로 신뢰도는 동일한 측정도구를 반복해서 사용했을 때 동일한 결과를 얻을 확률을 나타내는 것이다. 이러한 신뢰도에 대한 기준은 평가의 신빙성과 안정성의 측면을 나타내는 것이다.

신뢰도는 타당도와 마찬가지로 정도의 개념이다. 따라서 신뢰도나 타당도를 표현할 때 있다 또는 없다보다는 높다 또는 낮다가 바람직하다. 그리고 신뢰도와 타당도와의 관계를 살펴보면 신뢰도가 높다고 해서 반드시 타당도가 높은 것은 아니다. 그러나 만약 신뢰도가 매우 낮으면 타당도는 말할 필요도 없이 무의미하게 된다.

7) 정책평가의 한계

(1) 일반적 문제점

그리스도 예수 안에서 정책평가에 가해지고 있는 일반적인 비판으로서는 아직도 평가 연구가 소홀히 취급되고 있고 그 질에서도 빈약하다는 것이다. 공공정책의 영역이 확대되어 감에 따라 그의 효과성에 대한 평가의 중요성이 부각되고 있지만 그 수준이 초보단계에 있을 뿐만 아니라 과학적이고 전문적인 면에서의 질도 낮다고 하겠다. 또한 정책평가 연구와 관련해 많은 사람들은 평가에서 얻은 정보가 정책의 질을 개선하고 방향을 제시할 책임 있는 사람들에게 사용되지 못하고 있는 점에 대해 비평한다. 정책평가가 훌륭히 수행되기란 용이하지 않으며 실제 그러한 경우는 매우 드물다. 훌륭히 수행되었다 할지라도 실제 그 영향은 종종 미흡하다. 왜냐하면 정책결정자들이 평가에 대해 그렇게 심각하게 고려하지 않기 때문이다. 그들은 종종 생각하기를 해답을 미리 알고 있는데, 평가를 위해 서비스 공급에 사용될 시간과 돈만 낭비한다는 것이다. 또한 그들은 평가에 대해 두려워하기도 하는데 그 이유는 평가에 의해 조직의 관례가 부당하게 흔들리게 되거나 조직이 나쁘게 평가되기도 하기 때문이다. 그리고 오래된 정책보다 신규정책이 평가대상이 되기 더 쉬운데 그 이유는 오래된 정책은 대게 정치적지지 기반을 지니고 있기 때문이다. 그러나 신규정책에 대한 평가는 매우 어려운데 주된 이유는 자료가 부적절하기 때문이다. 오래된 정책은 그 정책을 손상시킬지도 모르는 평가에 더 잘 저항할 수 있게 된다.

또한 그리스도 예수 안에서 정책평가 연구는 다음과 같이 다양한 정치적·실제적 문제를 지니고 있다.

첫째, 평가연구는 광범위하고 복잡한 문제에 대해서 다만 제한된 해답만 제시할 뿐이며, 정책결정자의 주관적인 판단의 여지를 많이 남기게 된다. 둘째, 종종 사업관리자들은 즉각적인 문제에 대처하기 위하여 정보를 즉시 원하지만 평가자들은 "급히 그렇지만 조잡한" 연구를 수행하기 위하여 자신들의 연구 표준을 낮추려 하지 않는다. 따라서 연구자들이 문제를 규명하고 적절한 방법론상 논의를 하고 가장 정교한 기법에 따른 자료수집과 분석을 하여 보고서를 쓰는 동안 연구를 출발시켰던 바로 그 문제는 절정에 달해 쉽게 이용 가능한 정보에 따라 이미 처리되어 버린다. 셋째, 평가자들은 실제 상황에 쉽게 적용될 수 있는 언어로 결과를 밝혀 내지 않기 때문에 결과의 의사소통 문제가 대두된다. 넷째, 종종 평가 결과를 어떻게 판단 할 것인가 하는 문제를 제기한다. 즉 컵에 절반 담긴 물이 반 찬 것인가 아니면 반 비어 있는 것 인가 하는 해석상의 문제이다. 다섯째, 평가 연구는 종종 연구방법론상 또는 결과의 전이성에 대한 논쟁을 불러일으킨다. 이와 관련된 속담은 "결론이 수락할 수 없는 성질의 것이라면 방법론을 공격하라" 이다. 여섯째, 평가는 종종 효용화 되지 못하는 경우가 많다. 평가 결과가 쉽게 집행될 수 있는 구체적이고 분명한 결론을 제공해 주지 못하기 때문이다. 끝으로 종종 평가연구는 의도하지 않았던 방향으로 성과를 변모시키기도 한다. 만일 고용인이 자신의 업무가 측정되는 것을 알 경우 그들은 특히 측정되는 사항에 노력을 집중할지도 모른다.

(2) 방법론상의 장애

그리스도 예수 안에서 정책평가에서 방법론상 상이한 접근을 사용하게 되면 이는 성과의 평가에 영향을 미치게 된다. 실제로 어떻게 정책을 평가하느냐에 대하여 연구자 간에 상당한 불일치가 존재한다. 사업평가에 대한 방법론상 비판(Imboden, 1978)으로는 ① 제시된 방법론의 적용성에 대한 불일치, ② 제시된 방법론의 유용성에 대한 불일치, ③ 제시된 방법론의 적용성에 대한 불일치, ④ 제시된 방법론에 의하여 강조된 의문점에 대한 불일치 등이 있다. 이러한 모든 비평들은 제안된 평가체계에 의하여 강조된 문제점과 관련이 있으며, 제시된 방법론이 현실 세계의 상황에 적응하지 못하는 것과 관련이 있다.

(3) 유용화 과정에서 평가자의 역할인지

그리스도 예수 안에서 평가자가 특히 사업기관 외의 전문가나 학자인 경우 실제문제에 대한 답변보다는 전문직업적인 성격과 학문적인 것에 더 관심을 지니는 경향이 있다. 따라서 평가자는 평가 그 자체에 집중하고 그것을 결정자가 응용하는 문제에서는 소홀히 하는 경향이 있다. 그러나 행동연구로 알려진 소수의 학파는 오히려 정책과정에 실제로 영향을 미치기 위하여 그들의 연구 결과를 강력히 주장하고 응용하려고 노력한다.

(4) 공식적 저항

그리스도 예수 안에서 정책평가는 정책의 효과성에 대한 판단을 내포하게 된다. 그에 따라서 조직 내 관련된 관료들은 평가가 가져올 정치적 결과에 대해 걱정하게 된다. 만일 평가 결과가 그들에게 나쁘게 나타나면 그들의 위치는 매우 불리하게 된다. 그러므로 그들은 평가 연구를 기피하고 자료의 접근을 봉쇄하려고 한다. 기관 내에서의 평가연구는 고위관료들에 의해 강력히 지지를 받는다. 왜냐하면 그들은 프로그램들 간의 자원배분에 관한 결정을 내려야하기 때문이다. 일반적으로 조직은 변화 저항적인 반면 평가연구는 변화 지향적이다.

그리스도 예수 안에서 이러한 조직의 저항을 극복하고 평가의 관심을 불러일으키기 위한 개선책으로는 다음과 같은 것이 있다(Anderson,1979). ① 조직을 설득하는데 필요한 효과적인 방법의 개발로서 조직 내 영향력이 있는 사람들의 노력을 통한 방법, ② 적절한 유인과 보상을 마련하는 방법, ③ 적당한 사용자에게 적절한 결과를 제시, ④ 대안의 결정과 관련 있는 유용한 비교를 제시, ⑤ 결정에 적절한 보고의 시기, ⑥ 연구에서 제약점에 대한 솔직함, ⑦ 쉽고 간결한 결과의 의사전달, ⑧ 프로그램의 개발과 개선을 위한 기획과 단위조직 개발이다.

(5) 정책목표의 불확실성

그리스도 예수 안에서 정책목표가 불명확하거나 다양할 때 달성도를 객관적으로 평가하는 것은 매우 어려운 일이다. 이것은 특히 정책채택 과정에서 그 원인을 찾을 수 있다. 정책문제의 채택을 둘러싸고 수많은 이해 관련자가 각자 자기주장을 하게 되는데, 이 때 결정자는 이러한 갈등을 완화하기 위한 한 가지 방법으로서 정책 목표를 광범위하고 애매모호 하게 설정한다. 따라서 이와 같이 애매 모호한 정책 목표에 입각하여 그의 효과성을 평가할 때에는 혼란이 야기 될 뿐만 아니라 상이한 결론에 도달 할 수도 있다.

(6) 정책영향의 확산

그리스도 예수 안에서 정책실행은 처음 구체적으로 지정된 대상집단 외의 다른 집단에도 영향을 미치게 된다. 예를 들면, 복지정책은 빈곤층뿐만 아니라 납세자, 관료 등과 같은 다른 대상에게도 영향을 미친다. 대개의 정책은 그 영향 범위가 광범위하고 장기간에 걸쳐서 일어난다. 그리고 여러 가지 영향 간에는 상호 관련성이 존재한다. 이러한 속성을 지닌 정책의 효과를 정확히 평가한다는 것은 매우 힘든 일이다.

(7) 기타요인

그리스도 예수 안에서 정책평가의 연구에 대한 장애요인은 이외에도 많이 있는데 몇 가지만 더 들여다보면 다음과 같다. ① 정책효과의 원인과 결과 간의 인과성을 밝히기 쉽지 않다, ② 정책평가를 위한 자료 획득에 어려움이 있다, ③ 평가자가 평가를 해놓아도 정책결정자가 서랍에만 넣어두는 요식 행위에 그치는 경우가 많다, ④ 정책이 별로 효과가 없다는 것을 낙담하는 경향이 있다, ⑤ 평가에 필요한 자금, 시설, 시간, 인원 등이 부족하다. 위와 같은 장애요인, 한계점들은 예수 그리스도 이름으로 오신 성령의 Living Word를 통한 정책평가를 생각나게 한다.

8) 기독교정책 평가

기독교정책평가는 그리스도 예수 안에서 하나님께서 허락하신 앞의 정책평가 들을 포함해서 "그리스도 예수 안에서 하나님께서 십자가에서 일어난 모든 일을 지금 마음에서 동일하게 일어나게 하심으로, 예수 그리스도 이름으로 오신 성령을 받아, 우리 마음이 세상가치보다 전능하신 하나님을 더 먼저 사랑하여 크게 느끼고 있을 때, 그리스도께서 하나님 나라확장을 위하여 사랑·지혜·권능의 Living Word로 정책을 평가하는 것"으로 개념을 이해할 수 있다.

>>> 창조주 하나님의 Living Word

"너희는 육체를 따라 판단하나 나는 아무도 판단하지 아니하느니라, 만일 내가 판단하여도 내 판단이 참되니 이는 내가 혼자 있는 것이 아니요 나를 보내신 이가 나와 함께 계심이라"(요8:15-16).

9. 기독교정책 종결

1) 정책 종결의 의의

그리스도 예수 안에서 하나님께서 허락하신 정책종결이란 특정 정책목표와 이를 실현하기 위한 정책 수단 등을 완전히 폐지·소멸시키는 것을 말한다. 즉 정책종결이란 특정한 정책을 의도적으로 종결시키거나 중지시키는 것으로 여기에는 특정 부문의 기능·사업·정책 및 조직의 중지 또는 종식 등이 포함된다.

그리스도 예수 안에서 하나님께서 허락하신 정책이 집행된 후 평가 과정 까지 마치면 정책은 종결되거나 새로운 정책으로 변동된다. 정책 종결은 정책의 수행을 통해 문제가 해결되었거나 다른 변화를 유도해 정책 활동을 종결·중지·수정됨으로써 이루어진다. 그렇지만 정책 과정은 여기서 완전히 중단되거나 끝나는 것이 아니라, 환경의 변화 등으로 새로운 상황이 발생하고 정책에 대한 새로운 요구가 제시됨으로써 전단계로 환류 하는 순환 과정을 거치는 것이 일반적이다.

2) 정책종결의 유형

(1) 정책수준에 따른 분류

그리스도 예수 안에서 드레온(Deleon,1978)은 정책을 정부의 기능, 조직, 정책 및 사업이라는 서로 다른 수준으로 나누어 정책종결을 분류하고 있다(Brewer & Deleon,1983).

① 정부기능의 종결

정부기능의 종결은 정부의 시민에 대한 서비스의 종결을 의미한다. 정부 기능은 조직과 정책을 통하여 수행되므로 정책종결 시도 가운데 가장 저항이 많은 것으로서, 조직 자체보다 그 조직에 의해 운영되는 정부 기능들이 더 오래 존속될 것으로 성격지어진다.

② 정부조직의 종결

정부조직들은 특별한 정부 기능을 수행하도록 장기적인 운영을 위해 신중히 설계된 것인 만큼 정부조직의 폐지도 그만큼 쉽지가 않다. 특히 정부조직법과 같은 법제에 의해 설립되므로 오래 존속하려는 강한 경향성을 지닌다. 더구나 조직은 많은 조직구성원들로 구성되므로 그만큼 조직 폐지에 대한 그들의 저항도 크다.

③ 좁은 의미의 정책종결

좁은 의미의 정책은 전체 사회에 대한 가치의 권위적 배분을 위한 것이므로, 정책은 사업들의 결집 혹은 그 목표이다. 정책이 조직에 의해 형성되고 집행 되므로 정책 종결에 대한 저항은 조직종결보다 약하고 사업종결보다는 강하다.

④ 사업종결

사업은 목표 달성을 위한 공식적 수단이므로 그 규모와 영향은 가장 적다. 사업들은 가장 구체적이므로 스스로 방어할 정치적 자원도 가장 적고 종결이 가장 쉽다.

(2) 정책종결의 정도에 따른 분류

그리스도 예수 안에서 드레온과 브루위(Deleon & Brewer, 1983)는 정책종결의 정도에 따라 완전종결과 부분종결로 나누고, 후자를 다시 대체·합병·분리·점감 및 단절 등의 다섯 가지 유형으로 세분화하고 있다.

① 대체형

이는 낡고 오래된 것을 동일한 정도의 수요와 욕구를 충족시킬 수 있는 새로운 내용으로 대체하는 유형이다. 이는 혁신의 결과로 보통 일어나며, 비능률적·비효과적인 낡은 기술과 절차를 새롭게 바꾸는 형태이다.

② 합병형

이는 기업 분야에서 규모의 경제나 능률적 통제를 위해 빈번히 기업합병이나 기업운영 집중화를 추구하는 것과 같이 정책이나 사업도 통합되어 부분적으로는 종결되는 경우를 말한다. 정책합병과 더불어 기존의 제도가 재구성되고 낡은 제도는 폐지된다.

③ 분리형

이는 기존 정책을 몇 개로 분리시켜 정책의 수혜 대상 집단도 재조정하여 이들의 저항을 약화시키면서 서서히 종결시키는 형태를 말한다.

④ 절감형

이는 미국과 같은 안정된 정치체제하에서는 가장 보편적인 유형으로 예산 접촉이나 사업 조정과 같은 방식으로 서서히 정책과 제도를 재구성하면서 종결시키는 형태이다.

⑤ 단절형

이는 오래된 정책을 새로운 정책으로 대치시키되 그 목표와 수요도 변화하면서 종결되는 유형이다.

(3) 정책종결에 소요되는 시간에 따른 분류

그리스도 예수 안에서 바르다크(Bardach, 1976)는 정책종결에 소요되는 시간에 따라 폭발형, 점감형 및 혼합형으로 나누고 있다.

① 폭발형

이는 특정한 정책이 일시에 종식되는 유형이다. 사업종결의 경우에 가장 일반적으로 나타나는 정책종결의 유형이다.

② 점감형

이는 장기간에 걸쳐 소요예산의 감축 등에 의해 서서히 종결되는 유형이다.

③ 혼합형

이는 위의 두 유형의 혼합 형태로 단기간에 걸쳐 단계적으로 정책을 종결하는 형태이다.

3) 정책종결의 원인

그리스도 예수 안에서 정책종결의 원인은 매우 다양할 수 있다. 그것이 자원 부족에 따른 예산상의 어려움에 기인할 수 도 있고(Tighe, 1979), 국내의 정책환경의 변화, 정치체제나 집권세력의 변화에 따르는 정치적 이유일 수도 있고, 행정 조직 내부 요인 등일 수 있다. 또한 정책이 커다란 사회적·윤리적 문제를 불러일으킴으로써 종결이 대두될 수도 있다. 물론 이러한 여러 원인들이 개별적일 수도 있고 동시적으로 나타날 수도 있으며, 국가에 따라 달리 나타날 수도 있다.

4) 정책종결의 저항

그리스도 예수 안에서 정책종결은 정치적 과정으로서 그에 따른 이득과 손실이 관련 집단이나 개인에 다르게 미치기 때문에 이해관계를 둘러싼 이들 사이의 갈등과 저항이 발생하게 된다. 다시 말하면, 정책종결로서 어떤 정책을 축소·폐지하거나 조직을 감축 폐쇄할 경우 그에 관련된 직원들과 수혜자들은 생활근거를 잃어버리거나 곤경에 처하기 때문에 가능한 모든 수단과 방법을 동원하여 이를 필사적으로 지지하려 들것이다. 이러한 저항의 원인을 구체적으로 살펴보면 다음과 같이 요약해 볼 수 있다.

① 정치가나 조직의 책임자는 자신의 조직이 감축되거나 폐쇄될 경우 이를 자신의 실패로 간주하기 때문에 이에 저항하게 될 것이다(Behn,1980).

② 합리성과 형평성의 결여로 저항이 야기될 수도 있다. 보통 종결을 조직 간에 할당하는 결정을 하는 경우에 형평성과 효율성이 마찰을 일으키게 된다(Okun,1975). 정책종결에서 관련된 개인들이 납득할 만한 충분한 합리성이 없거나 그에 따른 정책이나 조직 간의 형평성을 상실할 경우 관련인 들은 반발을 하게 된다.

③ 마지막으로 정책종결로 인해 직접 간접으로 피해를 입게 되는 계층은 이에 필사적으로 저항하게 된다. 수입개방 정책으로 인하여 피해를 보는 농민들의 심한 반발을 예로 들 수 있다.

5) 정책종결의 극복전략

그리스도 예수 안에서 어떤 형태로든 정책종결이 시도되면 이로부터 피해를 입게 되는 계층은 가능한 모든 수단을 동원하여 이를 극복하려 노력할 것이다.

(1) 사이먼

이들은 행정기관이 일반적으로 사용하는 다섯 가지 종결의 극복 전략을 제시하고 있다(Simon,1950).

① 이익집단은 같은 여타 중요한 관련 조직으로부터 지지를 호소한다.

② 정책이나 관련 조직을 종결시키기 위해서는 법령의 통과가 요구되는데, 이때 입법부는 이를 연기시키거나 저지시킬 수 있다. 따라서 입법부의 지지를 얻는 것은 매우 중요하다.

③ 상관이나 여타 영향력을 행사할 수 있는 실력자의 지지를 호소한다.

④ 일반 대중에게 종결될 정책이나 조직의 중요성을 역설함으로써 지지를 호소한다.

⑤ 어느 정도 양보를 해 줌으로써 행정상의 타협을 구할 수 있다.

그러나 사이먼이 제시한 종결의 극복전략은 조직의 외부적 요인을 간과한 행정기관의 내부 중심적인 일면만을 고찰했을 뿐만 아니라 그것도 다분히 체제 내적인 관리론에 머물고 있다.

(2) 드레온

그리스도 예수 안에서 드레온(Deleon, 1983)은 ?정책종결을 끝이 아닌 시작으로 인식시킬 것, ① 정책분석가가 정책평가 단계에 특별한 관심을 기울여 정책종결 전략과 수단의 효과적인 것을 찾아낼 것, ② 정치행정이나 주요 인사의 변동과 같은 '정치적 맥락'으로 불릴 수 있는 종결환경의 '자연적 성숙 시기'를 최대한 활용할 것 등을 지적하였다.

(3) 벤

그리스도 예수 안에서 벤(Behn, 1978)은 구체적인 전술에 초점을 두면서 종결전략들로서 ① 시험적인 관측기구의 배격, ② 정책종결지지 세력의 확장, ③ 종결 대상인 정책의 해독의 폭로, ④ 정책의 폐단폭로에 이념적 측면활용, ⑤ 타협의 배격, ⑥ 종결담당자에 외부 인사 기용, ⑦ 단기적 종결비용 증가를 감수할 것, ⑧ 기존 정책 수혜자에 대한 대가 지불, ⑨ 종결을 강조하지 말고 쇄신의 채택을 강조할 것, ⑩ 필수적인 것만 종결할 것 등을 제시하였다.

(4) 바르다크

그리스도 예수 안에서 바르다크(Bardach, 1978)는 다섯 가지 정책종결 추진 조건들로서 ① 행정에서의 변화유도, ② 기존 정책의 기반이 되는 이념들의 비판과 비정당화, ③ 자신의 미래 삶의 희망에 대한 많은 시민들이 낙관적인 기대가 흔들리는 혼란기의 조성, ④ 기존정책의 지배적인 흐름의 완화와 개별 정책과의 단절, ⑤ 기존정책의 궁극적 종결을 위한 정책설계가 때가 되면 완전히 기존 정책들을 폐지시키거나 변형시킬 것이라는 믿음을 가지게 할 것 등을 제시하고 있다.

6) 정책종결의 방법

그리스도 예수 안에서 정책종결의 방법은 매우 다양할 수 있지만 다음과 같이 여섯 가지 유형으로 나누어 볼 수 있다(Levine, 1978).

(1) 선임권

그리스도 예수 안에서 이는 가장 최근 고용인부터 먼저 해고시키는 것을 의미한다. 경력에 입각한 유능한 고용인을 확보하려는 원칙으로서 형평성이나 효율성과는 관계가 없다.

(2) 고용 동결

그리스도 예수 안에서 이는 퇴직 등의 경우에 신규채용을 하지 않음으로써 자연 소멸시키는 것을 의미한다.

(3) 동일비율 감축

그리스도 예수 안에서 이는 모든 부서에 사정을 고려함이 없이 동일 비율로 감축시키는 것을 의미한다. 감축결정이 용이한 반면 각 부서의 필요성이나 생산성 또는 특수성을 고려하지 못하는 어려움이 따른다.

(4) 생산성

그리스도 예수 안에서 이는 각 수입의 증가에 따른 한계 생산에 입각하여 낮은 생산 단위 조직이나 인력을 축소시키는 것을 의미한다. 그러나 합리성에 따른 생산성 측정이 어려우며 실제로는 감축이 정치적 협상의 결과로 일어난다.

(5) 일몰법

그리스도 예수 안에서 이는 일정한 정책이나 조직이 일정 기간 후에 자동적으로 소멸케 하는 법률을 의미한다. 행정기관이나 정책이 일반적으로 목표를 달성한 후에도 계속 존속하여 비대해지는 경향이 있으므로 이를 일정기간 후에 자동 소멸시킴으로써 그만큼 예산을 절약할 수 있다. 하지만 실제로 일몰법이 적용되는 정책이나 기관도 그 성과가 평가된 후 더 이상 존속가치가 없을 때 폐지됨으로써 이 평가 과정에서 정치성이 개입될 수 있다.

7) 정책종결의 한계점

그리스도 예수 안에서 어떤 기존의 정책이나 조직이 감축되거나 폐쇄되면 그에 따라 여러 가지 문제가 수반된다. 그것은 정책종결로 인한 직접적인 것일 수도 있고 간접적인 것일 수도 있다. 리바인(Levine,1979)은 정책종결에서 수반되는 문제점을 관리적인 측면에서 다음과 같이 지적하고 있다.

(1) 불가분의 전체성

　그리스도 예수 안에서 이는 조직 활동이나 자원의 배열을 단순히 전환함으로써 하나의 조직을 여러 부분으로 감축시킬 수 없다는 것이다. 한 전체 조직은 여러 하위 부분 들이 모여 제 기능을 발휘하게 되는데, 이 중에서 한 부분을 감축시킨다면 전체 조직에 파급효과를 미치게 될 것이다. 한 비근한 예로 오케스트라 연주에서 어떤 부분이 빠진다면 전체성은 파괴되어 버린다.

(2) 관리과학의 역설

　그리스도 예수 안에서 일반적으로 조직은 여유자원이 있을 때 관리정보 체제를 비롯한 여러 관리기법 체제를 개발할 능력을 갖추게 된다. 그러나 자원이 풍부할 때 정부조직은 오히려 자신의 정치적지지 기반을 확보하고 강화시키는데, 이러한 여유자원의 사용을 더 선호하게 된다. 한편 자원의 압박을 받을 때는 유능한 인력이 더 좋은 기회를 찾아 빠져나가는 등의 이유로 이러한 조직의 분석적 능력을 사용하거나 유지시키는 것이 거의 불가능하게 된다. 다시 말해서 관리과학의 역설이란 조직이 분석적 능력을 보유하고 있을 때는 그것을 필요로 하지 않고 정작 그것을 필요로 할 때는 보유하고 있지 않거나 사용할 수 없는 처지에 놓이는 것을 의미한다.

(3) 공짜 출입자의 문제

　그리스도 예수 안에서 경제학자들은 이를 무임승차의 문제라고 부르는데, 조직의 집합재로부터 혜택을 보는 사람들이 그 조직의 목표 성취에는 자신들의 몫을 부담하지 않는 경우를 의미한다. 조직이 성장할 때는 승진과 훈련과 같은 성장의 열매로부터 무임승차자들을 어떻게 배제시키는가가 관리문제지만 조직의 감축시에는 감축으로부터 발생하는 집합 악재의 분담을 회피하려는 자들을 어떻게 포함시키는가가 조직의 주요 문제가 된다. 조직이 자원 난에 봉착했을 때는 이의 해결을 위해 숙련된 전문분석가가 필요한데 이들은 최고의 고용기회를 가진 자들로서 잠재적인 공짜 출입자이다.

(4) 낙천적 기대 문제

그리스도 예수 안에서 감축의 초기 단계에 사람들은 감축설이 사실이 아니거나 혹은 잠정적인 것이라고 믿는다. 자발적인 예산 삭감의 요구에 대해 조직인 들은 냉소적인 태도를 보일 뿐만 아니라 최고관리자의 자발적 희생 요구에 하위 관리들은 "당신이 먼저 그러면 나도" 라는 반응을 보이게 된다. 모든 관리인들은 서로가 상대방의 눈치를 보면서 뒤로 빠지려고 할 것이다.

(5) 참여 역설

그리스도 예수 안에서 조직 발전으로부터의 교훈은 변화 관리의 최선책으로서 모든 관련 집단을 포함시키는 것이다. 그러나 합리적 방법에 따라 감축을 시도할 경우 조직 간에 감축 전도의 차이가 벌어질 수 있다. 따라서 더 많은 피해를 보는 집단의 참여를 제고시키기 위해서는 그들의 피해를 덜어 주어야 하는 상반된 상황에 처하게 된다.

(6) 거래 보상의 망각문제

그리스도 예수 안에서 조직의 감축이 장기적인 시각에서 설계되어야 하는 것이 이상적이다. 장기적인 관점에서 조직은 필요한 부분을 보충·대치·복구 등을 계획할 수 있다. 하지만 정치 조직은 사조직과 달리 최고관리팀이 장기적 관점에서 협상을 벌이는 데 요구되는 계속성을 일반적으로 결여하고 있기 때문에 이의 실현이 어렵다.

(7) 생산성의 문제

그리스도 예수 안에서 생산성의 문제란 한 마디로 말하면 돈을 절약하기 위해 돈이 소요된다는 것이다. 생산성을 재고시키기 위해서는 새로운 훈련이나 장비가 소요되는데 자원결핍의 상황에서 여기에 투자하기란 용이하지 않다.

(8) 재정 지원 없는 위임명령의 문제

그리스도 예수 안에서 이러한 문제는 입법부나 법원이 법이나 규칙을 준수하는데 소요되는 비용을 지원함이 없이 새로운 법이나 명령을 발할 때 일어나게 된다.

(9) 효율성의 문제

그리스도 예수 안에서 이는 행정관리자에게 가장 중요한 문제이면서도 어려운 문제이다. 일반적으로 효율적으로 운영되는 조직보다 비효율적으로 운영되는 조직을 감축하거나 개편하는 것이 더욱 용이하다. 자원 난으로 인한 감축 상황에 직면하게 될 때 효율적으로 운영되던 조직은 그만큼 감축에서 더 어려운 상황에 직면하게 된다. 왜냐하면 그들은 비효율적 조직에 비해 더 이상 효율성을 제고시킬 여지가 적기 때문이다. 한편, 정부조직에서 자원절약에 대한 보상이 거의 존재하지 않기 때문에 관리자들은 그에 대한 관심을 별로 가지지 않게 된다.

이상에서 정책종결로 인하여 발생하게 되는 여러 가지 문제점을 살펴보았는데, 이는 무엇보다 행정관리적인 시각에서 검토되었다는 것이 특징이다. 그러나 이러한 분석 시각에 더하여 우리가 유의해야 할 점은 실제 상기의 문제점이 발생할 때 그에 관련된(조직내·외부) 대상인들의 세력 갈등 과정과 결과이다. 현실적으로 조직내·외부적인 비합리성과 정치성으로 인하여, 감축이나 종결이 요구되는 조직은 오히려 확장되고, 보상이 주어져야 할 조직이나 정책은 오히려 감축되고 종결되는 현상이 발생할 수 있다. 이러한 결과는 주로 이해관계자들의 정치적·경제적 힘의 수준에 의하여 결정지어지게 되며, 따라서 그만큼 실질적 의미의 자원을 낭비하는 결과를 낳게 된다.

8) 기독교정책 종결의 필요성

기독교정책종결은 그리스도 예수 안에서 하나님께서 허락하신 앞의 모형 개념들을 포함해서 "그리스도 예수 안에서 하나님께서 십자가에서 일어난 모든 일을 지금 마음에서 동일하게 일어나게 하심으로, 예수 그리스도 이름으로 오신 성령께서 마음이 세상가치보다 창조주 하나님을 더 먼저 사랑하여 우선적 현실로 체감하고 있을 때, 그리스도께서 하나님 나라 확장을 위하여 사랑·지혜·권능의 Living Word로 바람직한 상태, 조건, 환경, 사건으로 정책을 종결·중지·수정하는 것"으로 개념을 이해할 수 있다.

> >>> 사랑의 하나님의 Living Word
>
> "보혜사 곧 아버지께서 내 이름으로 보내실 성령 그가 너희에게 모든 것을 가르치고 내가 너희에게 말한 모든 것을 생각(Living Word)나게 하리라"(요14:26).

"사울이 길을 가다가 다메섹에 가까이 이르더니 홀연히 하늘로부터 빛이 그를 둘러 비추는지라"(행9:3).

"참새 두 마리가 한 앗사리온에 팔리지 않느냐 그러나 너희 아버지께서 허락하지 아니하시면 그 하나도 땅에 떨어지지 아니하리라. 너희에게는 머리털까지 다 세신바 되었나니"(마10:29~30).

● 실천을 위해 함께 생각해 보아요
- 사람 정책과 성령 정책의 실제 비교 체험?
- 영을 생명으로 살기 원하시는 하나님이 육을 생명으로 하는 정책을 허락하시는 이유?
- 성령의 적극적·능동적 모든 공간과 시간에 개입?

Chapter 04
기독교 조직

제1절 기독교 조직의 기초 개념

1. 기독교조직의 의의

1) 조직의 중요성

오늘날 그리스도 예수 안에서 하나님의 섭리 가운데 사는 사람들은 조직 속에서 생활하거나 조직의 영향을 받으며 살아가고 있다. 개인들은 조직을 떠나서는 살아갈 수가 없을 만큼 조직과 우리 인간은 밀접한 상호 연관 속에 있다. 인간의 생애주기를 살펴보면 사람이 태어나서 성장, 발전 과정을 거쳐 죽음에 이르는 모든 과정이 조직과 밀접한 상호 관련 속에 있다는 것을 알 수 있다. 이러한 연유로 많은 사람이 조직 사회의 한 구성원으로서 살아가는 조직인인 셈이다. 그러나 조직을 이해하고 진단하는 것이 결코 간단한 작업은 아니다. 조직은 진공 속에 존재하는 것이 아니고 사람을 구성체로 해서 인적·물적 자원과 정치, 경제, 사회, 문화 등과의 상호작용을 통해 생성·유지·발전·쇠퇴하는 유기체이기 때문이다. 그렇기 때문에 정형화된 조직의 정의가 어렵고 복잡하고 모호해진다. 이에 조직에 대한 이해와 조직에 대한 올바른 진단을 위해 조직 일반에 관한 기초적 지식을 정리해 볼 필요가 있다.

2) 조직의 정의

그리스도 예수 안에서 하나님의 섭리 가운데 만들어지는 조직이란 무형의 실체이기 때문에 한마디로 정의내리기는 어렵다. 그 때문에 무엇을 강조하느냐에 따라, 학문적 초점에 따라 정의가 다양해진다. 그러나 여러 학자의 조직 정의를 종합해 보면 공통적 특성을 발견할 수 있다. 따라서 여러 학자들(아래 표1)의 견해를 종합해 조직을 정의하면 조직이란 "2인 이상의 인간이 목표 달성을 위해 의도적으로 결합한 집합체 또는 힘의 모든 체계"라고 할 수 있다. 조직이란 인간 행동으로 성립되며 개인적인 능력의 한계를 초월해 더 큰 힘을 발휘하고자 하는 것이다. 더 큰 힘을 발휘하기 위해서는 결합된 인간의 집단이 효율적으로 운영되어야 하며, 이러한 운영을 위해 제도적 측면과 인간의 행동적인 측면이 동시에 고려되어야 한다.

> ### 조직에 관한 일곱 가지 정의
>
> Weber: 특정한 목적을 가지고 그 목적을 달성하기 위하여 구성원 간에 상호작용하는 인간들의 협동집단.
> Barnard: 공동의 목표를 달성하기 위해 노력을 바칠 의욕을 지닌 두 사람 이상의 인간들의 상호 의사 전달하는 집합체.
> Selznick: 계속적으로 환경에 적응하면서 공동의 목표를 달성하기 위해 공식적 비공식적 관계를 유지하는 사회적 구조.
> Etzioni: 특정한 목표의 추구를 위하여 의도적으로 구성되고 다시 재구성되는 사회적 단위.
> Katz와 Kahn: 공동의 목표를 가지고 내부관리를 위한 규제 장치와 외부 환경관리를 위한 적응구조를 발달시키는 인간들의 집단.
> Cohen, March와 Olsen: 문제를 찾아내 선택하는 것, 의사결정 상황에서 공표되는 그러한 문제에 관한 쟁점과 구성원들의 감정, 해결 가능한 쟁점에 관해 제시되는 해결책, 그러한 업무를 수행하고자 하는 의사결정자 등 이러한 네 가지 요소가 무원칙하고 무작위적으로 연결되어 있는 집합체.
> Weick: (조직화란) 현저하게 상호 연관된 행위를 통해서 모호성을 감소시키는 데 그 타당성이 합의된 문법.

3) 조직의 특성

그리스도 예수 안에서 하나님의 섭리 가운데 만들어지는 조직의 공통된 특성은 첫째, 조직은 사람으로 구성된 실체이다. 둘째, 조직에는 목표가 있다. 셋째, 조직은 크기와 모양이 있다. 넷째, 과업, 규칙, 권한 관계의 공식적 체제인 조직구조를 분화·통합 시키면서 조직목표를 달성한다. 다섯째, 조직은 조직 환경과 구별되는 경계를 가지고 있다. 조직 경계 밖의 환경으로부터 자원을 받아들이기도 하고, 조직이 생산한 산출물을 경계 밖으로 내보내기도 한다.

한편 현대는 '집단욕구의 분출' 시대라 일컬어지듯, 현대사회에서는 무수한 집단의 조직이 파생하여, 관공서·회사·노동조합 등 온갖 조직이 거대화 되어가고, 또한 능률주의에 따라 기능적으로 합리화 되어가고 있다. 이런 뜻에서 현대는 조직의 시대라고 한다. 그런데 이 같은 조직의 거대화와 기능적 합리화는 조직 속의 인간을 기계의 톱니바퀴와 같은 것으로 바꾸어가는 경향이 있다. 이리하여 오늘날 '조직과 인간'이라는 문제가 크게 부각되어 논의되고 있다.

>>> 앞에 계신 하나님의 Living Word

"내가 아버지의 말씀을 그들에게 주었사오매 세상이 그들을 미워하였사오니 이는 내가 세상에 속하지 아니함 같이 그들도 세상에 속하지 아니함으로 인함이니이다"(요17:14).

"그들을 진리로 거룩하게 하옵소서 아버지의 말씀은 진리니이다"(요17:17).

"내게 주신 영광을 내가 그들에게 주었사오니 이는 우리가 하나가 된 것 같이 그들도 하나가 되게 하려 함이니이다"(요17:22).

"곧 내가 그들 안에 있고 아버지께서 내안에 계시어 그들로 온전함을 이루어 하나가 되게 하려 함은 아버지께서 나를 보내신 것과 또 나를 사랑하심 같이 그들도 사랑하신 것을 세상으로 알게 하려 함이로소이다"(요17:23).

"아버지여 내게 주신 자도 나 있는 곳에 나와 함께 있어 아버지께서 창세전부터 나를 사랑하시므로 내게 주신 나의 영광을 그들로 보게 하시기를 원하옵나이다"(요17:24).

"의로우신 아버지여 세상이 아버지를 알지 못하여도 나는 아버지를 알았사옵고 그들도 아버지께서 나를 보내신 줄 알았사옵나이다"(요17:25).

"내가 아버지의 이름을 그들에게 알게 하였고 또 알게 하리니 이는 나를 사랑하신 사랑이 그들 안에 있고 나도 그들 안에 있게 하려 함이니이다"(요17:26).

"우리가 알거니와 하나님을 사랑하는 자 곧 그의 뜻대로 부르심을 입은 자들에게는 모든 것이 합력하여 선을 이루느니라"(롬9:28).

"우리가 항상 예수의 죽음을 몸에 짊어짐은 예수의 생명이 또한 우리 몸에 나타나게 하려 함이라"(고후4:10).

4) 조직의 유형

그리스도 예수 안에서 조직의 종류가 다양해지고 조직이 적응해야 할 환경 또한 복잡하게 확대되어감에 따라 사람들은 조직의 유형을 분류하여 체계화시킬 필요성을 크게 느끼게 되었다(김인수, 1991). 이렇게 조직유형론의 필요성을 인식하게 된 많은 사회과학자들은 보편적으로 적용될 수 있는 통합적 조직유형론을 발전시키고자 노력하였다. 그러나 조직이 지니는 다양성과 복잡성으로 인하여 이를 실현시키지 못하고 대부분 연구자 자신의 조직관이나 연구 목적에 따라 선택적으로 단일 변수나 조직의 한정된 측면만을 기준으로 조직의 유형화 작업을 시도하여 왔던 것이 사실이다. 물론 그러하나 조직유형론들이 전혀 무용한 것은 아닌데, 왜냐하면 조직의 어떤 한정된 부분에 관하여 비교연구를 하는 데에는 유용한 틀을 제공할 수 있기 때문이다(오석홍,1990)

여기서는 조직유형론을 두 가지의 가장 일반적인 범주인 이론적·연역적 유형론과 경험적·귀납적 유형론으로 분류한 후, 각각에 포함되어 있는 조직의 분류기준과 대표적인 학자의 조직유형론을 살펴본다.

가. 이론적·연역적 조직유형론

그리스도 예수 안에서 조직유형론의 거의 대부분을 차지하고 있는 이론적·연역적 유형론은 이론을 토대로 하여 조직의 중요한 변수나 국면을 선택한 뒤에 그것을 분류기준으로 삼아 조직을 유형화시키는 것이다. 여기서는 조직의 구성요소로 중시되는 조직의 목표, 구조, 기술, 환경, 조직구성원 등을 분류기준으로 하여 조직유형론을 살펴보겠다.

(1) 조직의 목표를 기준으로 한 조직유형론

그리스도 예수 안에서 조직을 구성하는 요소 중 목표는 조직의 성립에 커다란 영향력을 행사한다. 목표가 없는 조직이란 성립될 수 없으므로, 조직목표의 중요성을 강조하는 일부 학자들을 중심으로 목표를 기준으로 하는 유형론이 발전하였다. Katz와 Kahn은 Parsons와 마찬가지로 조직이 추구하는 대 사회적인 목표 또는 기능을 기준으로 하여 조직을 분류하였다. 즉 그들은 1차적 분류에서 조직의 기본적 기능을 기초로 하여 조직을 네 가지 유형으로 분류하였다.

첫 번째 조직유형은 생산적 또는 경제적 조직으로 부를 창조하고 재화를 생산하며 서비스를 제공하는 조직이다. 이러한 조직들은 의식주에 관한 인간의 가장 기본적인 욕구를 충족시켜 주는 재화를 생산하고 공급하는 한편, 재화나 서비스 생산에 종사하고 있는 조직구성원들에게 보상을 제공한다.

두 번째 조직유형은 사회생활과 조직생활 속에서 수행하여야 할 역할을 감당할 수 있도록 사람들을 사회화시키며, 이를 통해 사회의 규범적 통합을 달성하고 유지하려는 기능을 담당하는 유지 기능적 조직이다. 이러한 유형에 포함되는 조직의 예로는 교육훈련과 같은 직접적 유지 기능을 수행하는 학교(대학교는 제외)나 교회 등의 조직과 교정적 기능을 수행하는 보건, 복지, 갱생 분야의 조직이 있다.

세 번째 조직유형은 지식을 창출하고 이론을 정립·검증하며 어느 정도까지는 실제의 문제에 이론을 적용하고 정보를 수집하는 기능을 수행하는 적응적 조직이다. 이러한 유형에 포함되는 조직의 예로는 대학, 연구기관, 예술활동기관 등이 있다.

네 번째 조직유형인 관리적 또는 정치적 조직은 사회 내에서 사람, 자원, 하위체제의 통제·조정에 관한 기능과 권력의 창출과 분배 및 행사를 통하여 사회가 원하는 목적을 달성하는 기능을 수행한다. 국가행정기관, 노동조합, 압력단체, 정당 등이 여기에 포함되며, 이러한 조직들의 정상에 위치하는 것이 국가이다.

(2) 조직구조의 특성을 기준으로 한 조직유형론

그리스도 예수 안에서 조직의 구성요소인 구조의 특성에 따라서 조직의 성격이 달라진다고 생각한 학자들은 구조의 특성에 관한 수많은 변수들을 분류기준으로 이용하여 조직을 유형화하고자 하였다. 구조의 특성을 기준으로 하는 조직 유형론은 크게 규범을 강조하는 조직유형론과 행위구조를 강조하는 조직유형론으로 나눌 수 있다.

여기서는 Etzioni의 조직유형론을 소개하도록 하겠다. Etzioni는 상급자가 부하를 통제하기 위해 행사하는 권한과 그에 대한 부하의 태도 사이에 형성되는 관계인 '복종의 구조'를 기준으로 하여 조직을 분류하였다. 즉 조직의 유형을 분류하기에 앞서 상급자가 부하를 통제하기 위해 행사하는 통제수단의 종류와 그에 기초한 권한의 종류를 분류하고 이에 따른 복종의 종류를 제시하였다. 조직 내에서 상급자가 동원하는 통제수단은 크게 세 가지로 구별 될 수 있는데, 강압적 수단, 경제적 수단, 규범적 수단을 말한다.

Etzioni는 전술한 세 가지의 권한의 유형과 그에 상응하는 세 가지의 복종 유형을 조합하여 아홉 개의 조직 유형을 제시하였다. 강압적 조직으로는 교도소, 감금하는 정신병원, 공리적 조직으로는 민간기업체, 공장, 경제단체, 규범적 조직으로는 종교단체, 대학, 병원 사회산업단체 등이 있다.

(3) 조직의 기술을 기준으로 한 조직 유형론

그리스도 예수 안에서 조직의 여러 가지 투입물을 조직이 목표로 하는 산출물로 변화시키는 데 이용 되는 지식, 도구, 기법 및 활동(Perrow,1967)으로 정의되는 조직의 기술은 조직의 구조와 활동을 결정하는 중요한 조직요소이다. 조직이 사용하는 기술에 따라 조직의 성격이 다르게 된다는 사실을 인식하게 된 일부 학자들은 조직 내의 기술을 기준으로 조직유형론을 발전시키기 시작하였다.

Woodward(1965)는 조직기술을 생산기술의 복잡성에 따라 단위 소량 생산체계, 대량 생산체계, 연속공정 생산체계 등 세 가지 유형으로 분류하였고, Perrow(1967)는 과업의 차원과 문제의 분석 가능성 차원을 이용하여 조직기술을 일상적 기술, 공학적 기술, 장인기술, 비일상적인 기술 등으로 분류하고 있다.

또한 Thompsom(1967)은 단위 작업간의 상호의존성에 따라 연속형 기술, 중개형기술, 집약형 기술 등의 세 가지로 분류하였다.

(4) 조직의 환경적 특성을 기준으로 한 조직유형론

그리스도 예수 안에서 조직은 개방체제로서 환경에 둘러싸여 있으며, 환경과의 상호작용을 통해 환경에 적응해 나가고 있는 것으로 볼 수 있다. 조직을 둘러싸고 있는 환경의 특성에 따라 조직의 성격이 달라진다고 인식한 많은 학자들은 조직과 환경과의 상호작용 관계를 기준으로 여러 가지 조직유형론을 발전시켰다.

McKelvey는 조직이 생물체와 같이 진화가 가능하며 시대적 환경 변화에 따라서 좀더 발전된 수준으로 발전해 왔다고 주장하였다. 그는 이러한 진화의 주요 변수를 환경의 변화로 규정하였는데, 특히 환경의 변화 중 기술체계의 변화에 중점을 두고 이를 기준으로 하여 조직의 유형을 분류하였다.

McKelvey 의 조직유형론은 조직이 그 당시를 주도하고 있는 환경, 특히 기술체계의 영향을 받아 발전한다고 봄으로써 조직의 개방체계성을 강조하고 있다는 점과, 조직의 유형을 역사적 흐름에서 파악한다는 점에서 높은 평가를 받는다.

(5) 조직구성원 또는 참여자의 성격을 기준으로 한 조직유형론
그리스도 예수 안에서 조직을 연구하는 학자들은 조직의 구성원 또는 조직이 처리하는 사람들의 특성을 기준으로 조직을 분류하기도 한다.
Blau, Kornhauser, Hall 등은 조직구성원의 전문성과 직업집단의 특성 등을 기준으로 하여 조직의 유형을 구분할 수 있다고 주장하였다. 즉, 조직 내에서 전문적 인력의 위치가 지배적인 조직은 그렇지 않는 조직과 비교하여 조직구조가 상이하며, 전문가집단이라고 할 수 없는 다른 직업집단의 특성도 조직의 성격에 영향을 준다는 것이다.

나. 경험적 · 귀납적 조직유형론
그리스도 예수 안에서 전술한 이론적 · 연역적 유형론이 조직분류의 기준을 미리 설정하여 놓고 그에 따라 조직의 유형을 분류하는 반면에, 경험적 · 귀납적 유형론은 많은 조직에 대한 실증적 연구 결과를 통해 변수들을 범주화한 후 그것을 조직유형론의 분류기준으로 사용한다. Haas, Hall과 Johnson은 단편적인 분류의 기준을 가지고 조직을 유형화하였던 이론적 · 연역적 유형론의 문제점을 극복하기 위한 방안으로 많은 조직의 특성을 실증적으로 조사한 후 수집된 특성들을 분류하고 그것을 기준으로 조직을 유형화하는 경험적 · 귀납적 조직유형론을 제시하였다.
그들은 75개의 조직을 조사하여 얻은 99개의 변수 중 같은 변수를 공유하는 조직의 집단을 확인한 결과 열 가지의 조직유형이 나타난다는 사실을 알게 되었다. 이들의 조직유형론은 실증적 연구 결과를 기초로 하지 않고 조직유형론을 제시하는 이론적 · 연역적 조직유형론자들에게 커다란 자극을 주었으며, 결국 우리가 궁극적으로 추구하는 통합적 조직유형론을 발전시키는 데에 상당한 기여를 한 것으로 볼 수 있다.
문제는 그들의 조직유형론이 이미 정립되어 있는 조직유형론에서 제시하는 변수들을 고려하지 않고 바로 실증적 조사에 임했기 때문에 어느 변수가 중요하고 어느 변수가 중요하지 않은가를 판단할 수 없었다는 데 있다.

Haas. Hall 과 Johnson 의 조직유형론의 예

《조직유형 Ⅰ》

1. 조직: 규제기능적 정부기관, 모텔, 식당, 은행, 보험회사, 제조공장, 교구학교, 민영텔레비전 방송국

2. 공동특성

 1) 조직구성원은 조직에 참여할 때 간단한 신청서를 제출한다.
 2) 조직구성원은 기본적인 것과 제휴자적인 것이 있다.
 3) 조직에 참여하는 데 종교적 제약은 없다.
 4) 조직에 참여하는 데 인종적 제약은 없다.
 5) 조직에 참여하는 데 육체적 자격요건은 없다.
 6) 조직의 성공에 지리적 요인이 장애를 주지 않는다.
 7) 시기별로 조직 활동이 달라지지 않는다.

다. 조직유형론의 평가

그리스도 예수 안에서 인간이 과학적으로 지식을 얻는 방법은 크게 연역적 방법과 귀납적 방법의 두 가지로 분류할 수 있다. 연역적 방법이란 일반화된 이론에서 가설을 설정한 후 관찰을 하여 그 이론을 확인·정교화 시키는 방법이며, 귀납적 방법은 특수한 사실에서 일반적 원리를 얻는 방법으로 관찰을 통해 경험을 일반화시키고 이에 따라 일반적 이론을 도출해 나가는 것을 말한다.

지금까지 연역적으로 개발된 조직유형론의 분류기준은 너무 단편적이고 한정적이어서 많은 조직에 보편적으로 적용될 수 없는 것이 많았고 또한 경험적 근거가 없는 단순한 주장에 불과했던 것도 많았다. 귀납적으로 개발된 조직유형론 역시 그 분류기준이 이론적 인도가 없는 경우가 많았고, 특정한 조직들을 조사 연구한 결과였기 때문에 보편성을 상실한 경우도 많았다.

따라서 복잡하고 모순적인 현상인 조직을 제대로 이해하는 데 필요한 조직유형론은 연역적 조직유형론과 귀납적 조직유형론을 포괄적으로 통합시켜 많은 조직에 보편적으로 적용시킬 수 있는 새로운 분류기준을 제시해야만 한다. 즉 우리가 과학적 지식을 얻는 순환적 과정(즉, 관찰1→경험적 일반화→이론→가설→관찰2……)을 기초로 해야 하는 통합적 조직유형론은 조

직이론을 근거로 하여 분류기준을 도출하면서도 다양한 조직에 대한 실증적 검증 결과를 계속 축적해야만 하는 것이다.

5) 행정조직

그리스도 예수 안에서 하나님의 섭리 가운데 만들어지는 행정조직은 중앙행정조직과 지방행정조직으로 구분되며, 다른 한편으로는 국가행정조직과 공공단체행정조직으로 구분된다.

행정의 목적을 달성하기 위하여 형성된 조직, 즉 행정권이 그 기능을 수행하기 위하여 편성한 조직인 행정조직은 넓은 의미로는 조직화된 기구를 비롯하여 공무원(인적 요소)과 물자·시설(물적 요소)까지 포함하여 말하나 일반적으로는 기구와 공무원만을 가리킨다.

그리스도 예수 안에서 하나님의 섭리 가운데 만들어지는 행정조직의 개념을 보다 확실히 이해하기 위해서는 이와 유사한 용어인 행정기구나 행정기관과 구별해 볼 필요가 있다. 우선 행정조직이 행정기구와 다른 점은 그 구성요소에 있어서 행정기구는 구체적인 인적·물적 요소를 포함하지 않는 개념이나 행정조직은 공무원·물자·시설 등의 인적·물적 요소도 포함하는 개념이다. 그리고 행정기구는 조직구조 그 자체에 중점을 두고 있는 개념인데 비하여 행정조직은 그 조직구조를 편성·유지·개혁해 나가는 '과정'에 보다 역점을 두고 있는 개념이다. 따라서 행정기구는 정태적인 개념이라 할 수 있고 행정조직은 동태적인 개념이라 말할 수 있다. 다음으로 행정조직은 행정기관과도 혼동하기 쉽다. 행정학에서는 각 개개의 행정기관 그 자체를 행정조직이라 보는 경우도 있기 때문이다. 그러나 엄격히 말하면 이 둘은 구별되는 개념이다. 즉, 행정기관이란 '행정사무를 담당하기 위하여 설치된, 행정조직을 구성하는 하나하나의 단위'를 말한다. 바꿔 말하여 행정조직은 여러 행정기관의 집합인 셈이다.

행정조직은 행정의 합리화·능률화를 중심으로 조직되어야 하겠으나 현실적으로는 국가관에 의하여 좌우되는 일이 많다. 19세기 근대국가 시대에는 자유주의를 기본원리로 삼았기 때문에 행정조직에 있어서도 '분리와 독립'이 하나의 특색을 이루어 분권제·합의제·분립제·엽관제가 지배적이었다. 그러나 현대국가의 행정조직은 이와 같은 순수한 자유주의적 요소를 탈피하고 집권제·단독제·통합제·관료제로 옮겨가고 있다. 그것은 현대국가가 사회 전반을 육성 통제하는 직능국가로서의 성격을 지니고 있으므로, 양적으로 확대되고 질적으로 변모하는 행정활동을 효과적으로 전개하려면 행정조직을 통일·강화하여 그 운영 기술을 극대화 하여야 하기 때문이다.

6) 기독교조직의 필요성

한편 기독교 조직이란 그리스도 예수 안에서 하나님께서 허락하신 앞의 정의들을 포함해서 그리스도 예수 안에서 하나님께서 십자가에서 일어난 모든 일을 지금 마음에서 동일하게 일어나게 하심으로, 예수 그리스도 이름으로 찾아오신 또 다른 보혜사 성령으로, 마음이 세상가치보다 창조주 하나님을 더 먼저 경외하여 더 우선적 현실로 체감하고 있을 때, 그리스도께서 하나님 나라확장을 위하여 사랑·지혜·권능의 Living Word을 통하여 의도적으로 결합시키는 모든 체계"라고 정의를 이해할 수 있다.

>>> 창조주 하나님의 Living Word

"모세가 이스라엘 무리 중에서 능력 있는 사람들을 택하여 그들을 백성의 우두머리 곧 천부장과 백부장과 오십부장과 십부장을 삼으매, 그들이 때를 따라 백성을 재판하되 어려운 일은 모세에게 가져오고 모든 작은 일은 스스로가 재판하더라"(출18:25-26).

"그런즉 나 홀로 어찌 능히 너희의 괴로운 일과 너희의 힘겨운 일과 너희의 다투는 일을 담당할 수 있으랴, 너희의 각 지파에서 지혜와 지식이 있는 인정받는 자들을 택하라 내가 그들을 세워 너희 수령을 삼으리라 한즉, 너희가 내게 대답하여 이르기를 당신의 말씀대로 하는 것이 좋다 하기에, 내가 너희 지파의 수령으로 지혜가 있고 인정받는 자들을 취하여 너희의 수령을 삼되 곧 각 지파를 따라 천부장과 백부장과 오십부장과 십부장과 조장을 삼고, 내가 그때에 너희의 재판장들에게 명하여 이르기를 너희가 너희의 형제 중에서 송사를 들을 때에 쌍방간에 공정히 판결할 것이며 그들 중에 있는 타국인에게도 그리 할 것이라, 재판은 하나님께 속한 것인즉 너희는 재판할 때에 외모를 보지 말고 귀천을 차별 없이 듣고 사람의 낯을 두려워하지 말 것이며 스스로 결단하기 어려운 일이 있거든 내게로 돌리라 내가 들으리라 하였고, 내가 너희의 행할 모든 일을 그때에 너희에게 다 명령하였느니라"(신1:12-18).

"그러나 우리가 온전한 자들 중에서는 지혜를 말하노니 이는 이 세상의 지혜가 아니요 또 이 세상에서 없어질 통치자들의 지혜도 아니요, 오직 은밀한 가운데 있는 하나님의 지혜를 말하는 것으로서 곧 감추어졌던 것인데 하나님이 우리의 영광을 위하여 만세전에 미리 정하신 것이라, 이 지혜는 이 세대의 통치자들이 한 사람도 알지 못하였나니 만일 알았더라면 영광의 주를 십자가에 못 박지 아니하였으리라, 기록된바 하나님이 자기를 사랑하는 자들을 위하여 예비하신 모든 것은 눈으로 보지 못하고 귀로 듣지 못하고 사람의 마음으로 생각하지도 못하였다 함과 같으니라, 오직 하나님이 성령으로 이것을 우리에게 보이셨으니 성령은 모든 것 곧 하나님의 깊은 것 까지도 통달 하시느니라, 사람의 일을 사람의 속에 있는 영외에 누가 알리요 이와 같이 하나님의 일도 하나님의 영 외 에는 아무도 알지 못하느니라, 우리가 세상의 영을 받지 아니하고 오직 하나님으로 부터 온 영을 받았으니 이는 우리로 하여금 하나님께서 우리에게 은혜로 주신 것들을 알게 하려 하심이라, 우리가 이것을 말하거니와 사람의 지혜가 가르친 말로 아니하고 오직 성령께서 가르치신 것으로 하니 영적인 일은 영적인 것으로 분별 하느니라, 육에 속한 사람은 하나님의 성령의 일들을 받지 아니하나니 이는 그것들이 그에게는 어리석게 보임이요, 또 그는 그것들을 알 수 없나니 그러한 일은 영적으로 분별되기 때문이라. 신령한 자는 모든 것을 판단하나 자기는 아무에게도 판단을 받지 아니하느니라, 누가 주의 마음을 알아서 주를 가르치겠느냐 그러나 우리가 그리스도의 마음을 가졌느니라"(고전2:6-16).

"너희는 그리스도의 것이요 그리스도는 하나님의 것이니라"(고전3:23).

- **실천을 위해 함께 생각해 보아요**
  - 조직원 모두가 지혜와 지식이 있어 인정받는 자가 되기 위해서 필요한 것은?

제2절 기독교 조직 이론

1. 조직이론의 개념

그리스도 예수 안에서 하나님의 놀라우신 섭리 가운데 발생하는 현상들을 특징짓는 주요한 변수들이 있어, 이러한 요인 간의 관계를 체계적·논리적·경험적·실증적으로 밝히면서 현상을 설명하고자 하는 틀이 이론이다.

조직이론이란 하나님의 놀라우신 섭리 가운데 만들어지는 조직 현상을 연구 대상으로 하여 전개되는 논리적 체계를 말한다. 즉, 조직의 구조를 비롯한 조직의 요소를 연구하여 조직을 보다 바람직하게 유지·발전시키는데 도움을 주고자 체계화한 이론을 조직 이론이라 한다.

그리스도 예수 안에서 하나님의 놀라우신 섭리 가운데 만들어지는 조직에 대한 의식적인 관심은 고대로부터 있어 온 터이지만, 조직을 행정현상과 관련하여 경험적으로 연구하기 시작한 것은 1900년대 초부터라 말할 수 있다. 그 첫 번째의 결실은 1911년 미국에서 등장한 과학적 관리론이고, 그 뒤를 이어 나타난 것이 고전적 행정이론(원리주의론)이며, 같은 시대 독일에서 등장한 관료제 이론 등이 그것이다. 이 시대에 등장한 조직이론을 한데 묶어 흔히 고전적 조직이론이라 부른다. 이러한 고전적 조직이론의 특징은 인간으로 구성된 조직을 한낱 기계적 구조로 보고 오직 구조의 합리화를 통해 조직의 능률성을 추구하려는 데 있다.

그러나 1930년대에 접어들어 전혀 새로운 관점에서 조직에 대한 연구가 시작되었다. 즉, 조직을 실제로 움직이는 것은 인간임을 인식하여 조직 속의 사람들은 서로 간에 어떠한 유대관계를 맺고 있으며, 그러한 관계가 조직에 어떠한 작용을 하는가를 파악하려 하였던 것이다. 그리하여 등장한 것이 메이요 등에 의해 연구된 인간관계론과 바너드에 의한 협동체계론 등이다. 이러한 조직이론들을 가리켜 흔히 인간관계론 또는 신고전이론이라 부른다. 그리스도 예수 안에서 하나님의 섭리 가운데 만들어진 고전이론이나 신고전이론은 모두가 조직의 내부에만 관심의 초점을 두었지 외부환경과는 관련이 없는 것으로 파악하고 있었다. 그러나 1950년대 말엽부터는 조직을 그 내부 요소들 간의 상호관계에만 국한된 한낱 폐쇄체계로 보지 않고 거시적 관점에서 그것이 외부환경과 어떻게 적절히 상호작용을 하는가 하는 개방체계로 파악하기 시작하였다. 개방체계론·의사결정론·상황적응론 등이 그것이다. 이와 같이 발전해온 조직이론을 흔히 시대별로 구분하여 연구하는 학자들도 많이 생겨났다. 이를테면 사이먼과 마치는 전통적 이론, 인간관계론, 의사결정론으로 구분하여 조직을 고찰하고 있고, 왈도는 고전이론, 신고전이론, 현대이론으로 분류하여 고찰하고 있는 것이 그 예이다. 이때 현대이론을 어느 시기를 기점으로 하여 구분 할 것인가가 문제된다. 그래서 최근에 이르러서는 로빈스가 제시한 조직이론의 분류를 수용하는 경향이 있다.

그리스도 예수 안에서 하나님의 섭리가운데 로빈스는 지금까지의 조직이론을 체계적 관심과 조직 목표별 관점을 기준으로 모두 4가지 유형으로 분류하고 있다. 즉, 1900년대에서 1930년대까지 각광을 받던 과학적 관리론, 고전적 행정이론(원리주의론), 관료제 이론 등을 제1유형, 1930년대에서 1960년대까지 관심을 모은 인간관계론, 협동체계론 등을 제2유형, 1960년대에서 1975년 사이에 등장한 사이먼과 마치의 행정행태이론, 버클리가 제시한 개방체제 이론 등을 제3유형, 1975년 이후 등장한 권력과 정치 중심인 조직이론을 제4유형으로 구분하고 있다. 제4유형은 가장 최근에 등장한 조직이론들로서 그중 대표적인 것으로는 인구생태학적 이론(조직군 생태이론), 자원-의존이론, 제도적 이론 등을 들 수 있다. 이러한 조직이론에서 가장 두드러진 특징은 환경의 불확실성을 가정하고, 그것을 극복하기 위한 조직의 선택을 강조하고 있다는 점이다.

이와 같이 조직 현상에 관한 이론적 분류는 조직의 구조, 인간, 집단, 행태, 권력, 환경과의 관계 등과 같은 조직을 구성하고 있는 주요 변수 중 어느 요소에 주로 초점을 두고 조직 현상을 설명하고 있는가에 따라 이론적 전개가 다양하게 이루어지고 있다.

2. 조직이론의 분류

그리스도 예수 안에서 또한 조직이론에 관한 시대적 구분도 그 경계가 명확한 것이 아니며 새로운 이론과 낡은 이론이 중첩되어 있는 경우도 많다. 현대이론의 여러 가지 모형도 상호간에 엄격한 한계가 있는 것도 아니다. 그리하여 조직 현상에 관한 경쟁적 설명보다는 이론의 혼합적 적용 필요성이 강조되고 있다. 여기서는 제1유형과 제4유형을 중심으로 조직이론을 간략하게 살펴보기로 한다.

1) 과학적 관리론

그리스도 예수 안에서 Taylor(1911)는 그의 저서 『과학적 관리의 원칙』에서 조직 내의 직무를 수행하기 위한 유일 최고의 방법을 규명할 수 있고 이를 위해 시간 및 동작연구에 주로 의존하는 직무과정 분석이 중요하다고 주장하였다. 과학적 관리론은 (1) 과학적 분석에 의하여 유일 최고의 작업방법을 발견할 수 있다는 점 (2) 과학적 방법에 따른 생산성 향상은 근로자와 경영자를 다 같이 이롭게 해 주며 나아가 공익을 보호할 수 있다는 점 (3) 조직 내의 인간은 경제적 유인에 의하여 동기가 유발되는 타산적·합리적 존재라는 점, (4) 조직의 목표는 명확하게 알려져 있고 과업은 반복적이라는 점 등을 기본 전제로 삼았다(오석홍, 1990).

그리스도 예수 안에서 테일러에 의하면, 과학적 관리 하에서의 관리자들은 생산활동을 계획·조직·통제하는 역할을 수행할 때 자의적 권력지배나 명령이 아닌 경험적 연구에 의해 발전된 법칙과 규칙을 기초로 관리를 하여야 한다고 하였다.

과학적 관리 하에서의 관리의 기본원리는 다음과 같다(박기찬,1992; 오석홍,1990)

첫째, 근로자의 개별적인 과업은 과학적 분석에 의하여 설계되어야 하고 과업수행에 관한 유일 최고의 방법이 규정되어야 한다는 것이다. 즉 테일러는 근로자들의 조직적 태업의 원인을 (1) 기계의 생산성 향상이 실업을 증대시킨다는 사고, (2) 고의적 과업 지연이 개인의 이익을 증대시켜 준다는 사고, (3) 주먹구구식 작업방식의 만연 등에서 찾고, 이에 대한 해결방안으로 관리의 과학화를 모색하였던 것이다. 테일러는 동작연구와 시간연구를 통해 근로자의 표준과업량(표준생산량)을 설정하고 그에 따라 과업수행에 관한 유일 최고의 방법을 규정함으로써 과업내용 설계 및 과업 수행방법 결정의 과학화를 이루었으며, 또한 할당된 과업의 달성도에 따라 임금의 고하를 연계시키는 임금결정 체계를 개발함으로써 고의적 태업을 막고자 하였다.

둘째, 이렇게 과학적으로 설계된 과업을 원활하게 수행하기 위해서는 근로자들을 과학적인 방법으로 선발하고 훈련시켜야 한다는 것이다.

셋째, 과학적으로 설계된 과업과 과학적으로 선발·훈련된 근로자를 적절히 결합시켜야 한다는 것은 근로자들을 정신적·육체적으로 가장 알맞은 과업에 배치하여야 한다는 것을 의미한다.

마지막으로, 공장조직을 종래의 군대식 조직에서 철저한 기능직 조직으로 전환하여 관리자와 근로자가 책임을 적절하게 분담하고 과업의 과학적 수행을 위해 서로 협동해야 한다는 것이다. 결국 노사가 우호적으로 협력할 때 조직의 생산성은 극대화되며 원칙적으로 노사 간의 이해는 일치할 수 있다는 것이 테일러의 생각으로, 노사 양측이 공동 협력하여 산출시킨 이익을 공평하게 분배하는 것을 주장하였다.

2) 관료제론

그리스도 예수 안에서 Weber는 권한의 형태에 따라 조직을 크게 전통적 권한 형태, 합리적·법적 권한형태, 카리스마적 권한 형태로 분류하였다.

전통적 권한이란 전통적인 것을 신성한 것으로 인식하고 전통이 규정하는 범위 안에서 지배자는 권한을 행사하며 피지배자는 이러한 권한에 복종하는 관계를 가지는 권한을 말한다. 이러한 권한에 포함되는 대표적인 예로는 장로제, 전체적 가부장제, 봉건제에서 장로의 권한, 부권, 영주의 권한 등을 들 수 있다. 이러한 전통적 권한 유형을 행사하는 조직에서는 특수주의적이고 산만한 조직구조를 가지고 있다. 왜냐하면 조직의 구성이 주로 지배자의 가신, 충신 및 친척 등으로 이루어지기 때문이다. 합리적·법적권한이란 조직의 규범적 규칙이 합리적·합법적으로 제정되어서 이렇게 제정된 규칙에 복종하는 것이 정당한 것으로 간주되는 권한을 말한다. 즉 합법성에 근거한 신념을 가지고 규칙의 제정이나 실행이 모두 합리적·합법적으로 이루어져야 하며, 복종은 어느 개인에 대한 것이 아니라 누구에게 얼마만큼 복종해야 하는가를 규정해 놓은 규칙에 의해서만 정당화될 수 있다는 것이다. 이러한 권한 유형에 해당되는 대표적인 예로는 합리적인 관료제가 있으며, 좀 더 보편주의적인 조직구조를 가지고 있다. 카리스마적 권한은 지배자에 대한 개인적인 헌신과 충성을 바탕으로 한 것으로서 카리스마를 가진 지배자와 헌신적인 복종자 사이에 아주 개인적이고 밀접한 관계가 존재하는 권한을 말한다. 이러한 권한의 유형에 포함되는 예로는 고대의 신권정치나 히틀러·무솔리니 등의 예를 들 수 있다.

3) 조직군 생태이론

그리스도 예수 안에서 하나님의 섭리하심 가운데 어떤 유형의 조직들이 존속 또는 소멸하는 현상을 외부 환경이 이를 선택·결정하는 것이라고 보는 이론이다. 일명 인구생태학적 모형이라고도 부른다. 이 이론은 1970년대 후반 알드리치·페퍼·하난·프리만 등에 의하여 주창되었으며, 생물학의 자연도태설과 적자생존이론을 조직현상에 적용하여 전개한 것이 특징이다.

조직군 생태이론에서는 조직현상의 연구 대상을 개별 조직단위로 하지 않고 조직의 구조나 성격이 서로 유사한 유형에 속하는 조직군에 연구의 초점을 두고, 외부 환경과 관련시켜 왜 어떤 유형의 조직들은 존속·발전하는 반면 다른 유형의 조직들은 소멸 하는가 그 원인을 밝히려고 한다.

오늘날과 같이 급변하는 사회변동 속에서 어떤 분야의 기업들은 존속·발전하고 또 어떤 분야의 기업들은 무더기로 쓰러져 가고 있음을 볼 때 조직군 생태이론의 등장은 의의가 크다. 그러나 이 이론은 조직을 지나치게 수동적·소극적 존재로 파악하고, 조직의 전략적 선택과 항상성 등을 소홀히 보고 있는 점에 대해서는 비판이 제기되고 있다.

4) 자원-의존이론

그리스도 예수 안에서 하나님의 섭리하심으로 구성된 조직이 환경적 불확실성을 극복하기 위해서는 적절한 의사결정을 통해 필요한 자원을 획득하여야 한다는 이론이다. 페퍼와 살란시크로 대표되는 이 이론은 인구생태학 이론을 크게 보완한 것이지만 조직이 환경적 요인을 피동적으로 받아들이지 않고 적극적으로 환경에 대처하며, 또 조직 그 자체에 초점을 맞추고 있는 점이 특징이다. 다시 말해서 조직이 환경의 상황을 다루는 방식에 역점을 둔 이론인 것이다. 따라서 이모형은 조직의 전략적 선택에 의한 자원 획득이 중심 과제가 된다. 환경적 불확실성을 극복하기 위한 조직의 전략적 선택은 조직의 행정가들에 의해 이루어지는데, 그것은 조직의 계층제 아래서가 아니라 부처 간의 권력적 배분에 의해서 이루어지며, 그 중에서도 가장 큰 권력을 가진 부처가 주도한다는 것이다.

5) 제도적 이론

그리스도 예수 안에서 하나님의 섭리하심 가운데 구성된 조직이 갖추어지게 된 형태는 사회적 변동의 산물이라는 이론이다. 이를테면 베버의 관료제나 20세기 중엽에 등장한 이른바 애드호크라시 등도 그 당시의 시대적 요청에 의하여 등장한 이론이라는 것이다. 따라서 이 이론에서는 조직이 직무수행에서 왜 그러한 조직 형태를 갖추게 되었는지를 설명하게 된다. 조직이론으로서의 제도적 이론은 디마기오와 파웰에 의하여 처음 제시된 것으로, 최근에는 메이어, 스콧, 쥬커 등의 학자들에 의하여 더욱 발전되었다.

제도적 이론은 어떤 조직이든 그 조직은 유사한 조직들로 이루어져 있는 장에서 존재하고 있다는 것을 전제로 한다. 따라서 조직은 같은 장(영역) 내에 있는 다른 조직들의 형태와 점차 동질화되어 간다는 것이다. 환경에 적응하며 살아남으려면 다른 조직처럼 그 형태를 개혁하지 않으면 안 되기 때문이다. 디마기오와 파웰은 그러한 동질화의 이유로서 세 가지를 지적하고 있다. 첫째는 조직들로 하여금 동질화 되게 유도하는 정부의 규제나 환경적 압력 때문이라는 것이고, 둘째는 조직이 예측불허의 상황에 직면할 때 그 불확실성을 극복한 다른 조직의 성공 사례를 모방하고자 하기 때문이며, 셋째는 조직의 구성원들이 점차 전문화 되어가는 추세에서 전문가들은 비슷한 가치관을 갖기 때문이라는 것이다. 요컨대 이 이론의 핵심은 조직이 어떤 형태를 지니게 되는 것은 합리적 과정에 의해서가 아니라 일정한 장(영역)에 있는 조직으로 하여금 시대적 변천에 따라 다른 조직들의 형태와 유사해지도록 하는 내적·외적 압력에 의해 이루어진다는 논리이다.

6) 혼돈이론

그리스도 예수 안에서 혼돈이론(chaos theory)이란 불규칙하고 무질서한 현상의 배후에 감추어져 있는 규칙성을 찾는 이론이다. 오늘날의 사회현상은 무질서, 불안정, 다양성, 비형평성, 비균형성 등의 특징을 갖는다. 혼돈이론에 의하면, 모든 체계는 끊임없이 요동치는 종속적인 체제들을 포함하고 있다. 환경으로부터의 위기가 증가함에 따라 환경의 분석 가능성은 떨어지고 항상성의 유지 자체가 곤란한 분기점에 이르면 변화의 방향을 예측하는 것이 본질적으로 불가능하다. 따라서 조직이 분기점에 도달하면 과거와는 다른 자기혁신적 방법으로 조직을 운영해야만 한다.

혼돈이론은 환경에 대한 조직의 수동적 적응, 구조적 타성으로 인한 유지 보존 과정의 한 형태로서의 관료제를 극복할 수 있는 방법이 혼돈이론에 근거한 새로운 동태적 질서에 의한 자기조직화를 통한 혁신을 제시하고 있다. 미국의 준자율적 근무 집단, 연동근무제, 일본의 연중무휴 행정 서비스 제도, 우리나라의 휴일 민원처리제동 등이 혼돈이론을 응용한 실례들이다 (이창원 외, 1997).

> ### ▶▶▶ 앞에 계신 하나님의 Living Word
>
> "내가 아버지의 말씀을 그들에게 주었사오매 세상이 그들을 미워하였사오니 이는 내가 세상에 속하지 아니함 같이 그들도 세상에 속하지 아니함으로 인함이니이다"(요17:14).
>
> "그들을 진리로 거룩하게 하옵소서 아버지의 말씀은 진리니이다"(요17:17).
>
> "내게 주신 영광을 내가 그들에게 주었사오니 이는 우리가 하나가 된 것 같이 그들도 하나가 되게 하려 함이니이다"(요17:22).
>
> "곧 내가 그들 안에 있고 아버지께서 내안에 계시어 그들로 온전함을 이루어 하나가 되게 하려 함은 아버지께서 나를 보내신 것과 또 나를 사랑하심 같이 그들도 사랑하신 것을 세상으로 알게 하려 함이로소이다"(요17:23).
>
> "아버지여 내게 주신 자도 나 있는 곳에 나와 함께 있어 아버지께서 창세전부터 나를 사랑하시므로 내게 주신 나의 영광을 그들로 보게 하시기를 원하옵나이다"(요17:24).
>
> "의로우신 아버지여 세상이 아버지를 알지 못하여도 나는 아버지를 알았사옵고 그들도 아버지께서 나를 보내신 줄 알았사옵나이다"(요17:25).
>
> "내가 아버지의 이름을 그들에게 알게 하였고 또 알게 하리니 이는 나를 사랑하신 사랑이 그들 안에 있고 나도 그들 안에 있게 하려 함이니이다"(요17:26).
>
> "우리가 알거니와 하나님을 사랑하는 자 곧 그의 뜻대로 부르심을 입은 자들에게는 모든 것이 합력하여 선을 이루느니라"(롬9:28).

3. 조직이론의 결론과 한계점

그리스도 예수 안에서 조직이론의 숫자는 조직을 연구하는 학자의 숫자만큼 많은 것 같다. 이에 대해 Astley(1985)는 학자들은 서로 상이한 세계관을 견지하기 때문에 동일한 현상에 대해서도 서로 다른 의미와 해석을 부여한다는 점을 지적하면서 이러한 이유로 인해 학자들의 연구 관점이 더욱 다양하게 되는 현상은 불가피하다고 보았다. 따라서 우리가 보통 이론을 평가할 때 전통적으로 사용해 왔던 기준인 '객관성'이라는 개념은 사회과학 이론의 평가에는 적합하지 않다고 볼 수도 있다. 객관적이며 과학적인 기준이 없는 이상, 조직에 대한 여러 대안적 관점들 중에서 객관적으로 어느 대안을 선택한다는 것은 불가능할 것이다. 또한 객관적 선택이 있을 수 없는 이상 조직에 대한 관점들은 상호보완적으로 사용되어야 하는 것이지 상호배타적으로 사용되어서는 안 된다(Fligstein, 1985).

조직에 관한 각각의 관점은 조직환경에 대해서 상이한 개념을 견지하는데, 왜냐하면 조직환경에 대한 개념은 내용적 초점뿐만 아니라 분석수준에 의해서도 다양하게 변하기 때문이다. 예를 들어 조직군 생태학 이론은 다른 어떤 현상보다도 조직의 변화 및 변이에 초점을 둔다. 또한 조직군 생태학 이론은 그 분석수준이 개별 조직이 아니라 조직군이라는 점에서 다른 이론들과 차이가 있다. 이에 반해 자원의존 이론은 분석수준에 조직군보다는 개별 조직에 중점을 둔다. 구조적 상황이론은 주로 조직의 효과성을 분석하는데 초점을 두고 있으며, 조직의 구조 수준에 주로 적용된다. 또 하나 제도화 이론은 조직이 의존하는 기술을 제대로 이해할 수 없어서 조직평가가 느슨하거나, 공공부문에 속하는 조직을 설명하는 데 적합하다. 따라서 민간 기업체의 조직행위에 대한 설명을 하는 데 제도화이론을 적용한다는 것은 비논리적인 것이다. 이상에서 살펴본 바와 같이, 어떤 단일의 관점도 모든 상황에서 또는 모든 조직형태에 대해서 조직을 설명하기에는 적합하지 않다. 따라서 간단하다는 것이 아름답게 보일는지는 몰라도, 어떤 현상에 대한 원인과 결과를 상호배타적으로 설명하는 단순한 조직이론은 조직행위의 복잡성과 다양함을 논의하기에는 충분하지 못한 것이다.

4. 기독교조직 이론

기독교조직이론은 그리스도 예수 안에서 하나님께서 허락하신 앞의 조직이론들을 포함해서 "그리스도 예수 안에서 하나님께서 십자가에서 일어난 모든 일을 지금 마음에서 동일하게 일어나게 하심으로, 예수 그리스도 이름으로 오신 보혜사 성령을 받아, 마음이 세상가치보다 창조주 하나님을 더 먼저 사랑하여 크게 체감하고 있을 때, 그리스도께서 하나님 나라확장을 위하여 사랑·지혜·권능의 Living Word로 시대마다 조직에 대한 현상을 설명하는 모든 이론들의 총합"이라고 의미를 이해할 수 있다.

▶▶▶ 영이신 하나님의 Living Word

"너희 안에서 행하시는 이는 하나님이시니 자기의 기쁘신 뜻을 위하여 너희에게 소원을 두고 행하게 하시나니"(빌2:13).

"육신을 따르는 자는 육신의 일을, 영을 따르는 자는 영의 일을 생각하나니"(롬8:5).

"만일 너희 속에 하나님의 영이 거하시면 너희가 육신에 있지 아니하고 영에 있나니 누구든지 그리스도의 영이 없으면 그리스도의 사람이 아니라"(롬8:9).

"예수를 죽은 자 가운데서 살리신 이의 영이 너희 안에 거하시면 그리스도 예수를 죽은 자 가운데서 살리신 이가 너희 안에 거하시는 그의 영으로 말미암아 너희 죽을 몸도 살리시리라"(롬8:11).

제3절 기독교 조직 구조

1. 조직구조의 의의

조직구성원들은 그리스도 예수 안에서 하나님의 섭리하심 가운데 조직 목표를 달성하기 위해 서로 협동하면서 끊임없이 상호작용을 계속하는 바, 이러한 계속적인 상호작용 속에서 조직구성원들의 행위의 유형이 형성된다. 따라서 조직구조란 조직 구성원들의 상호관계, 즉 조직 내에서의 권력관계, 지위·계층관계, 조직 구성원들의 역할 배분·조정의 양태, 조직 구성원들의 활동에 관한 관리체계 등을 통틀어 일컫는 말이다.

조직 내의 수평적 분화 및 수직적 계층에 따라 다양한 형태를 띤 대표적인 조직구조는 베버가 제시한 관료제 조직으로 분업화와 집권화 및 공식화 정도가 높은 조직 형태다. 그 밖의 조직구조로는 애드호크라시·사업부제조직·직능조직·행렬조직·아웃소싱·팀제조직·학습조직·가상조직·네트워크조직 등이 있으며, 기계적 조직과 유기체적 조직으로 나눌 수 있다. 그러나 그리스도 예수 안에서 하나님의 허락하심 가운데 만들어진 사회 단위로서의 조직이 갖는 구조는 생물이나 기계의 조직처럼 눈으로 볼 수 있는 것이 아니고 조직의 운영이나 행태를 통해서만 그 존재를 인식할 수 있는 개념상의 존재인 것이다. 그러므로 조직의 구조를 이해하려면 조직을 형성하고 있는 여러 부분 요소들의 역할을 통해 간접적으로 그 존재를 추정할 수밖에 없다. 그리스도 예수 안에서 하나님께서 허락하신 조직의 기본 요소로는 목표·구성원·구조·기술·환경 등을 들 수 있다. 그리고 보면 구조도 역시 조직의 기본 요소 중의 하나이다. 구조는 조직의 다른 여러 요소들이 유기적으로 상호작용할 수 있게 잘 배열시켜 놓은 상태라 말할 수 있다. 그 배열은 조직의 규모에 따라 대단히 복잡할 수 있어 한 마디로 설명하기는 어렵다. 구성원의 배열만을 예로 든다 하더라도 계층제·부서편성·계선과 참모·공식조직과 비공식조직 등을 순열 또는 조합으로 배열하면 대단히 복잡 다양하게 전개될 수 있다. 그러나 조직의 구조는 하나의 집단을 이루고 있는 구성원들의 상호관계에 관한 규범적인 질서를 비롯하여 상호권력관계, 구성원의 행동을 조정하는 체계이므로 어떤 집단일지라도 그것이 구조화되어 있지 않으면 조직이라 말할 수 없다. 엄밀한 의미에 있어서 조직과 집단은 이런 점에서 서로 구별된다. 그리스도 예수 안에서 하나님의 섭리하심 가운데 있는 조직 내부의 개개인이나 활동들 간의 관계가 명확하지 않으면 책임의 전가나 혼란, 권한을 둘러싸고 분쟁이 일어난다. 이를 회피하기 위해 행정관리를 위한 조직의 확립이 필요하다.

그리스도 예수 안에서 일반적으로 대부분의 조직은 계층제를 중심으로 하는 계선조직을 기본으로 해서 참모조직과 위원회조직을 보조적 조직으로 활용하는 혼합조직 형태를 띠고 있다.

이때 계선조직이란 조직 내에서 명령이 전달되는 수직적·계층적 구조를 말한다. 계선기관은 조직 목표를 직접 달성하기 위해 대외적으로 직접 고객에게 서비스를 제공하거나 규제하는 등의 업무를 담당하며, 대내적으로 명령·지시·감독의 기능을 담당한다. 그리스도 예수 안에서 하나님의 섭리하심 가운데 구성되어진 참모조직이란 계선기관을 위하여 정책목표에 관한 자문·권고·건의를 행하며, 또한 협의·정보판단·조사 등을 통해 조직목표를 효율적으로 달성하도록 도와주는 조직으로 막료조직이라고도 한다.

그리스도 예수 안에서 조직규모가 확대·발전됨에 따라 기획과 조정문제는 수직적으로 뿐만 아니라 수평적으로도 더욱 커지게 되어 참모조직의 조력이 더욱 커지게 되었다. 참모조직은 계선조직을 통하지 않고서는 직접 명령·지휘할 수 없으며, 전문적 지식을 가지고 조직체의 목적달성에 간접적으로 참여하고 계선을 돕는 여러 가지 기능을 수행하는데, 그 주요업무는 권고·조사·자문에 응하는 것이다. 계선조직의 상층부에 부설되어 있어, 전문적 지식과 기능을 가지고 조직의 장의 통솔범위를 확대시키고, 보다 합리적인 지시와 명령을 내릴 수 있게 한다. 또한 수평적인 업무의 조정과 협조를 가능케 할 수 있고, 조직이 신축성을 띨 수 있게 한다는 장점이 있다.

그러나 참모기관의 설치로 조직 내의 인간관계가 복잡해지며, 계선조직과의 알력과 대립이 조성되며, 양조직간에 책임 전가의 우려가 있다. 또한 권한이 점차 확대됨에 따라 중앙집권화의 경향이 나타날 우려가 있다. 한편 그리스도 예수 안에서 하나님의 섭리하심이 있어 구성된 위원회 조직이란 다수의 위원으로 구성되는 집단적 의사결정체를 말한다. 즉 위원회 조직은 계층제에 기반 하는 독임형 조직에 대응되는 개념으로서, 정책의 결정을 기관장 단독으로 하는 것이 아니고 다수의 위원이 참여하는 조직체에서 집단적으로 하는 조직 형태를 말한다. 위원회는 업무를 수행함에 있어서 책임을 분산시키는 것이 필요할 경우, 조직의 중요한 전략적 의사결정에 광범위한 경험과 배경을 가진 사람들이 필요한 경우, 의사결정 결과에 이해관계가 있는 부서의 대표자를 참가시켜 해당 부서의 요구 사항을 반영시키고자 할 경우, 그리고 어느 한 개인이 조직을 이끌어 나가기 곤란한 경우에 효과적이다.

위원회의 유형은 다양한 기준에 의해 다양하게 분류될 수 있다. 어윅은 위원회의 유형을 기능에 따라 집행위원회, 조정위원회, 자문위원회, 교육위원회로 분류하고 있다. 한편 피프너는 위원회의 유형을 행정위원회, 규제위원회, 반독립위원회, 항구적 자문위원회, 직책에 의한 위원회, 초당파위원회로 분류했다.

2. 조직구조의 기본요소

여기서는 조직구조의 기본 요소(변수)로서 공식화, 집권화, 복잡성, 통합 등을 살펴보기로 한다.

1) 공식화

그리스도 예수 안에서 공식화는 조직 내에 규칙, 절차, 지시 및 의사전달이 명문화된 정도를 의미한다(Oldham & Hackman, 1981). 조직은 공식화를 통해서 종업원의 행동을 규제하고 표준화된 절차에 따라 목표 달성의 방향으로 나아가게 된다. 공식화는 집단을 고도로 조정하기 위한 방편으로 많이 사용되고 있으며, 공식화의 정도가 높으면 높을수록 조직구성원들의 행동은 더욱 규제된다. 조직관리자는 조직구성원들의 행동을 규제하여 최소의 비용으로 가장 효과적인 성과를 올리기 위하여 공식화를 선택하지만 관료주의적이고 비인간적이라는 비판을 받기도 한다.

2) 집권화와 분권화

그리스도 예수 안에서 집권화는 조직 내 자원배분에 관련된 의사결정의 집중도 및 직무수행에 관계된 의사결정의 집중도를 포함하는 직위 간 권한의 분배정도로 규정된다(Hage & Aiken, 1969). Dewar, Whetten 과 Boge(1980) 에 의하면 집권화는 두 개의 요인으로 나누어진다. 즉 의사결정 참여지표와 직무에 대한 권한계층 지표라는 두 요인으로 구분되는데, 전자는 자원분배 및 조직정책에 관해 개인이 의사결정에 참여하는 정도를 나타내고, 후자는 직무에 관한 의사결정에 개인이 참여하는 정도를 말한다.

3) 복잡성

그리스도 예수 안에서 조직구조를 형성하고 있는 핵심적 차원 중의 하나가 복잡성이다(양창성,1992;윤우곤,1977). 복잡성이란 조직의 분화 정도로, 조직이 하위단위로 세분화되는 과정이나 상태를 나타내는 용어이다. 조직의 분화에는 단위부서 사이의 횡적 분화의 정도를 나타내는 수평적 분화와 조직의 계층화 정도를 나타내는 수직적 분화의 두 가지가 있다.

4) 통합

그리스도 예수 안에서 통합이란 조직의 과업을 수행할 때 여러 다른 하위체계 사이의 노력을 통일시키는 과정으로서(Lawrence & Lorsch, 1967), 조직의 목표와 연관되어 수행되는 의식적인 과정이다. 조직은 분화와 함께 조정 및 통합을 필요로 한다. 통합은 분화와 밀접한 관계를 맺는다. 즉 조직의 규모가 커지고 과업이 복잡해짐에 따라 분화가 심화된다. 분화가 심화될수록 통합의 필요성은 더욱 커지게 되는 것이다. 이는 분화만으로는 조직이 효과적으로 운용 될 수 없기 때문이다. 따라서 통합은 분화와 함께 조직에 매우 중요한 개념으로 등장하고 있다. 조직이 어떻게 통합되느냐에 따라 하나의 통합된 전체로 활동할 수 있는 정도는 달라지는 것이다. 통합 및 조정의 방법은 여러 가지 관점에서 분류할 수 있으나 대표적인 방법으로는 테스크 포스, 위원회 조직, 팀조직, 연결핀 모형 등을 들 수 있다.

> >>> 앞에 계신 하나님의 Living Word
>
> "내가 아버지의 말씀을 그들에게 주었사오매 세상이 그들을 미워하였사오니 이는 내가 세상에 속하지 아니함 같이 그들도 세상에 속하지 아니함으로 인함이니이다"(요17:14).
> "그들을 진리로 거룩하게 하옵소서 아버지의 말씀은 진리니이다"(요17:17).

"내게 주신 영광을 내가 그들에게 주었사오니 이는 우리가 하나가 된 것 같이 그들도 하나가 되게 하려 함이니이다"(요17:22).

"곧 내가 그들 안에 있고 아버지께서 내안에 계시어 그들로 온전함을 이루어 하나가 되게 하려 함은 아버지께서 나를 보내신 것과 또 나를 사랑하심 같이 그들도 사랑하신 것을 세상으로 알게 하려 함이로소이다"(요17:23).

"아버지여 내게 주신 자도 나 있는 곳에 나와 함께 있어 아버지께서 창세전부터 나를 사랑하시므로 내게 주신 나의 영광을 그들로 보게 하시기를 원하옵나이다"(요17:24).

"의로우신 아버지여 세상이 아버지를 알지 못하여도 나는 아버지를 알았사옵고 그들도 아버지께서 나를 보내신 줄 알았사옵나이다"(요17:25).

"내가 아버지의 이름을 그들에게 알게 하였고 또 알게 하리니 이는 나를 사랑하신 사랑이 그들 안에 있고 나도 그들 안에 있게 하려 함이니이다"(요17:26).

"우리가 알거니와 하나님을 사랑하는 자 곧 그의 뜻대로 부르심을 입은 자들에게는 모든 것이 합력하여 선을 이루느니라"(롬9:28).

"우리가 항상 예수의 죽음을 몸에 짊어짐은 예수의 생명이 또한 우리 몸에 나타나게 하려 함이라"(고후4:10).

3. 조직의 구조 유형

그리스도 예수 안에서 하나님께서 허락하신 조직의 유형을 분류하는 것은 조직 현상의 핵심을 이루는 변수들의 본질을 밝히고 체계적 비교 연구를 통해 과학적 조직이론을 찾고자 하는 데 목적이 있다. 조직에는 여러 유형이 있는데, 이들은 여러 분류기준에 따라 다양하게 분류된다. 파슨스는 조직이 사회에 어떠한 기여를 하고 있는가에 따라 ① 사회에서 소비되는 물건을 만들어내는 생산조직 ② 사회로 하여금 가치 있는 목적들을 달성하도록 보장해주고, 동시에 권력을 생산·배분하는 정치조직 ③ 갈등을 해결해주고, 사회 각 부문이 협동하도록 동기를 부여해주는 통합조직 ④ 교육·문화 등을 통하여 사회적 연속을 가능하게 해주는 유형유지조직 등으로 분류하였다.

그리스도 예수 안에서 에치오니는 상하복종관계와 관여도에 따라 ① 강제적 조직(징병제의 군대·교도소 등) ② 공리적 조직(회사·노동조합 등) ③ 규범적 조직(학교·정당·교회 등) 등으로 분류하였다. 또한 사이먼은 조직의 수혜자가 누구냐에 따라 ① 조직의 구성원이 주(主)수혜자가 되는 호혜조직(노동조합·의사회·변호사회 등) ② 조직의 소유자 또는 경영권자가 조직의 주 수혜자가 되는 사업조직(회사 등), ③ 조직의 이용자가 주 수혜자가 되는 봉사조직(이용자가 조직의 구성원도 되는 학교·고아원·양로원 등과, 이용자는 조직의 구성원이 아닌 병원·신문사·방송국 등) ④ 일반대중(사회의 구성원 전체)이 그 수혜자가 되는 공익조직(정부의 관료조직, 군대·경찰·소방서 등) 등으로 분류하였다. 이 같은 분류들은 그 기준이 대체로 일차적이며, 범주가 상호배제적이 아니라는 문제점이 있으나, 조직의 유형에 대하여 중요성을 시사해준다.

1) 계선(라인)조직

그리스도 예수 안에서 모든 조직은 계선조직으로 출발한다. 계선조직은 최고경영자의 명령이 상부에서 하부로 직선적으로 전달되는 조직이다. 마치 군대의 지휘명령의 관계와도 같이 상관의 명령이 부하에게 전달되도록 편성되어 있는 조직 형태로서 행정 관료조직의 기본적 형태이다. 페이욜(H.Fayol)이 말하는 계층제의 원리에 입각한 조직형태이다.

그리스도 예수 안에서 계선조직의 장점은 첫째, 조직의 구조가 단순하며 이해가 빠르다. 둘째, 명령 계통이 단순하기 때문에 의사 결정이 신속하다. 셋째, 조직 구성원 간의 조정, 조화가 쉽고 권한 위임이 용이하다. 넷째, 조직 구성원은 조직 계층에서 그들의 지위와 위치에 대해 이미 이해하고 있으며 인식하고 있다. 다섯째, 계층제에서 구성원의 책임, 의무, 권한에 관해 분명하게 정해져 있고 다른 조직형태보다 훈련이 용이하다는 점이다. 계선조직의 단점은 첫째, 직무의 범위가 광범위해 실행이 어려운 경우가 많고 각 부문 간의 업무의 혼란이 야기될 수 있다. 둘째, 행정 전문가의 양성이 어려우며 일반행정가로서 만능이 되어야 하기 때문에 다양한 업무 경험이 요구된다. 셋째, 계층제에 의한 부서주의로 인해 각 부서 간의 유기적인 조정이 곤란하다. 또한 의사결정자가 최고관리자 한 사람이면 독단적 결정에 대한 폐해가 있을 수 있다. 이러한 계선조직의 형태는 수직적 관계에 있는 조직들로부터 정부 부처조직의 형태가 대표적 예이다.

2) 기능조직

그리스도 예수 안에서 기능조직은 테일러가 계선조직의 결함을 시정하기 위해 제창한 것으로, 관리자가 담당하는 일을 전문화하고 부문마다 다른 관리자를 두어 작업자를 전문적으로 지휘·감독 하는 것이다. 계선조직이 수직적으로 분화한 계층제를 근간으로 하는 조직이라면 기능조직은 수평적 분화를 통해 관리자가 가능한 소수의 관리 직능을 담당하도록 기능별 전문화를 기하는 조직 형태이다. 각 관리자는 담당하는 기능에 관한 한 다른 부서의 부하에 대해서도 명령하고 지휘할 수 있는 권한이 부여된다.

그리스도 예수 안에서 기능조직은 작업이 전문화될수록 관리자 자질이 있는 인원을 발견하기가 용이하므로 관리자를 짧은 시간에 양성할 수 있으며 과업이 한정되므로 그 성과에 따라 보수를 가감 할 수 있다는 장점이 있다.

반면에 단점은 첫째, 각 관리자가 담당하는 전문직 기능에 대한 합리적 분할이 용이하지 않고 관리자 상호간에 권한 다툼이 발생하기 쉽다. 둘째, 수평적 분화로 인해 감독·조정이 곤란하며 지휘·명령의 통일을 기하기 어렵다. 셋째, 잘못된 업무 수행에 대한 책임 전가로 인해 조직 구성원 간의 사기 저하를 초래하기 쉽다. 넷째, 각 관리자의 전문직 분화에 의해 간접적인 관리비를 증대시키는 경향이 있는 점 등이 지적될 수 있다.

3) 계선-참모조직

그리스도 예수 안에서 계선-참모조직은 계선조직의 명령 일원화의 원칙과 참모조직의 전문화의 원칙을 활용해 조직 목적을 달성하고자 하는 형태이다. 이 조직에서 참모조직은 전문가가 계선활동에 대해 조언을 하며 문제의 조사, 연구, 기획을 담당한다. 계선 관리자는 방침이 결정되면 집행에 전념 할 수 있다. 참모의 권한 및 책임은 조언적 성격의 것이며 계선의 권한과 책임에의 개입은 아니다. 이 조직의 목적은 기능 특수화의 이익을 얻는 동시에 지휘 명령 통일의 원칙을 유지함으로써 권한의 상극을 배제하는 데 있으며, 조직구조의 모든 직위가 계선과 참모의 권한 관계에 의해 상호 결부되는 것을 특징으로 한다.

계선-참모조직의 장점은 계선은 참모의 권고를 받음으로써 계선의 임무 수행에 관계없는 문제의 시간을 소비할 필요가 없어서 전문적인 부문에 주력할 수 있다. 또한 소수 인물의 능력에 의존하는 데 따른 위험이 경감되고 조직이 안정되며 조직을 관리 통제하고 방침을 일관되게 응용하는 것이 용이하다는 장점이 있다.

반면에 단점은 계선조직의 책임자가 독단적인 조치를 취할 가능성이 있고 각 부문간의 효과적인 조정이 어려워 조직 운영의 능률이 저하되고 혼란을 초래할 수 있다. 조직은 융통성보다는 경직성을 띠기 쉽다. 또한 계선은 참모의 자문적 성격을 악용해 책임을 회피하려는 경우가 많으며, 참모 부문도 계선 부문에 대해 전문적인 입장을 위임해 업무 수행상에 지장을 초래할 수 있다. 계선의 집행 기능 관리자와 참모 직원 간에 불화를 초래할 수 있다는 점을 단점으로 지적할 수 있다.

4) 관료제 조직구조

그리스도 예수 안에서 하나님의 섭리하심이 있어 구성된 공식조직의 유형 중에서 가장 대표적이고 능률적인 것으로 관료제가 있다. 베버는 관료제의 특징으로 다음의 5가지를 들고 있다. ① 분업과 전문화 ② 위계적 권위구조 ③ 무능력자를 교체하여 전보·승진에 의한 인원의 재결합 시도 ④ 정실의 배제 ⑤ 보수체계, 지위 및 역할에 따른 보수가 책정된다. 일반적으로 지위는 권위서열의 높고 낮음, 역할은 업무수행의 중요도를 의미한다. '관료제'라는 용어는 프랑스의 중농주의 경제학자 구르네가 1745년경에 처음 사용한 것으로 전해지고 있다. 그 어원인 bureaucracy는 '사무용 서랍이 달린 큰 책상'을 뜻하는 bureau와 '통치'를 뜻하는 그리스어인 cratia가 결합된 합성어이다. 관료제란 오늘날 여러 가지 의미로 사용되고 있어 한 마디로 그 개념을 정의하기는 사실상 곤란하다. 그러나 일반적으로 이해되고 있는 의미로는, 집단 또는 조직 내에서의 직무를 합리적·계층적으로 나누어 대규모적인 행정관리 활동을 수행하는 조직의 유형 내지 그 관리 운영의 체계라 말 할 수 있다. 따라서 합리적·계층적인 대규모 조직이면 관료제로서 조건이 충족되기 때문에 반드시 정부의 조직(행정조직)일 필요는 없고, 대기업이나 대학교 등의 조직도 관료제인 것이다. 관료제 이론은 독일의 사회학자 막스 베버가 제시한 모형이 대표적인 것으로 알려져 있다. 그가 다룬 관료제 이론은 실제로 존재하는 관료제에 관한 것이 아니라 추상적으로 가상할 수 있는 이념형으로서의 관료제에 관한 것이다.

그리스도 예수 안에서 베버는 이념형의 입장에서 조직을 지배하는 정당성을 기준으로 하여 권위의 유형을 전통적 권위, 카리스마적 권위, 합법적 권위로 구분하고, 이들 중 근대사회에서 정당성을 인정받을 수 있는 권위는 합법적 권위이며, 이를 관료제적 권위라 하였다. 그리고 합법적 권위 아래서는 합법적으로 제도화된 질서에 따라 계층제가 이루어지며, 이 합법적 권위가 그대로 반영된 조직이 관료제라는 것이다. 이러한 이념형의 관료제를 흔히 근대관료제라 부르고 있다.

5) 애드호크라시 조직구조

그리스도 예수 안에서 하나님의 섭리하심 가운데 구성되어진 애드호크라시 조직구조는 전통적 관료제 구조와는 달리 융통적·적응적·혁신적 구조를 지닌 '임시특별조직'을 말한다. 베니스는 애드호크라시를 "다양한 전문기술을 가진 비교적 이질적인 전문가들이 프로젝트를 중심으로 집단을 구성해 문제를 해결하는, 변화가 빠르고 적응적이며 임시적인 체제"로 정의한다. 이러한 애드호크라시는 대체로 영구적인 부서나 공식화된 규칙, 그리고 일상적인 문제를 처리하기 위한 표준화된 절차가 없이, 프로젝트에 따라 전문요원들이 팀을 구성해 상황에 맞게 문제를 해결해 가는 특성을 지닌다. 즉 구조적 차원에서 볼 때 애드호크라시는 복잡성·공식화·집권화의 정도가 모두 낮다는 특징을 지닌다. 당면 과제를 해결하기 위해 다양한 전문적 기술을 가진 사람들로 구성된 임시적 조직 구조로서 조직 구조적 측면에서 관료제와 대조를 이루는 개념이다. 오늘날 모든 국가에서 대규모 조직이 채택하고 있는 관료제는 그 보수성과 현실유지적인 성향 때문에 급변하는 사회 환경에 대응하면서 국민의 요구와 국가목표를 효율적이고 신속하게 수행할 수 없다는 소리가 날로 높아가고 있다. 이럴 즈음에 종래의 관료제 이론을 비판하고 새로 등장한 이른바 후기관료제 이론으로서 제시된 대표적인 반(反) 관료제적 모형이 곧 '애드호크라시'이다.

애드호크라시란 흔히 '임시특별위원회'라고 번역되고 있으며, 실제로 존재하며 운영되고 있는 현실적 조직 모형이 아니라 관료제처럼 하나의 추상적 이념형인 것이다. 우리나라의 올림픽 조직위원회는 그 전형적인 예이다. 애드호크라시의 기원은 제2차 세계대전 중 특수임무를 수행했던 기동타격대 애드혹 팀에서 찾아볼 수 있다. 이 부대는 그들의 임무가 완수되면 일단 해산되었다가 새로운 임무가 주어지면 그 임무에 적합한 병력으로 재구성되곤 하였던 것이다.

그리스도 예수 안에서 임시적 조직체제인 애드호크라시는 다음과 같은 특성을 가진다.

첫째, 조직의 구조가 복잡하지 않으며 수평적으로 분화되어 있다.

둘째, 형식주의나 공식성에 얽매이지 않으며, 대신 전문성이 강하고 융통성이 있다.

셋째, 의사결정권이 전문가로 구성된 팀에 분화되어 있다.

애드호크라시의 장·단점을 지적하면 다음과 같다.

먼저 장점으로는 첫째, 사회 환경의 어떠한 변화에도 적응력이 있으며, 또 조직 구성원의 창의력을 발휘하기가 좋다. 따라서 높은 적응성과 창조성이 요구되는 조직의 경우에 적합하다.

둘째, 각 분야의 전문가들로 구성되어 있기 때문에 복잡한 문제를 해결하기에 적합하다.

셋째, 민주적 의사결정 과정이 보편화되고 구성원의 지위가 수평적으로 분화되어 있기 때문에 민주성과 자율성이 강하다.

그러나 애드호크라시는 첫째, 조직 내의 갈등과 긴장이 불가피하다는 점과 둘째, 구성원들 간에 권한과 책임의 한계가 명확하지 못하다는 점과 셋째, 조직이 관료제에 비하여 비효율적인 구조를 취하고 있다는 점 등의 단점도 없지 않다.

6) 사업부제 조직구조

그리스도 예수 안에서 하나님의 섭리하심이 있어 구성되어진 사업부제 조직구조는 전통적인 기능적 조직구조와는 달리 단위적 분화의 원리에 따라 사업부 단위를 편성하고 각 단위에 대하여 독자적인 생산·마케팅·재무·인사 등의 독자적인 관리권한을 부여함으로써 제품별·시장별·지역별로 이익중심점을 설정하여 독립채산제를 실시할 수 있는 분권적 조직이다. 사업부제는 생산, 판매, 기술개발, 관리 등에 관한 최고경영층의 의사결정 권한을 단위 부서장에게 대폭 위양하는 동시에 각 부서가 마치 하나의 독립회사처럼 자주적이고 독립채산적인 경영을 하는 시스템이다. 사업부제는 고객/시장욕구에 대한 관심 제고, 사업부간 경쟁에 따른 단기적 성과 제고 및 목표달성에 초점을 둔 책임경영체제를 실현할 수 있는 장점이 있는 반면에 사업부간 자원의 중복에 따른 능률 저하, 사업부간 과당경쟁으로 조직전체의 목표달성 저해를 가져올 수 있는 단점이 있다.

7) 직능 조직구조

그리스도 예수 안에서 하나님의 섭리하심 가운데 구성된 직능 조직구조는 전체 조직을 직능별·기능별·분야별 분류에 따라 조직화시킨 조직 형태를 말한다. 즉 같은 종류, 같은 부문의 일을 하나의 관리자 밑에 집단화시킨 조직 구성을 말한다. 예컨대 지식경제부를 산업정책국, 기초 공업국, 기계 공업국, 전자전기 공업국, 섬유생활 공업국 등으로 분할한 경우가 여기에 해당한다.

8) 행렬조직구조

그리스도 예수 안에서 하나님의 섭리하심 가운데 구성 되어진 행렬 조직구조는 전통적인 기능적 구조에 프로젝트 조직을 결합시킴으로써 수직적 구조와 수평적 구조가 혼합된 동태적 조직의 형태를 말하며 일명 '매트릭스조직' 또는 '복합조직' 이라고도 부른다. 행렬조직의 정확한 개념에 대해서는 아직 통설이 정립되어 있지 않다. 다만 조직이론가 아지리스의 견해에 의하면, 행렬조직이란 기존의 조직체계 중에서 특정한 사업이나 프로젝트(세부사업계획)가 하나의 조직 단위에만 국한되어 있지 않고, 여러 조직 단위에 걸쳐 관계되고 있을 경우 그 관련된 조직단위로부터 선정된 대표자로 새로운 조직체를 구성하면 그것이 행렬조직이라는 것이다.

그런데 그리스도 예수 안에서 행렬조직을 임시적 조직으로 보는 견해와 상설적 조직으로 보는 견해가 있다. 전자의 경우는 행렬조직을 프로젝트 조직과 같은 것으로 보고 그 설치 목적의 사업이 완성되면 해체된다는 입장이고, 후자의 경우는 행렬조직과 프로젝트 조직을 구별하여 행렬조직은 기존의 조직 내에 종적과 횡적의 이중적 지휘체계를 갖춘 다목적의 상설적인 조직으로 보는 입장이다.

어떻든 행렬조직은 특정한 업무가 각 부서에 걸쳐 관계하고 있어 이를 공동으로 처리하는 것이 보다 효율적이라고 생각될 때 만들어지는 조직이다. 이러한 조직 유형은 미국을 비롯한 선진국에서 많이 활용되어 왔었는데, 주로 복잡한 업무의 조정이 요구되는 기술 산업체였다. 최근에는 행정부를 비롯하여 항공분야기업·대학교 등에서 적극 활용하고 있는 것을 볼 수 있다.

9) 아웃소싱조직구조

그리스도 예수 안에서 하나님의 섭리하심 가운데 만들어진 아웃소싱이란 기업 내부의 프로젝트나 활동을 기업 외부의 제3자에게 위탁해 처리하는 것을 말하며 인소싱의 반대 개념이다. 아웃소싱은 미국 기업이 제조업 분야에서 활용하기 시작해 이제는 경리, 인사, 신제품개발, 영업 등 모든 분야로 확대되고 있다. 특히 이전까지는 생각지도 못한 업무까지 외부에 위탁하는 현상도 나타나고 있다. 아웃소싱은 우선 회사 업무의 일부를 밖으로 빼내는 '초다이어트'를 통해 인원 절감과 생산성 향상이라는 이중효과를 노리고 있다. 급속한 시장변화와 치열한 경쟁에서 살아남기 위해 기업의 핵심 사업에 집중, 나머지 부수적인 업무는 외주에 의존하는 것이다. 그리고 어떤 분야에서 자사보다 탁월한 능력을 보유하고 있는 기업과 팀을 이뤄 업무를 추진함으로써 업무의 효율화에 급진전을 이룰 수 있다. 또한 위탁대상 기업과 정보 네트워크가 연결된다면 이른바 가상기업도 가능하다. 전문가들은 아웃소싱 전략이 기업조직을 부품화해 다시 조립하는 디지털적 발상이라고 설명하고 기업의 구조와 존재형태가 크게 변화 될 것으로 내다보고 있다. 그러나 기업 간 경쟁이 더 이상의 비용절감이 어려워질 정도로 치열해지고 하청관리가 어려워짐에 따라 아웃소싱에 대한 회의론도 대두되고 있다.

10) 팀제조직구조

그리스도 예수 안에서 하나님의 섭리하심 가운데 구성되어진 팀제 조직구조는 상호보완적인 소수가 공동의 목표달성을 위해 책임을 공유하고 문제해결을 위해 노력하는 수평적 조직이다. 팀제 조직은 기능중심, 계층제적 수직구조에서의 일과 사람이 획일적으로 정해지는 부·과제의 모순에서 탈피하여 능력과 적성에 따라 탄력적으로 인재를 팀에 소속시키고 팀장을 중심으로 동등한 책임 하에 구분된 일을 하면서 상호유기적인 관계를 유지하는 조직형태이다. 팀제조직은 성과를 높일 수 있고 조직의 유연성을 제고하여 탄력적 운영이 가능하며, 창조적 학습과 인재육성이 가능하다는 장점이 있다. 팀제는 구조와 형태에 따라 문진형, 대부대과제형, 프로젝트형, 복합기능형, 혼합형으로 분류할 수 있다(권지성, 2005).

첫째, 문진형이란 팀제 조직의 형태를 수평적으로 설계·운영하는 것으로서 기존의 계층제 구조를 완전히 붕괴시켜 새로운 소규모의 조직 또는 개개인의 팀원을 팀장이 직접 관장하도록 하는 운영 형태이기 때문에 계선조직보다는 기획실이나 참모 기능을 수행하는 스태프조직에 적합한 형태이다.

둘째, 대부대과제형조직은 기존 조직 형태의 골격은 유지하면서 환경변화에 따라 팀제의 장점만을 취한 형태이다. 대부대과제의 팀은 기존 조직의 명칭만 바꾸고 과조직을 일부 축소한 형태이기 때문에 기존의 부 단위 조직과 차이를 발견할 수 없는 것처럼 보이지만 실제로 성공적인 대부대과제의 경우 구조와 형태보다 운용 측면이 중요하며, 이는 기존의 조직과 현격한 차이가 있다.

셋째, 프로젝트형 팀제는 업무의 성격상 기존의 계층제 구조를 유지하면서 특수한 목적에 따라 프로젝트나 특수 업무를 수행하기 위해 별도로 조직하는 형태와 연구개발만을 전담하는 연구소 조직형으로 구분할 수 있다. 전자의 경우는 기존조직은 일상업무를 수행하도록 하는 한편 신규사업의 추진, 신규상품 개발이나 시장 개척을 위해 별도의 팀을 조직하거나 사내 분사형 제도를 두는 것으로 벤처 조직 등으로 운영하는 형태이다. 따라서 기존의 조직과 별도의 팀으로 구성 운영하되 특수 업무가 종료되는 경우 팀이 해체되거나 부로 기능이 바뀔 수도 있으며, 벤처팀 같은 경우 항구적으로 조직에 두면서 조직 운영 형태 및 내용은 기존 조직과 상이하게 하는 경우도 있다.

넷째, 복합기능형은 여러 가지 기능을 한꺼번에 동시 수행할 수 있는 조직 운영의 필요성에 따라 여러 기능을 한 팀에서 동시에 수행할 수 있는 형태이다. 이는 조직 자체를 기능별로 분류하지 않고 여러 기능을 모두 수행할 수 있는 팀으로 구성하는 형태로 기존 조직에서 수용하지 못하거나 혹은 효율적으로 수행하지 못하는 목표 과제를 수행하기 위해 여러 관련 부서의 전문가들을 한데 묶어놓는 방식이다.

다섯째, 혼합형은 조직의 규모가 확대되고 복잡해지면 조직의 구성 형태와 운영도 각 특성에 맞게 변화되어야 한다는 측면에서의 형태이다. 이 경우 동일한 팀 형태로 전사적으로 통일시켜 일률적으로 운영한다면 오히려 혼란과 팀제의 장점이 상쇄되어 효과를 얻을 수 없고 팀 내의 불만을 가중 시킬 수 있기 때문에 각각의 부서 특성에 따라 다양한 형태의 팀을 도입해야 한다.

11) 학습조직구조

그리스도 예수 안에서 하나님의 섭리하심 가운데 구성된 학습조직구조란 조직구성원에 의해 지식이 창출되고 이에 기초해 조직혁신이 이루어지며 조직의 환경적응력과 경쟁력이 증대되어 나가는 조직을 말한다. 즉, 조직의 구성원이 스스로 새로운 지식의 창조·획득·공유 등의 활동을 통해 새로운 환경에 적응할 수 있도록 끊임없이 자기 변신을 할 수 있는 조직을 의미한다. 학습조직은 조직을 바라보는 새로운 관점, 새로운 사고방식으로의 전환을 의미한다. 따라서 학습조직의 단일 모형은 없으며, 학습조직의 개념은 다양한 조직 유형으로 실현될 수 있다. 효율성을 핵심 가치로 하는 전통적인 조직과는 달리 학습조직에서의 핵심 가치는 문제

해결이다. 조직의 학습을 촉진하기 위해 최근 등장하고 있는 조직 유형으로는 수평조직·네트워크조직·가상조직 등이 있다.

12) 가상조직구조

그리스도 예수 안에서 하나님의 섭리하심 가운데 만들어진 가상조직구조란 특정한 조직이 그 구성요소 중 물리적 요소는 존재하지 않고 다만 지각에 의해 추상적으로 인지할 수 있는 조직을 말한다. 즉, 컴퓨터 네트워크 상에 존재하는 가상공간이라는 매체를 통해 형성된 조직을 가상조직이라 한다.

가상조직이라는 개념은 네트워킹을 포함한 정보통신 기술의 비약적인 발달로 최근에 등장한 것으로서 기존의 조직개념과는 그 차원을 달리한다. 즉, 가상조직은 컴퓨터 네트워크 상에나 존재하는 가상의 장인 가상공간이나 전자적 네트워크의 매체를 통해서만 그 모습을 드러내며, 기존 조직이 갖추고 있는 일정한 구성원이나 사무실·생산물 등과 같은 외견상 감지할 수 있는 물리적 실체가 있는 것은 아니다. 또 조직 내 구성원의 역할도 기존의 조직처럼 대면접촉에 의하는 것이 아니라 컴퓨터 통신망을 통한 전자우편·전자회의 등의 간접적 방법에 의한 커뮤니케이션에 의해 수행한다. 이와 같은 개념의 가상조직은 미래사회에서나 볼 수 있는 존재가 아니라 오늘날 이 시점에서도 우리 주변에 존재하며 활발히 운영되고 있다. 예컨대 각종 사설정보 서비스망 내에 존재하는 여러 동호회나 최근 관심을 모으고 있는 인터넷의 웹을 통한 이른바 가상정부·가상정당·가상기업 등이 그것이다. 그중 가상기업은 현재 실제로 운영되고 있는 가상조직의 형태이다. 즉, 국제적인 가상기업들은 전세계적인 네트워크를 통해 각국 기업들 간에 전략적 제휴를 하며 비교우위를 최대한 활용함으로써 크게 성공을 거두고 있다.

13) 네트워크조직구조

그리스도 예수 안에서 하나님의 섭리하심 가운데 구성된 네트워크조직구조란 조직 활동을 상대적 비교 우위가 있는 한정된 부문에만 국한시키고, 나머지 활동 분야는 아웃소싱하거나 전략적 제휴 등을 통해 외부 전문가에게 맡기는 조직을 말한다. 네트워크 조직은 계층이 거의 없고, 조직 간의 벽도 없으며, 부문 간 교류가 활발하게 이루어지는 특징을 지닌다.

4. 기독교조직구조의 의의

한편 기독교 조직구조는 그리스도 예수 안에서 하나님께서 허락하신 앞의 모형 개념들을 포함해서 "그리스도 예수 안에서 하나님께서 십자가에서 일어난 모든 일을 지금 마음에서 동일하게 일어나게 하심으로, 예수 그리스도의 이름으로 오신 성령을 받아, 마음이 세상가치보다 질서의 하나님을 더 먼저 사랑하여 우선적 현실로 체감하고 있을 때, 그리스도께서 제2의 창조역사를 이루시기 위하여 사랑·지혜·권능의 Living Word를 통하여 세운 조직 내에서의 권력관계, 지위·계층관계, 조직 구성원들의 역할 배분·조정의 양태, 조직 구성원들의 활동에 관한 관리체계"로 의미를 이해할 수 있다.

> >>> 바라보고 계시는 하나님의 Living Word
> "그러나 진리의 성령이 오시면 그가 너희를 모든 진리 가운데로 인도하시리니 그가 스스로 말하지 않고 오직 들은 것을 말하며 장래 일을 너희에게 알리시리라"(요16:13).
> "이것을 너희에게 이르는 것은 너희로 내 안에서 평안을 누리게 하려 함이라 세상에서는 너희가 환난을 당하나 담대하라 내가 세상을 이기었노라"(요16:33).
> "무릇 하나님의 영으로 인도함을 받는 사람은 곧 하나님의 아들이라"(롬8:14).
> "내가 내게 있는 모든 것으로 구제하고 또 내 몸을 불사르게 내줄지라도 사랑이 없으면 내게 아무 유익이 없느니라, 사랑은 오래 참고 사랑은 온유하며 시기하지 아니하며 사랑은 자랑하지 아니하며 교만하지 아니하며, 무례히 행하지 아니하며 자기의 유익을 구하지 아니하며 성내지 아니하며 악한 것을 생각하지 아니하며, 불의를 기뻐하지 아니하며 진리와 함께 기뻐하고, 모든 것을 참으며 모든 것을 믿으며 모든 것을 바라며 모든 것을 견디느니라"(고전13:3-7).
> "형제들아 내가 그리스도 예수 우리 주 안에서 가진 바 너희에 대한 나의 자랑을 두고 단언하노니 나는 날마다 죽노라"(고전15:31).

제4절 기독교 조직의 기본적 원리

그리스도 예수 안에서 하나님의 섭리하심으로 구성·운영 되어지는 조직에는 추구하는 목표를 달성하기 위하여 조직을 합리적으로 구성하고 조직을 능률적으로 운영하는데 필요한 기본적 원리(원칙)가 있다. 아래의 전통적이며 고전적인 의미를 가지고 있는 조직의 기본적 원리는 아직도 조직에 있어서 중요한 의미를 갖는다.

1. 계층제의 원리

그리스도 예수 안에서 하나님께서 허락하신 계층제의 원리란 일반적으로 구성원 각자에게 주어진 권한과 책임의 정도에 따라서 직무를 상하로 구분하여 등급화한 것을 말한다.

계층제란 원래 로마 카톨릭 교회의 조직에서 그 용어가 처음 유래되었다고 본다. 계층제의 의미를 나타내는 hierarchy 는 천사들의 서열을 의미하는 것으로 로마 카톨릭 교회 에서는 교황이 최고의 정점에 있는 피라미드식의 서열을 뜻한다.

2. 통솔 범위의 원리

그리스도 예수 안에서 하나님께서 허락하신 통솔범위의 원리란 인간의 능력에는 반드시 한계가 있기 때문에 효과적으로 관리할 수 있는 사람의 숫자는 제한될 수밖에 없고 그러므로 효과적으로 관리할 수 있는 사람의 수를 관리자의 능력에 맞게 정하자는 이론이다.

3. 조정의 원리

그리스도 예수 안에서 하나님께서 허락하신 조정이란 어떤 기준에 맞추어 알맞도록 조절하는 것을 의미한다. 즉 목표를 달성함에 있어서 개개의 업무를 개개의 능력과 기능에 따라 효과적으로 수행하도록 조절하는 것을 말한다.

4. 기능의 원리

그리스도 예수 안에서 하나님께서 허락하신 기능의 원리란 분업의 원리, 전문화의 원리라고도 부른다. 이 원리는 직무를 종별로 구분하고 이에 따라서 업무를 전문화시켜 분업을 실시토록 하는 것을 의미한다.

5. 명령통일의 원리

그리스도 예수 안에서 하나님께서 허락하신 명령통일의 원리란 어떤 조직체든 하나의 조직체는 하나의 장이 있어서 오직 그 장으로부터 명령을 받고 명령받은 바를 보고하여야 한다는 원리이다. 즉 조직체의 운영은 최종적으로 한 사람만이 하여야 하며 역시 책임도 최종적으로는 한 사람만이 져야 한다.

6. 기독교조직의 기본적 원리

한편 기독교 조직의 기본적 원리는 그리스도 예수 안에서 하나님께서 허락하신 앞의 모형 개념들을 포함해서 "그리스도 예수 안에서 하나님께서 십자가에서 일어난 모든 일을 지금 마음에서 동일하게 일어나게 하심으로, 마음에 예수 그리스도의 이름으로 오신 성령을 받아, 마음이 세상가치보다 질서의 하나님을 더 먼저 경외하여 우선적 현실로 체감하고 있을 때, 그리스도께서 제2의 창조역사를 이루시기 위하여 사랑 · 지혜 · 권능의 Living Word를 통하여 행한 모든 조직의 기본적 원리"로 의미를 이해할 수 있다.

>>> 창조주 하나님의 Living Word

"내가 아버지의 말씀을 그들에게 주었사오매 세상이 그들을 미워하였사오니 이는 내가 세상에 속하지 아니함 같이 그들도 세상에 속하지 아니함으로 인함이니이다"(요17:14).

"그들을 진리로 거룩하게 하옵소서 아버지의 말씀은 진리니이다"(요17:17).

"내게 주신 영광을 내가 그들에게 주었사오니 이는 우리가 하나가 된 것 같이 그들도 하나가 되게 하려 함이니이다"(요17:22).

"곧 내가 그들 안에 있고 아버지께서 내안에 계시어 그들로 온전함을 이루어 하나가 되게 하려 함은 아버지께서 나를 보내신 것과 또 나를 사랑하심 같이 그들도 사랑하신 것을 세상으로 알게 하려 함이로소이다"(요17:23).

"아버지여 내게 주신 자도 나 있는 곳에 나와 함께 있어 아버지께서 창세전부터 나를 사랑하시므로 내게 주신 나의 영광을 그들로 보게 하시기를 원하옵나이다"(요17:24).

"의로우신 아버지여 세상이 아버지를 알지 못하여도 나는 아버지를 알았사옵고 그들도 아버지께서 나를 보내신 줄 알았사옵나이다"(요17:25).

"내가 아버지의 이름을 그들에게 알게 하였고 또 알게 하리니 이는 나를 사랑하신 사랑이 그들 안에 있고 나도 그들 안에 있게 하려 함이니이다"(요17:26).

"우리가 알거니와 하나님을 사랑하는 자 곧 그의 뜻대로 부르심을 입은 자들에게는 모든 것이 합력하여 선을 이루느니라"(롬9:28).

"우리가 항상 예수의 죽음을 몸에 짊어짐은 예수의 생명이 또한 우리 몸에 나타나게 하려 함이라"(고후4:10).

제5절 기독교 조직 관리

1. 조직 관리의 의의

그리스도 예수 안에서 일반적으로 관리라는 말은 다른 사람들과 더불어 그리고 다른 사람들을 통해서 목표를 성취해 가는 과정을 의미한다. 조직 관리는 조직의 관리자들이 조직구성원과 더불어 그리고 조직구성원들을 통해서 조직의 목표를 성취해 가는 과정을 뜻한다.

2. 조직 관리의 과정

그리스도 예수 안에서 하나님의 계획 가운데 주어지는 조직 관리에는 많은 과정들이 있게 되는데 일반적인 과정을 소개하면 다음과 같다.

1) 조직의 목표설정

그리스도 예수 안에서 하나님의 섭리 가운데 주어지는 조직의 목표란 조직이 달성하고자 하는 바람직한 장래의 상태를 말한다. 목표라는 용어 대신 '목적'이라는 말을 쓰는 학자도 있고, 심지어는 목적을 목표보다 장기적이고 상위적인 개념으로 이해하는 사람도 있다. 영어로는 목표가 'goal'이라는 말로 가장 많이 쓰이나 때로는 purpose, end, object, target 등으로 쓰이고 있다. 조직이라면 그것에는 반드시 공동의 목표가 있기 마련이다. 목표가 없는 조직은 조직이라고 볼 수 없다. 조직이라는 것은 공동의 목표를 달성하기 위해 모인 집단이기 때문이다. 목표에는 조직 구성원 개개인이 추구하는 목표도 있을 수 있다. 그러나 행정학에서 연구 대상으로 삼고 있는 목표란 인적 집합체로서의 조직이 추구하는 목표이다. 조직의 목표는 미래에 지향된 영상(이미지)이지만 그 영향은 미래의 상태에만 미치는 것이 아니라 현재의 조직 행동에도 크게 작용한다. 조직의 목표는 그 조직의 강력한 행위자 한 사람에 의하여 결정될 수도 있고, 여러 구성원들의 참여와 합의에 의하여 결정될 수도 있다. 그러나 민주사회에서의 행정조직의 목표는 민주적인 의사결정과정, 즉 보다 많은 사람과 여러 집단의 참여를 통하여 이루어져야 할 것이다.

그리스도 예수 안에서 하나님께서 허락하신 조직의 목표는 여러 가지 기능을 한다. 그 중에서도 중요한 기능으로는 다음과 같은 것을 들 수 있다.

첫째로, 조직의 목표는 조직이 나아갈 방향을 제시하는 기능을 한다. 즉, 조직의 구성원들로 하여금 미래의 원하는 상태를 이룩할 수 있도록 행동의 지침을 제공한다. 둘째로, 목표는 그 조직의 주위 환경(사회)으로부터 정당성을 인정받을 수 있는 근거로서의 기능을 한다. 즉, 목표는 조직이 하는 약속이라 할 수 있으므로 사회를 구성하는 여러 요소들은 이 약속을 믿고 조직에게 정당성을 부여하는 것이다.

셋째로, 목표는 조직 구성원들에게 일체감을 갖도록 할 뿐만 아니라 동기부여의 기능도 수행한다.

넷째로, 목표는 효과성을 평가하는 척도로서의 기능을 한다. 여기서 효과성이란 조직이 여러 과정을 통하여 자기가 내세운 목표를 달성하는 정도를 말한다. 한편 조직의 목표는 지도자의 태도 변화, 권력구조의 변화, 조직 구성원들의 성향 변화 등 조직 내의 요인이나 환경의 변화와 같은 조직외적 요인에 의해서 변화하는 경우가 많다. 그 변화의 유형으로는 목표의 승계, 목표의 확대 또는 축소, 목표의 대치 등을 들 수 있다. 여기서 목표의 승계란 조직이 본래 추구하는 목표의 달성이 불가능하거나 완전히 달성되었을 경우에는 새로운 목표를 설정하게 되는 것을 말한다. 그리고 목표의 확대란 조직이 추구하는 당초의 목표에 새로운 목표를 추가하거나 그 범위를 확장하는 경우이며, 이와 반대로 목표의 수나 범위를 줄이는 경우를 목표의 축소라고 한다. 끝으로 목표의 대치란 조직이 정당하게 추구해야 하는 본래의 목표를 버리고 다른 목표를 택하는 경우를 말하는데, 이를 '목표의 전환'이라고도 부른다.

2) 조직의 정책수립

그리스도 예수 안에서 하나님께서 허락하신 정책수립이란 장래에 있어서 활동지침을 내리는 것으로 조직의 방침을 의미한다.

3) 조직의 기획

그리스도 예수 안에서 하나님께서 허락하신 기획이란 목표를 구체화하며 목표를 달성하기 위한 수행방법을 강구하는 것을 의미한다. 기획은 과정으로 이해되며 과거와 현재와 미래를 망라하는 종합적인 것이다.

4) 조직의 조정

그리스도 예수 안에서 하나님께서 허락하신 조정이란 이미 설정하여 놓은 목표를 달성하기 위하여 조직 구성원 모두의 노력들을 유기적으로 결합시키려는 것이다. 즉 개개의 노력을 목표에 통합시키고 개개의 노력들 사이에 경합이나 중복이 없도록 하는 것이다.

5) 조직의 통제

그리스도 예수 안에서 하나님께서 허락하신 통제란 조직의 관리자가 조직이 추구하는 목표가 적시에 이루어지고 있는가를 결정하는 것이며 무엇이 어떻게 이루어지고 있는지 나타난 성과를 분석하고 심사하는 것이다.

6) 조직의 환류

그리스도 예수 안에서 하나님께서 허락하신 환류란 한번 시도된 일은 다시 반복될 수 있음으로 반복이 되는 경우 종전의 잘못된 부분이 다시 재생되지 않도록 그 결과를 분석하여 시정조치를 강구토록 하는 것이다.

3. 조직관리의 유형

여기에는 목표에 의한 관리, 총체적 품질관리, 전략적 관리, 고객만족관리, 신관리주의에 입각한 관리, 실적관리, 규범적 통제모형, 영기준 예산제도, 조직발전 등이 있다.

1) 목표에 의한 관리(MBO)

　그리스도 예수 안에서 하나님의 섭리하심 가운데 만들어진 목표에 의한 관리란 조직의 상하 구성원들이 참여의 과정을 통해 조직 단위와 구성원의 목표를 명확하게 설정하고, 그에 따라 활동을 수행하도록 한 뒤, 업적을 측정·평가함으로써 관리의 효율화를 기하려는 포괄적 조직관리 체제를 말한다. 목표관리는 종합적인 조직운영 기법으로 활용될 뿐만 아니라, 근무성적평정 수단으로, 그리고 예산 운영 및 재정 관리의 수단으로 다양하게 활용되고 있다.

　오늘날 대규모 조직에서는 목표에 의한 관리 기법을 흔히 사용하고 있는데, 그 기원은 제1차 세계대전 이후 미국의 뒤퐁사에서 실시한 데서 비롯된 것으로 알려져 있으며, 정부기관에 처음 도입된 것은 1970년대 초 미국의 닉슨행정부였다. 그러나 목표관리의 성격이나 정신은 이미 1910년대 테일러의 과학적 관리에서 발견되며, 그 기본 개념은 1930년대 중반 연방정부의 행정과 조직에 관한 귤릭의 연구에서도 나타나 있다. 그리고 목표관리(MBO)가 구체적인 관리 기법으로 체계화된 것은 1950년대에 드러커에 의해서이다.

　이와 같이 오랜 기간에 걸쳐 이루어진 목표관리(MBO)가 1970년대에 이르러 비로소 미국 정부기관에 받아들여지게 된 것은 당시 채택·사용하고 있던 계획예산제도(PPBS)의 문제점을 극복할 수 있다고 생각하였기 때문이다.

　목표에 의한 관리는 크게 구분하여 목표의 설정, 목표달성을 위한 과정의 추적, 최종 결과에 대한 평가의 3단계로 조직 관리 과정이 진행된다.

　첫 단계인 목표의 설정에서는 조직 구성원들의 참여하에 ① 주어진 기간 내에 달성해야 할 과제를 위한 최종목표·중간목표의 설정, 여러 목표들 간의 우선순위의 결정, ② 목표달성을 위한 발전계획의 수립, ③ 인력·예산·정보 등의 자원 배분을 다루게 된다. 둘째 단계인 과정의 추적에서는 목표추구 활동에 대한 중간평가가 있게 된다. 중간평가는 임무수행이 제대로 잘 되어 가는지를 확인하고 불충분하면 보완조치를 취하기 위해서이다. 셋째 단계인 최종 결과에 대한 평가에서는 목표성취 여부를 평가하여 그 결과를 다음에 진행될 목표관리의 과정에 다시 투입하게 된다. 이와 같이 목표관리의 과정도 정책과정 경우처럼 환류를 하게 된다.

2) 총체적 품질관리(TQM)

　그리스도 예수 안에서 하나님의 섭리하심이 있어 만들어진 총체적 품질관리란 조직에서 산출하는 재화 및 서비스의 품질을 향상시키기 위해 조직 내의 전체 구성원이 참여해 업무 수행 방법을 개선하는 조직 운영 방식을 말한다. 1920년대 미국에서 창안된 총체적 품질관리 제도는 제2차 세계대전 중 미국과 영국의 방위산업체에 적용되었으며, 전후 일본의 복구사업에 도입되기도 했다. 민간 기업체에 크게 확산된 총체적 품질관리는 오늘날 정부 부문에도 많은 영향을 미치고 있다. 총체적 품질관리는 전통적 관리 방식과 달리, 고객의 필요에 따라 목표를 설정하는 고객중심주의를 지향하고, 전체 구성원의 자발적 참여에 의해 지속적인 개혁을 추구하며, 집단적 과정을 통해 문제 해결을 추구한다는 특징을 지닌다. 이러한 TQM 방식을 채택하는 조직은 일종의 학습조직이라 할 수 있다.

3) 전략적 인사관리

그리스도 예수 안에서 하나님의 섭리하심 가운데 만들어진 전략적 인사관리란 조직의 비전 및 목표, 조직 내부 상황, 조직 외부환경을 모두 고려해 가장 적합한 인력을 개발·관리해 조직의 목표를 극대화하고자 하는 인사관리를 말한다. 즉 전략적 인적자원관리란 조직체의 전략과 목적을 반영해 전략기획 과정과 잘 연계되고 인사관리 방식 간에도 조화를 이루어 조직체의 전략과 목적을 효율적으로 달성시키는 과정이라고 할 수 있다. 전통적 인적자원관리방식이 채용, 교육, 훈련, 평가, 보상과 같은 인사관리 방식들을 미시적 시각에서 개별적으로 나누어 접근하는 데 비해, 전략적 인적자원관리는 거시적 시각에서 개별적 인사관리 방식을 통합하려는 시도라고 할 수 있다. 전략적 인적자원관리는 사람을 '인적 자원'의 개념으로 보기보다는 '인적 자본'의 개념으로 보고, 사람에 대한 '투자'와 '개발'의 필요성을 강조한다.

4) 고객만족관리

그리스도 예수 안에서 하나님의 섭리하심 가운데 허락하신 고객만족관리란 고객 중심의 사고를 바탕으로 모든 조직 관리 활동을 전개하는 것으로 과거의 시장 점유율 확대나 원가 절감이라는 경영 목표 추구에서 벗어나 고객만족을 목표로 하는 것을 말한다. 고객이 제품 또는 서비스에 대하여 원하는 것을 기대이상으로 충족시켜 감동시킴으로써 고객의 재 구매율을 높이고 그 제품 또는 서비스에 대한 선호도를 지속시키는 것을 궁극적 목표로 함으로써 시장변화에 동요되지 않는 안정적 수익기반을 장기적으로 확보해 나가려는 관리전략이다.

5) 신관리주의

그리스도 예수 안에서 하나님의 섭리가운데 만들어진 신관리주의는 기업의 경영 원리와 관리 기법들을 공공 부문에 도입·접목해 정부의 성과 향상과 관리의 효율성을 제고하자는 관리 원칙을 말한다. 신관리주의는 정부가 기업과 같이 운영되어야 하며, 관료는 공공기업가가 되어야 한다고 처방한다. 신관리주의는 따라서 기업가 정신, 성과 지향적 관리, 권한이양, 품질관리 기법, 유인 메커니즘, 마케팅 기법, 고객 만족 경영 기법 등을 행정에 도입할 것을 주장 한다.

6) 영기준예산제도(ZBB)

그리스도 예수 안에서 하나님의 섭리가운데 만들어진 영기준예산제도란 기존 사업과 새로운 사업을 구분하지 않고 매년 모든 사업의 타당성을 영기준에서 엄밀히 분석해 예산을 편성하는 제도를 말한다. 영기준예산 편성은 예산운영 단위의 선정, 단위사업 분석표의 작성, 단위사업 분석표의 순위 결정 순으로 이루어진다. 이 제도는 자원의 능률적 배분과 예산 절감을 가져올 수 있고, 의사 결정과 계획 기능의 개선에 이바지하며, 신속한 예산 조정 등 변동 대응성의 증진에 기여한다는 등의 장점을 지닌다. 그러나 사업의 빈번한 변경은 오히려 더 많은 비용을 초래할 수 있고, 경직성 경비가 많을 경우 효용이 떨어지며, 예산 결정에 작용하는 정치적 요인 등을 간과한다는 비판을 받고 있다. 우리나라에서는 1983년부터 예산안 편성에 이 제도를 적용하고 있다.

7) 조직발전(OD)

그리스도 예수 안에서 하나님의 섭리하심 가운데 만들어진 조직발전이란 조직구성원의 잠재력을 최대한 개발하고 행태를 개선함으로써 조직 전체의 개혁을 이룩하려는 조직혁신의 한 접근방법을 말한다. 1950년대에 일부 기업체에서 적용되기 시작한 조직발전은 1970년대를 거치면서 빠른 속도로 성장·보급되어 왔다. 조직발전의 기법으로는 실험실훈련 또는 감수성훈련, 작업집단 발전, 과정상담, 태도조사 환류기법, 직무다양화 등이 있다.

조직발전 이론에 내포된 개념이나 기법은 여러 차원과 국면의 의미를 포괄하고 있어 한 마디로 '조직발전은 이러 이러한 것이다' 라고 정의하기는 어려운 일이다. 그러나 프렌치, 베니스,

베크하드 등 몇몇 학자들이 조직발전에 대하여 정의한 것을 종합하여 개념화해 보면, 조직발전이란 "조직이 외부환경의 변화에 대응하는 능력과 문제 해결의 능력을 스스로 향상시키기 위하여 행태과학의 지식을 이용하여 조직의 효율성과 건전성을 높일 수 있도록 최고 관리층에서부터 시작된 조직 전반에 걸쳐 혁신을 도모하려는 계획된 노력이다"라고 정의할 수 있다.

위의 정의를 보다 구체적으로 나누어 설명해보면 첫째, 조직발전은 조직이 환경변화에 대응하기 위한 노력이다. 즉, 조직이 새로운 기술, 새로운 시장 및 새로운 도전에 보다 잘 적응할 수 있도록 조직구성원의 신념·태도·가치관 및 조직 구조를 변경시키고자 하는 노력인 것이다.

둘째, 조직발전은 변화를 위한 계획된 노력이다. 즉, 조직발전은 조직의 체계적 진단, 개선을 위한 전략적 계획의 수립, 이를 위한 자원의 동원 등을 포함하는 계획된 노력이다.

셋째, 조직발전의 노력은 조직 전체에 걸쳐 행하여진다. 즉, 조직의 문화 또는 분위기, 조직구성원의 가치관 등의 변화, 보수체제의 변화 또는 전체적 관리전략의 변화 등과 같이 전체 조직의 변화를 위한 노력인 것이다.

넷째, 조직발전의 노력은 조직의 최고관리층 으로부터 시작된다. 조직의 최고관리층은 조직발전의 과정과 그 결과에 대하여 최종 책임을 지고 있기 때문에 조직발전 사업에 적극적으로 참여하고 헌신한다.

다섯째, 조직발전은 효율성과 건전성을 증진시킨다. 조직의 효율성에는 환경의 변화에 적절히 적응하고 대처할 수 있는 자기 혁신이 포함되고, 조직의 건전성에는 임무의 완수, 내적인 통합, 혁신의 의욕, 발전적 가치체계 등이 포함된다.

여섯째, 조직발전은 조직 구성원의 행태 변화를 중요시하고 행태과학의 지식을 활용한다. 즉, 조직을 진단함에 있어서 행태과학에서 다루는 개인의 동기, 의사전달, 문화적 규범, 인간관계, 집단관계, 갈등의 관리 등에 관한 지식이 사용되고, 또 이에 의하여 전략을 세우게 된다.

조직발전이론은 계획적 변화 이론의 뒤를 이어 나온 조직변화의 이론이므로 계획적 변화 이론의 미비점을 보완하고 있음을 짐작할 수 있다. 따라서 이 두 이론의 성격을 다음과 같이 서로 비교해 보면 조직발전의 개념과 성격을 보다 명확히 이해할 수 있으리라 본다.

첫째, 조직발전 이론은 계획적 변화의 이론보다 개인의 자아실현을 더 중요시하고 있으며, 이를 통해 조직도 발전된다고 강조한다.

둘째, 조직발전 이론은 계획적 변화 이론의 경우처럼 주로 개인과 그가 속한 소집단을 대상으로 한다는 점은 같으나 조직 발전은 개인이나 소집단의 발전을 통해서 이루어진다고 보는 점에서는 다르다.

셋째, 조직발전은 계획적 변화의 경우와 같이 외부에서 초빙 된 상담역(전문가)이 조직 내의 변화를 도와주기 위한 이론이다.

넷째, 그러나 조직발전의 전문가는 조직의 변화를 위한 기술적 지도에만 그치지 않고 변화의 내용까지 진단한다는 점에서 계획적 변화와 구별된다.

다섯째, 조직발전에 있어서는 계획적 변화에서 사용하는 T집단훈련(감수성훈련)의 기법 외에도 과정상담·관리망 등을 사용하기 때문에 계획적 변화보다 더 기법화 되어 있다.

4. 기독교조직 관리

한편 기독교 조직관리는 그리스도 예수 안에서 하나님께서 허락하신 앞의 모형 개념들을 포함해서 "그리스도 예수 안에서 하나님께서 십자가에서 일어난 모든 일을 지금 마음에서 동일하게 일어나게 하심으로, 예수 그리스도의 이름으로 오신 성령을 받아, 마음이 세상보다 질서의 하나님을 더 먼저 경외하여 우선적 현실로 체감하고 있을 때, 그리스도께서 제2의 창조역사를 이루시기 위하여 사랑·지혜·권능의 Living Word를 통하여 행한 모든 조직 관리"로 의미를 이해할 수 있다.

> ### ››› 창조주 하나님의 Living Word
> "하나님이 미리 아신 자들을 또한 그 아들의 형상을 본받게 하기 위하여 미리 정하셨으니 이는 그로 많은 형제 중에서 맏아들이 되게 하려 하심이니라, 또 미리 정하신 그들을 또한 부르시고 부르신 그들을 또한 의롭다 하시고 의롭다 하신 그들을 또한 영화롭게 하셨느니라"(롬8:29-30).
>
> "모든 겸손과 온유로 하고 오래 참음으로 사랑 가운데서 서로 용납하고, 평안의 매는 줄로 성령이 하나 되게 하신 것을 힘써 지키라, 몸이 하나요 성령도 한 분이시니 이와 같이 너희가 부르심의 한 소망 안에서 부르심을 받았느니라"(엡4:2-4).

"그러므로 사랑을 받는 자녀 같이 너희는 하나님을 본받는 자가 되고, 그리스도께서 너희를 사랑하신 것 같이 너희도 사랑 가운데서 행하라 그는 우리를 위하여 자신을 버리사 향기로운 제물과 희생제물로 하나님께 드리셨느니라"(엡5:1-2).

"그런즉 너희가 어떻게 행할지를 자세히 주의하여 지혜 없는 자 같이 하지 말고 오직 지혜 있는 자 같이 하여, 세월을 아끼라 때가 악하니라"(엡5:15-16).

"종들아 두려워하고 떨며 성실한 마음으로 육체의 상전에게 순종하기를 그리스도께 하듯하라, 눈가림만 하여 사람을 기쁘게 하는 자처럼 하지 말고 그리스도의 종들처럼 마음으로 하나님의 뜻을 행하고, 기쁜 마음으로 섬기기를 주께 하듯 하고 사람들에게 하듯 하지 말라, 이는 각 사람이 무슨 선을 행하든지 종이나 자유인이나 주께로부터 그대로 받을 줄을 앎이라, 상전들아 너희도 그들에게 이와 같이 하고 위협을 그치라 이는 그들과 너희의 상전이 하늘에 계시고 그에게는 사람을 외모로 취하는 일이 없는 줄 너희가 앎이라"(엡6:5-9).

"그러나 내게는 우리 주 예수 그리스도의 십자가 외에 결코 자랑할 것이 없으니 그리스도로 말미암아 세상이 나를 대하여 십자가에 못 박히고 내가 또한 세상을 대하여 그러하니라"(갈6:14).

제6절 기독교 특수 조직 관리

"세상 중에서 내게 주신 사람들에게 내가 아버지의 이름을 나타내었나이다 그들은 아버지의 것이었는데 내게 주셨으며 그들은 아버지의 말씀을 지키었나이다"(요17:6).

최근 조직관리 분야에서 중요시 되고 있는 전략적 관리, 핵심 역량의 관리 그리고 지식관리를 다루고자 한다.

1. 기독교 전략적 관리

1) 전략의 의의

그리스도 예수 안에서 하나님께서 허락하신 전략이란 원래 군사 부문에서 사용된 개념인데, 이를 일반 조직에서 많이 사용하고 있다. 전략에 대한 정의는 다른 개념들과 마찬가지로 매우 다양하다. 민츠버그는 전략에 대한 여러 가지 정의를 정리해 제시하고 있는데, 계획으로서 전략, 책략으로서 전략, 행위 유형으로서 전략, 위치 선정으로서 전략, 관점으로서 전략이 그것이다. 민츠버그의 전략 개념에 관한 이러한 분류는 전략에 대한 이해를 돕는데 크게 기여하고 있다. 이 책에서는 조직에서의 전략을 "조직이 특정한 상황에서 문제를 해결하거나 목표를 달성하기 위해 조직 전체적인 노력을 경주하도록 방향과 수단을 제시하는 의도적 계획"으로 정의한다.

2) 전략과 유사한 개념들
(1) 전략과 정책

그리스도 예수 안에서 전략과 정책은 매우 유사하다. 정책은 조직의 기본적인 활동의 원칙이나 방향을 의미한다. 따라서 정책은 조직의 일상적인 모든 활동에 대한 안내자의 역할을 한다. 정책은 조직의 중요한 의사결정의 지침이라는 점에서는 전략과 유사하다. 정책은 일상적인 문제의 해결을 위한 방침이라는 점에서 비일상적인 특정한 환경에 대응하는 활동인 전략과 구분할 수 있다. 정책이 조직에서 의사결정을 위한 지침이라면, 전략은 자원 동원과 배분을 효과적으로 하기 위한 면에 치중하는 것이 서로 다르다. 그러나 정책과 전략이 중복되는 경우도 없지 아니하다. 전략과 정책은 모두 조직의 활동을 통합시키고 방향을 제시한다.

(2) 전략과 전술

그리스도 예수 안에서 전략과 전술은 수준의 차이를 보여주는 개념들이다. 전략과 전술에 대해서는 여러 학자가 개념적인 차이를 제시하고 있는데, 중요한 국면만을 요약하면 다음과 같다. 전략이 포괄하는 범위는 조직의 전체에 해당하나 전술의 그것은 부분적이며 지엽적이다. 즉, 전략은 거시적이나 전술은 미시적이다. 전략은 장기적이며 계속적이나 전술은 단기적이며 가변적이다. 따라서 전략은 전술의 상위 개념임을 알 수 있다.

3) 전략적 관리의 의의와 과정

(1) 전략적 관리의 의의

그리스도 예수 안에서 전략에 대한 관심은 전략의 계획에서 한 걸음 더 나아가 전략의 관리로 나아가고 있다. 전략관리는 전략계획에 비해 전략선택, 전략시행, 전략과 조직구조 등 조직 관리의 모든 범위를 포함하고 있다. 앤소프에 의하면, 전략계획과 전략관리의 차이는 다음과 같다. 전략계획은 조직의 외적 관련성, 즉 시장전략에 관련이 되어 있으며, 문제 해결 과정으로서 전략의 형성에 초점을 둔다. 그리고 전략 결정의 기술적·경제적·정보적 측면에 집중한다. 이에 반해 전략관리는 조직 체계와 조직 변화에 관련되어 있다. 그리고 집행과 통제 문제를 포함하며, 조직 내외의 정치적·사회적 문제에 대해서도 주목한다. 따라서 전략적 관리는 전략적 의사결정을 전제로 한다. 이 책에서는 전략적 관리를 "조직이 환경 변화에 대응해서 생존이나 번영을 확보하기 위해 조직 전체적으로 노력을 기울이는 관리활동"이라고 정의하고

자 한다.

(2) 전략적 관리의 과정

그리스도 예수 안에서 전략적 관리의 과정은 전략의 계획단계, 전략의 실천단계, 전략의 평가 및 환류단계로 나누어 볼 수 있다. 여기서 가장 핵심적인 단계는 전략적 계획 단계이다. 계획 단계의 예비적 단계로서 전략적 비전과 목표, 전략적 계획의 요소와 전략 구상을 들 수 있다.

(3) 기독교 전략적 관리

기독교전략적관리란 위의 개념을 포함해 "그리스도 예수 안에서 하나님께서 십자가와 마음을 연합 되게 하심으로, 예수 그리스도 이름으로 오신 성령을 받아, 마음이 세상보다 전능하신 하나님을 더 먼저 경외하여 우선적 현실로 체감하고 있을 때, 그리스도께서 하나님 나라 확장을 위하여 지혜·권능의 Living Word로 환경 변화에 대응하는 조직을 향한 전략적 관리활동"으로 개념을 이해할 수 있다.

> >>> **전능하신 하나님의 Living Word**
>
> "내가 아버지의 말씀을 그들에게 주었사오매 세상이 그들을 미워하였사오니 이는 내가 세상에 속하지 아니함 같이 그들도 세상에 속하지 아니함으로 인함이니이다"(요17:14).
> "그들을 진리로 거룩하게 하옵소서 아버지의 말씀은 진리니이다"(요17:17).
> "내게 주신 영광을 내가 그들에게 주었사오니 이는 우리가 하나가 된 것 같이 그들도 하나가 되게 하려 함이니이다"(요17:22).
> "곧 내가 그들 안에 있고 아버지께서 내안에 계시어 그들로 온전함을 이루어 하나가 되게 하려 함은 아버지께서 나를 보내신 것과 또 나를 사랑하심 같이 그들도 사랑하신 것을 세상으로 알게 하려 함이로소이다"(요17:23).
> "아버지여 내게 주신 자도 나 있는 곳에 나와 함께 있어 아버지께서 창세전부터 나를 사랑하시므로 내게 주신 나의 영광을 그들로 보게 하시기를 원하옵나이다"(요17:24).
> "의로우신 아버지여 세상이 아버지를 알지 못하여도 나는 아버지를 알았사옵고 그들도 아버지께서 나를 보내신 줄 알았사옵나이다"(요17:25).

"내가 아버지의 이름을 그들에게 알게 하였고 또 알게 하리니 이는 나를 사랑하신 사랑이 그들 안에 있고 나도 그들 안에 있게 하려 함이니이다"(요17:26).

"우리가 알거니와 하나님을 사랑하는 자 곧 그의 뜻대로 부르심을 입은 자들에게는 모든 것이 합력하여 선을 이루느니라"(롬9:28).

"우리가 항상 예수의 죽음을 몸에 짊어짐은 예수의 생명이 또한 우리 몸에 나타나게 하려 함이라"(고후4:10).

2. 기독교 핵심 역량의 관리

1) 핵심 역량의 의의

그리스도 예수 안에서 경쟁의 시대에는 각 조직의 경쟁력이 문제가 된다. 이러한 경쟁은 국제화 시대가 되면서 더욱 중요한 문제로 대두되고 있다. 지금까지 독점적 지위를 누리던 조직들도 경쟁적 환경이 되면 조직을 활성화시키기 위해 온갖 노력을 기울인다. 조직의 구조개편, 조직의 리엔지니어링, 인력 감축 등 조직혁신의 노력을 기울인다. 핵심 역량 문제는 심각한 경쟁 환경 아래서 조직의 생존과 번영을 확보하기 위한 대표적인 수단으로 인식된다.

그리스도 예수 안에서 하나님의 섭리하심 가운데 주어진 핵심 역량은 조직이 환경 변화에 적응하고, 생존하며, 나아가서 경쟁 조직들과의 관계에서 우위를 차지하거나 관련 조직 간에 더 나은 관계를 맺기 위해 활용될 수 있는 전략적 관리의 한 수단이다.

2) 핵심 역량의 정의

그리스도 예수 안에서 핵심 역량에 관해 통일된 개념 정의는 아직까지 없다. 그렇지만 핵심 역량을 논하는 연구자들은 잠정적인 정의를 하게 된다. 여기서는 핵심역량의 선구적인 역할을 해온 하멜의 견해를 소개한다. 하멜은 핵심 역량을 어떤 단일의 구체적 기능이나 기술이기 보다는 개개의 기능과 기술들의 묶음이라고 본다. 또한 핵심 역량을 회계적 의미의 자산이 아니고 운영하는 자질, 소질이라고 보고 있다. 따라서 이 책에서는 핵심 역량을 "특정 조직이 보유하고 있는 우월적인 내부 역량"이라고 포괄적으로 정의하고자 한다.

3) 핵심 역량의 개념적 특성

첫째, 핵심 역량은 고객의 가치를 반영해야 한다. 즉, 핵심 역량을 구성하는 기능은 고객에게 중요한 가치나 편익을 제공할 수 있어야 한다.

둘째, 핵심 역량이 되는 기술은 경쟁조직에 비해 독특한 것이어야 한다. 그것은 핵심 능력이 되는 기술을 하나의 조직만이 독점적으로 보유해야 한다는 것을 의미하는 것이 아니라 동종의 조직들에 비해 월등하게 우수하거나 다른 조직 들이 쉽게 모방 할 수 없는 상태에 있을 때라는 전제 조건이 필요하다.

셋째, 핵심 역량을 구성하는 기술은 신규시장으로 연장 가능성이 있어야 한다. 핵심 기술을 바탕으로 새로운 시장으로 전입이 가능해야 함을 의미한다.

4) 핵심 역량의 내용과 변화

그리스도 예수 안에서 조직의 핵심 역량은 조직이 보유하고 있는 단순한 기능별 능력을 의미하는 것은 아니다. 핵심 역량은 이런 개별 능력에서 나온 역량뿐만 아니라 이러한 기능별 능력을 종합해 활용할 수 있는 조직구성원의 능력이 결합되어 있는 것이다. 핵심 역량의 내용으로 문화, 능력, 그리고 연계를 들기도 한다. 여기서 문화는 조직의 목적, 사명, 그리고 핵심 가치에 대한 감각을 의미하며, 능력은 조직 활동에 구체화되어 있는 지식과 기술을 의미하고, 연계란 공급자, 소비자 협력 파트너, 기타 외부와의 접촉 능력을 의미한다.

그러나 핵심 역량은 고정 불변의 것은 아니다. 경쟁 상황에 따라 변화한다. 신속한 고객 서비스도 모든 기업의 일반적인 기술로 변해 가고 있다. 이와 같이 핵심 능력을 구성하는 것은 상황과 환경에 따라 그 변화가 있으므로 조직은 고객이 원하는 가치와 혜택이 무엇인지를 늘 파악하고 이를 핵심 능력으로 연결시키는 것이 중요하다.

5) 핵심 역량의 관리

핵심 역량의 관리를 위한 단계에서는 네 가지 핵심 업무가 있는데, 그것은 핵심 역량의 선택, 핵심 역량의 구축, 핵심 역량의 배치, 그리고 핵심 역량의 보호이다.

6) 기독교 핵심 역량의 관리

기독교핵심역량관리란 위의 개념을 포함해 "그리스도 예수 안에서 하나님께서 십자가와 마음을 연합 되게 하심으로, 예수 그리스도 이름으로 오신 성령을 받아, 마음이 세상보다 전능하신 하나님을 더 먼저 경외하여 우선적 현실로 체감하고 있을 때, 그리스도께서 하나님 나라 확장을 위하여 지혜·권능의 Living Word로 역사하시는 우월적 내부 역량"으로 개념을 이해할 수 있다.

3. 기독교 지식관리

1) 지식사회의 의의

그리스도 예수 안에서 오늘날의 사회를 지식기반사회, 지식정보화사회라 한다. 그만큼 지식과 정보의 활용 여부에 따라 조직의 성정과 발전은 물론 생존이 좌우되기 때문일 것이다. 따라서 모든 조직에서는 경쟁력을 강화하기 위해 지식관리를 강조한다. 우리나라에서도 1990년대 말부터 민간기업을 중심으로 지식경영의 개념이 도입되었고, 정부에서는 행정안전부를 중심으로 여러 부처가 지식행정 또는 지식관리라는 개념을 도입하고 있다. 그리스도 예수 안에서 하나님의 놀라우신 섭리가운데 주어진 조직의 지식관리란 "조직이 지니는 지적 자산과 조직 구성원 개인의 지식이나 노하우를 체계적으로 발굴해 조직 내부의 보편적인 지식으로 공유하고, 이 지식을 활용해 조직의 경쟁력을 증대시키고자 하는 행위"라고 정의할 수 있다. 최근에는 지식관리를 시스템화하는 것이 일반적 현상이 되었다. 지식관리 시스템(KMS)란 지식관리의 실천 도구로서 지식의 창출, 보유, 활용을 총체적으로 지원하는 것이다.

2) 지식의 의의 및 특성

그리스도 예수 안에서 지식이란 사람들이 머릿속에 소유하는 것이 아니라 사람들이 함께 활용하는 것으로 상대적으로 시간 속에서 안정적인 형태로 존재하며, 사회적으로 인정되고, 이질적인 아이템들이 하나의 맥락 속에서 세트로 정돈되어 있는 어떤 것이다.

지식을 습득하는 과정은 왜(Why)라는 질문에 답하는 것이다. 그것은 개인적 이해와 관심, 가치, 정체성, 그리고 생활 태도 등과 관계가 있다. 또한 어떻게(How)라는 질문에 답하는 것으로 업무 수행 과정에서 기교, 재능 등과 관련이 있다. 끝으로 그것은 누구(Whom)와 함께 라는 물음에 답하는 것으로 직장에서 인간관계, 즉 평판, 신뢰 그리고 성공 등을 누구와 함께 할 것인가와 관련이 있다.

지식의 특성으로는 무형, 무한대, 무귀속, 무경계, 그리고 무연령을 들 수 있다. 지식은 무형이며, 형체가 없는 만큼 지식의 습득, 창출, 평가가 쉽지 않다. 지식은 무한대라 사용을 통해 소멸되지 않는다. 지식은 무귀속하여 어느 한 조직에 귀속하기 어렵고 습득 주체에 따라 손쉽게 이전되고 공유가 가능하다. 지식은 무경계하여 지식을 단위, 부문, 주제 등 특정 기준으로 분류하는 데 한계가 있다. 지식은 무연령하여, 즉 지식 자체에는 연령이 없어 생성에서 소멸에 이르는 생명주기를 거치는 과정에서 재창조라는 자기 증식 과정이 발생한다.

그리스도 예수 안에서 지식과 유사한 용어로는 자료, 정보, 지혜 등을 들 수 있다. 자료란 단순한 사실의 나열로서 일반적으로 데이터베이스에서 제공한다. 정보란 조직화된 사실로서 자료에서 찾아낸 패턴이 곧 정보를 의미한다. 지식이란 정보에 의미를 부여한 것으로 정보에 관련성과 목적성이 부가되면 지식으로 진화된다. 지혜란 지식을 바탕으로 근본 원리나 새로운 가치관 및 통찰력을 습득하고 이를 현실에 적용하는 능력이다. 넓은 의미에서 지식은 지혜를 포함한다.

3) 지식의 유형

그리스도 예수 안에서 지식은 여러 가지로 분류할 수 있지만 형태에 따라 형식지와 암묵지로 나눈 노나카의 분류가 매우 유익하다. 암묵지란 말로 표현하기 힘들지만 그것은 개인, 집단, 조직의 각 차원에서 개인적 경험, 이미지, 혹은 숙련된 기능, 조직문화, 풍토 등의 형태로 존재한다. 형식지란 언어나 구조를 가지고 존재한다. 제품 사양, 문서, 데이터베이스, 매뉴얼, 화학식 등의 공식, 컴퓨터 프로그램 등의 형태로 표현될 수 있다. 지식의 변환이란 형식지와 암묵지 사이의 변환을 의미하며 사회화, 외부화, 종합화, 그리고 내면화로 구분한다. 암묵지에서 암묵지로 변환하는 것을 사회화라 한다. 특정 개인이나 집단이 주로 경험을 공유함으로써 지식을 전수하고 창조한다. 사제 관계가 그 예다. 암묵지에서 형식지를 얻는 것을 외부화라 한다. 개인이나 집단의 암묵지가 공유되거나 통합되어 그 위에 새로운 지가 만들어지는 과정이다. 고객의 암묵적인 니즈(Needs)를 현재화 하는 것을 들 수 있다. 형식지에서 형식지를 얻는 것을 종합화라 한다. 개인이나 집단이 각각의 형식지를 조합시켜 새로운 지식을 창조하는 프로세스를 말한다. 형식지를 암묵지로 변화시키는 것을 내면화라 한다. 조직 내에 성공 사례가 전파되는 것을 들 수 있다.

4) 지식관리의 단계

지식관리의 단계는 보통 지식의 창출, 지식의 축적, 지식의 이전 및 공유 그리고 지식의 활용으로 구분한다.

(1) 지식의 창출

그리스도 예수 안에서 지식 창출은 새롭고 유용한 아이디어나 노하우, 절차 및 해결책을 만들어내는 창의적인 행위다. 지식 창출은 계획적이고 통제 가능한 측면보다는 동기부여나 우연히 창출되는 비체계적인 측면이 중요하며, 조직에 유용한 아이디어나 절차를 제안하는 개인의 창의적인 행위가 지식 창출의 중요한 근원이 된다. 지식의 창출은 업무활동 속에서 이루어지는 것으로, 조직원들의 직접 경험이나 다른 부서의 지식관리의 성과, 행동의 관찰을 통해 생성된다.

(2) 지식의 축적

그리스도 예수 안에서 지식의 축적은 조직 내에 지식을 분류하고 저장하는 활동이다. 이러한 지식 축적은 기본적으로 개인의 지식을 조직의 지식으로 전환해 조직구성원들 간에 지식의 확산 및 활용을 촉진하기 위한 활동이다. 조직의 개인들이 정보를 교환하거나 결합하고 기존 정보를 재구성해 새로운 지식을 창조할 수 있게 되며, 조직구성원들이 자유롭게 이용할 수 있는 지식저장소가 있어야 한다.

(3) 지식의 이전 및 공유

그리스도 예수 안에서 지식의 이전 및 공유란 개인 간이나 조직 간에 상호작용을 통한 지식을 교환하는 일체의 활동이다. 지식 공유는 지식기반 사회를 구성하는 핵심 요소다. 가장 중요한 지식은 기존의 방침이나 매뉴얼이 아니라 이를 개선시키는 노하우다. 이러한 노하우는 조직의 내부 및 외부 환경에 존재하는데, 이들이 이전되어 공유되지 않으면 조직의 지식으로 활용될 수 없다.

(4) 지식의 활용

그리스도 예수 안에서 지식의 활용은 개인이나 조직에 체화된 지식을 업무에 사용하는 활동으로서, 업무성과를 향상하는 데 직접적으로 기여하는 행위다. 지식의 활용은 조직 내의 지식을 활용하는 것만이 아니라, 여타 조직에서 창출된 지식을 벤치마킹을 통해 활용하는 것도 포함한다. 지식 활용은 개인이나 조직의 지식으로 활용함으로써 문제 해결력과 환경적응력을 높이는 것이며, 또한 지식을 발굴해 현재의 업무 수행 방식을 개선하는 과정을 통해 새로운 가치를 창출하게 된다.

(5) 지식의 학습

그리스도 예수 안에서 지식의 학습이란 새로운 지식을 체화하고 환경 변화를 감지하는 활동으로 조직학습이라고도 한다. 학습은 가장 자연스러운 행동이다. 인간은 학습을 필연적으로 경험하며, 학습은 개인에서 조직으로 확대되고 있다. 조직은 갱신과 성장을 필요로 하는 커다란 전환기에 놓여 있다. 이를 위해 많은 조직은 그들이 직접 자금을 지원하여 교육과 훈련을 시킨다. 요컨대 조직학습이란 더 나은 지식과 이해를 통해 개선된 행동과정이다.

5) 지식관리의 영향 요인

그리스도 예수 안에서 지식관리를 효율적으로 하기 위해서는 지식관리에 영향을 미치는 요인을 규명해야 한다. 지식관리는 그 단계별로 영향 요인이 다를 수 있다. 영향 요인들은 여러 가지가 제시되고 있는데, 조직 관리의 특성, 조직 문화적 특성, 지식 자체의 특성, 그리고 시스템적 특성 등으로 구분할 수 있다.

(1) 조직 관리적 특성

그리스도 예수 안에서 리더십 요인이 조직의 지식관리에 긍정적인 영향을 미친다. 최고 관리자의 지식관리 추진 의지, 부서장의 관심은 무엇보다도 모든 지식관리 단계에 긍정적인 영향을 미친다. 지식관리에 대한 평가 체계, 보상 체계 등 유인 체계가 구비되어 있을수록 지식관리에 긍정적으로 영향을 미칠 것이다. 개인의 지식이 조직의 지식이 되기 위해서는 다양한 인센티브가 요구된다. 그리고 지식관리를 전담하는 기관과 전문인력이 있을수록 지식관리가 정착되는 데 도움을 줄 것이다.

(2) 조직 문화적 특성

그리스도 예수 안에서 업무에 대한 개방성은 지식의 축적, 지식의 공유, 지식의 활용 등에 영향을 미친다. 업무에 대해서 폐쇄적인 사람보다는 개방적인 사람이 지식관리에 긍정적인 영향을 미친다. 타인에 대한 신뢰성은 지식의 축적, 지식의 공유, 지식의 활용 등에 영향을 미칠 것이다. 동료 직원에 대한 신뢰성이 높을수록 지식관리에 긍정적인 영향을 미친다. 개인적으로 자기 개발 의지나 욕구가 강한 사람, 창조성이 강한 사람이 지식관리에 더 적극적이다.

(3) 지식 자체의 특성

그리스도 예수 안에서 지식 자체의 특성은 지식관리에 영향을 준다. 그러한 특성으로는 적합성, 완전성, 중요성, 현재성을 들 수 있다. 지식의 적합성이란 사용자의 요청과 시스템이 제공하는 결과물의 일치 정도를 말한다. 지식의 완전성이란 지식이 업무의 수행에 필요한 모든 범위와 세부적인 사항까지 포함하고 있는 정도를 말한다. 지식의 중요성이란 지식관리 시스템 내의 지식을 활용했을 때 성과와 활용 가치의 정도를 말한다. 지식의 현재성이란 지식관리 시스템에서 나온 결과물들이 현재 시점에서 이용가치가 있는지의 문제다.

(4) 시스템적 특성

그리스도 예수 안에서 컴퓨터 시스템의 사용 편리성은 지식관리의 여러 단계에서 유용성을 높여준다. 시스템이 사용자 중심성이 높을수록 지식관리 체제의 효과성은 높아진다. 지식관리 시스템에 대한 접근 용이성, 저장 및 축적 용이성, 검색 활용의 용이성, 컴퓨터 시스템이 갖고 있는 접근의 용이성 등은 지식의 축적이나 공유, 활용 등에 긍정적인 영향을 미칠 것이다. 또한 시스템의 보안성이 높을수록 지식관리에 긍정적인 영향을 미칠 것이다. 지식관리나 지식경영만으로 비전 및 목표 달성이 가능한 것은 아니다. 조직의 최고 관리자가 지식관리 체제의 도입에 얼마나 관심을 가지고 있는가가 지식관리 체제도입의 초기에는 매우 중요하다. 각 나라에 따라서 지식관리의 수준이 다르다. 미국은 전체적으로 지식관리가 잘 되어 있다. 특히 지식의 흐름이 잘 되어 있다. 영국과 일본은 지식의 축적은 많으나 유통이 다소 부족하다. 우리나는 지식의 유통·저장·활용이 부족하다.

지식관리의 수준 즉 국가, 조직, 개인에 따라 지식관리는 다른 형태를 띤다. 모든 조직 간에도 지식관리의 방법이나 방향은 달라야 할 것이다.

6) 기독교 지식관리

기독교지식관리란 위의 개념을 포함해 "그리스도 예수 안에서 하나님께서 십자가와 마음을 연합 되게 하심으로, 예수 그리스도 이름으로 오신 성령을 받아, 마음이 세상보다 창조주 하나님을 더 먼저 경외하여 우선적 현실로 체감하고 있을 때, 그리스도께서 하나님 나라 확장을 위하여 지혜·권능의 Living Word로 조직 내부에 보유 하게 하신 지식과 지식의 활용"으로 개념을 이해할 수 있다.

>>> 지혜의 하나님의 Living Word

"솔로몬이 여호와를 사랑하고 그의 아버지 다윗의 법도를 행하였으나 산당에서 제사하며 분향하더라, 이에 왕이 제사하러 기브온으로 가니 거기는 산당이 큼이라 솔로몬이 그 제단에 일천번제를 드렸더니, 기브온에서 밤에 여호와께서 솔로몬의 꿈에 나타나시니라 하나님이 이르시되 내가 네게 무엇을 줄 꼬 너는 구하라"(왕상3:3-5).

"나의 하나님 여호와여 주께서 종으로 종의 아버지 다윗을 대신하여 왕이 되게 하셨사오나 종은 작은 아이라 출입할 줄을 알지 못하고, 주께서 택하신 백성 가운데 있나이다 그들은 큰 백성이라 수효가 많아서 셀 수도 없고 기록할 수도 없사오니, 누가 주의 이 많은 백성을 재판할 수 있사오리이까 듣는 마음을 종에게 주사 주의 백성을 재판하여 선악을 분별하게 하옵소서, 솔로몬이 이것을 구하매 그 말씀이 주의 마음에 든지라, 이에 하나님이 그에게 이르시되 네가 이것을 구하도다 자기를 위하여 장수하기를 구하지 아니하며 부도 구하지 아니하며 자기 원수의 생명을 멸하기도 구하지 아니하고 오직 송사를 듣고 분별하는 지혜를 구하였으니, 내가 네 말대로 하여 네게 지혜롭고 총명한 마음을 주노니 네 앞에도 너와 같은 자가 없었거니와 네 뒤에도 너와 같은 자가 일어남이 없으리라, 내가 또 네가 구하지 아니한 부귀와 영광도 네게 주노니 네 평생에 왕들 중에 너와 같은 자가 없을 것이라"(왕상3:7-13).

"갈릴리 해변에 다니시다가 두 형제 곧 베드로라 하는 시몬과 그의 형제 안드레가 바다에 그물 던지는 것을 보시니 그들은 어부라, 말씀하시되 나를 따라오라 내가 너희를 사람을 낚는 어부가 되게 하리라 하시니, 그들이 곧 그물을 버려두고 예수를 따르니라, 거기서 더 가시다가 다른 두 형제 곧 세베대의 아들 야고보와 그의 형제 요한이 그의 아버지 세베대와 함께 배에서 그물 깁는 것을 보시고 부르시니, 그들이 곧 배와 아버지를 버려두고 예수를 따르니라"(마3:18-22).

"우리가 항상 예수의 죽음을 몸에 짊어짐은 예수의 생명이 또한 우리 몸에 나타나게 하려 함이라"(고후4:10).

"주 안에서 항상 기뻐하라 내가 다시 말하노니 기뻐하라, 너희 관용을 모든 사람에게 알게 하라 주께서 가까우시니라"(빌4:4-5).

"내가 궁핍하므로 말하는 것이 아니니라 어떠한 형편에든지 나는 자족하기를 배웠노니, 나는 비천에 처할 줄도 알고 풍부에 처할 줄도 알아 모든 일 곧 배부름과 배고픔과 풍부와 궁핍에도 처할 줄 아는 일체의 비결을 배웠노라, 내게 능력 주시는 자 안에서 내가 모든 것을 할 수 있느니라"(빌4:11-13).

"그러므로 너희가 그리스도 예수를 주로 받았으니 그 안에서 행하되, 그 안에 뿌리를 박으며 세움을 받아 교훈을 받은 대로 믿음에 굳게 서서 감사함을 넘치게 하라"(골2:6-7).

"잘 다스리는 장로들은 배나 존경할 자로 알되 말씀과 가르침에 수고하는 이들에게는 더욱 그리할 것이니라"(딤전5:17).

"무릇 멍에 아래에 있는 종들은 자기 상전들을 범사에 마땅히 공경할 자로 알지니 이는 하나님의 이름과 교훈으로 비방을 받지 않게 하려 함이라, 믿는 상전이 있는 자들은 그 상전을 형제라고 가볍게 여기지 말고 더 잘 섬기게 하라 이는 유익을 받는 자들이 믿는 자요 사랑을 받는 자임이라 너는 이것을 가르치고 권하라"(딤전6:1-2).

"네가 이 세대에서 부한 자들을 명하여 마음을 높이지 말고 정함이 없는 재물에 소망을 두지 말고 오직 우리에게 모든 것을 후히 주사 누리게 하시는 하나님께 두며, 선을 행하고 선한 사업을 많이 하고 나누어 주기를 좋아하며 너그러운 자가 되게 하라, 이것이 장래에 자기를 위하여 좋은 터를 쌓아 참된 생명을 취하는 것이니라"(딤전6:17-19).

"긍휼이 풍성하신 하나님이 우리를 사랑하신 그 큰 사랑을 인하여, 허물로 죽은 우리를 그리스도와 함께 살리셨고, 또 함께 일으키사 그리스도 예수 안에서 함께 하늘에 앉히시니"(엡2:4-6).

"너희는 그 은혜에 의하여 믿음으로 말미암아 구원을 받았으니 이것은 너희에게서 난 것이 아니요 하나님의 선물이라"(엡2:8).

제7절 기독교 조직 환경

"아버지여, 아버지께서 내 안에, 내가 아버지 안에 있는 것 같이 그들도 다 하나가 되어 우리 안에 있게 하사 세상으로 아버지께서 나를 보내신 것을 믿게 하옵소서"(요17:21).

1. 환경의 의의

그리스도 예수 안에서 하나님의 섭리하심 가운데 주어지는 환경이란 생활체 주위의 사물이나 사정을 의미하는 것으로 이것은 생활체를 둘러싸고 그것과 일정한 접촉을 유지하고 있는 외계를 말한다.

2. 조직환경의 의의

그리스도 예수 안에서 하나님의 섭리하심 가운데 주어진 조직은 일차적으로 조직내부의 조직화에 관심을 기울이면서도 이차적으로 조직외부의 환경적 요인에 관심을 기울이지 않을 수 없다. 조직은 조직외부의 환경 속에서 존재하게 되며 조직의 특성과 조직의 조건은 조직 외부의 환경에 의하여 결정되어지기도 하고 조직 외부의 환경에 영향을 주기도 하는 경우가 많다. 따라서 조직 환경이란 조직체 주위의 사물이나 사정을 의미한다. 조직 환경은 그 속도가 빠르고 그 폭은 깊고 그 내용은 다양해 사회 속에서 살아가는 조직으로서는 이처럼 변화하는 환경에 적절하게 반응하지 않으면 조직의 활동이 활발하지 못하게 되며, 최악의 경우 조직의 생존에까지 영향을 받게 된다.

3. 조직환경에 대한 연구

　그리스도 예수 안에서 조직에서 환경의 중요성이 부각된 것은 조직이 자급자족적인 유기체가 아니라 그것이 환경과의 관계 속에서만 존재할 수 있고 그 기능을 행사할 수 있다는 것으로 조직을 폐쇄 체제에서 개방 체제로 본다는 조직관의 변화를 의미하며, 조직에 대한 시야가 좀 더 넓어졌음을 보여주는 것이다.
　환경의 중요성에 따라서 조직론에서도 조직 환경에 대한 관심이 서서히 고조되어 왔는데 생태론, 환경유기체론 및 개방체제론 등이 그것이며, 심지어는 '소용돌이의 장'이라고 표현하면서 조직 환경의 중요성을 촉구하기도 한다. 대체로 조직이론사를 살펴보면 고전적 조직이론에서는 조직 환경이 무시되다가 신고전적 조직이론에서부터 환경유기체론 등으로 관심을 보이고 있으며, 현대의 조직이론에서는 조직 환경에 대해 여러 가지 관점으로 다양한 논의가 풍부하게 전개되고 있기는 하지만 아직도 체계화되지는 못했다. 현대적인 조직 환경이론으로는 상황이론, 전략적 선택이론, 자원의존이론, 개체군 생태이론, 시장과 위계이론, 제도화이론 등이 제시되고 있다.

4. 조직환경의 유형

　그리스도 예수 안에서 카츠와 카안은 조직에 대한 환경은 문화적 환경, 정치적 환경, 경제적 환경, 자연·과학적 기술, 관리 및 행정상의 기술을 포함하는 기술적 환경, 기후지형자원 등과 식량 그 외의 동·식물 등의 조건을 포함하는 물리적 환경 등이 있음을 말하였다.

5. 조직과 환경과의 상호작용

　그리스도 예수 안에서 조직과 환경과의 상호작용에 대해서는 조직이 환경 변화에 적응하는 면과 조직이 환경에 영향을 미치는 면으로 구분해 살펴볼 수 있다.

1) 환경 변화에 대한 조직의 적응

그리스도 예수 안에서 조직이 환경 변화에 대응하는 과정은 일반적 문제 해결과정과 매우 유사하다. 즉, 환경변화를 인지하고, 정보를 수집해 처리하며, 변동을 실시하고 정착하며, 환류를 한다. 그런데 조직이 환경 변화에 적응하는 방법이나 전략은 환경 변화의 내용과 속도 등 조직 환경의 속성들에 따라 다양한 방법이 고려 될 수 있다.

2) 조직의 환경에 대한 영향

그리스도 예수 안에서 조직이 환경 속에 존재하면서 환경으로부터 많은 영향을 받고 있기는 하지만 조직도 환경에 크고 작든 영향을 미치고 있다. 조직의 일상적인 활동은 환경의 변동에 큰 영향을 주지 않으며, 오히려 수많은 조직의 활동은 상호작용과 조절작용을 거치면서 환경을 안정케 해주는 것이 보통이다. 특히 관할 영역이 좁은 조직의 활동일수록 환경에 미치는 영향이 적다고 할 수 있다. 그러나 조직의 관할 영역이 넓은 조직의 활동은 환경에 크게 영향을 미치는 경우도 있다.

6. 기독교조직 환경

기독교조직환경이란 위의 개념을 포함해 "그리스도 예수 안에서 하나님께서 십자가와 마음을 연합 되게 하심으로, 예수 그리스도 이름으로 오신 성령을 받아, 마음이 세상보다 전능하신 하나님을 더 먼저 경외하여 우선적 현실로 체감하고 있을 때, 그리스도께서 하나님 나라 확장을 위하여 지혜·권능의 Living Word로 조직에 영향을 미치게 하거나, 조직으로 인해 영향을 받게 하는 외적인 일체의 요소"로 개념을 이해할 수 있다.

>>> 권능의 하나님의 Living Word

"하나님이 그들에게 복을 주시며 하나님이 그들에게 이르시되 생육하고 번성하여 땅에 충만하라, 땅을 정복하라, 바다의 물고기와 하늘의 새와 땅에 움직이는 모든 생물을 다 스리라 하시니라"(창1:28).

"이 후로는 누구든지 나를 괴롭게 하지 말라 내가 내 몸에 예수의 흔적을 지니고 있노라"(갈6:17).

제8절 기독교 조직과 인간

"내게 주신 영광을 내가 그들에게 주었사오니 이는 우리가 하나가 된 것 같이 그들도 하나가 되게 하려 함이니이다"(요17:22).

1. 의의

그리스도 예수 안에서 하나님의 섭리하심으로 구성·운영 되어지는 조직의 첫 번째 구성 요소는 인간이다. 인간은 출생으로 시작하여 죽음으로 끝나는 생물학적 존재이며, 독특한 욕구와 성격을 가진 주체적·인격적 존재이다. 이러한 개인의 행동을 이해하고 예측하기 위해서는 개인의 심리적·생물학적·성경적 특성에 초점을 맞추는 심리학적·생물학적·성경적 접근이 필요하다.

그리스도 예수 안에서 하나님께서 허락하신 조직은 설립으로 시작하여 해체로 끝이 나며 특정한 목표를 합리적으로 지향하는 사회적 존재이기 때문에 조직과 개인은 존재의 의미가 각기 다르고 추구하는 목표 또한 다른 점이 많다. 조직 속에서의 인간 행동을 다루는 것을 조직행태론 이라 한다.

2. 기독교적 인간관

1) 인간관

그리스도 예수 안에서 인간이 무엇이며 왜 살고 있는지 그리고 어떠한 특성을 가지고 있는지 등을 고찰하려 할 때 보는 시각에 따라 다르게 파악될 수 있다. 이와 같이 인간의 본질이나 특성에 대하여 파악하는 어떤 관점이나 그것을 이해하고 있는 관념을 인간관 이라 한다. 인간관에 대한 연구는 원래 철학적·윤리학적 차원에서 전개되어 온 것이나 최근에는 행정학에서도 그 중요성을 인식하여 연구가 활발히 진행되고 있다. 조직 구성원의 인간관에 대해서는 특히 행정의 조직·관리에 있어서 중요시되고 있는데 그것은 조직의 관리자들이 그 조직의 구성원들이 어떠한 인간들인가 하는 인간관을 파악하여야 하기 때문이다.

그리스도 예수 안에서 행정 조직의 관리자들은 각각 자기 자신의 세계관을 가지고 있고 조직구성원에 대한 인간관도 그들이 갖고 있는 세계관의 일부이다. 그들은 조직의 정책결정을 하고, 법규나 규정을 만들고, 조직 관리를 하는 사람들이기 때문에 그들이 갖고 있는 인간관은 유인제도, 보상 및 다른 인사제도에 그대로 반영된다.

그리스도 예수 안에서 하나님의 섭리하심 가운데 구성된 조직 속의 인간을 어떻게 정의하느냐에 따라 조직 관리자의 관리 방안이 결정될 수 있다. 조직 관리에 상당한 영향을 미치고 있는 조직 내 인간관의 연구는 조직 속에 있는 개인, 집단, 조직이 대상이 된다.

그리스도 예수 안에서 샤인은 조직이론의 실제 면에서 영향력을 미치고 있는 조직 내의 인간관과 관리전략에 관한 가정적 전제로서 합리적·경제적인간관, 사회적인간관, 자아실현적인간관, 복잡한인간관의 네 가지 모형을 제시했다.

그리스도 예수 안에서 하나님의 섭리하심 가운데 허락하신 합리적·경제적 인간관은 조직 속의 인간을 조직에 의해 조작되고 통제되는 수동적 존재로 파악하는 것이다. 왜냐하면 조직 속의 인간은 경제적 유인에 의해 동기가 부여되고, 경제적 유인은 조직의 통제 하에 있기 때문이다. 사회적인간관은 조직 속의 인간을 사회적 존재로 인식하는 것이다. 자기실현적 인간관은 인간을 '자기실현적 존재'이며, 자기실현을 위해 부단히 노력하는 주체로 본다. 복잡한인간관은 인간을 복잡한 성향을 가진 것으로 인식한다.

이밖에도 그리스도 예수 안에서 조직 구성원의 인간관에 대한 연구로는 고전적 인간관, 인간관계론적 인간관, 성장론적 인간관, 복합적 인간관 등이 있다. 그러나 이론으로서 체계화된 것이라면 1950년대 이후에 등장한 성장론적 인간관과 복합적 인간관이라 하겠다. 그중에서도 오늘날 조직의 인간관을 파악하는 데는 맥그리거의 X·Y이론, 런드스테드 등의 Z이론, 매슬로의 욕구이론 등이 많이 활용되고 있다. 이에 대해서는 동기부여에서 살펴보기로 한다.

2) 기독교적 인간관

그리스도 예수 안에서 하나님의 놀라우신 섭리하심 가운데 지으신 인간을 하나님께서는 하나님이 지으신 최고의 피조물이며, 하나님보다 약간 못할 뿐 모든 만물이 그 발 앞에 있고, 하나님의 형상을 지니고 있는 인격적 존재이며, 성령과 Living Word가 사는 성전이며, 타락 이후에도 하나님의 형상을 지니고 있는 피조물 로 바라본다. 다시 말해 기독교인간관이란 앞의 개념들을 포함해 "그리스도 예수 안에서 하나님께서 십자가와 마음을 연합 되게 하심으로, 마음 안에 예수 그리스도 이름으로 오신 성령으로, 세상가치보다 하나님을 더 먼저 경외하여 우선적 현실로 체감 할 때, 그리스도께서 하나님 나라 확장을 위하여 지혜·권능의 Living Word로 역사하시는 인간"으로 개념을 이해할 수 있다.

>>> 창조주 하나님의 Living Word

"하나님이 자기 형상 곧 하나님의 형상대로 사람을 창조하시되 남자와 여자를 창조하시고, 하나님이 그들에게 복을 주시며 하나님이 그들에게 이르시되 생육하고 번성하여 땅에 충만하라, 땅을 정복하라, 바다의 물고기와 하늘의 새와 땅에 움직이는 모든 생물을 다스리라 하시니라"(창1:27-28).

"여자가 그 나무를 본즉 먹음직도 하고 보암직도 하고 지혜롭게 할 만큼 탐스럽기도 한 나무인지라 여자가 그 열매를 따먹고 자기와 함께 있는 남편에게도 주매 그도 먹은지라"(창3:6).

"여호와께서 이르시되 나의 영이 영원히 사람과 함께 하지 아니하리니 이는 그들이 육신이 됨이라 그러나 그들의 날은 백이십년이 되리라 하시니라"(창6:3).

"만물보다 거짓되고 심히 부패한 것은 마음이라 누가 능히 이를 알리요마는, 나 여호와는 심장을 살피며 폐부를 시험하고 각각 그의 행위와 그의 행실대로 보응하나니"(렘17:9-10).

"하나님이 세상을 이처럼 사랑하사 독생자를 주셨으니 이는 그를 믿는 자마다 멸망하지 않고 영생을 얻게 하려 하심이라"(요3:16).

"내가 아버지의 이름을 그들에게 알게 하였고 또 알게 하리니 이는 나를 사랑하신 사랑이 그들 안에 있고 나도 그들 안에 있게 하려 함이니이다"(요17:16).

> "너희는 너희가 하나님의 성전인 것과 하나님의 성령이 너희 안에 계시는 것을 알지 못하느냐, 누구든지 하나님의 성전을 더럽히면 하나님이 그 사람을 멸하시리라 하나님의 성전은 거룩하니 너희도 그러하니라"(고전3:16-17).

3. 기독교 동기부여

1) 동기

그리스도 예수 안에서 하나님의 섭리가운데 허락되어진 동기란 행동을 일으키게 하는 내적인 직접요인(힘)을 총칭하는 것으로, 심리학 용어인 동인이라는 말과 거의 같은 뜻으로 사용되나, 동인이 기계론적인 데 대하여, 동기는 목적론적인 의미가 강하다. 따라서 유기적인 요구에서 일어나는 동인은 생리적 동인이라고 할 수 있는 데 대하여, 목적 및 목표와의 관련에서 발생하는 2차적 요구에 바탕을 둔 동인은 2차적 또는 학습적 동기라고 한다.

2차적 동기는 개인 간의 관계, 그룹간의 관계, 또는 사회적 규범이나 가치·제도 등과의 관계, 즉 개인의 사회생활로부터 형성되는 경우가 많으므로 사회·발생적 동기라고도 한다. 이에 대해 생리적 동인은 생물·발생적 동기라고 하면서 서로 구별하기도 한다. 동인 또는 동기는 행동을 일으키게 하며, 그 행동이 유인 또는 요구를 만족시키면 그 요구에 따른 동인 또는 동기는 그 작용을 정지하고 행동도 끝나게 된다.

그리스도 예수 안에서 우리가 갖는 2차적 동기는 민족이나 사회, 또는 종교에 의하여 달라지며, 역사적으로도 변화하고 있다. 일반적으로 학습에 의하여 변용된 동기는 그것이 강화되지 않으면 소멸되는 것이 보통이지만, 올포트는 그러한 동기가 그때그때 관련된 생리적 조건에 의해 강화되지 않아도 자율적으로 계속 작용한다는 점을 지적, 이것을 '동기적 자율성'이라고 일컬었다. 한편 정신분석학자 프로이드는 인간의 행동에는 반드시 원인이 있으며, 그 원인을 이루는 것이 바로 무의식적 동기라고 주장했다. 그는 무의식적 동기는 주로 성욕과 공격성으로 이루어져 있으며, 그러한 무의식적 동기와 의식 간에는 끊임없는 갈등이 빚어지는 데 이 갈등이 인간의 정신세계를 지배하는 힘이 된다는 것이다.

2) 동기부여

그리스도 예수 안에서 욕구(요구)는 일반적으로 말해서 유기체 안에서 생기는 어떤 결핍 또는 과잉이 원인이 된다. 이러한 원인으로 인하여 무엇을 하고자 하는 욕구(요구)가 일어날 때 일하려는 동기(동인)가 생기며, 그 환경에서 사물은 유인의 성질을 가진다. 이에 따라 행동으로 옮겨 목표를 달성하게 되면 욕구는 충족되고 동기는 사라진다. 결핍(과잉)-욕구(요구)-동기(자극,힘)-유인(유혹)-행동-목표달성-욕구충족-동기작용정지-행동중지 과정가운데 욕구-동기-유인의 기능적 관계를 통틀어 동기부여라고 한다. 따라서 동기부여란 인간을 활동하도록 자극하여 의도하는 목표로 향하게 하는 것을 말한다. 이러한 동기부여의 개념은 본질적으로 인간의 행동과 관련된 내적 심리적 개념으로서 심리학에서 주로 사용하는 것이지만, 조직 구성원들로 하여금 바람직한 행동을 유발하고, 자발적으로 일을 하게 하여 생산성을 높이는데 유용하므로 조직이론에서 중요시되고 있다. 그리스도 예수 안에서 동기부여에 관한 이론은 크게 내용이론과 과정이론, 그리고 보강이론의 세 범주로 나누어 볼 수 있다. 내용이론은 사람들의 어떠한 욕구가 동기를 부여(유발)시킬 수 있는가 그 내용에 초점을 맞춘 이론이고, 과정이론은 사람들이 스스로 일하려는 동기부여(유발)가 어떠한 과정을 거쳐 이루어지는가에 초점을 둔 이론이며, 보강이론은 조직 구성원의 특정한 행동이 왜 지속되는지에 대하여 설명해 주는 이론이다. 내용이론의 대표적인 것으로는 매슬로의 욕구단계 이론을 비롯하여 맥그리거의 X이론·Y이론, 허즈버그의 욕구충족요인 이론을 들 수 있고, 과정이론으로는 브룸의 선호-기대이론, 애덤스의 공정성 이론 등을 들 수 있다.

(1) 욕구단계이론

그리스도 예수 안에서 하나님의 섭리가운데 매슬로에 의해 만들어진 욕구단계이론은 인간의 욕구가 그 중요도별로 단계 일련을 형성한다는 동기 이론의 일종이다.

하나의 욕구가 충족되면 위계상 다음 단계에 있는 다른 욕구가 나타나서 그 충족을 요구하는 식으로 체계를 이룬다. 가장 먼저 요구되는 욕구는 다음 단계에서 달성하려는 욕구보다 강하고 그 욕구가 만족되었을 때만 다음 단계의 욕구로 전이된다.

매슬로의 욕구 단계 다이어그램을 보면 아래로 갈수록 원초적인 욕구를 나타내는 피라미드로 나타낸다. 생리 욕구는 허기를 면하고 생명을 유지하려는 욕구로서 가장 기본인 음식, 의

복, 가택을 향한 욕구에서 성욕까지를 포함한다.

안전 욕구는 생리 욕구가 충족되고서 나타나는 욕구로서 위험, 위협, 박탈에서 자신을 보호하고 불안을 회피하려는 욕구이다.

애정·소속 욕구는 가족, 친구, 친척 등과 친교를 맺고 원하는 집단에 귀속되고 싶어 하는 욕구이다.

존경 욕구는 사람들과 친하게 지내고 싶은 인간의 기초가 되는 욕구이다. 자아존중과 자신감, 성취, 존중 등에 관한 욕구가 여기에 속한다.

자아실현 욕구는 자기를 계속 발전시키고자 자신의 잠재력을 최대한 발휘하려는 욕구이다. 다른 욕구와 달리 욕구가 충족될수록 더욱 증대되는 경향을 보여 '성장 욕구'라고 하기도 한다. 알고 이해하려는 인지 욕구나 심미 욕구 등이 여기에 포함된다.

후에 매슬로는 자아실현의 단계를 넘어선 자기초월의 욕구를 주장하였다. 자기초월의 욕구란 자기 자신의 완성을 넘어서 타인, 세계에 기여하고자 하는 욕구를 뜻한다.

(2) X이론·Y이론

그리스도 예수 안에서 하나님의 섭리하심 가운데 미국의 경영학자 맥그리거가 제창한 X이론·Y이론이란 종업원에 대한 경영자·관리자층의 인간관에 관한 이론으로서 경영자나 관리자는 종업원을 대하는 관점이 경험을 통하거나 또는 타성적인 속단에서 보통 다음과 같은 인간관을 가진다고 하였다.

첫째, 인간은 선천적으로 일을 싫어하며, 가능한 한 일을 하지 않고 지냈으면 한다. 둘째, 기업 내의 목표달성을 위해서는 통제·명령·상벌이 필요하다. 셋째, 종업원은 대체로 평범하며, 자발적으로 책임을 지기보다는 명령 받기를 좋아하고 안전제일주의의 사고·행동을 취한다. 맥그리거는 이 3가지를 X이론이라 하고, 이는 명령통제에 관한 전통적 견해이며 낡은 인간관이라고 비판하였다.

그는 또 이러한 인간관에 입각한 조직원칙·관리기법으로는 새로운 당면문제나 목표달성을 위해 조직의 총력을 결집하는 행동을 바라기 어렵다고 하면서, X이론을 대신할 새로운 인간관으로서 다음과 같은 Y이론을 제창하였다.

첫째, 오락이나 휴식과 마찬가지로 일에 심신을 바치는 것은 인간의 본성이다. 둘째, 상벌만이 기업목표 달성의 수단은 아니다. 조건에 따라서 인간은 스스로 목표를 향해 전력을 기울이려고 한다. 셋째, 책임의 회피, 야심의 결여, 안전제일주의는 인간의 본성이 아니다. 넷째, 새로운 당면문제를 잘 처리하는 능력은 특정인에게만 있는 것은 아니다. 다섯째, 오히려 현재 기업 내에서 인간의 지적 능력이 제대로 활용되지 않고 있을 가능성이 많다.

이와 같은 Y이론은 인간의 행동에 관한 여러 사회과학의 성과를 토대로 한 것인데, 이러한 사고방식을 가진다면, 종업원들은 자발적으로 일할 마음을 가지게 되고, 개개인의 목표와 기업목표의 결합을 꾀할 수 있으며, 능률을 향상시킬 수 있다고 보았다.

(3) 동기유발-위생요인 이론

그리스도 예수 안에서 초기 동기부여이론 중 2요인이론(동기요인-위생요인)은 그리스도 예수 안에서 하나님의 섭리하심 가운데 심리학자인 허즈버그에 의해 제안되었다. 개인과 그가 수행하는 일의 관계는 기본적으로 하나이고, 개인의 일에 대한 태도에 따라서 성공과 실패를 결정지을 수 있다는 믿음을 가지고, 허즈버그는 사람들이 일에서 얻고자 하는 것이 무엇인가라는 질문에 대한 연구를 하게 되었다. 그는 사람들에게 자신의 직무수행에 있어 어떠한 상황에서 좋거나 나쁘다고 느끼는지에 대해 자세히 나타내 줄 것을 요구했다.

이러한 분석을 통해 허즈버그는 일에 대해 좋게 느낄 때의 반응은 나쁘게 느낄 때의 반응과는 상당한 차이가 있다는 결론을 내렸다. 어떤 특성은 직무에 대한 만족과 어떤 특성은 직무에 대한 불만족과 연관이 있다고 보았다. 즉, 성취감, 인정, 그리고 책임감 등과 같은 내재적 요인은 직무에 대한 만족과 관련이 있는 것으로 보았다. 개인이 자신의 일에 대해 좋고 긍정적인 느낌을 가지고 있을 때 이러한 특성들이 자신에 내재되어 있는 것이라고 생각하게 된다. 반면에, 불만족하는 경우 회사정책이나 감독, 인간관계, 작업조건 등과 같은 외적인 요인에 그 원인을 두는 경향이 있다.

이러한 자료를 통해 허즈버그는 전통적으로 믿어 왔던 만족의 반대가 불만족이라는 견해가 잘못된 것이라고 주장하고 있다. 직무로 부터 불만족스러운 특성들을 제거하는 것이 직무에 대한 만족을 의미하는 것은 아니라는 견해이다. 허즈버그는 자신의 연구를 통해 개인이 직무에 대해 만족과 불만족을 느끼는 것은 하나의 연결선상에 있는 것이 아니라 별개의 과정일 수 있다고 보았다. 즉, 만족의 반대는 만족하지 않음이고, 또한 불만족의 반대는 불만족하지 않음이라는 것이다.

그리스도 예수 안에서 허즈버그에 따르면, 직무에 대한 만족을 가져오는 요인은 직무에 대한 불만족을 야기하는 요인과 분리되고 또 구별된다고 본다. 그러므로 직무불만족을 야기하는 요소를 줄이고자 하는 관리자는 종업원에게 어떠한 자극을 주기보다는 불만족으로부터 달래고 회유하고 있는 것이다. 종업원에게 어떠한 자극을 주는 것은 아니기 때문에 직무불만족을 감소시킬 수 있는 요인들을 허즈버그는 위생요인으로 규정하였다.

이러한 요인이 적절하다면 개인은 불만족스럽지 않을 것이라고 보았다. 그러나 만족하게 되는 것은 아니다. 개인에게 직무에 대한 동기를 부여하기 위해 허즈버그는 직무에 대한 만족을 증가시키는 요인으로 강조된 동기요인을 제안하였다.

그리스도 예수 안에서 동기-위생요인에 대해 비판하는 학자들이 없는 것은 아니다. 허즈버그가 자료를 수집하는데 이용했던 방법론과 상황적인 변수를 고려하는데 대한 잘못된 점을 지적하고 있다. 이러한 비판과 비난에도 불구하고 허즈버그의 이론은 광범위하게 받아들여지고 있고 조직 관리에 주는 의미 역시 크다고 하겠다.

(4) 브룸의 선호-기대이론

그리스도 예수 안에서 하나님의 섭리가운데 만들어진 기대이론은 지오고포 울로스와 그의 동료들이 처음 만든 목표-수단의 연쇄모형을 기초로 하고 있다. 기대이론의 근본적인 특징은 개인의 동기행동선택이다. 즉, 개인은 자신의 행동형성 과정에서 여러 가지의 가능한 행동대안 이나 행동전략을 평가하여, 자신이 가장 중요한 결과를 기대할 수 있는 행동전략을 선택하는 것을 뜻한다. 따라서 기대이론은 개인행동의 목표지향성과 행동상황의 원인과 결과에 대한 기대감과 예측활동 등을 이론적 기초로 하고 있다.

그리스도 예수 안에서 기대이론은 많은 학자의 연구에 의해 형성된 이론이기는 하지만 브룸과 포터 · 로울러 등을 이 이론의 대표적인 학자로 들고 있다.

기대이론의 대표적 학자인 브룸은 1, 2차 수준결과, 유의성, 수단성, 기대, 힘, 능력 등의 개념을 가지고 동기부여이론을 모형화 하였다.

"참여정도(힘)=유의성 · 기대" 이모형 에서 중심이 되는 힘은 근본적으로 동기부여 같은 것인데, 결국 힘은 다양한 기대와 유의성으로 얻은 결과의 수학적 총계를 말한다. 특히 이모형에서 기본적인 가정은 대체적 행동과정 중에서 개인이 향하는 선택은 행동과 동시에 일어나는 심리적 사상에 관계된다는 것이다. 즉 어떤 행동의 참여정도(힘.F)는 ① 행동의 결과로 얻어질 가치(유의성.V)와 ② 그 결과가 일어날 확률(기대.E)에 달려있다는 뜻이다.

이때에 V나 E 중 어느 하나만이라도 O 에 가까우면 동기부여는 거의 일어나지 않는다. 물론 여기서 기대확률(E)은 자기 스스로의 경험이나 판단에 의한 주관적 확률(즉, 예측이나 기대)이다.

(5) 애덤스의 공정성이론

그리스도 예수 안에서 하나님의 섭리가운데 허락되어진 공정성이론이란 노동자는 자신의 투입 대비 산출이 다른 사람들과 같을 때 공정함을 느낀다는 것이다. 즉, 본인이 기업을 위해 노력과 시간을 투자하고, 급여나 복지를 받는 수준의 비율이 다른 노동자들과 유사 할 때 노동자는 공정함을 느낀다. 단, 공정함의 판단은 주관적이다. 따라서 실제로 투입산출 비율이 노동자간에 동일하더라도 본인이 그렇게 느끼지 않는다면 불공정하다고 판단할 수도 있다.

불공정함을 느끼는 노동자는 스스로 투입·산출비율을 맞추기 위해 투입을 감소시킨다. 이 과정에서 노력과 시간을 줄이는 근무의욕 저하가 일어나는 것이다. 따라서 공정함을 느껴야 업무에 대한 동기부여가 되고 능력을 발휘하게 된다는 것이 이론의 주장이다.

그리스도 예수 안에서 공정성이론의 관점에서 기업은 직원들이 주관적인 공정성을 느끼도록 하는 것이 중요하다. 직원들은 동료들과 비교하며 공정함과 불공정함을 느낀다. 따라서 무작정 동일하게 높은 임금을 준다고 해도 개인 간에 투입에 대한 인식이 다른 경우 불공정함을 느낄 수 있다. 또한 기업은 어려운 업무에는 높은 보수를, 쉬운 업무에는 낮은 보수를 주기위해 개별 업무에 대해서 업무난이도와 요구능력 등 직무분석을 해야 할 것이다. 더불어 다른 노동자가 받게 되는 임금수준을 공개하지 않는 것도 하나의 방법이 된다. 일반적으로 개인은 타인보다 자신의 투입을 크게 느끼고, 타인의 보수를 자신의 보수보다 크게 받아들이는 경향이 있다. 따라서 객관적으로 공정한 비율로 지급한다고 하더라도 불공정함을 느낄 수 있기 때문에 애초에 비교를 차단하는 것이다. 실제로 많은 기업들이 연봉협상결과를 다른 직원들에게 알리지 말 것을 요구하기도 한다.

3) 기독교 동기부여

기독교동기부여란 위의 개념을 포함해 "그리스도 예수 안에서 하나님께서 십자가와 한 마음 되게 하심으로, 마음 안에 예수 그리스도 이름으로 오신 성령으로, 창조주 하나님을 세상 그 무엇보다 더 먼저 경외하여 크게 느끼고 있을 때, 그리스도께서 하나님 나라 확장을 위하여 지혜·권능의 Living Word로 주는 힘"으로 개념을 이해할 수 있다.

>>> 사랑의 하나님의 Living Word

"오직 성령이 너희에게 임하시면 너희가 권능을 받고 예루살렘과 온 유대와 사마리아와 땅 끝까지 이르러 내 증인이 되리라 하시니라(행1:8).

"사람마다 두려워하는데 사도들로부터 말미암아 기사와 표적이 많이 나타나니, 믿는 사람이 다 함께 있어 모든 물건을 서로 통용하고, 또 재산과 소유를 팔아 각 사람의 필요를 따라 나눠주며, 날마다 마음을 같이하여 성전에 모이기를 힘쓰고 집에서 떡을 떼며 기쁨과 순전한 마음으로 음식을 먹고, 하나님을 찬미하며 또 온 백성에게 칭송을 받으니 주께서 구원 받는 사람을 날마다 더하게 하시니라(행2:43-47).

"또 그 안에서 너희가 손으로 하지 아니한 할례를 받았으니 곧 육의 몸을 벗는 것이요 그리스도의 할례니라(골2:11).

> 실천을 위해 함께 생각해 보아요
> -우리가 속한 조직 속에서 우리 몸을 통해 예수 생명의 역사가 일어나고 있는가?

4. 기독교 성격 및 지각과 조직문화

그리스도 예수 안에서 동기가 직무수행이라는 행동을 야기하고 지속시키는데 작용하는 매우 중요한 요인이지만 그것이 유일한 요인은 아니다. 그 밖에도 능력, 지각, 성격 등 개인적 특성과 조직 내외의 문화등 상황적 요인들이 직무수행에 영향을 미친다.

1) 성격

(1) 성격의 특성

그리스도 예수 안에서 하나님께서 뜻이 있어 각 사람마다 선물로 나누어 주신 성격은 사람과 사람을 구별해 주는 비교적 지속적인 특성이며, 사람마다 고유성을 지니게 하는 특성이다. 그것은 또한 상황이 변하고 시간이 흘러도 사람이 일관성 있고 예측 가능한 행동을 하도록 유도하는 특성이다. 이와 같이 인간의 성격이란 무엇인가를 일반적으로 규정해 볼 수 있지만 보다 구체적인 의미규정은 성격연구의 접근방법에 따라 달라질 수 있다. 성격연구의 분화된 접근방법들은 많으며 그에 대한 유형론도 다양하다. 그 가운데서 자주 거론되는 것들은 심리분석적 접근방법, 특성론적 접근방법, 학습론적 접근방법, 생물학적 접근방법, 인간주의적 접근방법 등이 있다.

(2) 성격의 개념

그리스도 예수 안에서 커텔은 성격이란 어떠한 주어진 상황에서 그가 어떠한 행동을 할 것인가를 우리들에게 예상케 하는 것이라고 하였다. 그런데 다실은 성격을 조직화된 행동의 전체적인 모습이라 하고 특히 지인들에게 일관된 상태로 특색이 인정되었을 때 결론지을 수 있는 것이라고 하였다. 노트컷은 성격을 주로 개인이 특히 그 자신답게 그가 속해 있는 집단 내에서 다른 사람으로부터 구별되는 행동에 관련된 것이라고 하였다. 이렇게 보면, 성격은 개개인을 구별하는 생득적·습관적인 것으로서 비교적 안정된 정신·신체적인 기초구조를 형성하는 핵심체라고 볼 수 있다. 그러나 월런은 성격의 정의를 내릴 때 3개의 좌표를 정해야 한다고 하였다. 즉, 첫째는 상황과 사물, 둘째는 생리적 균형, 셋째는 때이며, 이 3자 중에서 어느 하나가 유력하더라도 다른 요소를 제외하고는 논할 수 없다고 주장하였다.

이상과 같은 여러 학설 이외에 최근 특히 학자들이 지지하는 것으로는 올포트와 메이의 학설이 있다. 올포트는 성격이란 개인의 환경에 대한 고유한 적응을 규정하는 정신물리적 조직으로서의 개인 내의 역동적 체제라고 하였다. 여기서 정신물리적 조직이란, 고대인이 생각한 것과 같이 성격을 단순한 정신으로 보지 않으며, 정신과 신체와의 통일적 조직체로서 파악되어야 한다는 것을 의미한다. 그것은 신체 및 정신적 제요소의 단순한 가산적 총화로서가 아니라 끊임없이 변화·발전하는 역학적 관점에서 고찰해야 할 역동적 체제이다. 그것은 변동 그 자체가 아니라 그 배후에서 그것을 지배하는 것임을 의미한다.

한편 그리스도 예수 안에서 메이는 성격의 사회적 측면을 강조한다. 즉, 성격이란 사회에서의 개인의 역할 및 상태를 규정하는 모든 성질의 통합이라고 하였다. 성격은 다른 사람에게 어떤 자극을 주고 어떻게 평가되느냐의 사회적 효과에 지나지 않는다고 본 것이다. 그러므로 이러한 사고방식에 입각하면 사회를 떠나 혼자 사는 사람에게는 성격이란 생각할 수 없는 것이 된다. 인간은 사회적 동물로서 다른 사람과 밀접한 인간관계에 있으므로 이 학설은 확실히 일면의 진리를 내포하고 있다고 할 수 있으나 성격의 주체성이 무시되어 있는 것이 단점이다.

그리스도 예수 안에서 올포트는 생리학적·심리학적 관점에 입각하여 유전적 측면을 중시하는 데 대해 메이는 사회학적·심리학적 관점에 입각하여 환경의 영향에 중점을 두고 있다. 그러나 성격의 올바른 개념은 양자의 어느 한쪽에 있는 것이 아니라 양자가 통합한 곳에 있다고 보는 것이 타당하다. 즉, 성격은 자신과 아울러 다른 사람으로부터 주어진 자신과의 양면에서 고찰해야 할 것이다.

(3) 성격과 습관

한편 그리스도 예수 안에서 성격형성에서 습관이 지닌 역할은 매우 크다. 모든 행동은 한 번 시행되면 일종의 소질이라고도 할 수 있는 것이 발생한다. 그것은 다음에 동일한 것을 행하게 되면 용이하게 할 수 있으나 다른 것을 행하게 되면 반대로 어려워진다. 일정한 대상에 대하여 동일한 시행을 반복할 때에는 점차 그 행동이 쉬워져 나중에는 아무런 노력을 하지 않아도 기계적으로 행하게 된다. 이것이 습관이라는 것인데, 이른바 조건반응에 의하여 후천적으로 획득되는 것이다. 한번 획득된 습관은 제2의 본능이라고 할 정도로 강력한 힘을 가진다. 그러므로 좋은 습관형성은 좋은 성격을 기르는 것이 되며 나쁜 습관형성은 나쁜 성격형성의 본질이라고 하여도 과언이 아니다. ?(4) 성격과 환경 등

또한 그리스도 예수 안에서 성격은 소질적인 기질과 생육환경 및 사회적 역할 등에 의하여 형성된다. 환경에 적응한 성격형성으로 열대·한대·섬나라·사막 등 지리적·풍토적 환경에서 생활하는 사람은 그 풍토 또는 엄격한 생활조건에 적합한 생활을 하여 성격이 형성된다. 직업생활에서 일정한 역할을 하게 되면 그 직업에 알맞은 형(型)이 형성된다.

예를 들면 교사형·목사형 이나 상인 근성·기술자 근성 등의 형이 형성된다. 또한 육아조건에서 욕구불만 유무에 따라 원만한 성격이 형성되느냐 신경질적인 성격이 형성되느냐가 결정된다. 이와 같은 환경에 적응하여 형성된 성격에는 각 환경에 공통된 것을 볼 수 있으며, 이와는 달리 환경의 영향을 받는 가운데서 자아에 적응한 성격 형성도 볼 수 있다.

(5) 기독교성격

기독교성격이란 위의 개념을 포함해 "그리스도 예수 안에서 하나님께서 십자가와 마음을 연합 되게 하심으로, 예수 그리스도 이름으로 오신 성령으로, 마음이 창조주 하나님을 세상보다 더 먼저 사랑하여 크게 느끼고 있을 때, 그리스도께서 하나님 나라 확장을 위하여 지혜·권능의 Living Word로 역사하시어 개인의 변하지 않는 속성 및 다른 개인과 구별해주는 특성"으로 개념을 이해할 수 있다.

> >> 사랑의 하나님의 Living Word

"이 사람 모세는 온유함이 지면의 모든 사람보다 더하더라"(민12:3).

"나는 마음이 온유하고 겸손하니 나의 멍에를 메고 내게 배우라 그리하면 너희 마음이 쉼을 얻으리니"(마11:29).

"오직 성령의 열매는 사랑과 희락과 화평과 오래 참음과 자비와 양선과 충성과 온유와 절제니 이 같은 것을 금지할 법이 없느니라"(갈5:22-23).

"만일 우리가 성령으로 살면 또한 성령으로 행할지니, 헛된 영광을 구하여 서로 노엽게 하거나 서로 투기하지 말지니라"(갈5:25-26).

2) 지각

(1) 지각의 의의

그리스도 예수 안에서 하나님의 사랑과 지혜와 권능의 말씀 안에서 허락하신 지각이란 감각기관을 통해서 받아들인 감각적 정보를 선별·조직·해석·검색하는 과정이다. 개방체제인 사람은 감각된 정보를 지각으로 변환시키고 그에 관련된 산출을 낸다. 산출은 환류작용에 의해 다시 수정될 수 있다. 지각과 감각은 구별된다. 감각은 생리학적 과정이다. 즉 감각은 다섯 가지 감각기관을 통해 자극이 받아들여지는 생리학적 과정인 것이다. 반면 지각은 감각적 정보를 처리하는 심리학적 과정인 것이다.

그리스도 예수 안에서 사람은 지각이라는 과정을 통해 듣고 보는 등 감각하는 바를 조직하고 해석한다. 사람은 객관적 세계가 아닌 그에 대한 지각에 따라 행동한다. 지각의 과정에는 사람에 따라 특유한 내적 및 외적 요인이 작용하기 때문에 사람마다 사물에 대한 이해는 달라질 수 있다. 인간 관리의 전략을 세우는 관리자가 조직과 조직구성원을 어떻게 지각하느냐에 따라 유인제공의 전략은 달라질 수 있다. 그리고 같은 유인에 대해서도 사람마다 그에 대한 지각은 다를 수 있으며 따라서 조직구성원들은 동일한 관리전략에 대해서 상이한 반응을 보일 수 있다.

(2) 지각의 구성요소

그리스도 예수 안에서 감각을 지각으로 변화시키는 지각과정은 사람에게 매우 중요하고 또 불가결한 기능을 수행한다. 지각과정의 기능 또는 구성요소(단계)는 다음과 같다.

첫째는 감각작용이다. 사람은 다섯 가지 감각기관을 통해 환경적·내적자극을 감지하는 생리적 반응을 일으킨다. 이것을 감각이라 하는데 감각은 사람의 육체가 자극을 확인하는 것이다. 마음속에서 의식적으로 그것이 확인되려면 선별의 과정을 거쳐야 한다.

둘째는 선별작용이다. 많은 감각적 정보 가운데서 필요한 것만 골라 흡수하는 기능을 선별이라 한다.

셋째는 조직화작용이다. 이것은 감각하여 선별한 자극을 사람에게 유의미한 정보로 조직하는 작용이다.

넷째는 변환작용 또는 해석 작용이다. 이 기능에 의하여 자극을 해석하고 그것으로부터 의미를 파악한다.

다섯째는 검색작용이다. 검색은 기억 속에 저장된 정보를 사용하기 위해 인출하는 작용이다.

(3) 기독교지각

기독교지각이란 위의 개념을 포함해 "그리스도 예수 안에서 하나님께서 십자가와 마음을 연합 되게 하심으로, 예수 그리스도 이름으로 오신 성령으로, 마음이 세상 보다 먼저 하나님을 사랑하여 실감하고 있을 때, 그리스도께서 하나님 나라 확장을 위하여 지혜·권능의 Living Word로 하나님 지식과 정보를 받아들이고 해석·처리하는 새로운 심리적·영적·해석과정"으로 개념을 이해할 수 있다.

> >>> **전능하신 하나님의 Living Word**
> "아무 것도 염려하지 말고 다만 모든 일에 기도와 간구로, 너희 구할 것을 감사함으로 하나님께 아뢰라, 그리하면 모든 지각에 뛰어난 하나님의 평강이 그리스도 예수 안에서 너희 마음과 생각을 지키시리라"(빌4:6-7).
> "오직 사랑 안에서 참된 것을 하여 범사에 그에게까지 자랄지라 그는 머리 곧 그리스도라, 그에게서 온 몸이 각 마디를 통하여 도움을 받음으로 연결되고 결합되어 각 지체의 분량대로 역사하여 그 몸을 자라게 하며 사랑 안에서 스스로 세우느니라"(엡4:15-16).

3) 조직문화

(1) 조직문화의 의의

그리스도 예수 안에서 하나님의 섭리하심 가운데 사람 사는 곳에는 문화가 있다. 조직에도 조직문화가 있다. 조직구성원들이 만들고 배우고 전수하는 조직문화는 조직을 구성하는 사람들의 생각과 행태를 결정하는 데 강력한 영향을 미친다. 조직구성원들의 동기가 어떻게 유발되고 그들이 어떻게 행동하는가를 규명하는 데 있어서 조직문화에 대한 이해는 필수적이다.

그리스도 예수 안에서 문화란 사회구성원들의 생활방식이며 사회는 문화를 공유하는 개인들을 연결하는 상호관계의 체제이다. 사회 없이 문화가 있을 수 없으며 문화가 없으면 사회가 존재할 수 없다. 조직문화는 조직을 구성하는 사람들이 공유하는 생활양식 내지 행동양식의 총체이다. 그것은 구성원들이 공유하는 심층적인 근원적 전제에 바탕을 둔 것이다.

그리스도 예수 안에서 조직문화는 인위구조, 가치와 신념, 근원적 전제 등 구성요소 또는 차원을 내포 한다. 이들 요소 중 일부는 잠재의식적 묵시적이며 일부는 명시적이다. 조직문화는 조직구성원들의 태도와 행동을 규정한다. 조직문화는 조직이라는 집합체에 특유한 것이며 여러 하위문화를 내포하며, 조직 구성원이 환경을 해석하는 방식을 학습하는 데 필요한 '렌즈'의 역할을 하며, 조직 구성원들이 공유하고 있는 세상에 대한 관점을 제공한다. 또한 조직 구성원의 행동을 유도하여 구성원들이 서로를 대하는 방식, 의사결정의 질 그리고 궁극적으로는 조직의 성공 여부에도 영향을 준다. 또한 그리스도 예수 안에서 조직 문화는 서로 다른 조직들 사이에서 서로 다른 '느낌'을 갖게 만든다. 조직 문화가 이처럼 다양하게 드러나는 원인에 대한 궁금증은 조직이 문화를 표현하는 여러 방식을 이해하는 데 필수적인 부분이다.

(2) 조직문화의 형성요인

일반적으로 그리스도 예수 안에서 조직문화를 형성하는 요인은 외적 환경요인과 내적 요인으로 나누어 설명할 수 있다.

가. 외적 환경요인

그리스도 예수 안에서 조직은 전체 사회의 한 부분이다. 따라서 조직문화는 더욱 광범위한 사회 전체 문화의 영향에서 벗어날 수 없다. 조직이 활동하는 한 국가의 사회문화, 관습, 규범 등은 조직 내의 개인과 집단 그리고 조직체의 행위에 영향을 준다. 사회문화의 지배적인 가치는 조직이 활동하여야 하는 환경이 조직에 요구하는 여러 가지 제약조건을 반영한다.

나. 내적 영향요인

그리스도 예수 안에서 동일한 사회문화에 속한 조직들도 나름대로의 독특한 조직문화를 형성한다. 독창적인 조직문화의 형성에 영향을 미치는 요인은 매우 다양하지만, 그 중에서 대표적인 요인으로는 다음과 같은 것들이 있다.

첫째, 조직의 창설자나 최고관리자의 조직관리 이념이다.

둘째, 조직의 전략과 관리체계이다.

셋째, 조직의 역사와 조직구성원들의 안정성이다.

넷째, 조직 내의 특정 전문직을 갖고 있는 구성원들의 비율이 높을 경우 그들 특유의 직업의식으로 인해 조직문화가 영향을 받게 된다.

(3) 조직문화의 중요성

그리스도 예수 안에서 조직문화가 조직의 어떤 측면에 영향을 미치는지를 구체적으로 살펴보면 다음과 같다(김인수, 1991; 백기복, 1994).

첫째, 조직문화는 같은 조직 내의 여러 과정에 영향을 미친다. 조직 내에서 과업을 수행하는 과정에는 일반적으로 관행이라는 것이 발생하게 되는데, 조직문화가 이러한 관행에 결정적인 영향을 미치고, 관행에 의해 의사결정이 이루어지기도 한다. 조직문화는 조직 내의 의사전달에도 영향을 미친다. 또한 조직문화는 조직 내 집단간 갈등에도 영향을 미친다.

둘째, 조직이 통합을 시도하는 경우에도 조직문화의 중요성이 부각된다. 상이한 문화적 특징을 지닌 두 조직이 통합을 하는 경우, 진정한 내부적 통합이 이루어지지 못하기도 한다. 또한 조직이 새로운 정책 대상을 담당하거나 새로운 사업에 진출하는 경우에도 문화적 요소를 고려해야 한다.

셋째, 조직문화는 조직의 정책 및 전략과정에 영향을 미친다. 정책과 전략의 방향을 결정할 때 조직문화는 이념의 형태로 그 과정에 영향을 미친다. 또한 조직문화는 정책담당자들의 관점을 제한하거나 저항세력을 형성시킴으로써 정책 및 전략을 추진하는 과정에 영향을 미친다.

마지막으로, 결국 조직문화는 조직의 성과와 관련이 있다. 따라서 어느 시점에서 특정조직이 갖고 있는 문화적 특성이 그 조직이 처한 상황에 적합한가를 판단하여 적합성을 높이는 방향으로 조직 문화를 변화시키는 것이 가장 중요하다고 하겠다.

(4) 조직문화의 기능

그리스도 예수 안에서 조직문화는 일반적으로 다음의 네 가지 기능을 수행한다고 한다(김인수, 1991).

첫째, 조직문화는 조직구성원들에게 소속 조직구성원으로서의 정체성을 제공한다. 조직문화는 조직구성원들이 일반적으로 공유하는 독특한 동질성을 제공한다. 따라서 조직문화는 조직구성원들을 결합시키고 그들의 조직생활에 의미와 목적을 부여해 주면서 그들의 행동을 결정하는 중요한 요소가 된다. 결국 조직문화는 강하든 약하든, 긍정적이든 부정적이든 조직 전체에 커다란 영향을 미치며, 그 결과에 의해 조직의 성패가 좌우되기도 한다.

둘째, 조직문화는 집단적 통합을 가져온다. 즉 조직문화는 조직구성원들에게 조직에서 기대되는 행동의 유형 및 조직이 지향하는 바를 암시하여 구성원들의 행동을 정당화시켜 주므로 문화가 강한 조직에서는 구성원들의 전념도가 더욱 높아지게 된다.

셋째, 조직문화는 조직체계의 안정성을 높인다. 문화가 강한 조직에서는 문화적 동질성을 강화하기 위한 규범과 통제가 증가하게 되며, 이러한 규범을 벗어나는 행동에 대해서는 제재가 가하여진다. 또한 조직구성원은 이러한 강한 통제에 대하여 일종의 감정적 애착을 갖게 된다. 결국 강력한 조직문하로 인해 조직체계의 안정성이 높아지는 것이다.

마지막으로, 조직문화는 조직구성원들의 행동을 형성시킨다. 즉 조직이 그들에게 기대하는 것이 무엇이고, 어떠한 행동이 보상을 받으며, 해야 할 행동과 그렇지 않은 행동에 관한 해답을 제공함으로써 구성원들의 행동을 원하는 방향으로 형성시킨다. 즉 조직문화가 일종의 학습도구로서의 기능을 수행하는 것이다.

(5) 문화와 상징

그리스도 예수 안에서 하나님의 섭리하심이 있어 허락되어진 상징이란 대부분의 조직 환경에서 매우 중요한 의미를 지니고 있다.

조직에서 가장 잘 드러나는 상징 중 하나는 직원들이 일하는 사무실의 배치라고 할 수 있다. 사무실이 하나의 큰 개방된 공간으로 배치되어 있는 조직은 사교성과 소통의 개방성에 높은 가치를 부여한다는 것을 상징할 수 있다. 반면, 사무실 내에서 개인의 공간을 서로 멀리 떨어지게 배치한 조직은 비밀주의 수준이 높거나 사생활을 존중하는 특징을 가지고 있음을 상징할 수 있다. 샤인에 따르면 인공물은 상징과 비슷하다. 상징은 간접적으로 표현하지만, 인공물은 문화적인 의미를 직접적으로 전달한다.

조직에서 대표적인 인공물은 그 조직의 테크놀로지가 물리적으로 표현되어 있는 것으로, 예를 들면 군대에서 제복은 그것을 입은 사람들로 하여금 환경과 직무에 관계없이 모두 군인이라는 것을 상기시키는 상징이다.

(6) 문화와 이야기

그리스도 예수 안에서 하나님의 섭리하심이 있어 조직 내에 주어져 전달되는 많은 이야기들은 주로 문화의 전달과는 무관하다. 그러나 조직이 신입 사원들에게 조직의 문화를 반영한 일화를 의도적으로 전달할 때는 그렇지 않다. 전설 또한 조직에서 문화적 의미를 전달하는 데 사용된다. 예를 들면, 3M의 포스트잇 메모지와 같은 혁신적 제품을 둘러싼 전설을 통해 혁신의 주역들은 실제보다 더 위대한 삶을 산 것처럼 그려진다. 3M은 이런 전설을 신입 사원들에게 전달함으로써 혁신과 창조성이 문화의 중요한 부분임을 인식시키는 것이다.

(7) 문화와 언어

하나님의 섭리하심 가운데 허락하신 인간의 언어는 인간의 핵심적인 특징 중 하나로서 조직의 문화가 언어에 반영될 것임은 당연하다. 실제로 조직마다 고유의 말투 및 대화법이 존재한다. 또한 조직에서 사용하는 의사소통 방법을 보면 조직의 문화를 알 수 있다. 메시지나 이메일과 같이 감정이 담기지 않은 단방향 의사소통 방법을 선호하는 조직이라면, 업무 면에서 능률적일지라도 조직 내에 신뢰를 쌓지 못하고 갈등이 증폭되는 문화를 양산할 수도 있다.

(8) 조직문화의 유형

그리스도 예수 안에서 조직문화는 여러 가지 모습으로 존재한다. 조직문화를 강조하는 관점에 따라서 조직문화의 유형 분류도 다양하다. 조직문화의 분류는 하나의 변수나 속성을 중심으로 분류하는 것도 있고, 두 개의 속성, 변수나 차원으로 조합해 분류하는 경우도 있다. 단일 차원에 의한 조직문화 유형으로는 강력문화와 약체문화, 혁신문화와 정체문화, 개인지향문화와 집단지향문화, 평등문화와 계층문화가 있으며, 둘 이상의 차원에 의한 조직 문화의 유형으로는 관계 지향문화, 혁신 지향문화, 과업 지향문화, 위계 지향문화 등이 있다.

(9) 조직문화의 결정요인

그리스도 예수 안에서 조직문화는 어떻게 형성되고, 유지되고 전승되는가? 이 문제는 조직문화의 결정요인과 매우 밀접하게 관련되어 있다. 조직문화의 결정요인에 대해서는 다양하게 제시되고 있으나 일반적 요소로는 조직구성원의 구성과 변동, 조직의 유형과 사업의 성격, 조직문화의 역사, 일반문화, 창업자 및 최고관리자의 역할 등을 들 수 있다.

(10) 조직문화의 효과적 관리방법

일반적으로 그리스도 예수 안에서 조직문화를 관리하는 방법에는 현존하는 문화의 활용, 조직문화의 교육, 새로운 조직문화의 개발 등이 있다. 현재의 조직문화가 조직의 성과를 향상시키는 경우에는, 당연히 그러한 문화를 계속 활용하고 교육시켜야 할 것이다. 그러나 반대로 현재의 조직문화가 조직의 성과를 저하시키는 경우에는, 조직의 성과를 향상시킬 수 있는 문화로 현재의 조직문화를 변화시켜야 한다.

(11) 기독교조직 문화

기독교조직문화란 위의 개념을 포함해 "그리스도 예수 안에서 하나님께서 십자가와 마음을 연합 되게 하심으로, 예수 그리스도 이름으로 오신 성령으로, 마음이 세상문화보다 하나님을 더 먼저 경외하여 크게 느끼고 있을 때, 그리스도께서 하나님 나라 확장을 위하여 지혜·권능의 Living Word로 역사하시는 생활양식 내지 행동양식의 총체"로 개념을 이해할 수 있다.

>>> 창조주 하나님의 Living Word

"오직 성령의 열매는 사랑과 희락과 화평과 오래 참음과 자비와 양선과 충성과 온유와 절제니 이 같은 것을 금지할 법이 없느니라, 그리스도 예수의 사람들은 육체와 함께 그 정욕과 탐심을 십자가에 못박았느니라"(갈5:22-24).

"서로 친절하게 하며 불쌍히 여기며 서로 용서하기를 하나님이 그리스도 안에서 너희를 용서하심과 같이 하라"(엡4:32).

"너희가 전에는 어둠이더니 이제는 주 안에서 빛이라 빛의 자녀들처럼 행하라, 빛의 열매는 모든 착함과 의로움과 진실함에 있느니라"(엡5:8-9).

5. 기독교조직 내의 집단

1) 집단

(1) 집단의 의의

그리스도 예수 안에서 하나님의 섭리하심이 있어 허락하신 집단이란 공동의 목적을 달성하기 위해 구성원 사이에 상호작용을 하며, 이러한 상호작용을 통해 이해를 함께 나누는 조직체를 말한다. 인간의 행동은 집단과 분리해서 이해할 수 없는 바, 특히 공동의 이익을 기초로 하여 결집한 이익집단은 정책결정 과정에서 중요한 역할을 수행한다. 이러한 관점에서 집단이론가들은 정치학이란 결국 집단 행태의 연구라고 주장한다.

(2) 조직과 집단

그리스도 예수 안에서 하나의 대규모 조직은 집단이라는 여러 개의 하위체제로 분화되며, 집단은 하위집단 또는 개별적인 역할을 수행하는 개인으로 분화된다. 따라서 집단은 조직현상에 불가피적으로 내재하는 요소라 할 수 있다. 많은 조직인은 조직 그 자체보다도 조직 내의 집단 속에서 주로 조직 생활을 경험한다.

조직도 조직인을 직접 상대하기 보다는 집단을 통해 간접적으로 상대하는 것이 다반사이며 훨씬 쉽다. 일정한 교호작용 및 상호의존의 체제를 이루고 있는 사람들의 모임인 집단은 그 개념이 조직과 유사하므로 서로 같은 것으로 보고 집단과 조직이라는 용어를 구별 없이 병용하고 있는 것을 흔히 볼 수 있으나 엄밀히 말한다면 이 둘은 서로 구별되는 개념이다. 그리스도 예수 안에서 집단은 한 마디로 말하여 조직에 비하여 그 구성원 배열의 체계화·구조화가 덜 되어 있고 동태성이 보다 강하다고 할 수 있다. 뿐만 아니라 조직과 집단이라는 개념은 그 파악하는 관점을 달리 하고 있다.

즉, 조직은 구조적·제도적 측면에서 파악하는 개념이고, 집단은 인간의 집합체적·심리적 측면에서 파악하는 개념이다. 예컨대 협회라는 단체를 조직이라는 관점에서 보면 자발적 결사 조직에, 집단이라는 관점에서 보면 결사체적 이익집단에 속하는 것이 그것이다.

2) 행정 조직 내 집단

그리스도 예수 안에서 행정학에서 주로 논의의 대상이 되고 있는 집단이란 행정조직 내에서 자연히 생겨나고 있는 자생 집단을 말한다. 즉 공식 조직 내의 비공식 집단(비공식조직)을 가리키는 좁은 뜻의 집단이다. 그러나 적어도 집단이 성립되기 위해서는 집단 구성원 간에 대면적 접촉과 서로의 존재를 인식할 수 있는 정도의 인원수라는 조건이 충족되어야 한다. 이것은 곧 집단의 인원수(구성원 수)를 무한히 늘일 수 없다는 한계를 말해주고도 있는 것이다.

3) 조직 밖의 집단

이와 같이 그리스도 예수 안에서 집단 특히 '비공식 집단'이라고 말할 경우, 어떤 조직의 하위체계로서 조직 내에 존재하고 있는 집단을 가리키는 것이 보통이겠으나 조직과는 상관없이 조직 밖에서도 집단은 형성된다. 조직과 상관없이 형성되는 집단으로는 일종의 사금융 조직이라 할 수 있는 계모임과 같은 이익집단(경제 집단)이나, 친목회·향우회·산악회 등과 같은 친목단체 등이 그 예이다.

4) 집단형성의 이유

그리스도 예수 안에서 사람들의 참여를 통해 집단이 형성되는 이유는 조직 내 과업을 효과적으로 수행하여 더 많은 경제적 이익을 올리고자 하는 것과 개인의 욕구를 충족시키고자 하는 것 등 크게 두 가지로 나눌 수 있다.

(1) 조직 내 과업의 효과적 수행과 경제적 이익

그리스도 예수 안에서 조직 내 공식집단은 조직구성원들에게 주어진 과업을 수행하는 과정에서 형성되는 것으로, 일반적으로 이러한 집단이 형성되는 이유는 업무집단 내에서 조직구성원들이 함께 일하면 조직 내의 과업이 효과적으로 조정 및 완수된다고 조직관리자들이 기대하기 때문이다.

또한 이렇게 집단을 형성해서 과업을 수행하면 개인이 개별적으로 일을 하는 것보다 더 많은 이익을 기대할 수 있는데, 왜냐하면 일반적으로 여러 직원들이 집단을 형성해서 서로 협조를 통해 업무를 수행하면 일종의 시너지효과가 일어나서 개별적으로 업무를 수행하는 것보다 더 많은 성과를 가져올 수 있기 때문이다(백기복, 1994).

(2) 개인의 욕구충족

그리스도 예수 안에서 사람들이 비공식집단을 형성하거나 기존의 비공식집단에 가입하는 이유에는 여러 가지가 있다. 인간이 비공식집단을 형성하는 가장 중요한 목적 중의 하나는 욕구충족을 위해서이다. 욕구충족의 요인에는 개인 상호 간의 매력, 집단의 활동, 집단의 목표, 사회적 일체감, 사회적 친교 등 다섯 가지가 있다.

5) 집단발전의 단계

그리스도 예수 안에서 집단은 일단 형성된 후에도 계속 발전되어 나간다. 일반적으로 집단은 형성단계, 격동기, 규범화단계, 성과달성기의 네 단계를 거쳐 발전되는데, 각 단계의 내용을 살펴보면 다음과 같다(백기복, 1994; Tuckman, 1965).

① 형성단계

첫 번째 단계인 형성기는 집단 구성원들이 어떤 행동을 해야 하고, 이러한 행동을 하기 위해서는 어떤 기술이나 자원이 필요한가를 결정하는 단계이다. 일반적으로 이 단계에서는 집단의 리더가 가장 중요한 역할을 수행한다. 왜냐하면 집단구성원들은 각자가 어떤 행동을 수행해야 하는지 제대로 알지 못하기 때문에 리더가 집단의 목표, 규칙 및 집단구성원들이 해야 할 일들을 정하기 때문이다.

② 격동기

두 번째 단계인 격동기는 집단구성원들이 갖고 있었던 집단에 대한 기대와 실제 간의 차이로 인해 구성원들이 리더의 능력에 대해 회의를 느끼고 리더와 구성원 들간에 갈등이 발생하기 시작하는 단계이다. 이 단계에서는 일부 구성원들이 리더의 결정에 반항을 해서 집단의 주요 의사결정이나 의사전달이 어려워지므로, 리더는 집단 내에 자신의 추종자들을 갖고 있어야 하고 주요 의사결정에 책임을 질 사람들을 선정해야 한다. 결국 이러한 과정을 거쳐 집단의 격동기에 집단의 규범, 기준, 규칙 등이 개발되기 시작한다.

③ 규범화단계

세 번째 규범화단계는 집단의 응집력과 집단구성원들의 동료의식이 개발되는 단계이다. 즉 구성원들이 상호 호감을 갖고 자신을 집단의 일부분으로 느끼게 되는 단계로 서로 느끼는 것을 공유하고 각자의 행동에 관해 환류를 주고받게 된다. 이 단계에서 주의할 것은 집단의 응집력이 높아짐으로 인해 구성원들이 집단사고에 빠질 위험이 증가한다는 것이다.

④ 성과달성기

네 번째 단계인 성과달성기는 집단구성원들이 수행해야 할 역할에 관해 각자 충분히 이해하게 되면서 업무수행과 의사전달이 좀 더 효과적으로 이루어지는 단계로 구성원들이 복잡하게 상호의존적이 된다. 의사결정도 많은 구성원들의 동의를 기초로 가능한 모든 대안들에 관해 복합적인 분석을 통해 이루어지는 경우가 많다.

6) 집단성과에 영향을 미치는 요인

그리스도 예수 안에서 집단의 성과는 집단형성의 이유나 집단발전의 단계 외에도 여러 요인의 영향을 받아 결정된다. 성과가 높은 집단에서는 집단의 성과가 그 구성원들이 개인별로 집단에 기여하는 것의 합(sum)이상이 되는 시너지 효과가 발생한다. 몇 가지 요인이 이런 현상을 설명할 수 있는데(Davis, 1964), 이런 요인에는 집단의 구성, 집단의 규모, 집단의 규범, 집단의 응집력 등 네 가지가 있다. 여기서 집단 구성은 집단 성과를 결정하는 데 중요한 역할을 한다(Shaw, 1981). 집단의 구성은 일반적으로 집단구성의 동질성이나 이질성으로 설명된다. 집단 내 직무에 영향을 미치는 구성원들의 연령, 근무경험, 교육, 전공, 문화적 배경 등이 유사한 경우를 동질적 집단이라 하고, 이러한 요인들이 다양한 경우를 이질적 집단이라고 한다.

집단의 규모역시 집단의 성과를 결정하는 데 중요한 역할을 한다. Steers(1984)에 의하면, 집단의 규모가 증가할수록 구성원들의 만족도가 낮아지고, 결근률과 이직률이 증가하며, 리더의 역할이 증대되지만 리더가 구성원 개인에게 부여하는 개별적 배려는 점점 줄게 된다고 한다. 집단의 규범이란 집단구성원들 행동의 적절성을 판단하는 기준을 말한다(Davis, 1964). 이러한 규범은 집단구성원들이 공유하면서 수용할 수 있는 행동의 기준을 말하는 것으로, 집단의 목표를 달성하고 구성원들의 정체성을 유지하는 데 매우 중요한 역할을 한다. 공식화된 규범은 일반적으로 문서화되어 있어 구성원들이 준수해야 하는 규칙이나 절차로 존재하지만, 비공식적 규범은 불문율의 형태로 존재하면서 구성원들의 행동에 영향을 미친다.

집단의 응집력은 집단구성원들을 집단에 계속 소속해 있도록 작용하는 힘으로(Festinger, 1950), 집단구성원들 간의 친밀도, 즉 구성원 각자가 동일 집단의 구성원으로 얼마나 서로 가깝게 느끼고 있느냐에 대한 척도(Swanda,1978)로서 집단이 얼마나 잘 뭉쳐 있는가의 정도를 나타낸다(박내희, 1989). 응집력이 높은 집단의 특징을 살펴보면, 집단의 목표와 구성원의 목표가 서로 일치하고, 집단의 목표가 명백히 구체화되어 있으며, 카리스마적인 리더가 집단 내에 존재하고, 집단에 주어진 과업을 성공적으로 달성시키며, 집단의 규모가 작지만 구성원들이 신뢰를 바탕으로 개방적인 관계 속에서 의사소통을 원활하게 수행하고, 구성원들이 상호 협조함으로써 자신들의 성장과 개발에 장애가 되는 요소들을 효과적으로 극복한다(Cartwright & Zander, 1968). 결국 집단의 응집력은 집단구성원들이 얼마나 욕구충족을 하고 있는가를 나타낸다고도 볼 수 있으므로(Gibson, Ivancevich & Donnelly, 1982), 응집력이 높은 집단의 구성원들은 함께 일하기를 원하고 구성원 상호간에도 친밀감과 일체감을 갖고 집단의 목표 달성을 위해 적극적이고 협조적인 태도를 보인다(박내희, 1989).

7) 기독교조직 내의 집단

기독교조직내의 집단이란 위의 개념을 포함해 "그리스도 예수 안에서 하나님께서 십자가와 마음을 연합 되게 하심으로, 예수 그리스도 이름으로 오신 성령으로, 마음이 세상보다 창조주 하나님을 더 먼저 사랑하여 무겁게 느끼고 있을 때, 그리스도께서 하나님 나라 확장을 위하여 지혜·권능의 Living Word로 역사하시는 특정집단"으로 개념을 이해할 수 있다.

6. 기독교갈등관리

1) 의의

그리스도 예수 안에 있는 조직 연구에서 갈등관리의 의미와 중요성은 조직의 문제 발생과 해결, 그리고 갈등의 기능적 역할에 있다. 조직을 목표와 가치, 인지구조 등이 다른 다수의 행위자들의 협동이라고 볼 때 조직에서의 갈등은 당연한 현상이라 볼 수 있다. 갈등의 개념은 매우 다의적이다. 조직에서의 갈등은 행동 주체 간의 대립적인 마찰을 뜻하는데 근래에 들어 갈등이 조직의 생존 발전에 필요한 변동을 초래하는 원동력이 될 수 있다는 점에서 갈등의 순기능적 측면에 관심을 갖게 되었다.

2) 갈등의 정도와 유형

그리스도 예수 안에서 하나님께서 섭리하심 가운데 허락한 갈등의 수준은 개인 갈등, 집단 갈등, 조직 갈등으로 나뉘며, 각 갈등의 정도는 개인 내 갈등, 개인 간 갈등, 집단 내 갈등, 집단 간 갈등, 조직 내 갈등, 조직 간 갈등으로 나뉜다. 집단 간 갈등의 유형으로는 계층적 갈등과 기능적 갈등, 그리고 계선-참모 갈등으로 설명할 수 있다.

가. 개인 내 갈등

그리스도 예수 안에서 인간의 욕구는 매우 다양하며 조직에서 인간이 조직구성원으로서 맡는 역할도 다양하다. 이렇게 다양한 욕구와 역할들이 서로 복잡하게 연결되어 있는 상황에서 조직구성원이 달성하고자 하는 목표에도 긍정적인 측면과 부정적인 측면이 모두 존재하고, 이러한 모든 것들이 결국 개인의 심리적 과정에 영향을 주어 내부적 갈등을 초래한다. 이러한 개인적 갈등은 좌절에 의한 갈등, 목표 갈등, 역할 갈등 등으로 구분할 수 있다.

(1) 좌절에 의한 갈등

그리스도 예수 안에서 인간이 어떠한 욕구를 갖게 되면 이러한 욕구로 인해 일정한 방향으로 행동을 작동하게 하는 동인이 발생하는데, 이러한 동인이 차단되는 경우 사람들은 좌절을 느끼게 되고 내면적으로는 갈등을 겪게 된다. 이렇게 목표 달성을 추구하는 데 좌절을 느끼게 되면 일반적으로 방어기제가 작동하게 된다. 방어기제로는 공격, 철회, 집착, 타협 등의 네 가지가 일반적이다.

(2) 목표 갈등

그리스도 예수 안에서 하나의 동인이 목표 달성 이전에 차단됨으로써 발생하는 것이 좌절에 의한 갈등이라면, 목표 갈등은 두 가지 이상의 동인이 서로를 차단시킴으로써 발생한다. 개인의 목표는 긍정적인 측면과 부정적인 측면을 동시에 지니고 있어 상충되는 경우가 많은데, 목표갈등은 이러한 두 가지 이상의 상호 양립할 수 없는 목표들 중에서 개인이 어느 것을 선택해야 할지 쉽게 의사결정을 내리지 못하는 경우 발생한다. 일반적으로 목표갈등은 다음의 세 가지 유형으로 분류할 수 있다(Luthans, 1985).

① 접근-접근 갈등

이 갈등은 두 가지 이상의 목표가 모두 개인에게 긍정적인 결과를 가져 다 주지만, 그러한 목표들이 상호 배타적일 때 주로 발생한다. 이러한 갈등은 개인에게 일시적인 불안감을 갖게 할 뿐 나쁜 영향을 미치는 것은 아니다.

② 접근-회피 갈등

이 갈등은 어느 특정의 목표가 긍정적인 속성과 부정적인 속성 모두를 갖고 있을 때 주로 발생한다. 즉 개인이 어떠한 목표로부터 얻어지는 결과에 끌리기도 하지만 이를 회피하고자 하는 동기가 동시에 작용할 때 발생한다.

③ 회피-회피 갈등

이 갈등은 두 가지 이상의 목표가 모두 부정적인 결과를 가져다주지만, 이 중 어느 한 가지 목표를 선택해야 할 때 주로 발생한다. 이러한 회피-회피 갈등은 갈등을 느끼는 당사자에게 갈등을 야기 시키는 문제를 찾아내어 해결하도록 노력하는 계기를 마련해 줌으로써 궁극적으로 조직의 효과성을 제고시킬 수도 있다.

(3) 역할갈등

그리스도 예수 안에서 조직 내에서 역할이란 어떠한 직위를 갖고 있는 사람에게 사람들이 기대하는 일련의 행동으로(Graen,1976), 복잡한 현대조직에서 개인에게 여러 가지 역할이 복합적으로 부여될 때 역할갈등은 필연적이다. 이러한 역할갈등은 여러 가지로 상이한 일련의 역할들이 특정 역할수행자에게 수행하도록 요구할 때 주로 발생하게 된다(Schein, 1980).

나. 개인 간 갈등

그리스도 예수 안에서 개인 간 갈등이란 개인과 개인 사이에서 발생하는 갈등으로, 조직구성원 각자의 역할, 추구하는 목표, 가치관, 신념체계, 사고방식, 태도 등이 서로 상이함으로 인해 발생하는 갈등이다(박내희,1989). 조직 내에서 발생하는 개인간 갈등은 수평적 갈등과 수직적 갈등으로 분류할 수 있는데, 수평적 갈등은 같은 위계에 있는 관계 당사자들이 제한된 자금, 인력, 시설 등으로 이용하는 데에 또는 승진 등에서 상호경쟁을 하게 될 때 발생하는 것이고, 수직적 갈등은 조직 내 상하관계, 즉 역할지시자와 역할담당자 사이의 상호작용에서 발생하는 갈등이다(양창상, 1992).

다. 집단 간 갈등

그리스도 예수 안에서 조직 내의 집단과 집단 사이에서 발생하는 갈등을 집단 간 갈등이라고 한다. 현대조직은 그 규모가 더욱 커지고 기능 또한 더욱 복잡해져 가는데 이에 따라 조직 내 부서간의 상호 교호작용 역시 더욱 복잡해진다. 이것은 조직내 집단 간 갈등의 발생 가능성이 점점 높아진다는 것을 의미한다. 집단 간에 갈등이 발생하면 집단 내부에도 변화가 발생하고 집단 간에도 변화가 일어난다.

먼저, 집단 내부에는 집단의 응집력이 증가하고, 독재적 리더가 등장할 확률이 높아지며, 과업 지향적 활동이 강화되고, 집단에 대한 충성심이 강조된다. 집단 간의 변화를 살펴보면 각 집단에는 서로 자기 집단이 조직의 생존에 가장 중요한 역할을 수행한다고 믿는 지각의 왜곡 현상이 발생하고, 다른 집단과 자기 집단 사이의 차이를 실제 차이보다 훨씬 확대해서 믿어 버리는 상동적 태도가 발생하며, 집단간 상호 의사소통이 감소되거나 심지어 단절되기도 한다.

집단간의 갈등이 발생하는 일반적인 원인을 살펴보면 집단 간에 상호 상충되는 목표를 추구하는 경우, 집단간에 동일한 사안도 다르게 인지하는 지각의 차이가 발생하는 경우, 의사전달이 왜곡되는 경우, 집단간 상호의존성이 주로 연속적일 경우, 조직환경의 변화로 인해 스태프의 필요성이 증대되고 이것으로 인해 라인과 스태프 간의 갈등이 심화되는 경우 등이다. 이러한 원인으로 인해 발생되는 갈등을 관리하는 방안은 크게 두 가지로 나눌 수 있는데 갈등의 수준이 너무 높을 경우에는 갈등을 줄이는 해소 방안을 강구해야 할 것이고, 갈등이 너무 없을 경우에는 조직에 활력을 불어넣는다는 의미에서 갈등을 촉진시킬 필요가 있는 것이다.

갈등해소방안으로 다음과 같은 것들을 고려할 수 있다(Robbins, 1983). 문제의 공동해결, 상위 목표의 제시, 자원의 확충, 상사의 명령, 상호작용의 촉진, 구조적 개편, 갈등집단의 통합, 공동의 적을 제시하는 것 등이 있다. 한편 갈등의 순기능적인 역할을 인정하는 학자들은 조직 내의 갈등이 너무 없을 경우에는 갈등을 촉진시켜서 조직을 무기력 상태와 환경변화에 둔감한 상태에서 벗어나게 해야 한다고 주장하면서 다음과 같은 방안을 내어 놓는다(박내희, 1989; 오석홍, 1990). 새로운 구성원의 투입, 의사전달에 의한 방법, 직무의 재설계에 의한 방법 경쟁의 조성 등의 방안 이다.

3) 갈등의 순기능과 역기능

그리스도 예수 안에서 하나님의 깊으신 뜻이 있어 허락하신 갈등은 조직을 위해 유익할 수도 있고 해로울 수도 있다. 갈등의 순기능은 조직이 추구하는 바의 목적이나 가치를 지원하는 건설적인 갈등이다. 즉, 갈등은 의사 결정의 질을 개선하고 창의성과 혁신을 촉진한다. 갈등은 집단 구성원들로 하여금 집단에 대한 관심과 호기심을 불러일으키고 문제점이 드러나면 긴장이 해소되는 매체를 제공한다. 갈등은 현실에 도전함으로써 새로운 아이디어의 창안을 촉진하며 집단의 목표와 활동에 대한 재평가를 촉구하고 집단의 변화에 대한 민감성을 증대시킨다.

갈등의 역기능은 조직이 추구하는 목적이나 가치를 해치는 것으로 파괴적인 갈등이다. 바람직하지 못한 갈등의 결과에는 의사소통의 지체, 집단응집성의 감소, 집단 목표보다 구성원들 간의 투쟁을 더 중요시하는 것 등이 있다. 극단적인 경우에는 집단 기능이 중단되는 경우도 있고 잠재적으로 집단의 존속에 위협이 되기도 한다. 또한 조직의 위계질서를 교란시키며 관리통제를 어렵게 할 뿐만 아니라 직원의 편협성을 조장하며 변화와 쇄신에 저항하기도 한다. 순기능적 갈등과 역기능적 갈등이 항상 뚜렷하게 구별될 수 있는 것은 아니다. 그리고 양자의 한계는 시간의 흐름에 따라 변동될 수도 있다.

4) 갈등관리전략

그리스도 예수 안에서 조직에서 갈등관리의 전략은 역기능적 갈등의 방지와 해소, 순기능적 갈등의 조장을 위한 방법으로 생각해 볼 수 있다.

갈등의 해소 방법에는 타협, 완화, 설득, 협상, 회피, 대결, 강압 등 다양한 전략이 제기되고 있다. 일반적으로 언급되고 있는 갈등 해소의 방법은 갈등의 원인이 되고 있는 문제의 해결 방법, 갈등 당사자들이 함께 추구해야 할 상위 목표의 제시, 갈등의 원인이 되는 희소자원의 증대, 갈등 당사자에 대한 상관의 갈등 해결을 위한 명령, 갈등 당사자들이 서로의 대립되는 입장을 타협에 의해 해결하려는 협상의 방식, 인사 조치, 조직기구의 신설 등과 같이 조직 구조상의 변경으로 인해 나타나는 마찰 요인의 제거, 조직 구성원의 행태 변화 등 다양하다.

조직 갈등을 연구한 다수의 학자는 갈등 해결을 위한 갈등 대응 유형을 해결 지향적, 회피, 통제, 통합전략, 분배전략 등을 제시했으며, 갈등 해결의 상생전략을 구사하기도 했다.

5) 기독교 갈등관리전략

기독교갈등관리전략이란 위의 개념을 포함해 "그리스도 예수 안에서 하나님께서 십자가와 마음을 하나 되게 하심으로, 예수 그리스도 이름으로 오신 성령으로, 마음이 세상가치보다 사랑의 하나님을 더 먼저 경외하여 소중하게 느끼고 있을 때, 그리스도께서 하나님 나라 확장을 위하여 지혜·권능의 Living Word로 역사하시는 전략"으로 개념을 이해할 수 있다.

제9절 기독교 커뮤니케이션

"아버지께서 아들에게 주신 모든 사람에게 영생을 주게 하시려고 만민을 다스리는 권세를 아들에게 주셨음이로소이다"(요17:2).

1. 커뮤니케이션의 의의

그리스도 예수 안에서 하나님의 섭리하심 가운데 하나님께서 계획을 이루시기 위해서 주시는 언어·문자·신호 또는 동작 등을 통하여 조직 내의 개인 또는 조직 단위 상호간에 어떤 사실·정보·의견·감정 등을 전달하고 교류하는 과정을 커뮤니케이션이라 한다.

'커뮤니케이션'이라는 용어는 우리말로 '의사전달' 또는 '의사소통', '정보의 흐름' 등으로 옮겨지고 있으나, 한 방향으로의 흐름이 아니라 상호 교류하는 과정이라는 뜻이 내포되어 있으므로 '의사소통'이라 부르는 것이 적절한 표현이라 하겠다.

2. 커뮤니케이션의 요소

그리스도 예수 안에서 커뮤니케이션은 일상생활에서 개인 간에 갖는 대화와 같은 단순한 의사교환을 뜻하는 것이 아니고, 전달자가 그의 의견이나 정보를 수신자에게 전달하여 그 내용을 정확히 이해시킴으로써 의도했던 성과를 얻는 것까지 포함된 개념이다. 따라서 커뮤니케이션이라 말할 수 있으려면 '누가(전달자), 무엇을(전달내용), 어떤 방법으로(통로), 누구에게(수신자), 무엇을 기대하고 의사를 전달하려는가 하는 5가지의 요소가 구비되어야 한다. 전달자란 커뮤니케이션을 먼저 시작한 사람 또는 집단을 말하고, 전달 내용이란 전달자가 다른 사람에게 전달하고자 하는 사건·의견·지시 등을 말한다. 전달 내용이 정확하게 그대로 피전달자(수신자)에게 전달될 때 비로소 성공적인 커뮤니케이션이라고 말할 수가 있다. 그리고 통로는 전달자(발신자)와 피전달자(수신자) 사이에 메시지가 오고 갈 수 있게 연결시켜주는 길이라 할 수 있다.

의사소통의 길은 메시지를 전달시키는 중간 역할의 매체를 의미하는 것이므로 전달매체라고도 한다. 전달 매체로는 의사소통의 방법에 따라 직접 전달하는 말(언어)을 비롯하여 문서 등의 활자매체가 있고, 전신·전화·IPTV·라디오·인터넷 등 전파에 의한 전달매체도 있다.

››› 앞에 계신 하나님의 Living Word

"내가 아버지의 말씀을 그들에게 주었사오매 세상이 그들을 미워하였사오니 이는 내가 세상에 속하지 아니함 같이 그들도 세상에 속하지 아니함으로 인함이니이다"(요17:14).

"그들을 진리로 거룩하게 하옵소서 아버지의 말씀은 진리니이다"(요17:17).

"내게 주신 영광을 내가 그들에게 주었사오니 이는 우리가 하나가 된 것 같이 그들도 하나가 되게 하려 함이니이다"(요17:22).

"곧 내가 그들 안에 있고 아버지께서 내안에 계시어 그들로 온전함을 이루어 하나가 되게 하려 함은 아버지께서 나를 보내신 것과 또 나를 사랑하심 같이 그들도 사랑하신 것을 세상으로 알게 하려 함이로소이다"(요17:23).

"아버지여 내게 주신 자도 나 있는 곳에 나와 함께 있어 아버지께서 창세전부터 나를 사랑하시므로 내게 주신 나의 영광을 그들로 보게 하시기를 원하옵나이다"(요17:24).

"의로우신 아버지여 세상이 아버지를 알지 못하여도 나는 아버지를 알았사옵고 그들도 아버지께서 나를 보내신 줄 알았사옵나이다"(요17:25).

"내가 아버지의 이름을 그들에게 알게 하였고 또 알게 하리니 이는 나를 사랑하신 사랑이 그들 안에 있고 나도 그들 안에 있게 하려 함이니이다"(요17:26).

"우리가 알거니와 하나님을 사랑하는 자 곧 그의 뜻대로 부르심을 입은 자들에게는 모든 것이 합력하여 선을 이루느니라"(롬9:28).

3. 커뮤니케이션의 기능

그리스도 예수 안에서 커뮤니케이션은 마치 사람 몸의 신경계와 같아서 조직 활동을 가능하게 하는 역할을 담당하고 있으므로 조직에 있어서 없어서는 안 될 중요한 요소이다. 만일 커뮤니케이션이 원활하지 못하면 조직이 바라는 협동이나 조정, 구성원들의 행동변화 등을 기대할 수 없다. 특히 조직에 있어서는 의사결정이 조직의 핵심을 이루는데, 합리적인 의사결정은 효과적인 커뮤니케이션이 없이는 사실상 불가능하다. 조직의 효과성은 그 조직이 얻을 수 있는 정보의 질과 양, 그리고 그것을 조직 내의 결정권자에게 전달하여 수용되도록 하는 수단에 달려 있기 때문이다.

4. 커뮤니케이션의 원칙

그리스도 예수 안에서 커뮤니케이션은 정확한 내용이 적시에 전달되어야 하므로 이를 위해서는 어떤 원칙이 있어야 할 것이다. 커뮤니케이션의 일반적 원칙으로는 레드필드가 지적한 바에 따라 명료성·일관성·적정성·적시성·분포성·적응성·통일성·관심과 수용성을 드는 것이 일반적이다.

명료성이란 수신자(피전달자)가 전달내용을 정확하게 이해할 수 있도록 쉬운 용어를 사용해야 하며, 간결하고 명확한 표현이어야 한다는 뜻이다. 만일 전달내용이 애매모호하여 수신자가 잘못 이해하게 되면 의도한 효과와는 거리가 먼 행동을 하게 된다.

일관성이란 커뮤니케이션에 있어서 전달 내용이 앞에 말한 내용과 뒤에 말하는 내용에 모순이 있어서는 안 된다는 뜻이다. 만일 명령이나 지시를 하달함에 있어서 앞뒤의 말이 일치하지 않을 경우 이를 접수한 자는 어느 말에 따라야 할지 어리둥절하여 올바른 행동을 취하지 못하게 된다.

적시성이란 커뮤니케이션은 요구되는 시기에 맞추어 이루어져야 한다는 뜻이다. 즉, 조직에 쓰여 질 정보는 그것을 필요로 할 때 전달되어야지 그 때를 놓쳐서는 안 된다는 것이다. 예컨대 기상청에서 태풍이 이틀 후에 몰려온다는 정보를 전달할 때 이를 하루만이라도 늦추게 되면 미리 대책을 세우지 못함으로써 큰 피해를 입게 되므로 즉시 전달해야 하는 것과 같다. 적정성이란 커뮤니케이션은 그 전달내용이 적정한 분량이어야지 너무 많아도 안 되고 너무 적어도 안 된다는 뜻이다. 그 양이 너무 많으면 시간적 낭비를 하게 되고 너무 적으면 충분한 의사전달이 어렵게 된다.

분포성이란 전달자가 지시나 정보를 전달함에 있어서 그것을 받아보아야 할 피전달자에게 정확히 전달되어야 한다는 말이다. 한편 분포성의 원칙에는 전달내용이 비밀사항이 아닌 이상 관련된 모든 사람들에게 전달되어야 한다는 뜻도 포함된다. 적응성이란 커뮤니케이션이 너무 경직되어 있어서는 안 되고 융통성과 신축성이 있어야 한다는 뜻이다. 즉, 정보의 전달이 공식적 통로에만 의존하면 급격한 환경의 변화에 적응할 수 없다는 것이다.

통일성이란 각 커뮤니케이션이 전체로서 통일된 의사의 표현이 되게 하여야 한다는 뜻이다. 어떻든 커뮤니케이션은 궁극적으로 피전달자의 관심과 수용이 있어야 이루어진다. 따라서 효과적인 커뮤니케이션이 되기 위해서는 피전달자가 전달된 내용에 대하여 관심을 가져야 함은 물론 그것을 수용하여야 할 것이다.

5. 커뮤니케이션의 장애

그리스도 예수 안에서 커뮤니케이션의 생명은 정보의 내용을 정확하게 전달하는데 있다. 그러나 커뮤니케이션은 별개의 개인 또는 집단 사이에 이루어지는 것이므로 정보가 전달되는 과정에서 여러 가지 장애요인으로 인하여 그 정확성의 확보가 어려워지는 수가 있다. 커뮤니케이션을 저해하는 요인에는 언어상의 장애, 전달경로의 거리와 복잡성, 지각의 착오, 준거 기준의 차이, 지위상의 차이, 정보의 의식적 제한, 정보의 고의적 독점 등이 있다.

1) 언어상의 장애

그리스도 예수 안에서 언어는 커뮤니케이션에 있어서 가장 중요한 수단이 된다. 그러나 언어로서 어떤 사실이나 의견·감정 등을 표현하는 데는 사람마다 다를 수 있고, 또 잘못 표현하면 수신자는 전달자의 의도와 전혀 다르게 이해할 수도 있다. 따라서 언어를 부정확하게 사용하거나 일반인이 잘 모르는 전문용어나 외래어 등을 사용하는 것은 의사전달의 정확성을 저해하게 된다.

2) 전달경로의 거리와 복잡성

그리스도 예수 안에서 전달자와 수신자가 먼 거리에 떨어져 있을 경우에는 비록 통신 수단이 발달된 오늘날에 있어서도 의사전달에 정확성을 기하기가 어렵다. 또 가까운 거리에 있다 할지라도 의사전달의 경로가 여러 단계를 거치는 등 복잡하면 중개자의 고의 또는 과실로 인해 전달의 내용이 왜곡될 수가 있어 커뮤니케이션의 정확성에 장애가 된다.

3) 지각의 착오

그리스도 예수 안에서 동일한 대상에 대해서도 그것을 인식하는 지각은 사람마다 차이가 있을 수 있다. 더욱이 지각 과정에 어떤 조건이 개입되면 일시적이나마 지각에 이상이 생겨 착각을 일으킬 수 있는데, 이런 경우를 지각의 착오라 한다. 이러한 지각의 착오는 커뮤니케이션의 정확성을 저해하게 된다.

4) 준거기준의 차이

그리스도 예수 안에서 인간은 제각기 성장해온 사회적·문화적 환경을 달리해 왔기 때문에 객관적으로 동일한 사물에 대해서도 그것을 해석하고 판단하는 것이 저마다 다를 수 있다. 이러한 현상은 사람들이 자기 경험의 세계에서 벗어나지 못하는 데다 경험하지 못한 세계에 대해서도 선입견을 가지기 때문인데, 그것은 준거기준을 달리하고 있는 데서 비롯된다. 커뮤니케이션에 관련된 모든 사람들의 준거기준이 비슷할 경우에는 커뮤니케이션은 정확성을 기할 수 있겠으나 서로 다를 경우에는 전달 내용을 자기 나름대로 인식하고 판단하기 때문에 정확성을 기할 수 없다. 따라서 준거기준의 차이는 커뮤니케이션의 저해 요인이 된다.

5) 지위상의 차이

그리스도 예수 안에서 계층적 구조에 있어서는 고위층과 하위층 간에 계급 차이가 심할수록 생활문화나 가치관 등에 차이가 커진다. 이러한 지위상의 차이는 준거기준을 달리하게 되고, 또 자기방어의 현상을 낳기도 한다. 즉, 자신의 신분을 보호하기 위하여 하급자는 상급자에게 듣기 좋은 것만 보고하려 하고 상급자는 자기에게 불리한 정보는 하급자에게 전달하지 않으려 하게 된다. 따라서 지위상의 차이는 커뮤니케이션의 원활화를 저해하는 요인이 된다.

6) 의식적 제한과 고의적 통제

그리스도 예수 안에서 조직의 비밀을 유지하기 위한 정보의 의식적 제한과, 정보를 권력 유지의 수단으로 생각하여 혼자서 소유하려는 고의적 통제는 필요한 정보의 흐름을 막기 때문에 커뮤니케이션의 저해 요인이 된다.

6. 커뮤니케이션의 변질

그리스도 예수 안에서 여러 가지 장애요인으로 말미암아 커뮤니케이션은 변질하게 된다. 그 변질의 형태에는 두 가지가 있다. 하나는 '생략'이다. 커뮤니케이션의 수령자가 직무의 과중에 시달려 전달된 메시지에 관심을 갖지 못함으로써 빠뜨리는 경우이다. 다른 하나의 형태는 내용의 '왜곡'이다. 여기서 왜곡이란 전달내용을 그릇되게 해석하는 것을 말한다. 이러한 커뮤니케이션의 왜곡은 위에서 말한 장애요인 중 언어상의 장해, 준거기준의 차이, 지위상의 차이, 전달자의 자기방어 등의 요인에 의하여 일어난다.

그리스도 예수 안에서 의사전달의 유형론은 많지만 그 중 중요한 것으로는 공식성 또는 비공식성, 의사전달이 이루어지는 방향, 발신자와 수신자의 수, 의사전달의 매체 또는 수단 그리고 통로, 의사전달망의 형태를 기준으로 한 분류 등이 있다.

조직 내의 교호작용은 의사전달이 매개하기 때문에 다른 과정들은 모두 의사전달과정에 의존한다. 의사결정, 권한의 행사, 통제 등 여러 과정들은 의사전달에 의존하기 때문에 의사전달은 그러한 과정들의 형태를 빌어 표출 된다고 할 수도 있으며 의사전달은 그러한 과정들의 원료가 된다고 표현할 수도 있다. 의사전달의 양태와 기술은 조직의 활동범위, 조직의 구조, 그리고 조직구성원의 태도에도 중요한 영향을 미친다.

7. 기독교커뮤니케이션의 정의

　기독교커뮤니케이션이란 위의 개념을 포함해 "그리스도 예수 안에서 하나님께서 십자가와 마음을 하나 되게 하심으로, 예수 그리스도 이름으로 오신 성령으로, 마음이 세상가치보다 창조주 하나님을 경외하여 더 크게 느끼고 있을 때, 그리스도께서 하나님 나라 확장을 위하여 지혜·권능의 Living Word로 역사하시는 전달"로 개념을 이해할 수 있다.

▶▶▶ 창조주 하나님의 Living Word

"베드로가 열한 사도와 함께 서서 소리를 높여 이르되 유대인들과 예루살렘에 사는 모든 사람들아 이 일을 너희로 알게 할 것이니 내 말에 귀를 기울이라"(행2:14).

"스데반이 이르되 여러분 부형들이여 들으소서 우리 조상 아브라함이 하란에 있기 전 메소보다미아에 있을 때에 영광의 하나님이 그에게 보여"(행7:2-3).

"보혜사 곧 아버지께서 내 이름으로 보내실 성령 그가 너희에게 모든 것을 가르치고 내가 너희에게 말한 모든 것을 생각(Living Word)나게 하리라"(요14:26).

"그러나 내게는 우리 주 예수 그리스도의 십자가 외에 결코 자랑할 것이 없으니 그리스도로 말미암아 세상이 나를 대하여 십자가에 못 박히고 내가 또한 세상을 대하여 그러하니라"(갈6:14).

"그러므로 너희가 그리스도 예수를 주로 받았으니 그 안에서 행하되, 그 안에 뿌리를 박으며 세움을 받아 교훈을 받은 대로 믿음에 굳게 서서 감사함을 넘치게 하라"(골2:6-7).

"너희 말을 항상 은혜 가운데서 소금으로 맛을 냄과 같이 하라 그리하면 각 사람에게 마땅히 대답할 것을 알리라"(골4:6).

제10절 기독교 통제

"아버지께서 내게 하라고 주신 일을 내가 이루어 아버지를 이 세상에서 영화롭게 하였사오니"(요17:4).

1. 통제의 의의

그리스도 예수 안에서 하나님께서 자신의 뜻을 이루시기 위해서 허락하시는 통제(과정)란 조직이 설정하는 목표에 조직구성원 또는 조직단위의 활동실적을 부합시키려는 활동이다. 조직이 목적하는 바를 효율적으로 달성하려면 통제를 해야 한다. 조직을 구성하는 모든 사람들이 외재적 통제가 없어도 자발적으로 그리고 성공적으로 조직의 목표에 부합되는 임무수행을 할 수 있다면 통제라는 활동이 필요하지 않을 것이다. 따라서 통제는 목표와 그 실천행동을 부합시키려는 활동이며 피통제자에게 책임을 묻는 활동이다. 피통제자에게 책임이 없으면 통제는 성립되지 않는다. 일반적으로 책임이란 비판에 대응하여야 할 의무라고 규정할 수 있다.

2. 행정통제의 개념

그리스도 예수 안에서 행정기능의 질적·양적 변화와 병행하여 행정권한의 집중화현상이 뚜렷해지고 재량의 범위가 확대됨에 따라서 공무원의 권력남용의 가능성은 짙어졌다. 또 현대국가의 거대한 행정체계로서의 기능과 역할을 수행하는 정부 관료제는 그 자체 내의 모순과 병리에 의하여 역기능을 드러내게 되었고, 따라서 행정권한의 위법·부당·무능을 효과적으로 통제할 수 있는 방안을 생각하지 않을 수 없게 되었다. 행정 통제를 어떤 사항에 대한 부정적·제재적 제약이나 방지·징벌적인 태도와 행동만을 의미하는 것으로 생각하기 쉬우나 이러한 소극적인 규제성은 행정통제의 일면에 불과하다. 행정통제가 적어도 조직목표의 성취를 위한 적극적인 것임을 간과해서는 안 되는 것이다.

그리스도 예수 안에서 사실상 행정통제는 조직목표와 계획의 성취를 확보하는 가장 중요한 관리기능의 하나라고 볼 수 있으며, 특히 최근에는 통제의 사전적 측면이 강조되고 있다. 즉, 종래의 행정통제는 주로 정책이나 계획을 집행한 후의 시정조치에 초점을 두는 사후적 통제였으나, 최근에는 사전에 통제를 하는 사전적 통제에 초점을 두고 있다. 통제활동의 기본적인 전제조건은 책임의 기준을 설정하는 것인데, 일반적인 기준으로서는 목적·계획·정책 또는 방침·실행계획·절차·예산·직무명세서 등을 위시하여 비정상적인 집단규범에 이르기까지 많은 사항을 들 수 있다. 그러나 그 기준은 조직의 목표나 계획에 입각한 정확하고 이해하기 쉬우며 수용하기 용이한 것이어야 하며, 결국 조직의 궁극적 목표에 대한 도구에 불과하므로 성격상 동태적이며 상황에 따라 적절히 수정되고 보강되어야 할 것이다.

3. 행정통제의 과정

그리스도 예수 안에서 행정통제의 과정은 일반적으로 ① 전략적 지점에 대한 기준의 설정인데, 이때는 적시성·경제성·포괄성·균형성 등이 고려되어야 하며 ② 업무진행의 측정과 그 결과의 해석평가와 ③ 시정조치의 3과정으로 나눌 수 있다.

4. 행정통제의 유형

일반적으로 그리스도 예수 안에서 행정통제는 관료제의 내재적 통제와 외재적 통제의 양면에서 고려되어야 할 것이다. 전자는 행정관 자신들에 의하여 행하여지는 것으로 감독기능으로 간주되며, 후자는 국민·입법부·사법부에 의하여 행해지는 것으로 정치적 압력과정에 해당한다. 양자는 각각 통제의 주안점이 다르겠으나, 대체로 전자는 행정능률과 지도성에, 후자는 행정의 적법절차, 즉 합법성과 민주적 요구에 대한 대응성이 중점이 된다. 내재적 통제의 유형에도 행정수반에 의한 통제, 감찰통제, 정책과 기획통제, 사업계획의 운영통제, 공무원의 자질통제, 예산통제, 인력의 정원통제, 사무통제 등 중앙기관의 통제와 중앙 및 지방행정기관 나름대로의 통제, 즉 기관장에 의한 통제, 기획·관리담당부서와 감사담당부서 및 기타 사무담당부서에 의한 통제가 있다. 외재적 통제로는 선거·여론·이익집단·정당·민원행정제도 등에 의한 국민의 통제가 있고, 의회에 의한 통제, 사법부에 의한 통제 및 옴부즈만 제도 등이 있다.

5. 기독교통제 과정

기독교통제과정이란 위의 개념을 포함해 "그리스도 예수 안에서 하나님께서 십자가와 마음을 하나 되게 하심으로, 예수 그리스도 이름으로 오신 성령으로, 마음이 사랑의 하나님을 먼저 경외하여 크게 실감하고 있을 때, 그리스도께서 하나님 나라 확장을 위하여 지혜·권능의 Living Word로 역사하시는 통제 기술·능력·영향력"으로 개념을 이해할 수 있다.

> >>> 전능하신 하나님의 Living Word
> "성령이 아시아에서 말씀을 전하지 못하게 하시거늘 그들이 브루기아와 갈라디아 땅으로 다녀가, 무시아 앞에 이르러 비두니아로 가고자 애쓰되 예수의 영이 허락하지 아니하시는지라"(행16:6-7).
> "이후로는 누구든지 나를 괴롭게 하지 말라 내가 내 몸에 예수의 흔적을 지니고 있노라"(갈6:17).
> "만일 우리가 그의 죽으심과 같은 모양으로 연합한 자가 되었으면 또한 그의 부활과 같은 모양으로 연합한 자도 되리라"(롬6:5).

제11절 기독교 리더십

"아버지여 창세전에 내가 아버지와 함께 가졌던 영화로써 지금도 아버지와 함께 나를 영화롭게 하옵소서"(요17:5).

1. 리더십의 의의

그리스도 예수 안에서 하나님의 섭리하심 가운데 사람에게 주어지는 리더십이란 조직 목표의 달성을 위해 구성원이 자발적·적극적으로 행동을 하도록 동기를 부여하고 영향력을 미치며 개인과 집단의 조정을 통해 협동적 행동을 촉진하고 유도하는 쇄신적·창의적인 능력, 그리고 기술 및 영향력을 말한다. 리더십은 조직의 공식적 구조와 설계의 미비점을 보완하고, 변화하는 환경에 조직이 효율적으로 적응하도록 하며, 조직 내부의 조화를 유지시키고, 조직구성원의 동기를 유발하고 재사회화하는 기능 등을 수행한다.

그리스도 예수 안에서 앨런 케이스는 "리더십은 궁극적으로, 대단한 일을 일으키는 데에 사람들이 공헌할 수 있게 하는 방법을 만들어내는 데 대한 것이다"라고 정의한다.

지도력은 조직 환경에 가장 중요한 관점 중 하나로 남아있으나 지도력은 상황별로 다르게 정의된다. 일반적으로 지도력은 조직의 문제점을 개선하고 조직이 환경 변화에 적응하게 하며, 구성원에게 동기를 부여한다. 일찍이 마키아벨리는 지도자가 성공하려면 능력을 반드시 갖춰야 한다고 주장했다. 그래야 지도자가 기회를 인식하고 포착할 수 있으며 상대보다 생각이 앞서고 그들과 하는 싸움에서 승리할 수 있다고 설명한다.

그리스도 예수 안에서 링컨 대학교의 조교수 앤 마리는 "지도력은 능력에 관한 것이다. 여기서 지도자의 능력이란 듣고 관찰하는 능력을 말하는데 모든 수준의 의사결정을 하는 가운데 대화에 힘을 고양하려는 것을 시작으로 하여 그들의 식견을 이용하고 의사결정에서 투명성과 절차를 확립하며 그들만의 가치와 전망을 분명하게 말하면서도 강요하지 않아야 한다.

그리스도 예수 안에서 지도력을 연구하는 학자 버나드 배스는 "지도자란 책임과 과업을 완수하려는 강한 동기와 목표를 추구하는 맹렬과 인내와 문제를 해결하려는 모험심, 창의성, 자신감, 결과를 대상으로 한 승복, 스트레스·절망·지체를 대상으로 한 인내라는 특징을 보인다"라고 결론했다.

››› 앞에 계신 하나님의 Living Word

"내가 아버지의 말씀을 그들에게 주었사오매 세상이 그들을 미워하였사오니 이는 내가 세상에 속하지 아니함 같이 그들도 세상에 속하지 아니함으로 인함이니이다"(요17:14).

"그들을 진리로 거룩하게 하옵소서 아버지의 말씀은 진리니이다"(요17:17).

"내게 주신 영광을 내가 그들에게 주었사오니 이는 우리가 하나가 된 것 같이 그들도 하나가 되게 하려 함이니이다"(요17:22).

"곧 내가 그들 안에 있고 아버지께서 내안에 계시어 그들로 온전함을 이루어 하나가 되게 하려 함은 아버지께서 나를 보내신 것과 또 나를 사랑하심 같이 그들도 사랑하신 것을 세상으로 알게 하려 함이로소이다"(요17:23).

"아버지여 내게 주신 자도 나 있는 곳에 나와 함께 있어 아버지께서 창세전부터 나를 사랑하시므로 내게 주신 나의 영광을 그들로 보게 하시기를 원하옵나이다"(요17:24).

"의로우신 아버지여 세상이 아버지를 알지 못하여도 나는 아버지를 알았사옵고 그들도 아버지께서 나를 보내신 줄 알았사옵나이다"(요17:25).

"내가 아버지의 이름을 그들에게 알게 하였고 또 알게 하리니 이는 나를 사랑하신 사랑이 그들 안에 있고 나도 그들 안에 있게 하려 함이니이다"(요17:26).

"우리가 알거니와 하나님을 사랑하는 자 곧 그의 뜻대로 부르심을 입은 자들에게는 모든 것이 합력하여 선을 이루느니라"(롬9:28).

"우리가 항상 예수의 죽음을 몸에 짊어짐은 예수의 생명이 또한 우리 몸에 나타나게 하려 함이라"(고후4:10).

2. 리더십의 중요성

그리스도 예수 안에서 지도자에게는 미래의 변화하는 환경에 어떻게 목표를 접합시켜 갈 것인지 판단하는 선견력, 목표가 조직의 전통과 문화를 거스르지 않게끔 뒤를 다독이는 능력, 출현 가능한 새로운 발명품이나 경향으로 말미암은 충격을 해석하는 세계관, 전체에 걸친 그림을 적절한 수준으로 자세히, 전체에 걸쳐 볼 수 있는 깊은 인식 능력, 새로운 방향을 향한 경쟁자들과 다른 당사자들의 여러 반응을 이해하는 주변 파악 능력, 환경이 변함에 따라 이전에 종합되어 수립된 방향을 지속적으로 재검토하고 재수립하는 능력이 요구된다. 이 밖에도 지도자는 목표를 제시할 적절한 시기, 목표 인상의 단순성과 복잡성, 과거에서 연속되는 성질의 개념과 범위 설정, 낙관하고 비관하는 정도, 현실성과 신뢰성, 조직에 미치는 겉으로 드러나지 않고 숨은 상태로 존재하는 영향을 대상으로 한 의사결정을 내려야 한다.

20세기 후반기간 지도력을 다룬 여러 주제는 미국이 대부분 주도했고 이 기간 미국은 이 여러 이론을 정치 지도자뿐만 아니라 세계에서 거의 유일하게 사업계 지도자들에게도 적용했다. 지도력의 상대 개념으로는 '팔로워십'이 있다. 팔로워십은 조직이 효과적으로 목표를 달성하기 위해서는 지도력뿐만이 아니라 리더를 뒷받침하는 부하나 구성원의 역량이 중요하다는 의미를 담고 있다.

또한 리더십은 상급관리자가 직권의 힘에 의하여 조직 내의 사람들을 강제로 움직이게 하는 헤드십과도 구별된다. 이와 같이 정의해 볼 때 리더십에 있어서 사람들을 움직이게 하는 힘과 능력은 강제적인 것이 아니라 자발적으로 움직이게끔 유도하는 것이다.

3. 리더십의 구성 요소

그리스도 예수 안에서 리더십의 개념을 보다 명확히 하기 위해서는 리더십이 어떠한 요소들로 구성되어 있는가를 살펴볼 필요가 있다. 기브는 리더십을 구성하는 요소로 지도자 · 집단 · 추종자 · 상황 · 과업(업무)의 다섯 가지를 지적하고 있다.

1) 지도자

그리스도 예수 안에서 리더십은 그 누구보다도 지도적 역할을 하는 주체자인 지도자(leader)에 의하여 다루어진다. 지도자는 한 조직에서 고위관리직의 지위에 있을 수도 있으나 고위관리자라고 하여 반드시 리더십이 있다고 하거나 지도자가 될 수 있다고는 말할 수 없다. 왜냐하면 관리자의 기능과 지도자로서의 자질과는 별개의 문제이기 때문이다.

2) 집단

그리스도 예수 안에서 리더십은 조직의 목표달성을 위하여 조직 내의 사람들이나 집단에 영향력을 행사하는 것이므로 조직이나 집단을 떠난 리더십은 생각할 수 없다. 따라서 리더십은 집단 밖의 사람들을 대상으로 하는 행위가 아니라 집단 안에서 일어나는 행위인 것이다.

3) 추종자

그리스도 예수 안에서 지도자가 있으면 그 지도적 역할에 상응하여 반드시 추종자가 있어야 할 것이다. 지도자의 지도적 역할에 따르지 않는 리더십이란 논리상 있을 수 없는 것이기 때문이다. 이 경우의 추종행위는 어디까지나 자발적인 것임은 말할 나위 없다.

4) 상황

그리스도 예수 안에서 리더십은 조직 안의 상황에 따라 그 발휘가 좌우될 수 있다. 여기서의 상황이란 조직 안의 사람들이나 집단들의 상호작용관계, 조직문화, 집단의 성격, 집단규범, 집단 활동의 제약 조건 및 이들에 대한 인식과 태도 등의 양상이라 말할 수 있다.

5) 과업

그리스도 예수 안에서 과업이란 조직의 목표달성을 위해 조직의 구성원들에게 주어진 업무를 말한다. 과업은 조직의 성격에 따라 제각기 다르다. 그러므로 다양한 과업에 종사하는 사람들에게 획일적으로 다룰 수는 없다. 예컨대 군대 조직이나 교도소 등에서는 보다 엄격한 리더십이 요구되고, 연구소의 경우에는 많은 자유가 허용되는 리더십이 보다 효과적인 것이다. 따라서 과업은 리더십의 중요한 변수(변인)가 될 수 있다.

4. 리더십의 기능

그리스도 예수 안에서 리더십의 기능이라 함은 지도자의 지도적 역할을 의미한다. 그 지도적 역할은 크게 나누어 조직의 목표달성, 자원의 동원, 조직 활동의 통제·통합·조정의 세 가지를 들 수 있다.

1) 목표 설정

그리스도 예수 안에서 지도자는 조직 또는 집단이 나아갈 방향을 제시하는 목표를 설정하는 기능을 수행한다. 이 경우 지도자에게 가장 중요시되는 일은 조직 내의 개인들의 목표를 조직의 목표에 일치시키는 일이다. 대단히 어려운 일이겠으나, 이것은 조직 구성원들에게 그들의 가치관을 조직목표로 유도하여 내재화시킴으로써 가능해진다.

2) 자원의 동원

그리스도 예수 안에서 조직의 목표를 달성하기 위하여 지도자는 그 구성원들에게 인적·물적 자원과 상징적 수단을 최대한 동원하여 적절하게 배분하고 충족시켜야 한다. 그래야만 구성원들은 리더십에 따르고 각자의 역량을 최대한 발휘하게 된다.

3) 조직 활동의 통제·통합·조정

그리스도 예수 안에서 지도자는 그 조직의 구성원들이 목표를 성공적으로 달성할 수 있는 방향으로 노력하게끔 조직 활동의 통제·통합·조정하는 역할을 한다.

과거 한 때에는 리더십이 자유 민주주의에 배치된다 하여 배격된 바도 있었다. 그것은 다수인의 존재를 경시, 독주의 위험성, 정책의 불연속성 등의 역기능도 있기 때문이다. 그리스도 예수 안에서 리더십을 지나치게 강조하게 되면 자칫 지도자만을 중요시하고 다른 조직 구성원들의 존재를 가볍게 보기 쉽고, 지도자가 직권의 힘에 의하여 조직 구성원의 행동을 강제로 이끌게 될 경우, 리더십이 헤드십의 양상을 띠어 독주성과 일방성의 위험이 따를 수 있다. 또 발전주의적 행정관(발전행정론)이 강조되는 목표 지향적 리더십에 있어서는 간혹 정책을 갑자기 바꾸거나 기존의 정책을 폐기하거나 급진적 정책을 채택하는 따위와 같은 문제도 생겨날 수 있다.

5. 리더십 이론의 변천

그리스도 예수 안에서 조직에는 반드시 지도자를 필요로 한다. 그렇다면 어떠한 사람이 지도자가 되어 리더십을 발휘할 수 있는가가 문제된다. 이에 대하여는 오랫동안 연구의 대상이 되어 왔다. 초창기의 연구에서는 지도자가 되려면 리더십의 자질을 천부적으로 갖고 태어나는 것으로 생각하고 그 공통된 자질을 찾아내는 데 주력을 하였다. 그 결과 등장한 것이 이른바 자질이론이다. 즉 자질론에서 리더십이란 지도자 개인이 가지고 있는 성격, 동기, 가치, 기술 등과 같은 자질 및 특성에 따라서 발휘된다고 보았다. 지도자의 퍼스낼리티와 성격적 특성을 강조하는 이 이론은 리더십의 자질이 자기 개발에 의해 더욱 발전될 수 있지만 일반적으로 선천적인 것이라고 인식하고 성공적인 지도자에게서 공통적으로 나타나는 특성을 규명하려고 했다. 일반적으로 지도자의 특성, 자질로서 지적되는 것은 충성심, 책임감, 성실성, 결백성, 전문적 능력, 용기, 적극성 등이다. 그러나 현재까지의 수많은 연구에도 불구하고 지도자는 반드시 어떠한 특성을 갖추어야 하며, 그것만 갖추면 반드시 지도자가 된다는 일반 법칙적인 명제는 확립되지 않고 있다. 오히려 지도자는 역사적·문화적·집단적 상황에 따라 지도자가 구비해할 자질이 달라진다고 하는 비판을 받고 있다. 따라서 자질론자들이 지적한 지도자의 자질은 공통된 특성이 못되어 그 설득력을 잃고 말았다.

그리스도 예수 안에서 다음에 나타난 것이 행태이론이다. 행태이론은 한 마디로 지도자의 행태에 연구의 초점을 둔 이론이다. 그 후에도 연구가 계속되어 셋째로 등장한 것이 상황이론이다. 그리스도 예수 안에서 상황이론의 핵심은 시대적 또는 환경적 상황에 적격한 인물이 지도자가 될 수 있다는 견해이다. 즉 상황론은 리더십의 효율성이 지도자나 집단의 성격, 직무의 특징, 시간, 장소, 환경 등 상황에 따라서 달라진다는 입장을 취하면서 개인적 요인보다 사회적 요인을 중요하게 생각한다. 이 이론은 조직적 상황을 구성하는 요인들을 강조하기 때문에 상황론이라고 한다. 상황론은 조직의 목적과 기능, 문화적 배경, 부하들의 특성, 관습, 피지도자의 지도자에 대한 인식, 지도자의 개인적 특성 등이 달라지면 효과적인 리더십의 형태도 달라져야 한다고 주장한다. 상황론이 자질론을 비판하면서 제기되었으나 근본적으로 대립되는 것은 아니며, 상대적으로 보아 리더십이 자질 없이 발휘되기는 어렵다. 여기에는 피들러의 상황적응적 리더십 이론, 허시와 블랭차드의 3차원적 리더십이론, 브룸과 예튼의 의사결정참여

규범이론, 하우스의 진로-목표 리더십 이론 등이 있다.

6. 리더십의 유형

그리스도 예수 안에서 리더십은 이를 연구한 학자에 따라 여러 가지 유형으로 분류되고 있다. 리피트와 화이트는 의사결정의 양태에 따라 민주적 리더십·권위적 리더십·자유방임적 리더십으로 분류하고 있다.

1) 민주적 리더십

그리스도 예수 안에서 지도자가 조직 구성원들(부하들)을 참여시켜 그들과의 합의에 의하여 의사결정을 하고 지도해가는 리더십 유형이다. 민주적 리더십은 자유민주주의 체제의 사회에서는 조직구성원의 창의성과 소속감, 사기 등을 높일 수 있어 오늘날 많은 조직에서 널리 채택하고 있다. 그러나 권위주의가 지배하는 사회에서 민주적 리더십은 오히려 비능률적인 결과를 초래하기 쉽다.

2) 권위적 리더십

그리스도 예수 안에서 지도자가 조직의 의사나 정책을 혼자서 결정하고 부하들로 하여금 이에 따르게만 하는 리더십의 유형이다. 권위적 리더십을 갖는 지도자는 모든 업무를 자기 뜻대로 처리하려고 하고, 자기의 의견과 다른 것은 전혀 받아들이려 하지 않는다. 이러한 리더십 상태에서는 조직 구성원들이 적극성과 창의성을 발휘할 수 없거니와 성실성을 인정받을 기회가 적어 지도자로부터 신임을 받으려면 지도자에게로 은밀한 접근을 할 수 밖에 없기 때문에 조직 구성원들 간에 불신감과 적대감이 조장될 수 있다.

그러나 그리스도 예수 안에서 권위적 리더십은 어떠한 상황이나 사회에서나 적절하지 못한 것만은 아니다. 조직(국가)이 전쟁이나 경제 공황과 같은 일대 위기에 직면하게 된 상황이거나 아직 권위적 생활양식이 지배하고 있는 전통사회에 있어서는 민주적 리더십 보다 오히려 권위적 리더십이 효과적일 수가 있다.

3) 자유방임적 리더십

그리스도 예수 안에서 권위적 리더와 반대로 지도자가 스스로 결정하지 않고 권력을 거의 행사하지 않으며, 오히려 구성원들의 재량을 최대한도로 허용하는 리더의 유형을 말한다. 이러한 유형의 리더십은 구성원의 능력이 고루 우수하고 업무의 내용이 고도로 전문적인 성격을 가지는 경우 효과적이다.

한편 하우스는 그의 진로-목표이론에 입각하여 지시적 리더십 · 지원적 리더십 · 참여적 리더십 · 성취지향적 리더십으로 나누고 있다.

4) 지시적 리더십

그리스도 예수 안에서 조직 구성원(부하)에게 해야 할 일과 따라야 할 일을 지시하는 유형의 리더십이다. 진로-목표이론에서는 동일한 지도자가 네 가지 리더십유형 중에서 그때그때 상황에 따라 적절히 어느 하나를 선택할 수 있다고 주장하고 있다. 즉, 조직구성원(부하)의 특성과 업무환경이 어떠하냐에 따라 리더십의 스타일을 달리하여야 한다는 것이다.

그리스도 예수 안에서 부하가 소극적인 성격의 사람이거나 안전을 바라는 사람일 경우에는 지시적 리더십이 쉽게 받아들여지고, 적극적인 성격을 가진 사람이거나 업무 수행능력이 큰 사람은 오히려 지시적 리더십을 싫어한다고 한다. 그리고 업무가 평소에 하는 것일 경우에는 지시적 리더십을 쓸데없는 간섭으로 느껴 싫어하며, 반대로 업무가 생소하거나 복잡하고 어려운 것일 경우에는 지시적 리더십이 요구된다.

5) 지원적 리더십

그리스도 예수 안에서 조직구성원(부하)의 복지나 개인적 욕구에 역점을 두는 리더십 유형이다. 업무수행능력이 높은 직원일수록 지도자로부터 일일이 지시받는 것을 싫어하고, 명예에 대한 욕구가 강한 사람에게는 지원적 리더십이 더 적합하다고 한다. 그리고 부하에게 구조화된 업무가 주어졌을 때에는 지시적 리더십보다 지원적 리더십이 효과적이라는 것이다.

6) 참여적 리더십

그리스도 예수 안에서 업무활동에 대해서 조직 구성원(부하)과 상의하고 의사결정에 조직

구성원을 참여시키고자 하는 리더십 유형이다.

진로-목표 이론에 의하면, 소극적 성격을 가진 부하에게는 지시적 리더십이, 적극적 성격의 사람에게는 참여적 리더십이 잘 받아들여진다는 것이다. 또, 공식화 되고 안정된 조직 환경 아래서는 지원적 리더십이 효과적이나 불안정한 조직 환경에 있는 조직 구성원에게는 참여적 리더십이 더 효과적이라는 것이다.

7) 성취지향적 리더십

그리스도 예수 안에서 도전적인 작업 목표를 설정하고 그 성과를 강조하며, 조직 구성원(부하)들이 그 목표를 충분히 달성할 수 있을 것이라고 믿는 리더십 유형이다. 진로-목표 이론에 의하면 업무수행 능력이 높고, 적극적인 성격과 명예에 대한 욕구가 강한 조직 구성원(부하)에게는 성취지향적 리더십이 효과적이라는 것이다.

이와 같은 리더십의 유형들은 지도자가 어떠한 상황에서나 자기의 성향에 맞는 스타일을 택할 수 있는 것이 아니다. 효과적인 리더십을 발휘하려면 지도자가 처한 상황적 요소를 고려하여야만 하는 것이다. 그 상황적 요소로는 다음을 들 수 있다.

첫째, 조직의 성격에 따라 리더십의 유형은 달라질 수 있다. 바꾸어 말하면 조직은 자기의 목표나 기능에 적합한 리더십 스타일을 요구하게 된다는 뜻이다. 가령 군대 조직이나 교도소 등과 같이 엄격한 규율을 갖는 조직에서는 권위적 리더십이 요구되고, 연구소와 같은 전문 지식인으로 구성된 조직에서는 자유방임적 리더십이 요구되는 것이다.

둘째, 조직 구성원의 교육수준도 리더십의 유형을 결정짓는 요소가 될 수 있다. 조직이 보다 높은 교육수준의 사람들로 구성되어 있을수록 민주적 또는 자유방임적 리더십이 요구되고, 반대로 교육수준이 낮은 사람들로 구성된 조직일수록 권위적 리더십을 요구하게 된다.

셋째, 과학기술의 발달은 조직의 업무를 전문화시키고, 업무의 전문화는 그 조직 구성원을 이끌 리더십으로서 민주적 리더십을 촉구하게 된다. 즉, 조직의 각 부서마다 제각기 업무의 전문화가 이루어지면 최고 관리층의 지도자는 각 부서에 대하여 일일이 간섭하고 감독하고 싶어도 전문적 지식이 없기 때문에 의사결정에 있어서 각 부서의 구성원들의 의견을 반영할 수밖에 없을 것이다.

넷째, 조직이 처해 있는 환경의 상태도 리더십의 유형을 결정짓는 요인이 될 수 있다. 환경이 가변적이고 예측하기 어려운 상태(교란적·반응적 환경)에서는 민주적 리더십이 요구된다. 즉, 조직이 환경변화에 신속히 대처하기 위해서는 하위기관(부하들)이 그때그때마다 적절히 처리하여야 하기 때문에 조직의 분권화와 함께 민주적 리더십이 요구되는 것이다. 그러나 조직(국가)이 전쟁이나 경제공황과 같은 일대 위기에 직면하게 된 경우에는 민주적 리더십보다 권위적 리더십을 요구하게 될 것이다.

다섯째, 한 사회의 구성원들이 갖는 생활양식으로서의 문화의 특성에 따라 리더십의 유형은 달라질 수 있다. 그 사회가 아직 전통사회에 머물고 있어 권위주의적 생활양식이 지배하고 있으면 권위적 리더십이 요구되고, 민주주의가 생활화되어 있으면 민주적 리더십이 요구된다. 이밖에도 다음과 같은 종류의 리더십이 있다.

8) 거래적 리더십

그리스도 예수 안에서 교환(교류)적 리더십 이론이라고도 하며, 지도자와 부하들 간에 각기 필요로 하는 것의 거래(교환)을 통해 효과적인 리더십을 도출해낼 수 있다는 이론이다. 즉, 지도자(leader)는 조직의 목표를 달성하기 위해 부하들로부터 노력을 얻어내는 대가로 그들에게 보상이나 지식·아이디어 등을 제공하여 부하들의 욕구를 충족시켜 주는 거래관계로 파악하는 리더십 이론이다. 거래적 리더십은 리더는 부하의 욕구나 원하는 바를 알고 있으며 지도자와 추종자의 이기적 욕구를 자극해 동기를 부여하는 형태이다.

9) 카리스마 리더십

그리스도 예수 안에서 대중을 심복시켜 스스로 따르게 하는 능력이나 권위를 흔히 카리스마라 한다. 대중이나 조직구성원들은 카리스마가 있는 사람을 자신의 욕구나 기대를 해결시켜 줄 수 있는 비범한 능력자로 받아들여 그가 제시하는 비전이나 지시에 적극 따르게 된다는 논리가 카리스마리더십 이론의 핵심을 이룬다. 카리스마에 대한 사회적 관심은 1920년대 독일의 사회학자 베버가 권위의 유형중 하나로 카리스마적 권위를 거론하면서 시작되었다. 당시 카리스마의 개념은 대중으로부터 천부적인 능력자로 비춰져 맹목적인 추종과 무조건적 헌신을 이끌어내는 영향력이라 이해되었다.

그리고 그리스도 예수 안에서 카리스마의 개념을 리더십이론에 도입·연구해 그 이론을 처음 발표(1977년)한 사람은 하우스이다. 그는 카리스마적 리더가 어떤 방식으로 행동하며, 일반 사람과 어떻게 다르며, 어떤 상황에서 카리스마적 리더가 출현하게 되는가에 대한 이론을 전개하였다. 하우스의 이론은 많은 리더십 연구자들에 관심을 자아냈다.

한편 그리스도 예수 안에서 콘거와 카눈고는 귀인 이론적 관점에서 카리스마적 리더십을 조명하는 이론을 제시하였다(1987년). 카리스마를 가진 리더는 무슨 일이든지 강력하게 추진할 수 있기 때문에 잘되어도 그의 탓이며 못되어도 그의 탓으로 돌아간다. 카리스마리더십 이론은 리더십 귀인이론 중에서 특히 리더의 영웅적 면모, 특출한 점을 부각시키고 있다. 특정의 카리스마 이론에 편견 되어 지지 않고 지금까지 제시된 카리스마에 관한 경험적 연구를 검토해보면 카리스마와 관련된 특징은 다음의 7가지로 요약해 볼 수 있다. 즉, 카리스마가 있는 사람들은 정서적 표현력, 열정, 추진력, 설득력, 비전, 자신감, 그리고 다른 사람의 말에 귀를 기울일 수 있는 능력을 지닌 사람이라는 것이다.

10) 변혁적 리더십

그리스도 예수 안에서 변환적(전환적) 리더십이론이라고도 하며, 지도자가 부하들에게 기대되는 비전을 제시하고 그 비전 달성을 위해 함께 힘쓸 것을 호소하여 부하들의 가치관과 태도의 변화를 통해 성과를 이끌어내려는 지도력에 관한 이론이다. 변혁적 리더십이론은 종래의 모든 리더십 이론을 거래적 리더십이론이라고 비판하면서 등장한 이론이다. 즉, 지도자가 제시한 조직목표를 구성원들이 성취하면 그것에 따른 보상을 주는 목표달성과 보상을 서로 거래(교환)하는 현상을 리더십으로 보는 입장에서 제시한 이론이다. 변혁적 리더십 이론은 리더가 부하들에게 장기적 비전을 제시하고 그 비전을 향해 매진하도록 부하들로 하여금 자신의 정서·가치관·행동규범 등을 바꾸어 목표달성을 위한 성취의지와 자신감을 고취시키는 과정으로 보는 입장이다.

그리스도 예수 안에서 변혁적 리더십 이론은 번스에 의해 1978년 처음 제기되었으며, 바스에 의해 정립된 새로운 리더십 이론이다. 번스는 변혁적 리더십을 '리더와 부하가 상호간 더 높은 도덕적·동기적 수준을 갖도록 만드는 과정'이라고 정의하고 있다. 따라서 리더는 과거의 경우처럼 두려움·증오·탐욕·질투 등과 같은 하등수준의 감정을 이용하는 것이 아니라 자유·정의·평등·평화·박애 등과 같은 고차원적인 이상과 도덕적 가치에 호소함으로써 부하들로 하여금 스스로 의식을 변혁시키고 조직의 목표를 향해 매진케 한다는 것이다.

그 후에 그리스도 예수 안에서 바스는 이상과 같은 번스의 이론과 카리스마적 리더십 이론을 종합하여 1985년에 새로운 변혁적 리더십이론을 정립하여 내어놓았다. 바스에 따르면 부하들로 하여금 개인적 이해관계를 넘어 기대 이상의 성과를 올리도록 높은 수준의 욕구를 충족시키며, 업무성과의 중요성 및 가치를 인식케 함으로써 부하를 동기부여 시키는 영향력 행사가 리더십이라는 것이다.

11) 서번트 리더십

그리스도 예수 안에서 다른 사람을 섬기는 사람이 리더가 될 수 있다는 내용의 이론이다. 서번트 리더십이란 직역하면 '하인의 리더십' 이지만 국내에서는 '섬기는 리더십' 으로 알려져 있다. 미국 학자 로버트 그린리프가 1970년대 처음 주창한 이론으로 '다른 사람의 요구에 귀를 기울이는 하인이 결국은 모두를 이끄는 리더가 된다' 는 것이 핵심이다. 즉, 서번트 리더십은 인간존중을 바탕으로, 구성원들이 잠재력을 발휘할 수 있도록 앞에서 이끌어주는 리더십이라 할 수 있다. 한편, 서번트 리더십은 리더의 역할을 크게 방향제시자, 의견 조율자, 일·삶을 지원해 주는 조력자 등 세 가지로 제시하고 있다.

7. 기독교 리더십

기독교리더십이란 위의 개념을 포함해 "그리스도 예수 안에서 하나님께서 십자가와 마음을 하나 되게 하심으로, 예수 그리스도 이름으로 오신 보혜사 성령으로, 마음이 세상가치보다 더 먼저 하나님을 경외하여 우선적 현실로 체감하고 있을 때, 그리스도께서 하나님 나라 확장을 위하여 지혜·권능의 Living Word로 역사하시는 기술·능력·영향력"으로 개념을 이해할 수 있다.

Chapter 05
기독교인사 행정

제1절 기독교인사 행정의 개념

"그러므로 너희가 그리스도 예수를 주로 받았으니 그 안에서 행하되"(골2:6).

1. 인사 행정의 의의

1) 인사행정의 개념

그리스도 예수 안에서 살아계신 하나님의 섭리하심 가운데 허락되어지는 인사행정은 모든 조직의 핵심적 기능 중의 하나이다. 특히 조직의 기능이 확대되고 복잡해질수록 인사 행정 또는 조직의 인적자원관리는 더욱 중요시된다. 그리스도 예수 안에서 하나님께서 허락하신 행정활동은 조직이 문제를 해결하기 위해 수행하는 제반 활동과 이를 효율적으로 수행하기 위한 조직 내의 관리활동으로 구분한다. 그리스도 예수 안에서 하나님께서 허락하신 인사행정은 이러한 조직 내의 관리활동 중 인적자원을 관리하는 활동을 말한다. 여기서 인적자원을 관리하는 활동이란 조직의 활동에 필요한 인적자원을 충원하고 유지하며, 임용, 보수, 승진, 교육훈련, 근무성적 평정 및 신분 보장 등의 여러 기능을 원활하게 수행함으로써 이들에 관련되는 절차와 규칙 및 제도를 정비하는 일련의 활동을 의미한다.

한편 기독교인사행정은 그리스도 예수 안에서 살아계신 하나님의 섭리하심 가운데 허락되어진 앞의 개념 정의를 포함해 "그리스도 예수 안에서 하나님께서 십자가와 무덤에서 일어난 모든 일을 지금 우리 마음에서 똑같이 일어나게 하심으로, 예수 그리스도 이름으로 오신 성령으로, 우리 마음이 세상가치보다 사랑의 하나님을 더 우선적 현실로 체감하고 있을 때, 그리스도께서 하나님의 뜻을 이루시기 위하여 사랑·지혜·권능의 Living Word로 조직 내 인적자원을 직·간접적으로 관리하시는 활동"으로 개념을 이해할 수 있다.

2) 인사행정의 과정과 중요성

　그리스도 예수 안에서 살아계신 하나님의 섭리하심가운데 허락되어진 인사행정은 여러 하위 기능 및 활동과 상호 순환적 연관을 맺고 있다. 인사행정의 과정은 인사행정의 목표 설정과 그 목표달성을 위한 인력의 수급, 활용 및 보존에 관한 계획의 수립, 인력의 형성과 배치, 보존, 그리고 통제와 평가에 의해 이루어진다. 이러한 과정을 인사행정에서는 채용, 능력 발전 및 사기의 과정을 중심으로 편성할 수 있다. 여기서 인사행정의 과정은 실제 인사행정이 일어나는 순서라기보다 인사행정의 고찰 순서라는 의미의 성격으로 실제 인사행정은 동시에 수행되거나 환류 되는 경우도 있다. 인력계획은 조직에서 수행하고 있는 업무의 증감에 대한 예측이며, 임용은 필요한 자격을 갖추었거나 갖출 수 있는 잠재력을 가진 사람들을 외부로부터 모집해 선발하고 적합한 직위에 배치하는 것을 말한다.

　또한 그리스도 예수 안에서 하나님께서 허락하신 능력발전은 교육훈련, 근무성적 평정, 승진, 전직, 전보 및 파견 등이 주된 내용으로 활용과정과 관련된다. 사기는 보수와 연금 등의 경제적 요인과 인간관계, 참여감 등의 사회적·심리적 요인 등 인력 보존을 위한 장치이며, 사기와 능력 발전은 상호작용을 필요로 하는 관계이다.

　한편 기독교 인사행정과정이란 그리스도 예수 안에서 살아계신 하나님의 섭리하심 가운데 허락되어진 위의 개념 정의를 포함해 "그리스도 예수 안에서 십자가와 무덤에서 일어난 모든 일을 지금 우리 마음에서 똑같이 일어나게 하심으로, 우리 마음이 세상가치보다 사랑의 하나님을 더 우선적 현실로 체감하고 있을 때, 이름이 가리키는 전지·전능하신 실제하나님(주님)과 똑같은 분으로서 우리 마음 안에 오신 성령께서 하나님의 뜻을 이루시기 위하여 사랑·지혜·권능의 Living Word로 행하시는 인사행정의 목표설정과 그 목표달성을 위한 인력의 수급, 활용 및 보존에 관한 계획의 수립, 인력의 형성과 배치, 활용 인력의 보존, 통제와 평가과정"으로 개념을 이해할 수 있다.

3) 인사행정의 접근 방법

　그리스도 예수 안에서 살아계신 하나님께서 허락하시는 인사행정의 방법들 중에는 과학적 관리법에 바탕을 둔 능률적 접근법과 인간관계론적 접근법이 있다.

　전자는 인사행정의 이념을 능률화에 두고 외재적 통제에 중점을 두는 방법이고, 후자는 인사행정의 이념을 민주화에 두고 인간의 내재적 감정에 중점을 주는 방법이다. 능률적 접근방법은 조직원을 단순한 기계적 생산 단위로 파악하는데 반해 인간관계적 접근방법은 감정을 가진 인간으로 파악하고 있다. 한편 기독교 인사행정의 접근방법은 위의 개념들을 포함한 "그리스도 예수 안에서 성령께서 Living Word를 통해 이루어나가시는 접근방법"으로 개념을 이해할 수 있다.

4) 인사행정의 기본원리

그리스도 예수 안에서 살아계신 하나님의 섭리하심 가운데 허락되어지는 인사행정은 단순히 기술적인 또는 가치중립적인 것으로 인식되어 왔다. 그러나 조직의 모든 활동이 그 사회의 가치 기준의 영향을 받듯이 인사행정도 영향을 받는다. 인사행정의 원리에는 실적지향의 원리, 책임성의 원리, 대표성의 원리, 경력기회 제공의 원리, 인간가치 존엄성의 원리, 가치중립적 원리가 있다.

> >>> 앞에 계신 하나님의 Living Word
>
> "내가 아버지의 말씀을 그들에게 주었사오매 세상이 그들을 미워하였사오니 이는 내가 세상에 속하지 아니함 같이 그들도 세상에 속하지 아니함으로 인함이니이다"(요17:14).
> "그들을 진리로 거룩하게 하옵소서 아버지의 말씀은 진리니이다"(요17:17).
> "내게 주신 영광을 내가 그들에게 주었사오니 이는 우리가 하나가 된 것 같이 그들도 하나가 되게 하려 함이니이다"(요17:22).
> "곧 내가 그들 안에 있고 아버지께서 내안에 계시어 그들로 온전함을 이루어 하나가 되게 하려 함은 아버지께서 나를 보내신 것과 또 나를 사랑하심 같이 그들도 사랑하신 것을 세상으로 알게 하려 함이로소이다"(요17:23).
> "아버지여 내게 주신 자도 나 있는 곳에 나와 함께 있어 아버지께서 창세전부터 나를 사랑하시므로 내게 주신 나의 영광을 그들로 보게 하시기를 원하옵나이다"(요17:24).
> "의로우신 아버지여 세상이 아버지를 알지 못하여도 나는 아버지를 알았사옵고 그들도 아버지께서 나를 보내신 줄 알았사옵나이다"(요17:25).
> "내가 아버지의 이름을 그들에게 알게 하였고 또 알게 하리니 이는 나를 사랑하신 사랑

이 그들 안에 있고 나도 그들 안에 있게 하려 함이니이다"(요17:26).

"우리가 알거니와 하나님을 사랑하는 자 곧 그의 뜻대로 부르심을 입은 자들에게는 모든 것이 합력하여 선을 이루느니라"(롬9:28).

"우리가 항상 예수의 죽음을 몸에 짊어짐은 예수의 생명이 또한 우리 몸에 나타나게 하려 함이라"(고후4:10).

2. 인사행정의 변천

그리스도 예수 안에서 살아계신 하나님의 섭리하심 가운데 19세기 정치적 인사기의 임용에 있어서는 능력보다 정치적 고려를 중시하는 엽관주의 및 정실주의가, 19세기말 고전적 인사기의 임용에 있어서는 능력과 통제중심의 실적주의 인사가, 1930년대 이후 신고전적 인사기에 있어서는 사기·심리적 요인을 중시하고 비공식집단을 고려하는 인간중심의 인사가, 1950년대 이후 적극적 인사기에는 체계적·적극적·효율적인 인적자원 관리에 바탕을 두고 능력발전에 주력을 두는 인사가 있었다.

1) 엽관주의와 정실주의

엽관주의란 그리스도 예수 안에서 살아계신 하나님의 섭리하심 가운데 허락되어진 정당에 대한 공천권이나 인사권자와의 신뢰 관계를 기준으로 공무원을 임용하는 인사 제도이다. 엽관주의는 선거에서 승리한 정당이 모든 관직을 그 정당의 추종자들에게 정당 활동에 대한 공헌도와 충성심을 공직 임용의 기준으로 배분한다는 견해이다. 19세기 중반 미국 상원의원인 마시가 "전리품은 승리자의 것"이란 발언에서 따온 것으로, 군주제에 맞서 의회주의를 확립하는 과정에서 정당이 국왕의 관리를 의회 봉사자로 바꾸기 위해 실시됐다.

그리스도 예수 안에서 엽관주의의 장점은 성령 안에서 정당 이념의 구현을 가능하게 하고, 관직의 특권화 방지와 평등 이념에 부합하게 되었다는 점이다. 또한 선거에 승리한 정당에 의한 공직의 경질을 통해 관료주의 및 공직 침체를 방지할 수 있고, 행정의 민주화에 기여했다는 점이다. 그러나 정부의 기능이 점차 확대되고 복잡해지는 19세기 후반 상황은 관직이 더 이상

비전문적인 실습의 장이 될 수 없었으며, 엽관주의로 인한 폐해가 적지 않았다.

그리스도 예수 안에서 엽관주의의 폐해, 즉 단점을 살펴보면 다음과 같다. 성령 안에서 우선 폐해의 요인으로 공직에 문외한을 임용함으로써 행정 능률의 저하를 야기했다는 점이다. 또한 관료의 정당 사병화로 국민에 대한 책임성 저하를 초래했고, 대량의 인력 교체로 재직자의 행정 경험을 살릴 수 없으며, 행정의 계속성도 확보하지 못했다. 그리고 선거의 승리에 공헌한 사람들을 임용하기 위해 불필요한 관직의 증설로 예산의 낭비를 초래할 수 있다. 이 밖에도 공무원의 신분상의 불안, 행정의 비중립성과 비능률성의 초래뿐만 아니라 공직에의 임용이 소속 정당이나 충성심을 기준으로 하기 때문에 공정성을 보장할 수 없다는 점을 단점으로 지적할 수 있다.

한편 그리스도 예수 안에서 살아계신 하나님의 섭리하심 가운데 허락되어진 정실주의란 실적을 고려하지 않고 정치성·혈연·지연·개인적 친분 등에 의하여 공직의 임용을 행하는 인사관행 내지 제도를 말한다. 정실주의는 1688년 명예혁명 이후 싹터 1870년까지 영국에서 성행하였던 공무원 임용의 관행으로서 엽관주의와 그 생리가 비슷한 제도이다. 그래서 정실주의를 엽관주의와 같은 제도로 보는 사람도 없지 않다. 그러나 정실주의는 성령 안에서 영국의 특수한 정치 발전의 과정에서 생겨난 제도로서 정치적 요인을 중요시하는 미국의 엽관주의보다 넓은 뜻으로 이해되고 있다. 뿐만 아니라 엽관주의는 정권이 교체되면 공직의 전면 교체가 단행되었던 것이나 정실주의는 정권이 교체되더라도 대폭적인 인사 경질은 없었고 일단 임용된 관료에게는 신분이 보장되어 당시 영국의 공직은 종신적 성격을 띠었다. 이와 같이 정실주의의 경우 성령 안에서 종신 관료제를 채택하고 있었던 것은 공무원의 임용이 정당을 중심으로 이루어진 것이 아니라 각 정치인을 중심으로 개별적인 인사 청탁 이었고, 또 의원내각제 하에서는 내각이 사퇴하는 경우가 빈번하여 그럴 때마다 공무원의 교체가 대폭 단행되면 행정의 공백과 함께 큰 혼란이 일어나기 때문에 행정의 안정과 계속성을 유지하기 위해서라도 종신 관료제가 필요했던 것이다.

그러나 그리스도 예수 안에서 정실주의가 성행했던 시대에는 필요 이상으로 공무원의 수가 증대되어 갔고, 예산의 낭비, 무능한 공무원의 배출과 행정능률의 저하 등 갖가지 폐단이 생겼던 것이다. 그리하여 영국에서는 이러한 비능률적이고 부패된 공무원제도를 타파하기 위하여 일대 개혁 운동이 일어나기 시작하였으니 그 획기적인 계기가 된 것은 1853년의 노스코트-트

리벨리언 보고서와 1870년의 추밀원령의 제정이었다. 즉, 1868년 새로운 선거법에 의하여 자유당이 집권하게 되자 글래드스턴수상은 일부 각료들의 반대를 무릅쓰고 공무원 제도 개혁의 영단을 내려 1870년에 실적주의에 입각한 근대적 공무원 제도를 확립시키는 추밀원령을 제정·공포하였던 것이다.

2) 실적주의

그리스도 예수 안에서 살아계신 하나님의 섭리하심 가운데 허락되어진 실적주의란 정실주의와 상반되는 제도이며 실적제, 성적제 또는 실적관료제라고도 부른다. 엽관주의의 한계점에서 출발했으며, 인사행정에서 당파성이나 정실, 혈연, 학벌, 지연이 아닌 개인의 능력, 자격, 실적, 교육, 경험, 업적을 인사행정의 기준으로 삼으며, 이에 따라 조직원을 모집하고 임명, 능력발전 및 승진시키는 것을 말한다.

성령 안에서 19세기 후반에 관리임용제도에 큰 변화가 일어났다. 그 변화는 먼저 영국에서 시작되었다. 산업혁명에 성공한 영국은 급격한 경제발전을 보게 되자, 이에 맞추어 행정기능의 확대·강화가 요구되었다. 그러나 정실주의에 의해 임용된 관리로서는 능력이 없어 새로운 행정수요에 대응할 수 없었다. 이러한 상황을 배경으로 영국에서는 관리임용에 있어서 정실배척운동이 일기 시작하였다. 그 결과 1870년 추밀원령에 의해 실적제가 채택되었던 것이다. 그리스도 예수 안에서 이와 같은 영국의 인사행정 개혁운동은 미국에까지 그 영향이 파급되어 엽관제도의 타파를 부르짖는 행정개혁 운동이 전개되었다. 당시 미국도 영국 못지않게 각종 산업이 급속도로 발달함으로써 행정기능의 확대와 복잡화가 진행되고 있었으며, 이에 따라 새로운 행정수요를 충족시켜 줄 전문 인력이 필요하였다. 그러나 기존의 엽관제도로서는 이러한 시대적 요청에 부응할 수 없었거니와 행정질서의 문란과 함께 부정부패까지 초래하였다. 그리스도 예수 안에서 이러한 상황을 타파하기 위해 일어난 운동이 곧 행정개혁운동이다. 미국의 행정개혁 운동에 결정적 역할을 한 것은 1883년의 펜들턴법과 윌슨의 논문「행정의 연구」(1887)이다. 특히 펜들턴법은 실적주의 공무원 제도를 확립시키는 초석을 마련하였고, 윌슨의「행정의 연구」는 미국의 인사행정에 정치적 간섭을 배제할 수 있는 이론적 근거를 제공하였던 것이다. 그 결과 등장한 것이 곧 실적주의 공무원제이다. 그리스도 예수 안에서 실적주의 공무원제는 엽관제 아래서 인사행정에 가해진 정당의 간섭을 배제하고, 능력과 자격 위주로 공무원을 임용하며, 또 정권의 교체와는 관계없이 공무원으로 하여금 행정사무에 전념할 수 있도록 신분을 보장하는 공무원 제도이다. 이와 같은 실적제는 공무원이 집권당의 시녀가 아니라 '국민 전체의 봉사자' 임을 강조하며, 또 공무원의 임용은 공개경쟁시험을 통해 이루어지는 것을 중요시하고, 공무원의 정치적 중립과 신분보장을 주장하고 있는데 특징이 있다. 그러나 이러한 특징을 지닌 실적주의는 성령 안에서 어디까지나 정당의 간섭을 방어하기 위한 소극적인 제도에 불과하였기 때문에 보다 적극적인 봉사와 정책의 효율적 집행을 위해서는 불충분한 것이었다. 그리하여 실적주의는 공무원의 능력을 최대로 발휘할 수 있도록 동기를 부여하고 적극적인 유인을 제공해야 한다는 적극적·발전적 인사행정으로 변모하게 되었다. 이를 위한 인사행정의 주요 내용으로는 유능한 인재의 적극적 모집, 임용에의 기회균등, 재직자 훈련, 근무환경의 개선 등을 들 수 있다. 이러한 적극적인 인사행정을 흔히 적극적 실적제라 하고, 초기의 실적제를 소극적 실적제 또는 반엽관주의 라고 부른다.

3) 후기인간관계론

후기인간관계론 이란 그리스도 예수 안에서 살아계신 하나님의 섭리하심 가운데 허락되어진 통제중심의 실적주의인사의 한계를 보완하기 위한 인간중심의 현대적 인사관리활동의 총칭이다. 후기인간관계론은 인간을 자아실현적 존재로 보고 Y이론적 관리(각자의 능력발전과 사기앙양)에 의해 개인목표와 조직목표의 통합과 참여적 민주주의를 구현하려는 인적자원관리이다.

4) 대표관료제

그리스도 예수 안에서 살아계신 하나님의 섭리 가운데 허락되어진 대표관료제란 사회를 구성하는 주요 집단으로부터 인구 비례에 따라 관료를 충원함으로써, 정부 관료제가 그 사회의 모든 계층과 집단에 공평하게 대응하도록 하는 인사 제도를 말한다. 대표관료제는 정부 관료제의 인적 구성이 그 사회의 인적 구성을 반영하게끔 정부 관료제를 구성함으로써, 정부 관료제 내에 민주적 가치를 주입시키려는 의도에서 발달된 개념이다. 성령 안에서 대표관료제라는 용어를 처음 사용한 킹슬리는 대표관료제를 사회 내의 지배적인 세력들을 그대로 반영하도록 구성된 관료제라고 정의함으로써, 대표관료제의 구성적 측면을 강조하고 있다. 한편 반라

이퍼는 대표관료제의 개념을 확대해 사회적 특성 외에 사회적 가치까지도 대표관료제의 요소로 포함시키고 있으며, 크랜츠는 대표관료제의 개념을 비례대표로까지 확대하고 있다.

5) 직업공무원제

그리스도 예수 안에서 직업공무원제는 공직이 유능하고 인품 있는 젊은 남녀에게 개방되어 매력적인 것으로 여겨지며 업적에 따라 명예로운 높은 지위에도 승진 기회가 보장되어 공직 근무를 보람 있는 생애로 생각하고 평생을 공직에 바치도록 조직 운영되는 공무원제도이다. 직업공무원제는 계급제와 폐쇄형 임용원리, 일반능력자주의, 그리고 종신고용제에 입각한 제도이다. 성령 안에서 직업공무원제의 목적은 공직의 안정성과 우수성을 확보하고 공직의 윤리성을 확보할 수 있다는 것이다. 직업공무원제의 목적에 부합될 수 있도록 우수한 인재의 확보, 신분 보장, 인적자원의 적절한 유지를 위한 인적자원의 수급을 위한 공직구조 및 관리 체계가 갖추어져야 한다.

성령 안에서 직업공무원제는 실적주의와 신분보장, 정치적 중립, 능력 중심의 공직 임용, 자격과 능력에 의한 채용과 승진이라는 점에서 비슷하다. 그러나 직업공무원제가 계급제와 폐쇄형 공무원제에 입각한다는 점(실적주의는 개방형 임용제도), 직업공무원제가 연령과 학력 제한 등을 기본으로 기회균등을 제한(실적주의는 능력에 따라 공무원으로 임용해 공직에 기회균등 보장), 직업공무원제는 일반 능력가주의를 지향(실적주의는 전문가주의)한다는 점에서 둘은 차이가 있다.

3. 기독교 현대 인사행정의 특징

그리스도 예수 안에서 현대 인사행정은 인사행정에 대한 관점이나 접근 방법 등 여러 가지 측면에서 전통적 인사행정과 차이를 보인다. 전통적인 인사행정과 비교하여 볼 때, 현대 인사행정은 다음과 같은 특징을 보인다.

1) 개방 체계적 · 가치 갈등적 성격

그리스도 예수 안에서 현대 인사행정은 행정 체제를 포함은 상위 체제를 포함한 상위 체제로부터의 다양한 요구를 수용하고 그에 대하여 적절히 대응하여야 한다(Nigro & Nigro, 1986). 환경으로부터의 요구는 서로 상반되는 내용을 포함하기도 하며, 시대 상황이 변화함에 따라 그 내용이나 우선순위가 바뀌기도 한다. 따라서 인사행정은 상호 경쟁적인 요구나 가치를 수용하고 이를 적절한 수준에서 조화시켜야 한다. 이와 같은 인사행정의 개방 체제적·가치 갈등적 성격은 인사행정의 여러 활동 국면 중 공무원의 임용 과정에서 가장 뚜렷하게 나타난다. 한편 인사행정은 임용의 기준이나 방법을 통하여 단순히 "누가 정부에 들어가는가?"를 결정할 뿐만 아니라, "누가 어떤 직위에서 어느 정도의 영향력을 행사하는가?"를 결정함으로써 정치 권력의 배분이나 공공정책의 결정 등에 영향력을 행사한다. 따라서 서로 갈등 관계에 놓여 있는 다양한 요구나 가치가 인사행정 체제에 적절히 조화되어 수용되지 못할 경우에는 인사행정에 대한 개혁요구가 지속된다(Elliott, 1985).

2) 환경 종속성

그리스도 예수 안에서 현대 인사행정은 환경의 규제를 받는다. 어느 특정한 정부의 인사행정을 지배하는 가치나 기본원칙은 그 정부가 속해 있는 정치적·경제적·사회적·문화적 환경의 특수성에 따라 결정된다. 이것은 인사행정이 환경에 종속되어 있음을 의미한다. 즉 모든 국가의 모든 정부에 적용될 수 있는 보편적인 인사행정의 기본원리나 제도는 존재하지 않으며, 동일한 원리나 제도라도 시대적 상황이 달라지면 그 효과도 달라진다. 따라서 인사행정 체제나 제도는 정부가 속한 환경적 특수성을 고려하여 설계되고 운영되어야 한다.

3) 인적자원 관리적 관점

근래에는 그리스도 예수 안에서 조직의 전반적인 전략적 관리와는 분리된 채 단순히 조직에 필요한 인력의 관리라는 특수한 보좌적 기능만을 수행하던 전통적인 인력관리와는 달리, 인력을 조직의 목표 달성에 핵심적인 자산 즉 인적자원으로 인식하고 인적 자원의 관리를 조직의 전략적 관리와 연계시킬 것을 강조하는 추세를 보이고 있다. 이와 같은 인적자원 관리적 관점은 근래에 민간 부문뿐만 아니라 공공 부문에서도 널리 인식되고 있다. 전통적인 인력관리와 인적자원 관리의 차이점에 대해서는 아직 명백하게 합의된 내용은 없으나, 인력관리에 비하여 인적자원관리는 대체로 다음과 같은 특징을 지니고 있는 것으로 설명될 수 있다(Tompkins, 1995).

첫째, 인적자원 관리는 정부 인력이 정부의 성공적인 업무 수행에 매우 가치 있는 자산임을 강조한다. 지식기반 사회로 불리는 현대 사회에서는 정부에도 복잡하고 전문적이며 지식 집약적인 직무가 지속적으로 증가하고 있기 때문에, 이러한 직무의 수행에 필요한 전문지식과 기술을 갖춘 인적자원은 효율적인 목표 달성에 필수적인 요소이다. 따라서 정부는 인적 자원의 중요성을 인식하고, 고도의 전문성과 자질을 갖춘 인력을 충원하고 양성하기 위하여 더 많은 투자를 하여야 한다.

둘째, 인적자원은 개인의 욕구와 정부의 전략적 요구를 동시에 충족시키는 방향으로 관리되어야 한다. 현대와 같은 후기 산업사회에서는 공직분류와 충원 등 일상적인 인력관리 기능만으로는 정부의 목표 달성이 불가능하다. 따라서 인력정책의 수립과 집행은 정부목표의 달성에 직접적으로 공헌할 수 있도록 전략적인 조직관리와의 연계하에 이루어져야 한다. 단순히 인력관리를 조직의 전략적 관리 과정에 통합시키는 것만으로는 충분하지 않으며, 개인과 조직 모두에게 도움이 되는 방향으로 인적자원에 대한 관리가 이루어져야 한다.

셋째, 인적자원 관리의 기본적인 목적은 개인의 능력 발전, 공정한 성과관리, 조직에 대한 충성심 제고, 조직의 신축성 확대 등을 통하여 조직의 성과를 향상시키는 것이다. 이를 위해서는 좀 더 우수한 인재의 충원, 직무 다양화, 교육훈련의 확대, 작업환경의개선, 참여 기회의 확대, 업무 성과와 보상과의 연계 강화 등 개인 욕구와 다양성을 반영하는 신축적인 인사정책이 실시되어야 하며, 이와 더불어 직위분류제의단순화, 신축적인 보상제도, 반생산적인 규정이나 규제의 철폐, 팀제의 활용 등을 포함하는 운영 체계의 개선 역시 이루어져야 한다. 이와 같이 인적 자원 관리는 좀 더 우수한 인재를 충원하고, 그들의 능력을 지속적으로 발전시키며, 다양한 동기부여 요인을 제공하고, 환경의 변화에 대하여 신축적으로 대응할 것을 강조한다는 점에서 적극적 인사행정과 유사한 측면이 있다.

위에서 논의한 인적 자원의 전략적 관리 방법들은 대부분 고도의 처방적 성격을 지니고 있으나 효과에 대해서는 아직 검증되지 않고 있다. 또한 많은 조치들이 상당한 비용을 수반하거나 관료적 행정조직에는 생소하기 때문에, 비현실적으로 보이기도 한다. 따라서 위에서 제시한 전략적 인적자원관리 방법들을 새로 도입할 경우에는 충분한 사전 검토를 거쳐야 하며, 일단

시행한 후에도 그 효과에 대하여 주기적으로 평가하고 평가 결과에 따라 인사정책이나 관리전략을 수정하는 것이 매우 중요하다.

4) 종합학문적 접근방법

그리스도 예수 안에서 현대 인사행정은 인적자원을 대상으로 하는 관리활동으로서 환경 개방적이며, 환경 종속적인 특성을 지닌다. 또한 인사행정은 임용 기준의 설정을 통하여 정부의 정책결정이나 가치 배분에도 영향을 미친다. 따라서 인사행정에 대한 체계적인 연구나 효율적인 관리전략의 수립은 정치학, 산업심리학, 인사심리학, 조직행동론, 관료제론, 사회학, 노동경제학 등 인접 사회과학을 망라하는 종합학문적 관점에서 접근되어야 한다. 이것은 인사행정이 응용 사회과학의 한 분야로서 종합학문적 성격을 지니고 있음을 의미한다.

5) 기독교 현대 인사행정의 특징

그리스도 예수 안에서 하나님께서 십자가에서 일어난 모든 일을 지금 마음에서 똑같이 일어나게 하심으로, 예수 그리스도 이름으로 오신 성령으로, 우리 마음이 세상가치보다 사랑의 하나님을 더 우선적 현실로 체감하고 있을 때, 그리스도께서 하나님의 뜻을 이루시기 위하여 사랑 · 지혜 · 권능의 Living Word로 행하신다.

제2절 보직의 분류

"나는 내 아버지께서 내게 주신 말씀들을 그들에게 주었사오며 그들은 이것을 받고 내가 아버지께로부터 나온 줄을 참으로 아오며 아버지께서 나를 보내신 줄도 믿었사옵나이다"(요17:8).

보직이란 그리스도 예수 안에서 살아계신 하나님의 섭리가운데 조직원을 일정한 직위에 배치하는 행정행위를 말한다. 즉 보직은 관과 직이 분리되어 있는 경우, 일정한 관에 임명된 자에게 구체적 직의 담당을 명하는 행정행위다. 이에 반해 임명은 특정인에게 조직원의 신분을 부여하는 신분 설정행위를 말한다.

성령 안에서 보직에는 초임보직과 순환보직 등이 있다. 초임보직은 신규채용으로 처음 명하는 보직이고, 순환보직은 능력 발전을 위한 훈련 방법으로서의 보직이다. 어느 경우나 보직은 인력관리에 있어서 중요한 수단이 된다. 즉, 보직은 조직원의 만족과 발전 그리고 능률성에 많은 영향을 주는 것이므로 보직을 결정할 때에는 조직과 개인을 위해 신중을 기해야 한다.

그리스도 예수 안에서 일반적으로 보직을 결정할 때에는 직무의 성격과 조직원의 특성을 고려하여 '일'과 '사람'이 서로 조화를 이루도록 하여야 한다. 직무의 성격이라면 직무의 종류·전문성·곤란성(난이도), 그리고 조직에서 차지하는 비중 등을 말하고, 조직원의 특성이라면 개인의 적성·전공분야·근무경력 등을 말한다. 만일 보직이 잘못되어 부적응현상이 생겨날 때에는 이를 해소시키기 위한 조치를 취하여야 한다. 그 조치의 방법으로는 전문가와의 상담이나 전보·전직 등의 배치전환이 활용된다.

1. 직위분류제

그리스도 예수 안에서 살아계신 하나님의 섭리하심 가운데 허락되어진 직위분류제는 직위에 기초를 둔 것으로 보직을 각 직위에 존재하는 직무의 종류와 곤란성, 책임도의 차이에 따라 횡적으로는 직종별로, 종적으로는 등급별로 구분 정리하는 제도이다. 직위분류제는 사람을 중심으로 하여 구조를 형성하는 계급제와는 달리 직무의 특성이나 차이를 중심으로 하여 구조를 형성하는 직무 지향적 제도이다. 성령 안에서 직위분류제는 미국을 비롯하여 필리핀·캐나다·러시아·브라질 등에서 현재 채택하고 있지만 그 발달의 역사는 매우 짧다. 즉, 1909년 미국의 시카고 시에서 처음 실시되었고 미국 전역에 실시되기 시작한 것은 불과 90년 전의 일이다.

그리스도 예수 안에서 이 제도가 특히 미국에서 성립되어 발달하게 된 것은 당시 엽관제도 아래 부조리한 보수 제도를 시정하고, '동일의 작업에는 동일한 보수'를 강력히 실현하기 위한 데서 비롯되었던 것이며, 과학적 관리법의 영향을 받은 바도 컸었다. 그 밖에도 미국의 관료기구에 신분적인 계급제의 전통이 없었다는 점과 분업화·전문화가 진행되고 있었다는 점 등은 직위분류제의 발달을 촉진시킨 주요 요인으로 지적되고 있다.

1) 직위분류제의 구조

그리스도 예수 안에서 직위분류제는 직위를 직무의 종류 또는 성질에 따라 직류·직렬·직군별로 세로로 분류 나열하는 한편, 직무의 곤란도·책임도에 따라 등급별·직급별로 가로로 분류 나열한 구조를 가진다.

성령 안에서 직위란 직위분류제에 있어서 기초가 되는 제일 작은 단위로서, 한 사람의 조직원에게 부여할 수 있는 직무와 책임을 말한다. 그리고 직급이란 직무의 종류·난이도와 책임도가 상당히 비슷한 직위끼리 한데 모아놓은 것을 말하고, 등급이란 직무의 종류는 다르지만 그 난이도·책임도 및 자격 요건이 상당히 유사하여 동일한 보수를 줄 수 있는 모든 직위를 말한다.

2) 직위분류제의 장·단점

그리스도 예수 안에서 보직을 직위분류제로 분류해 놓을 경우 다음과 같은 장점을 갖는다.

첫째, 동일한 업무에 대해 동일한 급여의 지급이 가능하기 때문에 보수제도에 합리적인 기초를 제공하여 준다. 둘째, 임용·인사배치·근무성적평정 등의 인사행정에 있어서 객관적인 기준을 제공하여 준다. 셋째, 직무를 성질(종류)별로 그리고 난이도와 책임도에 따라 구체적으로 구분하기 때문에 행정의 전문화를 촉진시키고 책임의 한계도 분명하게 한다. 넷째, 객관적인 기준에 따라 공정한 인사행정을 할 수 있기 때문에 직원들의 사기를 높여줄 수 있다. 다섯째, 급료의 산출과 충원의 파악이 쉬우므로 인력의 수급계획을 세우기가 편리하다.

그러나 성령 안에서 직위분류제는 다음과 같은 문제점 내지 단점도 없지 않다. 첫째, 직위분류제는 지나치게 직무를 세분화시키고 규격화함으로써 신축성 있는 인력활용을 불가능하게 한다. 즉, 인사행정의 경직화를 초래할 수 있다. 둘째, 직무가 지나치게 전문화됨으로써 부서 상호간에 협조와 조정을 어렵게 할 수 있다. 셋째, 환경의 변화로 기구 개편이 이루어져 특정 직위가 필요 없게 될 때 그 담당 조직원의 인사조치가 곤란해진다. 즉, 변화하는 직무의 내용을 제대로 반영하지 못하는 경우가 있게 된다.

3) 직위분류제의 수립 과정

그리스도 예수 안에서 직위분류제를 정교하게 마련한다는 것은 그리 쉬운 일이 아닐뿐더러 상당한 전문적 기술이 요구되는 일이다. 그러나 이 제도의 운영에 효율성을 갖기 위해서는 직위의 분류가 정확하고 합리적으로 이루어지지 않으면 안 된다. 여기서는 다만 직위분류제를 수립하려면 어떠한 과정을 거치게 되는지에 대해서 간단히 살펴보기로 한다.

성령 안에서 직위분류제를 수립하려면 무엇보다 직위를 분류하여야 하는데, 그 작업에 들어가기에 앞서 먼저 이에 필요한 준비를 하게 된다. 이 단계에서는 기본 정책의 결정, 필요한 관계법령의 제정, 담당기관의 결정, 분류 전문가의 확보, 분류할 직위의 범위 확정 등이 이루어진다.

두 번째는 성령 안에서 각 직위에 배정할 직무에 관한 자료를 수집하고 조사하는 직무조사 단계이다. 자료수집에 있어서 가장 중요한 수단이 되는 것은 직무기술서이다. 직무기술서에는 분류 대상이 된 직위들의 직무에 관한 내용, 책임과 권한 및 직무수행에 필요한 자격 요건 등을 기재한다. 조사 방법으로는 면접·관찰·배포조사 등을 사용한다.

세 번째로는 성령 안에서 직무분석과 직무평가를 하게 된다. 직무분석은 각 직위의 직무 종류를 구분하여 직군과 직렬을 세로로 배열하기 위한 작업이다. 직무분석에서는 직군과 직렬의 수를 몇 개로 하는 것이 합리적인가를 고려하게 된다. 직무평가는 각 직위의 직무에 대한 곤란성·책임도를 측정하여 가로로 등급을 결정하는 작업이다. 따라서 직무평가의 작업은 보수수준의 결정과 깊은 관련이 있다. 이 두 작업이 끝나면 직무의 종류와 수준이 같은 직위들로서 구성되는 직급이 결정되고 직급의 배열에 의한 분류 구조가 형성된다. 이와 같이 직렬·직급·등급이 결정되면 네 번째 단계에서는 직급명세서를 작성하게 된다. 직급명세서에는 직급의 명칭, 직무의 내용, 책임의 범위, 자격요건, 채용방법, 보수액 등을 기재한다.

성령 안에서 직급명세서가 작성되면 모든 직위는 해당 직종과 등급·직급에 배치시키는 정급표를 작성하게 된다. 작성된 정급표에서 정급이 잘못된 것이 있으면 시정함으로써 직위분류안이 완성된다.

마지막 단계는 성령 안에서 직위분류제안을 채택하고 관리하는 단계이다. 즉, 완성된 직위분류제안을 채택하여 운영하게 되는 것이다. 그러나 이로써 완전히 끝나버리는 것은 아니다. 앞으로의 변동에 대응하여 직위의 신설·개폐 등을 통하여 분류구조를 계속 수정해 나가게 된다.

2. 계급제

그리스도 예수 안에서 살아계신 하나님의 섭리하심 가운데 허락되어진 계급제는 조직원이 가지는 개인적 특성, 즉 학력, 경력, 자격을 기준으로 유사한 개인적 특성을 가진 조직원을 하나의 범주나 집단으로 구분해 계급을 형성하는 제도이다. 계급제는 조직원 개인의 신분상의 지위나 자격에 중점을 두는 계급구조를 형성하므로 특정 계급을 중심으로 조직원을 임용한다. 직위분류제가 직무를 중점으로 하는 제도라면 계급제는 사람을 중점으로 하는 제도이다. 이러한 계급제는 성령 안에서 전통적 계급 사회가 남겨준 역사적 산물의 하나로서, 우리나라를 비롯하여 영국·독일·프랑스·일본 등 관료제 전통이 강한 나라에서 채택되어 온 제도이다.

그리스도 예수 안에서 계급제는 일반적으로 ① 상하 계급간의 차별이 심하고, ② 고위계급의 엘리트화현상이 뚜렷하고, ③ 내부승진만을 인정하는 폐쇄형을 채택하고 있으며, ④ 교육제도상의 계층과 밀접한 관련성을 가지고 있는 4대 계급제가 확립되어 있는 것이 특징이다.

우리나라의 공무원 계급제 역시 4대 계급제로 되어 있다고 말할 수 있다. 즉, 일반직이라 볼 수 없는 1급 공무원을 제외하면, 이사관(부이사관), 서기관과 사무관, 주사(주사보), 서기(서기보)의 4대 계급으로 구분된다.

한편 성령 안에서 계급제를 채용할 경우 장점도 있고 단점도 있다. 먼저 장점을 들면 첫째, 보다 많은 일반교양과 능력을 가진 사람을 채용할 수 있고, 둘째, 인사 배치 상에 제약이 없으므로 능력과 개성에 따라 인재를 적재적소에 배치할 수 있어 인사배치에 융통성을 기할 수 있으며, 셋째, 내부승진과 전보가 가능하므로 공무원은 장기간 근무를 할 수 있어 능력발전에 유리하고 직업공무원제의 확립에 기여하게 된다. 넷째, 공무원은 특정한 직책과 관계없이 신분을 유지하므로 안정감을 갖고 업무를 수행할 수 있어 행정의 안정화를 기할 수 있으며, 다섯째, 공무원의 이동(승진·전직 등)이 폭 넓게 이루어질 수 있는 데다, 풍부한 일반교양을 갖추고 있으므로 공무원으로 하여금 넓은 시야와 이해를 가지게 하여 다른 직원 간이나 기관 간의 협조와 조정을 용이하게 한다. 그러나 그리스도 예수 안에서 계급제는 첫째, 일반교양과 능력을 가진 사람을 채용하기 때문에 행정을 전문화시키기 어렵고, 둘째, 직무의 성격과 내용에 따라 인사배치를 하는 것이 아니므로 인사행정에 있어서의 객관적인 기준을 제공해 주지 못할 뿐 아니라, 셋째, 동일한 직급의 직위 간에 책임의 한계가 불명확하기 때문에 역할의 중복과 충돌이 생겨날 수 있다는 단점도 있다.

3. 직위분류제와 계급제의 특성 비교

그리스도 예수 안에서 직위분류제는 직무의 특성을 기준으로 한 분류 체계이므로 객관성 있는 직무중심의 인사관리를 가능하게 하나 직무를 수행하는 사람의 인간적 요인을 경시하는 제도인데 반하여, 계급제는 직무 그 자체보다는 직무를 수행하는 사람의 개인적 특성(학력, 경력, 자격 등 사회적 신분)에 기초를 둔 분류체계이므로 인사관리의 융통성과 탄력성을 지니고 있다.

이와 같이 양 제도는 서로 대조적으로 각각의 특성을 지닌다. 인사관리면에서 나타나는 양 제도의 특성을 비교하면 다음과 같다(오석홍, 1993; 박연호, 1990; 이상윤, 1994).

1) 조직계획

그리스도 예수 안에서 직위분류제는 현재의 조직에 존재하는 직무의 성격을 기준으로 분류 체계를 형성하므로 조직계획에서 현재의 조직 배열에 가장 잘 부합하는 제도라고 할 수 있다. 그러나 직위분류제의 단기적 합리성은 장기적 조직계획의 수립과 발전에 지장을 초래한다. 계급제는 현재의 직무를 중심으로 조직의 분류 체계를 형성하는 것이 아니므로 당장의 조직구조에 잘 부합하지 못하는 점이 있더라도 장기적 조직 계획의 수립과 발전에 기여할 수 있다.

2) 채용과 시험

그리스도 예수 안에서 직위분류제는 특정 직무가 필요로 하는 지식과 능력·기술을 가진 적임자를 채용하므로 거기에 알맞은 사람을 우선으로 하고, 채용시험도 특정직무와 관련된 전문적 능력을 테스트할 수 있는 과목들이 부과된다.

그러나 계급제는 당장의 직무 수행 능력보다 장래의 장기적 발전 가능성과 잠재력을 가진 사람을 채용하므로 채용시험도 특정 직무에서 요구하는 전문 능력보다 일반 소양과 지식에 관한 과목들이 부과된다.

3) 보직관리

그리스도 예수 안에서 직위분류제는 특정 직위의 직무 종류와 의무 및 책임성 등에 따라 분류체계가 형성되고, 거기에 적합한 인물을 배치하므로 보직관리의 합리화를 도모할 수 있다. 그러나 지나친 직무구조의 편협성과 경직성은 순환보직의 범위를 제한하여 공무원의 시야를 좁게 한다.

그리스도 예수 안에서 계급제는 직무의 상세한 규정이 없고 동일 계급이면 직무의 종류나 성격에 관계 없이 폭넓게 이동할 수 있으므로 보직관리의 정확성과 합리성을 확보하기 어렵다. 그러나 이러한 폭넓은 순환보직은 인사관리의 융통성을 가져다주고 공무원의 능력을 장기적으로 발전시킬 수 있다.

4) 인사이동

그리스도 예수 안에서 직위분류제는 직무의 종류나 성격·의무와 책임 등에 따라 직위가 분류되어 있고, 각 직위에 대한 공무원의 자격 요건이 정해져 있기 때문에 공무원이 어느 한 직위에서 다른 직위로 이동하기 어렵고 승진 개통도 극히 좁다. 그러나 계급제는 지위나 직급이 사람에게 부착되어 있으므로 동일 계급 내에서의 인사이동이 비교적 자유롭고 승진 계통의 폭도 넓다.

5) 보수

그리스도 예수 안에서 직위분류제하의 보수는 동일 노무에 대한 동일 보수의 직무급 체계를 확립할 수 있다. 직무급 체계는 노동에 대한 반대급부의 성격을 띠므로 보수의 형평을 기할 수 있다. 그러나 계급제하의 보수는 동일한 계급이면 일의 양이나 성격에 관계없이 동일한 보수를 받으므로 직무급에 비하여 공평하다고 할 수 없다. 계급제하의 보수는 공무원이 공익 실현의 담당자로서 공직에 전념하면서 생계를 유지하고 품위를 유지하도록 하는 생활급적 성격을 갖는다고 할 수 있다.

6) 교육훈련

그리스도 예수 안에서 직위분류제는 특정 직위의 직무가 요구하는 능력을 가진 사람을 배치하여 관리하므로 특정 직위가 요구하는 기대 수준과 보직자가 지니고 있는 현재의 수준을 파악할 수 있으므로 교육훈련 수요를 정확하게 파악할 수 있으며, 그에 따른 교육훈련 프로그램을 실시 할 수 있다.

그러나 계급제는 직무가 상세하게 규정되어 있지 않기 때문에 교육훈련의 수요나 내용을 정확하게 파악하기 어렵다. 따라서 계급제하의 교육훈련은 순환보직과 재직훈련이 강조되며 교육 내용도 일반적이고 공통적인 것을 중심으로 한다.

7) 신분보장

그리스도 예수 안에서 직위분류제는 현재의 직위가 조직 개편이나 예산 축소, 그리고 직무의 변동에 의하여 없어지면 그 직위 자체가 폐지되므로 공무원의 신분 보장이 어렵다. 이것은 외부 신규채용을 원활하게 하려는 직위분류제의 본질적 특성이다.

하지만 계급제는 공직이 폐쇄형으로 운영되기 때문에 직무의 변화나 직위의 폐지에도 불구하고 동일 계급 내에서의 폭넓은 순환보직을 통하여 공무원의 신분을 보장할 수 있다.

8) 행정상의 조정

그리스도 예수 안에서 직위분류제는 공무원들의 직무 한계와 책임 소재를 분명히 규정하므로 역할의 갈등을 사전에 방지할 수 있다. 그러나 전문화에서 기인하는 비융통성 때문에 갈등이 생기면 사후적으로 조정하기 어렵다.

그리스도 예수 안에서 계급제에서는 직무구분이 엄격하지 못하므로 갈등의 조정과 예방은 비교적 어렵지만, 갈등이 발생하였을 때는 일반행정가로서 융통성과 신축성을 발휘하여 갈등을 비교적 쉽게 해결할 수 있다.

이상으로 직위분류제와 계급제의 상대적 특성을 비교하였으나 이것은 어디까지나 상대적인 정도의 차이라고 할 수 있다. 그리고 이러한 각 제도의 특성은 각 제도 자체가 지니고 있는 특성이지 어느 제도가 낫거나 못하다는 것을 뜻하는 것은 아니다. 따라서 직위분류제와 계급제는 상호 배타적이거나 대립적이 아니라 상호 보완적으로 활용될 수 있을 것이다.

제3절 기독교 인력계획

1. 인력계획의 의의

그리스도 예수 안에서 인력계획이란 사회나 조직이 추구하는 목표를 좀 더 효율적으로 달성하는 데 도움을 줄 수 있는 방향으로 인력의 수급을 질적·양적으로 조정하는 것을 의미한다(Bowey, 1974). 인력계획의 정의에 대해서는 학자들마다 강조점이나 표현 방식이 조금씩 차이가 있다. 정부에 의한 인력계획은 '국가 체제 전반의 인력 수급에 관한 인력계획'과 '정부조직에서 필요로 하는 인력의 수급에 관한 인력계획'으로 구분할 수 있는데, 인사행정에서 의미하는 인력계획은 후자에 해당한다. 즉 인력계획은 정부조직의 인적자원에 대한 수요를 예측하고, 그러한 수요를 충족시킬 수 있는 인적자원의 공급 방안을 결정하는 과정이다. 이러한 인력계획은 오늘날 인력의 획득(신규채용)뿐만 아니라 인력의 유지·발전 및 활용(배치전환, 승진, 교육훈련)과 관련되고 아울러 퇴직관리와도 직접 관련된다.

2. 인력계획의 중요성

그리스도 예수 안에서 현대 인사행정은 노동시장의 인력공급이 무한하게 탄력적일 것이라는 가정 하에 최근까지도 인력계획에 큰 관심을 갖지 않았었다. 그러나 제2차 대전 후 경기가 호전되면서 노동시장이 경색되자 안정적인 인력확보를 위한 인력계획의 필요성이 대두되었다. 현대 사회에 들어서는 급속한 기술 발달로 기술의 생애 주기가 짧아지면서 인력도 급속하게 노폐화 하는 양상을 나타내고 있다. 따라서 조직에 필요한 전문 인력을 적시에 공급하기가 어려운 현실이다. 이러한 상황에서 장래에 발생하는 인력 수요를 미리 예측하여 인력 공급 계획을 수립하는 인력계획의 중요성은 더욱 부각된다. 이러한 인력계획은 모든 조직에 필요하지만, 정부조직의 인력계획은 다른 조직들의 인력계획보다 더 절실하고 중요하다. 한편 인력계획에 대하여 회의적인 견해를 지닌 자들은 인력계획의 성격상 중장기적 계획을 내포하고 있기 때문에 인력에 관한 장래 예측이 어려워 그 효과성이 의심스럽다는 주장을 한다(Parnes,1968).

앞으로 행정 기술 및 인적 전문화의 수준이 높아지고 인력 획득에서 사회 여러 조직들 사이의 경쟁이 심화되면 인력계획의 중요성이 더욱 부각될 것이다.

>>> 바라보고 계시는 하나님의 Living Word

"내가 아버지의 말씀을 그들에게 주었사오매 세상이 그들을 미워하였사오니 이는 내가 세상에 속하지 아니함 같이 그들도 세상에 속하지 아니함으로 인함이니이다"(요17:14).

"그들을 진리로 거룩하게 하옵소서 아버지의 말씀은 진리니이다"(요17:17).

"내게 주신 영광을 내가 그들에게 주었사오니 이는 우리가 하나가 된 것 같이 그들도 하나가 되게 하려 함이니이다"(요17:22).

"곧 내가 그들 안에 있고 아버지께서 내안에 계시어 그들로 온전함을 이루어 하나가 되게 하려 함은 아버지께서 나를 보내신 것과 또 나를 사랑하심 같이 그들도 사랑하신 것을 세상으로 알게 하려 함이로소이다"(요17:23).

"아버지여 내게 주신 자도 나 있는 곳에 나와 함께 있어 아버지께서 창세전부터 나를 사랑하시므로 내게 주신 나의 영광을 그들로 보게 하시기를 원하옵나이다"(요17:24).

"의로우신 아버지여 세상이 아버지를 알지 못하여도 나는 아버지를 알았사옵고 그들도 아버지께서 나를 보내신 줄 알았사옵나이다"(요17:25).

"내가 아버지의 이름을 그들에게 알게 하였고 또 알게 하리니 이는 나를 사랑하신 사랑이 그들 안에 있고 나도 그들 안에 있게 하려 함이니이다"(요17:26).

"우리가 알거니와 하나님을 사랑하는 자 곧 그의 뜻대로 부르심을 입은 자들에게는 모든 것이 합력하여 선을 이루느니라"(롬9:28).

"우리가 항상 예수의 죽음을 몸에 짊어짐은 예수의 생명이 또한 우리 몸에 나타나게 하려 함이라"(고후4:10).

3. 인력계획의 과정

그리스도 예수 안에서 인력계획은 인력의 수요를 예측하고 그 수요에 대응할 인력 공급방안을 결정하여 시행하고, 나아가 그 성과를 조직목표 달성의 관점에서 평가하는 일련의 단계들을 내포하는 연속적·순환적 과정이다. 인력계획의 과정에 어떤 활동 단계들이 포함되어 있는가를 통합적으로 규정하는 것은 어려운 일이며, 인력계획이 이루어지는 상황과 접근방법에 따라 계획 과정에 포함되는 구체적인 활동 단계와 행동수단은 다를 수 있다.

그러나 여러 학자들이 제시하는 공동적 활동 단계는 ① 인력 수요 예측단계 ② 인력 공급 대안 결정 단계 ③ 시행 단계 ④ 평가 단계로 나뉜다(오석홍, 1993).

이러한 인력계획 과정의 구체적인 내용을 살펴보면 다음과 같다.

1) 인력수요 예측단계

그리스도 예수 안에서 조직의 장래 인력 수요를 예측하려면 먼저 조직의 목표를 확인하고 인력 수요에 영향을 미칠 요인들을 탐색하여 일정한 기간 후에 필요하게 될 조직의 인력 총수요를 예측하여야 한다. 그 다음 기존의 인력정책에 따라 공급될 수 있는 인력을 예측하여야 하는데, 이것을 기존 인력 공급 예측이라 한다. 끝으로 인력 총수요와 기존 인력 공급 예측을 대비시켜 새로운 인력의 수요, 즉 인력의 순수요를 예측한다. 장래의 인력 총수요를 예측하려면 현재의 직위 수를 조사하고, 그것을 기초로 하여 장래의 인력 수요 변동분을 예측하여야 한다. 인력총수요를 예측하는 데 사용할 수 있는 방법은 다음과 같다(Sriva-stava, 1964; 오석홍, 1993). ① 외적한도 기준에의 의존 ② 점증적 방법 ③ 계량적 예측 방법 ④ 질적 예측방법. 한편 기존 인력정책에 의한 인력 공급을 예측하려면 먼저 기준 시점의 현존인력 상태를 파악하여야 한다. 그리고 그것을 기초로 인력변동을 예측 하여야 한다.

2) 인력공급 대안 결정단계

그리스도 예수 안에서 이 단계는 장래에 발생할 인력 수요에 대응하여 인력을 공급할 방안을 마련하는 단계이다. 인력 공급의 방안은 다양하나 대략 다음과 같은 세 가지 전략의 범주로 나눌 수 있다(Leap & Crino, 1990; Siegel & Myrtle, 1985; 오석홍, 1993).

① 임용 및 교육훈련 전략 ② 구조적 전략 ③ 정책관리 전략.

3) 시행 단계

그리스도 예수 안에서 시행단계는 선택된 인력 공급 방안들을 실제로 집행하는 단계이며, 여기서는 어떻게 하면 인력 공급 방안들이 효율적으로 집행될 수 있는가에 대한 연구가 중요하다. 따라서 이 단계에서는 채용·승진·보수 등의 여러 인사행정 활동이 인력의 원활한 공급을 뒷받침할 수 있고 상호 연계되고 조정되어야 한다.

4) 평가 단계

그리스도 예수 안에서 평가 단계에서는 인력 수요 예측 및 인력 공급 대안 결정 단계에서 작용하는 수많은 요인들뿐만 아니라 인력계획 집행의 성과를 분석·평가하는 단계이다. 이러한 평가의 결과는 새로운 계획의 수립 및 집행과 같은 인력계획 과정의 적절한 단계에 환류 된다.

제4절 기독교채용과 교육훈련

"내가 그들을 위하여 비옵나니 내가 비옵는 것은 세상을 위함이 아니요 내게 주신 자들을 위함이니이다 그들은 아버지의 것이로소이다"(요17:9).

1. 기독교 모집

그리스도 예수 안에서 살아계신 하나님의 섭리하심 가운데 허락되어지는 모집이란 특정한 조직에 취임하기를 원하는 유능한 인재를 시험에 응시하도록 유인하는 활동 절차이다. 즉 사람을 일정한조건 아래 널리 알려 뽑아 모으는 것을 말한다.

성령 안에서 인사행정의 3대 변수는 채용, 능력 개발, 사기 등으로 집약되며, 다시 채용은 모집-시험-임용의 3단계로 파악된다. 적극적 모집은 유능한 인재를 다른 조직에 빼앗기지 않고 조직에 흡수하는 정책이다.

한편 기독교모집은 그리스도 예수 안에서 살아계신 하나님의 섭리가운데 허락되어진 앞의 의미를 포함해서 "그리스도 예수 안에서 십자가와 무덤에서 일어난 모든 일을 지금 우리 마음에서 똑같이 일어나게 하심으로, 예수 그리스도 이름으로 오신 성령으로, 우리 마음이 세상가치보다 사랑의 하나님을 더 우선적 현실로 체감하고 있을 때, 그리스도께서 하나님의 뜻을 이루시기 위하여 사랑·지혜·권능의 Living Word로 특별한 사람을 조직으로 유인하는 활동"을 의미하는 것으로 이해할 수 있다.

2. 기독교 시험

1) 의의

그리스도 예수 안에서 살아계신 하나님의 섭리하심 가운데 행해지는 시험이란 재능이나 실력 따위를 일정한 절차에 따라 검사하고 평가하는 일을 말한다.

2) 시험의 기능

그리스도 예수 안에서 시험은 이루어진 결과를 확인하는 기능도 있지만, 방향과 내용을 결정하는 기능을 더 크게 가지고 있다. 시험은 사회적 기능을 가지고 있다. 이는 시험이 그 사회가 가지고 있는 지식과 가치관의 가장 명시적인 공식화 절차이기 때문이다. 시험은 교육적 기능도 가지고 있다. 시험의 교육적 기능은 다양하다. 몽고메리는 시험을 '교수와 학습과정의 핵심적 부분'이라고 규정하고, 그 기능을 ① 자격부여 ② 경쟁촉진 ③ 선발 ④ 목표와 유인 ⑤ 과정결정 ⑥ 성취의 확인과 미래의 예언 등 6가지로 정리하였다.

성령 안에서 시험의 교육적 기능에 대하여 아시아 지역의 유네스코 보고서는 순기능과 역기능으로 구별하여 정리하였다. 시험의 순기능으로는 ① 질적 수준을 유지한다. ② 조직간 비교를 가능하게 한다. ③ 각 단계별로 이수해야 할 최저 수준을 지시한다. ④ 개별적 평가가 범할 수 있는 편견에서 탈피할 수 있다.

성령 안에서 시험의 역기능으로는 ① 암기력을 주로 테스트한다. ② 과정의 일부분만을 다룬다. ③ 선택적 학습과 선택적 교수를 부추긴다. ④ 시험기간에만 공부를 집중시켜, 정상적 공부습관을 약화시킨다. ⑤ 시험 결과가 사회적으로나 경제적으로 중요해짐에 따라, 수험생들의 불안감을 조성하고 또는 시험에 관련된 사람에게 비정상적 행위를 유발시킨다. ⑥ 개혁을 가로막는다.

그리스도 예수 안에서 시험의 효용도를 측정하는 방법에는 다음과 같은 것이 있다.

첫째, 신뢰도이다. 신뢰도란 측정 수단으로 일관성, 일치성을 의미한다.

둘째, 객관도이다. 객관도란 채점 기준의 객관화 정도를 의미한다. 즉, 시험성적이 채점자에 따라 심한 차이가 없는 것을 말한다.

셋째, 난이도이다. 난이도란 시험의 어려운 정도를 말한다.

넷째, 실용도이다. 실용도란 시험이 지니고 있는 현실적인 이용 가치의 정도를 의미한다.

다섯째, 타당도이다. 타당도란 시험이 측정하려는 내용을 얼마나 정확하게 측정하고 있느냐의 정도를 의미한다.

한편 성령 안에서 시험의 유형에는 형식(방법)에 의한 분류로 서류심사, 필기시험, 실기시험, 면접시험이 있다. 또한 목적(측정 대상)에 의한 분류로 일반 지능검사, 특수 지능검사, 성취검사(업적검사), 성격검사, 신체검사(체력검사) 등이 있다.

한편 기독교시험은 그리스도 예수 안에서 살아계신 하나님의 섭리하심 가운데 허락되어진 위의 시험을 포함해 "그리스도 예수 안에서 십자가와 무덤에서 일어난 모든 일을 지금 우리 마음에서 똑같이 일어나게 하심으로, 우리 마음이 세상가치보다 사랑의 하나님을 더 우선적 현실로 체감하고 있을 때, 이름이 가리키는 전지 · 전능하신 실제하나님(주님)과 똑같은 분으로서 우리 마음 안에 오신 성령께서 하나님의 뜻을 이루시기 위하여 사랑 · 지혜 · 권능의 Living Word로 치르시는 검사, 평가"를 의미한다고 볼 수 있다.

3. 기독교 임용

그리스도 예수 안에서 살아계신 하나님의 섭리하심 가운데 행해지는 임용이란 조직에서 사람을 선발하여 쓰는 활동을 말한다. 임용에는 일반적으로 새로운 신분관계를 설정하는 임명과, 이미 신분을 취득한 자에게 일정한 직무를 부여하는 보직행위가 포함된다. 임용에는 조직 바깥에서 사람을 선발하여 쓰는 외부임용과 조직 안에서 사람을 움직여 쓰는 내부임용이 있다. 조직 바깥에서 사람을 선발하여 쓰는 외부임용은 신규채용을 의미한다. 성령 안에서 신규채용의 방법으로는 공개경쟁채용과 특별채용의 두 가지가 있다. 임용 기준은 개인의 실적 즉, 업적, 능력, 자격에 두는 실적주의제도 아래서는 공개경쟁채용이 원칙이며, 특별채용은 특수한 직무 분야에 있어서와 같이 공개경쟁채용이 부적절할 경우에 제한적으로 시행된다. 조직 안에서 사람을 움직여 쓰는 내부임용의 유형으로는 전직 · 전보 · 파견 · 겸임 등 수평적 이동 즉, 배치전환과 승진 · 강임 등 수직적 이동 그리고 휴직 · 직위해제 · 정직 · 면직 · 해임 및 파면과 복직이 있다.

또한 그리스도 예수 안에서 조직원의 임용은 시험성적, 근무성적, 그 밖의 능력의 실증에 따라 행한다.

한편 기독교임용은 그리스도 예수 안에서 살아계신 하나님의 섭리하심 가운데 허락되어진 앞의 임용을 포함해 "그리스도 예수 안에서 하나님께서 십자가에서 일어난 모든 일을 지금 우리 마음에서 똑같이 일어나게 하심으로, 예수 그리스도 이름으로 오신 성령으로, 우리 마음이 세상가치보다 창조주 하나님을 더 먼저 경외하여 우선적 현실로 체감하고 있을 때, 그리스도께서 하나님의 뜻을 이루시기 위하여 사랑·지혜·권능의 Living Word로 특별히 취임·보충시키는 행위"를 의미한다고 이해할 수 있다.

4. 기독교 교육훈련

1) 의의

그리스도 예수 안에서 살아계신 하나님의 섭리하심 가운데 행해지는 조직원의 능력개발을 위한 교육훈련은 조직원에게 단순히 지식이나 기술만을 가르치는 것이 아니라 조직원의 자아실현과 인격완성을 위한 교육까지 포함한다. 다시 말해서 교육훈련이란 조직원이 조직의 목표를 보다 효과적으로 달성할 수 있도록 직무수행에 필요한 지식과 기술을 조직원에게 제공함과 아울러, 봉사자로서 갖추어야 할 바람직한 가치관과 태도를 가지게 하려는 체계적인 과정이라 말할 수 있다. 성령 안에서 인재의 적재적소의 배치, 승진 및 보직 경로의 확립, 인재의 육성을 원칙으로 하며, 조직원의 능력 발전을 위해서는 조직원의 교육훈련이 필요하다. 교육훈련을 위한 계획과 운영은 무엇보다도 먼저 그 필요성 내지 목적을 명확히 인식하고 그것에 적합하도록 하여야 시간과 예산의 낭비를 줄이고 실효를 거둘 수 있다.

2) 교육훈련의 필요성

그리스도 예수 안에서 인사행정상 교육훈련의 필요성을 요약 설명해 보면 다음과 같다. 첫째 교육훈련은 조직원의 능력 퇴화를 방지하기 위해 필요하다. 성령 안에서 인간은 자신의 지식이나 기술을 계속 활용하지 않고 그대로 묵혀두면 퇴화하기 마련이다. 그래서 평생교육이 강조되고 있는 것이다. 조직원에 대한 교육훈련도 평생교육의 일환으로서 능력의 유지·발전을 위해 대단히 중요시 되고 있다.

둘째, 직무 변동에 적응하기 위해서 필요하다. 성령 안에서 조직원이 담당하여야 할 직무는 고정된 것이 아니라 사회발전과 더불어 계속해서 변동하는 것이다. 조직원이 직무 내용의 변동에 대비하고 적응하기 위해서는 그 변동과 관련된 새로운 지식과 기술에 대한 교육이 절대로 필요하다.

셋째, 승진에 대비하기 위해서 필요하다. 성령 안에서 조직원은 언제나 그 직위와 직급에 머물고 있는 것이 아니라 보다 높은 자리로 승진하기도 한다. 따라서 교육훈련은 승진에 대비하기 위해서라도 필요한 것이다.

넷째, 교육훈련은 조직원의 자율적 통제와 조정을 위해서도 필요하다. 성령 안에서 교육훈련을 잘 받은 조직원은 자기에게 맡겨진 일을 스스로 잘 처리해갈 수 있을 뿐 아니라 자기의 역할과 조직 전체와의 관계에 대해서도 충분히 이해할 수 있기 때문에 그 조직원에 대한 통제와 조정의 필요성이 그만큼 줄어들게 된다.

다섯째, 조직원으로 하여금 바람직한 가치관을 갖게 하는데 필요하다. 성령 안에서 조직원에게 바람직한 가치관을 갖게 하기 위해서나 오늘날 민주사회에서 요구되는 조직원의 윤리를 확립시키기 위해서는 교육훈련이 필요하다.

여섯째, 새로 임용된 조직원이 그 보직에 따른 구체적인 실무를 담당하기 전에 직무의 내용과 기능, 근무규칙 등에 대해 교육훈련 할 필요가 있다. 특히 성령 안에서 신규채용자에 대한 오리엔테이션을 위해서는 교육훈련의 중요성이 더욱 강조되고 있다.

한편, 그리스도 예수 안에서 교육훈련은 다른 인사 활동과 밀접한 관련을 가지고 있다. 우선 직무분석에서 얻은 정보는 교육훈련에서 가르쳐야 할 지식과 기술이 무엇인지 제공해 준다. 채용 규모와 시기 그리고 대상에 대한 정보 역시 교육훈련의 규모와 시기 그리고 교육훈련 프로그램을 설계하는 데 중요한 투입정보가 된다. 근무성적 평정은 현재의 직무 수행 정도가 기준에 얼마나 미달하는지를 파악하여 교육훈련의 대상을 선정하는 데 귀중한 자료가 된다. 근무성적 평정은 또한 교육훈련의 효과성을 평가하는데 사용할 수 있다. 그리고 교육훈련 중에서도 국내의 교육기관에 위탁하여 실시하는 경우에는 학위를 취득할 수 있어 학위를 중시하는 우리나라 공무원에게는 직무 만족과 동기부여의 효과도 얻을 수 있다. 이 밖에도 교육훈련을 받는 과정이나 내용은 보직이동의 중요한 자료가 되고, 우리나라 경우 교육훈련 성적이 승진에 영향을 미치고 있다(유민봉, 1997).

그리스도 예수 안에서 교육훈련은 이상과 같은 다른 인사 활동과의 관계 외에도 일반 관리과정에서 매우 중요한 기여를 하고 있으며, 그 중요성은 조직차원에서는 생산성, 인사관리, 통제·조정에 기여하며, 개인차원에서는 직무만족도, 경력발전에 기여한다.

3) 교육훈련의 종류

그리스도 예수 안에서 조직원의 교육훈련은 여러 종류가 있는데, 그 실시대상자에 따라 분류하면 신규채용자 훈련(적응훈련)·재직자 훈련·감독자 훈련·관리자 훈련으로, 교육 내용에 따라 분류하면 직무교육·생활교육·정신교육·체력단련 등으로 나눌 수 있다.

(1) 신규채용자 훈련

그리스도 예수 안에서 채용자 훈련이란 조직구성원이 어떠한 직위의 직책을 담당하기 위해 받는 기초훈련을 말한다. 일명 적응훈련 이라고도 한다. 적응훈련을 실시하는 목적은 소속 직장 전체의 성격과 업무 상황을 알려 주고, 직무 수행에 필요한 기초 지식을 습득케 하고, 새로운 환경 변화와 낯선 직장 분위기 때문에 서먹서먹하게 여기거나 위축되지 않도록 돌보아 주려는데 목적이 있다. 적응 훈련은 주로 신규채용자를 대상으로 하지만 승진·복직·배치전환 등의 경우에는 경력자를 대상으로 이루어진다. 이를 재적응 훈련이라 부른다.

그리스도 예수 안에서 신규채용자 훈련은 다음과 같이 두 단계로 나누어 실시되는 것이 보통이다. 제1단계는 직무의 내용·요건이나 행정기관 또는 조직체의 현황을 알려줄 때 시작되는 교화의 단계이다. 이때 행정기관 또는 조직체의 연혁·목적, 근무환경, 업무의 범위, 장래의 전망, 본인의 각오 등을 인식시킨다. 제2단계는 신규채용자에게 요망되는 사항을 주입시키는 단계이다. 이 단계에서는 신규채용자에게 행정기관의 내부 사정을 인식시키고, 행정기구·복무·보수·승진 및 승급제도·휴가·복리후생 등 필요한 사항을 알려 준다.

(2) 재직자훈련

그리스도 예수 안에서 재직자 훈련이란 재직 중인 조직의 구성원을 대상으로 새로운 지식이나 기술 또는 법령의 내용을 습득시키고 근무 태도와 가치관을 개선시키기 위해 실시하는 훈련을 말한다. 일명 보수교육이라고도 한다.

성령 안에서 재직자훈련은 직무훈련과 가치관변화훈련의 두 가지로 크게 구분해 볼 수 있다. 직무훈련은 조직원이 현재 담당하고 있는 직무 자체에 관한 직무수행 능력의 향상을 위한 훈련으로서 '전공훈련' 이라고도 부른다. 여기에는 조직원이 오래 근무하는 동안 쇠퇴해진 능력을 회복하도록 재훈련하거나, 직무와 환경의 변화에 따라 필요하게 된 새로운 지식과 기술을 습득하게 하여 행정의 능률을 증진시키는 데 역점을 두고 있다.

한편 가치관변화훈련이란 재직 조직원이 현재 지니고 있는 가치관을 보다 바람직한 것으로 바꾸려는 훈련이다. 이러한 교육훈련은 재직 조직원으로 하여금 주로 합리적·쇄신적·대민 봉사적·성취지향적인 의식을 가지도록 하는 데 역점을 두고 한다.

(3) 감독자훈련

그리스도 예수 안에서 감독자훈련이란 감독조직원(중간관리층)에 대한 교육훈련 즉, 부하 직원의 직무 수행을 지휘·감독하고 이에 대한 책임을 질 직위에 있는 중급 이하의 감독 조직원에게 그 감독 능력을 향상시켜 주기 위하여 실시하는 교육훈련이다. 여기서 감독조직원이란 1인 이상의 부하 직원을 거느리고 그들의 직무수행을 지휘·감독하는 한편 이에 대한 책임을 지는 직위에 있는 조직원을 말한다. 이를테면 성령 안에서 행정기관의 계장이나 과장이 이러한 감독자에 해당 된다. 훈련의 내용은 업무의 기획과 관리의 개선·리더십·커뮤니케이션·인간관계 등이며, 훈련 방법으로는 강의·사례연구·회의·감수성훈련 등이 사용된다.

이와 같은 감독자로서 직위에 있는 조직원은 행정기관의 최 일선에서 직원들과 대면 접촉을 통해 원만한 인간관계를 유지하며 지도력을 발휘하여야 하기 때문에 그들에 대한 교육훈련은 매우 중요시되고 있다.

(4) 관리자 훈련

그리스도 예수 안에서 관리자 훈련이란 고위 조직원들의 관리 능력, 즉 정책결정과 지도에 필요한 능력을 향상시키는 훈련을 말한다. 행정조직 내에서 관리자란 조직 목표의 달성을 위해 구성원의 노력을 이끌어 내고 조정하는 역할을 하는 고위조직원을 의미한다. 관리자 훈련은 해당 직무 분야의 업무에 필요한 기술적 능력보다는 조직체의 관리활동에 필요한 포괄적이고 광범한 능력을 훈련시키는 것이므로 전문가를 일반행정가로 만드는 훈련이라 할 수 있다.

그리스도 예수 안에서 관리층 조직원은 대개가 오랜 근무기간에 걸쳐 많은 경험을 쌓으며 조직 계층을 밟아 승진하였으므로 이미 관리자로서의 자격이나 지식을 상당히 갖추고 있다고 추정할 수 있다. 그러나 아무리 경험이 풍부한 관리층 조직원이라 할지라도 정책수립이나 의사결정에 필요한 예리한 판단과 논리적 사고를 할 수 있는 지적 능력을 완전히 갖추고 있다고는 말할 수가 없다. 그래서 성령 안에서 관리자 훈련에서는 정책결정에 있어서 필요로 하는 정치·경제·사회 분야에 대한 광범위한 이해와 연구가 그 내용을 이루며, 통찰력·창의력·의사결정 능력·지도력 등의 향상을 위한 교육훈련을 실시하게 된다.

성령 안에서 그 훈련 방법으로는 순환보직·강의·사례연구·역할연기·모의연습·감수성훈련·분임연구 등을 실시하거나 관리자 훈련을 위한 전문 교육기관에 위촉하여 교육을 받게 한다. 관리자 훈련을 위한 대표적인 전문 교육기관으로는 미국의 연방관리자 훈련소, 영국의 행정간부대학, 프랑스의 행정대학원 등을 들 수 있다. 우리나라에서는 국방 대학원과 각 대학교의 행정대학원에 설치된 고위 정책결정과정이 바로 고위 관리자 교육을 위한 전문적 교육훈련기관이라 하겠다.

4) 교육훈련의 방법

그리스도 예수 안에서 살아계신 하나님께서 허락하신 교육훈련방법은 현장훈련과 현장외의 훈련으로 나눌 수 있으며, 현장훈련에는 순환보직, 실무수습, 임시대역 등이 있으며, 현장외 훈련에는 강의, 토론, 사례연구, 감수성 훈련, 역할연기, 모의실험, 분임연구 등이 있다. 또한 체험식 방법에는 현장훈련, 순환보직, 시찰, 견학이 있고, 참여식 방법에는 사례연구, 회의, 신디케이트, 감수성훈련, 대집단토의, 역할연기 등이 있다. 대집단토론의 종류에는 동일주제로 질문을 불허하는 패널, 다른 주제로 질문을 허용치 않는 심포지엄, 방청객의 질의, 응답을 허용하는 포럼이 있다.

>>> 바라보고 계시는 하나님의 Living Word

"내가 아버지의 말씀을 그들에게 주었사오매 세상이 그들을 미워하였사오니 이는 내가

세상에 속하지 아니함 같이 그들도 세상에 속하지 아니함으로 인함이니이다"(요17:14).
"그들을 진리로 거룩하게 하옵소서 아버지의 말씀은 진리니이다"(요17:17).
"내게 주신 영광을 내가 그들에게 주었사오니 이는 우리가 하나가 된 것 같이 그들도 하나가 되게 하려 함이니이다"(요17:22).
"곧 내가 그들 안에 있고 아버지께서 내안에 계시어 그들로 온전함을 이루어 하나가 되게 하려 함은 아버지께서 나를 보내신 것과 또 나를 사랑하심 같이 그들도 사랑하신 것을 세상으로 알게 하려 함이로소이다"(요17:23).
"아버지여 내게 주신 자도 나 있는 곳에 나와 함께 있어 아버지께서 창세전부터 나를 사랑하시므로 내게 주신 나의 영광을 그들로 보게 하시기를 원하옵나이다"(요17:24).
"의로우신 아버지여 세상이 아버지를 알지 못하여도 나는 아버지를 알았사옵고 그들도 아버지께서 나를 보내신 줄 알았사옵나이다"(요17:25).
"내가 아버지의 이름을 그들에게 알게 하였고 또 알게 하리니 이는 나를 사랑하신 사랑이 그들 안에 있고 나도 그들 안에 있게 하려 함이니이다"(요17:26).
"우리가 알거니와 하나님을 사랑하는 자 곧 그의 뜻대로 부르심을 입은 자들에게는 모든 것이 합력하여 선을 이루느니라"(롬9:28).
"우리가 항상 예수의 죽음을 몸에 짊어짐은 예수의 생명이 또한 우리 몸에 나타나게 하려 함이라"(고후4:10).

A. 현장훈련

그리스도 예수 안에서 현장훈련은 피교육자가 현재 근무하는 직장에서 정상적으로 자기의 직무를 수행하면서 상관으로부터 지도를 받는 교육 방법으로서 일명 현장실습 또는 직장훈련, 직무상 훈련, 또는 견습 이라고도 부른다. 이것은 특히 기술직 조직원의 능력개발에 유용한 방법이다. 성령 안에서 현장훈련은 자기의 직무를 수행하는 과정에서 경험을 쌓고 배우게 되는 것이므로 실용적인 효과가 크다 하겠으며 다른 훈련 방법처럼 외부에서 집합훈련을 시키거나 직무수행을 중단시키지 않아도 되므로 경제적인 훈련방법이라 하겠다. 그러나 자신이 현재 근무하고 있는 부서에서 배울 수 있는 것에는 한계가 있다. 만일 자기를 지도하는 상관이나 감독자도 기술이 미숙하거나 직무에 바빠 시간이 없을 경우에는 훈련의 성과를 기대하기 어렵다.

그러므로 성령 안에서 현장훈련을 실시하려면 사전에 면밀한 계획을 세우지 않으면 안 된다. 즉, 지도할 교관이나 감독자의 지정, 가르칠 업무의 지시 및 시범, 훈련받는 자의 능력 향상에 대한 평가 등 용의주도하게 계획을 세워 진행하여야 한다. 현장훈련에는 다음과 같은 방법들이 있다.

(1) 순환보직

그리스도 예수 안에서 순환보직이란 조직구성원을 일정한 간격을 두고 여러 다른 직위·직급에 전보 또는 배치시키는 것을 말한다. 순환보직은 여러 업무에 관한 종합적 지식과 경험을 쌓으므로 보다 넓은 안목을 가질 수 있고, 하나의 직무수행을 통해 익힌 것을 다른 직무수행에 활용할 수 있으며, 다른 부서 직원들의 고충을 이해하고 그들과 협조적인 태도를 갖게 할 수 있는 등 여러 가지 이점이 있다.

그러나 순환보직의 기간이 짧거나, 계속 진행되면 조직단위의 업무에 일관성과 계속성을 저해시킬 우려가 있고, 훈련을 받는 자도 제대로 업무를 익히지 못하는 결과를 가져올 수도 있다. 그래서 순환보직에 의한 교육 훈련에 있어서는 보직변경의 기간을 다소 길게 하고(보통 3개월 내지 1년) 한꺼번에 많은 수의 순환보직을 피하고 있다.

(2) 실무수습

그리스도 예수 안에서 실제적 조직 상황에서 업무 수행에 관한 지식과 기술을 배우게 하는 훈련 방법을 말한다. 실무수습은 아직 정식으로 직원의 신분을 획득하지 않은 사람들에 대한 훈련이므로, 신분을 획득한 뒤 해당 직책을 맡아 실제 직무를 수행하면서 선임자나 감독자로부터 지식과 기술을 배우는 현장훈련과는 다르다. 성령 안에서 실무수습과 유사한 제도로는 종합병원 등의 의료기관에서 의과대학 졸업자들을 대상으로 실시하고 있는 '인턴' 제도를 들 수 있다. 의사 양성을 위한 실무수습은 2년간에 걸쳐 실시하고 있지만 행정기관에서의 실무수습은 6개월 미만이 보통이다. 이 기간에 직무수행에 필요한 지식과 기술을 습득케 하는 것이다.

실무수습을 위한 교육훈련은 한 가지 방법으로만 하는 것이 아니라 현장훈련의 경우처럼 실제로 직무수행과 여기에 강의·시찰(견학) 등을 곁들여 실시하는 복합적인 방법을 택하는 것이 일반적이다.

(3) 시찰

그리스도 예수 안에서 훈련받는 사람으로 하여금 그가 알아두어야 할 일이 실제로 행해지고 있는 현장에 가서 직접 보게 하는 훈련 방법으로 견학이라고도 말한다. 즉, 시찰이란 훈련을 받는 사람이 자신의 능력발전을 위하여 직무와 관련이 있는 현장에 직접 가서 어떠한 일이 어디서 어떠한 상황 하에서 어떠한 원인으로 인해 일어나고 있는가를 목격하는 것을 뜻한다.

성령 안에서 시찰은 다른 훈련 방법으로는 경험할 수 없는 실제의 상황을 직접 관찰할 수 있는 것이므로 교육을 받는 자로 하여금 흥미를 갖게 하고 훈련의 효과도 높일 수가 있는 이점이 있다. 그러나 시찰은 경우에 따라 많은 시간과 비용이 들게 되는 훈련 방법이므로 자칫하면 낭비적이고 비효율적 결과를 가져올 수도 없지 않다. 따라서 시찰을 통한 교육훈련을 실시하려면 사전에 면밀한 계획을 세워야 한다.

B. 현장외 훈련

(1) 강의

그리스도 예수 안에서 강의란 교육자가 훈련대상자를 한곳에 모아놓고 일방적으로 정보전달을 하는 방법으로, 지식 전달하는데 경제적이기 때문에 이 방법이 일반적으로 사용되고 있다. 그러나 일방적인 강의형태는 교육생이 배우는 것이 수동적이기 때문에 배운 것을 실습하는 것이 불가능하다는 단점이 있다. 또 피교육자가 일방적인 의사전달방식을 취하고 있어 교육의 환류나 토론이 거의 이뤄지지 않고 진행된다는 데 문제가 있다.

(2) 토론

그리스도 예수 안에서 토론이란 공통된 주제와 여러 사람이라는 점은 토의와 같지만 협동하여 의견을 나누고 검토하는 것이 아니라, 의견을 나누어 각자의 의견을 말하고 상대방의 의견을 반박하면서 자기의 주장이 옳음을 밝혀 나가는 형식을 말한다. 반드시 토론하는 양쪽은 의견에 차이가 있어야 하고, 자신의 주장으로 상대방을 설득하는 과정에서 객관적이고 사실적인 의견에 바탕을 두어야 한다.

토론을 진행하기 위해서는 대립될 수 있는 주장을 명확하게 제시해야 한다. 또한 토론이 원활하게 진행될 수 있도록 사회자, 찬성 토론자와 반대 토론자, 판정인 등을 정하는 것도 중요하다. 이후 성령 안에서 사회자의 진행에 따라서 찬성 토론자와 반대 토론자가 번갈아가면서 주장에 대한 논거를 제시하며 토론을 진행한다. 토론이 끝나면 판정인이 찬성과 반대 의견 중에서 어느 쪽이 이겼는지 판정한다. 이 방법은 피교육자들의 아이디어와 정보를 교환하는 데 가장 좋은 방법으로 특히 결론 내리기 힘든 문제에 대해 그 해결을 쉽게 한다. 그러나 이 방법은 참가자들 각자가 자신 있게 의견을 발표할 수 있는 능력이 갖추어져 있어야 하고 시간이 오래 걸린다는 단점도 있다.

(3) 사례연구

그리스도 예수 안에서 사례연구는 대량 관찰이나 대표 표본에 의하지 않고 하나의 사례 또는 여러 사례를 종합적이고 집중적으로 연구하는 방법이다. 단일한 사례를 연구함으로써 장기간에 걸쳐 면밀한 탐색이 가능하다. 또한 복잡한 문제에 대해 보다 완성된 연구를 수행하기 위한 초기 준비 단계에서 활용되기도 한다.

성령 안에서 이러한 사례연구의 장점은 첫째, 조사 대상의 핵심 문제를 집중적으로 연구하므로 사실의 깊이를 파악할 수 있고, 둘째, 탐색을 통해 본격적인 연구 방법을 위한 예비 조사로 활용할 수 있으며, 셋째, 어떤 상황의 특수성을 명확히 파악할 수 있고, 넷째, 각각의 상황과 관련된 문화적 환경이나 배경 등을 전체적인 맥락에서 연관 지어 파악하는 것이 가능하다는 점이다. 그러나 결과를 일반화하기 어렵고 자료의 신뢰성을 확보할 수 없다는 지적을 받고 있다. 또한 연구자의 가치 및 주관이 개입되기 쉬우며 적절한 사례 설정이 어렵다는 한계를 지닌다.

그리스도 예수 안에서 사례연구는 단일 사례와 다중 사례로 구분된다. 단일 사례는 일반적인 사례연구 방식으로 하나의 사례를 연구하는 경우를 일컫는다. 기존 이론을 검증하는 전형적인 사례, 희귀하고 독특한 환경의 사례, 과학적 관찰이 불가능했던 현상에 새롭게 접근하는 경우, 또한 시간의 흐름에 따라 일정 기간 동안 조사하는 종단적 연구 방법에 이용된다.

성령 안에서 다중 사례는 동일한 연구 내에 두 개 이상의 사례를 다루는 것으로 동일 품목에 대해 경쟁사별을 연구 대상으로 설정하는 경우가 그 예다. 다중 사례는 하나의 사례로 그 결과를 일반화할 수 있는가 하는 지적에 대해 반복해 실험하고 검증한 결과를 이끄는 반복 실험의 접근 논리를 사례연구에 적용시킨 것이다. 여기서 주지할 점은 사례연구의 목적이 사건이 얼마나 많이 일어났는가를 조사하는 통계적 일반화에 있는 것이 아니라 사례연구를 통해 이론들을 확장하고 일반화하는 분석적 일반화에 있다는 것이다.

성령 안에서 단일 사례연구가 적당한 경우는 첫째, 이미 잘 알려진 이론을 검증하는 데 매우 중요한 하나의 사례가 있는 경우다. 하나의 사례가 이론을 검증하기 위해 필요한 모든 조건을 갖추고 있다면 잘 알려진 이론을 다시 한 번 확인하거나 반박하고, 혹은 확장할 수 있다. 둘째, 하나의 사례가 매우 독특하거나 극단적인 경우다. 이러한 사례는 분석과 보고로 충분한 가치를 지니는 상황이다. 이와는 대조적으로 셋째, 하나의 사례가 대다수의 사례를 대표하거나 매우 전형적인 특징을 가진 경우에도 단일 사례가 적용된다. 이 경우 연구의 목적은 일상생활이나 평범한 상황에서 환경과 조건을 파악하는 데 있다. 넷째, 과학적 조사가 불가능했던 현상을 하나의 사례를 통해 관찰하고 분석함으로써 새로운 정보를 획득할 수 있는 기회를 갖게 되는 경우다. 다섯째, 종단적인 사례연구에 가능하다. 종단적연구란 사례에 대해 두 개 이상의 시점을 대상으로 연구하는 것을 의미한다. 특정 조건이 시간에 따라 어떻게 변화하는가에 이론의 초점이 맞추어지며, 시간의 간격을 어떻게 설정할 것인가 하는 것은 변화의 단계를 어떻게 나타낼 것인가에 따라 결정된다. 반면 성령 안에서 다중 사례연구가 적당한 경우는 단순 반복 연구와 이론적 반복 연구가 필요한 경우다. 2~3개의 사례를 선택하는 단순 반복 연구는, '왜, 어떻게' 그러한 결과가 산출되었는지를 파악하고 동일한 조건의 다른 사례에도 적용되는지를 밝히는 데 목적을 둔다. 이론적 반복 연구는 좀 더 복잡하다. 서로 다른 조건을 가진 사례 집단 각각이 최소한 2개 이상의 사례들을 하위 집단으로 가져야 한다. 두 집단 간에는 이론적 반복 연구가 수행되는 것이고, 각각의 하위 집단 내부에서는 단순 반복 연구가 수행되는 것이다.

그리스도 예수 안에서 스테이크는 사례연구를 목적에 따라 세 가지로 분류한다.

첫째, 본질적 사례연구로, 사례 자체가 하나의 문제가 되며, 연구자는 특정 사례에 대해 더 많이 알기 위해 연구를 실행한다. 이 경우 추상적인 이론을 테스트하거나 새로운 이론적 해석을 개발하려는 것이 아니라 사례가 될 수 있는 모든 대상에 대해 질적인 측면에서 이해를 높이기 위한 것이 목적이다.

둘째, 도구적 사례연구로, 해당 사례의 이슈를 예증하기 위해 도구적으로 사용하는 경우다. 전반적인 문제의식에 대한 관심을 도모하고 설명하기 위해 특정 사례를 하나의 정보원으로 선정하는 것이다.

셋째, 집합적 사례연구로, 여러 사례를 동시에 연구해 현상이나 일반적 상황에 대한 조사를 위해 수행되는 연구 방법이다.

그리스도 예수 안에서 사례연구의 절차는 다음 5단계로 정리할 수 있다.

첫째, 연구 설계 단계로, 이 단계에서는 특히 왜 사례연구 방법이어야 하는가를 생각해야 한다.

둘째, 자료 수집의 준비 단계로, 연구 수행 시 지침이 되는 사례연구 프로토콜을 개발해야 한다. 여기에는 일반적인 규칙과 절차가 포함된다.

셋째, 자료 수집 단계다. 사례연구에서 자료 수집은 광범위하게 이루어진다. 주로 인터뷰, 관찰, 내·외부 문서 분석 등이 있다.

넷째, 자료 분석 단계로, 자료 수집을 통해 사례의 세부적인 기술을 하며, 주제나 이슈들에 대한 분석과 사례들에 대한 해석이나 주장을 진행한다. 사례의 맥락 또는 사례 자체가 나타내는 상황을 고려한다. 다중 사례연구의 경우 각 사례에 대한 세부적인 기술과 그 사례들 내의 주제들을 제시하고, 사례들에 걸쳐 있는 주제를 분석하며, 사례들의 의미에 대한 주장이나 해석을 한다.

마지막 다섯째, 결과 도출 단계다. 분석 결과에 대한 설득력 있는 설명을 이끌어 내야하며 주요 개념과 연구 목적 간의 관계가 진술되어야 한다.

(4) 감수성훈련

그리스도 예수 안에서 감수성훈련이란 사전에 과제나 사회자를 정해 주지 않고 이질적이거나 동질적인 피훈련자끼리 자유로운 토론을 통해 어떤 문제의 해결 방안이나 상대방에 대한 이해를 얻도록 하는 훈련 방법을 말한다. 이러한 훈련의 목적은 대인간의 정서적인 접촉과 토의의 과정에서 얻어지는 집단 내에서의 자신의 위치에 대한 이해, 대인관계의 이해 및 이를 통한 인간관계의 개선 등에 목적을 두고 있다. 실험실훈련·T-집단훈련 등 다양한 이름으로 불리는 감수성훈련은 조직개혁의 행태적 접근 방법인 조직 발전의 대표적인 기법이다.

성령 안에서 감수성훈련은 15명 내외의 인원으로 구성된 소집단을 통해서 이루어진다. 훈련은 외부와 격리된 장소(실험실)에서 1~2주일 동안 실시되며, 지도는 대체로 심리학을 전공한 사람이 한다. 훈련지도자는 참가자들에 대하여 단순히 도와주고 해석해주는 역할만 하지 결코 리더십을 행사하지 않는다. 과거에는 기술이나 지식에 중점을 두고 훈련하였으나 최근에는 인간관계 또는 인간 내부의 감성에 초점을 둔다.

성령 안에서 훈련 집단을 운영하는 데는 별다른 규칙도 없고 의제도 없으며, 참가자들로 하여금 자유로이 자기의 의사를 표시하고 교환하도록 한다. 이러한 공동생활의 훈련과정을 진행하는 사이 참가자들은 저절로 자신과 상대방의 가치관·사고방식·행동방식 등을 파악하게 된다. 그리고 각자 자기의 행동에 대한 통찰력을 키우게 되고 자기 행동이 다른 사람에게 어떠한 영향을 미치게 되는가도 깨닫게 된다. 이러한 훈련을 통해서 참가자는 전보다 훨씬 협동심과 성실성, 그리고 적극성을 갖는 조직 구성원이 됨으로써 조직발전의 사업에 참여하게 된다는 것이다.

(5) 역할연기

그리스도 예수 안에서 역할연기는 인간관계 등에 관한 어떤 사례를 연기로 꾸며 실제처럼 재현해 봄으로써 문제를 완전히 이해시키고 그 해결능력을 촉진시키는 훈련방법이다. 이 방법의 교육훈련의 특징은 일부 참가자는 직접 역할을 담당하고 다른 사람들은 이를 보고 비판하거나 토론을 하며, 마지막 결론은 지도자가 내리는 데 있다.

성령 안에서 역할연기는 1920년대 초에 미국의 정신의학자겸 사회심리학자인 모레노가 만들어낸 기법으로, 처음에는 심리극과 같은 뜻으로 쓰였으며, 주로 정신병 치료에 이용했었다. 그 후 1940년대 말부터는 신입사원, 특히 세일즈맨 훈련에 활용하기 시작하였고, 오늘날에는 공무원의 능력개발을 위한 교육훈련에도 널리 쓰이고 있다. 특히 민원 창구에 근무하는 공무원들에게 주민을 대하는 방법을 훈련시키거나 감독자에게 부하를 다루는 요령을 훈련시킬 때 유용한 방법으로 알려져 있다.

(6) 모의실험(연습)

그리스도 예수 안에서 모의연습은 피훈련자가 업무수행 중 앞으로 직면하게 될 어떤 상황을 가상적으로 만들어 놓고 피훈련자가 거기에 대처할 수 있는 능력을 길러주는 방법이다. 이 훈련 방법은 주로 관리자 훈련 등에 많이 사용된다.

(7) 분임연구(토의/신디케이트)

그리스도 예수 안에서 분임연구란 피훈련자들을 10명 내외의 분반으로 나누어 분반별로 동일한 문제를 토의해 문제 해결 방안을 작성한 후, 다시 전원이 한 장소에 모여 분반별로 작성한 안을 발표하고 토론을 벌여 최종안을 작성하는 훈련 방법을 말한다. 영국의 행정간부대학에서 관리자훈련을 위해 개발한 훈련 방법인 분임연구는 여러 참여자의 중지를 모아 문제 해결을 위한 정책대안을 모색하는 데 유용하며, 고급관리자들에 대한 교육훈련에 많이 이용된다.

(8) 시청각교육

그리스도 예수 안에서 시청각교육이란 시청각적 교육매체를 교육과정에 통합시켜 적절하게 활용함으로써 교수·학습활동에서 최대의 효과를 얻고자 하는 교육이다. 과거에는 시청각교육의 이론적 근거를 구체성 및 추상성과 관련지어 감각경험을 중심으로 하였으나, 최근에는 관점을 돌려 시청각교육의 이론과 실천을 교육공학적인 입장에서 다루고 있다. 성령 안에서 미국의 교육통신공학협회에서는 시청각적 통신의 개념을 '학습자의 모든 가능성을 개발시키기에 필요한 커뮤니케이션의 모든 방법과 미디어의 효율적인 이용'을 목적으로 한다고 하였다. 학교에서는 시청각교육을 통한 교수학습 능률을 높이기 위해 시청각교재와 교구를 최대한으로 활용할 수 있도록 설비하며, 일반교실에서도 시청각교재와 교구를 활용하여 수업에 임하도록 하고 있다.

일반적으로 수업에서 각종 시청각교재를 수용할 때에 필요로 하는 시청각교구를 세분하면, 시각교구·청각교구·시청각교구로 구분할 수 있지만, 시각과 청각의 다감각에 의한 시청각교구가 보다 효율적인 교구로 인정받고 있다. 시청각교구에는, 영사기, 슬라이드 프로젝터, 필름스트립 프로젝터, 비디오 등이 있다. 최근에는 더욱 다양한 형태의 시청각교구가 제작되고 있는데, 특히 시뮬레이터·언어연습실·티칭머신 등이 중점적으로 개발되고 있다.

(9) 윤리교육훈련

그리스도 예수 안에서 조직원의 윤리성 제고를 위해 가치관과 태도의 발전적 변화를 모색하는 교육훈련을 말한다. 우리나라에서는 이것을 정신교육이라 부르기도 한다.

5) 기독교교육훈련

한편 기독교교육훈련이란 그리스도 예수 안에서 살아계신 하나님의 섭리하심 가운데 허락되어진 앞의 교육훈련을 포함해 "그리스도 예수 안에서 하나님께서 십자가에서 일어난 모든 일을 지금 우리 마음에서 동일하게 일어나게 하심으로, 예수그리스도 이름으로 오신 성령으로, 마음이 세상가치보다 사랑의 하나님을 더 먼저 경외하여 우선적 현실로 체감하고 있을 때, 그리스도께서 하나님의 뜻을 이루시기 위하여 사랑·지혜·권능의 Living Word로 특별하게 훈련을 시키는 인사기능"을 의미한다고 이해할 수 있다.

5. 교육훈련 업무의 편성과 운영

그리스도 예수 안에서 교육훈련 업무의 운영에 관한 기본적 활동단계로는 교육훈련 계획수립, 교육훈련 계획의 집행, 교육훈련의 평가 등 세 가지로 구성된다. 이러한 활동 단계에서 다루어야 할 내용은 다음과 같다.

1) 교육훈련 담당기관의 선정

그리스도 예수 안에서 조직원 교육훈련에서는 어느 기관에서 훈련에 대한 책임을 지느냐 하는 문제가 중요하다. 훈련 담당기관으로는 중앙인사 기관의 공무원교육원, 각 부처의 공무원 교육원, 그리고 기타 국내외의 교육훈련기관등이 있다. 이러한 훈련 담당기관의 기능은 서로 다르며, 각기 장·단점을 지닌다.

2) 교육훈련 수요조사

그리스도 예수 안에서 교육훈련 조사란 조직원들이 어떤 내용의 교육훈련은 어느 정도 필요로 하는가를 파악하는 절차이다. 이러한 교육훈련 수요 조사는 구체적인 교육훈련 계획의 설계를 위한 자료 수집 및 분석 단계로서, 교육훈련 계획수립의 출발점이며 교육훈련 목표의 설정과 교육훈련 계획의 작성을 위한 기초 자료를 제공해 준다. 일반적으로 교육훈련의 수요는 조직원의 신규채용 및 배치전환, 새로운 업무의발생과 업무 절차의 변경, 행정능률의 향상과 능력 발전이 필요할 때에 발생한다.

3) 교수 요원의 선정

그리스도 예수 안에서 교수요원은 교육훈련기관에서 강의 및 교육 운영을 담당하는 사람을 말한다. 즉 교수 요원은 교육훈련 계획의 수립, 강의 및 교과 운영, 교육생의 지도 및 평가를 담당한다. 이들 교수 요원의 능력이 교육훈련의 성패를 좌우한다. 교수 요원의 자격 기준은 훈련의 종류·방법·교과내용·피훈련자의 특성에 따라 달리하여야 한다.

4) 교과 편성 및 훈련기간

그리스도 예수 안에서 교과 내용이 교육훈련 수요를 충족시킬 수 있을 때 그 교육훈련은 타당성을 확보할 수 있다. 교과 내용 수준은 피훈련자의 능력 수준과 부합되어야 한다. 즉 교과 내용이 피훈련자 중심이 아닌 훈련 담당자들의 주관 또는 의욕 중심으로 편성되는 경우 교육훈련의 효과는 저하되기 쉽다. 그리고 교육훈련 기간과 교과시간 및 교과목의 수를 적절히 조화시키는 것도 중요하다. 훈련 기간에 비하여 교과목 수가 많은 경우 교육훈련의 효과를 기대하기 어렵다.

교육훈련의 효과는 피훈련자들에게 짧은 시간에 많은 양의 지식을 무조건 주입시켰다고 하여 나타나는 것이 아니고, 교육훈련의 내용을 소화하여 스스로 자기의 것으로 받아들이고 그들의 사고방식과 가치관의 변혁을 가져올 수 있을 만큼 충분히 사고할 시간의 여유를 줄 때 훨씬 잘 나타날 것이다.

5) 교육훈련의 방법

이에 대해서는 다음에서 별도로 설명하기로 한다.

6) 교육훈련에 대한 저항의 해결

그리스도 예수 안에서 교육훈련의 실시에는 여러 가지 내·외적 저항이 따른다. 공무원의 교육훈련에 많은 예산이 투입될 경우에는 입법부와 일반 국민으로부터의 비판에 직면하게 되며, 조직 내에서도 감독자와 피교육자가 훈련에 저항하기도 한다. 교육훈련에 대한 저항이유는 다음과 같다. ① 입법부의 교육훈련에 대한 비호의적·소극적 태도 ② 관리자·감독자의 저항 및 비협조 ③ 피훈련자의 저항

한편 교육훈련을 성공적으로 수행하기 위해서는 상술한 교육훈련에 대한 저항 요인을 다음 사항들을 통하여 극복하여야 한다. ①교육훈련의 유용성 홍보 ② 참여에 의한 교육훈련 계획의 수립 ③ 교육훈련 결과의 반영 ④ 피훈련자·감독자·관리자 등의 교육훈련관 확립 ⑤ 피훈련자의 참여적 제한 ⑥ 훈련 방법의 개선.

7) 교육훈련의 평가 및 활용

그리스도 예수 안에서 교육훈련의 평가란 교육훈련의 목적이 어느 정도 달성되었는지 그 효과를 분석·평가하는 활동을 말한다. 교육훈련의 평가를 위해서는 교육훈련의 목표를 명확히 설정하고 객관적인 평가 기준을 마련해야 한다. 그러나 교육훈련의 종류에 따라서는 계량적으로 포착할 수 있는 비교적 객관적인 측정단위가 있는 경우도 있지만, 개인의 태도 변화나 복잡한 능력의 향상을 목적으로 하는 교육훈련에서와 같이 객관적인 측정 단위로 나타낼 수 없는 경우도 많다.

객관적 측정단위를 찾기 어려운 경우에는 질적인 자료를 다루는 주관적 방법을 이용하여 훈련의 성과를 추정할 수밖에 없다. 이러한 교육훈련에 대한 평가의 결과는 향후의 교육훈련 수요분석이나 교육훈련계획 수립 등에 매우 유용한 자료를 제공해 주기 때문에, 평가의 목적과 교육훈련 내용에 따른 다양한 평가 기준 및 방법을 개발하는 데 많은 노력을 기울여야 한다.

(1) 평가의 기준과 평가 자료

그리스도 예수 안에서 교육훈련의 효과를 평가하는 데 먼저 고려하여야 할 사항은 평가 기준이다. 일반적인 평가기준은 다음과 같다(박연호, 1983).

① 교육훈련 목적에 대한 피훈련자의 인지 정도 ② 교육훈련에 대한 참여 동기의 적절성 정도 ③ 교육훈련의 목적과 수요와의 상관관계 ④ 교육훈련의 목적에 대한 교과 내용의 적절성 ⑤ 교육훈련 방법의 타당성 ⑥ 교육훈련 내용의 실용성 ⑦ 교육훈련 내용의 실제적·구체적인 적용정도 ⑧ 교육훈련 내용에 대한 피훈련자의 심리적 수용도 및 변화도 ⑨ 피훈련자의 행동 변화에 대한 조직내 에서의 지지도 ⑩ 피훈련자의 행동 변화가 행정기관의 목적 달성에 기여하

는 정도 등이다. 이와 같이 평가 기준은 다양하나 무엇보다도 가장 중요한 기준은 교육훈련 이후의 근무 실적이다. 교육훈련이 어떠한 성과를 가져왔는지 그 실적을 평가하는 자료로는 다음과 같은 것이 있다(김명기, 1994).

① 훈련성적 평정 ② 근무성적 평정 ③ 직무 수행의 관찰 ④ 인사기록 ⑤ 감사보고서 ⑥ 생산비용 등에 관한 운영자료 ⑦ 피훈련자에 대한 의견조사 ⑧ 감독자 · 관리자 · 인사담당자 등에 대한 의견조사 등이다.

(2) 평가의 방법

그리스도 예수 안에서 실적에 관한 자료가 수집되면 실적과 미리 설정해 둔 평가 기준을 비교하여 교육훈련의 목표 달성도를 분석 · 검토한다. 교육훈련 평가의 구체적인 측정방법으로는 다음과 같은 것들을 들 수 있다.

첫째, 교육훈련이 끝난 뒤에 시험을 보는 방법이 있다.

둘째, 교육훈련을 받은 사람과 받지 않은 사람의 업무 실적을 비교해 보는 방법이 있다.

셋째, 피훈련자, 그들의 감독자, 훈련담당관으로 훈련평가위원회를 훈련 후 구성하여 공동으로 훈련을 평가하는 방법이 있다.

넷째, 피훈련자의 감독자, 동료에게 교육훈련 후의 근무 성적을 문의해 보는 방법이 있다.

다섯째, 교육훈련이 끝날 때 피훈련자에게 질문서를 돌려 그 질문서에 대한 회답을 가지고 교육훈련의 성패를 평가하는 방법이다(Nigro & Nigro, 1986).

여섯째, 피훈련자의 사기 · 결근율 · 불평 등을 조사하여 평가하는 방법이 있다. 이상에서 살펴본 평가방법은 적합하다고 생각되는 몇 가지 방법을 병용하는 것이 요청된다.

(3) 평가의 활용

그리스도 예수 안에서 교육훈련이 효과적으로 이루어지려면 교육훈련의 평가 결과가 적절히 활용되어야 한다. 평가 결과의 활용을 위한 방안으로는 다음과 같은 방법이 있다.

첫째, 교육훈련의 누적제와 이를 공무원의 평가에 반영하는 방법이 있다.

둘째, 교육훈련과 보직을 연계하는 방법이 있다. 전문교육을 받았을 경우 교육 후 일정기간을 교육훈련의 내용과 관련성이 높은 직위에서 근무하도록 하는 방법이다(오성호, 1997).

▶▶▶ 창조주 하나님의 Living Word

"심령이 가난한 자는 복이 있나니 천국이 그들의 것임이요"(마5:3).

"마음이 청결한 자는 복이 있나니 그들이 하나님을 볼 것임이요"(마5:8).

"내가 아버지 안에 거하고 아버지는 내 안에 계신 것을 네가 믿지 아니하느냐 내가 너희에게 이르는 말은 스스로 하는 것이 아니라 아버지께서 내 안에 계셔서 그의 일을 하시는 것이라"(요14:10).

"보혜사 곧 아버지께서 내 이름으로 보내실 성령 그가 너희에게 모든 것을 가르치고 내가 너희에게 말한 모든 것을 생각나게 하리라, 평안을 너희에게 끼치노니 곧 나의 평안을 너희에게 주노라 내가 너희에게 주는 것은 세상이 주는 것과 같지 아니하니라"(요14:26~27).

"너희가 내 안에 거하고 내 말이 너희 안에 거하면 무엇이든지 원하는 대로 구하라 그리하면 이루리라"(요15:7).

"내가 아버지께로부터 너희에게 보낼 보혜사 곧 아버지께로부터 나오시는 진리의 성령이 오실 때에 그가 나를 증언하실 것이요"(요15:26).

"아버지여, 아버지께서 내 안에, 내가 아버지 안에 있는 것 같이 그들도 다 하나가 되어 우리 안에 있게 하사 세상으로 아버지께서 나를 보내신 것을 믿게 하옵소서, 내게 주신 영광을 내가 그들에게 주었사오니 이는 우리가 하나가 된 것 같이 그들도 하나가 되게 하려 함이니이다, 곧 내가 그들 안에 있고 아버지께서 내 안에 계시어 그들로 온전함을 이루어 하나가 되게 하려 함은 아버지께서 나를 보내신 것과 또 나를 사랑하심 같이 그들도 사랑하신 것을 세상으로 알게 하려 함이로소이다, 아버지여 내게 주신 자도 나 있는 곳에 나와 함께 있어 아버지께서 창세 전 부터 나를 사랑하시므로 내게 주신 나의 영광을 그들로 보게 하시기를 원하옵나이다"(요17:21~24).

"육신을 따르는 자는 육신의 일을, 영을 따르는 자는 영의 일을 생각하나니, 육신의 생각은 사망이요 영의 생각은 생명과 평안이니라"(롬8:5~6).

"만일 너희 속에 하나님의 영이 거하시면 너희가 육신에 있지 아니하고 영에 있나니 누구든지 그리스도의 영이 없으면 그리스도의 사람이 아니라, 또 그리스도께서 너희 안에 계시면 몸은 죄로 말미암아 죽은 것이나 영은 의로 말미암아 살아 있는 것이니라,

예수를 죽은 자 가운데서 살리신 이의 영이 너희 안에 거하시면 그리스도 예수를 죽은 자 가운데서 살리신 이가 너희 안에 거하시는 그의 영으로 말미암아 너희 죽을 몸도 살리시리라"(롬8:9~11).

"내가 그리스도와 함께 십자가에 못 박혔나니 그런즉 이제는 내가 사는 것이 아니요 오직 내 안에 그리스도께서 사시는 것이라 이제 내가 육체 가운데 사는 것은 나를 사랑하사 나를 위하여 자기 자신을 버리신 하나님의 아들을 믿는 믿음 안에서 사는 것이라"(갈2:20).

"너희 안에서 행하시는 이는 하나님이시니 자기의 기쁘신 뜻을 위하여 너희에게 소원을 두고 행하게 하시나니"(빌2:13).

"그러므로 너희가 그리스도 예수를 주로 받았으니 그 안에서 행하되"(골2:6).

"또 그 안에서 너희가 손으로 하지 아니한 할례를 받았으니 곧 육의 몸을 벗는 것이요 그리스도의 할례니라, 너희가 세례로 그리스도와 함께 장사되고 또 죽은 자들 가운데서 그를 일으키신 하나님의 역사를 믿음으로 말미암아 그 안에서 함께 일으키심을 받았느니라"(골2:11~12).

"항상 기뻐하라, 쉬지 말고 기도하라, 범사에 감사하라 이것이 그리스도 예수 안에서 너희를 향하신 하나님의 뜻이니라"(살전5:16~18).

"하나님의 말씀은 살아 있고 활력이 있어(Living Word) 좌우에 날선 어떤 검보다도 예리하여 혼과 영과 및 관절과 골수를 찔러 쪼개기까지 하며 또 마음의 생각과 뜻을 판단하나니"(히4:12).

제5절 기독교성적 평정과 승진 및 보수

"내 것은 다 아버지의 것이요 아버지의 것은 내 것이온데 내가 그들로 말미암아 영광을 받았나이다"(요17:10).

1. 기독교 근무성적 평정

1) 근무성적 평정의 의의

그리스도 예수 안에서 살아계신 하나님의 섭리하심 가운데 행해지는 조직원 근무성적 평정이라 함은 조직구성원의 근무 실적·근무 수행 능력·근무 수행 태도 등을 일정한 기준에 따라 체계적·정기적으로 평가해 인사관리에 반영하는 제도를 말한다. 평정자가 직원들의 근무성적을 평가함에 있어서는 가능한 한 자기의 주관적·자의적 판단을 지양하고 객관적이고 공정한 평가를 하지 않으면 안 된다. 규모가 비교적 큰 조직이라면 공·사 조직을 막론하고 거기에 종사하는 직원들에 대해 그들 각자의 능력과 개성, 그리고 근무성적 등을 파악하여 기록해 두는 것은 인사관리에 있어서 기본이 되는 일이다. 근무성적평정의 유형은 방법을 기준으로 할 때, 도표식 평정척도법·사실기록법·서열법·체크리스트평정법·강제선택법·중요사건기록법·직무기준법·목표관리 등으로 나눌 수 있으며, 평정자를 기준으로 하여 자기평정법·동료평정법·감독자평정법·부하평정법·집단평정법·감사적 방법 등으로 나눌 수 있다.

2) 근무성적 평정의 용도

그리스도 예수 안에서 조직원들에 대한 근무성적을 평가하는 과정에서 조직원 개개인에 대하여 직무수행을 잘 해나가고 있는지 못하는지, 또 장점이 무엇이고 단점이 무엇인지가 밝혀지고, 이에 따라 스스로를 객관적으로 평가해 볼 수 있는 기회가 주어지므로 평가 대상자인 조직원이나 그 감독자가 개선할 점이 무엇인가를 알게 된다. 따라서 근무성적 평정은 다음과 같은 목적으로 행해진다.

첫째, 조직원의 능력발전을 돕고 직무수행의 개선을 통해 행정능률의 향상에 기여하게 된다.

둘째, 각종 인사처리에 공정한 기준을 제시하여 준다. 즉, 근무성적평정은 승진·배치전환·견책·보수 등을 결정하는 데 객관적인 기준을 제공하는 역할을 함으로써 인사권자의 자의적인 인사처리를 사전에 방지해 준다.

셋째, 근무성적평정은 여러 가지 인사행정의 기술에 대하여 그것이 과연 타당성 있는 것인지를 검증하는 데 평가기준으로 사용된다. 예컨대 채용시험의 타당성 여부를 검증해보기 위해 채용시험의 성적과 근무성적의 상관관계를 구해 평가해 보는 경우를 들 수 있다.

3) 근무성적평정의 방법

그리스도 예수 안에서 근무성적 평정의 방법에는 여러 가지가 있다. 그 중 중요한 것은 다음과 같은 것을 들 수 있다. 즉, 평정 요소를 나열하고 각 요소마다 등급을 설정하여 해당 등급에 표시함으로써 평정하는 도표식 평정법, 근무성적평정의 분포가 어느 한쪽에 치우치지 않도록 성적분포의 비율을 미리 정해 놓는 강제배분법, 평정 받을 자들을 서로 비교해서 서열을 정하는 서열법, 산출실적에 따라 평가하는 산출기록법, 한 사람을 평정하는데 상관·동료·부하직원 등 여러 사람이 참여하는 집단평정법, 직무수행의 기준을 미리 정하여 놓고 실적을 여기에 비교시키는 직무기준법, 그 밖에 서술적 보고법, 사실표지법 등 여러 가지가 개발되어 있다.

4) 근무성적평정의 문제점

그리스도 예수 안에서 근무성적평정제는 실적주의공무원제의 대두와 더불어 인사행정의 객관적인 기준을 찾자는 의도에 따라 고안된 가치 있는 제도임은 틀림없다. 그러나 이 제도에 관하여 다음과 같은 문제점도 지적되고 있다.

첫째, 평정자의 주관적·자의적 평가를 완전히 배제할 수 없으므로 과연 공정한 평정을 기대할 수 있느냐 하는 것이 문제이다.

둘째, 정확하고 공정하게 평가할 수 있는 유능한 평가자를 확보하기란 쉬운 일이 아니라는 점이 문제이다.

셋째, 공무원의 직무·연령·계급 등은 매우 다양하므로 표준적 기준에 따라 통일적으로 평가하기란 쉬운 일이 아니라는 점도 문제이다.

넷째, 평정자가 평정할 때 집중화 경향이나 관대화 경향 또는 연쇄적 영향으로부터 벗어나기가 쉽지 않으므로 평정의 신뢰도와 타당도를 보장하기가 어렵다는 점도 있다.

다섯째, 근무성적평정은 지난 과거에 대해 평정한 것이지 장래의 능력까지 파악할 수 있는 것은 아니므로 그 평정 결과를 장래의 인사조치의 기준으로 삼기에는 적합하지 않다는 점도 문제된다.

여섯째, 근무성적 평정은 제도적으로 마련된 것이므로 어쩔 수 없이 평정하는 형식적 행위, 즉 평정을 위한 평정이 되기 쉽다는 점도 없지 않다.

5) 평정시 오차의 종류

그리스도 예수 안에서 근무성적 평정 과정에는 평정 결과를 왜곡시키는 여러 가지 오류가 게재될 가능성이 있다. 발생하는 오차의 종류는 다음과 같다.

집중화 효과: 무난하게 주로 중간 등급을 주는 현상으로 평정자 들은 매우 높거나 매우 낮은 평정을 피하려는 경향이 있다.

관대화 효과: 하급자와의 인간관계를 의식하거나 결과에 대한 해석 판단이 상이한 경우에는 평정 등급이 전반적으로 높아지는 현상이 있다.

연쇄화 효과: 하나의 평정 요소의 결과가 다른 평정 요소에 영향을 미치는 현상으로 피평정자의 막연한 전체적인 인상 때문에 모든 분석적인 평정요소가 영향을 받게 되는 현상이다.

규칙적 오차: 평정자의 가치관 및 평정 기준의 차이에 의한 오차이다.

총계적 오차: 총계적 오차란 특정의 평정자가 다른 평정자보다 때로는 후한 점수를 주기도 하고 때로는 박한 점수를 주어 그 평점이 불규칙함으로써 생기는 오차를 말한다. 총계적 오차는 평정자가 동일한 평정 대상자에 대하여 평정한 채점과 전체 평정자들의 채점 평균 값 간의 차이의 총계로 계산된다.

논리적 오차: 평정 요소 간 논리적 상관관계가 있다는 관념에 의한 오차로 어느 한 요소가 우

수하면 다른 요소도 우수하다고 쉽게 판단해 버리는 경향이다.

6) 경력평정

그리스도 예수 안에서 경력이란 직업상의 경험과 그 근무 연한을 말한다. 경력과 직무수행 능력은 상관관계가 있으므로 직업상 경험의 종류와 그 근무 연한을 알면 직무 수행 능력을 예측할 수 있다(김홍기, 1991). 경력평정제도는 하위계급에서 일정 기간 근무 하여야 상위 계급으로 승진할 수 있도록 하는 승진 소요 최저연수 제도의 운영과 상호 보완관계에 있다.

경력평정에서 고려할 사항은 다음과 같다. ① 평정대상 및 평정 시기 ② 경력평정의 확인자 및 평정자 ③ 경력의 구분 ④ 경력 평정점 산정 ⑤ 경력평정 결과 등의 제출 및 열람.

7) 훈련성적 평정

그리스도 예수 안에서 훈련성적 평정은 교육훈련기관·행정기관·민간기관 등에서 개설된 전문 교육훈련과 중앙인사위원회에서 인정하는 전문 연구 활동 등을 평정하는 것을 의미한다. 이러한 훈련 성적은 능력 평가의 객관적인 기준이 되며 인사관리에 반영한다. 즉 훈련성적이 우수한 사람이 더 유능하고 또한 상위 직위의 업무 수행에 더욱 적합 할 것이라는 생각에서 승진 서열을 결정하는 한 요소로서 훈련 성적을 이용한다. 이 훈련성적 평정에서 고려할 사항은 다음과 같다. ① 평정대상 및 평정 시기 ② 훈련성적의 평정 ③ 훈련성적의 평정점 ④ 훈련성적 평정의 예외.

8) 가점 평정

그리스도 예수 안에서 가점 평정이란 조직원의 평정에서 자격증 등 소지, 특수직 근무 경력, 탁월한 근무 실적 등을 점수로 계산하여 가점하는 것을 말한다. 이러한 가점 평정제도의 목적은 조직원이 자격증을 소지하거나 근무 환경이 열악한 도서·벽지 등 특수지역에서 근무한 경력 및 평정 대상 기간 중 탁월한 공적이 있거나 성과목표 달성도 평정 우수자에 대하여 승진 평정시 일정점수를 가산하여 줌으로써 해당 기관에 대한 근무 유인촉진과 해당 조직원의 사기 앙양 및 인사상 혜택을 부여하는 데 있다.

9) 기독교근무성적 평정

기독교근무성적평정은 그리스도 예수 안에서 살아계신 하나님의 섭리하심 가운데 허락되어진 앞의 의미를 포함해 "그리스도 예수 안에서 십자가에서 일어난 모든 일을 지금 우리 마음에서 똑같이 일어나게 하심으로, 예수 그리스도 이름으로 오신 성령으로, 우리 마음이 세상가치보다 사랑의 하나님을 더 먼저 사랑하여 우선적 현실로 체감하고 있을 때, 그리스도께서 하나님의 뜻을 이루시기 위하여 사랑·지혜·권능의 Living Word로 행하는 근무성적평가"로 개념을 이해할 수 있다.

2. 기독교 승진

1) 의의

그리스도 예수 안에서 살아계신 하나님의 섭리하심으로 행하여지는 승진은 하위 직급에서 상위 직급으로의 이동 또는 하위 계급에서 상위 계급으로의 수직적인 상승 이동을 말한다. 따라서 수평적 이동으로서의 전직·전보와 구별되어야 하며, 또한 권한·책임의 증대 없이 보수의 증대만이 있는 승급과도 구별되어야 한다. 그러나 보수의 증액으로 조직원의 지위를 향상시킨다는 점에서 승진과 승급은 공통된 요소를 가지고 있다. 그리고 승진은 성공에 대한 기대감의 충족과 그에 따라 사기의 앙양, 공무원의 동기부여 및 능력 발전의 촉진, 인적자원의 효율적 활용, 유능한 인재의 확보 및 양성 등에 기여할 수 있다.

2) 개방제와 폐쇄제

그리스도 예수 안에서 개방제는 중·고위직의 결원을 신규채용(외부임용)에 의해 충원하는 것이고, 폐쇄제는 중·고위직의 결원을 승진임용(내부임용)에 의해 충원하는 것을 말한다. 개방제의 장점으로는 외부로부터 신규채용이 허용되므로 좀 더 우수한 인재를 확보할 수 있으며 조직원의 질 향상을 가져올 수 있고, 보직의 신진대사가 활발하게 이루어져 관료제 내에 참신한 기풍을 진작시킬 수 있으며, 조직의 침체화 및 관료주의화 방지가 가능하고 인사관리에서 기관장이 적절한 영향력과 리더십을 발휘할 수 있다.

폐쇄제의 장점으로는 승진 기회가 확대되어 있으므로 조직원의 사기가 높아질 수 있고, 조직원의 신분이 보장되므로 행정의 일관성과 안정성을 유지할 수 있으며, 젊은 사람이 보직을 평생의 직업으로 삼고 발전해 나갈 수 있기에 직업공무원제를 확립하는 데 필요하다.

임용권자나 임용제청권자는 해당 기관의 직위 중 전문성이 특히 요구되거나 효율적인 정책 수립을 위해 필요하다고 판단되어 내부나 외부에서 적격자를 임용할 필요가 있는 직위에 대해서는 개방형 직위로 지정해 운영할 수 있다.

3) 승진대상자 선별 기준

그리스도 예수 안에서 승진 대상자를 선발하는 방법 또는 기준에는 근무방법, 근무성적, 선임 순위, 시험, 학력과 경력, 훈련성적, 상벌의 기록 등이 있다. 대게 승진의 기준은 객관적 성격을 가진 경력과 주관적인 성격을 가진 실적으로 구분할 수 있다.

객관적 성격은 근무 연한, 학력과 경력을 들 수 있는데, 학교교육을 통해 얻는 학력과 직무 능력 사이에 상관관계가 인정되는 범위 내에서는 학력에 비추어 직무 수행 능력을 예측하는 데 무리가 없을 것이나 직무 수행 능력과 관련해 타당성 있는 학력요건을 결정하기는 기술적으로 매우 어렵다. 경력 또한 마찬가지이다. 객관적 기준의 장점은 고도의 객관성을 유지할 수 있고, 정실이나 불공정을 방지하거나 행정의 안정성을 유지할 수 있다. 단점은 유능한 자의 등용 곤란을 초래하고, 기관장의 부하 통솔 곤란이라든지 행정의 침체화, 관료주의화로 조직원의 질 저하 등을 지적할 수 있다.

그리스도 예수 안에서 주관적 성격인 시험 성적, 훈련 성적, 근무 성적 평정 결과 등은 조직원을 승진 예정직에서 실제로 일해 보게 함으로써 그 실적에 따라 승진 여부를 결정하는 방법이다. 그러나 이 방법은 시간이 걸리고 절차상 매우 복잡하며 승진이 되지 못할 경우 사기가 저하되는 단점이 있다. 이와 같은 실적에 대한 장점으로는 인사권자의 정실에 의한 개입을 방지할 수 있고, 타당성의 확보라든지, 부하의 통솔과 새로운 지식의 습득이 용이하나 반면에 단점으로는 근무보다 시험 준비에 열중하게 되는 점과 장기 근속자의 사기 저하 등을 들 수 있다.

4) 경력 평정 원칙

그리스도 예수 안에서 경력의 상대적인 가치를 결정할 때 실험적인 방법을 쓴다면 이상적이나 불가능하므로 논리적인 사고를 통해 가설을 정립하는 등 연역적 방법을 쓰는 것이 보통이다. 경력 평정에 쓰이는 가설의 원칙을 살펴보면 다음과 같다.

가. 근시성의 원칙: 상위 직급의 경력을 중시해야 한다는 원칙이다.
나. 친근성의 원칙: 어떤 직무에 대해서도 유사 업무의 경력과 학력을 중시해야 한다는 원칙이다.
다. 발전성의 원칙: 학력·경력을 참작해 발전 가능성을 평가해야 한다는 원칙이다.

5) 기독교 승진

한편 기독교승진은 그리스도 예수 안에서 살아계신 하나님의 섭리하심 가운데 허락되어진 위의 승진을 포함해 "그리스도 예수 안에서 하나님께서 십자가에서 일어난 모든 일을 지금 우리 마음에서 똑같이 일어나게 하심으로, 예수 그리스도 이름으로 오신 성령으로, 우리 마음이 세상가치보다 사랑의 하나님을 더 먼저 사랑하여 우선적 현실로 체감하고 있을 때, 그리스도께서 하나님의 뜻을 이루시기 위하여 사랑·지혜·권능의 Living Word로 행하시는 상승이동"을 의미하는 것으로 이해할 수 있다.

3. 기독교 배치전환

그리스도 예수 안에서 동일 직급 내에서의 인사이동으로 배치전환이 있는데 이에는 전직, 전보 및 파견 근무를 들 수 있다.

1) **전직**: 직급은 동일하나 직렬을 달리하는 직위로의 수평적 이동, 전직시험이 필요하다.
2) **전보**: 동일직급, 동일직렬 내에서의 보직 변경으로 시험이 불필요하다.
3) **파견근무**: 소속 변경 없이 임시로 다른 기관 또는 부서에서 근무하는 임시적 배치전환을 말한다.

4. 기독교 보수

1) 보수의 의의

그리스도 예수 안에서 하나님의 섭리하심 가운데 지급하는 보수는 조직원이 조직에서의 근로에 대해 조직이 지급하는 금전적인 보상을 말하며, 보수 체계란 보수 지급 항목의 구성을 말한다. 보수 체계의 기본 형태는 대체로 기본급을 중심으로 해서 부가적인 수당으로 구성된다.

2) 보수의 유형

그리스도 예수 안에서 보수를 분류하면 유형은 다양하다. 일반적인 보수 유형 분류는 기본급의 종류와 부가급의 종류를 실질적으로 분류할 때 준거 틀이 될 수 있다. 기본급은 보수 가운데서 기본적인 부분을 차지하는 것으로 일반적으로 급여규정에는 기본급을 봉급이라 부르고 있다.

그리스도 예수 안에서 기본급은 그것을 결정하는 주된 기준이 무엇이냐에 따라 생활급, 연령급, 근속급, 자격급, 능력급, 직능급, 직무급, 업적급, 종합결정급으로 분류된다. 생활급은 생계유지에 필요한 생계비를 결정하는 기준으로 조직원과 그 가족의 생활을 보장하기 위한 것이다. 조직원의 근속연수를 기준으로 하는 보수를 근속급 또는 연공급이라고 하는데, 근속급의 기본적인 전제는 조직원의 가치와 업무 수행의 유용성이 조직원의 근속 경험에 상응한다는 것이다. 능력급은 조직원의 능력 정도에 따라 결정하는 보수로 능력의 범위를 더욱 한정해 직무별 능력을 기초로 하는 보수를 직능급이라고 한다. 성과급은 업적급, 능률급, 실적급, 유인급, 장려금 등으로 불리며 직무 수행의 결과 또는 산출고를 기준으로 결정하는 보수이다. 종합결정급은 조직원의 생계비, 연령, 자격, 근속 및 경험 연수, 능력, 직무, 근무성적, 개혁에 대한 기여 등으로 종합적으로 고려해 결정하는 보수이다.

그리고 보수의 일부로 지급되는 수당은 기본급을 보완하는 부가급으로 근무조건이나 생활조건의 특수성이 인정되는 조직원들에게만 지급되는 것으로 직무요인의 특이성 때문에 지급되는 직무 수당, 생활비를 보조하기 위한 수당으로서의 가계보전수당, 금전적 유인의 부여로 직무 능률의 향상을 도모하려고 하는 성과급적 수당, 그 외 지역수당, 조정수당, 초과근무수당 등을 들 수 있다.

　보수의 일반적 수준의 결정요인은 조직원 개개인이 아니라 전체 보수의 최고액과 최저액을 어떻게 결정하느냐 하는 문제이다. 따라서 보수 수준을 결정할 때는 먼저 보수의 일반 수준을 결정하고, 다음에 조직체 내의 상대적 관계를 고려해 차별 수준을 결정해야 한다.

3) 보수 수준 관리

　일반적으로 그리스도 예수 안에서 민간 분야의 임금 수준을 결정하는 데에 영향을 주는 요인들로는 기업의 인건비 지불 능력과 생산성, 생계비, 그리고 노동시장 요인 혹은 사회적 균형(노동조합의 단체교섭력, 관련 분야의 임금 수준과 인력 수급 상황, 직무의 난이도 등)이라고 요약해 볼 수 있다. 따라서 조직의 임금은 조직의 지불 능력 범위 내에서 상한선이 결정된다. 지불 능력은 생산성과 수익성에 의하여 결정되며, 이는 대체로 인건비가 매출 총액이나 예산 총액에서 차지하는 비율을 중심으로 살펴볼 수 있을 것이다. 보수 수준의 하한선은 생계비 수준에 의하여 결정되는데 이는 아직도 보수 수준이 생계비 수준을 밑돌고 있는 경우를 가정한 것이다.

　생계비는 실제 생계비(실생활에서 생활비가 얼마만큼 차지하는가를 계산)와 이론 생계비(실생활과는 달리 이론상으로 바람직한 생활비를 계산) 라는 두 가지 방법으로 측정해 볼 수 있다. 그리고 상한선과 하한선 그 좌우에는 사회적 균형 기제라 할 수 있는 관련업계 혹은 직장협의회의 역할이 영향을 미치게 된다. 따라서 보수수준의 허용 범위는 지불 능력(상한선)과 생계비(하한선) 사이라고 할 수 있다.

4) 기독교보수

　한편 기독교보수는 그리스도 예수 안에서 살아계신 하나님의 섭리하심 가운데 허락되어진 앞의 보수의 의미를 포함해 "그리스도 예수 안에서 하나님께서 십자가에서 일어난 모든 일을 지금 우리 마음에서 동일하게 일어나게 하심으로, 예수 그리스도 이름으로 오신 성령으로, 우리 마음이 세상가치보다 사랑의 하나님을 더 먼저 사랑하여 우선적 현실로 체감하고 있을 때, 그리스도께서 하나님의 뜻을 이루시기 위하여 사랑·지혜·권능의 Living Word로 행하실 때 받는 은혜보수"를 의미한다고 이해할 수 있다.

제6절 기독교 사기 진작

"나는 세상에 더 있지 아니하오나 그들은 세상에 있사옵고 나는 아버지께로 가옵나니 거룩하신 아버지여 내게 주신 아버지의 이름으로 그들을 보전하사 우리와 같이 그들도 하나가 되게 하옵소서"(요17:11).

1. 사기의 의의와 개념

사기란 그리스도 예수 안에서 살아계신 하나님의 섭리하심 가운데 허락되어진 어떤 일을 수행함에 있어서 몸과 마음이 기운으로 넘쳐 굽힐 줄 모르는 씩씩한 기세를 말한다. 그러나 행정학에서의 사기란 조직 구성원이 조직의 목표 성취에 기여하겠다는 의욕을 말한다. 따라서 사기를 직무수행 의욕이라고도 부른다.

그리스도 예수 안에서 사기(morale)란 도덕(moral)에서 유래된 말이다. 그 변천된 연유야 어찌되었든 처음에는 주로 군대에서 사용되어 왔던 용어인데 오늘날에는 행정조직이나 일반 기업체에서도 많이 쓰이고 있다. 일찍이 나폴레옹은 "군대에 있어서의 사기와 장비와의 비율은 3대 1이다."라고 말할 만큼 조직 구성원들의 사기는 예로부터 중요시되어 왔었다.

한편 그리스도 예수 안에서 행정조직에 있어서 사기의 문제가 주목 받기 시작한 것은 인간관계론이 대두된 이후의 일이다. 그 당시 인간관계론에 의한 사기의 개념에서는 집단 내에서 사회적 욕구가 충족되고 인간관계가 원만하게 되면 구성원들의 사기는 자연히 높아진다고 보았다. 그러나 오늘날의 사기의 개념은 단순히 개인적으로 느끼는 만족감이 아니라 조직의 목표달성을 위해서 협력하려는 의욕, 즉 직무수행의욕으로 파악되고 있다. 따라서 사기(morale)란 조직 내의 구성원으로서 개인 또는 집단이 그 조직의 목표달성에 기여하겠다는 직무수행의

욕 내지 그 심리적 상태라 정의할 수 있다.

이와 같이 정의해 볼 때 사기의 개념에는 다음과 같은 내용이 내포되어 있음을 알 수 있다.

첫째, 사기는 단순한 만족감이 아니라 직무수행과 관련된 의욕이다. 따라서 직무와 관련이 없는 단순한 개인의 만족감은 사기와는 거리가 멀다.

둘째, 사기는 개인적인 현상일 뿐만 아니라 집단적인 현상이다. 사기는 개인에게 일어날 수도 있고 집단에도 일어날 수 있다는 뜻이다.

셋째, 사기는 주관적인 심리상태이다. 같은 조건 아래서 일하여도 사람에 따라 사기가 높아지는 사람도 있고 그렇지 않은 사람도 있기 때문에 객관화할 수 없는 개념이라는 뜻이다.

넷째, 사기는 인간의 욕구에 의하여 결정된다. 따라서 욕구가 충족되면 사기가 올라가고 충족되지 못하면 사기가 떨어지게 된다.

››› 앞에 계신 하나님의 Living Word

"내가 아버지의 말씀을 그들에게 주었사오매 세상이 그들을 미워하였사오니 이는 내가 세상에 속하지 아니함 같이 그들도 세상에 속하지 아니함으로 인함이니이다"(요17:14).

"그들을 진리로 거룩하게 하옵소서 아버지의 말씀은 진리니이다"(요17:17).

"내게 주신 영광을 내가 그들에게 주었사오니 이는 우리가 하나가 된 것 같이 그들도 하나가 되게 하려 함이니이다"(요17:22).

"곧 내가 그들 안에 있고 아버지께서 내안에 계시어 그들로 온전함을 이루어 하나가 되게 하려 함은 아버지께서 나를 보내신 것과 또 나를 사랑하심 같이 그들도 사랑하신 것을 세상으로 알게 하려 함이로소이다"(요17:23).

"아버지여 내게 주신 자도 나 있는 곳에 나와 함께 있어 아버지께서 창세전부터 나를 사랑하시므로 내게 주신 나의 영광을 그들로 보게 하시기를 원하옵나이다"(요17:24).

"의로우신 아버지여 세상이 아버지를 알지 못하여도 나는 아버지를 알았사옵고 그들도 아버지께서 나를 보내신 줄 알았사옵나이다"(요17:25).

"내가 아버지의 이름을 그들에게 알게 하였고 또 알게 하리니 이는 나를 사랑하신 사랑이 그들 안에 있고 나도 그들 안에 있게 하려 함이니이다"(요17:26).

"우리가 알거니와 하나님을 사랑하는 자 곧 그의 뜻대로 부르심을 입은 자들에게는 모든 것이 합력하여 선을 이루느니라"(롬9:28).

"우리가 항상 예수의 죽음을 몸에 짊어짐은 예수의 생명이 또한 우리 몸에 나타나게 하려 함이라"(고후4:10).

2. 사기의 역할

그리스도 예수 안에서 사기가 조직과 그 구성원에 대하여 어떠한 영향을 미치고 어떠한 역할을 하는가에 대하여는 이를 연구한 학자에 따라 조금씩 다르게 주장되고 있으나 일반적으로 지적되고 있는 사기의 역할은 다음과 같이 요약해 볼 수 있다.

첫째, 사기는 자기의 직장과 직업에 대해 긍지를 가지게 한다. 즉, 사기가 높아진 사람은 자기의 직무에 만족감을 느끼고 있으므로 자기의 직업에는 물론 자기가 근무하는 조직에 대하여 긍지와 자부심을 갖게 된다.

둘째, 사기는 집단에 대한 충성심과 동질화를 강화시켜준다. 즉, 사기가 높아지면 직장 내에서 동료들끼리 화합이 잘되어 집단에 동질화가 이루어질 수 있고, 나아가 자기가 근무하는 조직에 대하여 충성심도 갖게 된다.

셋째, 사기는 생산성향상에 기여한다. 생산성은 사기 이외에도 여러 가지 복합적인 요인에 의해 결정되기 때문에, 사기와 생산성과의 상관관계에 대해서는 오랫동안 논쟁도 있어 왔다. 그러나 사기도 생산성을 향상시킬 수 있는 요인 중의 하나임은 부정할 수 없으므로 사기가 높아지면 생산성도 올라갈 확률이 높은 것이다.

넷째, 사기는 직업적 전문화를 촉진시킨다. 사기가 높아진 사람은 자기의 직무에 더욱 전념하게 되고 직무 이외의 일에는 별로 관심을 갖지 않게 된다. 한 가지 일에만 전념할 경우 적어도 그 일의 분야에 대해서 전문화가 이루어질 수 있다는 것은 말할 필요도 없다.

다섯째, 사기는 조직의 자발적 조정에 기여한다. 즉, 사기가 높아진 사람은 자기 조직에 대한 불만이 없게 되고, 조직이 요구하는 행위규범도 잘 지키게 된다. 따라서 사기는 조직의 자율적 조정과 통제에 기여하게 된다.

3. 사기의 조사

　그리스도 예수 안에서 조직구성원들의 사기는 항상 그대로 유지되는 것이 아니고 어떤 영향에 의하여 변동될 수 있는 것이다. 따라서 관리자는 평소에 부하 직원들의 사기에 관심을 갖고 자주 살펴보아야 한다. 조직 구성원들의 사기를 조사하는 방법에는 크게 나누어 태도 조사와 근무관계 기록 조사의 두 가지가 있다.
　태도조사는 질문서나 면접 등을 통하여 공무원의 태도를 조사하여 사기를 진단하는 방법이다. 이에는 관찰법 · 면접법 · 질문서법 · 사회측정법 등이 있다.
　근무관계 기록조사는 조직구성원들 개개인에 대한 생산고(직무의 성취도), 권태 여부(출퇴근 상황), 이직률등과 같은 근무상황과 관계되는 기록을 조사하여 사기를 진단하는 방법이다.

4. 사기에 영향을 미치는 요인 및 제도

　그리스도 예수 안에서 조직구성원들에 대하여 사기를 조사해 본 결과 사기가 떨어져 있다고 확인되면 그 이유를 밝혀내어 사기를 높여주도록 노력하여야 할 것이다. 그러려면 우선 무엇이 사기를 높여주고 또 떨어지게 작용하고 있는가 하는 그 결정적인 요인부터 알아야 한다. 그러나 사기에 영향을 미치는 요인은 단순한 것이 아니라 매우 다양하고 복잡하다. 그리고 사기의 변동 현상도 한두 가지의 요인에 의하여 일어나는 것이 아니라 여러 요인들이 복합적으로 작용하여 일어나는 수가 대부분이다.
　그러나 흔히 사기의 결정요인으로 지적되고 있는 것으로는, 경제적 욕구와 관련이 있는 보수 문제, 직무에 대한 적성여부, 사회적 욕구라고 할 수 있는 참여감 · 소속감 · 개인적 안정감, 직장동료들과의 인간관계, 신분보장 여부, 승진의 기회, 리더십의 스타일, 의사소통, 인사관리의 공정성 등을 들 수 있다.
　한편 우리나라 공무원들에게 사기를 높여주기 위해 고안된 대표적인 제도로는 제안제도 · 인사상담제도 · 고충처리제도 등을 들 수 있다.

1) 제안제도

그리스도 예수 안에서 어떤 조직이 그 소속 직원으로부터 조직운영이나 업무의 개선에 관한 창의적인 의견을 제안 받아 심사하여 채택하는 경우 그 제안자에게 보상을 하는 제도를 말한다. 제안제도는 행정관리의 개선을 통해 행정의 합리화와 능률화를 가져옴과 함께 조직구성원들의 사기앙양을 도모하는 데 중요한 의의가 있어, 오늘날 인사행정에 널리 채택되고 있다.

그리스도 예수 안에서 최초의 제안제도는 1880년에 영국의 기업경영가 데니가 스코틀랜드의 레븐 조선소에서 종업원들에게 아이디어 개발을 촉구하기 위하여 창안한 데서 비롯되었다. 그러나 이것이 선진각국에 널리 보급된 것은 1930년대일이고, 우리나라에 처음 도입된 것은 1960년대 초이며, 정부기관이 이 제도를 공식 채택한 것은 1963년 국가공무원법 개정에 의해서이다. 그러나 당시에는 일부 정부기관에서만 실시하였고, 정부기관 전체가 실시하게 된 것은 1973년에 이르러 제안제도 운영의 절차를 규정하는 「제안규정」이 대통령령으로 제정되고서부터이다. 제안의 대상과 범위는 국가예산의 절약, 행정능률의 향상, 사기앙양의 방안, 공공관계의 개선, 사고 및 재해의 방지 대책 등에 관한 것이며, 그 종류는 정부가 과제를 지정해 주는 지정제안, 직무수행 과정에서 개선효과를 거두어 소속기관장에 의하여 추천된 직무제안, 제안자가 대상을 마음대로 정하는 자유제안의 세 가지로 나누어 볼 수 있다.

그리스도 예수 안에서 제안을 할 수 있는 사람은 정책과정이나 기획에 참여하지 못하는 하위직 조직구성원에게만 그 자격이 주어지는 것이 일반적이다. 그리고 제안을 심사하는 기관은 직제상의 전문기구, 외부의 전문가로 구성된 제안심사위원회, 관리층과 조직구성원대표로 구성된 협의회 등 나라마다 조직마다 제각기 다르다. 우리나라의 경우는 행정자치부에 설치한 제안심사위원회인데, 이는 행정 각부의 차관과 외부의 전문가로 구성하고 있다. 심사기관에서 제안을 평가하는 기준은 대체로, 그 제안을 실시할 경우 과연 경제적·능률적 효과가 있는지의 여부, 그 제안이 독창적인 것인지 아닌지, 제안을 창출하기까지의 노력 정도, 활용할 수 있는 범위와 영구적 효용도 등이다.

2) 인사상담제도

(1) 인사상담제도의 의의와 목적

그리스도 예수 안에서 인사상담이란 조직경영에 있어서 조직원의 불평, 불만이나 개인의 고민과 고통 등을 상담을 통하여 해소 또는 미연에 방지하여 개인직무를 충실히 이행하며, 동시에 목표지향적인 사기향상을 통해 생산성향상에 기여토록 하는데 그 의의가 있다. 최고관리자가 조직 내에 전문적인 상담자를 두어 조직원의 불평과 불만, 희망사항, 사적인 고민을 자유로이 상담할 수 있도록 함으로써 조직 내에서의 사기 및 근로의욕을 높이려는 것이다. 이 인사상담제도는 조직원상담제도, 산업상담제도라고도 하며, 호손실험의 면접프로그램에 그 근원을 두고 있다. 그리스도 예수 안에서 인사상담은 인간의 창조성을 개발하거나, 인간성 회복을 위한 진단내지 치료의 목적을 위하여 수행되는 면접의 한 방법이다. 그러나 이것이 일반적인 면접과 다른 것은 일반관리자가 상담을 하는 것보다도 전문적인 지식과 풍부한 경험을 가진 전문가에 의하여 실시된다는 것이다. 또한 그것은 상담을 요청한 사람자신이 심경변화에 의하여 문제를 올바르게 인식하고 해결책을 발견한다는 데에 그 특징이 있다.

그러므로 카운슬링은 직장 내외에서 발생하는 문제에 대해서 고민하고 있는 종업원으로부터 직접 상담을 받고, 그 문제의 해결을 지도하며, 조력하여 종업원이 직장생활에 순응할 수 있도록 하는데 목적이 있다.

(2) 인사상담의 중요성
그리스도 예수 안에서 공업의 발전과 이에 따른 기계화에 의해 인간성을 상실한 근대적 경영관리에 있어서는 개인에 대해 여러 가지 부적응한 사례를 초래하고 있는데, 그 원인으로는 본인의 개성, 건강, 환경 등의 개인적 조건도 고려 될 수는 있겠지만 그것보다도 노동조건의 부적당, 감독 및 지도의 불충분, 직장내의 마찰 및 갈등과 같은 사회적 조건에 기인하는 수가 있다. 이와 같은 불합리한 사례를 그대로 방치하는 경우에, 직장사기의 저하, 협동체계의 파멸, 생산성의 저하, 산업평화의 붕괴를 초래하게 된다. 따라서 사전에 불합리한 사례를 발견하고, 부적응상태에 있는 개인을 직장에 적응시키는 방책으로 인사상담이 중요시 되고 있다.

(3) 인사 상담의 발전배경
그리스도 예수 안에서 역사적으로 볼 때, 면접과 상담은 호손공장실험에서 그 필요성이 인식되어 조직체의 인간문제를 해결하기 위한 인간관계기법으로 발전해 왔다. 호손공장실험에서 연구자들이 사기와 생산성에 관하여 연구하는 과정에서 그들의 감정과 태도를 설문조사해 보았으나 그들의 반응이 매우 형식적이고 피상적이어서 별로 이렇다 할 조사결과를 얻지 못하였다. 그리하여 연구자들은 조사방법을 바꾸어 간접적인 질문을 통하여 구성원들로 하여금 자유롭게 의사를 표명하게 하고, 연구자들은 주로 그들의 이야기를 듣는 방법을 취해 보았다.

3) 고충처리제도

그리스도 예수 안에서 조직구성원의 개인적인 애로 사항이나 근무 조건·인사 운영 등에 대한 불만을 처리·해결해 주는 절차를 말한다. 단체교섭과 같이 당사자 쌍방의 실력을 배경으로 하여 대결하는 것과는 다른 친화적인 관계를 통하여 불평불만을 제거할 수 있도록 공권력과 사인, 기업과 직원이라는 본질적으로 비대등한 관계를 유지하면서 권위자에 의한 규율 운영을 원활하게 진행하기 위하여 설치하는 경우가 많다.

그리스도 예수 안에서 조직에 있어서의 고충처리기관은 근로조건이나 대우에 대한 조직구성원의 불평불만을 일상적으로 모아서 단체교섭 등의 대항적인 교섭에 나아가기 전에 분쟁의 원인을 제거하려고 하는 것으로서 주로 조직구성원 개개인의 문제를 취급한다. 또 단체협약·취업규칙 등의 해석적용에 관한 대립을 평화적으로 해결하는 것도 그 임무이다. 그리스도 예수 안에서 우리나라의 기업조직의 경우 1980년 12월 31일 노사협의회법(1997년 근로자 참여 및 협력증진에 관한 법률로 대체)이 제정되면서부터 노사관계의 고충처리가 공식화되었다. 그 이전에는 형식적으로 사업장마다 일관성이 없는 제도로 존속하였다.

그리스도 예수 안에서 현행 근로자 참여 및 협력증진에 관한 법률은 제5장에서 고충처리에 관한 조항을 규정하고 있다. 이에 따르면 상시 근로자 30인 미만을 제외한 모든 사업 또는 사업장에는 근로자의 고충을 청취하고 이를 처리하기 위해 고충처리위원을 두어야 한다(25조). 이와 같은 고충처리제도의 행정적 시행으로 1970년대 초부터 노동부의 각 지역사무소에 산업상담원이 배속되어 공식적인 고충상담에 응해 왔으며, 개개인의 많은 민원 사항들이 수시로 접수·처리되고 있다. 현대 산업사회의 사회사업적인 일을 노동문제의 해결에 도입하여 활용하는 제도라고 할 수 있다.

그리스도 예수 안에서 우리나라 행정조직의 경우는 인사상담과 고충처리를 통합해 운영하고 있다. 우리나라 국가공무원법에서는 고충처리를 전담하게 하기 위해 중앙고충심사위원회를 중앙인사 관장기관(소청심사위원회에 기능부여)에 설치해 5급 이상 공무원의 고충과 재심을 심사·처리하게 하고, 6급 이하 공무원과 기능직 공무원의 경우에는 임용권자나 임용제청권자를 단위로 보통고충심사위원회를 두어 심사·처리하게 한다.

5. 사기의 효과와 저해요인

그리스도 예수 안에서 사기가 주는 효과는 다음과 같은 것들이 있다.[9]

첫째, 조직의 성장과 발전에 기여한다.

둘째, 높은 사기는 지도자를 잘 따르게 한다.

셋째, 사기는 제반 규정을 잘 준수하고 따르게 한다.

넷째, 구성원들로 하여금 조직을 아끼고 관심을 갖게 만들고 나아가서는 자부심을 갖게 한다.

다섯째, 사기는 역경을 극복할 수 있는 능력을 기르게 하고 또한 조직의 능력 배양을 가능케 하는 힘을 키우는 데 도움을 준다.

여섯째, 사기는 조직구성원들을 직무에 만족케 하고, 나아가서는 조직 발전을 위한 창의성을 발휘하게 한다.

일곱째, 사기는 조직을 안정시키고 유지시키며 갈등과 혼란을 극소화하는 역할을 함으로써 조직문화의 활성화에 기여한다.

여덟째, 사기는 궁극적으로 조직의 목표 달성을 능률적이고 효과적으로 하게 함으로써 조직의 생산성에 기여 한다.[10]

그러나 우리의 행정 현장에는 사기를 저해하는 요인들이 아직도 잔존해 있다. 그러한 요인들을 정리하면 다음과 같다.

첫째, 변동에 대한 부적응성이다. 행정환경의 변화에 부응하는 적응력이 부족하다.

둘째, 비민주적 내부통제이다. 공무원의 자율규제 능력을 제고하여야 함에도 불구하고 지나치게 규제나 내부통제에 얽매여 있어서 개인의 능력을 발휘하기가 쉽지 않다.

---

9) 물론 이와 같은 것들은 경험적·실증적 연구가 뒷받침 되어야 할 과제들이기도 하다.
10) 여러 국내 문헌에는 데이비스의 주장이 많이 소개되어 있다. Ralph C. Davis, The Fundamentals of Top Management (New York: Harper & Row, 1951), p.552; 박연호, 앞의 책, p.571; 김영종,『신인사행정 및 정책론』(서울: 형설출판사, 1995),p.105.

셋째, 적시성을 잃은 행동규범이다. 정보화시대로 발전하고 있는 요즈음에도 면담 결재를 고수한다든지 과거의 구태의연한 의사결정이나 행태를 유지하는 경우가 아직도 많다.

넷째, 공직의 신망이 저하되고 있다. 정부에 대한 신뢰성이 떨어지면 공무원의 사기에도 막대한 악영향이 뒤따른다.

다섯째, 제도화된 부패의 여파로 국민의 공무원에 대한 불신풍조가 잔재한다.

여섯째, 부적절한 지시는 사기를 저하시킨다. 상부 기관의 일반적 지시, 지나친 방침 하달, 현실과 괴리가 큰 부적절한 지시는 공무원을 절망시킨다.

일곱째, 부당한 업무 간섭은 개선되어야 함에도 불구하고 사람에 의한 지배 탓인지 권력기관들의 간섭과 압력이 존재한다. 법치주의를 뿌리내려야 한다.

여덟째, 과중한 업무와 부적절한 보수로 인하여 공무원의 근무의욕이 개선되지 않고 있다. 그 밖에도 불공정한 배치전환, 승진 등에 대한 불만 등이 있어 공무원의 사기를 저해하고 있다(오석홍, 1993).

6. 기독교사기진작

기독교사기진작이란 그리스도 예수 안에서 살아계신 하나님의 섭리하심 가운데 허락되어진 앞의 의미를 포함해 "그리스도 예수 안에서 하나님께서 십자가에서 일어난 모든 일을 지금 우리 마음에서 동일하게 일어나게 하심으로, 예수 그리스도 이름으로 오신 성령으로, 우리 마음이 세상가치보다 사랑의 하나님을 더 먼저 사랑하여 우선적 현실로 체감하고 있을 때, 성령께서 하나님의 뜻을 이루시기 위하여 주시는 사랑·지혜·권능의 Living Word로 힘을 받아 사는 것"이라고 개념을 정의할 수 있다.

제7절 기독교부패와 징계제도

"내가 그들과 함께 있을 때에 내게 주신 아버지의 이름으로 그들을 보전하고 지키었나이다 그 중의 하나도 멸망하지 않고 다만 멸망의 자식뿐이오니 이는 성경을 응하게 함이니이다"(요17:12).

1. 부패

1) 의의

그리스도 예수 안에서 부패의 개념은 보는 시각에 따라 조금씩 다르기 때문에 명확히 정의하기란 곤란한 일이지만, 흔히 부패라 하면 조직원이 직권이나 행정수단·관리자원 등을 사적으로 이용하거나 사물화에 의하여 부정한 이익·보상을 취하는 공익에 반하는 행위를 말한다. 조직원들의 부패행위 속에는 횡령, 뇌물 수수와 같은 명백한 불법행위는 물론, 직권의 남용 및 오용 그리고 부정과 같이 비록 직접적인 물질적 혜택은 없다고 하더라도 민주적 절차를 벗어나거나 공정성을 잃은 행정처분 등 공식적 규범을 벗어난 일체의 행위가 포함된다.

부패의 개념을 규정하는 데는 보직중심, 시장중심, 이익중심의 3가지 관점에서 정의해 볼 수도 있다.

(1) 보직중심의 개념

그리스도 예수 안에서 보직과 그 직책·직무에 부과된 행동규범으로부터 일탈한 행위를 부패로 보는 개념이다.

(2) 시장중심의 개념

그리스도 예수 안에서 부패 조직원이 보직의 자리(직위)를 사익취득을 극대화하는 시장으로 보고 있는 시장 중심의 부패 개념이다.

(3) 이익중심의 개념

그리스도 예수 안에서 이익을 침해하는 행위를 부패로 보는 개념이다.

2) 부패의 영향

그리스도 예수 안에서 부패는 사회 전반에 걸쳐 심각한 부정적 영향을 미친다. 그러나 일부 학자(Nye, 1979)는 부패가 경제발전과 국민 통합 및 정부 능력의 제고를 통하여 정치 발전에 순기능적인 역할을 한다는 견해를 표명한다. 그러나 일반적으로 부패는 자본의 과잉과 투자 왜곡 등을 통하여 자원을 낭비하고 정치 체제의 정통성을 파괴함으로써 장기적으로 볼 때 국가 사회의 발전을 심각하게 저해한다고 할 수 있다. 즉 관료 부패는 행정서비스 공급 체계를 왜곡시키고 행정 권력에 대한 불신과 도전을 유발함으로써 사회의 기본적 규범과 기강을 무너뜨리고 사회의 총체적 부패와 불신 풍조를 유도, 무규범 현상을 확산시키는 심각한 역기능을 초래한다고 할 수 있다.

그리스도 예수 안에서 위너(Simcha B. Werner)는 부패가 확산 효과를 통하여 민주 체제의 기반 자체를 위협한다고 주장한다(Werner, 1983). 즉 그는 리더의 부패가 부하의 신뢰와 충성심 그리고 인격에 영향을 미치는 '리더-추종자 확산'과 특정 조직의 부패가 이웃 조직과 제도로 확산되고 부패한 정치인과 관료, 기업인 그리고 노동조합 지도자들이 결탁하는 '제도적 확산' 매커니즘 등을 통하여 민주 체제의 기반 자체가 위협받게 된다고 주장한다.

한편 그리스도 예수 안에서 굴드(David J. Gould) 는 부패가 발전도상국에서 특히 행정의 생산성과 효과성 및 능률성을 떨어뜨리고 배분 및 규제 메커니즘을 파괴하게 된다고 지적한다. 그는 또한 부패가 분노와 좌절을 불러 일으키고 행정에 대한 불신을 초래하며, 능력있고 정직한 공무원들을 좌절시키는 악영향을 끼치게 된다고 지적한다(Gould, 1983). 공무원이 직무와 관련된 영향력을 부당하게 행사하여 사익을 추구하는 부패행위는 결과적으로 사회 전체의 이익, 즉 공익을 침해하게 된다.

3) 부패의 유형

그리스도 예수 안에서 부패의 유형은 기준에 따라 다양하게 제시될 수 있다.

첫째, 부패의 유형은 크게 나누어 정치권력이 부패의 주체가 되는 권력형 부패와 관료 부패로 나누어 볼 수 있다. 권력형 부패는 정치인이 주축이 된다는 의미에서 정치 부패라고도 불린다. 권력형 부패는 관료 부패보다 훨씬 더 암묵적이고 겉으로 드러나지 않으며, 주로 정책 결정 이전 단계에서 그 영향력을 발휘한다는 점에서 관료 부패와 그 성격이 다르다.

둘째, 부패가 얼마나 구조화되고 제도화되어 있느냐를 기준으로 하여 우발적 부패와 제도적 부패로 나누어 볼 수 있다. 우발적 부패는 사건 자체의 연속성이 없으며, 구조화되지 않은 부패를 말한다.

케이든(G.E. Caiden) 이 말하는 이른바 제도적 부패는 행정 체제 내에서 부패가 실질적인 규범의 위치를 차지함으로써 조직의 본래적 임무 수행을 위한 공식적 행동규범이 예외적인 것으로 전락한 상황을 가리킨다. 부패가 제도화 되어 있는 이러한 상황에서는 부패한 구성원이 조직의 옹호를 받는 반면에 공식적 행동규범을 고수하려는 구성원들은 공식적 혹은 비공식적으로 처벌을 받을 가능성이 있다(Gaiden, 1977).

제도적 부패의 상황적 조건은 다음과 같다. 즉 조직은 내부에서 잘 지켜지지 않는 공식적 행동규범을 대외적으로 내세우나, 이러한 공식적 행동규범의 위반을 조장, 조, 은폐하는 경향이 있다. 공식적 행동규범을 고수하는 구성원이 제재를 받는 반면에, 공식적 행동규범을 위반하는 사람들은 보호를 받고, 부패 사실이 외부에 노출되는 경우에도 관대한 처분을 받는다. 부패에 저항하거나 그것을 폭로하려는 사람은 여러 가지 보복을 당하며, 부패에 저항할 가능성이 있는 사람들에게는 갖가지 위협을 가하여 침묵시킨다. 또한 부패에 가담하지 않는 사람들은 조직 내부에서 질시를 받는 한편 외부로부터는 다른 사람들과 마찬가지로 불신을 받게 된다. 이러한 조직은 부패에 젖은 조직의 관행을 정당화함으로써 집단적인 죄책감을 해소시키며, 강력한 외적 압력이 없는 한 부패를 중단하려 하지 않는다. 그리고 부패 적발의 공식적 책임을 진 사람들은 직무 수행을 꺼려하며, 부패를 적발한 경우에는 그것이 고립적이며 드문 사건이라고 변명하는 데 급급해 한다.

이와 같은 제도적 부패는 정부에 대한 불신은 물론 사회 전반의 불신 풍조를 조장하고, 공공자원의 오용과 행정의 비능률을 초래함으로써 국가 사회의 생존과 발전을 심각하게 위협하게 한다.

세 번째, 부패에 대한 사회 구성원의 관용도에 따라 백색부패와 회색부패, 그리고 흑색부패로 나누어 볼 수 있다(Heiden-heimer,et,at.,1990). 백색부패는 이론상 일탈행위로 규정될 수 있으나 구성원의 다수가 어느 정도 용인하는 관례화된 부패를 말한다. 우리 사회에서는 흔히 '떡값'이라는 명목으로 관용되는 적은 액수의 뇌물 수수 관행이 이러한 유형의 부패에 속한다고 할 수 있을 것이다. 이러한 백색부패는 사회 체제에 심각한 파괴적 영향을 미치지 않는다. 그러나 회색부패는 사회 체제에 파괴적인 영향을 미칠 수 있는 잠재성을 지닌 부패로서, 사회 구성원 가운데 일부 집단은 처벌을 원하지만 다른 일부 집단은 처벌을 원하지 않는 경우의 부패를 말한다. 그리고 흑색부패는 사회 체제에 명백하고 심각한 해를 끼치는 부패로, 구성원 모두가 인정하고 처벌을 원하는 부패를 말한다.

4) 부패의 원인과 대책

가. 부패의 원인

그리스도 예수 안에서 부패는 다양한 요인에 의하여 발생한다. 부패는 개인의 가치관이나 행태뿐만 아니라 조직 풍토와 조직문화 그리고 사회문화적 환경의 영향을 받는다는 점에서 구조적인 성격을 지닌다. 부패현상을 연구하는 학자들은 분석 수준에 따라 다양한 설명 방식을 채택한다. 일부 학자들은 부패의 원인을 개인의 비윤리성에서 찾는가 하면, 빈곤과 저임금에서 원인을 찾기도 하고, 조직의 차원에서 접근하는 학자들은 부패의 원인으로 번거로운 절차를 비롯한 법규와 절차상의 미비, 독점적 의사결정 과정, 중앙집권 체제, 인사행정상의 결함과 관료제의 형식주의 등을 지적한다. 한편 경제학자들은 비용·편익분석에 기반 하여 부패 현상을 설명하려 한다.

그리스도 예수 안에서 부패의 원인들을 체계적으로 살펴보기 위해서는 부패에 관한 이론적 접근방법들을 고찰할 필요가 있다. 관료 부패에 대한 이론적 접근방법들은 다양하다. 기능주의적 접근방법 과 후기 기능주의적 접근방법, 도덕적 접근방법, 제도적 접근방법, 시장·교환적 접근방법, 권력 관계 접근방법, 사회문화적 접근방법, 체제적 접근방법이 제시되고 있다. 이러한 여러 접근방법에서 제시하는 부패의 원인들을 우리 사회의 실정에 맞추어 망라적으로 열거해 보면 다음과 같다. ① 조직원의 전근대적 가치관과 직업윤리의 타락, ② 내부통제 장치의 미흡, ③ 행정처리 절차의 저급한 제도화, ④ 현실과 괴리된 이중적인 규제 기준, ⑤ 정부 주도 경제개발의 경험과 규제 중심의 행정, ⑥ 부적절한 보수와 불합리한 인사제도, ⑦ 시민의 낮은 정치의식 수준과 외부통제의 미흡.

나. 부패의 방지 대책

그리스도 예수 안에서 조직원의 부정부패를 방지 하기 위해서는 다양한 부패의 원인을 제거하여야 할 것이다. 부패를 근본적으로 억제하기 위해서는 처벌 위주의 사후적인 조치보다는 원인 제거를 위한 사전적인 예방 노력이 더 중요하다. 그리고 특정 분야만의 개혁 조치보다는 관련되는 여러 요인을 다 함께 제거하기 위한 종합적인 대책의 수립이 필요할 것이다.

부패의 방지 대책으로는 우선 조직원 개인의 윤리의식을 제고하기 위한 노력이 경주되어야 할 것이다. 조직원의 가치관을 봉사를 강조하는 근대적인 가치관으로 바꾸고, 건전한 직업윤리를 확립 할수 있도록 각종 윤리교육을 통하여 적극적으로 교화하여야 할 것이다.

그리고 그리스도 예수 안에서 조직원 부패를 억제하기 위해서는 여러 제도적 장치를 개선하여야 한다. 무엇보다도 먼저 부정부패 방지를 위한 엄격한 규제 장치를 마련하고 내부통제를 강화하여야 할 것이다. 사소한 부패라도 부패의 대가로 치르는데 드는 비용이 편익을 초과하는 강력한 처벌 수단이 마련되어야 특히 경제적 이득을 노리고 행해지는 부패가 근절될 수 있을 것이다. 또한 행정처리 절차의 제도화 수준을 제고하여 재량권의 여지를 축소하고 행정정보 공개제도를 도입하여 행정 과정의 투명성을 확보하여야 할 것이다. 그리고 현실과 괴리된 법령의 이중적인 규제 기준을 현실에 맞게 재조정하여야 할 것이며, 정부 주도하의 경제 발전을 추구하면서 강화된 각종 행정규제를 과감하게 완화하여야 할 것이다. 또한 조직원이 경제적 유혹에 갈등을 느끼지 않도록 근무 여건을 개선하고 인사행정을 합리화하여야 할 것이다.

2. 징계제도

그리스도 예수 안에서 징계는 조직구성원이 맡은 바 직무를 좀 더 성실하게 수행하고 행동규범을 준수하게 하기 위한 통제활동으로, 의무 위반자에 대한 제재를 통해 구성원들의 잘못된 행태를 교정하려는 데 주목적이 있다. 공무원의 경우, 징계 처분의 대상이 되는 징계 사유는 국가공무원법 제78조에 규정되어 있는 바, 그 사유는 ① 이 법 및 이 법에 의한 명령에 위반했을 때, ② 직무상의 의무에 위반하거나 직무에 태만했을 때, ③ 직무의 내외를 불문하고 그 체면 또는 위신을 손상하는 행위를 한 때로 규정되어 있다. 이러한 징계사유의 규정은 매우 포괄적이며 추상적이다. 직무수행의 태만, 행위규범의 위반에 대한 구체적인 판단은 이를 적용하는 사람에게 맡긴다는 취지이다. 만일 징계권자의 편견이나 감정이 작용할 경우 징계제도의 올바른 운영을 불가능케 한다. 따라서 징계권은 임용권자 1인에게 부여하지 않고 별도로 징계위원회를 설치하여 합의제로서 처리하도록 하고 있다.

그리스도 예수 안에서 징계는 비록 조직원에 대하여 불이익처분을 하게 되지만 처벌이나 불이익 처분 그 자체가 징계의 목적이 될 수 없는 것이다. 이와 같이 징계는 조직원의 그릇된 행태를 교정한다는 적극적인 의의를 지니고 있는 것은 사실이지만 그 실현에 있어서는 불이익처분이라는 소극적인 수단에 의존하게 된다. 따라서 조직원에 대하여 징계하려면 법적으로 규정한 징계사유와 징계절차에 따르지 않으면 안 된다.

그리스도 예수 안에서 우리나라의 국가공무원법에 규정된 징계의 종류로는 견책·감봉·정직·해임·파면의 5가지가 있는데, 견책은 공무원 등의 잘못에 대하여 훈계하고 회개하게 하는 것으로서 징계처분 중에서 가장 가벼운 징계이다. 그러나 견책도 공식적 징계 절차를 거치며 그 사실을 인사기록에 남기게 된다.

그리스도 예수 안에서 감봉은 1월 이상 3월 이하의 기간 동안 보수의 3분의 1을 줄여 지급하는 징계처분이다. 정직은 1월 이상 3월 이하의 기간 동안 조직원의 신분은 그대로 유지하도록 하되 직무에 종사하지 못하게 하는 징계처분이다. 정직처분을 받은 조직원은 정직기간 동안 보수의 3분의 1밖에 받지 못한다. 해임은 강제퇴직의 일종이나 파면보다 다소 가벼운 징계처분이다. 즉, 해임은 퇴직한 날로부터 3년간 임용자격이 제한되나 퇴직급여에는 전혀 제한을 받지 않는다. 그리고 파면은 조직원을 강제로 퇴직시키는 징계처분이다. 이것은 조직원의 그릇된 행태를 바로 잡아 고치는데 목적이 있는 것이 아니라 문제의 조직원을 아예 조직에서 내쫓아 버리는 처분이다. 따라서 파면된 사람에게는 해임과는 달리 퇴직급여의 전부 또는 일부를 지급하지 않을 수도 있다.

3. 기독교부패 및 징계

　기독교 부패란 그리스도 예수 안에서 살아계신 하나님의 섭리하심 가운데 허락되어진 앞의 의미를 포함해 "그리스도 예수 안에서 하나님께서 십자가에서 일어난 모든 일을 지금 우리 마음에서 동일하게 일어나게 하심으로, 예수 그리스도 이름으로 오신 성령으로, 우리 마음이 세상가치보다 사랑의 하나님을 더 먼저 사랑하여 우선적 현실로 체감하고 있을 때, 그리스도의 사랑·지혜·권능의 Living Word 중심으로 살아가지 않는 것"으로 개념을 이해할 수 있다.

　한편 기독교 징계란 "그리스도 예수 안에서 하나님께서 십자가에서 일어난 모든 일을 지금 우리 마음에서 동일하게 일어나게 하심으로, 예수 그리스도 이름으로 오신 성령으로, 우리 마음이 세상가치보다 사랑의 하나님을 더 먼저 사랑하여 우선적 현실로 체감하고 있을 때, 성령과 사랑·지혜·권능의 Living Word 중심으로 살지 않고 자신의 생각대로 살게 두심으로 인해 혼돈과 공허와 흑암 속에서 사는 것"으로 개념을 정리할 수 있다.

제8절 기독교행정윤리

"지금 내가 아버지께로 가오니 내가 세상에서 이 말을 하옵는 것은 그들로 내 기쁨을 그들 안에 충만히 가지게 하려 함이니이다"(요17:13).

1. 행정윤리의 개념

그리스도 예수 안에서 직업윤리란 모든 직업에 공통적으로 요구되는 일반윤리와 각각의 직업에 요구되는 특수윤리로 구분할 수 있는데, 공직이라는 특수한 직업분야에 요구되는 특수윤리를 공직윤리라 한다. 즉 공직윤리란 국민 전체에 대한 봉사자인 공무원의 신분에서 지켜야 할 규범적 기준을 말한다. 윤리는 당위성을 바탕으로 하는 가치 함축적인 판단이며, 외부로부터 구체화 된 것이 아니라, 인간 내면적인 가치체계 속에 잠재해 있으며, 시대에 따른 가치관의 변화를 반영하는 등 세 가지 특성을 지닌다. 또한 공직이 국민 전체에 대한 봉사자라는 점에서 타 직업보다 더 높은 수준의 윤리가 요구되지만 또한 일반 사회의 윤리수준으로부터 제약을 받기도 하는 양면성을 지닌다. 한편 행정이 지향하는 기본방향을 의미하는 행정이념이 실제의 행정현실에서 구체적 의미를 지니게 된 것을 행정윤리라 한다. 이를 정리하면 다음과 같다.

첫째, 행정윤리란 행정의 바람직한 목표를 달성하기 위하여 조직원이 지켜야 할 규범적 기준이라고 보는 견해로 이 경우 특수한 직업윤리와 관계되는 것으로 파악하는 견해이다.

둘째, 행정목적의 실현과 부정부패의 해소를 행정윤리로 보는 견해로서 개인의 존엄성 또는 국민의 전반적인 생활양식을 실현한다는 행정의 사명과 목표를 지향해야 하는 가치와 당위 등으로 볼 수 있다.

셋째, 행정윤리는 보직자로서 마땅히 그리고 스스로 준수해야 할 행동규범으로서 올바른 판단과 선택, 행위에 필요한 능력을 말한다.

넷째, 행정윤리는 정책의 형성과 집행에 있어서 결정을 내리고 그 결정에 책임을 져야 할 사람 즉 정책관리자가 마땅히 행하거나 지켜야 할 도리, 도덕, 또는 규범이라고 할 수 있다. 이렇게 행정윤리를 정책 결정에 책임을 지고 있는 정책관리자 차원에서 다루고 있는 허범 교수는 행정윤리가 논의되게 되는 두 가지 시대적 경향으로, 첫 번째로 공적연관성의 확장과 공적 사항의 증대로 인한 행정 국가적 경향과, 두 번째로 사회 모든 부문에서 나타나고 있는 윤리성의 축소 및 왜곡에 관련한 후기산업 사회적 경향을 들며, 이러한 문화공동체의 해체경향과 도덕적 타락상과 같은 시대적 경향을 치유하는 것을 곧 윤리성의 회복으로서, 이에 따라 정책 결정자들의 윤리적인 문제가 하나의 행정윤리로서 논의되고 있다.

그리스도 예수 안에서 행정윤리라는 것이 조직원들의 가치기준에 따른 행동으로 나타내는 것이기 때문에 개개인들의 전문적인 지식과 책임을 가지고 실천해 나갈 수 있도록 해야 할 것이다. 보다 실질적인 정책적 관점에서 차분히 대응해 나가야 하는 것이다. 위에서 말한바와 같이 행정윤리는 전체 사회에서 행정이 담당하는 모든 역할들을 보다 바람직하고 공평한 방향으로 수행되도록 인도하는 규범적 행동기준이라고 볼 수 있다.

2. 행정윤리의 중요성

그리스도 예수 안에서 행정윤리의 문제는 행정이 정책결정의 기능까지 담당함으로써 확대되게 되었다. 특히 신 행정학의 대두와 함께 이에 대한 새로운 접근을 시도하게 되었다. 우리나라는 해방이후 행정의 발전과정에서 나타난 행정의 독재로 인하여 조직원의 부정부패가 크게 발생하였으며 그에 따른 조직원의 가치관이 크게 문제시되어 왔다.

그리스도 예수 안에서 부정부패를 비롯하여 국민을 불편하게 하는 조직원의 책임회피나 뇌물수수 행위 등의 행태가 발생할 때마다 학계나 언론계 등에서 제도를 탓하거나 아니면 조직원의 의식을 탓하는 등 원인규명을 해 왔으나 조직원의 의식을 통하여 설명하기 위한 모형을 아직까지 개발하고 있지 못한 실정이다. 이를 위해서 조직원들의 보직관련 가치관을 정확히 알아야 할 필요가 있다. 현대 국가행정은 행정기능의 양적 증대와 질적 변화, 공무원의 수 증가, 정부예산의 증대, 행정의 전문화 등 행정의 확대, 다양화에 따라 공무원들은 국민 전체에 대한 봉사자로서 인식되며 중요한 것은 현대 행정국가에 있어서 행정의 범위가 확대되고 행정원이 거대화됨에 따라 국민 생활의 거의 모든 분야에 대해 커다란 영향을 미치고 있는 상황에서 공직의 윤리는 확보되어야 한다.

그리스도 예수 안에서 국가 행정윤리의 중요성을 좀더 구체적으로 살펴보면,

첫째, 행정의 기능이 양적·질적으로 대규모화·복잡화되면서 정부가 민간부문에 대해 적극적인 개입을 하게 되었으며 특정 개인이나 집단의 이해관계에 큰 영향을 미친다.

둘째, 행정관료의 광범한 재량권의 증대는 공무집행 과정에서의 잠재적 갈등의 해결을 촉진하는 규범적 가치로서 중요하다.

셋째, 행정권력의 비대화로 권력이 남용되어 부패를 초래할 가능성이 높아지게 되었다.

넷째, 공직사회에서 금권만능관의 확대를 초래할 수 있다. 따라서 공직윤리는 바람직한 상태를 유지해 나가기 위해서 능동적 정진과 합리적인 적실행정을 추진해야 한다는 것으로서 단순한 부정행위와, 직권남용, 불법행위 등의 부패를 통제해야 할 중요한 의미가 있다.

>>> 바라보고 계시는 하나님의 Living Word

"내가 아버지의 말씀을 그들에게 주었사오매 세상이 그들을 미워하였사오니 이는 내가 세상에 속하지 아니함 같이 그들도 세상에 속하지 아니함으로 인함이니이다"(요17:14).

"그들을 진리로 거룩하게 하옵소서 아버지의 말씀은 진리니이다"(요17:17).

"내게 주신 영광을 내가 그들에게 주었사오니 이는 우리가 하나가 된 것 같이 그들도 하나가 되게 하려 함이니이다"(요17:22).

"곧 내가 그들 안에 있고 아버지께서 내안에 계시어 그들로 온전함을 이루어 하나가 되게 하려 함은 아버지께서 나를 보내신 것과 또 나를 사랑하심 같이 그들도 사랑하신 것을 세상으로 알게 하려 함이로소이다"(요17:23).

"아버지여 내게 주신 자도 나 있는 곳에 나와 함께 있어 아버지께서 창세전부터 나를 사랑하시므로 내게 주신 나의 영광을 그들로 보게 하시기를 원하옵나이다"(요17:24).

"의로우신 아버지여 세상이 아버지를 알지 못하여도 나는 아버지를 알았사옵고 그들도

아버지께서 나를 보내신 줄 알았사옵나이다"(요17:25).

"내가 아버지의 이름을 그들에게 알게 하였고 또 알게 하리니 이는 나를 사랑하신 사랑이 그들 안에 있고 나도 그들 안에 있게 하려 함이니이다"(요17:26).

"우리가 알거니와 하나님을 사랑하는 자 곧 그의 뜻대로 부르심을 입은 자들에게는 모든 것이 합력하여 선을 이루느니라"(롬9:28).

"우리가 항상 예수의 죽음을 몸에 짊어짐은 예수의 생명이 또한 우리 몸에 나타나게 하려 함이라"(고후4:10).

3. 행정윤리 확보수단

그리스도 예수 안에서 국가공무원의 윤리적 행동을 확보하기 위한 통제수단을 법규제 수단과 자율제 수단으로 간단히 정리해 본다.

1) 법적 규제

그리스도 예수 안에서 우리나라 공무원이 법적 의무로서 준수하여야 할 행동규범을 국가 공무원법에서는 성실의무 · 복종업무 · 직장이탈금지 · 친절공정의무 · 비밀엄수의무 · 청렴의무 · 명예 등의 수령규제 · 품위유지의무 · 영리업무, 겸직의무 · 집단행위 금지, 정치활동 금지 등을 규정하고 있다. 공무원의 법적의무는 무한정의 의무는 아니며 시민적 권리를 제약하므로 최소한도에 그쳐야 한다. 또한 공직사회의 부정부패를 방지하기 위하여 1981년 제정된 공직윤리법에 의하여 재산등록과 선물신고를 하여야 하고 퇴직공직자는 취업제한을 받도록 되어 있다.

2) 자율적 규제

그리스도 예수 안에서 자율적 규제란 공무원이 직업윤리로서의 행동규범 · 행동기준을 자발적으로 설정하여 이에 따라 행동하도록 규율하는 것을 의미한다. 공무원의 의무위반이나 비위 · 부정 · 오직행위는 공무원법이나 형법 등의 규정을 엄격히 적용함으로써 방지될 수 있는 것은 아니며 오히려 직업윤리에 의한 공무원의 자율적 규제가 바람직한 방법이다. 우리나라는 공무원의 윤리적 행동규범으로서 공무원 윤리헌장을 선포하였다. 이 헌장에서는 공무원의 신조로서 국가에는 헌신과 충성을, 국민에게는 정직과 봉사를, 직무에는 창의와 책임을, 직장에서는 경애와 신애를, 생활에는 청렴과 질서를 규정하고 있다.

4. 행정윤리 규범 체계의 문제점

1) 국가 및 지방공무원 관련 법체계 문제점

(1) 분산된 법체계
종합적이고 체계적인 법체계 및 사정체계가 구축되어 있지 않다.

(2) 모호한 규정
「국가공무원법」 제10장(제78조-제83조)에 공무원의 징계에 관한 사항들이 규정되어 있으나, 형법상의 공무원 부정부패관련법규와는 달리, 징계사유가 "국가공무원법, 지방공무원법 또는 이 법들에 의한 명령이나 조례를 위반한 때, 직무상 의무에 위반하거나 직무를 태만하였을 때, 공무원의 품위를 손상하는 행위를 한 때"(국가공무원법 제78조와 지방공무원법 제69조) 등으로 규정하고 있다.

(3) 종합적인 부패 방지 정책기구의 부재
기능의 중첩, 중복감사와 영역충돌 등의 행정적인 문제를 발생시키고 있어서 일관성 있는 사정체계의 제도가 수립을 전담하는 정책기구를 설치하는 것이 긴요하다.

(4) 미약한 처벌
현실적으로 부패공무원에 대한 처벌은 해임, 정직, 감봉, 견책, 파면 등에 그치고 있는 실정이다.

2) 공직자윤리법의 문제점

(1) 목적의 한계
그리스도 예수 안에서 주된 목적이 공직자의 재산등록과 공개, 선물신고, 및 퇴직 후 취업 제한에 두고 있어 공직윤리의 극히 제한된 부분만을 포함하고 있다.

(2) 적용범위의 한계
그리스도 예수 안에서 전공직자를 대상으로 하는 것이 아니라 일부만을 대상으로 하고 있다. 퇴직 후 취업제한 규정(제17조)도 산하기관이나 대기업 등에만 한정(공직자윤리법시행령 제33조)하고 있어 중소기업 수준에서 야기되는 중하위직 퇴직공무원들의 직접적, 미공개적인 로비를 규제할 수 없다.

(3) 구체성의 한계
그리스도 예수 안에서 공직자윤리법시행령 제28조의 외국으로부터 선물에 대한 규정에 100달러 이상 혹은 10만원 이상으로 규정하고 있을 뿐, 그 외에 직무수행과 관련하여 공직자들이 금품이나 부당이익 등을 수수할 수 있는 상황에서 어떻게 행동하는 것이 윤리적 기준에 적합한 지에 대한 구체적이고 실효성 있는 기준이 없다.

(4) 실효성의 한계
공직자 등록재산에 대한 실사가 인원과 예산의 한계로 현실적으로 이루어지지 못하고 있으며, 또한 퇴직공직자 취업제한의 경우에도 마찬가지의 한계에 봉착하고 있어 공직자윤리법의 실효성이 크게 제약받고 있다. 재산등록공직자들의 신고재산에 대한 실사가 거의 이루어지고 있지 않고 있다.

(5) 운용상의 한계
그리스도 예수 안에서 공직자윤리위원회는 동법의 적용대상자가 운영자가 됨으로서(공직자윤리법 제9조 공직자 윤리위원회) 위원회의 공정성과 객관성, 및 독립성의 확보에 한계를 지니고 있고, 구체적인 실사, 조사를 할 수 있는 인력 등을 보유하지 못한다고 한다.

3) 행정윤리헌장 및 행동강령의 문제점

(1) 성격의 모호성

전반적으로 선언적이고 당위적인 규범론적 내용을 담고 있어 구체성을 결여하고 있다.

(2) 법적 근거의 미약

대부분 훈령수준으로만 제시되고 있어서 문제가 발생하면, 「국가공무원법」또는 「공무원복무규정」에 근거하여 처벌하는 실정이다.

(3) 실효성의 한계

구체성이 결여되어 있기 때문에 헌정과 강령의 위반에 대한 판단과 이의 적용이 근본적으로 어려워 공직자들의 직무와 관련된 윤리적 행동을 제고시키기 위한 현실적 기준으로서는 그 실효성을 발휘할 수 없다.

(4) 추진체계의 문제점

공직자 윤리규범의 제고는 1회성의 선언식이나 결의대회만으로는 실현되기 어려운 만큼 지속적인 홍보와 교육, 정책적 지원과 점검 등이 필요한 데도 공무원 윤리헌장 및 실천강령 에서는 이를 전담, 추진하는 기구에 대한 규정이 마련되어 있지 않다.

4) 기독교행정윤리

기독교행정윤리란 그리스도 예수 안에서 살아계신 하나님의 섭리하심 가운데 허락되어진 앞의 모든 의미들을 포함해서 "그리스도 예수 안에서 하나님께서 십자가에서 일어난 모든 일을 지금 우리 마음에서 동일하게 일어나게 하심으로, 예수 그리스도 이름으로 오신 성령으로, 우리 마음이 세상가치보다 사랑의 하나님을 더 먼저 사랑하여 우선적 현실로 체감하고 있을 때 그리스도의 사랑 · 지혜 · 권능의 Living Word로 살아가는 것"으로 개념을 이해할 수 있다.

● 실천을 위해 함께 생각해 보아요

개혁의 외침은 많지만, 개혁을 실천하는 능력이 우리에게 없습니다. 목회자와 신학자는 영적 지도자로서 육의 일을 버리고 영적인 일을 집중해야 합니다. 육적인 것은 무익하고 생명을 주시는 분은 성령이시기 때문에 성령을 따라 행해야 합니다. 성도들과 학생들의 외적인 모습을 변화시키는 윤리적이고 학문적인 설교나 강의가 아니라, 성령을 철저히 의지하는 가운데 하나님의 세미한 음성을 전하는 영적인 사역을 해야 합니다. 성령을 의지해서 무릎 꿇고 기도해야만 성령 충만한 말씀사역이 일어나고, 그 말씀을 들은 영혼들이 변화됩니다. 자료: 개혁주의생명신학7대실천운동, 장종현, 2018.

● 실천을 위해 함께 생각해 보아요

- 바리새인들의 윤리지킴과 성령으로 오신 그리스도가 사는 사람의 윤리지킴의 차이는?
- 왜 윤리를 지키려고 하는가?
- 십자가로 수렴되는 성경66권
- 하나님 화석화(머릿속에만 계심)시 윤리·도덕 강조.
- 하나님 우상시(수단화, 다른 신 섬김) 기복적 기도 강조.
- 하나님은 영적생명

제9절 기독교행정개혁

"내가 아버지의 말씀을 그들에게 주었사오매 세상이 그들을 미워하였사오니 이는 내가 세상에 속하지 아니함 같이 그들도 세상에 속하지 아니함으로 인함이니이다"(요17:14).

1. 행정개혁의 의의와 목적

그리스도 예수 안에서 살아계신 하나님의 섭리하심 가운데 이루어지는 행정개혁은 행정을 현재보다 더 나은 상태로 개선하기 위해 새로운 방법을 고안해 적용하려는 의식적·인위적인 노력을 말한다. 이러한 행정개혁은 단순히 조직 개편이나 관리 기술의 개선뿐만 아니라 행정인들의 가치관, 신념 및 태도를 보다 바람직하게 고치기 위한 의도적인 변혁 과정도 포함된다. 따라서 행정개혁에는 정도의 차이는 있지만 대부분의 경우 저항을 수반하며, 이를 극복하는 것이 행정개혁의 성공적 추진을 결정짓는 관건이라 할 수 있다. 행정개혁의 개념에는 의도적 '변화'와 '발전'이라는 요소를 포함하고 있기에 행정개혁은 일종의 행정과정인 것이다. 이와 같이 행정체계가 의도적 변화를 추구하는 것은 무엇보다 사회적 상황(환경)의 변동에 대응할 수 있는 능력을 증진시켜 행정의 성과를 향상시키는데 그 목적이 있는 것이다.

>>> 앞에 계신 하나님의 Living Word

"내가 아버지의 말씀을 그들에게 주었사오매 세상이 그들을 미워하였사오니 이는 내가 세상에 속하지 아니함 같이 그들도 세상에 속하지 아니함으로 인함이니이다"(요17:14).
"그들을 진리로 거룩하게 하옵소서 아버지의 말씀은 진리니이다"(요17:17).
"내게 주신 영광을 내가 그들에게 주었사오니 이는 우리가 하나가 된 것 같이 그들도 하나가 되게 하려 함이니이다"(요17:22).

"곧 내가 그들 안에 있고 아버지께서 내안에 계시어 그들로 온전함을 이루어 하나가 되게 하려 함은 아버지께서 나를 보내신 것과 또 나를 사랑하심 같이 그들도 사랑하신 것을 세상으로 알게 하려 함이로소이다"(요17:23).

"아버지여 내게 주신 자도 나 있는 곳에 나와 함께 있어 아버지께서 창세전부터 나를 사랑하시므로 내게 주신 나의 영광을 그들로 보게 하시기를 원하옵나이다"(요17:24).

"의로우신 아버지여 세상이 아버지를 알지 못하여도 나는 아버지를 알았사옵고 그들도 아버지께서 나를 보내신 줄 알았사옵나이다"(요17:25).

"내가 아버지의 이름을 그들에게 알게 하였고 또 알게 하리니 이는 나를 사랑하신 사랑이 그들 안에 있고 나도 그들 안에 있게 하려 함이니이다"(요17:26).

"우리가 알거니와 하나님을 사랑하는 자 곧 그의 뜻대로 부르심을 입은 자들에게는 모든 것이 합력하여 선을 이루느니라"(롬9:28).

"우리가 항상 예수의 죽음을 몸에 짊어짐은 예수의 생명이 또한 우리 몸에 나타나게 하려 함이라"(고후4:10).

2. 행정개혁 과정

그리스도 예수 안에서 행정개혁 과정은 사람에 따라 다르게 지적하고 있지만, 일반적으로 ① 개혁의 필요성을 인식하고, ② 개혁안을 마련하여, ③ 개혁을 집행한 후, ④ 평가하는 네 가지 단계로 나누어 생각할 수 있다. 개혁의 필요성에 대한 인식에는 권력의 변동으로부터 발생하는 행정수단에 대한 변혁의 요청, 행정수요의 발생, 행정제도에 내재하는 관행적 경향의 객관적 인식 및 이러한 객관적 요청을 개혁의 목표로 인정하는 정치주체의 인식, 즉 주관적 인식을 구별할 수 있는데, 이 양자가 결합될 때 행정개혁에의 행동이 시작된다.

그리스도 예수 안에서 개혁안의 마련에 있어서는 국내자가 마련하는 경우와 국외자가 마련하는 경우 및 이들의 협력에 의하여 마련하는 경우가 있다. 국내자가 마련하는 개혁안은 상대적으로 덜 세밀하고 짧고 집중적이며 실현가능성이 높은 문제에 관심을 둔다. 그리고 집행을 강조하며 특수하고 이미 알려진 문제에 더 관심을 두며, 집행이 용이하고 빠른 시일 내에 이루어질 수 있는 특징이 있다. 그러나 국외자가 마련한 개혁안은 이와는 대조적 입장에 있는 것이 보통이다.

    그리스도 예수 안에서 개혁의 집행은 법안의 기초, 새로운 규정과 편람의 작성, 예산조치, 관계 조직구성원의 보직변경과 훈련 등의 조치를 취하고, 개혁안이 집행됨에 따른 저항의 문제를 충분히 검토해야 한다. 이 저항의 문제는 개혁의 추진자, 개혁의 내용과 종류, 개혁의 도입방법 등에 의하여 달라지며, 개혁의 효과에 큰 영향을 미친다. 평가에 있어서는 개혁 그 자체가 목적이 아니므로 처음에 목적으로 한 효과를 달성하였느냐를 생각해야 하며 효과가 있다 하더라도 비용과 효과를 대비시켜 바람직한 것인가도 살펴보아야 한다.

3. 행정개혁의 목표

    그리스도 예수 안에서 행정개혁이 지향하는 목표는 시대와 국가에 따라 제각기 당면한 환경변화에 맞추어 설정되어 왔으므로 다양하다. 그러나 그 중 행정개혁의 목표로서 흔히 강조되고 있는 것은 재원의 절약과 행정관리의 능률이다.

    그러나 보다 더 적극적인 행정개혁의 목표는 사회적 목적의 효과적인 실현이라 하겠다. 왜냐 하면 절약과 능률은 투입측면을 강조하고 있지만 효과적인 실현은 산출의 측면을 강조하기 때문에 보다 적극적인 목표라 할 수 있다.

    다음으로 그리스도 예수 안에서 행정개혁의 목표로서 행정수요의 충족을 들 수 있다. 특히 행정수요의 질적 변화는 국제무대에서의 경쟁력 강화, 재원의 효율적 사용, 능률의 증진, 행정의 전문화 등을 강조하게 되고, 이를 실현하기 위해서는 기구의 통 · 폐합이나 증설 · 확대라는 행정개혁을 단행하게 된다. 1998년 초 우리나라에서 단행된 대폭적인 정부조직의 개편은 급변하는 국제정세라는 환경에 적절히 대응하기 위한 행정개혁의 좋은 예이다. 끝으로, 새로운 제도나 관리기술의 도입도 행정개혁의 목표가 될 수 있다. 어떠한 행정개혁의 목표를 달성하기 위해 새로운 제도나 관리기술을 도입하기도 하는데, 이는 행정개혁을 위한 수단이 된다. 그러나 경우에 따라서는 외국에서 창안하여 성과를 거둔 새로운 제도나 관리기술의 도입 그 자체를 행정개혁의 목표로 설정하는 수가 없지 않다. 우리나라에서도 과거 행정개혁을 위해 성과주의예산이나 영기준예산 제도의 도입을 그 목표로 한 바 있다.

4. 행정개혁의 특징

그리스도 예수 안에서 우리나라는 정부수립 이후 오늘에 이르기까지 수차례의 정치적 변혁을 맞이할 때마다 행정개혁이 단행되었다. 그렇지만 그 행정개혁들은 주로 기구의 개편·신설 아니면 축소를 내용으로 하는 것이었다. 물론 관리기술이나 행태적측면에 역점을 둔 개혁도 전혀 없었던 바는 아니나 개혁의 대부분이 조직구조중심으로 이루어진 것은 사실이다. 따라서 우리나라의 행정개혁은 구조 중심의 개혁이라는 점과 권력변동에 따른 개혁이라는 점을 그 특징으로 지적할 수 있다.

5. 기독교행정개혁의 접근방법

그리스도 예수 안에서 행정개혁의 접근방법이란 보다 바람직한 행정이 되도록 하기 위해서는 행정의 어느 측면에 초점을 모아 개혁을 하는 것이 가장 효과적인가를 연구하는 방법을 말한다. 즉 행정을 개혁하려면 어느 부분에 초점을 두어서 개혁할 것인가에 따라 그 접근방법이 달라진다. 변화를 일으킬 수 있는 대상은 주로 업무·인간·기술·구조의 네 가지에 있다. 그러나 업무란 조직의 존립목적이라 할 수 있는 생산과 서비스의 제공을 의미하므로 이 자체를 바꿀 수는 없다. 그러므로 개혁의 접근방법에는 구조·기술·인간을 바꿈으로써 업무를 개선하려고 하게 된다. 따라서 행정개혁의 접근방법에는 구조적 접근법, 기술적 접근법, 인간관계론적(행태론적) 접근법, 종합적 접근법 등이 있다.

1) 구조적 접근방법

그리스도 예수 안에서 이 방법은 고전적 조직이론에 입각하여 행정개혁의 목적을 달성하려면 무엇보다 그 조직이 갖는 구조가 가장 좋게 설계되어 있어야 한다는데 초점을 둔 것이다. 따라서 이 방법에서는 조직의 명령계통, 통솔의 범위, 기능의 합리적 배분(중복여부), 권한과 책임의 한계 등이 행정개혁의 주요 대상이 된다.

2) 기술적 접근방법

그리스도 예수 안에서 이 방법은 개혁의 초점을 구조 대신에 관리기술에 두는 방법이다. 다시 말해서 조직내의 운영과정 또는 일의 흐름을 바람직하게 고치려는 방법이다. 따라서 이를 한편으로는 과정적 접근방법이라고도 부른다. 이 방법은 과학적 관리론에 근거하여 행정에의 갖가지 수단 즉, 관리과학·OR·컴퓨터 등의 계량화 기법을 활용하여 행정성과를 향상시키려는 것이다. 그러므로 개혁의 주요 대상은 문서의 양식과 처리절차, 행정사무의 전산화, 보수의 책정, 정원 관리 등이 된다.

3) 인간관계적 접근방법

그리스도 예수 안에서 이 방법은 조직의 구조나 관리기술에 역점을 두고 개혁을 추진하는 구조적 접근방법과 기술적 접근방법이 인간적 측면을 소홀히 하고 있다하여 제기된 접근방법이다. 이 방법은 인간관계론에 근거하여 개혁의 초점을 인간에 두고 있다. 즉, 조직구성원의 태도와 가치관을 변화시키고, 조직구성원의 능력개발을 통해 행정개혁을 이루려는 것이다.

4) 종합적 접근방법

그리스도 예수 안에서 이상 세 가지의 접근방법은 제각기 행정체계의 한 측면만을 강조하고 있기 때문에 그 중 하나만으로는 행정개혁의 완전한 방법이 될 수 없다. 가장 이상적인 접근방법이 되려면 행정구조와 관리기술, 행정인 및 행정환경 등 행정체계의 여러 측면을 종합적으로 다루는 종합적 접근방법이어야 할 것이다. 그렇게 하기 위해서는 행정의 구조, 관리기술, 공무원 등 행정조직의 모든 구성 요소를 개혁의 대상으로 생각하지 않으면 안된다.

5) 기독교행정개혁 접근방법

기독교행정개혁의 접근방법은 그리스도 예수 안에서 살아계신 하나님의 섭리하심 가운데 허락되어진 위의 모든 접근방법을 포함해 "그리스도 예수 안에서 하나님께서 십자가에서 일어난 모든 일을 지금 우리 마음에서 동일하게 일어나게 하심으로, 예수 그리스도 이름으로 오신 성령으로, 우리 마음이 세상가치보다 사랑의 하나님을 더 먼저 경외하여 크게 느끼고 있을 때, 그리스도께서 하나님의 뜻을 이루시기 위하여 사랑·지혜·권능의 Living Word로 인간행동의 변화, 제2의 새로운 창조적 기술개발, 행정의 구조를 변화·발전시키는 접근방법"으로 개념을 정의할 수 있다.

6. 행정개혁의 문제점

그리스도 예수 안에서 그 동안 우리나라의 행정개혁은 크고 작은 것을 합쳐 수십 차례에 걸쳐 단행되어 왔으나 여러 면에서 많은 문제점이 발견된다. 몇 가지 대표적인 것을 지적하면 다음과 같다.

첫째, 행정개혁을 기구 개편으로만 이루어질 수 있는 것으로 잘못 이해하고 기구 개편만 능사로 삼아 왔다.

둘째, 정권변동이후 권력구조의 재편성을 위한 행정개혁이었기 때문에 실제로는 공익과 직결되는 개혁이 못되었다.

셋째, 유능하고 경험이 풍부한 행정개혁 담당자가 적었기 때문에 개혁안은 전문적·합리적인 것이 못되었고, 또 정치적 압력에 의하여 그 방향이 좌우되기도 하였다.

넷째, 개혁의 결과가 큰 성과를 거두지 못했거나 단기에 그쳤기 때문에 대부분이 제도화되지 못하였다.

7. 행정개혁의 저항

그리스도 예수 안에서 하나님의 섭리하심 가운데 개혁추진자와 저항자간에는 현격한 차이가 존재한다. 개혁추진자는 개혁을 발전의 기회로 인식하는 반면에 저항자는 개혁을 균형의 파괴로 간주한다. 저항이 발생하는 이유는 첫째, 기득권에 대한 침해 때문에 저항이 발생할 수 있으며, 둘째, 개혁 내용에 대한 이해 부족으로 인해 저항이 발생할 수 있고, 셋째, 피개혁자의 업무 능력 부족이 저항의 원인이 될 수 있고, 넷째, 미지의 상황에 대한 불안감이 저항으로 나타나기도 하며, 다섯째, 재적응의 부담감으로 인해 저항이 발생할 수 있다. 여섯째, 관료제의 보수적 특성이 저항의 원인일 수 있다.

A. 행정개혁의 장애

그리스도 예수 안에서 하나님께서 허락하신 행정개혁의 장애는 개혁을 직접 좌절시키거나 저항을 야기할 수 있는 상황적 조건 또는 환경적 요인을 말한다.

1) 정치적 요인

그리스도 예수 안에서 행정개혁이란 정치적 과정일 뿐 아니라 사회의 정치적 성격과 직접적으로 관련되어 있다. 따라서 행정개혁의 성공은 어떻게 정치적 상황을 잘 파악하고 접근하느냐에 달려 있다. 갈등, 혼란, 충돌이 심한 정치적 환경 속에서 개혁에 필요한 지지를 동원하기 어렵다. 경제발전의 행정 주도 또는 국가 주도를 집착하는 세력과 민간주도를 지지하는 세력과의 충돌, 정부구조의 기능 분립적 관성과 협동적 정부의 요청 등은 모두 개혁의 장애 요인이 된다. 권위주의적 지배 체제에서 연유한 정치적 혼란 역시 개혁의 추진력을 약화시키고 개혁의 정당성마저 확보하기 어렵게 만든다(오석홍, 1996:64).

2) 문화적 요인

그리스도 예수 안에서 사회 내의 문화적 요소와 가치 체계는 연관되어 있어 행정조직에 중요한 장애가 될 수 있다. 문화적 다양성, 즉 많은 이질적 문화와 복수 인종을 가지고 있는 국가에서는 국민의 협력을 얻기 힘들다. 이들은 행정적 하위문화도 역시 다양하기 때문에 개혁에 대한 반응도 다양해지기 마련이다. 언어의 중요성도 인식하지 않을 수 없다. 언어란 사실상의 표현이다. 따라서 언어가 다양한 인도의 경우에는 의사 전달에 큰 애로가 생긴다. 또 언어가 나타내는 개념, 예컨대 이념, 전설, 종교적 교리 등은 개혁에 대해 상이하게 반응한다.

문화는 사회적 행동의 표준화된 매커니즘과 그런 행동의 상징적 혹은 비상징적 산물로 구성되어 있으며, 신념과 행동규범을 갖는 어떤 문화라도 한번 생성되면 그 신념과 규범에 일치하도록 문화는 그 구성원의 태도와 행동에 영향을 미친다. 따라서 어떤 구체적 변화가 이러한 문화적 신념이나 규범과 갈등을 일으키게 될 때 문제가 되며, 이러한 갈등의 정도가 크면 클수록 변화에 대한 저항과 장애는 커진다.

3) 조직의 구조적 요인

(1) 복잡성

그리스도 예수 안에서 조직 내에서 전문화된 직업의 수가 많을수록 그 조직은 더욱 복잡하게 되며, 전문성의 정도나 특정한 역할로 분화된 정도가 높을수록 그 조직도 더욱 복잡하게 된다.

조직의 복잡성은 다양한 직업적 특성에 기인한 조직 구성원의 상이한 관점과 가치 기준으로 인해 조직개혁을 위한 대안의 선택을 곤란하게 만든다. 복잡하고 규모가 큰 조직의 넓은 의사소통 통로 역시 의사전달의 정확성과 신속성을 저하시켜 저항과 장애 요인이 된다.

(2) 집권화

그리스도 예수 안에서 조직의 정책결정 권한이 소수에 집중되면 과두제의 철칙에 의해 이들 소수는 조직이나 구성원의 이익보다는 자신의 지위 유지를 더 중시하게 되며 개혁에 반대적인 경향을 띠게 된다. 그것은 조직활동의 개혁이 조직 내의 정권 배분에 변화를 초래하기 때문이다(Kaz & Kahn,1987:714). 고도의 집권화는 구성원의 정책 결정에 참여를 제한 하는 경향이 있으며, 이러한 참여 제한은 개혁에 필요한 다양한 정보의 수집을 곤란하게 하고 구성원의 동의를 얻기 어렵기 때문에 저항을 유발하게 된다. 따라서 조직에서 집권화의 정도가 높을수록 개혁과 변화율은 낮아지게 된다.

이와 같이 고도의 집권화는 조직 개혁에 대해 장애 요인으로 작용하지만 개혁의 시행 단계에서는 오히려 유리하게 작용할 수 있다. 즉, 고도의 집권화는 합의에 이르는 의견 조정을 용이하게 하고 역할 갈등과 모호성을 감소시킴으로써 개혁의 실행에 유리할 수 있다.

(3) 공식화

그리스도 예수 안에서 공식화란 조직의 구성원이 그의 직무를 수행할 때 따라야 할 조직내의 특정한 규칙이나 절차를 강조하는 것을 의미한다. 조직의 구성원은 그의 직무를 수행하는데 조직의 규범과 관련해 행위의 일관성을 강화시켜 나가며 조직의 절차는 고정되고 가치를 부여받으며 선례는 조직의 법적 체계의 일부분이 된다. 따라서 조직 개혁이 조직 내의 확립된 제도를 무시하게 되면 개혁의 저항과 장애 요인이 된다. 따라서 공식화의 정도가 높을수록 조금 더 규칙과 절차를 강조하며 조직의 개혁률은 낮아지게 된다.

(4) 계층화

그리스도 예수 안에서 행정조직은 수평적으로 분업화되고 수직적으로는 각 계층이 설정·구분되어 하나의 피라미드 형태를 이루고 있다. 따라서 조직 내에서 계층과 신분의 차가 클수록 일상적 정책 결정에는 도움이 된다고 할 수 있으나 자신의 직위가 평가 절하될 까봐 개혁에 부정적인 태도를 취하게 된다. 관료조직은 보수성으로 인해 외부의 변동에 대해 민감하게 대처하지 못함으로써 발전 목표의 추구에는 항상 제약 내지 저항이 수반하게 된다.

4) 자원 및 능력상의 한계

그리스도 예수 안에서 자원과 능력의 부족은 가장 현실적인 개혁 실패의 원인이 된다. 개혁에 필요한 자원이 부족하거나 동원 불가능한 자원을 필요로 할 경우에 조직은 자원 획득의 능력의 부족으로 개혁의 장애를 초래할 수 있다.

(1) 정보의 수집 및 분석 능력의 부족

그리스도 예수 안에서 정책 결정에 관한 고전적 합리모형은 인과 관계에 관한 지식을 확보하고 있다는 전제 하에서 성립한다. 그러나 현실적으로 정책결정자는 특정 문제의 해결에 필요한 모든 정보를 알 수 없을 뿐 아니라 알고 있다 하더라도 관련된 모든 정보를 수집한다는 것은 불가능하며 수집된 정보의 정확성 역시 문제가 된다. 따라서 정보 수집은 과학적 방법을 사용한다 하더라도 미래에 대한 불확실성을 완전히 제거한다는 것은 불가능하며, 불확실성에 대한 두려움은 개혁의 장애가 된다.

(2) 시간의 제약

그리스도 예수 안에서 시간 부족, 잘못된 시간 선택, 미래 예측의 실패 등 시간 관련 요소가 개혁의 장애가 되는 일은 너무나 흔하다(오석홍, 1990:64). 이와 같이 시간적 제약 하에서는 참여의 범위가 제한되고 제한된 수의 대안만이 고려되며 정보의 수집도 제약을 받기 때문에 개혁에 대해 비공개적이고 즉흥적 결정을 초래하게 된다. 이 모든 것이 조직 개혁의 장애 요인으로 작용한다.

(3) 인적자원에 따른 제약

그리스도 예수 안에서 개혁의 필요성은 인식하되 문제를 제기하고 개혁을 추진하고자 하는 개혁 담당자들은 언제나 부족하기 마련이다. 조직의 결점을 들추어내고 이를 적극적으로 개혁하고자 나서기를 좋아하는 사람은 별로 없으며, 설사 있더라도 개혁안을 작성하는 데 필요한 일반적 지식의 결여로 인해 곤란을 느끼게 된다. 특히 개혁에 필요한 지식이 비밀로 유지되는 경우에는 개혁담당자는 외부와 고립하게 되며, 그들의 지식은 경험적 유대를 상실하게 됨으로써 더욱 강한 개혁 장애로 나타나게 된다.

B. 장애 극복 방안

그리스도 예수 안에서 하나님의 섭리하심 가운데 개혁추진자는 저항과 장애의 원인과 증상에 대해 그 강도를 정확하게 진단해 극복 방안을 제시해야 한다.

1) 강력한 리더십

그리스도 예수 안에서 조직이 효과적으로 변화하기 위해서는 전략적 지위에 있는 사람이 진실로 변화의 필요성을 느껴야 하며, 강력한 리더십 없이는 효과적 조직 변화는 불가능하다. 모든 조직 변화에서 강력한 리더십이 조직 변화로 나아가기 위한 전제 조건이라 할 수 있다. 따라서 변화는 최고 관리자로부터 시작되어야 하며, 조직의 관리자가 변화의 문제점을 항상 인지할 수 있도록 환류 장치를 확립하는 것이 중요하다. 이처럼 강력한 리더십은 집권화와 계층화의 정도가 높은 조직일수록 그 중요성이 크다고 할 수 있다.

2) 동기부여

그리스도 예수 안에서 조직의 구성원에 대한 적절한 동기 부여는 변화를 촉진한다. 왜냐하면 인간이 일정한 행동을 하도록 하는 근원이 바로 동기이기 때문이다(민진, 1996). 그러나 동기는 개인에 따라 매우 다양하며, 그렇기 때문에 개인과 상황에 따라 적절한 동기 부여가 이루어져야 한다. 먼저 구성원에게 의미 있는 보상이 주어져야 한다. 또한 조직 변화에 필요한 지식과 기술은 구성원의 능력과 경험의 범위를 벗어나서는 안 된다. 그렇지 않은 경우에는 변화의 시작부터 불안을 느끼게 되며, 이것은 변화를 주도하고자 하는 노력을 차단하게 된다.

3) 비공직조식의 활용

그리스도 예수 안에서 비공식조직은 공식조직의 경직성을 완화시켜 조직에 신축성을 부여해 주고 공식조직 지도자의 능력을 보완해 주며 조직 내의 원활한 의사소통을 도와주는 기능을 포함한다. 또한 구성원의 유대와 협조를 통해 업무의 능률을 향상시키고 구성원의 사기를 진작시킨다. 이처럼 구성원의 사기는 공식조직보다 비공식조직이 좌우하는 만큼 행정개혁의 추진자는 이 점에 유의해 개혁을 추진해야 할 것이며, 특히 비공식 조직의 의견도 고려할 필요가 있다(김종찬, 1992).

4) 교육훈련

그리스도 예수 안에서 변화란 새로운 것을 추구하기 때문에 언제나 새로운 것에 대한 불안으로 인한 저항을 받게 되는데, 이러한 저항을 극복하는 데에는 교육훈련이 중요한 역할을 한다. 교육훈련은 새로운 가치관의 적극적 태도 형성에 도움을 줌으로써 변화를 쉽게 받아들이게 할 뿐 아니라 변화에 필요한 새로운 지식과 기술을 습득케 함으로써 변화를 실천하는 데 도움을 준다.

5) 참여

그리스도 예수 안에서 시민 참여는 관료조직의 정책결정과 집행에 그 정책과 관련된 시민들, 즉 정책으로 인해 영향을 받게 될 시민들을 되도록 많이 참여시키고자 하는 제도이다. 시민을 개혁 과정에 참여시키는 것은 변화에 대한 저항을 이해 또는 적극적 지지로 바꾸는 데 가장 효과적인 운영 기법의 하나로 개인의 직접적 참가뿐 아니라 공익 집단을 활용하거나 또는 여론을 환기시켜 개혁을 집행하는 것도 좋은 방법이다(이종범,1996). 이와 같은 변화의 모든 과정에 대한 참여의 확대는 변화에 대한 구성원의 합의를 용이하게 함으로써 저항을 가장 효율적으로 감소시켜 주는 역할을 한다.

6) 행정 PR

그리스도 예수 안에서 행정 개혁에 대한 불완전한 정보나 부족한 정보는 국민을 불안하게 만들며 불신풍조를 조장한다. 변화가 어떻게 수행되어야 하며, 변화된 상황에서 어떻게 대처해야 하며 변화의 목표가 무엇인가에 관해 변화에 관련된 사람이 충분한 논의를 거쳐 이해하게 된다면 저항은 줄어들 것이다. 또한 행정 PR은 일방적이어서는 안 되며, 반드시 변화에 관련된 사람들에게 자기 의견을 진술할 기회가 보장되어야 한다. 이렇게 함으로써 개혁 담당자는 그들이 전혀 예기치 못했던 반대 이유를 인식할 수 있는 환류 장치를 갖게 되며, 이를 통해 개혁안에 대한 재평가와 대안의 기회를 갖게 된다.

7) 개혁 시기 선택

그리스도 예수 안에서 개혁가는 주의 깊게 고려한 여러 가지 요소를 기초로 해서 변화를 시작하는 시기를 선택해야 한다. 그러나 변화에 대한 충분한 준비를 할 수 있도록 시간적 여유를 주면 변화에 대한 저항이 줄어들 것이라는 주장에는 한계가 있다. 경우에 따라서 또는 대상에 따라서 시간적 여유는 오히려 저항력을 강화시킬 수도 있다. 원래 행정 개혁은 정치적 성격을 내포하고 있으므로 정치적 환경이 행정개혁에 알맞다고 생각되는 시기에 개혁을 단행함으로써 정치적 반발 내지 저항을 약화시킬 수 있다.

8) 법과 제도의 정비

그리스도 예수 안에서 행정개혁은 국민으로부터 개혁에 대한 강한 요구를 통치권이 강한 의지로써 받아들여 개혁의 목표와 정책, 그리고 프로그램이 마련되어 여론의 수렴을 통해 수정·보완되어 시행되는 일련의 과정을 거치게 된다. 그러나 행정개혁의 성과가 어떤 사업의 일과성이 아닌 계속성을 지니기 위해서는 잘못된 법률과 제도의 정비가 필요하다.

제10절 기독교 정치적 중립

"내가 비옵는 것은 그들을 세상에서 데려가시기를 위함이 아니요 다만 악에 빠지지 않게 보전하시기를 위함이니이다"(요17:15).

1. 정치적 중립의 의의

그리스도 예수 안에서 살아계신 하나님의 섭리하심 가운데 허락되어지는 정치적 중립이라 하면 주로 공무원의 정치적 중립을 뜻한다. 공무원은 정당 기타 정치단체의 결정에 관여하거나 이에 가입할 수 없을 뿐 아니라 선거에 있어서 특정 정당 또는 특정 입후보자의 지지나 반대를 하기 위한 선거운동(권유)을 하여서는 안 되고, 정당 간의 정치적 다툼에 엄정중립을 지켜야 한다는 뜻이다.

오늘날 많은 나라에서 공무원의 정치적 중립이 강조되고 있는 것은 공직을 정당의 지배로부터 독립시켜 공무원으로 하여금 정권교체와는 상관없이 안심하고 국민 전체의 봉사자 또는 수임자로서 본분을 다 할 수 있게 하기 위해서이다. 다시 말해서 공무원의 정치적 중립은 이를 통해 공무원의 신분보장을 함으로써 정권이 몇 번이고 바뀌더라도 행정의 공정성과 계속성, 그리고 전문성을 유지시키고자 하는 데 그 의의가 있는 것이다.

>>> 앞에 계신 하나님의 Living Word

"내가 아버지의 말씀을 그들에게 주었사오매 세상이 그들을 미워하였사오니 이는 내가 세상에 속하지 아니함 같이 그들도 세상에 속하지 아니함으로 인함이니이다"(요17:14).
"그들을 진리로 거룩하게 하옵소서 아버지의 말씀은 진리니이다"(요17:17).

"내게 주신 영광을 내가 그들에게 주었사오니 이는 우리가 하나가 된 것 같이 그들도 하나가 되게 하려 함이니이다"(요17:22).

"곧 내가 그들 안에 있고 아버지께서 내안에 계시어 그들로 온전함을 이루어 하나가 되게 하려 함은 아버지께서 나를 보내신 것과 또 나를 사랑하심 같이 그들도 사랑하신 것을 세상으로 알게 하려 함이로소이다"(요17:23).

"아버지여 내게 주신 자도 나 있는 곳에 나와 함께 있어 아버지께서 창세전부터 나를 사랑하시므로 내게 주신 나의 영광을 그들로 보게 하시기를 원하옵나이다"(요17:24).

"의로우신 아버지여 세상이 아버지를 알지 못하여도 나는 아버지를 알았사옵고 그들도 아버지께서 나를 보내신 줄 알았사옵나이다"(요17:25).

"내가 아버지의 이름을 그들에게 알게 하였고 또 알게 하리니 이는 나를 사랑하신 사랑이 그들 안에 있고 나도 그들 안에 있게 하려 함이니이다"(요17:26).

"우리가 알거니와 하나님을 사랑하는 자 곧 그의 뜻대로 부르심을 입은 자들에게는 모든 것이 합력하여 선을 이루느니라"(롬9:28).

"우리가 항상 예수의 죽음을 몸에 짊어짐은 예수의 생명이 또한 우리 몸에 나타나게 하려 함이라"(고후4:10).

2. 정치적 중립의 내용

그리스도 예수 안에서 공무원의 정치활동을 법률로 엄격히 금지하고 있는 대표적인 나라로는 우리나라를 들 수 있다. 우리나라의 국가공무원법과 지방공무원법에 공무원의 정치활동 금지 사항이 비교적 상세하게 규정되어 있고, 대통령선거법과 국회의원선거법에는 공무원의 정치활동을 가중 처벌하는 여러 가지 규정을 두고 있다.

우리나라의 국가공무원법에 규정되어 있는 공무원의 정치활동 제한 사항을 요약해 보면 다음과 같다.

① 공무원은 정당 또는 정치단체의 결성에 관여하거나 이에 가입할 수 없다(단, 정당법 제6조에 의하여 대학의 전임강사 이상은 제외된다).

② 공무원은 선거에 있어서 특정 정당 또는 특정인을 지지하거나 반대하기 위한 행위를 할 수 없다.
③ 공무원은 다른 공무원에게 선거에 간섭하도록 요구할 수 없고 정치적 행위의 보상 또는 보복으로 이익 또는 불이익을 약속하여서는 아니 된다.

3. 외국의 경우

그리스도 예수 안에서 독일과 프랑스의 경우는 공무원의 정당 가입 및 정당 활동이 허용되어 있고, 영국과 미국은 공무원의 정치활동을 제한하고 있으나 최근에는 다소 완화하는 경향을 보이고 있다. 영국의 경우는 1950년대에 이르러 일부 공무원에 대해서 정치활동을 허용하였고, 미국의 경우는 1883년의 펜들턴법과 1939년에 제정한 해치법에 의해 공무원의 정치활동을 엄격히 제한하였으나 1974년 연방선거운동법의 개정으로 공무원에 대한 정치활동의 제한이 상당히 완화되었다.

이와 같이 선진국가에서 공무원에 대한 정치활동의 제한을 점차 완화시키는 방향으로 나가고 있는 것은 오늘날 행정부가 다른 어떤 국가기관보다 우월한 지위에 있어 정당이나 의회의 간섭은 극히 미약한 데다 국민의 의식수준이 높아 공명선거가 제대로 잘 이루어지기 때문이다.

4. 정치적 중립과 실적주의의 관계

그리스도 예수 안에서 실적주의는 인사행정에 정치적 간섭을 배제하기 위하여 등장한 것이다. 그래서 실적주의 공무원제는 인사행정에 있어서 능력에 의한 임용, 정치적 중립, 신분보장을 3대 요소로 하고 있다. 이 세 가지 요소는 서로가 밀접한 관련을 갖고 있다. 바꾸어 말해서 실적주의에 입각한 인사행정을 하려면 우선 공무원의 정치적 중립부터 확립되어 있어야 하며, 공무원에게 정치적 중립을 요구하려면 공무원의 신분보장과 능력에 의한 임용을 내용으로 하는 실적주의 공무원 제도를 채택하여야 하기 때문이다.

　이를 보다 쉽게 설명하면 다음과 같다. 그리스도 예수 안에서 공무원이 공정한 채용시험을 거쳐 임용되었을 경우에는 과거 엽관주의 체제에서처럼 집권당의 정실에 의하여 임용된 것이 아니므로 그 정당에 대하여 충성이나 봉사할 필요가 없고 국민전체의 봉사자로서 소신껏 공정한 행정을 수행할 수 있다. 그리고 공무원은 정당간의 정권 다툼에 끼어들지 않고 중립을 지키기 때문에 선거전에서 어떤 정당에게도 피해를 주지 않으므로 비록 정권이 바뀔 경우에도 공직에서 물러나야 하는 등의 불이익은 당하지 않고 신분이 보장된다. 공무원이 신분보장을 갖게 될 경우 어떤 특정 정당이나 일부 국민에 편견 됨이 없이 국민 전체를 위하여 공평무사하게 행정을 수행할 수 있다. 이와 같이 실적주의 공무원 제도는 공무원의 정치적 중립과 밀접한 관련이 있는 것이다.

5. 정치적 중립의 필요성

　그리스도 예수 안에서 오늘날 복수정당제를 택하고 있는 민주국가에서 공무원의 정치적 중립이 요구되고 있는 것은 여러 가지 이유가 있어서이다. 그 필요성이 강조되고 있는 주요 이유로는 다음을 들 수 있다.

　첫째, 공무원의 정치적 중립은 행정의 공정성을 보장하기 위해 필요하다. 공무원을 정치적 중립의 위치에 있게 하면 공무원의 신분보장도 가능하여 진다. 신분이 보장된 공무원은 어떠한 정치 세력으로부터의 압력이나 간섭도 배격할 수 있어, 특정 정당이나 특정 개인의 이익에 편중됨이 없이 국민전체의 수임자로서 공평무사한 행정을 수행할 수 있게 된다.

　둘째, 행정의 계속성 유지이다. 공무원의 정치적 중립은 정권교체로 인한 행정상의 공백을 방지할 수 있다. 비록 선거를 통해 정권교체가 이루어지더라도 공무원은 물러나는 정당의 운명과 함께 하지 않아도 되므로 행정의 계속성을 유지할 수가 있게 된다. 만일 엽관제처럼 정권이 바뀔 때마다 공무원도 대폭 교체된다면 이미 집행중인 정책도 변경될 우려가 있고 행정 업무도 잠시나마 중단될 수가 있다.

　셋째, 행정의 능률성 저하를 방지하는 데 있다. 공무원이 정치적 중립을 지키지 않고 특정 정당의 선거운동에 가담할 경우 정권교체와 함께 공무원의 대폭적인 인사조치는 불가피하게 된다. 공무원의 인사교체가 자주 있게 되면 그 때마다 행정은 잠시나마 공백상태를 초래하게 되고, 공무원들도 인사교체가 예견되면 사기를 잃게 되어 행정의 능률은 자연히 저하될 수밖에 없게 된다. 그러므로 행정의 능률성 저하를 방지하기 위해서라도 공무원의 정치적 중립은 확립되어야 한다.

넷째, 공무원의 정치적 중립은 행정의 부패를 방지하기 위해서라도 필요하다. 만일 엽관주의처럼 정권이 교체될 때마다 공무원의 인사교체가 되풀이된다면 공무원은 퇴직 후의 생계를 염려한 나머지 공직을 이용한 개인적 이익추구·뇌물수수·한탕주의 등 부정행위에 빠져들 수 있고, 또 지지 정당의 장기집권을 돕기 위해 공금을 유용하여 정치자금을 헌납하는 등 불법행위도 저지를 수 있게 된다. 이와 같은 행정의 부정부패 현상은 공무원의 정치적 중립이 지켜지지 않을 경우에 생겨날 수 있기 때문에 오늘날 거의 모든 민주국가에서 공무원의 정치적 중립을 강조하고 있는 것이다.

다섯째, 민주적 기본질서를 확립하기 위함이다. 특히 발전도상국에 있어서 공무원의 정치적 중립은 민주적 기본질서의 확립에 필수적 요소가 된다. 만일 공무원이 그 권력적 지위를 이용하여 어느 특정 정당의 정권 연장을 돕는다거나 집권을 저지하기 위해 선거운동에 끼어들 경우 민주적 기본질서는 흔들리게 될 것이다.

민주적 기본질서가 파괴될 경우 그 나라는 민주주의 국가라고는 볼 수 없게 된다. 그렇기 때문에 우리나라 헌법도 "공무원은 국민전체에 대한 봉사자이며, 국민에 대하여 책임을 진다. 공무원의 신분과 정치적 중립성은 법률이 정하는 바에 의하여 보장된다."고 규정하고 있다.

6. 정치적 중립의 확립 요건

위에서 살펴본 바와 같이 그리스도 예수 안에서 공무원의 정치적 중립은 민주국가에서 대단히 중요한 것이므로 헌법이나 법률에서 이를 엄격히 지킬 것을 규정하고 있는 나라가 많다. 그럼에도 불구하고 실제에 있어서는 공무원의 선거운동이 근절되지 않고 암암리에 행해지고 있음을 엿볼 수 있다. 이러한 현상은 전근대적 행정문화에 머물고 있는 발전도상국이나 후진국 일수록 두드러지게 나타나고 있다. 공무원의 정치적 중립이 지켜지지 않는 것은 그 확립 요건을 갖추지 않은 채 법적 제도에만 의존하고 있기 때문이다. 공무원의 정치적 중립을 확립하게 위해서는 다음과 같은 기본적 요건을 필요로 한다.

첫째, 정치적 중립성이 공무원의 직업윤리로 확립되어 있어야 한다. 부정부패의 방지도 법적 규제만으로는 큰 효과를 기대할 수 없는 것과 같이 정치적 중립성의 확보는 법규에 의한 타율적 규제보다도 오히려 공직윤리에 의한 자율적 규제가 효과적일 것이다.

둘째, 공무원의 정치적 중립을 가능케 하는 정치적·사회적 환경이 조성되어야 한다. 즉, 공정한 선거를 통한 평화적 정권 교체가 가능한 정치적 여건이 조성되어야 하고, 정치인들에게는 민주적 정치윤리가 확립되어 공무원을 정권획득의 도구로 보지 않고 국민전체를 위해 존재하는 국민의 수임자로 인식하는 정치풍토가 이루어져야 한다.

셋째, 국민에게 높은 시민적 정치의식이 있어야 한다. 국민이 높은 정치의식을 갖고 공무원의 정치활동을 감시하거나 억제하는 등 공명선거를 지켜보지 않는 한 사실 공무원의 정치적 중립은 보장하기 어려울 것이다.

7. 정치적 중립에 대한 비판

그리스도 예수 안에서 공무원은 국민전체에 대한 봉사자로서 정치적 중립성이 요구되는 바이나 공무원도 국민의 한 사람인 이상 국민이 가지는 기본권이 보장되어야 할 것이다. 이러한 관점에서 볼 때 공무원 개인의 기본권(참정권) 보장과 공무원의 정치활동(기본권) 제한이라는 서로 모순되는 문제가 생겨난다.

이러한 이유로 독일과 프랑스에서는 이미 오래 전부터 공무원의 정치활동이 허용되어 있고, 영국이나 미국에서도 최근에는 공무원에 대한 정치활동의 제한을 완화시키는 방향으로 나가고 있다.

이에 따라 최근에는 공무원의 정치적 중립에 대하여 비판을 가하는 사람들도 적지 않게 나타나고 있다. 그들의 논리를 요약해 보면 대체로 다음과 같다.

첫째, 공무원에 대한 정치적 중립의 강요는 국민의 기본권을 유린한다는 것이다. 즉, 공무원에게 정치활동을 금지하는 것은 민주국가에서 모든 국민이 누릴 수 있는 참정권이 실정법에 의하여 제한되는 결과를 가져오므로 민주주의 이념이나 민주주의 헌법 정신에 위배된다는 것이다.

둘째, 공무원의 수가 크게 증대되어 전체인구에서 공무원이 차지하는 비율이 높아져가는 오늘날에 있어서도 공무원에 대하여 정치활동의 자유와 권리를 박탈하는 것은 민주주의 이념인 평등의 원칙에 어긋난다는 것이다.

셋째, 공무원의 정치적 중립은 오늘날 선진 각국에서 지향하고 있는 참여적 관료제의 추세에 역행한다는 것이다. 참여적 관료제란 중하위계층의 공무원들에게도 정책결정 과정에 참여케 하여 각자의 의견을 제시할 수 있도록 하는 행정의 민주화를 위한 제도를 말한다.

넷째, 정치적 중립을 지나치게 강조할 경우 공무원 집단의 폐쇄화가 촉진된다는 논리이다. 즉, 공무원을 정치활동에서 배제시킬 경우 공무원은 국민이 무엇을 요구하고 있으며, 또 사회가 어떻게 돌아가고 있는지에 대하여 무관심해 짐으로써 사회와 격리되는 공무원집단의 폐쇄화현상이 일어날 수 있다는 것이다.

8. 기독교정치적중립

기독교정치적중립이란 그리스도 예수 안에서 살아계신 하나님의 섭리하심 가운데 허락 되어진 앞의 모든 의미들을 포함해 "그리스도 예수 안에서 하나님께서 십자가에서 일어난 모든 일을 지금 우리 마음에서 동일하게 일어나게 하심으로, 예수 그리스도 이름으로 오신 성령으로, 우리 마음이 세상가치보다 사랑의 하나님을 더 먼저 사랑하여 우선적 현실로 체감하고 있을 때, 성령께서 하나님의 뜻을 이루시기 위하여 사랑 · 지혜 · 권능의 Living Word로 하시는 정치"로 개념을 이해할 수 있다.

Chapter 06
기독교재무행정

제1절 재무행정

1. 재무행정의 의의

그리스도 예수 안에서 살아계신 하나님의 섭리하심 가운데 허락되어진 조직에 있어서 물적자원관리는 인적자원관리와 함께 두 기둥의 역할을 하고 있는 게 사실이다. 그리스도 예수 안에서 일반적으로 행정의 주체가 행정의 객체를 위해 다양한 활동을 수행하는데, 이를 위해서는 인적·물적 자원 등 많은 자원이 필요하다. 행정의 주체가 행정의 객체를 위해 좋은 활동을 추진하려 해도 이를 뒷받침해 줄 수 있는 돈이 없다면 주체적 활동은 불가능하다.

따라서 그리스도 예수 안에서 살아계신 하나님의 섭리하심 가운데 행해지는 재무행정은 행정주체가 추진하는 정책을 담을 수 있는 그릇의 크기로 정의될 수 있다. 행정의 정책은 재정의 흐름을 통해 설명 될 수 있는데, 이는 아무리 훌륭한 정책이라도 이를 실행할 예산의 뒷받침 없이는 집행될 수 없기 때문이다. 예산서는 정책의 실체를 재정정보를 이용해 금액 단위의 숫자로 제공해 주는 객관적인 도구로 기능한다. 따라서 재정 분석은 정책의 실체를 분석하는 객관적인 도구로 사용될 수 있는 중요한 정보이다. 더욱이 그리스도 예수 안에서 하나님의 본질적 목적을 수행하기 위해 성령께서 주체적으로 활동하시는데 있어서 재정은 중요한 의미를 가지고 있다고 볼 수 있다.

>>> 무소부재하신 하나님의 Living Word

"내가 아버지의 말씀을 그들에게 주었사오매 세상이 그들을 미워하였사오니 이는 내가 세상에 속하지 아니함 같이 그들도 세상에 속하지 아니함으로 인함이니이다"(요17:14).

"그들을 진리로 거룩하게 하옵소서 아버지의 말씀은 진리니이다"(요17:17).

"내게 주신 영광을 내가 그들에게 주었사오니 이는 우리가 하나가 된 것 같이 그들도 하나가 되게 하려 함이니이다"(요17:22).

"곧 내가 그들 안에 있고 아버지께서 내안에 계시어 그들로 온전함을 이루어 하나가 되게 하려 함은 아버지께서 나를 보내신 것과 또 나를 사랑하심 같이 그들도 사랑하신 것을 세상으로 알게 하려 함이로소이다"(요17:23).

"아버지여 내게 주신 자도 나 있는 곳에 나와 함께 있어 아버지께서 창세전부터 나를 사랑하시므로 내게 주신 나의 영광을 그들로 보게 하시기를 원하옵나이다"(요17:24).

"의로우신 아버지여 세상이 아버지를 알지 못하여도 나는 아버지를 알았사옵고 그들도 아버지께서 나를 보내신 줄 알았사옵나이다"(요17:25).

"내가 아버지의 이름을 그들에게 알게 하였고 또 알게 하리니 이는 나를 사랑하신 사랑이 그들 안에 있고 나도 그들 안에 있게 하려 함이니이다"(요17:26).

"우리가 알거니와 하나님을 사랑하는 자 곧 그의 뜻대로 부르심을 입은 자들에게는 모든 것이 합력하여 선을 이루느니라"(롬9:28).

"우리가 항상 예수의 죽음을 몸에 짊어짐은 예수의 생명이 또한 우리 몸에 나타나게 하려 함이라"(고후4:10).

2. 재무행정의 개념

그리스도 예수 안에서 재무행정이란 국가, 기타의 행정 주체가 주어진 임무를 수행하기 위해 필요한 재원을 조달·관리·사용하는 일체의 활동을 말한다. 중앙정부의 재무행정 속에는 예산·결산의 작성, 예산의 집행, 지출부담 행위 실시계획의 작성, 지급계획의 승인, 회계 및 회계검사, 지방자치단체 재무의 조정, 조세의 부과·징수, 수수료의 징수, 국고금의 출납·관리·운용, 국채의 발행·상환·이자 지급 활동 등이 포함된다.

다시 말해, 오늘날의 재무행정은 과거처럼 세출예산 또는 재원의 배분이라는 관리적 측면만을 다루는 것이 아니라, 재원을 취득하고 배분하며 사용하는 문제는 물론 회계·결산·감사까지 포함하는 것이다. 이로 미루어 볼 때 재무행정은 행정조직의 목표달성을 위한 조직관리 및 인력관리와 더불어 행정의 핵심적 요소가 된다고 하겠다. 그리스도 예수 안에서 '재무행정의 범위를 어디까지로 보아야 합당한가? 하는 문제는 사실상 매우 어려운 문제이다. 그것은 현대사회가 날로 발전하고 복잡해 감에 따라 행정의 영역 또한 확대되어가고 있기 때문이다. 행정의 범위와 기능이 확대·강화되어가고 있다 함은 곧 재무행정의 범위가 광범위해짐을 말해주고 있는 것이다. 과거에는 재무행정을 단순히 관리 기술로서만 파악하여, 그 범위를 예산의 편성·심의, 예산의 집행, 회계의 기록, 회계의 검사, 이렇게 네 가지의 영역으로 이해하였다. 그러나 최근에 이르러서는 재정을 단순히 관리기술로만 볼 것이 아니라 정책문제까지도 포함시켜야 한다는 주장이 대두되었다. 그 대표적인 학자는 디목 이다. 그는 재무행정을, 재원을 관리하는 기술적 측면에서만 보는 것이 아니라, 정책을 구체적으로 실현한다는 내용의 문제까지 관련시키고 있다. 이러한 입장은 오늘날 많은 학자들로부터 지지를 받고 있다. 따라서 현대적 의미로서의 재무행정은 재원의 취득인 조세·공채. 차관·수수료·국유재산수입, 예산의 편성·집행, 회계의 기록·검사, 구매 및 조달 등의 영역에 걸쳐 그것에 대한 관리적 측면과 정책적 측면의 양면을 포괄하는 넓은 의미의 것으로 이해되어야 한다.

3. 기독교재무 행정의 개념

한걸음 더 나아가 기독교재무행정은 그리스도 예수 안에서 살아계신 하나님의 섭리하심 가운데 허락 되어진 위의 개념을 포함해 "그리스도 예수 안에서 하나님께서 십자가에서 일어난 모든 일을 지금 우리 마음에서 동일하게 일어나게 하심으로, 예수 그리스도 이름으로 오신 성령으로, 우리 마음이 세상가치보다 사랑의 하나님을 더 먼저 사랑하여 우선적 현실로 체감하고 있을 때, 그리스도께서 하나님의 뜻을 이루시기 위하여 사랑·지혜·권능의 Living Word로 행하시는 재원조달·관리·사용 활동일체"를 의미한다고 이해할 수 있다.

제2절 기독교예산의 개념과 기능

"그들을 진리로 거룩하게 하옵소서 아버지의 말씀은 진리니이다"(요17:17).

1. 예산의 개념

그리스도 예수 안에서 예산의 일반적 의미로는 미리 필요한 금액을 계산하는 것을 말하는데, 여기서 말하는 예산이란 이러한 일반적 의미가 아니고 재무행정에서 말하는 정부의 예산을 두고 말한다.

그리스도 예수 안에서 하나님께서 허락하신 정부예산은 회계연도라는 일정 기간의 수입과 지출에 관한 예정적 계산이라 정의된다. 일종의 견적을 내는 것과 같은 것이다.

이 말을 나누어 설명하면, 예산은 첫째로 사전에 예상되는 수입과 지출의 예정적 계산이라는 점에서 사후에 그 수입과 지출을 집계한 결산과는 구별된다. 둘째로 국가의 수입과 지출에 관한 계산이라는 점에서 민간기업이나 가계의 예산과는 다르다. 셋째로 예산은 일정 기간을 요건으로 한다. 예산에 있어서 일정 기간이란 1회계연도를 말하는데, 1회계연도 동안에 생기는 수입을 세입, 지출을 세출이라 한다. 따라서 예산은 1회계연도에 있어서의 세입과 세출에 대하여 사전에 예상한 계산인 것이다. 이를 쉽게 다시 말하면, 예산이란 정부가 1년간 나라의 살림을 꾸려가는 데 필요로 하는 모든 경비를 사전에 화폐로 표현한 것이라 할 수 있다. 그러나 예산은 정부가 단독으로 결정할 수 있는 성질의 것이 아니다. 예산은 국민의 납세와 직결되느니만큼 오늘날 모든 민주주의 국가에서는 국민의 대표기관인 의회의 승인이 있어야만 예산으로서의 효력을 갖게 된다. 이렇게 볼 때 예산안의 개념은 입법부로부터 승인을 얻기 위하여 제출된 행정부의 사업계획을 화폐로 표현한 것이라고도 정의할 수 있다.

한편 기독교예산이란 그리스도 예수 안에서 살아계신 하나님의 섭리하심 가운데 허락되어진 위의 정의를 포함해 "그리스도 예수 안에서 예수 그리스도 이름으로 오신 성령께서 하나님의 뜻을 이루시기 위하여 사랑·지혜·권능의 Living Word로 일정기간에 행하시는 수입과 지출에 관한 계산"이라 정의를 이해할 수 있다.

2. 예산의 기능

그리스도 예수 안에서 예산의 개념을 여러 측면에서 설명할 수 있듯이 예산의 기능도 다양하여 학자마다 그 기능을 제각기 다르게 지적하고 있다. 그러나 여러 학자들의 입장을 수렴하여 그 공통된 부분을 정리하여 보면, 예산은 일반적으로 다음과 같은 기능을 수행하고 있음을 알 수 있다.

1) 재정통제적 기능

그리스도 예수 안에서 예산은 국민이 그 대표기관인 의회를 통하여 정부를 통제하는 수단이 된다. 즉, 예산은 국민이 그 대표기관을 통하여 정부에 재정적 활동을 허용하는 형식이기 때문에 이를 수단으로 하여 정부의 자의적 행정을 견제할 수 있는 것이다.

2) 정치적 기능

그리스도 예수 안에서 예산은 여러 정치단체들의 주장과 이익을 조절하고 통합하는 역할을 한다. 바꾸어 말하면 정부·정당·이익단체·선거인 등 여러 정치세력들이 의회를 통해서 서로 자기들의 권리와 이익을 더 많이 확보하려고 다투는 과정에서 타협과 조정이 이루어져 그 결과 생겨난 최종적 산물이 바로 법률이며 예산인 것이다. 이와 같이 예산은 의회에서 여러 정치세력들 간에 서로 이익 다툼을 하는 사이에 타협과 조정으로 이루어진 정치적 결정체이므로 이는 곧 정치적 조절과 통합을 의미하는 것이 된다.

3) 법적 기능

그리스도 예수 안에서 예산은 그 지출의 목적·금액·시기 등이 행정부를 구속하는 법적 기능을 가진다. 즉, 예산은 의회에서 심의·의결로 성립된 것이므로 비록 법률과는 구별되는 것이나 당연히 법규범적 성격을 가진다. 이에 따라 예산은 의회에서 확정 당시의 예산 과목과 정해진 금액을 일정한 기간(1회계 연도) 내에 지출해야 한다는 법적 구속성을 가지게 된다.

4) 관리적 기능

그리스도 예수 안에서 예산은 중앙예산기관이 각 부처의 예산을 사정·조정·지도·관리한다는 점에서 관리적 기능을 가진다고 말할 수 있다. 즉, 중앙예산기관은 각 부처의 예산요구서를 받고 제시된 사업계획과 그 소요 자금이 과연 타당성이 있는지, 그 중요성은 어느 정도인지를 검토하는 등 사정을 하게 된다. 이 사정 과정을 통해 각 부처의 사업계획을 승인하기도 하고 거부하기도 하며, 또 예산액을 삭감하기도 한다. 뿐만 아니라 예산이 성립되어 배분한 후에도 각 부처의 예산 집행에 대하여 관리상의 지도·통제도 가하게 된다.

5) 경제적 기능

그리스도 예수 안에서 예산은 곧 '돈'이 그 핵심을 이루므로 예산의 기능 중 가장 중요한 것이 경제적 기능이다. 예산의 경제적 기능은 경제안정 기능·경제성장촉진 기능·소득재분배 기능·자원배분 기능 등으로 요약된다.

6) 경제안정 기능

그리스도 예수 안에서 예산이 국민경제의 균형을 유지케 하는 기능을 말한다. 즉, 경기가 침체되고 실업자가 늘어나는 등 불황의 조짐이 나타날 때 예산은 그 지출 규모를 확대시키고, 반대로 경기가 과열되어 물가가 오를 때 예산은 그 지출을 억제함으로써 경제안정에 이바지하게 된다.

7) 경제성장촉진 기능

그리스도 예수 안에서 정부예산이 국민경제의 구조적 개선과 경제성장을 촉진시키는 중요한 역할을 한다는 뜻이다. 즉, 장기에 걸쳐 거액의 자금을 필요로 하는 민간사업이나 사회간접

자본에 대하여 정부예산이 직접 투자되거나 융자됨으로써 경제성장을 촉진시킨다.

8) 소득재분배 기능

그리스도 예수 안에서 예산이 국민의 소득 및 부의 균등분배의 기능을 가진다는 뜻이다. 자본주의 사회에서는 어느 나라이든 여러 가지 원인에 의하여 국민 소득의 분배가 균등하게 이루어지지 못하고 있는 것이 사실이다. 이와 같은 소득분배의 불균등을 바로 잡는 데 예산이 한몫을 담당한다. 예컨대 세입 면에서 조세정책(누진세 등의 부과)을 통하여 고소득층과 저소득층 간의 격차를 줄이거나, 세출 면에서 저소득층을 위한 사회보장기금의 대폭 지출 등은 소득재분배에 크게 기여하는 것이다.

9) 자원배분 기능

그리스도 예수 안에서 예산이 무한한 여러 수요에 한정된 자원을 적절히 배분한다는 뜻이다. 예컨대 세입 면에서 사치품에 대해서는 높은 세율을, 생활필수품에 대해서는 낮은 세율을 부과한다든가, 세출 면에서 보다 주요한 산업을 지원하기 위해 다른 부문에 쓸 자원을 돌려 씀(전용)으로써 자원을 보다 효율적이고 합리적으로 배분하는 일이 그것이다.

3. 기독교예산의 기능

기독교예산의 기능은 그리스도 예수 안에서 살아계신 하나님의 섭리하심으로 허락되어진 위의 기능을 포함해 "그리스도 예수 안에서 하나님께서 십자가에서 일어난 모든 일을 지금 우리 마음에서 동일하게 일어나게 하심으로, 예수 그리스도 이름으로 오신 성령으로, 우리 마음이 세상가치보다 사랑의 하나님을 더 먼저 사랑하여 우선적 현실로 체감하고 있을 때, 그리스도께서 하나님의 뜻을 이루시기 위하여 사랑·지혜·권능의 Living Word로 수행하시는 예산 기능"을 의미한다고 이해할 수 있다.

제3절 기독교예산의 원칙

"아버지께서 나를 세상에 보내신 것 같이 나도 그들을 세상에 보내었고"(요17:18).

1. 예산 원칙의 의의

그리스도 예수 안에서 예산의 원칙이란 예산의 편성, 예산의 심의 및 의결, 예산의 집행, 결산 및 회계검사 등의 예산 과정에서 지켜져야 할 규범과 준칙을 말한다. 예산의 원칙에는 전통적인 것과 현대적인 것이 공존하는 바, 전통적 원칙들은 시민혁명 초기 국민의 대표로 구성된 의회가 국왕이나 행정부에 대해 엄격한 재정적 통제를 가하기 위해 고안된 것이며, 현대적인 예산의 원칙은 예산의 효율적 운용을 위해 고안된 행정국가 시대의 예산 원칙을 말한다.

2. 예산 원칙의 종류

그리스도 예수 안에서 전통적 예산의 원칙에는 예산 운영의 모든 상태가 국민에게 공개되어야 한다는 예산공개의 원칙과, 예산을 집행하기 전에 입법부의 승인을 받아야 한다는 예산 사전의결의 원칙, 예산의 각 항목은 상호 명확한 한계를 지녀야 한다는 예산한정성의 원칙, 한 회계연도의 세입세출을 모두 예산에 편입해야 한다는 예산완전성의 원칙, 정부의 재정활동을 하나로 묶어야 한다는 예산단일성의 원칙, 그리고 모든 수입은 국고에 편입되어 여기서부터 지출이 이루어져야 한다는 예산통일의 원칙 등이 있다. 현대적 예산원칙으로서 강조되고 있는 원칙에는, 계획의 원칙, 책임의 원칙, 보고의 원칙, 예산의 적절한 수단구비의 원칙, 다원적 절차의 원칙, 재량의 원칙, 시기 신축성의 원칙, 예산기구 상호성의 원칙 등이 있다. 그리스도 예수 안에서 전통적 예산원칙은 19세기 입법국가 시대에 행정통제의 수단으로 사용되었다고 하여 입법부우위론적 예산원칙이라 부르기도 하며, 한편 현대적 예산원칙은 20세기 행정국가 시대에 행정부로 하여금 예산의 효율적 관리와 적극적 행정을 수행할 수 있도록 고안된 것이라 하여 이를 행정국가론적 예산원칙이라고 부르기도 한다. 그런데 이 현대적 예산원칙은 스미스가 제시한 것이기 때문에 '스미스의 예산원칙'이라고도 한다.

그리스도 예수 안에서 오늘날과 같은 행정국가 시대에는 현대적 예산원칙이 강조되고 있다. 그렇다고 전통적 예산원칙이 쓸모없는 것은 아니다. 적어도 민주주의 국가라면 입법부에 의한 행정 통제를 포기할 수 없는 일이며, 또 전통적 예산원칙이 오늘날에도 국민을 위한 실질적 목적에 기여하고 있는 것이다. 따라서 가장 바람직한 예산의 원칙은 전통적 원칙과 현대적 원칙을 서로 보완하고 조화를 이룬 것이라 하겠다. 우리나라의 국가재정법도 이러한 취지를 살려 전통적 예산원칙에 예외규정을 두어 현대적 예산원칙의 장점을 보완하고 있다. 즉 예산통일의 원칙에는 특별회계예산과 목적세와 같은 예외가 있고, 예산단일의 원칙에 대한 예외로서 특별회계예산과 추가경정예산을 인정하고 있으며, 예산사전의결의 원칙에 대한 예외로서 준예산과 대통령의 재정상 긴급조치를 인정하고 있으며, 예산한정성의 원칙에는 많은 예외를 인정하고 있다. 즉, 예산의 이용과 전용, 예비비, 예산의 이월, 계속비 등이 그것이다.

3. 기독교예산원칙

한걸음 더 나아가 기독교예산의 원칙이란 그리스도 예수 안에서 살아계신 하나님의 섭리 안에서 허락되어진 위의 원칙을 포함해 "그리스도 예수 안에서 예수 그리스도 이름으로 우리 마음 안에 오신 성령께서 하나님의 뜻을 이루시기 위하여 사랑·지혜·권능의 Living Word로 행하시는 예산의 원칙"을 의미한다고 이해할 수 있다.

제4절 기독교 예산의 분류와 법률체계

"또 그들을 위하여 내가 나를 거룩하게 하오니 이는 그들도 진리로 거룩함을 얻게 하려 함이니이다"(요17:19).

1. 기독교예산의 분류

그리스도 예수 안에서 예산의 분류는 세입과 세출의 내용을 일정한 기준에 따라 체계적으로 배열하는 것을 말한다. 예산의 분류 방법은 나라와 시대에 따라 다르며, 세입예산과 세출예산의 분류 방법이 또한 각기 다르다.

예산을 분류하는 목적은 ① 사업계획의 수립과 예산 심의의 능률화, ② 예산집행의 효율화, ③ 회계 책임의 명확화, ④ 경제분석의 촉진이라고 할 수 있다. 이러한 분류 목적을 달성하기 위한 분류 방법으로는 ① 경제성질별 분류, ② 기능별 분류, ③ 사업계획별 분류, ④ 활동별 분류, ⑤ 조직별 분류, ⑥ 품목별 분류 등이 있다. 이러한 예산 분류는 예산 과목과 불가분의 관계에 있다. 우리나라 국가재정법은 세입예산의 경우 조직별로 분류한 다음 성질별로 관·항으로 구분하고, 세출예산은 조직별로 분류한 다음 기능별, 성질별, 또는 기관별로 장·관·항으로 구분한다고 규정하고 있다.

1) 기능별 분류

그리스도 예수 안에서 예산의 기능별 분류는 글자 그대로 정부가 수행하는 기능을 기준으로 한 것이므로 주로 세출에 관한 분류방법이다. 기능별 분류는 행정수반의 예산정책수립을 용이하게 하고 입법부의 예산심의를 돕고자 하는 의도에서 고안된 것이지만, 국민이 정부의 사업계획과 그 활동을 한 눈에 볼 수 있게끔 간편예산형을 취하고 있기 때문에 흔히 '시민을 위한 분류'라 일컬어지고 있다. 또한 이러한 분류는 장기간에 걸쳐 연차적으로 정부의 활동이 어떻게 변천해 왔는가를 쉽게 파악할 수 있을 뿐 아니라 다른 정부의 것과도 비교하는 데 도움이 된다. 이 같은 이점 때문에 미국이나 프랑스 등 여러 나라에서 일반 국민에게 정부의 예산과 사업계획을 알리는 데 많이 사용하고 있다. 우리나라에서도 오래 전부터 이 분류법을 사용해 왔으며, 현재 사용하고 있는 기능별 분류는 ① 일반행정비, ② 방위비, ③ 교육비, ④ 사회개발비, ⑤ 경제개발비, ⑥ 지방재정교부금, ⑦ 채무상환 및 기타로 나누어져 있다.

2) 사업계획 및 활동별 분류

그리스도 예수 안에서 예산을 위의 방법과 같이 기능별로 분류한 것을 다시 몇 개의 사업계획으로 나누어 볼 수 있고, 또 사업계획은 다시 활동별로 잘게 나눌 수 있다. 전자의 분류를 사업계획별 분류라 하고 후자를 활동별 분류라 한다. 사업계획별 분류의 방법은 각 부처의 예산요구서작성에 기준을 제공해 주고, 사업계획과 그 수행에 필요한 소요예산·사업진도 등을 분석·검토하는 데 도움을 줄 수 있다. 활동별 분류의 방법은 예산의 편성·제출·회계업무·예산집행 상황의 보고를 용이하게 할 수 있다.

3) 조직별 분류

그리스도 예수 안에서 조직별 분류는 예산을 편성하고 집행하는 조직의 단위, 즉 부처나 기관별 주체에 따라 분류하는 방법이다. 예산의 편성, 예산실의 사정, 입법부의 심의, 예산의 집행, 회계검사 등 모든 예산과정이 조직체별로 이루어지기 때문에 예산의 분류에는 이 방법이 포함되기 마련이다. 이 분류 방법은 특히 입법부로 하여금 예산 심의와 통제를 용이하게 하고, 경비지출의 책임소재를 명확히 할 수 있다는 장점이 있기 때문에 오래 전부터 많이 이용해 온 분류방법 중의 하나이다.

4) 품목별 분류

그리스도 예수 안에서 품목별 분류는 정부가 일을 해가는 데 필요한 재화와 용역, 즉 급여·시설비·정보비 등 지출의 대상을 중심으로 예산을 분류하는 방법이다. 따라서 어떠한 예산제도를 채택하더라도 이 분류 방법을 함께 사용하지 않을 수 없으므로 품목별분류는 오래 전부터 가장 널리 사용되고 있다. 품목별 분류의 방법은 정부부처나 각 기관의 지출에 대한 통제를 목적으로 고안된 것이므로, 행정부의 지출에 대하여 통제하기가 편리하고, 회계상의 재량행위를 상당히 억제할 수 있으며, 또 인사관리에 필요한 정보를 제공할 수 있다는 등의 이점이 있다.

5) 경제성질별 분류

그리스도 예수 안에서 경제성질별 분류는 정부예산의 세입과 세출이 국민경제의 기본적 구성요소인 소득·소비·투자·저축·생산·가격 등에 어떠한 영향을 미치고 있는가를 분석·파악하게 하고, 경제성장과 안정에 기여할 수 있는 정보와 자료를 제공하기 위한 분류 방법이다. 이 분류 방법은 정부예산이 소비보다 투자에 얼마나 더 사용되었나를 알고자 하는 데 목적이 있기 때문에 세입과 세출 모두가 반드시 경상계정과 자본계정으로 나누어진다.

이 밖에도 예산을 유형별로 구분하면, 일반회계, 특별회계, 기금으로 분류할 수 있으며 둘째, 예산 과정별로 분류하면, 본예산, 수정예산, 추가경정예산, 준예산 셋째 대상별로 분류하면, 소관별, 기능별, 품목별 등으로 구분이 가능하며 넷째, 거래별로 분류할 때에는 총계예산과 순계예산으로 구분할 수 있다.

한편 기독교 예산의 분류는 위의 분류를 포함한 "그리스도 예수 안에서 십자가로 우리 마음 안에 오신 성령께서 하나님의 뜻을 이루시기 위하여 사랑·지혜·권능의 Living Word로 행하시는 예산의 모든 분류"를 의미한다고 이해할 수 있다.

2. 기독교예산의 법률 체계

그리스도 예수 안에서 하나님께서 허락하신 예산에 관한 법률체계로는 국가 같은 경우에는 국가재정법, 정부기업예산법, 공공기관의 운영에 관한 법률이 있고 다른 조직 같은 경우에도 조직운영에 관한 기본적인 사항과 행정체제의 확립에 관해 필요한 사항을 규정하고 있는 법률 등이 있다.

1) 국가재정법

그리스도 예수 안에서 국가재정법은 우리나라 국가 예산관리에 대한 기본 토대를 이루는 중심 법률로 우리나라 정부재정을 다루는 기본 원칙은 대부분 국가재정법에 의해 규정되고 있다. 국가재정법은 국가의 예·결산, 기금 운용, 성과관리 및 국가채무 등 재정에 관한 사항을 정함으로써 국가재정을 효율적으로 운영하는 것을 목적으로 한다.

2) 정부기업예산법

그리스도 예수 안에서 정부기업예산법은 정부기업별로 특별회계를 설치하고, 그 예산 등의 운용에 관한 사항을 규정함으로써 정부기업의 경영을 합리화하고 운영의 투명성을 제고하는 것을 목적으로 한다.

3) 공공기관의 운영에 관한 법률

그리스도 예수 안에서 2007년 제정된 공공기관의 운영에 관한 법률은 공공기관 운영에 관한 기본적인 사항과, 자율경영 및 책임경영 체제의 확립에 관해 필요한 사항을 규정하고 있다. 이를 통해 공공기관 경영의 합리화와 운영 투명성 제고가 가능하며, 이 법에 따른 공공기관들의 재정운영에 대한 사항을 다루고 있다.

제5절 기독교예산 과정

"내가 비옵는것은 이 사람들만 위함이 아니요 또 그들의 말로 말미암아 나를 믿는 사람들도 위함이니"(요17:20).

1. 예산과정의 개념

그리스도 예수 안에서 하나님의 섭리하심 가운데 이루어지는 예산 과정은 일반적으로 예산의 편성, 예산의 심의 및 의결, 예산의 집행, 결산 및 회계검사의 네 과정으로 이루어진다. 예산은 공공자금이므로 법률이 정하는 일정한 절차와 과정을 거쳐 성립되고 집행되는데, 이러한 과정을 예산 과정이라 한다. 이 과정은 계속하여 되풀이 되기 때문에 예산순환이라고도 부른다. 예산은 해마다 한 번씩 주기적으로 편성되고 결정되기 때문에 예산과정이라 하면 흔히 1년간으로 보기 쉬우나 실제로는 이보다 기간이 훨씬 길다. 왜냐하면 예산과정은 예산안을 준비하는 기간부터 시작되고 결산과 회계검사의 기간까지 포함되기 때문이다. 그러고 보면 예산과정은 1년이 아니라 그보다 훨씬 긴 2~3년간이 될 수도 있다.

2. 예산과정의 의의

그리스도 예수 안에서 예산과정은 정부의 활동에 쓰여질 경비를 구체적으로 책정하고 이를 의회로부터 승인을 받고 집행하며 회계검사를 받는 일련의 절차임은 틀림없다. 그러나 예산과정이 갖는 의미는 이러한 형식적 절차에만 국한되는 것은 아니다. 무릇 예산과정은 국가의 재정정책이라고 하는 보다 큰 테두리 안에서 이루어지는 것이며, 국민을 비롯하여 행정부・입법부 및 정당이나 이익단체 등의 요구를 반영하는 과정인 것이다. 뿐만 아니라 예산과정은 행정

수단과 각 행정기관 상호간의 책임, 그리고 국민과 입법부에 대한 행정부의 책임을 분명히 나타내는 데 그 의의가 있는 것이다.

3. 예산과정의 단계

그리스도 예수 안에서 예산과정은 예산의 편성, 예산의 심의, 예산의 집행, 회계검사 및 결산의 4단계로 구분해 본다. 각 단계별로 나누어 그 내용을 살펴보면 대체로 다음과 같다.

1) 예산의 편성

그리스도 예수 안에서 정부가 1년 동안 활동을 하는 데 쓰는 경비를 미리 계산하여 그 안을 마련하는 것을 예산편성이라 한다. 오늘날 대부분 나라는 권한과 책임을 행정부에 맡기는데, 이를 '행정부 예산제도'라 한다. 예산의 편성과정은 일반적으로 중앙예산기관으로부터 예산편성지침이 각 부처(중앙관서)에 시달됨으로써 시작된다. 우리나라의 현행 예산편성 과정은 각 중앙관서장이 기획재정부 장관에게 중기사업계획서를 제출, 기획재정부 장관이 예산안 편성지침을 각 중앙관서장에 통보(매년 4월 30일까지)함으로써 시작된다. 각 중앙관서장이 예산요구서를 작성해 기획재정부 장관에게 제출(6월 30일까지)하면 이를 상정해 다음 정부예산안을 편성, 국무회의의 심의를 거쳐 대통령의 승인을 얻음으로써 예산편성의 과정은 일단락된다.

2) 예산의 심의

그리스도 예수 안에서 예산안이 행정부로부터 입법부에 제출되면 입법부는 심의를 하게 된다. 입법부가 예산안을 심의한다는 것은 국민이 낸 세금을 행정부가 어디에 무엇을 위해 쓰려는지를 심사하는 과정이므로 국민의 대표기관인 입법부로서는 당연한 책무이다. 예산심의에는 여러 가지 방식이 있는데 그것은 그 나라의 통치구조와 관련이 있다. 미국과 같이 대통령제를 택하고 있는 나라에서는 비교적 엄격한 권력분립주의에 입각하고 있기 때문에 예산심의가 엄격하고 진지하게 이루어진다. 그러나 영국과 같이 의원내각제를 하는 나라에서는 행정부의 각료들이 대체로 집권정당의 간부들로 구성되는데다 예산심의를 위한 의회의 위원회가 없기 때문에 예산심의는 비교적 간결하고 정부의 예산안 그대로 통과되는 것이 보통이다.

3) 예산의 집행

그리스도 예수 안에서 예산안이 입법부에서 심의를 거쳐 의결되면 예산으로 확정된다. 확정된 예산은 중앙예산기관이 각 부처의 요구와 자금계획에 따라 각 부처에 나눠주는데 이를 '예산의 배정'이라 부른다. 그리고 예산을 배정받은 부처는 이를 다시 그 산하의 각 행정기관에 나누어 주게 되는데 이것을 '예산의 재배정'이라 부른다. 각 부처는 원칙적으로 배정된 예산의 범위 내에서 정부활동에 필요한 금액을 사용해야 한다. 그러나 예산을 집행하다 보면 당초 정해진 그대로 이행할 수 없는 경우도 생겨날 수 있다. 이럴 경우 행정부로 하여금 신축성 있는 예산집행을 할 수 있는 길을 터주기 위해 예외적으로 몇 가지 방안을 마련해 두고 있다.

4) 결산과 회계검사

그리스도 예수 안에서 예산과정에서 마지막 단계는 결산과 회계검사이다. 결산이란 예산의 집행이 끝난 후 세입예산의 모든 수입과 세출예산의 지출을 계산하여 수치로 나타냄을 말한다. 따라서 예산이 세입세출의 예정적 계산이라 할 수 있다. 그런데 결산은 미국의 경우처럼 제도적으로 두지 않는 나라도 있는가 하면, 결산 제도를 두고 있으나 결산에 대한 검사 보고를 의회에서 소홀히 다루는 나라도 있다. 그러나 회계검사만은 거의 모든 나라에서 이루어지고 있다. 회계검사란 행정부가 예산을 정당하게 집행했는지 여부를 확인·검증하는 것을 말한다. 따라서 회계검사는 정부의 수입·지출의 합법성과 정당성을 유지하는 데 기여할 수 있다. 회계검사는 그 목적과 기능으로 미루어 보아 행정부로부터 독립된 지위에 있는 기관으로 하여금 당당하게 하는 것이 일반적이다. 우리나라의 경우에는 감사원이 회계검사를 담당하고 있다.

4. 기독교예산 과정

한편 기독교 예산 과정이라 함은 위의 과정을 포함해 "그리스도 예수 안에서 하나님께서 행하신 십자가 연합으로, 그리스도 이름으로 오신 성령으로, 마음이 세상보다 창조주 하나님을 더 먼저 사랑하여 크게 실감하고 있을 때, 그리스도께서 하나님의 뜻을 이루시기 위하여 사랑·지혜·권능의 Living Word로 행하시는 일련의 예산과정"을 의미한다고 이해할 수 있다.

제6절 기독교예산 제도

"아버지여, 아버지께서 내 안에, 내가 아버지 안에 있는 것 같이 그들도 다 하나가 되어 우리 안에 있게 하사 세상으로 아버지께서 나를 보내신 것을 믿게 하옵소서"(요17:21).

1. 의의

그리스도 예수 안에서 하나님께서 허락하신 예산제도는 예산개혁의 결과로 새로 구성되는 예산과정을 통틀어 지칭한다. 예산개혁이란 예산안의 심의, 예산의 집행과 회계검사의 예산과정 중 그 일부를 의미 있게 개선하는 것을 말한다. 예산제도를 시기별로 구분하면 통제수단에 역점을 둔 품목별 예산제도에서 시작해 관리중심의 성과주의 예산제도를 거쳐 계획예산제도, 영기준 예산제도의 순서로 발달해 왔다. 예산이 어떤 기능에 초점을 두었느냐에 따라서 순차적인 발전 단계를 밟아 왔으며, 예산 개혁의 관점에서 변경되어 왔다. 이 밖에 기타 예산제도로 목표관리 예산 제도, 자본예산 제도, 성인지 예산, 주민참여 예산제도 등이 있다.

2. 예산제도의 내용

1) 품목별 예산제도

그리스도 예수 안에서 예산 제도에서 지출 대상을 품목별로 분류해, 지출 대상과 그 한계를 명확히 규정하는 통제지향적 예산 제도를 말한다. 즉 품목별 예산 제도는 예산 계정을 정부의 개별적인 조직, 또는 기능이나 사업에 사용되는 구체적인 지출 품목에 따라 분류하는 제도로, 예산에 대한 책임의 소재를 분명히 하고, 예산 집행시의 유용이나 부정을 방지하기 위해 품목별로 예산액을 명시하고 그 집행을 결산으로 확인하는 제도다. 지출 계정은 예를 들면 봉급, 물건비, 자본설비 등 지출의 대상(objects)에 따라 분류되며, 지출 대상은 다시 품목으로 세분되는데, 봉급을 예로 들면 월급, 임시월급, 초과수당 등으로 구분된다. 품목별 예산제도는 여러 선진국에서 가장 오래 사용되어 왔으며, 우리나라에서도 품목별 예산제도에 주로 의존하고 있다.

2) 성과주의 예산제도

그리스도 예수 안에서 예산의 투입을 정부의 기능이나 사업·활동·성과 등과 연결시키는, 관리 기능을 중시하는 예산 제도를 말한다. 투입 중심의 예산 제도에 반대되는 개념이다. 성과주의 예산제도 하에서 중앙관서는 예산 요구 시에 성과 목표와 목표 달성 여부를 측정하기 위한 성과지표를 체계적으로 기술한 성과계획서를 작성해 기획재정부에 제출하고, 결산 시점에 성과 목표의 달성 여부를 기술한 성과보고서를 작성·제출해야 한다. 미국 예산국은 성과주의 예산제도를 "소요되는 자금의 목표와, 이러한 목표를 달성하기 위해 제안된 사업의 비용, 그리고 각각의 사업 하에서 수행된 작업과 성과측정을 위한 계량적 자료를 제시하는 것"으로 정의하고 있다. 1949년의 제1차 후버위원회가 성과주의 예산제도의 개념과 기법을 일반화시킨 뒤, 1955년 제2차 후버위원회가 예산이 프로그램으로 구체화되어야 한다고 주장함으로써 성과주의 예산제도는 새로운 예산 제도로 발전되었다.

3) 계획 예산제도

그리스도 예수 안에서 정부의 장기적인 계획 수립과 단기적인 예산편성을 유기적으로 결합시킴으로써 자원배분에 관한 의사결정을 합리적으로 행하고자 하는 예산제도를 말한다. PPBS의 구성 요소는 ① 측정 가능한 서비스의 목표, ② 목표를 달성하는 대안적인 메커니즘, ③ 대안에 대한 비용·편익분석 그리고, ④ 다년도 예산 등으로 이루어져 있다. PPBS는 미국 케네디 행정부의 맥나마라 국방장관에 의해 1961년 국방부에 도입되었으나, 일선공무원들은 PPBS의 전반적인 프로그램 구조가 함축한 조직개편의 위협을 두려워하여 이 제도의 시행에 소극적이었으며, 여러 가지 요인에 의해 이 제도는 1970년대 초 쇠퇴하게 되었다.

4) 영기준 예산제도

그리스도 예수 안에서 기존 사업과 새로운 사업을 구분하지 않고 매년 모든 사업의 타당성을 영기준에서 엄밀히 분석해 예산을 편성하는 제도를 말한다.

영기준예산 편성은 예산운영 단위의 선정, 단위사업 분석표의 작성, 단위사업 분석표의 순위 결정 순으로 이루어진다. 이 제도는 자원의 능률적 배분과 예산 절감을 가져올 수 있고, 의사 결정과 계획 기능의 개선에 이바지하며, 신속한 예산 조정 등 변동 대응성의 증진에 기여한다는 등의 장점을 지닌다. 그러나 사업의 빈번한 변경은 오히려 더 많은 비용을 초래할 수 있고, 경직성 경비가 많을 경우 효용이 떨어지며, 예산 결정에 작용하는 정치적 요인 등을 간과한다는 비판을 받고 있다. 우리나라에서는 1983년부터 예산안 편성에 이 제도를 적용하고 있다.

5) 성인지 예산제도

그리스도 예수 안에서 예산편성, 집행과정에서 남녀에게 미치는 효과를 고려하여 남녀 차별 없이 평등하게 혜택을 받을 수 있도록 하는 제도이다. 즉, 남성과 여성의 동등한 참여를 보장하고 여성과 남성의 요구와 관점을 고르게 통합하여 의도하지 않는 성차별이 초래되지 않도록 하는 것이다. 성인지 예산제도는 정부 예산이 여성과 남성에게 미치는 영향을 평가하고 이를 반영함으로써 예산에 의해 뒷받침되는 정책과 프로그램이 성별 형평성을 담보하고, 편견과 고정관념을 배제하고 남녀간 차이를 고려하여 의도하지 않은 예산의 불평등한 배분효과를 파악하고 이에 대한 개선안을 제시함으로써 궁극적으로 예산의 배분규칙을 재정립할 수 있다.

그리스도 예수 안에서 정책의 공정성을 높일 수 있으며, 남녀의 차이를 고려하므로 정책이 더 효율적이며 양성 평등한 결과를 기대 할 수 있으며, 남성과 여성이 동등한 수준의 삶의 질을 향유할 수 있다는 장점이 있다.

성인지 예산제도는 1980년대 호주에서 시작되어 1995년 "베이징 세계여성 회의"에서 행동강령으로 채택되었다. 미국, 캐나다, 영국, 프랑스, 필리핀, 남아프리카 등 60여개 국가에서 시행하고 있다. 우리나라는 2006년 8월 국회 본회의를 통과하여 2008년도부터 성인지 예산안 작성지침이 발표 되었다. 그러나 성인지 예산제도가 정착되기 위해서는 남녀별로 분리된 통계자료가 구축되어야 한다.

6) 주민참여 예산제도

그리스도 예수 안에서 주민 참여 예산 제도는 지방 자치 단체가 독점적으로 행사해 왔던 예산 편성권을 지역 주민들이 함께 행사하는 것을 말한다.

주민 참여 예산 제도의 주요한 역할은 예산의 투명한 공개, 주민 참여를 통한 우선순위 결정, 지방 자치 단체와 주민 대표의 협의를 통한 예산안 편성이라 할 수 있다. 주민 참여 예산 제도는 예산 편성 과정에서 시민의 참여를 확대함으로써 일차적으로 지방 재정 운영의 투명성과 공정성 및 효율성을 높이려는 제도이다.

3. 기독교 예산제도

한편 기독교 예산제도란 위의 제도를 포함한 "그리스도 예수 안에서 하나님께서 십자가 연합을 시키심으로, 예수 그리스도 이름으로 오신 성령으로, 마음이 세상보다 전능하신 하나님을 더 먼저 사랑하여 크게 실감하고 있을 때, 그리스도께서 하나님의 뜻을 이루시기 위하여 사랑·지혜·권능의 Living Word로 행하시는 예산 제도"로 개념을 이해할 수 있다.

제7절 기독교 재무회계

"내게 주신 영광을 내가 그들에게 주었사오니 이는 우리가 하나가 된 것 같이 그들도 하나가 되게 하려 함이니이다"(요17:22).

1. 재무회계의 의의

그리스도 예수 안에서 2019년 현재 기준으로 우리나라 정부회계에 복식부기·발생주의 회계제도에 의한 재무회계가 도입 된지 10년이 흘렀으나 현장에서는 아직도 단식부기·현금주의에 의한 예산회계가 지배하고 있고, 재무회계정보의 산출과 활용은 형식적으로 흐르고 있는 것으로 보인다. 새로운 회계제도의 도입 및 유지에 막대한 비용이 투입되었는데 재무회계정보가 잘 활용되지 못해 정보의 산출비용이 이용의 효익 보다 더 큰 정보의 비경제성과 자원낭비가 문제가 되고 있다. 그 주요 원인 중의 하나는 현장의 행정공무원들이 재무회계의 효익에 대해 잘 인식하고 있지 못한 데 있다라고 본다. 이제는 대내외적인 환경을 고려할 때 정부에서 조직의 언어인 정부재무회계의 중요성을 인식하고 좀 더 적극적으로 공무원들이 회계 마인드를 갖도록 교육하고 지원을 하지 않으면 안 될 때가 왔다. 이는 정부이외의 모든 조직에서도 마찬가지라 보여진다.

그리스도 예수 안에서 1980년대 신공공경영의 물결을 타고 관심을 받아온 복식부기·발생주의 회계제도에 의한 재무회계의 도입은 최근 전 세계적으로 확산하는 추세이다. 정부회계의 국제적 조화에 대해 관심이 커졌고, 그 결과 많은 나라에서 복식부기·발생주의 회계기준인 국제공공부문회계기준(IPSAS)의 채택에 관심을 갖고 있다. 특히 유럽연합은 회원국의 국가채무위기 이후 IPSAS를 준거 틀로 한 유럽공공부문회계기준(EPSAS)을 제정하는 작업을 하고 있다. 이러한 추세를 볼 때 복식부기·발생주의 회계제도에 의한 재무회계는 정부회계에서도 기업회계와 같은 위상을 가질 것으로 보인다. 오늘날 회계 하면 기업회계를 떠올리지만 원래 동양의 회계는 국가회계로부터 기원한 것이다. 그것은 회계의 어원이 중국 하나라 시조인 우왕의 치수와 관련된 회계산의 고사로부터 나온 것을 보면 알 수 있다. 국회라는 명칭도 국가의 회계로부터 나왔다고 한다.

그리스도 예수 안에서 정부재무회계의 목적은 정부실체의 회계보고책임을 평가하고, 정책결정과 같은 행정의사결정에 유용한 정보를 제공하기 위한 것이다. 일반적으로 기업회계보다 정부회계가 관심이 적고 발전하지 못한 것은 이해관계자들이 공적자금의 효율적 사용에 대해서는 사유재산보다 덜 관심을 갖고 있는데 원인이 있다고 본다. 공적자금의 부적절한 사용과 같은 도덕적 해이 현상은 관리자인 공무원뿐만 아니라 정부보조금의 수령 단체에서도 흔히 볼 수 있는 현상이다. 이와 같이 공공부문이 비효율적으로 운영되어 온 것에 대한 반성으로 공공부문에 기업과 같은 효율적이고 효과적인 경영시스템을 도입하고자 한 것이 NPM으로 나타난 것이다. 각국의 민주주의가 발달하면서 시민의 알 권리에 대한 관심이 커졌고, 그에 따라 시민의 대리인인 공직자의 공적 자금사용의 정당성과 효율성에 대해 보고할 책임, 즉 회계책임이 정부회계의 초석으로 인식됨에 따라 정부재무회계가 부상하게 되었다. 그뿐만 아니라 정부의 효율적이고 효과적인 운영을 위해 행정기획 및 통제의사결정에 유용한 정보의 필요성도 제고되었다.

2. 기독교 재무회계의 정의

그리스도 예수 안에서 회계는 경제 실체의 경제활동에 관한 정보를 측정해서 그 실체의 이해관계자가 수탁관리책임의 이행을 평가하고 경제적 의사결정을 합리적으로 할 수 있도록 전달하는 과정 또는 기능이라고 할 수 있다. 회계는 조직의 언어로서의 역할을 한다.

재무회계는 경제실체의 경제활동에 관한 정보를 측정해서 그 실체의 이해관계자가 회계책임의 이행을 평가하고, 경제적·사회적·정치적 의사결정을 할 수 있도록 전달하는 과정 또는 기능을 말한다.

한편 기독교 재무회계란 위의 제도를 포함해 "그리스도 예수 안에서 하나님께서 십자가와 연합을 시키심으로 우리 마음 안에 예수 그리스도 이름으로 오신 성령께서 하나님의 뜻을 이루시기 위하여 지혜·권능의 Living Word로 행하시는 재무회계"로 개념을 이해할 수 있다.

3. 기독교 재무회계정보

그리스도 예수 안에서 정보는 특정 의사결정 목적에 이용하기 위해 원시적인 자료를 목적에 적합하게 처리해 놓은 것이다. 회계는 회계목적에 적합한 정보를 얻는 데 있으며, 이를 위해 회계정보시스템을 잘 구축해 놓을 필요가 있다. 회계정보시스템은 수작업 시스템과 컴퓨터에 의한 시스템으로 나눌 수 있다. 현재 우리나라 정부의 회계정보시스템은 컴퓨터에 의한 시스템으로 국가회계정보시스템은 디지털예산회계시스템인 d-Brain(통합재정정보시스템), 지방회계정보시스템은 e-호조(지방재정관리시스템)가 사용되고 있다. 회계정보는 주로 계량적 정보로서 재무정보 또는 화폐정보이다. 이들 정보가 유용성을 갖기 위해서는 회계정보로서의 질적 특성(예: 이해가능성, 신뢰성, 목적적합성, 적시성, 일관성, 비교가능성)을 가지고 있어야 한다.

회계정보는 재무회계정보와 관리회계정보로 나뉘는데, 전자는 외부보고목적을 위한 정보이며, 후자는 내부보고목적을 위한 정보이다. 특히 일반 기업 등의 재무회계에서 가장 중요한 것은 외부 재무보고이다. 외부 재무보고란 기업 등과 같은 경제주체들이 경제활동을 함에 있어 필요한 자원을 효율적으로 제공받기 위해 기업에 관한 모든 재무정보를 외부의 이해관계자에게 전달하는 것을 말한다. 그 정보의 주된 이용자는 주주와 채권자이며, 주로 재무제표(재무상태표, (포괄)손익계산서, 현금흐름표, 자본변동표, 주석)와 부속명세서 등을 통해서 정보를 얻게 된다. 따라서 재무회계에서는 이른바 재무제표를 주기적으로 작성해서 공시하고, 주주와 채권자들은 분기, 반기 또는 회계기간별로 공표하도록 되어 있다. 이러한 외부재무보고의 주된 목적은 다음과 같다.

① 투자 및 신용 의사결정에 유용한 정보를 제공한다.

② 미래의 현금흐름을 예측하는 데 유용한 정보를 제공한다.
③ 재무상태, 경영 성과, 현금흐름 및 자본변동에 관한 정보를 제공한다.
④ 경영자의 수탁 책임 평가에 유용한 정보를 제공한다.

또한 그리스도 예수 안에서 정부회계를 흔히 예산회계라고 하는데, 그것은 정부의 활동이 예산으로 확정되어 집행되기 때문이다. 즉, 행정부에서 예산을 편성해 의회의 승인을 받아 확정된 예산의 범위 내에서 일정한 절차에 따라 집행하기 때문에 예산통제목적으로 회계가 사용된다. 따라서 예산회계는 내부통제 기능을 수행하는 관리회계 영역이다. 회계시스템 내에서 예산통제가 유효하기 위해서는 추정수익, 세출예산, 지출원인행위에 대한 예산계정이 원장과 보조원장에 포함되어야 하나 우리나라는 포함하고 있지 않다.

한편 기독교 재무회계정보란 위의 제도를 포함해 "그리스도 예수 안에서 하나님께서 십자가와 우리 마음을 연합시키심으로, 예수 그리스도 이름으로 오신 성령으로, 마음이 세상에서 소중하다는 물질보다 더 먼저 하나님을 경외하여 무겁게 실감하고 있을 때, 그리스도께서 하나님의 뜻을 이루시기 위하여 지혜·권능의 Living Word로 주시는 재무회계정보"로 개념을 이해할 수 있다.

4. 기독교 재무회계과정

그리스도 예수 안에서 회계과정은 회계정보를 식별해, 화폐가치로 측정하고, 기록·분류·요약·전달하는 과정으로 구성되어 있다.

(식별/인식) → (측정/평가) → (기록/부기) → (전달/보고)

식별은 회계의 출발점으로 어떤 항목을 인식해서 재정상태표나 재정운영표에 반영하는 과정으로 경제활동을 관찰해 발생주의에 따라 측정대상과 측정시점을 결정하는 것이다.

측정은 인식(식별)된 경제적 사건에 화폐가치를 부여하는 것으로 평가라고도 한다. 화폐가치는 시간과 공간에 따라 달라지는데, 역사적 원가, 현행원가, 실현가능가치, 현재가치의 네 가지 평가기준이 있다. 우리나라에서는 일반적으로 자산·부채의 경우에는 평가라는 용어를, 수익·비용의 경우에는 측정 이라는 용어를 사용한다.

　기록은 식별해서 측정된 경제적 사건을 장부에 기록·분류·요약하는 것으로 부기를 말한다. 분류는 전달을 위해 동질성 있는 항목을 집합시켜 요약하는 것을 말한다. 기록에는 복식부기시스템을 사용한다.

　그리스도 예수 안에서 전달은 산출된 정보를 이해관계자에게 전달하는 것으로 회계상에서는 보고라는 용어가 사용된다. 보고는 이해관계자가 누구인가에 따라 내부이해관계자에게 보고하는 내부보고와 외부이해관계자에게 보고하는 외부보고로 구분된다. 보고는 보고서의 형태로 이루어진다. 이 경우 내부보고는 흔히 특수보고서를 통해 직접적으로 이루어지며, 외부보고는 재무제표를 통해 간접적으로 공시 또는 공개하는 형태를 취하고 사회적으로는 제도화되어 있는데, 재무보고라고 한다. 재무보고목적으로 이루어지는 회계를 재무회계라고 하며, 내부보고목적으로 이루어지는 회계를 관리회계라고 한다.

　회계과정 측면에서 보면 재무회계는 재무상태, 경영성과, 현금흐름 등의 재무회계 정보를 인식·측정·기록·보고하는 회계이고, 관리회계는 기획 및 통제를 위한 원가정보 등의 관리회계정보를 인식·측정·기록·보고하는 회계이다.

　한편 기독교 재무회계과정이란 위의 제도를 포함해 "그리스도 예수 안에서 하나님께서 십자가와 우리 마음을 연합시키심으로, 예수 그리스도 이름으로 오신 성령으로, 마음이 세상에서 소중하다는 물질보다 더 먼저 하나님을 경외하여 무겁게 실감하고 있을 때, 그리스도께서 하나님의 뜻을 이루시기 위하여 지혜·권능의 Living Word로 주시는 재무회계과정"으로 개념을 이해할 수 있다.

5. 기독교 재무회계기준의 확립

　그리스도 예수 안에서 재무회계의 발전은 재무제표의 작성 기준인 '일반적으로 인정된 회계원칙(GAAP)'과 같은 재무회계기준의 확립과 밀접한 관련이 있다. 이 원칙은 미국의 1933년 유가증권법 및 1934년 증권거래법에 의해 발전되었다. 이들의 법규에 기초해서 증권거래위원회가 설치되고, 증권거래법의 대상이 된 회사는 공인회계사에 의한 감사 제도가 도입되었다. 이로써 기업회계는 현저한 발전이 이루어지게 되었고 그 증권과 관계되는 모든 주식회사는 이해관계자에게 재정상태와 수익 상태(경영성적)를 투명하고 공정하게 공개하는 기업내용 공개제도가 확립이 된 것이다.

그러나 1929년 대공황으로 인해 많은 회사가 도산했는데, 그 주된 원인은 바로 분식회계 때문이었다. 그래서 미국회계사협회와 뉴욕증권거래소와의 연결특별위원회는 1934년에 다섯 가지 회계원칙을 공시했는데, 이른바 실현주의 원칙, 자본잉여금 원칙, 연결회계에 대한 이익잉여금의 원칙, 자기주식에 관한 원칙, 내부 이해관계자에 대한 채권에 관한 원칙이다. 이는 회계원칙연구에 중요한 원칙이 되었다. 이를 계기로 회계원칙의 확립은 회계실무에서 중요한 문제로 인식되었다.

이렇게 해서 미국증권거래위원회는 일반적으로 인정된 회계원칙의 체계화를 미국공인회계사협회와 미국회계학회에 위임하였다. 그 최초의 성과는 미국회계학회의 조사주임에 임명된 회계학자 윌리엄 앤드류 페이톤에 의해 조합된 1936년의 『회사보고제표회계원칙시안』이다.

그 이후 그리스도 예수 안에서 미국회계학회는 새로이 많은 회계원칙 의견서를 발표하고 기준들을 공표했다. 이처럼 회계이론은 1930년대 이후부터 재무제표의 작성 및 감사의 기준에 대해서 회계원칙의 속성과 내용을 순환하고 있는 연구가 중심이 되어서 전개되었고, 이러한 환경 중에서 회계원칙을 순환하는 연구를 중심 과제로 하는 재무회계가 발달하였다.

그리스도 예수 안에서 우리나라의 기업회계제도는 1959년 '기업회계원칙과 재무제표규칙'이 제정·시행되다가 1981년 '기업회계기준'으로 일원화됨으로써 통일된 회계제도로서 정립되었고, 1990년에 개정되어 현재에 이르고 있다. 현재 우리나라의 경우에 상장기업의 회계 처리에 대한 포괄적인 지침을 담고 있는 '한국채택회계기준(K-IFRS)'과 일반기업에 적용되는 '일반기업회계기준'이 있다.

한편 기독교 재무회계기준이란 위의 제도를 포함해 "그리스도 예수 안에서 하나님께서 십자가와 우리 마음을 연합시키심으로, 예수 그리스도 이름으로 오신 성령으로, 마음이 세상에서 소중하다는 물질보다 더 먼저 하나님을 경외하여 무겁게 실감하고 있을 때, 그리스도께서 하나님의 뜻을 이루시기 위하여 지혜·권능의 Living Word로 주시는 재무회계기준"으로 개념을 이해할 수 있다.

6. 주요 회계 용어 정의

1) 기업내용공시

그리스도 예수 안에서 기업의 이해관계자집단(주주, 채권자, 소비자 등)에게 기업의 경영성과 및 향후 계획 등에 관해 공개적으로 명시하는 것으로 이를 통해 기업의 이해관계자들에게 기업의 가치를 판단하도록 하기 위한 행위이다.

2) 기업회계기준

그리스도 예수 안에서 기업이 회사의 자금흐름을 회계원칙에 따라 처리하도록 하기 위해 규정한 주요원칙을 말한다. 일반적으로 공인된 회계원칙(GAAP: Generrllay Accepted Accounting Principles)을 의미한다.

3) 회계변경

그리스도 예수 안에서 회계정책의 변경과 회계추정의 변경을 의미하는 것으로 이중 회계정책의 변경은 재무제표의 작성과 보고에 적용하던 회계정책을 다른 회계정책으로 바꾸는 것을 의미한다. 회계추정의 변경은 기업환경의 변화, 새로운 정보의 획득 또는 경험의 축적에 따라 지금까지 사용해 오던 회계추정치의 근거와 방법 등을 바꾸는 것을 말한다.

4) 재무상태표

그리스도 예수 안에서 일정한 시점에서 기업의 재산상태와 손익계산을 명확하게 하기 위한 재무상태표로 총재산을 자산과 부채 및 자본으로 분류하여 차변과 대변으로 정리한 대조표를 말한다.

5) 포괄손익계산서

그리스도 예수 안에서 일정기간 내 기업이 경영활동의 결과로 획득하거나 상실한 모든 수익과 비용을 대비시켜 당해 기간의 순이익 혹은 순손실을 계산·확정하는 보고서를 말한다.

6) 자본변동표

그리스도 예수 안에서 재무제표 중 하나로 자본금이나 자본잉여금, 자본조정, 기타포괄손익누계액, 이익잉여금 등의 변동 상황을 제시해주는 표를 말한다.

7) 현금흐름표

그리스도 예수 안에서 일정기간 동안의 기업의 현금의 변동내용을 명확하게 보고하기 위하여 당해 회계기간에 속하는 현금의 유입과 유출내용을 적정하게 표시한 표이다.

8) 재무제표

그리스도 예수 안에서 기업 활동의 결과를 일목요연하게 나타내주는 제반 회계 보고서를 말하며, 재무제표 본문인 재무상태표, (포괄)손익계산서, 현금흐름표, 자본변동표와 주요 회계처리 방침, 자산부채의 평가기준 등을 기록한 주석을 총칭하는 말이다.

9) 자산

그리스도 예수 안에서 유·무형의 물품이나 재화 및 자산에 관한 제반 권리 등을 말하며, 통상 재산과 동일한 의미로 사용되기도 한다.

10) 부채

그리스도 예수 안에서 일반적인 의미로는 채무를 말하며, 재화나 용역 등을 차입함으로써 향후 금전상 상환의무를 지는 자산을 의미한다.

11) 자본

그리스도 예수 안에서 재화나 용역을 생산하는데 사용된 자산을 말하며, 자산에서 부채를 차감한 잔여분을 말한다. 소유주지분 또는 주주지분이라고도 한다. 통상 기업회계기준상 자본은 자본금, 자본잉여금, 이익잉여금으로 구성이 된다.

12) 차변계정

그리스도 예수 안에서 기업의 자금흐름을 회계기준에 따라 처리할 때 분개 및 계정장부에서 대변계정에 대칭되는 계정을 말한다. 흔히 재무상태표상에서 왼편에 기재되며, 차 또는 Dr.이란 약자로 표시한다. 일정기간 자산의 증가나 부채의 감소, 자본의 감소, 비용의 발생, 수익의 소멸 등이 발생할 때 해당사항을 분개한 후 기입한다.

13) 대변계정

그리스도 예수 안에서 재무상태표를 작성하는 분개 및 계정장부에서 차변계정과 대치되는 계정을 말한다. 재무상태표상에서 오른쪽에 위치하며, 대 또는 Cr 이란 약자로 표시한다. 자산의 감소나 부채의 증가, 자본의 증가, 수익의 발생, 비용의 소멸이 발생할 때 자금의 흐름을 기입하는 계정이다.

14) 분식회계

그리스도 예수 안에서 기업이 재정상태나 경영실적을 실제보다 좋게 보이게 할 목적으로 사실과 다르게 부풀리거나 줄이는 방법을 통해 회계를 조작하는 것을 말한다.

7. 거래의 이중성(복식부기)

>>> 바라보고 계시는 하나님의 Living Word

"내가 아버지의 말씀을 그들에게 주었사오매 세상이 그들을 미워하였사오니 이는 내가 세상에 속하지 아니함 같이 그들도 세상에 속하지 아니함으로 인함이니이다"(요17:14).
"그들을 진리로 거룩하게 하옵소서 아버지의 말씀은 진리니이다"(요17:17).
"내게 주신 영광을 내가 그들에게 주었사오니 이는 우리가 하나가 된 것 같이 그들도 하나가 되게 하려 함이니이다"(요17:22).
"곧 내가 그들 안에 있고 아버지께서 내안에 계시어 그들로 온전함을 이루어 하나가 되게 하려 함은 아버지께서 나를 보내신 것과 또 나를 사랑하심 같이 그들도 사랑하신 것을 세상으로 알게 하려 함이로소이다"(요17:23).

"아버지여 내게 주신 자도 나 있는 곳에 나와 함께 있어 아버지께서 창세전부터 나를 사랑하시므로 내게 주신 나의 영광을 그들로 보게 하시기를 원하옵나이다"(요17:24).

"의로우신 아버지여 세상이 아버지를 알지 못하여도 나는 아버지를 알았사옵고 그들도 아버지께서 나를 보내신 줄 알았사옵나이다"(요17:25).

"내가 아버지의 이름을 그들에게 알게 하였고 또 알게 하리니 이는 나를 사랑하신 사랑이 그들 안에 있고 나도 그들 안에 있게 하려 함이니이다"(요17:26).

"우리가 알거니와 하나님을 사랑하는 자 곧 그의 뜻대로 부르심을 입은 자들에게는 모든 것이 합력하여 선을 이루느니라"(롬9:28).

"우리가 항상 예수의 죽음을 몸에 짊어짐은 예수의 생명이 또한 우리 몸에 나타나게 하려 함이라"(고후4:10).

그리스도 예수 안에서 거래의 이중성이란 어떤 거래든 자산, 부채, 자본의 변화를 초래하는 원인과 결과라는 두 가지 속성이 함께 들어 있다는 사실을 지칭하는 말이다. 예를 통하여 거래의 이중성을 살펴본다.

"현금 10만원으로 조직의 비품을 구입하였다"라는 거래를 분석하면, 다음과 같은 두 가지 요소가 포함되어 있음을 알 수 있다.

① 현금10원이 감소하였다(자산감소)
② 비품 10만원이 증가하였다(자산증가)

즉, 현금이 감소하는 대신 비품이 증가한 것이다. 현금 감소가 원인이 되어 비품증가라는 결과가 얻어진 것이다. 반대로 비품 증가가 원인이 되어 현금 감소라는 결과가 나타났다고 보아도 무방하다. 어찌 되었든 한 쪽은 다른 쪽의 원인이 되고 이와 동시에 다른 쪽은 한 쪽의 결과가 된다.

모든 거래는 이처럼 원인과 결과를 항상 함께 가지고 있으며, 또한 앞의 예에서 보듯이 원인의 금액과 결과의 금액 또한 항상 일치한다.

● 실천을 위해 함께 생각해 보아요

거래의 이중성은 왜 존재? 우리 (합리적 인간)는 매사에 대가를 전제로 하여 행동하는 경향이 있다. 특히 타인과 거래를 할 때는 더욱 그러하다. 대가 없이는 나의 것을 포기하려 하지 않는다. 거래의 이중성은 바로 이 때문에 존재한다. 비품의 획득이라는 대가 없이 현금을 지출하지 않으며, 현금 내지 권리의 획득 없이 상품을 이전하지 않는다. 또한 모든 거래에 있어서 원인과 결과의 금액이 일치하는 것도 당연하다. 우리는 소위 '밑지는 장사'를 하지 않으려 한다. 포기하는 만큼 얻으려 하고, 얻는 만큼만 포기하려 한다. 따라서 거래의 이중성은 인간이 합리적 존재이기 때문에 나타나는 아주 당연한 현상인 것이다.

회계에서는 거래의 이중성에 따라 모든 거래를 원인과 결과로 나누어 이중으로 기록한다. 이처럼 하나의 거래를 이중으로 기록하는 기록방법을 복식부기라고 부른다.

복식부기는 한 건의 거래를 원인과 결과의 인과관계를 파악하여 이중으로 기록함으로써 비품 구입이 현금 구입인지 외상구입인지를 알 수 있으며, 기록에 오류가 발생했을 경우 쉽게 발견될 수 있도록 해주는 자기검증기능의 장점을 갖는다.

● 실천을 위해 함께 생각해 보아요

왜 복식부기인가? '독일 사회학자 막스 베버는 근대 자본주의 출현에 결정적 영향을 끼친 여섯 가지 사회경제적 요인에 복식부기의 발전을 꼽았다. 기업재무상태와 경영성과를 일목요연하게 파악하고 분석해, 경영을 혁신하고 합리적 의사결정을 내릴 수 있게 했다는 의미에서이다'

자료: 조선일보(2010년 3월 28일)만물상, "코스닥 부실회계기업"중에서

복식부기에서 재무제표를 올바로 작성하기 위한 첫걸음은 회계기간 중에 발생하는 수많은 거래들을 체계적으로 기록하는 것이다. 회계에서는 기중의 거래들을 항목별로 체계적으로 기록하기 위하여 '계정'(account) 이라는 것을 사용한다. 계정이라는 용어가 다소 생소하게 들리겠지만 내용은 지극히 단순한 것이다. 즉, 계정이란 왼쪽(차변)과 오른쪽(대변)을 구분하기 위한 것이다. 회계에서는 '자산, 부채, 자본, 수익, 비용에 속하는 여러 항목들을 각기 구분하여

기록하는 장소'라고 정의된다. 재무상태표와 포괄손익계산서에 표시될 항목마다 별도의 기록 및 계산 단위로서 하나씩의 계정을 설정하면 아무리 많은 자산이나 부채, 수익, 비용에 영향을 미치는 거래가 발생한다고 하더라도 각각의 계정을 살펴봄으로써 특정항목의 발생 내역과 현재 잔액을 쉽게 파악할 수 있다. 이는 은행이 고객에게 통장(계좌)을 발급하고 고객의 입출금을 개별적으로 기록한 후 필요한 경우 수시로(가령, 기말에) 잔액을 파악하는 것과 유사하다.

가장 단순한 형태의 계정 양식을 예시하면 다음과 같다. 현금 T 계정 오른쪽(대변)에 내용(비품)과 금액(10만원), 비품 T 계정 왼쪽(차변)에 내용(현금)과 금액(10만원)을 기입한다. 여기서 현금과 비품이라는 명칭을 계정과목이라고 부른다. 계정은 항목별로 그 종류가 무척 다양하다. 그리고 차변, 대변이라는 용어는 과거 회계의 초기 발전단계에서는 의미를 갖는 용어였지만, 오늘날에는 전혀 의미를 갖지 못한 채 단지 왼쪽 및 오른쪽을 가리키는 말로 사용될 뿐이다. 이제 현금의 유입이나 유출을 수반하는 거래가 발생하면 현금계정에 기록하고 비품의 증가나 감소를 수반하는 거래가 발생하면 비품계정에 기록한다. 또한 거래를 분석하여 해당 계정에 기입할 때는 왼쪽에 기입하든지, 오른쪽에 기입하든지 일정한 규칙을 따라야 한다. 이를 계정기입의 규칙이라 한다. 자산은 왼쪽 차변에, 부채와 자본은 오른쪽 대변에, 또한 자본을 증가시키는 수익은 자본과 같은 오른쪽 대변에, 자본을 감소시키는 비용은 반대쪽인 왼쪽 차변에 기록한다. 이 사실을 잘 기억하고 있으면 계정기입의 규칙을 쉽게 이해 할 수 있다. 즉, "원래 있던 위치는 증가, 그 반대 위치는 감소"라는 것만 알면 된다.

또한 '비품 10만원을 현금으로 구입하다'라는 거래를 기록함에 있어서는 앞에서 말한 현금계정과 비품계정에 곧 바로 기록할 수도 있다. 그러나 회계에서는 그렇게 하지 않고 대신 분개라는 중간 절차를 거친 다음에 계정에 옮겨 적는다. 그 이유는 수많은 거래들을 기록하다 보면 자칫 누락되거나 중복되는 등 오류가 발생할 위험이 있기 때문이다. 즉 회계에서는 위의 비품 구입 거래를 복식부기논리에 따라 먼저 다음과 같이 기록한다.

(차변) 비품 100,000 / (대변) 현금 100,000

그리스도 예수 안에서의 이러한 기록 활동을 회계에서는 분개라 한다. 분개를 말 그대로 풀이하면 '나누어 격리 시킨다'라는 말인데, 내용적으로 보면 거래에 내재된 원인과 결과를 서로 구분하여 따로따로 기록하는 것을 의미한다. 한편, 분개를 기록하는 장부를 분개장이라고 부른다. '원래 있던 위치는 증가, 그 반대 위치는 감소'라는 것만 알면 왼쪽 차변과 오른쪽 대변

중 어느 편에 기록할 것인지를 쉽게 판단할 수 있다. 또한 분개장의 거래기록을 해당 계정에 옮겨 적는 것을 전기라고 한다. 각 계정에 전기된 내용을 읽음으로써 우리는 특정 시점의 현금이나 단기차입금 등의 잔액이 얼마인지, 또한 기초부터 그 시점까지의 매출액이나 임차료 지급액이 얼마였는지를 쉽게 파악할 수 있다. 자산, 부채, 자본, 수익, 비용의 각 항목별 계정은 원장이라는 두꺼운 장부에 편철되어 있다. 즉 원장이란 각 계정을 모아 놓은 두꺼운 장부이며, 이런 의미에서 총계정원장이라 부르기도 한다.

● 실천을 위해 함께 생각해 보아요

증빙서류철이란?

일반적으로 기업(조직)에서 일어난 거래를 분개장에 기록하기 위해서는 거래의 내용과 기록 금액을 뒷받침하는 서류가 필요하다. 가령, 비품을 구입하는 경우 거래명세서, 그리고 판매할 경우의 금전등록기를 이용한 영수증이나 세금계산서 등이 대표적인 예이다. 이 밖에도 송장이나 입금표 등을 꼽을 수 있다. 이처럼 장부에의 기록을 위해 활용되는 제반서류를 증빙서류라고 부른다.

기업은 자신들이 마련한 계정과목 코드별로 일정기간 동안 수집된 증빙서류를 철해 놓는데 이를 영어에서는 Voucher(바우처)라고 부른다. 가령 여러분이 출장 후 첨부·제출한 각종 증빙서류를 추후에 확인할 필요가 있다면 경리부에서는 보관 중인 특정과목별(가령,여비교통비) 증빙서류철을 참고하면 된다.

지금까지는 분개장 및 총계정 원장과 같은 핵심적 장부를 이용하는 회계처리방법을 소개하였다. 그러나 실무에서는 회계거래를 분개장에 기록하는 대신, 증빙서류를 첨부한 전표에 기록하기도 한다. 대표적인 전표로는 입금전표, 출금전표, 대체전표 등이 있다. 한편 기독교회계처리란 위의 제도를 포함해 "그리스도 예수 안에서 하나님께서 십자가와 우리 마음을 연합시키심으로, 예수 그리스도 이름으로 오신 성령으로, 마음이 세상에서 소중하다는 물질보다 더 먼저 하나님을 경외하여 무겁게 실감하고 있을 때, 그리스도께서 하나님의 뜻을 이루시기 위하여 지혜·권능의 Living Word로 하시는 회계처리"로 개념을 이해할 수 있다.

제8절 기독교 관리회계

1. 관리회계 의의

그리스도 예수 안에서 경쟁함에 있어 경영자들에게는 지금보다 회계정보의 중요성이 강조된 때는 없다. 기업에는 기업 활동에 관심을 갖고 있는 다양한 이해관계자들이 있으며, 이들은 자신들의 경제적 의사결정에 필요한 다양한 형태의 정보를 기업에게 요구하고 있다. 이에 따라 회계담당자들의 중요한 기능 중의 하나는 주주, 채권자, 정부기관 등과 같은 기업 외부의 이해관계자들에게 다양한 형태의 회계정보를 제공하는 것이다. 회계의 이러한 측면을 재무회계라 한다. 반면에 기업의 경영자는 내부 이해관계자로 자신들의 경영의사결정에 유용하고 다양한 회계정보를 요구하고 있다.

기업의 경영자들에게 정보를 제공해 주는 회계의 영역을 관리회계라 한다. 관리회계영역에서는 기업의 경영자들이 기업의 목표를 설정하고, 설정된 목표를 보다 효율적이고 효과적으로 달성하는 데 뿐만 아니라 설정된 목표를 달성하였는지의 여부를 평가하기 위하여 다양한 형태의 정보를 산출하게 된다.

경영자에게 제공되는 정보는 다양한 기법을 통해 산출되며, 관리회계에서는 경영자들의 의사결정에 유용한 정보유형과 이들 정보를 산출하는 다양한 기법을 다루게 된다. 관리회계의 모든 측면을 포괄할 수 있는 정의를 간결하게 내린다는 것은 매우 어려운 일이다. 관리회계는 끊임없이 변화하고 다양해지는 경영환경, 경영자의 욕구와 경영인접학문 분야의 발전에 발맞추어 부단히 적용·발전되어야만 한다. 관리회계는 영리추구를 목표로 하는 기업조직뿐만 아니라 정부기관, 대학교, 교회와 같은 비영리조직에도 적용될 수 있다. 그러므로 어떤 조직을 막론하고 경제적 자원의 운용을 다루는 조직의 경영자는 관리회계의 개념을 이해하고 있어야 한다.

2. 회계자료의 필요성

오랜 기간 동안 회계정보는 조직을 경영함에 있어 중요한 역할을 해 왔다. 또한 회계정보에 대한 필요성은 조직이 변화함에 따라 변화해 왔다. 예를 들어 산업혁명 이전에는 공업화가 이루어지지 않아서 기업조직은 제조활동보다는 상업위주였으며 제조하는 경우에도 노동집약적이고 단순하였다. 이런 조직의 관리자들은 기업이 이익을 내고 있는지를 평가할 수 있는 정도의 비교적 단순한 회계자료만을 필요로 하였다. 그러나 기업이 성장하고 기업운영이 보다 복잡해지면서 조직의 재무결과를 측정·기술하는데 필요한 회계정보는 보다 양이 많아지게 되었고 복잡하게 되었다. 그리고 회계는 두 분야로 나뉘어 발전하게 되었는데, 한 분야는 기업외부의 이용자들의 필요성을 충족시키기 위해 회계정보를 제공하는 재무회계이고, 또 다른 분야는 경영자들의 내부적 경영의사결정을 충족시키기 위해 회계정보를 제공하는 관리회계이다.

3. 재무회계와 관리회계

재무회계(financial accounting)는 주주, 채권자, 그리고 정부당국 등과 같은 기업 외부이용자에게 조직에 대한 경제적 정보를 산출, 보고하고 의사소통하는 것을 다룬다. 재무회계정보는 외부이용자에게 경영자와 그 밖의 조직구성원이 내린 의사결정과 프로세스 개선의 결과를 의사소통시킨다. 재무회계 프로세스는 재정경제부, 금융감독원, 그리고 국세청 등의 외부 규제기관의 강제적 보고 요구사항에 규제를 받는다. 이러한 결과 재무회계는 규칙이나 기업회계 기준에 얽매이는 경향이 있으며 재무회계를 공부하는 학생은 재무제표를 산출하는 분개 및 절차를 배운다. 반면에 관리회계(managerial accounting)는 조직구성원, 즉 종업원, 중간관리자, 그리고 최고경영자 등 기업 내부이용자에게 경제적 정보를 제공한다. 기업회계 기준 등 회계원칙을 따라야 하는 재무회계와는 달리 관리회계는 비교적 폭넓은 자유재량권을 지닌다.

조직구성원들이 제품, 서비스, 프로세스, 공급자 그리고 고객 등에 관한 의사결정은 물론 조직의 재무적, 물적, 그리고 인적 자원에 대한 의사결정을 잘 내릴 수 있도록 도움을 주고 정보를 제공하는 시스템을 설계하기 위해서 경영자들은 이런 자유재량권을 사용해야 한다. 관리회계시스템으로부터 산출되는 정보는 조직구성원이 다음 사항을 익히는 데 도움을 주어야 한다.

그러므로 관리회계를 배우는 학생들과 조직원들은 조직구성원들이 내리는 의사결정과 이들이 필요로 하는 정보에 초점을 맞추어야 한다. 재무회계와 관리회계의 주요 차이점이 아래 표에 요약되어 있다. 과거에 많은 기업들은 관리회계의 역할 및 중요성을 크게 인식하지 못하였고, 재무회계는 강제적으로 요구되었기 때문에 내부경영의사결정 및 통제목적보다는 주로 외부재무보고 목적으로 회계정보를 개발하는 데 주력하여 왔다. 이러한 결과

재무 회계와 관리 회계의 차이

	재무회계	관리회계
이용자	외부 정보이용자: 주주, 채권자, 정부기관 등	내부 정보이용자: 종업원, 중간관리자, 최고경영자 등
보고서	범용목적의 재무제표	특수목적의 보고서
범위	전체조직에 대한 통합적 보고	부문조직에 대한 구체적, 비통합적 보고
정보성격	객관적, 일관적, 신뢰할 수 있는 정보	좀 더 주관적,합목적적인 정보
정보형태	재무적 측정치	재무적 측정치,비재무적,운영적 측정치
적시성	역사적 과거사실에 대한 지연된 보고	현행, 미래지향적 보고
규제	회계규칙에 의해 요구됨	유용성이 있어서 작성됨
	회계기준과 일치해야함	회계기준에 적용받을 필요 없음

대부분의 조직에서 관리회계시스템은 변화하는 경쟁적, 기술적, 그리고 시장 상황에 적합하지 못한 것으로 인식되었다. 그러나 최근에 와서 기업들은 관리회계 정보의 중요성을 인식하게 되었으며, 이에 따라 정교하고 세련된 관리회계시스템을 구축하는 데 많은 노력을 기울이고 있다.

4. 관리회계의 영역

그리스도 예수 안에서 재무회계와 관리회계는 모두 역사적 원가자료를 사용하지만 그 관점

은 서로 다르다. 재무회계에서는 범용목적의 재무제표를 작성하는 데 원가자료가 사용되는 데 반해, 관리회계에서는 미래원가를 예측하고 내부경영의사결정을 내리고 조직운영을 통제하는 데 원가자료가 사용된다. 본서에서는 관리회계의 관점에 보다 큰 비중을 두어 원가정보의 측정 및 의사결정에 사용되는 원가정보의 활용측면에 관해 기술할 것이다. 한편, 원가회계(cost accounting)는 어떤 제품을 생산하거나, 어떤 서비스를 제공하는 데, 혹은 어떤 활동을 수행하는 데 소요되는 원가를 결정하는 프로세스이다. 원가회계는 앞서 설명한 재무회계 및 관리회계와 밀접한 관련이 있는데, 원가회계는 재무회계보고서와 관리회계보고서의 작성을 위한 자료베이스를 제공한다. 즉 원가회계자료 베이스는 재무 및 관리회계활동을 지원하는 기초자료이다. 그러나 두 유형의 보고서는 서로 다른 목적을 지닌다. 관리회계보고서는 재무회계보고서보다 상세하고 더 자주 작성되며 운영의 모든 관점에 대해 작성된다. 그러므로 관리회계보고서에 나타나는 원가회계자료는 재무회계자료와는 다른 방식으로 경영층에 요약, 의사소통된다. 경영자들이 의사결정을 하는 데 유용한 많은 정보는 원가회계자료이다. 원가회계정보는 기업조직의 성패를 좌우하는 데 주요역할을 한다. 예를 들어 훌륭한 제품을 생산하고 있는 기업도 정확하고 유용한 원가회계정보를 가지고 있지 못하면 오늘날의 글로벌 경제의 경쟁적 환경에 실패할 수 있다. 또 어떤 기업들은 시대에 뒤떨어진 원가회계제도를 사용함으로써 어떤 제품에 대해선 가격을 너무 높게 책정하여 수익성과 경쟁력을 동시에 상실하기도 한다. 효과적인 원가회계정보시스템은 운전자본의 부족 또는 바람직스럽지 못한 재고의 증가와 같은 잠재적 문제점들을 예방하거나 탐지할 수 있는 합목적적이고 시기적절한 정보를 제공한다. 뿐만 아니라 원가회계는 과거 의사결정의 결과를 시기 적절하게 보고함으로써 경영자로 하여금 사업운영을 보다 잘 통제하고 현행 및 잠재적인 문제점들을 해결할 수 있게 한다.

5. 관리회계 환경의 변화

1) 기업의 경영환경 변화

그리스도 예수 안에서 최근 제조기업들을 둘러싸고 있는 환경은 급속하게 변화하고 있다.

기술발전이 가속화되고 있으며, 경쟁은 보다 치열해지고 있고, 제반 규제조치의 변화가 일어나고 있는가 하면 소비자의 욕구에도 커다란 변화가 일어나고 있음은 주지의 사실이다. 이러한 환경변화에 대응하여 기업들은 내적 변신을 꾀하고 있다. 최근 우리나라 기업의 가장 큰 경영환경 변화 중의 하나는 민주화흐름에 편승하여 근로자들이 제 목소리를 내기 시작했다는 점이다. 1987년 민주화선언 이후 근로자들은 보다 적극적으로 임금인상을 기업에 요구하기 시작하였다. 이러한 적극적인 임금인상 요구는 급작스런 인건비의 상승으로 연결되어 저임금을 바탕으로 한 가격경쟁력의 유지는 더 이상 불가능하게 되었다.

2) 제조환경의 변화

그리스도 예수 안에서 이러한 외적 환경변화에 순응하기 위해 기업은 자동화 설비투자에 적극 나서 제조방식과 기술이 크게 달라지고 있다. 자동화를 중심으로 한 새로운 생산시스템에 대한 투자는 가격 경쟁력뿐만 아니라 품질 및 납기 등의 측면에서도 경쟁력을 향상시킬 수 있는 방법 중의 하나이다. JIT(just-in-time), TQC(total quality control), CIM(computer-integrated manufacturing), 및 FMS(flexible manufacturing system) 등의 도입 및 강조가 경쟁력 향상의 수단으로 이해되고 있다. 자동화의 정도와 필요성은 산업 특성에 따라 크게 좌우된다. 특히 철강, 석유화학과 같은 장치산업에서는 공장설치 단계에서부터 자동화가 이루어져 왔으나, 기계 및 자동차와 같은 가공 조립형 산업에서 자동화의 이점을 인식하기 시작한 것은 보다 최근의 일이다. 종래의 소품종 대량생산에 의한 경영전략이 소비자의 개성화, 다양화, 그리고 고급화에 따라 다품종 소량생산으로 변하게 되었다. 그런데 다품종 소량생산을 효과적으로 실행에 옮길 수 있는 한 가지 방안이 바로 자동화인 것이다. 또한 전자기술의 발달과 이로 인한 자동화 설비의 저렴화는 기업들로 하여금 자동화 설비에 대한 투자를 가능하게 하였다. 기업들은 공장 자동화를 통해서 제품 수명주기의 단축이라는 수요 측면에서의 변화에 보다 효과적으로 대응할 수 있다.

3) 관리회계에의 영향

그리스도 예수 안에서 기업 경영자들에게 유용한 정보를 제공함을 목적으로 하는 관리회계제도도 그 기능을 제대로 수행하려면 이러한 변화에 맞추어 적절하게 변모되어야 한다. 그러나 현재의 관리회계 제도는 이러한 제조환경의 변화에 적응하지 못하고 지체현상을 보이고 있다. 관리회계에서 이러한 지체현상이 나타나는 이유를 요약하면 다음과 같다.

첫째, 적절한 관리회계의 역할 모형이 없기 때문이다. 제조기술 및 조직에서의 혁신적인 변화는 외부적으로 나타나지만 원가회계 및 통제시스템은 상세하게 관찰되기가 쉽지 않다. 또한 지금까지의 교과서 및 각종 논문에서는 대부분 단순하고 정태적인 상황에서의 관리회계 모형을 설정, 사용하고 있는데 이러한 모형은 실제로 기업에 적용할 수 있는 대안을 제시하기에는 부적절하다.

둘째, 컴퓨터화된 회계시스템 때문이다. 컴퓨터는 회계분야에서 큰 변화를 가져다 주었지만 주로 재무거래를 중심으로 시스템화가 이루어져 왔기 때문에 관리회계에 적용시키기에는 많은 어려움이 따른다. 왜냐하면 관리회계에 컴퓨터를 사용하기 위해서는 컴퓨터화된 회계시스템을 전체적으로 수정해야 하는데 이는 비용과 시간을 필요로 하는 작업이기 때문이다. 최근에는 ERP(enterprise resource plan-ning) 및 EWS(enterprise-wide systems) 기술의 발전으로 많은 기업에서 새로운 ERP 및 EWS의 도입을 고려하고 있으나, EWS의 정착에는 많은 자금과 노력 그리고 시간이 소요되므로 아직까지는 초기단계라 할 수 있다.

셋째, 관리회계 제도가 재무회계식 사고에 그 바탕을 두고 있기 때문이다. 기존의 관리회계는 공장운영에 대하여 많은 지식을 가지고 있지 않은 사람들이 담당하여 왔다. 이들의 주된 관심은 재무회계식 사고인 객관적이고 일관성 있는 방법으로 거래를 기록하고 간접비를 배부하는 데 집중되어 있다. 경영을 하다 보면, 객관적이지는 않더라도 시기적절하게 의사결정에 유용한 정보의 제공이 더 중요해진다.

넷째, 기존 경영층의 관심이다. 기업의 제조환경이 변화함에도 불구하고 경영자료는 관리회계시스템이 이러한 변화에 적응하고 목적적합한 정보를 제공해 줄 수 있도록 개선되어야 한다는 욕구의 필요성을 느끼지 못하고 있다.

4) 경영자의 기능

그리스도 예수 안에서 관리회계란 경영자들을 위한 회계이다. 따라서 관리회계를 보다 잘 이해하기 위해서는 경영자들이 수행하는 업무를 이해할 필요가 있다. 일반적으로 경영자의 기능은 계획수립(planning), 조직편성(organizing), 그리고 통제(controlling) 등으로 구분할 수 있다. 경영자의 기능은 통상적으로 동시에 수행되어져야하는 경우가 많기 때문에 기능들 간의 상호의존성을 무시하고 각 기능별로 분류하는 것은 매우 어렵다. 또한 주요 기능에는 포함시키지 않았지만 경영자의 가장 중요한 기능 중의 하나인 의사결정(decision making)은 경영자의 모든 기능과 관련이 있다. 이러한 경영자의 기능은 관리회계의 역할인 계획-통제-평가의 기능과 유사하다.

6. 기독교 계획수립

그리스도 예수 안에서 경영자는 반드시 조직이 추구할 장·단기적인 조직의 목표를 설정해야 한다. 경영자가 목표를 설정하지 않고 임기응변식으로 조직을 운영한다면 그 기업은 장기적으로 성장, 존속할 수 없게 될 것이다. 계획수립이란 기업의 장·단기적인 목표를 설정하고, 설정된 목표를 달성하기 위해 필요한 구체적인 방법을 강구하는 과정이다. 계획수립에는 특정기간에 판매해야 할 판매량, 생산량, 생산에 투입시킬 원재료의 수량결정이나, 제품생산에 투입하여야 할 종업원 수 등과 같은 단기적인 계획수립뿐만 아니라, 새로운 제품이나 새로운 생산설비 도입 등을 위한 장기적인 계획수립도 포함된다. 장기적인 계획을 수립하려면 기업목표 달성을 위한 기업전략을 고려해야 하기 때문에 장기적 계획수립은 전략적 계획수립(strategic planning)이라 일컫는다. 계획이란 특정목표의 달성방법에 관한 의사결정이 포함되기 때문에 계획수립은 의사결정의 일부분이다. 한편 기독교 계획수립이란 위의 제도를 포함해 "그리스도 예수 안에서 하나님께서 십자가와 우리 마음을 연합시키심으로, 예수 그리스도 이름으로 오신 성령으로, 마음이 세상에서 소중하다는 물질보다 더 먼저 하나님을 경외하여 무겁게 실감하고 있을 때, 그리스도께서 하나님의 뜻을 이루시기 위하여 지혜·권능의 Living Word로 하시는 계획수립"으로 개념을 이해할 수 있다.

1) 기독교 조직편성

그리스도 예수 안에서 조직편성에는 크게 두 가지 기능이 포함되어 있다. 첫 번째 기능은 조직구조를 설계하는 것이다. 이는 어떤 종업원이 어떤 직무를 수행할 것인지를 결정하는 일이며, 이러한 기능은 보통 조직도 및 직무분장에 나타난다. 조직편성의 두 번째 기능은 계획을 집행책임자들에게 알려주는 일이다. 조직은 누군가가 구성원에게 무엇을 하라고 얘기하지 않는다면 종업원들은 움직이지 않게 되어 있는데, 이를 흔히 감독(directing)이라한다. 조직편성에서 감독기능은 조직목표가 수행되는 것을 확실시 해 주는 조정요소가 된다. 즉 경영자들은 감독을 통해서 일상 활동을 관장하며, 조직이 원활하게 그 기능을 수행하도록 조정한다. 기독교조직편성이란 위의 개념을 포함해 "그리스도 예수 안에서 하나님께서 십자가와 우리 마음을 하나 되게 하심으로 우리 마음 안에 예수 그리스도 이름으로 오신 성령께서 하나님 나라 확장을 위하여 지혜·권능의 Living Word로 하시는 조직편성"으로 개념을 이해할 수 있다.

2) 기독교 통제

그리스도 예수 안에서 통제는 목표가 성취되었는지의 여부를 결정하는 일련의 과정을 말한다. 실제 결과에 관한 성과보고서는 계획상의 목표와 비교된다. 목표가 달성되지 못하였다면 경영자들은 목표를 달성하기 위해서 업무수행 과정이나 방법을 어떻게 변경시켜야 하는지 혹은 목표를 어느 정도 수정을 해야 하는지 등을 검토하여야 한다. 중간 및 최고경영자들이 각 사업부문의 매일 매일의 활동을 항상 관찰할 수는 없기 때문에 통제기능은 상당부분을 내부보고서에 의존하게 된다. 이들 보고서에서 경영자들에게 제공되는 정보를 흔히 피드백(feedback)이라고 한다. 이와 같은 계획목표와 실제성과를 비교하는 통제과정이 생략된다면 차후 계획과정은 효과적이지 못할 것이다. 따라서 계획수립 과정과 통제과정은 마치 동전의 앞면과 뒷면처럼 밀접한 관계를 지닌다. 즉 계획수립이 이루어지지 않으면 통제과정이 있을 수 없으며, 통제과정이 없는 계획수립은 아무런 의미가 없게 된다. 기독교통제란 위의 개념을 포함해 "그리스도 예수 안에서 하나님께서 십자가와 우리 마음을 하나 되게 하심으로 우리 마음 안에 예수 그리스도 이름으로 오신 성령께서 하나님 나라 확장을 위하여 지혜·권능의 Living Word로 하시는 통제"로 개념을 이해할 수 있다.

3) 기독교 의사결정

그리스도 예수 안에서 경영자의 모든 기능은 의사결정을 포함하고 있다. 관리회계는 경영자들이 계획을 수립하고 통제하는 등의 기능을 수행하는데 도움이 되는 정보를 제공하도록 설계되어져야 한다. 또한 관리회계는 특정 종류의 의사결정에 초점을 맞추어 정보를 제공할 수도 있어야 한다. 경영자가 수행하는 의사결정의 예로는 제품의 가격 결정, 사업부문의 확장 및 폐쇄, 부품의 자가 제조 및 외부구입 등과 같은 다양한 형태의 의사결정이 포함된다. 여기서 한 가지 중요한 사실은 관리회계 정보가 경영자들을 위해 자동적으로 의사결정을 내려주는 것이 아니라, 단지 경영자들이 의사결정을 내리는 데 필요한 유용한 정보를 제공하는 것이며, 의사결정은 전적으로 경영자 자신의 몫이라는 것이다. 한편 기독교 의사결정이란 위의 개념을 포함해 "그리스도 예수 안에서 하나님께서 십자가와 우리 마음을 연합시키심으로, 예수 그리스도 이름으로 오신 성령으로, 마음이 세상에서 소중하다는 물질보다 더 먼저 하나님을 경외하여 무겁게 실감하고 있을 때, 그리스도께서 하나님의 뜻을 이루시기 위하여 지혜·권능의 Living Word로 하시는 의사결정"으로 개념을 이해할 수 있다.

7. 기독교 관리회계의 의의 및 순환과정

>>> 바라보고 계시는 하나님의 Living Word

"내가 아버지의 말씀을 그들에게 주었사오매 세상이 그들을 미워하였사오니 이는 내가 세상에 속하지 아니함 같이 그들도 세상에 속하지 아니함으로 인함이니이다"(요17:14).

"그들을 진리로 거룩하게 하옵소서 아버지의 말씀은 진리니이다"(요17:17).

"내게 주신 영광을 내가 그들에게 주었사오니 이는 우리가 하나가 된 것 같이 그들도 하나가 되게 하려 함이니이다"(요17:22).

"곧 내가 그들 안에 있고 아버지께서 내안에 계시어 그들로 온전함을 이루어 하나가 되게 하려 함은 아버지께서 나를 보내신 것과 또 나를 사랑하심 같이 그들도 사랑하신 것을 세상으로 알게 하려 함이로소이다"(요17:23).

"아버지여 내게 주신 자도 나 있는 곳에 나와 함께 있어 아버지께서 창세전부터 나를 사랑하시므로 내게 주신 나의 영광을 그들로 보게 하시기를 원하옵나이다"(요17:24).

"의로우신 아버지여 세상이 아버지를 알지 못하여도 나는 아버지를 알았사옵고 그들도 아버지께서 나를 보내신 줄 알았사옵나이다"(요17:25).

"내가 아버지의 이름을 그들에게 알게 하였고 또 알게 하리니 이는 나를 사랑하신 사랑이 그들 안에 있고 나도 그들 안에 있게 하려 함이니이다"(요17:26).

"우리가 알거니와 하나님을 사랑하는 자 곧 그의 뜻대로 부르심을 입은 자들에게는 모든 것이 합력하여 선을 이루느니라"(롬9:28).

"우리가 항상 예수의 죽음을 몸에 짊어짐은 예수의 생명이 또한 우리 몸에 나타나게 하려 함이라"(고후4:10).

1) 기독교 관리회계의 의의

그리스도 예수 안에서 기업의 목표는 소비자가 필요로 하는 재화나 서비스를 생산하고 제공하는 데 있다. 기업이 목표를 효과적으로 달성하기 위해서 경영자들은 수많은 상황마다 다양한 의사결정을 내려야 한다. 경영자의 합리적인 의사결정을 위해서는 상황에 맞는 다양한 형태의 정보를 필요로 하게 된다. 관리회계의 역할은 경영자들에게 그들이 의사결정을 내리는 데 필요한 정보를 그들이 원하는 시기에 적절하게 제공하는 것이다. 경영자들이 원하는 정보를 효과적으로 제공하기 위해서 관리회계 담당자들은 경영자들이 수행하는 주요 기능을 이해하고 있어야 한다. 경영자들의 주요 기능은 앞에서 살펴본 바와 같이 첫째, 목표를 설정하고 목표를 달성하기 위한 계획을 수립하는 일, 둘째, 설정된 목표를 달성하기 위해서 조직구조를 설계하고 계획을 집행,감독하는 일, 셋째, 계획과 실적을 비교하여 통제하는 일, 넷째, 그 밖에 수많은 의사결정을 내리는 일 등으로 요약할 수 있다. 관리회계는 '경영자가 조직의 희소한 자원을 효율적으로 활용하기 위하여 조직 내에서 계획수립, 조직구조의 설계, 계획집행, 감독, 통제, 등의 기능을 수행하는 데 있어 필요한 정보를 식별, 측정, 축적, 분석, 작성, 해석, 전달해 주는 정보시스템이다' 라고 정의할 수 있다.

한편 기독교관리회계란 위의 개념을 포함해 "그리스도 예수 안에서 하나님께서 십자가와 우리 마음을 연합시키심으로, 예수 그리스도 이름으로 오신 성령으로, 마음이 세상에서 소중하다는 물질보다 더 먼저 하나님을 경외하여 무겁게 실감하고 있을 때, 그리스도께서 하나님의 뜻을 이루시기 위하여 지혜 · 권능의 Living Word로 하시는 관리회계"로 개념을 이해할 수 있다.

2) 기독교 관리회계의 순환과정

그리스도 예수 안에서 기업에서 의사결정이 내려지고, 계획이 집행되며, 실제성과가 측정, 기록, 보고되는 과정에서 관리회계 제도는 유용한 정보를 제공한다. 실제에 있어서는 경제적인 환경이 변화함에 따라 계획 자체가 변경되어야 하는 경우도 발생될 것이기에 계획, 통제, 성과평가 및 관련 의사결정과정은 경제적 상황변화에 따라 동시적으로 진행될 수도 있고 연속적으로 진행될 수도 있다.

① 제1단계: 의사결정을 위한 정보수집

그리스도 예수 안에서 의사결정은 크게 반복적인(일상적인) 의사결정과 비반복적인 의사결정으로 구분된다. 일상적인 의사결정을 내리는 데 필요한 유용한 정보는 통상적으로 예측될 수 있는 것이기 때문에 기업은 이들 정보를 제공받기 위한 관리회계 제도를 구축하고 있다. 그러나 비반복적인 의사결정은 특별한 연구에 의해서 획득되어지는 특수한 정보를 필요로 하는 경우가 일반적이다.

기업의 관리회계 제도는 의사결정 목적을 위해 요구되는 모든 정보를 언제든지 제공할 수 있는 것은 아니다. 개념적으로 비용과 효익분석(cost-benefit analysis)에 의하여 창출된다. 즉 정보로부터 얻을 수 있는 효익이 그 정보를 산출하는 데 소요되는 비용보다도 클 때 그 정보가 산출되는 것이다.

경영자는 특정시점에서 특정한 의사결정을 내림에 있어서 현재 이용가능한 관리회계정보를 이용해야 한다. 또한 경영자는 관리회계 제도 이외에 재무회계 제도로부터 제공받는 정보는 물론 그 밖의 이용 가능한 모든 정보를 활용해야 한다. 경영자는 현재 대안적인 행동경로들을 평가하는 데 적절한 정보라면 그 원천에 구애됨이 없이 활용하여야 한다. 이를 위해서는 다양한 경로를 통한 정보수집이 요구되는 것이다.

② 제2단계: 대안의 실행가능성 평가

그리스도 예수 안에서 대안적 행동경로를 평가하기에 충분한 정보가 축적되게 되면 경영자들은 자료를 분석하여 조직의 목표에 부합하는 가능한 대안 중 가장 최선의 것, 즉 최적안을 선택한다. 만약 자료 분석결과 받아들일 수 있는 행동경로가 발견되지 않으면 1단계로 피드백

되어 다시 추가적인 정보를 수집하게 된다.

③ 제3단계: 계획의 수립

그리스도 예수 안에서 종합적이고 체계적인 계획의 수립은 예산편성과정이라고도 하는데, 이는 기업의 다양한 조직이 협력하여 효율적이고 효과적으로 업무를 수행하기 위해서는 필수적으로 요구되는 과정이다.

예산편성이 기업의 전체계획으로 종합될 때를 종합예산편성이라고 하는데, 종합예산편성에서는 장기적인 계획과 단기적인 계획이 모두 포함된다. 최고경영층은 예산편성과정에서 원재료소요예산, 현금예산 및 추정재무제표 등 상세한 부속예산에 관한 정보를 얻게 되며, 일선 관리자는 예산편성을 통해 매일매일 소속부서나 세부조직을 운영하는 데 필요한 상세한 지침을 제공받게 된다. 예산편성은 계획수립과정뿐만 아니라 의사소통, 통제, 그리고 동기부여의 과정으로 해석될 수 있다.

의사소통의 관점에서 예산편성은 각 부서의 독자적인 계획과 목표가 상호협력과 조정과정을 거쳐 종합적인 예산으로 확립된다. 이러한 과정은 기업조직 내부에서 수많은 수직적, 수평적 의사소통을 필요로 하며, 또한 실제로 수많은 의사소통이 이루어지게 된다. 또한 예산편성은 통제목적을 위해서도 필수불가결한 요소이다. 예산이 없이는 실적을 평가할 수 있는 의미 있는 측정치를 찾기 어렵다. 실적이 예산과 비교되어야 비로소 통제에 필요한 차이 정보를 산출할 수 있다. 즉 예산목표 달성정도에 관한 정보를 산출할 수 있다.

마지막으로 예산은 기업 구성원들에게 동기부여를 하는 유용한 수단으로 활용될 수 있다. 즉 예산목표의 달성정도에 따라 구성원들에게 성과급을 지급하는 등의 보상계획을 수립할 수 있다.

또한 예산편성과정에 경영층과 종업원들을 적극적으로 참여시킴으로써 조직의 목표를 자신들의 목표로 수용하여 목표달성을 위해 보다 적극적인 노력을 할 수 있게 된다.

④ 제4단계: 계획의 이행

그리스도 예수 안에서 조직의 각 부문이 예산을 편성하고 나면 모든 부문의 관리자들은 예산계획을 수행하는데 최선을 다할 책임이 있다.

계획에 따라 업무를 수행하기 위해 경영자들은 예산에 대해 상세한 정보를 필요로 한다. 통제와 성과평가를 위한 정보도 요구된다. 계획이 보다 효과적으로 실행되어지려면 기업은 경제적 기능별로 세분화되는 것이 바람직하다.

예를 들면, 예산은 부서,사업부,지부,법적실체 등의 조직상의 라인에 따라 수립될 수 있고, 제품라인,판매구역 등 기업 활동에 따라 수립될 수도 있으며, 원가,이익,투자수익률 등 관리적인 책임요소에 따라 수립될 수도 있다.

⑤ 제5단계: 성과의 기록

그리스도 예수 안에서 계획이 성과로 옮겨지게 되면 실제운영결과, 즉 성과는 회계제도 속에서 기록된다. 관리회계 목적으로 이용되는 회계기록에는 경우에 따라서는 재무회계에서 요구되는 정보보다 더 상세한 정보가 포함된다. 예를 들어 관리회계 제도에서는 제품의 구입물량, 정규근무시간,초과근무시간 등의 물량자료로 표현되는 정보도 포함된다.

⑥ 제6단계: 실제성과와 계획목표의 비교

그리스도 예수 안에서 예산편성과정은 조직 내의 각 부서 관리자에게 책임을 위양하는 수단이 된다. 만약 기업의 계획수립 과정이 의미 있고 경영자들이 수립된 계획을 효율적으로 수행하였다면, 이는 효과적인 통제시스템이 마련되는 계기가 될 수 있을 것이다.

관리회계는 재무적 통제제도를 구축하는 데 기여한다. 재무적 통제제도는 수립된 계획목표가 실제 얼마나 달성되었는지의 여부를 결정하고, 실제 성과와 계획목표의 차이를 분석하며, 조직부서의 성과를 측정하는 공식적인 절차이다. 보고절차에서 효과적인 피드백은 경영자가 빠른 시간 내에 어떤 문제에 대한 효과적인 조치를 취할 수 있게 한다.

한편 기독교 관리회계의 순환과정이란 위의 개념을 포함해 "그리스도 예수 안에서 하나님께서 십자가와 우리 마음을 연합시키심으로, 예수 그리스도 이름으로 오신 성령으로, 마음이 세상에서 소중하다는 물질보다 더 먼저 하나님을 경외하여 무겁게 실감하고 있을 때, 그리스도께서 하나님의 뜻을 이루시기 위하여 지혜·권능의 Living Word로 하시는 관리회계 순환과정"으로 개념을 이해할 수 있다.

8. 기독교 관리회계 담당자의 역할

그리스도 예수 안에서 오늘날의 관리회계 담당자는 단순히 관리회계 정보의 제공자에 그치지 않고 보다 폭 넓은 역할이 요구된다. 그 역할을 요약해 보면 다음과 같다.

첫째, 관리회계 담당자들도 변화하는 환경에서 많은 새로운 도전에 직면하게 된다. 우선 기업들이 국경이 없는 경쟁을 벌이고 있기 때문에 어느 경영자들과 마찬가지로 관리회계 담당자들도 국제적 감각을 갖출 것이 어느 때보다 절실히 요구되고 있다. 외국 시장에서의 기회포착을 위한 의사결정을 보다 현명하게 내리기 위해선 다른 국가의 정치 및 경제에 대해서도 관심을 가져야 한다.

둘째, 관리회계 담당자들은 기업의 각 기능을 가치사슬의 개념으로 연결시켜 볼 줄 아는 새로운 통찰력을 지녀야 한다. 지나친 기능 세분화를 바탕으로 한 개별 기능분야의 효율성 제고는 오히려 기업 전체의 목적달성에 방해가 되는 수가 있다. 가령 생산과 판매기능을 통합시켜 상호 보완하고자 하는 것은 이러한 경영층의 노력의 일환이다. 관리회계 담당자들은 경영층이 이러한 노력을 진작시킬 수 있는 분위기와 정보를 제공해야 한다.

셋째, 관리회계 담당자들은 단순히 원가측정만 고집해서는 안 된다. 기업의 주요성공요인(critical success factor)은 단순히 원가의 절감에만 있지 않고 품질향상, 반응시간의 단축, 그리고 전반적 대 고객 서비스 향상이 포함된다. 품질, 시간, 그리고 고객 서비스를 무시하는 원가절감은 기업을 성공의 길로 이끌 수가 없다.

넷째, 관리회계 담당자들은 환경변화에 맞추어 과거의 잘못된 관습에서부터 과감히 탈피해야 한다. 급격한 환경변화 이전에 설정한 원가회계시스템에서 산출되는 원가정보는 왜곡되고 진부화된 것일 수 있기 때문에 환경변화를 잘 포착하고 올바른 정보를 전달하도록 세심한 노력을 기울여야 한다.

다섯째, 관리회계 담당자들은 부문효율화보다는 전체 목표달성을 강조하는 방향에서 정보를 측정, 제공해야 한다. 관리회계 담당자들은 사실상 기업조직의 모든 국면은 원가계산, 보고, 측정하는 포괄적인 위치에 있다. 이상에서 살펴본 바와 같이 변화하는 환경 속에서 관리회계 담당자의 역할은 점점 중요시되고 있다. 그만큼 관리회계 담당자들은 그 기능을 수행하는 데 막중한 책임과 보람을 느낄 수 있을 것이다.

한편 기독교관리회계담장자란 위의 개념을 포함해 "그리스도 예수 안에서 하나님께서 십자가와 우리 마음을 연합시키심으로, 예수 그리스도 이름으로 오신 성령으로, 마음이 세상에서 소중하다는 물질보다 더 먼저 하나님을 경외하여 무겁게 실감하고 있을 때, 그리스도께서 하나님의 뜻을 이루시기 위하여 지혜·권능의 Living Word로 일하는 관리회계담당자"로 개념을 이해할 수 있다.

제9절 기독교 세무행정

1. 조세의 개념

그리스도 예수 안에서 조세(Taxation)는 일반적으로 '국가 및 지방자치단체가 경비 충당의 재정수입을 조달할 목적으로 특정한 개별적 보상을 지불하지 않고, 사경제(일반국민)로부터 강제적으로 징수하는 화폐 또는 재화'라고 정의할 수 있다.

조세는 국가의 절대적인 권력에 의하여 일반국민으로부터 징수하는 권리(과세권)이며, 국가가 존립하는데 필수불가결한 권리행사이다. 따라서 조세는 다음과 같은 특징을 지니고 있다.

첫째, 조세를 부과하는 주체는 국가(국세) 또는 지방자치단체(지방세)이다.

둘째, 조세는 국가 또는 지방자치단체의 재정수입을 조달하기 위한 목적으로 부과·징수 한다.

셋째, 조세의 과세종목과 세율은 의결기관인 국회의 동의에 의하여 법률로서 제정된다. 그러므로 조세는 법률에 규정된 과세요건에 따라 납세의무자의 의사에 관계없이 강제적으로 징수된다.

넷째, 조세는 직접적인 반대급부 없이 과세된다. 일반적으로 재화나 용역의 흐름은 그에 따른 화폐의 흐름을 수반하지만, 조세는 국가 또는 지방자치단체의 특별한 개별적인 보상이 없이 징수된다.

다섯째, 조세의 부담자는 자연인과 법인이며, 원칙적으로 금전으로 납부하게 되어 있다.

> >>> 앞에 계신 하나님의 Living Word
> "내가 아버지의 말씀을 그들에게 주었사오매 세상이 그들을 미워하였사오니 이는 내가 세상에 속하지 아니함 같이 그들도 세상에 속하지 아니함으로 인함이니이다"(요17:14).

"그들을 진리로 거룩하게 하옵소서 아버지의 말씀은 진리니이다"(요17:17).

"내게 주신 영광을 내가 그들에게 주었사오니 이는 우리가 하나가 된 것 같이 그들도 하나가 되게 하려 함이니이다"(요17:22).

"곧 내가 그들 안에 있고 아버지께서 내안에 계시어 그들로 온전함을 이루어 하나가 되게 하려 함은 아버지께서 나를 보내신 것과 또 나를 사랑하심 같이 그들도 사랑하신 것을 세상으로 알게 하려 함이로소이다"(요17:23).

"아버지여 내게 주신 자도 나 있는 곳에 나와 함께 있어 아버지께서 창세전부터 나를 사랑하시므로 내게 주신 나의 영광을 그들로 보게 하시기를 원하옵나이다"(요17:24).

"의로우신 아버지여 세상이 아버지를 알지 못하여도 나는 아버지를 알았사옵고 그들도 아버지께서 나를 보내신 줄 알았사옵나이다"(요17:25).

"내가 아버지의 이름을 그들에게 알게 하였고 또 알게 하리니 이는 나를 사랑하신 사랑이 그들 안에 있고 나도 그들 안에 있게 하려 함이니이다"(요17:26).

"우리가 알거니와 하나님을 사랑하는 자 곧 그의 뜻대로 부르심을 입은 자들에게는 모든 것이 합력하여 선을 이루느니라"(롬9:28).

"우리가 항상 예수의 죽음을 몸에 짊어짐은 예수의 생명이 또한 우리 몸에 나타나게 하려 함이라"(고후4:10).

2. 조세의 목적

1) 국가 재정수입의 확보

그리스도 예수 안에서 조세는 국가 또는 지방자치단체가 고유의 목적인 국방, 치안, 행정, 교육 등의 재원을 마련하기 위한 목적으로 징수하는 것이다. 우리나라에서 일반재정수입으로 조세에 의한 수입이 가장 큰 비중을 차지하고 있다.

2) 국가 경제 · 사회 정책의 달성

그리스도 예수 안에서 오늘날 국가는 조세를 단순히 국민의 사회적 욕구를 충족시키기 위한 조달수단으로만 사용하고 있지는 않다. 오히려 경제정책(부동산경기의 조절), 사회정책(소득 재분배, 경제안정 및 각종 감면제도) 및 인구정책(인적공제의 확대) 등 국가의 주요 정책을 달성하는데 조세를 활용하고 있다.

3) 국가 미래 사회의 건설

그리스도 예수 안에서 대부분의 국가에서 경제사회의 발전을 통해 인간생활 질의 향상을 가져오도록 하고 있으며, 나아가 인간의 창의와 자유를 더욱 증진시키는 국민 복지를 지향하고 있다. 또한 지역발전의 균형과 자연환경의 보존 및 개선을 통해 복지사회가 건설되도록 하는 데 큰 비중을 두고 정책을 펴 나가고 있다. 특히 사회복지와 관련된 지출이 전체 재정지출에서 점차 상위의 비중을 차지하고 있는 실정이다.

3. 조세의 근거

그리스도 예수 안에서 조세가 어떤 근거에 의하여 일반국민에게 부과되는지에 대한 학자들의 견해는 크게 두 가지로 구분된다.

1) 편익설

그리스도 예수 안에서 편익설은 아담 스미스(Adam Smith)가 처음으로 '납세자 각자는 정부가 제공하는 공공서비스로부터 받은 편익의 정도에 따라 납세하는 것이 공평한 조세제도라고 생각한다' 는 주장을 밝힌 이후 많은 학자들로부터 동의를 얻고 있는 견해이다.

이 견해에 따르면, 공평한 세제는 편익을 공급하는 정부의 지출구조와 밀접하게 관련시켜 결정되어야 한다. 그러나 조세정책에 이러한 편익기준을 적용하기 위해서는 정부가 공공지출에 의해 창출한 편익을 납세자 각자가 개별적으로 얼마만큼 받고 있는지를 측정하여야 한다. 즉, 특정 납세자의 공정한 몫을 산정하여야 하는데, 사실상 납세별 측정은 현실적으로 불가능하다. 또한 편익기준에 따라 과세하려면 납세자 각자는 공공서비스에 대한 각자의 수요량에 따라 조세를 부담하여야 하는데, 각자의 공공서비스에 대한 선호가 다르기 때문에 모든 사람에게 보편적으로 적용하기가 어렵다.

2) 능력설

그리스도 예수 안에서 능력설은 '정부를 운영하는데 필요한 총재정수입액이 결정되면 납세자 각자는 자신의 조세부담능력에 따라 배분된 몫의 납세를 요구받는 것이 공평한 조세제도'라는 견해이다.

이 견해에 따르면, 납세자 각자의 부담능력에 따른 납세액이 공정한 몫이 된다. 그러나 조세정책은 공공지출에 의해 국민 각자에게 부여하는 편익과 관계없이 독자적으로 수립·결정되고 있다. 또한 능력설을 조세정책에 적용하기 위해서는 납세자 각자의 조세부담능력을 측정하여야 하는데, 아직까지 부담능력을 객관적으로 측정하는데 대한 일치된 의견은 없는 실정이다.

4. 기독교 조세의 원칙

1) 아담스미스의 조세원칙

그리스도 예수 안에서 아담 스미스는 자신의 적서인『국부론』에서 조세에 대한 4가지 원칙을 다음과 같이 제시하고 있다.

(1) 평등성의 원칙: 국민은 누구나 자신의 능력에 비례하여, 그리고 국민은 국가의 보호 하에 얻은 수입에 비례하여 세금을 내야 한다는 원칙이며, 여기서 평등은 소득의 많고 적음에 관계없이 세율이 동일해야 한다는 비례적인 평등을 뜻한다.
(2) 명확성의 원칙: 조세는 그 납부세액, 납부시기 및 납부방법이 누구나 쉽게 알 수 있도록 명확하여야 한다는 원칙이다.
(3) 편의의 원칙: 조세는 납세자가 납부의무를 잘 이행할 수 있도록 납부시기, 납부장소 및 납부방법이 납세자에게 편리하여야 한다는 원칙이다.
(4) 경제성의 원칙: 조세는 징수비용이 최소가 되도록 하여야 한다는 원칙이다.

2) 아돌프 와그너의 조세원칙

그리스도 예수 안에서 아돌프 와그너는 자신의 저서인 『공공채무의 3가지 발췌』에서 조세의 원칙을 크게 4가지로 구분하고 이를 다시 9가지로 세분화하였다.

(1) 재정정책상의 원칙: 이는 세금의 국고적 목적을 강조하는 원칙으로서, ① 세금수입은 재정수요를 충족할 수 있어야 한다는 '충분성의 원칙' 과 ②재정수요가 증대하는 경우에 탄력적으로 적응할 수 있어야 한다는 '탄력성의 원칙' 으로 구분된다.

(2) 국민경제상의 원칙: 이는 세금이 국민경제의 발전을 저해하여서는 아니 된다는 원칙으로서, ①국민경제가 저해되지 않도록 세원을 잘 선택하여야 한다는 '세원선택의 원칙' 과 ② 세금을 부담시키려는 사람에게 그 부담이 제대로 부과되도록 세금의 종류를 잘 선택해야 한다는 '세목선택의 원칙' 으로 구분된다.

(3) 공정의 원칙: 경제적 불평등을 시정하거나 납세자 각자의 능력에 비례하여 과세해야 한다는 원칙으로서, ① 모든 국민은 누구나 세금을 부담해야 한다는 '보편성의 원칙' 과 ② 부담능력이 있는 사람은 누구나 납세의무를 지며 그 부담이 평등해야 한다는 '평등성의 원칙' 으로 구분된다.

(4) 세무행정상의 원칙 : 세무행정을 합리적으로 이행하려는 원칙으로 ① 세금은 그 납부세액, 납부시기 및 납부방법이 명확해야 한다는 '명확성의 원칙' ② '편의의 원칙' 및 ③ 세금은 징수비용이 최소가 되도록 하여야 한다는 '징세비 최소의 원칙' 으로 구분된다.

3) 조세의 5가지 원칙

그리스도 예수 안에서 오늘날 국민 경제의 발전에 따라 재정이 경제정책 중 상당한 비중을 차지하면서 조세정책의 중요성도 매우 강조되고 있다. 특히 조세는 공공수요의 충족을 위하여 강제적인 징수가 불가피하지만 동시에 일반국민의 재산권 침해로 이어질 수 있기 때문에 국가의 행동을 규제하거나 납세자의 자발적인 납부를 유도하기 위하여 공정한 조세를 선택하기 위한 기준이 필요하다.

최근에 와서 학자들은 아담 스미스의 4가지 조세원칙에 경제적 효율성을 추가하며 조세의 5원칙으로 분류하고 있다. 일반적인 조세의 5가지 원칙을 제시하면 다음과 같다.

(1) 경제적 효율성: 조세의 부과는 이와 관련된 경제행위에 미치는 영향이 중립적인 경우에 경제적 효율성을 갖는다고 본다. 따라서 기존의 경제행위에 영향을 미치지 않는 범위에서 조세가 부과되어야 할 것이다.
(2) 평등성: 조세의 평등성은 납세자 각자의 능력에 비례하여 과세해야 한다는 것으로 공평성과 관련된다. 즉, 동일한 여건에 있는 사람은 누구나 동일한 세율의적용을 받아야 한다는 '수평적 공평'과 납세자 각자의 부담능력에 비례하여 차별적으로 과세해야 한다는 '수직적 공평'을 추구해야 할 것이다.
(3) 편의성: 조세는 그 납부시기, 납부장소 및 납부방법에 있어서 납세자에게 편리하여야 하며, 조세규정은 누구나 쉽게 이해할 수 있고 세율구조가 단순해야 한다는 것이다.
(4) 경제성: 조세는 국민의 부담과 세무당국의 징수비용이 최소가 되도록 하여야 한다는 것이다. 즉, 바람직한 조세제도는 꼭 필요한 재원만을 조세로 부과하여야 하며 징세비용인 행정비용(공무원인건비, 시설비, 제반경비 등)과 납세협력비용(납세자의 장부기장 비용, 세무조정수수료 등)을 최소화 하는 것이다.
(5) 명확성: 조세는 그 납부시기, 납부방법 및 납부금액을 확실하고 명료하게 법률로 규정하여야 한다는 것이다.

한편 기독교 조세원칙이란 위의 개념을 포함해 "그리스도 예수 안에서 하나님께서 십자가와 우리 마음을 연합시키심으로, 예수 그리스도 이름으로 오신 성령으로, 마음이 세상에서 소중하다는 물질보다 더 먼저 하나님을 경외하여 크게 실감하고 있을 때, 그리스도께서 하나님의 뜻을 이루시기 위하여 지혜·권능의 Living Word로 역사 하시는 조세원칙"으로 개념을 이해할 수 있다.

5. 조세의 분류

그리스도 예수 안에서 조세는 그 법적 성질과 내용에 따라 여러 가지로 분류할 수 있다. 조세를 과세권자·납세자·세원·세율 등의 관점을 기준으로 분류하면, 다음과 같다.

1) 과세권자에 의한 분류

그리스도 예수 안에서 과세권의 주체가 국가(중앙정부)인가 아니면 지방자치단체(지방정부)인가에 따라 국세와 지방세로 분류된다. 국세는 재정수입을 위하여 과세권을 국가통치권의 한 부분으로서 갖고 있는 주체인 국가가 그 과세권의 행사로 부과·징수하는 조세이며, 지방세는 지방자치단체의 재정수입을 위하여 지방자치단체가 국가로부터 분여 받은 과세권의 행사로 부과·징수하는 조세이다.

국세는 기획재정부장관이 총괄하고, 국세청과 관세청에서 업무를 관리한다. 기획재정부는 기획예산처와 재정경제부를 통합한 경제정책 총괄부처로서, 정책기획과 예산 및 세제 등을 모두 총괄 담당한다. 그러나 지방세는 안전행정부장관이 총괄하고 각 지방자치단체가 업무를 관리한다.

2) 수출·입 유무에 의한 분류

그리스도 예수 안에서 외국으로부터 수출·입 되는 재화나 용역에 대하여 부과되는 조세를 관세라 하며, 수출입과 관계없이 국내에서 발생한 세원에 의거하여 부과하는 조세를 내국세라 한다. 관세에는 관세와 임시수입부가세가 있는데, 임시수입부가세는 수입수요를 긴급히 억제할 필요가 있거나 또는 주요 교역국의 경제사정변동으로 국제수지가 악화되어 긴급히 국제수지를 개선할 필요가 있는 경우에 해당 수입물품에 대하여 관세 이외에 부가하여 과세함으로써 국민경제의 균형발전을 도모하는 것을 목적으로 부과하는 조세이다.

3) 전가여부에 의한 분류

그리스도 예수 안에서 법률상의 납세의무자와 실질적인 납세의무자가 일치하는 조세, 납세의무자가 담세자가 되는 조세를 직접세라 한다. 그리고 조세부담이 다른 사람에게 전가되어 법률상의 납세의무자와 실질적인 납세의무자가 일치하지 않는 조세를 간접세라 한다.

4) 지출목적의 특정 여부에 의한 분류

그리스도 예수 안에서 조세의 지출목적에 따라 보통세와 목적세로 분류한다. 보통세는 조세의 지출목적을 특정하지 않고 일반경비에 충당하는, 즉 일반적인 재정수요를 충족시키기 위하여 부과하는 조세이다. 반면에 목적세는 조세의 지출목적을 특정하여 특정한 경비에 충당하는, 즉 교육사업·도시계획사업 등의 특별한 목적을 달성하기 위하여 부과하는 조세이다.

5) 과세대상 주체에 의한 분류

그리스도 예수 안에서 소득이나 재산 등이 귀속되는 사람을 중심으로 담세력을 고려하여 부과하는 조세를 인세라 하고, 귀속되는 사람의 담세력을 고려하지 않고 소득이나 재산 그 자체에 대하여 부과하는 조세를 물세라 한다. 인세에는 국세인 소득세, 법인세, 상속·증여세 등이 있으며, 물세에는 국세인 개별소비세, 주세와 지방세인 재산세, 자동차세 등이 있다.

6) 과세물건에 의한 분류

그리스도 예수 안에서 조세는 과세물건(과세대상)에 따라 소득세, 재산세, 소비세와 유통세로 분류된다.

(1) 소득세는 특정한 자연인(개인) 또는 법인에 귀속된 소득을 과세물건으로 하여 부과하는 조세이다. 즉, 개인의 소득에 대해서는 개인소득세(소득세)를 부과하고, 법인의 소득에 대해서는 법인소득세(법인세)를 부과한다.

(2) 재산세는 재산의 소유를 조세부담능력으로 인정하여 부과하는 조세이다. 재산세에는 국세인 종합부동산세와 지방세인 재산세, 자동차세 등이 있다.

(3) 소비세는 재화 또는 용역을 구입하거나 소비하는 사실을 조세부담능력으로 인정하여 부과하는 조세이다. 소비세에는 모든 재화나 용역을 과세대상으로 하는 일반소비세(부가가치세)와 특정 재화나 용역만을 과세대상으로 하는 개별소세비 등(주세, 교통에너지환경세)이 있다.

(4) 유통세는 권리의 취득·변경 또는 재화의 이전에 대하여 부과하는 조세이다. 유통세에는 인지세, 증권거래세 등의 국세와 취득세, 등록면허세 등의 지방세가 있다.

7) 과세표준 표시에 의한 분류

그리스도 예수 안에서 과세물건에 대한 계량화된 기준(과세표준)이 있어야 여기에 세율을 적용하여 납세의무자가 부담해야 할 세액을 계산 할 수 있다. 일반적으로 과세표준은 금액·

물량·건수 등으로 표시되는데, 과세표준이 화폐단위로 표시되는 조세는 종가세이며, 과세표준이 수량·중량·용적 등으로 표시되는 조세는 종량세이다. 대부분의 조세는 종가세이다. 종량세에는 국세인 주세의 주정할과 지방세인 재산분주민세를 들 수 있다.

8) 독립성 유무에 의한 분류

그리스도 예수 안에서 소득의 발생이나 재화의 구입 등 독립적인 발생원인(세원)에 의하여 직접 과세되는 조세를 독립세라 하고, 다른 조세가 부과되었을 경우에 그에 부가하여 과세되는 조세를 부가세라 한다. 부가세에는 국세인 교육세와 농어촌특별세가 있으며, 지방세인 소득분 지방소득세와 지방교육세 등이 있다.

9) 부과기간에 의한 분류

그리스도 예수 안에서 매년 계속적으로 부과되는 조세를 경상세라 하며, 일정한 기간 동안 일시적으로 부과되는 조세를 임시세라 한다. 현재 우리나라의 임시세는 교통에너지환경세(2015년12월31일까지 적용),농어촌특별세(2024년 6월30일까지 적용)등이 있다.

6. 기독교 조세법의 기본원칙

그리스도 예수 안에서 조세법의 기본원칙이란 조세법을 입법·해석·적용하는 때에 준수하여야 할 지도원리를 말하는 것으로 다음과 같다.

1) 조세법률주의

조세법률주의란 법률의 근거가 없이는 국가가 조세를 부과·징수 할 수 없으며, 국민도 조세의 납부를 요구받지 않는다는 원칙이다. 조세법률주의는 국가의 강제적인 과세를 통해서 국민의 재산권이 침해될 수도 있기 때문에 반드시 법률이 정하는 바에 의하여 부과·징수함으로써 국민의 경제생활의 안정을 도모하고 경제활동의 예측가능성을 부여하자는 의미인 것이다.

헌법 제38조에서 '모든 국민은 법률이 정하는 바에 의하여 납세의 의무를 진다' 라고 규정함으로써 국회의 의결로 법률이 규정되지 않고서는 납세의무가 발생하지 않는다는 대원칙을 선언하였으며, 헌법 제59조에서 '조세의 종목과 세율은 법률로 정한다'라고 규정함으로써 조세법률주의를 표방하였다.

이러한 헌법에 근거한 조세법률주의는 과세요건 법정주의, 과세요건 명확주의, 소급과세금지 및 조세법의 엄격해석을 그 내용으로 하고 있다.

(1) 과세요건 법정주의

그리스도 예수 안에서 조세법률주의의 중심이 되는 내용으로 과세는 국민의 재산권 보장을 침해하므로 반드시 납세의무를 성립시키는 과세요건과 조세의 부과·징수절차를 모두 법률로서 규정하여야 한다는 원칙이다. 헌법 59조에서 '조세의 종목과 세율을 법률로 정한다'고 규정하여 모든 과세요건(납세의무자, 과세물건, 과세표준, 세율)을 법률로 정할 것을 요구하고 있다.

그런데 경제환경의 변화에 따라 필요한 조세규정을 수시로 국회에서 법률로 제정하기가 어려우므로 대통령령(시행령), 지식경제부령(시행규칙) 등의 명령에 위임하는 위임입법이 필요하다. 헌법 제75조에 '대통령은 법률에서 구체적으로 범위를 정하여 위임받는 사항과 법률을 집행하기 위하여 필요한 사항에 관하여 대통령령을 발할수 있다'라고 규정하고 있으며, 헌법 95조에 '국무총리 또는 행정각부의 장은 소관사무에 관하여 법률이나 대통령령의 위임 또는 직권으로 총리령 또는 부령을 발할 수 있다'라고 위임입법을 규정하고 있다. 다만, 유의할 점은 조세에 관한 중요한 사항을 명령에 위임하는 경우에도 법률에서 구체적·개별적인 위임의 범위와 조건을 규정하는 개별위임만 인정되며 포괄적으로 위임하는 백지위임이나 법률에서는 골격만 정하고 대부분을 명령에 위임하는 골격입법은 허용되지 않는다. 기독교과세요건법정주의란 위의 개념을 포함해 "그리스도 예수 안에서 하나님께서 십자가와 우리 마음을 하나 되게 하심으로 우리 마음 안에 예수 그리스도 이름으로 오신 성령께서 하나님 나라 확장을 위하여 지혜·권능의 Living Word로 역사하시는 과세요건 법정주의"로 개념을 이해할 수 있다.

(2) 과세요건 명확주의

그리스도 예수 안에서 과세요건은 법률로 정하되 그 내용이 명확하여야 한다는 원칙이다.

이는 입법기술상의 원칙이며, 과세관청의 자의적인 해석과 자유재량을 배제하여 국민이 조세법을 적용받음에 있어 법적안정성과 예측가능성을 보장하려는데 그 의의가 있다.

즉, 조세법은 행정기관에 자유재량을 인정하는 규정을 원칙적으로 인정하지 않으며, 법률을 제정할 경우에도 불확정개념은 사용하지 않는 것이 과세요건 명확주의에 합당하다고 할 것이다. 다만, 법의 집행에 있어서는 조세부담의 공평이라는 측면에서 '상당한 이유' 또는 '정당한 이유' 등 불명확개념의 사용이 그 필요성과 합리성이 인정되는 경우에는 과세요건 명확주의에 위반한다고 할 수 없다. 기독교 과세요건 명확주의란 위의 개념을 포함해 "그리스도 예수 안에서 하나님께서 십자가와 우리 마음을 하나 되게 하심으로 우리 마음 안에 예수 그리스도 이름으로 오신 성령께서 하나님 나라 확장을 위하여 지혜·권능의 Living Word로 하시는 과세요건 명확주의"로 개념을 이해할 수 있다.

(3) 소급과세금지

그리스도 예수 안에서 소급과세금지의 원칙이란 새로 제정된 세법이나 새로 변경된 세법의 해석에 의하여 소급하여 과세할 수 없다는 원칙이다. 따라서 이미 납세의무가 성립된 경우에는 새로운 세법을 소급하여 적용할 수 없지만, 아직 납세의무가 성립되지 아니한 경우에는 새로 제정된 세법이나 변경된 해석을 적용할 수 있다. 이는 법적안정성과 예측가능성을 보장하고 그로 인한 납세자의 재산권 침해를 막기 위함이다 다만, 이와 같은 조건을 충족시키면서 납세자에게 불이익을 주지 않는 것에 대하여 예외적으로 조세입법의 소급효과를 인정한다. 기독교소급과세금지란 위의 개념을 포함해 "그리스도 예수 안에서 하나님께서 십자가와 우리 마음을 하나 되게 하심으로 우리 마음 안에 예수 그리스도 이름으로 오신 성령께서 하나님 나라 확장을 위하여 지혜·권능의 Living Word로 역사하시는 소급과세금지"로 개념을 이해할 수 있다.

(4) 조세법의 엄격해석

그리스도 예수 안에서 조세법의 엄격해석이란 세법이 법조문에 포함되어 있는 자구나 문장의 의미에 따라 엄격하게 해석되어야 한다는 원칙이다. 따라서 세법의 해석은 법조문의 문자적 의미에 따라 해석하는 문리해석을 원칙으로 하며, 문리해석으로 해석이 불가능한 경우에만 보완적으로 논리해석을 하여야 한다. 따라서 법조문의 확장해석이나 유추해석을 통한 납세의무의 확대는 허용되지 않는다. 기독교 조세법 엄격해석이란 위의 개념을 포함해 "그리스도 예수 안에서 하나님께서 십자가와 우리 마음을 하나 되게 하심으로 우리 마음 안에 예수 그리스도 이름으로 오신 성령께서 하나님 나라 확장을 위하여 지혜·권능의 Living Word로 역사하시는 조세법의 엄격해석"으로 개념을 이해할 수 있다.

2) 조세평등주의

그리스도 예수 안에서 조세평등주의는 조세부담이 납세자간에 공평하게 부담되도록 세법을 제정하여야 하고(입법상의 조세공평), 세법의 해석·적용에 있어서도 납세자는 평등하게 대우받아야 한다(세법의 해석·적용상의 공평)는 원칙이다. 조세평등주의는 헌법 제11조 ①의 '모든 국민은 법 앞에 평등하다. 누구든지 성별·종교또는 사회적 신분에 의하여 정치적·경제적·사회적·문화적 생활의 모든 영역에 있어서 차별을 받지 아니한다' 라는 규정에 근거한다.

그러나 조세평등주의 원칙은 형식적인 평등의 실현만을 앞세우는 것이 아니라 실질적 평등도 강조하고 있다. 따라서 국민의 조세부담이 개인적인 경제적 능력(담세능력)에 상응한 것이어야 한다는 조세의 응능부담의 원칙을 의미한다고 볼 수 있다. 이러한 조세평등주의는 수평적 공평과 수직적 공평을 그 내용으로 하고 있다.

(1) 수평적 공평

수평적 공평이란 동일한 담세력을 가진 자는 동일한 세부담을 하게 하는 것을 말한다. 수평적공평과 관련하여 조세법에 적용된 사례를 살펴보면, 실질과세의 원칙(국세기본법), 의제배당(소득세법), 증여의제(상속증여세법), 최저한세(조특법) 등이 있다.

(2) 수직적 공평

수직적 공평이란 추가적인 담세력에 대하여 보다 많은 세부담을 하게 하는 것을 말한다. 즉, 담세력의 차이에 따라 세부담을 차등하여야 한다는 것으로서 응능부담의 원칙이라고 한다. 수직적 공평과 관련하여 조세법에 적용된 사례를 살펴보면, 초가누진세율(소득세법, 상속·증여세법)과 고가주택에 대한 양도소득세 비과세 제한(소득세법) 등이 있다. 기독교평등주의란 위의 개념을 포함해 "그리스도 예수 안에서 하나님께서 십자가와 우리 마음을 하나 되게 하심으로 우리 마음 안에 예수 그리스도 이름으로 오신 성령께서 하나님 나라 확장을 위하여 지혜·권능의 Living Word로 역사하시는 평등주의"로 개념을 이해할 수 있다.

7. 우리나라의 조세체계

그리스도 예수 안에서 우리나라의 현행 조세체계는 관세를 제외하고 내국세가 13개의 세목에 12개의 세법으로 구성되어 있다. 원래 국세는 '1세목1세법원칙'이 적용되기 때문에 내국세법도 13개 세법이 되어야 하지만, 상속세와 증여세가 '상속세 및 증여세법'으로 단일화되어 있기 때문에 세법은 12개의 법으로 이루어져 있다.

또한 12개의 세법 이외에 국세기본법, 국세징수법, 조세범 처벌법, 조세범처벌절차법, 국제조세조정에 관한 법률 및 조세특례제한법 이라는 공통적이고 일반적인 6개의세법(통칙법)이 추가 되어 내국세는 총18개의 세법으로 구성되어 있다. 그리고 지방세는 11개 세목에 지방세법이라는 단일의 세법으로 구성되어 있다.

여기서 국세기본법이란 국세에 관한 기본적인 사항 및 공통적인 사항과 위법 또는 부당한 국세처분에 대한 불복절차를 규정함으로써 국세에 관한 법률관계를 확실하게 하고, 과세의 공정을 도모하며 국민의 납세의무를 원활히 이행할 수 있도록 하는 목적에서 제정된 법률이다.

국세징수법은 국세의 징수에 관하여 필요한 사항을 규정하여 국세수입을 확보함을 목적으로 제정된 법률로서, 각 세법에 의하여 성립·확정된 납세의무의 이행을 청구하는 납세고지와 납부최고로서의 독촉 그리고 독촉에 의해 지정된 납부기한까지 납세의무를 이행하지 않을 경우 납세자의 재산을 압류·매각·충당하는 일련의 징수절차에 대하여 규정하고 있다.

조세범처벌법은 조세(관세 제외)에 관한 법률을 위반한 자에 대한 처벌에 관하여 규정한 법률로서 조세포탈행위 등의 범칙행위를 처벌하는 내용을 규정하고 있다. 그러나 관세 및 지방세에 대한 조세범처벌은 각각 해당 세법에서 규정하고 있다 다만, 지방세법에서는 지방세의 경우 '조세법처벌법'을 준용하도록 규정하고 있다.

조세범처벌절차법은 조세에 관한 범칙사건을 간편 신속하게 처리함을 목적을 하는 법률서로 '조세법처벌법'에서 규정한 조세포탈행위 등 범칙행위에 대한 조사, 통고처분 및 고발 등에 관하여 규정하고 있다. 관세 및 지방세에 대한 조세범처벌절차에 대하여는 각각 해당 세법에서 규정하고 있지만, 지방세법에서는 지방세의 경우 '조세범처벌절차법'을 준용하도록 규정하고 있다.

국세조세조정에 관한 법률은 국제거래에 관한 조정에 관한 사항과 국가 간의 조세행정협조에 관한 사항을 규정함으로써 국가 간의 이중과세 및 조세회피를 방지하고 조세협력을 도모함을 목적으로 하고 있다.

조세특례제한법은 조세의 감면 및 이에 관련되는 특례에 관한 사항을 규제하여 과세의 공평을 기하고 조세정책을 효율적으로 수행함으로써 국민경제의 건전한 발전에 기여함을 목적으로 하고 있다. 조세특례제한법은 국세기본법상의 조세감면의 사후관리원칙과 관계가 있다.

8. 일반적인 조세용어의 정의

국세기본법에서는 국세와 관련된 일반적인 용어를 다음과 같이 정의하고 있다.

1) 국세

그리스도 예수 안에서 국세라 함은 국가가 부과하는 조세 중 다음의 13가지 세목을 말한다. ① 소득세, ② 법인세, ③ 상속세, ④ 증여세, ⑤ 종합부동산세, ⑥ 부가가치세, ⑦ 개별소비세, ⑧ 주세, ⑨ 인지세, ⑩ 증권거래세, ⑪ 교육세, ⑫ 교통·에너지·환경세 ⑬ 농어촌특별세이다. 국세기본법상 국세는 내국세에 한정되기 때문에, 지방세는 물론 관세와 임시수입부가세도 국세에 포함되지 않는다. 다만, 관세와 임시수입부가세는 넓은 의미에서의 국세에는 해당한다.

2) 세법

그리스도 예수 안에서 세법이라 함은 '국세의 종목과 세율을 정하고 있는 법률'과 국세기본법, 국세징수법, 조세특례제한법, 국제조세조정에 관한 법률, 조세범처벌법 및 조세범처벌절차법을 말한다.

3) 과세요건

그리스도 예수 안에서 과세요건이란 국가가 과세권을 행사하는데 반드시 필요한 요소를 말하며, 이에는 납세의무자, 과세대상, 과세표준, 세율이 속한다. 각 개별 세법마다 과세요건에 해당하는 내용은 반드시 법률로서 규정하여야 한다.

4) 납세의무자

그리스도 예수 안에서 납세의무자라 함은 세법에 의하여 국세를 납부할 의무(국세를 징수하여 납부할 의무를 제외)가 있는 자를 말한다. 납세의무자는 법률상 납세의무를 이행하여야 할 자이므로 실제상의 담세자인 납세자와는 구별된다. 양자는 일치되는 경우도 있고, 조세의 부담이 전가되어 양자가 일치되지 않는 경우도 있다. 또한 납세의무자는 자신의 부재시에 납세의무에 관한 모든 사무를 처리하는 납세관리인과도 구별되며, 징수의 위임을 받은 징수의무자와도 구별된다.

5) 납세자

그리스도 예수 안에서 납세자라함은 납세의무자(연대납세의무자와 납세자에 갈음하여 납부할 의무가 생긴 경우의 제2차 납세의무자 및 보증인을 포함)와 세법에 의하여 국세를 징수하여 납부할 의무를 지는 자를 말한다. 즉 일반적 납세의무자, 연대납세의무자, 납세의무승계자, 제2차납세의무자, 양도담보권자, 납세보증인, 원천징수의무자, 대리납부의무자, 특별징수의무자를 말한다.

6) 제2차 납세의무자

그리스도 예수 안에서 제2차 납세의무자라 함은 본래의 납세자가 납세의무를 이행 할 수 없는 경우에 본래의 납세자에 갈음하여 납세의무를 지는 자를 말한다. 제2차 납세의무자의 범위는 다음과 같다.

    가. 청산인 또는 잔여재산의 분배 또는 인도를 받은 자
    나. 비상장법인의 무한책임사원·과점주주
    다. 법인

라. 사업양수인

7) 보증인

그리스도 예수 안에서 보증인이라 함은 납세자의 국세·가산금 또는 체납처분비의 납부를 보증한 자를 말한다. 이 경우 보증인은 납세자가 이행하지 아니하는 납세의무를 이행할 의무가 있다.

8) 과세대상

그리스도 예수 안에서 과세대상이란 과세요건을 충족시키기 위한 물적 요소로서 각 세법은 고유의 과세대상을 가지고 있다. 예를 들어, 소득세의 과세대상은 개인의 소득, 법인세의 과세대상은 법인의 소득, 부가가치세의 과세대상은 재화·용역의 공급 및 재화의 수입이다. 또한 과세객체란 과세물건이라고도 하며, 과세의 대상이 되는 것을 말한다. 즉, 조세에 관한 법규가 정하는 일정한 물건·행위 또는 사실을 의미한다. 따라서 과세객체나 과세물건은 과세대상과 동일한 의미로 사용된다. 한편, 과세주체란 조세를 부과할 수 있는 권한을 가지고 있는 자, 즉 과세권자를 말한다. 국세의 경우 국가가 과세주체가 되며, 지방세의 경우 지방자치단체가 과세주체가 된다.

9) 과세기간

그리스도 예수 안에서 과세기간이라 함은 세법에 의하여 국세의 과세표준계산의 기초가 되는 기간을 말한다. 과세기간은 세목별로 다르게 규정되어 있다.

10) 과세표준

그리스도 예수 안에서 과세표준이라 함은 세법에 의하여 세액산출의 기초가 되는 과세대상의 수량 또는 가액을 말한다. 즉, 과세표준에 세율을 곱하면 산출세액이 계산된다. 과세표준이 수량으로 표시되는 세금을 종량세, 가액으로 표시되는 세금을 종가세라 한다.

11) 과세표준신고서

그리스도 예수 안에서 과세표준신고서라 함은 국세의 과세표준과 국세의 납부 또는 환급에 필요한 사항을 기재한 신고서를 말한다.

12) 과세표준수정신고서

그리스도 예수 안에서 과세표준수정신고서라 함은 당초에 제출하나 과세표준신고서의 기재사항을 수정하는 신고서를 말한다.

13) 법정신고기한

그리스도 예수 안에서 법정신고기한이라 함은 세법에 의하여 과세표준신고서를 제출할 기한을 말한다. 법정신고기한은 세목별로 다르게 규정되어 있다.

14) 세무공무원

그리스도 예수 안에서 세무공무원이라 함은 세법에 의하여 다음과 같이 규정되어 있다.
 가. 국세청장, 지방국세청장, 세무서장 또는 그 소속공무원
 나. 세법에 따라 국세에 관한 사무를 세관장이 관장하는 경우 그 세관장 또는 소속공무원
 한편, 국세청 소속 공무원 이외의 자도 세무공무원의 범위에 포함될 수 있지만, 관세청장은 국세기본법상 세무공무원에 포함되지 않는다.

15) 전자신고

그리스도 예수 안에서 전자신고라 함은 2000년 7월 1일부터 시행한 것으로 과세표준신고서 등 국세기본법 또는 세법에 따른 신고관련 서류를 국세청장이 정하여 고시하는 정보통신망(국세정보통신망)을 이용하여 신고하는 것을 말한다.

16) 정보통신망

그리스도 예수 안에서 정보통신망이라 함은 전기통신설비를 활용하거나 전기통신설비와 컴퓨터 및 컴퓨터의 이용기술을 활용하여 정보를 수집·가공·저장·검색·송신 또는 수신하는 정보통신체제를 말한다.

17) 원천징수

그리스도 예수 안에서 원천징수라 함은 세법에 의하여 원천징수의무자가 국세(이에 관계되는 가산세는 제외)를 징수함을 말한다. 즉 원천징수란 세법에 의하여 일정한 소득금액이나 수입금액을 지급하는 자가 그 지급하는 금액에서 지급받는 자의 세금을 차감하고 잔액을 지급하는 것을 말하며, 원천징수한 세금은 원칙적으로 다음 달 10일까지 국가에 납부하여야 한다. 이러한 원천징수는 완납적 원천징수와 예납적 원천징수로 구분된다.

18) 가산세

그리스도 예수 안에서 가산세라 함은 세법상 납세의무자가 이행하여야 할 의무를 성실히 이행하도록 하기 위하여 의무위반에 대한 제재로서 본세에 부가하여 과하는 행정벌적인 성질(과태료)의 세금이다. 즉, 세법이 규정하는 의무를 위반한 자에 대하여 그 세법이 정한 바에 따라 산출된 세액에 가산하여 징수하는 금액을 말한다. 예를 들어, 신고불성실가산세, 납부불성실가산세, 세금계산서미제출가산세 등이 이에 속한다.

가산세는 당해 세법이 정하는 국세의 세목으로 한다. 예를 들어, 법인세에 대한 가산세는 법인세에 포함된다. 다만, 가산세가 당해 국세(본세)와 같은 세목이 된다고 하더라도 당해 국세의 감면으로 가산세까지 감면되는 것은 아니다.

19) 가산금

그리스도 예수 안에서 가산금이라 함은 납세의무자가 지정된 납부기한까지 국세를 납부하지 아니한 때 고지세액의 3%를 가산하여 징수하는 금액이다. 또한 최초 납부기한 경과로 가산금이 가산된 후에도 국세를 납부하지 않아 다시 가산금을 추가하는 경우의 가산금을 중가산금이라고 한다. 이와 같이 체납된 국세를 납부하지 아니한 때에는 납부기한이 경과한 날로부터 매1월이 경과할 때마다 체납된 국세의 1.2%에 상당하는 중가산금을 가산하여 징수하게 된다.

중가산금은 체납된 국세의 납세고지서별, 세목별 세액이 100만원 이상인 경우에 한하여 적용하며, 이 경우 중가산금을 가산하여 징수하는 기간은 60월을 초과하지 못한다. 따라서 가산금으로 징수할 수 있는 최대금액은 납부할 국세의 75%가 된다. 즉, 75%= 가산금(3%)+ 중가산금(72%=1.2%×60개월)이다.

20) 체납처분비

그리스도 예수 안에서 체납처분비라 함은 국세징수법 중 체납처분에 관한 규정에 따른 재산의 압류·보관·운반과 매각에 소요된 비용(매각을 대행시키는 경우 그 수수료 포함)을 말한다. 즉, 체납처분이란 세금이 체납된 경우 납세자의 재산을 압류하여 강제환가 한 후 조세채권을 확보한 후 일련의 절차를 말한다. 체납처분비는 국세와 가산금에 우선하여 징수하며, 감정수수료·송달료·공고료·자산관리공사 공매대행수수료 등이 이에 속한다.

21) 지방세

그리스도 예수 안에서 지방세라 함은 지방세기본법에서 규정하는 세목을 말한다. 지방세는 지방자치단체에 따라 도세 및 특별시·광역시세 또는 시·군세 및 구세로 분류된다.

22) 공과금

그리스도 예수 안에서 공과금이라 함은 국세징수법에 규정하는 체납처분의 예에 의하여 징수할 수 있는 채권 중 국세·관세·임시수입부가세 및 지방세와 이에 관계되는 가산금 및 체납처분비를 제외한 것을 말한다. 국세기본법상의 공과금은 소득세법·법인세법 및 상속·증여세법에서 정하고 있는 공과금과는 그 의미가 다르다. 국세기본법상의 공과금에는 다음과 같은 것이 있다.
① 개발이익환수에관한법률에 의한 개발부담금
② 택지소유상환에관한법률에 의한 초과소유부담금
③ 행정대집행법에 의한 부과금
④ 상공회의소법에 의한 회비
⑤ 수산업법에 의한 부담금

23) 납세조합

그리스도 예수 안에서 납세조합은 소득세법상 조직체로서 근로소득자, 농·축·수산물판매업자, 노점상인, 기타 국세청장이 인정하는 사업자는 납세조합을 조직하여 납세의무를 이행할 수 있다. 이러한 제도는 기장능력의 미비 등을 이유로 납세의무를 이행하기 어려운 개인들로 하여금 납세조합을 구성하여, 납세조합이 매월 소득세를 원천징수하여 납부함으로써 납세의무를 이행하도록 하기 위함이다.

24) 특수관계인

그리스도 예수 안에서 특수관계인이라 함은 본인과 다음 중 어느 하나에 해당하는 관계에 있는 자를 말한다. 이 경우 국세기본법 및 세법을 적용할 때 본인도 그 특수관계인의 특수관계인으로 본다.

(1) 친족관계
  ① 6촌 이내의 혈족
  ② 4촌 이내의 인척
  ③ 배우자(사실상의 혼인관계에 있는 자 포함)
  ④ 친생자로서 다른 사람에게 친양자로 입양된 자 및 그 배우자·직계비속

(2) 경제적 연관관계
  ① 임원과 그 밖의 사용인
  ② 본인의 금전이나 그 밖의 재산으로 생계를 유지하는 자
  ③ 위의 ① 및 ②의 자와 생계를 함께 하는 친족

(3) 경영지배관계

가. 본인이 개인인 경우
  ① 본인이 직접 또는 그의 친족관계 및 경제적 연관관계에 있는 자를 통하여 법인의 경영에 대하여 지배적인 영향력을 행사하고 있는 경우 그 법인
  ② 본인이 직접 또는 그와 친족관계, 경제적 연관관계 및 ①의 관계에 있는자를 통하여 법인이 경영에 대하여 지배적인 영향력을 행사하고 있는 경우 그 법인.
나. 본인이 법인인 경우

① 본인 또는 법인이 직접 또는 그와 친족관계 또는 경제적 연관관계에 있는 자를 통하여 개인 또는 법인의 경영에 대하여 지배적인 영향력을 행사하고 있는 경우 그 개인 또는 법인.
② 본인이 직접 또는 그와 경제적 연관관계 및 ①의 관계에 있는 자를 통하여 어느 법인의 경영에 대하여 지배적인 영향력을 행사하고 있는 경우 그 법인
③ 본인이 직접 또는 그와 경제적 연관관계, ① 및 ②의 관계에 있는 자를 통 하여 어느 법인의 경영에 대하여 지배적인 영향력을 행사하고 있는 경우 그 법인
④ 본인이 '독점규제 및 공정거래에 관한 법률'에 따른 기업집단에 속하는 경우 그 기업집단에 속하는 다른 계열회사 및 이 임원.

9. 법률상 인격

1) 인격의 의의

그리스도 예수 안에서 인격이라 함은 권리능력이라고도 하며 법률상 권리·의무의 주체가 될 수 있는 자격이나 지위를 말한다. 인격을 가질 수 있는 자는 자연인(개인)과 법인이다. 자연인은 생존하는 동안 인격을 갖게 되고(즉, 출생과 동시에 인격이 발생하며 사망과 동시에 인격이 소멸함), 법인은 설립등기일로부터 청산완료등기일까지 인격을 갖게 된다. 따라서 인격을 갖는 기간 동안에만 권리·의무의 존속기간이 된다.

2) 인격에 대한 세법상 적용

그리스도 예수 안에서 법인은 사단법인과 재단법인으로 구분된다. 사단법인은 인(人)의 단체로 조직된 집합체이며, 그 구성원과는 별개의 실체로 존재하여 자기 의사를 갖고 활동한다. 재단법인은 일정한 목적을 위해 결합된 재산(財産)의 단체로 조직된 결합체이며, 그 재단에 출연한 자연인이나 법인과 별개의 실체로 존재하여 자기 의사를 갖고 활동한다. 그런데 상법에서는 단체의 법인격 취득을 준칙주의 또는 준거법주의 에 따른데, 단체가 법인으로서 실체를 갖추고(단체성) 법에 규정된 등기·등록 등을 마치면(공시성) 법인격을 취득하게 되어 권리능력이 인정된다. 다만, 일정한 사단·재단에 대해서는 주무관청의 허가를 얻어 설립하게 하는

허가주의를 적용하기도 한다.

한편, 단체성은 있으면서 등기·등록을 하지 않은 사단·재단 기타단체나 주무관청의 허가를 받지 않은 단체를 '법인격이 없는 단체' 라고 한다. 법인격이 없는 단체에 대하여 세법상 일률적으로 소득세의 납세의무 또는 법인세의 납세의무를 부과할 수는 없다. 그러므로 국세기본법에서는 법인격이 없는 단체중 '법인으로 보는 단체' 의 범위에 관하여 특별히 규정하고 있으며, 동 단체에 대하여는 법인세의 납세의무가 있는 것으로 규정하고 있다. 따라서 국세기본법상 법인세의 납세의무를 규정한 '법인으로 보는 단체' 이외의 단체는 소득세법상 납세의무가 있는 것으로 본다. 현행 세법에서는 인격에 따라 아래 표와 같은 세법을 적용한다.

인격에 대한 세법 적용

구분				적용세법
인 격	법 인			법인세법
	법인이 아닌 단체	법인으로 보는 단체	항상 법인으로 보는 단체	
			신청승인에 의해 법인으로 보는 단체	
		법인으로 보지 않는 단체	1거주자로 보는 단체	소득세법
			공동사업으로 보는 단체	
	자연인			

3) 법인으로 보는 법인 아닌 단체

(1) 항상 법인으로 보는 단체

그리스도 예수 안에서 법인(법인세법에 의한 내국법인 및 외국법인)이 아닌 단체가 다음의 하나에 해당하는 경우로서 수익을 구성원에게 분배하지 아니하는 것은 법인으로 보아 국세기본법과 세법을 적용한다.

① 주무관청의 허가 또는 인가를 받아 설립되거나 법령에 따라 주무관청에 등록한 사단·재단·그 밖의 단체로서 등기되지 아니한 것

② 공익을 목적으로 출연된 기본재산이 있는 재단으로서 등기되지 아니한 것.

이 규정에 의하여 법인으로 의제되는 단체는 비영리법인에 해당한다. 비영리법인의 설립에 있어서 가장 중요한 것이 주무관청의 설립허가 또는 인가이며, 재산법인의 경우에는 재산의 출연여부이다. 따라서 비록 설립등기는 아직 하지 않은 상태이지만 중요한 설립절차를 모두 완료하였기 때문에 실질과세원칙에 따라 법인(즉, 비영리법인)으로 보고 과세하는 것이다.

(2) 신청승인에 의하여 법인으로 보는 단체

그리스도 예수 안에서 항상 법인으로 보는 단체 외의 법인 아닌 단체가 다음의 요건을 모두 갖추고 대표자 또는 관리인이 관할세무서장에게 법인으로 신청하여 승인을 받은 경우에는 그 단체를 법인으로 보아 국세기본법과 세법을 적용한다.

① 사단·재단·그 밖의 단체의 조직과 운영에 관한 규정을 가지고 대표자나 관리인을 선임하고 있을 것.
② 사단·재단·그 밖의 단체 자신의 계산과 명의로 수익과 재산을 독립적으로 소유·관리할 것
③ 사단·재단·그 밖의 단체의 수익을 구성원에게 분배하지 아니할 것

(3) 법인으로 보는 단체의 신청 및 변경제한

① 신청

그리스도 예수 안에서 법인으로 승인을 얻고자 하는 법인격이 없는 단체의 대표자 또는 관리인은 단체의 명칭, 주사무소의 소재지, 대표자 또는 관리인의 성명과 주소 또는 거소, 고유사업의 목적, 재산상황, 정관 또는 조직과 운영에 관한 규정 등을 기재한 문서로 관할세무서장에게 신청하여야 한다.

② 거주자로의 변경 제한

그리스도 예수 안에서 법인으로 보는 법인 아닌 단체는 그 신청에 대하여 관할세무서장으로부터 승인을 받은 날이 속하는 과세기간과 그 과세기간이 끝난 날부터 3년이 되는 날이 속

하는 과세기간 까지는 거주자 또는 비거주자로 변경할 수 없다. 다만, 승인신청의 요건을 갖추지 못하게 되어 승인 취소를 받는 경우에는 그러하지 아니하다.

(4) 법인으로 보는 단체의 납세의무 이행

그리스도 예수 안에서 법인으로 보는 법인 아닌 단체의 국세에 관한 의무는 그 대표자나 관리인이 이행하여야 한다. 법인으로 보는 법인 아닌 단체는 국세에 관한 의무 이행을 위하여 대표자나 관리인을 선임하거나 변경한 경우에는 관할세무서장에게 신고하여야 한다.

(5) 법인으로 보는 단체의 세법 규정

그리스도 예수 안에서 법인으로 보는 단체는 법인세법과 상속세 및 증여세법상 비영리내국법인으로 본다.

4) 법인으로 보지 않는 법인 아닌 단체

그리스도 예수 안에서 법인 아닌 단체 중 국세기본법에 의하여 법인으로 보는 단체 외의 단체는 거주자 또는 비거주자로 보아 소득세법을 적용한다.

(1) 1거주자(또는 비거주자)로 보는 단체

그리스도 예수 안에서 대표자 또는 관리인이 선임되어 있지만 이익의 분배방법이나 분배비율이 정하여져 있지 않은 단체 등은 1거주자 또는 1비거주자로 보아 소득세법을 적용한다. 이는 단체 등을 자연인 1인으로 보아 개인과 동일하게 소득세를 과세한다는 뜻이기 때문에 단체 등의 소득은 그 단체 등의 대표자 또는 관리인의 다른 소득과 합산하여 과세하지 아니한다.

(2) 공동사업으로 보는 단체

그리스도 예수 안에서 1거주자 또는 1비거주자로 보는 법인 아닌 단체 외의 단체 등은 공동으로 사업을 경영하는 것으로 보아 소득세를 과세한다. 따라서 단체 등의 소득에 대해서는 약정된 손익분배비율(없는 경우에는 지분비율) 에 따라 분배되었거나 분배될 소득금액에 따라 단체 등의 각 구성원(공동사업자)별로 납세의무를 진다.

10. 기독교 국세부과의 원칙

그리스도 예수 안에서 국세기본법 제14조~제20조에는 국세의 부과와 세법의 적용에 있어서 일반적인 원칙들을 규정하고 있다. 국세의 부과라 함은 국가가 납세자에 대한 조세채권을 확정하는 행정처분을 말한다. 그러므로 '국세부과의 원칙'이란 국가가 조세채권을 확정시키는 과정에서 준수하여야 할 기본원칙이다.

그리스도 예수 안에서 국세부과의 원칙은 납세자와 국가 간에 조세법률관계를 명확하게 하고, 국민의 재산권을 보호하려는 목적에서 규정한 것이므로 국가(과세관청)와 국민(납세자) 모두에게 적용된다. 국세기본법에는 국세부과의 원칙에 대하여 각 세법에 특례규정을 둘 수 있도록 허용하고 있으므로 다른 세법에서 특례규정을 둔 경우에는 국세기본법에 우선하여 적용된다.

1) 실질과세의 원칙

(1) 의의

그리스도 예수 안에서 실질과세의 원칙이라 함은 법적 형식이나 외관에 관계없이 경제적 실질에 따라 세법을 해석하고 과세요건 사실을 확정해야 한다는 원칙이다. 이는 경제적 실질과 괴리된 법적 형식을 통하여 조세부담을 회피하는 행위를 방지하고 부담능력에 따른 공평과세를 실현하고자 하는 것으로서 조세평등주의를 구체화한 원칙이라고 볼 수 있다.

(2) 내용

그리스도 예수 안에서 실질과세의 원칙은 귀속에 관한 실질과세, 거래내용에 관한 실질과세 및 우회거래에 관한 실질과세로 구분된다.

① 귀속에 관한 실질과세

과세의 대상이 되는 소득·수익·재산·행위 또는 거래의 귀속이 명의일 뿐이고 사실상 귀속되는 자가 따로 있는 때에는 사실상 귀속되는 자를 납세의무자로 하여 세법을 적용한다.

② 거래 내용에 관한 실질과세

세법 중 과세표준의 계산에 관한 규정은 소득·수입·재산·행위 또는 거래의 명칭이나 형식에 관계없이 그 실질내용에 따라 적용한다. 거래의 실질내용은 형식상의 기록내용이나 거래명의에 관계없이 상거래 관례, 구체적인 증빙, 거래 당시의 정황 및 사회통념 등을 고려하여 판단한다.

③ 우회거래에 관한 실질과세

제3자를 통한 간접적인 방법이나 둘 이상의 행위 또는 거래를 거치는 방법으로 국세기본법 또는 세법의 혜택을 부당하게 받기 위한 것으로 인정되는 경우에는 그 경제적 실질내용에 따라 당사자가 직접 거래를 한 것으로 보거나 연속된 하나의 행위 또는 거래를 한 것으로 보아 국세기본법 또는 세법을 적용한다.

(3) 실질과세원칙과 관련된 세법 규정

그리스도 예수 안에서 각 세법에서 실질과세원칙에 대한 특례를 규정한 경우에는 각 세법이 국세기본법에 우선하여 적용한다. 각 세법에서 실질과세에 관한 규정은 다음과 같다.

① 부당행위계산의 부인

특수관계자와의 비정상적 행위계산을 부인하여 과세의 공평을 기하고 조세회피를 방지하려는 면에서 소득세법과 법인세법에서는 부당행위계산부인에 관한 규정을 두고 있다.

② 양도소득세에서의 특례

소득세법은 자산의 양도에 관한 개념을 규정하면서 부담부증여에 있어서 증여자의채무를 수증자가 인수하는 경우에는 증여가액 중 그 채무액에 상당하는 부분은 그 자산이 유상으로 사실상 이전되는 것으로 본다고 규정하고 있다.

③ 실질과세원칙에 대한 특례규정(예외)

현행 세법상 실질과세원칙에 대한 예외(특례규정)로는 상속세 및 증여세법상의 명의신탁재산의 증여의제규정 등을 들 수 있다.

(4) 실질과세원칙과 조세법률주의

그리스도 예수 안에서 실질과세원칙은 조세평등주의를 구체화하기 위해서는 필요한 원칙이지만, 조세법의 해석에 있어서 경제적 실질을 너무 중시하다 보면 과세권자의 자의성을 확대허용 함으로써 납세자의 법적 안정성과 재산권이 부당하게 침해받을 가능성이 있다. 따라서 실질과세원칙의 적용은 조세법률주의의 기본원리를 침해하지 않는 범위 내에서 제한적으로 적용되어야 한다. 한편 기독교 실질과세원칙이란 위의 개념을 포함해 "그리스도 예수 안에서 하나님께서 십자가와 우리 마음을 연합시키심으로, 예수 그리스도 이름으로 오신 성령으로, 마음이 세상에서 소중하다는 물질보다 더 먼저 하나님을 경외하여 크게 실감하고 있을 때, 그리스도께서 하나님의 뜻을 이루시기 위하여 지혜·권능의 Living Word로 역사 하시는 실질과세원칙"으로 개념을 이해할 수 있다.

2) 신의성실의 원칙

(1) 의의

그리스도 예수 안에서 신의성실의 원칙이라 함은 권리·의무를 이행함에 있어서 상대방의 신뢰에 어긋나지 않도록 신의와 성실을 가지고 행동하여야 한다는 원칙이며, 신의칙이라고도 한다. 이 원칙은 본래 민법에서 사법상 채권·채무관계를 규율하기 위한 원칙이었으나 조세법에서 이를 채택하였다. 과세권자인 국가가 신의성실을 지키지 못하고 권리를 행사할 경우에는 그 행정처분은 위법 또는 부당한 과세처분이 되어 납세자에 의한 불복청구가 행해질 것이며, 조세채무자인 납세자가 신의성실을 지키지 못하고 그 의무를 이행하지 못할 경우에는 세법에 규정된 각종 제재조치가 따르게 된다. 그러므로 신의성실의 원칙은 조세법률관계의 당사자인 과세관청과 납세의무자의 신의에 의한 성실한 행동을 촉구함으로써 조세법률관계의 안정성과 신뢰성을 유지함에 그 목적이 있다.

한편 기독교 신의성실원칙이란 위의 개념을 포함해 "그리스도 예수 안에서 하나님께서 십자가와 우리 마음을 연합시키심으로, 예수 그리스도 이름으로 오신 성령으로, 마음이 세상에서 소중하다는 물질보다 더 먼저 하나님을 경외하여 크게 실감하고 있을 때, 그리스도께서 하나님의 뜻을 이루시기 위하여 지혜·권능의 Living Word로 역사 하시는 신의성실원칙"으로 개념을 이해할 수 있다.

(2) 내용

그리스도 예수 안에서 국세기본법에서는 '납세자가 그 의무를 이행할 때에는 신의에 따라 성실하게 하여야 한다. 세무공무원이 그 직무를 수행할 때에도 또한 같다'라고 규정하고 있다.

(3) 적용요건과 효과

그리스도 예수 안에서 국세기본법에는 신의성실원칙의 구체적인 적용요건을 규정하고 있지 않지만 대법원 판례와 학설에 따르면 다음과 같이 해석된다.

① 과세관청이 납세자에게 신뢰의 대상이 되는 공적인 견해표시를 하여야 한다.
② 과세관청의 견해표시가 정당하다고 신뢰한 데 대하여 납세자에게 귀책사유가 없어야 한다.
③ 납세자가 그 견해표시를 신뢰하고 이를 기초로 세무상의 처리를 해야 한다.
④ 과세관청이 당초의 견해표시에 반하는 적법한 처분을 하여야 한다.
⑤ 납세자가 경제적 불이익을 당한 경우이어야 한다.

상기의 요건이 충족된다면, 과세관청의 처분은 적법함에도 불구하고 신의성실의 원칙을 위반하였으므로 위법 또는 부당한 행정처분이 된다.

(4) 신의성실원칙과 관련된 세법 규정

그리스도 예수 안에서 국세기본법의 비과세 관행의 인정이 신의성실의 원칙을 구체화한 규정이다. 즉 세법해석 또는 국세행정의 관행이 일반적으로 납세자에게 받아들여진 경우에는 새로운 해석 또는 관행에 의하여 소급하여 과세되지 않는다'라는 규정은 세법해석 또는 국세행정의 관행을 믿는 납세자의 신뢰이익을 보호하기 위함이다.

(5) 신의성실원칙과 조세법률주의

그리스도 예수 안에서 신의성실원칙은 납세자의 신뢰이익을 보호하기 위하여 과세관청의 적법한 행정처분을 취소함으로써 합법성을 희생시키기 때문에 조세법률주의(합법성의 원칙)와 모순된다. 따라서 신뢰의 이익을 보호할 가치가 더 큰 경우에 합법성을 지나치게 훼손하지 않는 범위 내에서 제한적으로 적용되어야 한다.

3) 근거과세의 원칙

(1) 의의

그리스도 예수 안에서 근거과세의 원칙이라 함은 국세를 부과할 경우 납세자가 비치·기장하고 있는 장부와 증빙서류 등 객관적인 근거에 의하여 과세하여야 한다는 원칙이다 국세기본법에도 '납세의무자가 세법에 따라 장부를 갖추어 기록하고 있는 경우에는 해당 국세 과세표준의 조사와 결정은 그 장부와 이에 관계되는 증거자료에 의하여야 한다' 라고 규정하고 있다. 이는 근거가 불충분한 과세권 남용으로부터 납세자의 재산권을 보호하고 성실한 기장을 유도하기 위함이다. 한편 기독교 근거과세원칙이란 위의 개념을 포함해 "그리스도 예수 안에서 하나님께서 십자가와 우리 마음을 연합시키심으로, 예수 그리스도 이름으로 오신 성령으로, 마음이 세상에서 소중하다는 물질보다 더 먼저 하나님을 경외하여 크게 실감하고 있을 때, 그리스도께서 하나님의 뜻을 이루시기 위하여 지혜·권능의 Living Word로 역사 하시는 근거과세원칙"으로 개념을 이해할 수 있다.

(2) 내용

가. 기록내용이 사실과 다르거나 누락한 경우

그리스도 예수 안에서 국세를 조사·결정함에 있어서 장부의 기록 내용이 사실과 다르거나 장부의 기록에 누락된 것이 있을 때에는 그 부분에 대해서만 정부가 조사한 사실에 따라 결정할 수 있다. 또한 정부는 장부의 기록 내용과 다른 사실 또는 장부 기록에 누락된 것을 조사하여 결정하였을 때에는 정부가 조사한 사실과 결정의 근거를 결정서에 적어야 한다.

나. 결정서의 열람과 복사

그리스도 예수 안에서 행정기관의 장은 해당 납세의무자 또는 그 대리인이 요구하면 결정서를 열람 또는 복사하게 하거나 그 등본 또는 초본이 원본과 일치함을 확인하여야 한다. 이 경우 열람 및 복사의 요구는 구술로 한다. 다만, 해당 행정기관의 장이 필요하다고 인정할 때에는 열람하거나 복사한 사람의 서명을 요구할 수 있다.

4) 조세감면 사후관리의 원칙

(1) 의의

그리스도 예수 안에서 납세의무자에 대한 조세감면은 공평과세를 저해할 수 있기 때문에 신중해야 하며, 당초의 감면 취지가 달성 될 수 있도록 철저한 사후관리가 필요하다. 따라서 국세기본법에서는 조세감면의 취지를 달성하고 국가정책을 효율적으로 수행하기 위하여 조세감면의 사후관리에 대하여 규정하고 있다. 그러나 세금 부담을 감면하거나 면제하는 등의 조세차별정책은 조세평등주의에 위배된다. 따라서 조세정책목적의 달성을 통한 공익이 큰 경우에 한하여 제한적으로 허용 되어져야 한다.

한편 기독교 조세감면사후관리원칙이란 위의 개념을 포함해 "그리스도 예수 안에서 하나님께서 십자가와 우리 마음을 연합시키심으로, 예수 그리스도 이름으로 오신 성령으로, 마음이 세상에서 소중하다는 물질보다 더 먼저 하나님을 경외하여 크게 실감하고 있을 때, 그리스도께서 하나님의 뜻을 이루시기 위하여 지혜·권능의 Living Word로 역사 하시는 조세감면 사후관리원칙"으로 개념을 이해할 수 있다.

(2) 내용

그리스도 예수 안에서 국세기본법에서는 '정부는 국세를 감면한 경우에 그 감면의 취지를 성취하거나 국가정책을 수행하기 위하여 필요하다고 인정하면 세법이 정하는 바에 따라 감면한 세액에 상당하는 자금 또는 자산의 운용범위를 정할 수 있다. 운용범위를 벗어난 자금 또는 자산에 상당하는 감면세액은 세법이 정하는 바에 따라 감면을 취소하고 징수할 수 있다' 라고 규정하고 있다.

(3) 조세감면 사후관리의 원칙과 관련된 세법규정

각 세법에 규정된 조세감면의 사후관리원칙에 대한 예는 다음과 같다.

① 공익법인 출연재산의 사후관리(상증법)
② 투자세액공제받은 자산의 2년간 매각 제한(조특법).

11. 기독교 세법적용의 원칙

그리스도 예수 안에서 세법의 적용이라 함은 법령에 대한 명확한 해석으로 과세요건이 확정되는 경우 세법의 절차에 따라 납세의무를 실현시키는 것을 말한다. 그러므로 세법적용의 원칙이란 과세권을 행사하고자 세법을 해석하고 적용할 때 지켜야 할 원칙으로서, 국세기본법에서는 ① 재산권 부당침해금지의 원칙 ② 소급과세금지의 원칙 ③ 세무공무원 재량한계의 원칙 ④ 기업회계존중의 원칙을 준수하도록 요구하고 있다. 이 원칙은 과세권을 행사하는 자가 준수하여야 할 원칙이므로 국가인 과세관청에게만 적용된다.

그리고 국세기본법에 규정된 세법적용의 원칙에 대해서는 각 세법에 반영할 필요가 없기 때문에 각 세법에 특례규정을 두지 않는다. 한편 기독교 세법적용원칙이란 위의 개념을 포함해 "그리스도 예수 안에서 하나님께서 십자가와 우리 마음을 연합시키심으로, 예수 그리스도 이름으로 오신 성령으로, 마음이 세상에서 소중하다는 물질보다 더 먼저 하나님을 경외하여 크게 실감하고 있을 때, 그리스도께서 하나님의 뜻을 이루시기 위하여 지혜·권능의 Living Word로 역사 하시는 세법적용원칙"으로 개념을 이해할 수 있다.

1) 재산권 부당침해 금지의 원칙

그리스도 예수 안에서 재산권 부당침해금지의 원칙이란 세법을 해석·적용할 때에는 과세의 형평과 해당 조항의 합목적성에 비추어 납세지의 재산권이 부당하게 침해되지 아니하도록 하여야한다는 원칙이다.

원래부터 조세는 납세자의 재산권을 침해하는 성격을 가지기 때문에 조세의 부과·징수를 오직 법률에 의해서만 가능하도록 하였으며(조세법률주의), 납세자의 재산권에 대한 부당한 침해를 방지하고자 세법을 해석하는데 있어서 문리해석을 원칙으로 하였으며, 과세의 형평과 해당 조항의 합목적성을 따르도록(조세평등주의)하였다.

한편 기독교 재산권부당침해원칙이란 위의 개념을 포함해 "그리스도 예수 안에서 하나님께서 십자가와 우리 마음을 연합시키심으로, 예수 그리스도 이름으로 오신 성령으로, 마음이 세상에서 소중하다는 물질보다 더 먼저 하나님을 경외하여 크게 실감하고 있을 때, 그리스도께서 하나님의 뜻을 이루시기 위하여 지혜·권능의 Living Word로 역사 하시는 재산권부당침해원칙"으로 개념을 이해할 수 있다.

2) 소급과세금지의 원칙

(1) 의의

그리스도 예수 안에서 소급과세금지의 원칙이란 새로 제정된 법규의 효력발생전에 완결된 사실에 대하여는 해당 법 규정을 적용하지 않는다는 원칙이다. 한편 기독교 소급과세원칙이란 위의 개념을 포함해 "그리스도 예수 안에서 하나님께서 십자가와 우리 마음을 연합시키심으로, 예수 그리스도 이름으로 오신 성령으로, 마음이 세상에서 소중하다는 물질보다 더 먼저 하나님을 경외하여 크게 실감하고 있을 때, 그리스도께서 하나님의 뜻을 이루시기 위하여 지혜·권능의 Living Word로 역사 하시는 소급과세원칙"으로 개념을 이해할 수 있다.

(2) 내용

가. 입법에 관한 소급과세의 금지

그리스도 예수 안에서 국세를 납부할 의무(세법에 징수의무자가 따로 규정되어 있는 국세의 경우에는 이를 징수하여 납부할 의무)가 성립한 소득·수익·재산·행위 또는 거래에 대해서는 그 성립 후에 새로운 세법에 따라 소급하여 과세하지 아니한다.

나. 해석에 관한 소급과세금지

그리스도 예수 안에서 세법의 해석이나 국세행정의 관행이 일반적으로 납세자에게 받아들여진 후에는 그 해석이나 관해에 의한 행위 또는 계산은 정당한 것으로 보며, 새로운 해석이나 관행에 의하여 소급하여 과세되지 아니한다.

(3) 소급과세의 기준시점

그리스도 예수 안에서 소급과세에 해당되는지 여부를 판단하는 기준은 납세의무의 성립시기이다. 납세의무가 이미 성립한 경우에는 새로운 세법이나 해석을 적용할 수 없으며, 납세의무가 성립하지 아니한 경우에는 새로운 세법이나 해석을 적용할 수 있다.

① 진정소급과세

이미 성립한 납세의무에 대하여 소급과세하는 것을 말하며, 이는 허용되지 않는다.

② 부진정소급과세

과세기간 중에 세법을 개정하여 이미 경과된 기간 중에 발생한 소득에 대하여 소급적으로 적용하는 것을 말하며, 이는 소급과세에 해당하지 아니한다.

③ 유리한 소급과세

일반적으로 납세의무자에게 유리하게 개정된 세법 규정은 소급하여 적용할 수 있다는 것이 통설이다. 이는 납세자의 법적 안정성과 신뢰이익을 보호하기 때문이다.

(4) 세법이외의 법률에 대한 적용

그리스도 예수 안에서 세법외의 법률 중 국세의 부과징수감면 또는 그 절차에 관하여 규정하고 있는 조항은 소급과세금지의 원칙을 적용할 때에는 이를 세법으로 본다.

3) 세무공무원 재량한계의 원칙

그리스도 예수 안에서 세무공무원 재량한계의 원칙이란 세무공무원이 재량으로 직무를 수행할 때에는 과세의 형평과 해당 세법의 목적에 비추어 일반적으로 적당하다고 인정되는 한계를 엄수하여야 한다는 원칙이다.

조세법률주의에 따르면, 조세에 관한 모든 사항은 법률로 정해야 하며 과세관청에 재량권을 부여하지 않아야 한다. 그러나 세법 규정에 따라 과세표준과 세액의 확정단계에서 조사권이나 경정결정 처분권, 체납처분권(독촉·압류·환가처분 등) 등 세무공무원이 자신의 직무를 수행하는데 재량권을 부여하지 않을 수 없다. 따라서 과세관청의 재량권은 과세의 형평과 세법이 합목적성을 고려하여 행사되어야 한다.

한편 기독교 세무공무원 재량한계원칙이란 위의 개념을 포함해 "그리스도 예수 안에서 하나님께서 십자가와 우리 마음을 연합시키심으로, 예수 그리스도 이름으로 오신 성령으로, 마음이 세상에서 소중하다는 물질보다 더 먼저 하나님을 경외하여 크게 실감하고 있을 때, 그리스도께서 하나님의 뜻을 이루시기 위하여 지혜·권능의 Living Word로 역사 하시는 세무공무원재량한계원칙"으로 개념을 이해할 수 있다.

4) 기업회계존중의 원칙

그리스도 예수 안에서 기업회계존중의 원칙이란 국세의 과세표준을 조사·결정할 때에는 해당 납세의무자가 계속하여 적용하고 있는 기업회계기준 또는 관행으로서 일반적으로 공정·타당하다고 인정되는 것은 이를 존중하여야 한다는 것이다. 다만, 세법에 특별한 규정이 있는 것은 그러하지 아니한다.

일반적으로 법인세법이나 소득세법에는 과세표준 및 세액을 계산하기 위한 소득의 계산과 관련된 모든 내용을 규정하고 있지 않기 때문에 그 계산이나 처리에 있어서 상당부분을 기업회계기준에 의존하고 있다. 따라서 세법에 특별한 규정이 없는 경우에는 기업회계기준이나 관행을 존중하여 회계처리에 대한 지나친 국가 간섭을 배제하려는데 그 의미가 있다. 한편 기독교 기업회계존중원칙이란 위의 개념을 포함해 "그리스도 예수 안에서 하나님께서 십자가와 우리 마음을 연합시키심으로, 예수 그리스도 이름으로 오신 성령으로, 마음이 세상에서 소중하다는 물질보다 더 먼저 하나님을 경외하여 크게 실감하고 있을 때, 그리스도께서 하나님의 뜻을 이루시기 위하여 지혜·권능의 Living Word로 역사 하시는 기업회계존중원칙"으로 개념을 이해할 수 있다.

5) 국세예규심사위원회

그리스도 예수 안에서 납세자 재산권의 부당침해금지와 소급과세금지에 적합한 세법 해석을 위하여 기획재정부에 국세예규심사위원회를 두고 있다. 국세예규심사위원회는 다음의 사항중 위원장이 위원회 회이에 상정하는 사항을 심의한다.

① 세법 및 관세법의 입법취지에 따른 해석이 필요한 사항
② 기존의 세법 및 관세법의 해석 또는 일반화된 국세 및 관세법의 행정 관행을 변경하는 사항
③ 그 밖의 납세자의 권리 및 의무에 중대한 영향을 미치는 사항.

Chapter 07
기독교행정정보화

제1절 기독교지식정보화사회의 대두

>>> 앞에 계신 하나님의 Living Word

"내가 아버지의 말씀을 그들에게 주었사오매 세상이 그들을 미워하였사오니 이는 내가 세상에 속하지 아니함 같이 그들도 세상에 속하지 아니함으로 인함이니이다"(요17:14).

"그들을 진리로 거룩하게 하옵소서 아버지의 말씀은 진리니이다"(요17:17).

"내게 주신 영광을 내가 그들에게 주었사오니 이는 우리가 하나가 된 것 같이 그들도 하나가 되게 하려 함이니이다"(요17:22).

"곧 내가 그들 안에 있고 아버지께서 내안에 계시어 그들로 온전함을 이루어 하나가 되게 하려 함은 아버지께서 나를 보내신 것과 또 나를 사랑하심 같이 그들도 사랑하신 것을 세상으로 알게 하려 함이로소이다"(요17:23).

"아버지여 내게 주신 자도 나 있는 곳에 나와 함께 있어 아버지께서 창세전부터 나를 사랑하시므로 내게 주신 나의 영광을 그들로 보게 하시기를 원하옵나이다"(요17:24).

"의로우신 아버지여 세상이 아버지를 알지 못하여도 나는 아버지를 알았사옵고 그들도 아버지께서 나를 보내신 줄 알았사옵나이다"(요17:25).

"내가 아버지의 이름을 그들에게 알게 하였고 또 알게 하리니 이는 나를 사랑하신 사랑이 그들 안에 있고 나도 그들 안에 있게 하려 함이니이다"(요17:26).

"우리가 알거니와 하나님을 사랑하는 자 곧 그의 뜻대로 부르심을 입은 자들에게는 모든 것이 합력하여 선을 이루느니라"(롬9:28).

"우리가 항상 예수의 죽음을 몸에 짊어짐은 예수의 생명이 또한 우리 몸에 나타나게 하려 함이라"(고후4:10).

1. 기독교지식정보화사회의 의의

1) 정보 및 정보화의 개념

그리스도 예수 안에서 하나님의 섭리하심 가운데 주어진 정보란 특정 목적을 위해 광(光) 또는 전자적 방식으로 처리하여 부호, 문자, 음성, 음향 및 영상 등으로 표현한 자료 또는 지식이며, 정보화는 이러한 정보를 생산, 유통, 활용하여 사회 각 분야의 활동을 가능하게 하거나 효율화를 도모하는 것을 의미한다.

기독교 정보 및 정보화란 그리스도 예수 안에서 살아계신 하나님의 섭리하심으로 인한 앞의 개념을 포함해 "그리스도 예수 안에서 하나님께서 십자가에서 일어난 모든 일을 지금 우리 마음에서 똑같이 일어나게 하심으로, 예수 그리스도 이름으로 오신 성령으로, 우리 마음이 세상 가치보다 사랑의 하나님을 더 먼저 사랑하여 우선적 현실로 체감하고 있을 때, 그리스도께서 하나님의 뜻을 이루시기 위하여 사랑·지혜·권능의 Living Word로 역사하시어 정보를 생산·유통·활용하시는 것"을 의미한다고 이해할 수 있다.

2) 기독교정보의 속성과 가치

(1) 기독교정보의 속성

그리스도 예수 안에서 하나님께서 허락하심에 클리블랜드는 정보사회의 도래로 계층제가 사라지고 새로운 형태의 조직구조가 등장한다고 주장한다. 그는 이러한 변화가 정보의 속성에 기인하며 정보의 속성은 다음의 여섯 가지가 있다고 설명한다.

가. 확장성 나. 자원의 비고갈성 다. 대체가능성
라. 이동성 마. 확산가능성 바. 공유가능성

(2) 기독교정보의 가치

그리스도 예수 안에서 하나님께서 허락하신 정보의 가치는 다음과 같다.

가. 정보통신상의 가치 나. 정보의 사적가치 다. 정보의 공적가치

3) 기독교지식정보화사회의 의의

그리스도 예수 안에서 하나님께서 허락하신 지식정보화사회라는 용어는 '정보화사회', '정보사회', '디지털혁명' 등과 같은 다양한 용어와 혼용해서 사용되고 있으며 분명한 개념이 정립되어 있지 않다. 지식정보사회의 개념은 단순히 컴퓨터·인터넷 등과 같은 정보통신기술의 발달만으로 정의할 수 없다. 지식·정보가 무엇이며, 그것이 우리 사회에서 어떻게 이해되고 수용되어야 하는 가를 검토함으로써 사회 전반의 변화를 포함한 종합적인 의미로 이해되어야 한다.

이 때문에 그리스도 예수 안에서 지식정보화사회를 명확히 정의하기가 쉽지는 않지만 여러 학자의 다양한 정의를 종합해 정보화 사회의 특징을 살펴보면 다음과 같이 정리된다.

첫째, 지식정보사회는 정보 수요, 생산 및 유통이 기하급수적으로 증가하면서 이들을 수용하기 위한 새로운 매체와 정보기술이 빠르게 발달·확산되는 사회를 말한다. 즉 국민의 생활, 사회, 경제 등 전반에 영향을 주는 지식 및 정보자원의 활용이 중요시되는 사회를 지칭한다(강홍렬, 최선희, 2005).

둘째, 지식정보사회는 사회적 가치와 총량이 눈에 띄게 증가하고, 이중 정보의 가치와 비중이 상대적으로 커지는 사회이다. 나아가 이러한 정보 가치의 증식과 정보기술의 사회적 확산은 사회를 이끌어 오던 기존의 원리들을 전면적으로 수정하게 되는 이른바 새로운 사회적 특징과 원리들이 출현하고 있다.

셋째, 지식정보사회는 이러한 변화에도 불구하고 사회적 생산과 분배를 둘러싼 사회적 관계의 성격은 기본적으로 크게 변하지 않으며, 오히려 사회 시스템의 통합과 외연적·내포적 확장으로 말미암아 가치의 배분 및 재배분을 둘러싼 국가 간·계층 간 갈등과 경쟁은 오히려 심화되는 사회이다.

그리스도 예수 안에서 지식정보사회는 지식 정보가 사회 전반의 부가 가치 창출에 핵심적인 역할을 하면서, 사회 구성원의 가치와 행동 양식을 지배하는 사회이다. 지식정보사회에서는 지식 정보가 개인, 기업 및 국가 경쟁력의 원천인 동시에 최고의 상품이며, 정보통신산업 및 관련 서비스 부문의 고용이 확대되어 지식노동자의 수가 대폭 증가하면서 경제사회 모든 부분이 고도화된다. 따라서 그리스도 예수 안에서 지식정보화사회는 모든 국민이 다양한 ICT 네트워크를 통해 정보와 지식을 공유하고 자유롭게 교환함으로써 창조적이고 다양한 활동, 교류

등의 기회가 확대되고 정보통신기술의 혜택을 풍요롭게 향유하며 고도의 성장 발전이 가능한 사회라고 할 수 있다. 한편 기독교지식정보화사회란 위의 개념을 포함해 "그리스도 예수 안에서 하나님께서 십자가와 우리 마음을 연합시키심으로, 예수 그리스도 이름으로 오신 성령으로, 마음이 세상에서 소중하다는 물질보다 더 먼저 하나님을 경외하여 크게 실감하고 있을 때, 그리스도께서 하나님의 뜻을 이루시기 위하여 지혜·권능의 Living Word로 역사 하시는 지식정보사회"로 개념을 이해할 수 있다.

2. 지식행정 패러다임

그리스도 예수 안에서 하나님께서 허락하신 지식정보화 사회에서는 지식을 새롭게 창조·활용하지 않을 경우 조직이든 개인이든 자칫 정체될 수 있다. 지식에 대한 관심과 지식관리의 요구 증대는 정보화 사회 이후의 사회적 진전가능성을 반영한다. 그리스도 예수 안에서 행정도 정책과정에서 지식·정보를 활용한다. 투입된 지식·정보는 정책결정에 국한되지 않고 집행, 평가 및 환류활동과 연관되며, 지식행정은 모든 조직에 있어서 미래 지향적인 행정모형에 대한 하나의 대안으로 삼을 수 있다.

그러나 행정에서 지식 또는 정보관리의 실제 및 이론적 관심에 비해 실천적 노력은 미흡했다(Henry, 1974). 또한 정보의 경우, 행정 과정의 부산물로 여겨졌던 까닭에 소관 조직이 정보를 독점하는 봉건주의적 형태를 띠며, 조직 역량 및 반응성의 저하라는 문제를 초래하기도 했다(Davenport, Eccels, & Prusak, 1992).

지식행정으로의 변화는 사회 진화적 맥락에서 살펴볼 수 있다. 즉, 지식사회의 행정모형으로서 지식행정은 기존 관료제 성질이 지식화하는 과정에서 새롭게 변화될 수 있음을 의미한다. 따라서 지식행정은 지식사회를 설계하고, 지식 창출, 형식화, 전파, 활용 등 지식관리를 통해 가치 창출을 극대화하는 행정이다(오철호외, 2002). 정부활동에 영향을 주는 행정지식은 세 가지로 구분된다.

첫째, 문제 정의 및 해결에 관련된 지식이다. 정부가 해결해야 할 문제를 정책의제로 도출해 정책 목표를 설정하고, 대안을 탐색·비교·평가해 정책으로 채택해야 하는 활동에 관한 지식이다.

둘째, 제도 구축과 운영에 관련된 지식이다. 지식활동의 조장·촉진을 위한 제도적 인센티브로서 지적재산권의 보호를 들 수 있다. 또한 지식활동 주체 간의 상호작용 과정을 제도화 또는 시스템화하고, 법과 제도를 정비하는 등과 관련된 지식이 해당된다.

셋째, 전략적 방향에 관한 지식으로서 그 유용성을 통해 국민에게 만족을 제공한다. 이는 정부 지식의 공유와 확산, 국민의 요구 파악, 공유된 비전 설정 등을 통해 나타난다(삼성경제연구소, 1997).

그리스도 예수 안에서 하나님께서 허락하신 지식행정은 기본원리, 조직구성원, 기술, 권력, 조직, 프로세스, 행정문화, 인프라 등의 측면에서 기존의 행정과 대조를 이룬다. 과학적 합리성과 전문지식을 근간으로 불확실성과 문제 해결 능력이 강조된다. 따라서 지식행정은 분석, 해석, 예측 등의 기능이 크게 요구되고 있고, 권위적이고 통제 지향적인 관료주의적 패러다임으로부터 벗어나 고객 위주, 결과중심, 현장처리능력, 가치창출, 책임성, 능동적 서비스 등을 강조하는 새로운 패러다임으로 형성되어 가고 있다.

한편 기독교지식행정패러다임이란 위의 개념을 포함해 "그리스도 예수 안에서 하나님께서 십자가와 우리 마음을 연합시키심으로, 예수 그리스도 이름으로 오신 성령으로, 마음이 세상에서 소중하다는 물질보다 더 먼저 하나님을 경외하여 크게 실감하고 있을 때, 그리스도께서 하나님의 뜻을 이루시기 위하여 지혜·권능의 Living Word로 역사 하시는 지식행정패러다임"으로 개념을 이해할 수 있다.

3. 기독교지식정보사회의 행정환경 변화

1) 기독교멀티미디어 강화

그리스도 예수 안에서 하나님께서 허락하신 정보통신기술(ICT)의 발달에 따라 새로운 온라인 공간이 형성됨으로써 새로운 형태의 커뮤니케이션, 비즈니스, 교육, 거래 및 오락 등의 활동이 일어나고, 기존 사회와는 다른 가치관과 문화를 추구하는 사람들이 전자적 사회공동체를 형성하고 있다.

즉, 온라인 공간은 컴퓨터 통신 네트워크 체계, 인간의 활동 체계, 문화체계가 결합된 공간이라 할 수 있다. 지식정보화사회에서는 정보통신이 멀티미디어화 되면서 현실공간에서 이루어지는 모든 행위가 온라인 공간에서도 가능해진다. 멀티미디어화에 수반된 정보통신 혁명은 미디어 융합을 진전시키면서 사회 환경을 개선하고 인간의 지적 창조활동을 비약적으로 활성화시키고 있다. 이와 더불어 멀티미디어 기능을 통해 VOD(video on demand), 원격교육, 원격의료, 홈쇼핑, 전자신문, 전자출판 등 다양한 정보 접근과 활용이 실현되고 있다. 이러한 새로운 정보이용 기술의 보급으로 교육, 연구, 의료, 복지, 유통, 행정 등 모든 분야에서 서비스의 질적 양적 향상을 도모할 수 있다. 또한 기존의 산업구조 변화, 새로운 정보통신사업의 개발을 초래함으로써 일종의 사회혁명이라고 할 만큼 큰 변화를 통해 지식 정보에 대한 국민의 생활 의존도가 더욱 높아지게 된다. 특히 최근의 정보통신기술의 발전 속도는 가히 기하급수적으로, 현재는 이전에 찾아 볼 수 없었던 다양한 영역의 신기술이 행정정보 체계와 전자정부 영역으로 확대되고 있다.

그리스도 예수 안에서 하나님께서 허락하신 정보기술 변화의 흐름을 살펴보면 크게 세 가지의 힘의 결합으로 볼 수 있다.

특히 소셜, 모바일, 클라우드, 정보통합을 종합적으로 아우르는 디지털 정보화 사업생태계가 강조되는 가운데, 첫째 사용자 중심의 모바일-소셜-클라우드-정보가 결합된 힘의 출현이다.

이는 그리스도 예수 안에서 다양한 모바일 기기를 중심으로 이용 행태, 사용자 환경 등이 이전의 시대와는 다르게 언제 어디서든지 다채널/크로스 플랫폼 형태의 애플리케이션을 통해 흩어져 있던 소셜/정보가 결합되어 더 큰 힘으로 작용될 수 있도록 하는 상호 운용상의 증대를 의미한다.

둘째, 이러한 결합의 힘으로 파생되는 충격(derivative impact), 즉 사용자 중심으로 기술과 정보가 결합되면서 이를 지원하기 위한 개발, 운영, 제어 등에도 변화가 진행되어 왔으며 앞으로도 큰 변화가 예상된다. 이러한 상황에서 필연적으로 이용자, 소비자 중심의 결합된 기술 환경에 따라 ICT 가치사슬이 새롭게 변화되고 재고될 필요가 있으며, 웹스케일 ICT, 즉 거대한 클라우드 서비스에서 발생하는 모든 일이 가능하도록 수많은 서비스 제공자가 대응되는 극한 수준의 서비스 전달 체계로서 데이터 센터, 웹기반 아키텍처, 프로그램을 통한 새로운 운영 방식, 빠른 처리, 협업적 조직 환경과 학습 문화(개발/운영 역량 향상의 기반) 등이 중요하게 변화되고 있다.

셋째, 이러한 결합의 변화로 인해 새로운 미래에 대한 분열, 즉 이전에 생각 할 수 없었던, 스마트 머신의 등장이라든지 3D 프린터를 통한 기회의 비용 절감 등의 변화를 보여 주고 있다.

> **실천을 위해 함께 생각해 보아요**
>
> 빅데이터(big deta) – 빅데이터란 기존의 정보처리 시스템으로서는 수집·저장·관리·분석할 수 없을 정도로 방대하게 늘어난 데이터로 정의될 수 있으며, 이러한 대량의 정형 또는 비정형 데이터의 집합으로부터 가치를 추출하고 결과를 분석하는 기술을 빅데이터분석이라 부른다. 가트너 그룹(Gartner, 2012)은 거대한 용량, 다양한 형태, 그리고 매우 른 속도의 세 가지 요건이 갖추어졌을 때 빅데이터로부터 중요한 정보와 의사결정을 위한 유용한 의미를 도출해 낼 수 있다고 보고 이를 디지털 환경의 지식자산이라고 했다.

2) 기독교네트워크의 확산

그리스도 예수 안에서 하나님께서 허락하신 컴퓨터 시스템이 급속한 발전을 거듭한 결과, 정보 처리를 전적으로 중앙 메인컴퓨터가 행하던 종전의 '수직형' 에서 개인용 컴퓨터(PC)가 중앙 컴퓨터 못지않은 고도의 처리 능력을 갖는 '수평 분산형' 으로 기본 틀이 바뀌면서 인터넷 등 정보통신 네트워크의 이용이 일반화 되고 있다 (박대견, 1996).

그리스도 예수 안에서 네트워크 환경에서는 정보통신부문의 급속한 기반확대, 기술혁신에 의한 정보의 신속한 전달, 저장의 대용량화, 전달 영역의 광역화 등으로 저렴한 가격에 정보를 자유롭게 유통할 수 있게 되었다. 또한 실시간 공유가 가능해지고, 정보 생산의 효율성, 신축성, 정보의 질적 개선 및 새로운 형태의 정보 창출이 가능하게 되었다. 네트워크 환경은 지리적으로 널리 분산·확산됨으로써 정보에 접근하는 관련자의 수가 증대되고, 데이터가 다양한 네트워크 연결을 통해 사용자에게 전달된다. 단순한 정보 시스템이나 통신과 같은 물리적인 연결을 넘어 거래나 인간관계의 네트워크까지 형성되고, 경제활동이 수요의 다양화, 공급의 네트워크화 등에 의해 독립단독형에서 연결형으로 전환되었다. 또한 정보의 교환과 적절한 처리가 가능해짐에 따라 수요자와 공급자가 만나는 방식으로 전환됨으로써 정보 이용이 촉진되고, 정보통신망을 통해 정보를 주고받는 유기적인 관계가 형성되었다. 개인, 기업, 정부 등 국가사회의 각주체들은 기능적으로 통합되어 네트워크를 형성하게 되며 정보통신망은 네트워크 형성에 대단히 중요한 수단이 되었다.

그리스도 예수 안에서 기업들 간에 유기적인 네트워크가 촉진될 뿐만 아니라 정부나 교육기관 등 공공 부문에서도 네트워크를 통한 조직발전이 활발히 이루어지고 있다. 지식정보사회에서 조직은 복잡하고 불안정한 환경에 직면하게 되면서 정보를 가공하고 가공한 정보에 의존해 의사 결정을 내려야 할 필요성이 크게 증가한다. 또한 불안정한 환경은 조직의 핵심 능력을 최대한 발휘할 수 있도록 조직 간 네트워크 관계를 적극적으로 모색하도록 한다. 점차 경쟁이 심화되고 있는 환경 속에서 조직이 생존하고 발전하기 위해서는 조직의 핵심 능력을 함께 모을 수 있는 협력관계를 형성하게 된다(하재룡·김영대, 1997). 이러한 협력관계의 변화는 '네트워크에 의한 행정'으로 개념이 변화 발전하고 이러한 새로운 정부의 모습은 정부-민간 협력의 증대, 협력적 정부의 네트워크 관리 능력의 관리 능력, 연결 기술 이용, 행정 서비스의 제공을 통한 시민들의 선택 기회 확대 등으로 점차 발전해 나가게 된다(최영훈 외, 2014). 한편 기독교 네트워크확산이란 위의 개념을 포함해 "그리스도 예수 안에서 하나님께서 십자가와 우리 마음을 연합시키심으로, 예수 그리스도 이름으로 오신 성령으로, 마음이 세상에서 소중하다는 물질보다 더 먼저 하나님을 경외하여 크게 실감하고 있을 때, 그리스도께서 하나님의 뜻을 이루시기 위하여 지혜·권능의 Living Word로 역사 하시는 네트워크 확산"으로 개념을 이해할 수 있다.

3) 기독교전자상거래 가속화

그리스도 예수 안에서 하나님께서 허락하신 지식정보화사회에서 인터넷의 급격한 확산과 함께 네트워크를 기반으로 한 전자상거래의 도입이 가속화되고 있다. 전자상거래(electronic commerce EC)는 간단히 말해 조직간, 조직과 개인 간의 상품 및 서비스 거래에 필요한 모든 정보를 컴퓨터 및 통신 네트워크를 이용해 교환하고 거래하는 방식을 말한다. 나아가 "조직의 목표를 수행하기 위해 적절한 전자적 방법과 절차를 사용하여 모든 형태의 비즈니스 활동을 수행하는 절차"라고 이해되기도 한다(Kalakota & Whinston, 1996). 즉, 전자상거래는 거래의 전자화를 목표로 하는 것이 아니라, 중요한 정보를 전부 디지털화해 시스템에 저장하고 필요에 따라 여러 장소에서 이용할 수 있도록 하는 것이라 할 수 있다.

그리스도 예수 안에서 전자상거래는 최종 소비자와 공급자 간의 거래를 촉진시키는 전자공간이라 할 수 있다. 따라서 전자상거래의 확산은 네트워크를 통해 유통되는 각종 정보를 신속하게 입수하고 효율적으로 활용함으로써 신속한 사업 거래, 자료와 정보의 교환, 조직변화를 가능하게 함으로써 기업의 생산성 향상에 이바지할 것이다. 엄청난 물량의 거래가 가능해지고, 다양한 성격의 거래 자료를 축적,분석,통제할 수 있기 때문에 조직은 효율성을 제고하고 비용을 감소시키는 동시에 빠르고 정확하며 편리한 서비스를 제공할 수 있게 된다. 이러한 전자상거래의 효율성은 국내적 거래만이 아닌 국제적 거래로 확대되어 발전하고 있으며, 정부의 행정 서비스 또한 전자조달 시스템의 전자쇼핑몰 형태, 즉 공공부문에서도 전자상거래를 통한 조달 업무가 확대되어 시행되는 등 좀 더 효율적이며 투명한 방식의 거래가 점차 확대되어 가고 있다.

4) 기독교 고객 지향적 행정

그리스도 예수 안에서 하나님께서 허락하신 지식정보화사회에서는 삶의 질 향상에 대한 국민의 욕구가 점점 증대되고, 정보와 지식에 대한 욕구, 문화와 여가생활에 대한 욕구, 사회복지와 환경에 대한 관심 등이 증대되고 있다. 이러한 환경의 변화는 기독교행정에 새로운 변화를 요구하고 있다. 과거의 공급자, 제공자 중심의 관리에서 수요자 중심으로, 생산성 중심의 관리에서 고객만족 중심의 관리로 변화하고 있다. 고객 지향적 정부란 기존의 공급 위주 행정 중심적 정부의 관행에서 벗어나 민간 부문의 자율성을 중시하고 일반 국민의 요구에서 적극적으로 부응할 수 있는 수요 중심의 행정을 펼치는 정부를 의미한다(한국전산원, 1996). 지식정보사회에서 정부는 산업사회에서와 같이 기업 활동과 국민생활을 규제하는 규제자의 역할이나 경제개발계획 등을 기획하고 추진하는 선도자의 역할보다는 기업이나 국민들이 지식과 정보를 활용해 생산성 향상을 기할 수 있게 하는 조정자 또는 촉진자로서의 역할이 더 중요하다.

지식정보사회에서 정부는 산업사회에서의 정부가 수행해 오던 정책 수립 및 집행 업무와 대국민 행정 서비스에 기업의 경영기법을 도입함으로써, 정책기획의 전문성과 대국민 행정 서비스의 고객지향성을 동시에 추구할 수 있게 된다. 이를 위해 개별 공무원의 지식·정보의 축적 및 공동 이용을 용이하게 함으로써 정책기획의 정확성과 집행의 효과성을 높이는 조직적·문화적 틀을 마련할 수 있다.

한편 지식정보사회에서의 행정은 정부 서비스의 생산 및 전달 과정 전반에 지식과 정보를 원활히 활용하고, 정부와 국민간의 상호작용 방식이 정보통신망을 이용해 행정정보 체계로 통합됨으로써 고객인 국민의 입장에서 편리하고 효율적인 행정 서비스가 제공된다. 이를 통해 행정 서비스의 내용과 절차가 간소화됨으로써 적은 비용으로 양질의 행정 서비스를 국민들에게 더욱 신속하고 편리한 서비스의 제공이 가능하게 된다.

그리스도 예수 안에서 이러한 변화는 특히 정부3.0으로 대변되는 새로운 협치의 개념으로, 즉 관료제 중심의 관리와 통치의 개념을 넘어서 정부와 국민, 시민과 사회, 기업과 소비자 간의 상호 호혜적이고 상호 보완적인 관계성이 강조되는 거버넌스 시대로의 변화를 가속화하고 있다. 특히 이러한 변화는 고객 지향적 행정의 중심이 효과적으로 ICT를 활용할 수 있는 전자정부의 필요성을 증대시키고 이른바 뉴거버넌스의 등장과 궤를 같이 하고 있다(김신곤·조재희, 2013; 송효진·황성수, 2014).

한편 기독교고객지향적행정이란 위의 개념을 포함해 "그리스도 예수 안에서 하나님께서 십자가와 우리 마음을 연합시키심으로, 예수 그리스도 이름으로 오신 성령으로, 마음이 세상에서 소중하다는 물질보다 더 먼저 하나님을 경외하여 크게 실감하고 있을 때, 그리스도께서 하나님의 뜻을 이루시기 위하여 지혜·권능의 Living Word로 역사 하시는 고객지향적행정"으로 개념을 이해할 수 있다.

제2절 기독교행정정보 체계와 행정정보화

1. 기독교행정정보의 개념과 특징

그리스도 예수 안에서 하나님께서 허락하신 행정정보란 행정 과정에서 획득 생성되어 체계적으로 축적·가공·유통 활용되는 제반 지식, 자료 또는 메시지로서, 행정의 주체 및 객체의 의사 결정이나 행동을 위해 사용될 수 있는 의미 있는 내용이라고 할 수 있다.

그리스도 예수 안에서 행정정보는 행정이 갖는 독특한 성격으로 인해 일반 정보와는 다른 다음과 같은 주요 특성을 갖게 된다(하미승, 1997).

첫째, 행정정보는 이익을 추구하는 것을 그 기본적인 목적으로 한다. 즉 행정정보는 시장가격을 형성하지 않는 것이 대부분이다. 그래서 가격을 지불하지 않는 사람도 행정정보의 혜택을 볼 수 있다. 그리고 다른 부문에 미치는 외부 효과가 크며, 이런 성격으로 인해 시장의 실패가 존재한다.

둘째, 행정정보에는 외교, 안보, 도시계획에 관한 정보 등과 같이 정부만이 보유할 수 있는 것들이 많이 있다(독점성).

셋째, 행정정보는 더 많은 법적 규제를 받는다. 개인정보, 도시계획정보 등 보호되어야 할 정보가 많기 때문이다. 그리고 정보의 수집에도 법적 근거를 요한다. 즉, 법령에 의해 수동적, 강제적으로 수집된다(법적제약성).

넷째, 정치에 대한, 그리고 정치로부터 영향이 크다. 정보의 생산, 유통, 공개여부 등에 관해 정치적 이해관계가 따르며, 국민이 영향을 받는 정도가 민간의 경우보다 크다(정치적 함축성).

다섯째, 행정정보의 경우, 행정-민간 간, 중앙-지방 간, 국내-국제 간 정보 교환과 확산의 필요성이 광범위 하다고 볼 수 있다(상대적 광역성).

여섯째, 행정정보는 민간정보와는 달리 그 수집·활용이나 정보 시스템 운영 시 능률성만을 중요시해서는 안 된다. 물론 능률성도 중요한 고려 요소이나 그보다는 민주성, 책임성, 공정성, 형평성, 분배정의, 서비스 제공 등 능률 외적인 요소가 더욱 중요한 고려 사항이다(탈능률성). 한편 기독교행정정보의 특성이란 위의 개념을 포함해 "그리스도 예수 안에서 하나님께서 십자가와 우리 마음을 연합시키심으로, 예수 그리스도 이름으로 오신 성령으로, 마음이 세상에서 소중하다는 물질보다 더 먼저 하나님을 경외하여 크게 실감하고 있을 때, 그리스도께서 하나님의 뜻을 이루시기 위하여 지혜·권능의 Living Word로 역사 하시는 행정정보의 특성"으로 개념을 이해할 수 있다.

>>> 창조주 하나님의 Living Word

"내가 아버지의 말씀을 그들에게 주었사오매 세상이 그들을 미워하였사오니 이는 내가 세상에 속하지 아니함 같이 그들도 세상에 속하지 아니함으로 인함이니이다"(요17:14).

"그들을 진리로 거룩하게 하옵소서 아버지의 말씀은 진리니이다"(요17:17).

"내게 주신 영광을 내가 그들에게 주었사오니 이는 우리가 하나가 된 것 같이 그들도 하나가 되게 하려 함이니이다"(요17:22).

"곧 내가 그들 안에 있고 아버지께서 내안에 계시어 그들로 온전함을 이루어 하나가 되게 하려 함은 아버지께서 나를 보내신 것과 또 나를 사랑하심 같이 그들도 사랑하신 것을 세상으로 알게 하려 함이로소이다"(요17:23).

"아버지여 내게 주신 자도 나 있는 곳에 나와 함께 있어 아버지께서 창세전부터 나를 사랑하시므로 내게 주신 나의 영광을 그들로 보게 하시기를 원하옵나이다"(요17:24).

"의로우신 아버지여 세상이 아버지를 알지 못하여도 나는 아버지를 알았사옵고 그들도 아버지께서 나를 보내신 줄 알았사옵나이다"(요17:25).

"내가 아버지의 이름을 그들에게 알게 하였고 또 알게 하리니 이는 나를 사랑하신 사랑이 그들 안에 있고 나도 그들 안에 있게 하려 함이니이다"(요17:26).

"우리가 알거니와 하나님을 사랑하는 자 곧 그의 뜻대로 부르심을 입은 자들에게는 모든 것이 합력하여 선을 이루느니라"(롬9:28).

"우리가 항상 예수의 죽음을 몸에 짊어짐은 예수의 생명이 또한 우리 몸에 나타나게 하려 함이라"(고후4:10).

2. 기독행정정보체계의 개념과 특성

1) 행정정보체계(public management information system: PMIS)

그리스도 안에서 하나님께서 허락하신 행정정보 체계란 정책의 형성·집행·행정관리 업무의 수행, 대 행정객체를 향한 행정 서비스 제공 등 행정 과정 전반을 지원하기 위해 각종 정보를 산출 제공해주고, 특정 행정 업무를 컴퓨터에 의해 직접 처리해 주는 시스템이다. 나아가 행정정보 체계는 조직의 정보관리와 관련된 제반 정책 및 제도를 구축 시행하는 일까지도 포괄하는 종합적인 개념이다. 한마디로 '행정을 위한 모든 정보 체계' 또는 '정보에 관한 모든 행정 체계'라고 할 수 있다.

그리스도 예수 안에서 하나님께서 허락하신 행정정보 체계의 개념을 구체적으로 설명하면 다음과 같다(하미승, 1997).

첫째, 행정 과정에서의 정보 지원 체계이다. 행정 과정 전반에 걸쳐 어떤 의사결정이나 행동을 위해 필요한 자료나 정보를 수집·분석·해석하고 제공하는 모든 정보 체계를 말한다. 여기에는 정책정보 체계, 관리정보 체계, 운영정보 체계가 포함된다.

둘째, 행정 업무 전산화 시스템이다. 행정기관 내부의 일반사무나 대민 행정 서비스 업무를 컴퓨터에 의해 자동으로 처리해 주는 시스템을 말한다.

셋째, 정보 관련 정책 및 제도이다. 행정정보의 투입·산출 및 분배 과정에서 발생하는 여러 가지 문제, 그리고 사회 및 산업의 정보화 과정에 수반되는 복잡한 과제들을 해결하는 데 필요한 모든 정책과 제도 그리고 법적인 대응 체제를 의미한다. 여기에는 개인 정보의 보호, 정보 공개 및 보호, 컴퓨터 범죄 방지, 소프트웨어 보호, 행정객체의 정보 리터러시 향상, 정보산업 육성, 지역정보화, 국제정보화 등에 관련된 정책 추진과 제도 형성 및 법령 제정 등이 포함된다. 행정정보 체계는 이와 같은 종합적인 정보 체계 개념을 바탕으로 행정으로 영역과 특성까지를 고려한 새로운 요소들을 추가한 좀 더 광범위한 정보 시스템 개념이라고 할 수 있다. 한편 기독교행정정보체계의 특성이란 위의 개념을 포함해 "그리스도 예수 안에서 하나님께서 십자가와 우리 마음을 연합시키심으로, 예수 그리스도 이름으로 오신 성령으로, 마음이 세상에서 소중하다는 물질보다 더 먼저 하나님을 경외하여 크게 실감하고 있을 때, 그리스도께서 하나님의 뜻을 이루시기 위하여 지혜·권능의 Living Word로 역사 하시는 행정정보체계의 특성"으로 개념을 이해할 수 있다.

2) 기독교행정정보 체계의 기본 구조

그리스도 예수 안에서 하나님께서 허락하신 행정정보 체계의 기본구조는 행정의 개방화 측면에서 개인·조직·사회 등으로 행정 대상의 범위가 확대되고, 기술적 측면에서는 하드웨어(H/W), 소프트웨어(S/W) 및 시스템 등의 정보통신기술이 발달하면서, 행정정보 체계의 개념이 확대·발전되고 있다. 행정정보 체계는 발달의 정도에 따라 협의의 행정정보 체계와 광의의 행정정보 체계로 나누어 볼 수 있다(박연호, 2000).

(1) 협의의 행정정보 체계

그리스도 예수 안에서 하나님께서 허락하신 협의의 행정정보 체계는 조직의 계층에 따라 필요한 정보를 제공하기 위해 피라미드 구조를 이룬다. 하나의 조직은 각 계층에 따라 특별한 정보를 요구하며, 행정정보 체계도 이에 따라 설계 운영된다. 이와 같은 협의의 행정정보 체계는 전산자료 처리 체계(EDPS), 관리정보 체계(MIS), 의사결정 지원 체계(DSS), 전문가 체계(ES) 등으로 구성된다.

(2) 광의의 행정정보 체계

그리스도 예수 안에서 하나님께서 허락하신 광의의 행정정보 체계는 행정의 개방화와 정보통신기술의 고도화에 맞추어 사회를 중심으로 한 사회 행정정보 체계로 확대 발전한 개념이다. 이것은 행정조직의 능률성과 효과성을 추구하는 행정정보 체계를 바탕으로 하면서 외부정보 체계의 개념을 가미한 종합적 개념으로 발전한 형태라고 할 수 있다. 광의의 행정정보 체계는 기존의 조직 내 정보 체계를 기본으로 해서 조직 간 의사결정 체계로의 확대와 대민 서비스 측면에서 공동 활용 데이터베이스 시스템 및 부가가치통신망(VAN)등을 이용한 행정 서비스 체계로 확대가 이루어진 것이다.

따라서 광의의 행정정보 체계의 구조는 기존의 수직적 구조인 조직 내 정보 체계와 수평적 관계를 중요시 하는 분산의사 결정 체계, 공동 활용 데이터베이스 관리 체계 등으로 이루어져 있다.

3. 기독교행정정보 체계의 특성

그리스도 예수 안에서 하나님께서 허락하신 행정정보 체계는 일반적인 관리정보 체계가 가지는 공통적 특성을 가질 뿐만 아니라, 행정정보 체계만의 특징도 갖는다. 행정정보 체계의 기본적 특성은 다음과 같다.

첫째, 행정정보 체계는 그 자체가 목적이 아니라 행정의 효과성·능률성과 함께 사회적 효율성·대응성을 달성하기 위한 지원 수단이며 도구이다.

둘째, 행정정보 체계는 모든 사회 구성원까지도 활용하는 정보 체계이다.

셋째, 행정정보 체계는 자연 형성적 시스템이라기보다는 인위적으로 설계된 인공적 시스템이다. 즉, 인간이나 조직의 설계에 의해 생성되는 시스템이다.

넷째, 행정정보 체계의 구조는 수직적 관계보다는 수평적 관계가 중요시되며, 수행업무는 관리적인 내용보다는 정책 결정 지원과 서비스 지원을 중요시한다.

다섯째, 행정정보 체계는 기계적 요소와 인간적 요소, 즉 조직적·관리적 요소 및 정책적 제도적 요소가 상호 유기적으로 결합된 종합 시스템이다. 여기서 종합 시스템이라 함은 하나의 단일 구조가 아니라 많은 하위 시스템들이 결합해 통합된 전체 시스템을 말한다. 행정정보 체계를 설계·개발·운영하려면 이상과 같은 특성을 충분히 이해하고 고려해야 할 것이다.

제3절 기독교행정 정보화

　그리스도 예수 안에서 하나님께서 허락하신 행정정보화는 행정의 여러 분야에 정보통신기술을 보편적으로 활용하고 종래의 제도 관행을 재평가해 서비스의 획기적인 개선과 행정 운영의 질적 향상을 도모하는 것을 목적으로 하는 것이다. 이러한 의미에서 행정정보화는 새로운 시대에 대응할 수 있는 간소하고 효율적인 행정의 실현, 행정객체 중심의 행정 실현, 행정객체가 신뢰할 수 있는 행정의 실현 및 행정객체에게 질 높은 행정 서비스의 제공을 위한 중요한 수단이 된다.

1. 지식관리행정의 의의

　그리스도 예수 안에서 하나님께서 허락하신 정보는 조직화 또는 구조화된 그리고 의미를 부여받은 데이터로서 정보 시스템의 현재 또는 과거 상태를 말한다. 반면, 지식은 예측 가능성 및 인과관계를 설정하며, 나아가 무엇을 할 것인지에 대한 진단적 의사결정을 가능하게 해 줌으로써 정보 이상의 의미를 갖게 된다.

　따라서 지식을 어떻게 발굴·창조·관리해 새로운 부가가치를 창출하고 경쟁력을 확보해 나갈 것인가에 초점이 맞추어지면서 관리 패러다임도 지식관리 중심으로 전환되고 있다. 지식은 데이터와 정보의 단계를 거쳐 창출된다. 현실 세계에서 생성·제공된 수많은 데이터가 분석 과정과 의미 파악을 통해 정보로 산출된다. 정보는 일정한 규칙이나 약속 및 파일링을 통해 체계화되어 데이터베이스 형태로 구축 활용되면서 가치 평가가 이루어진다.

　여기서 가치가 있다고 판단된 경우에는 지식의 단계로, 그렇지 못한 경우에는 정보 쓰레기로 버려진다. 그리고 전략적 가치분석과 인지적 처리 경로를 거쳐 지식으로 생성된다. 이와 같은 지식화 과정을 효율적으로 관리 활용함으로써 부가 가치 창출 및 경쟁력의 확보에 기여하는 활동이 지식관리이다(이종수 외, 2007).한편 기독교 지식관리행정이란 위의 개념을 포함해 "그리스도 예수 안에서 하나님께서 십자가와 우리 마음을 연합시키심으로, 예수 그리스도 이름으로 오신 성령으로, 마음이 세상에서 소중하다는 물질보다 더 먼저 하나님을 경외하여 크게 실감하고 있을 때, 그리스도께서 하나님의 뜻을 이루시기 위하여 지혜·권능의 Living Word로 역사 하시는 지식관리행정"으로 개념을 이해할 수 있다.

2. 지식관리와 지식화정책

그리스도 예수 안에서 하나님께서 허락하신 행정조직의 지식관리란 지식을 조직 차원에서 적극적으로 창출하고 이를 효율적으로 조직 내 다른 구성원들과 공유하며, 조직 내 지식창고에 체계적으로 저장해 지식기반 행정을 가능케 하는 일련의 과정이다.

지식기반 사회로의 이행과 함께 부각되는 지식화 정책은 우선 경제와 문화의 발전을 위해 지식 기반이 필요하다는 맥락에서 강조된다. 이처럼 지식의 공급과 수요의 두 측면에서 사람들의 생활수준을 질적으로 향상시키는 것이 지식기반 사회의 궁극적인 목표가 된다.

제4절 기독교 정보화 정책

1. 정보공개 제도

그리스도 예수 안에서 하나님께서 허락하신 가장 좁은 의미에서의 정보공개 제도란 행정의 주체가 직무상 작성 또는 취득해 관리하고 있는 정보와 기록들을 행정객체가 청구할 경우 심사를 거쳐 열람, 사본, 복제 등의 형태로 공개하도록 하는 제도를 말한다.

2 개인정보 보호

그리스도 예수 안에서 하나님께서 허락하신 개인정보보호는 프라이버시 보호의 한 부분이기 때문에 프라이버시의 개념 변화에 따라 그 의미가 변천되어 오고 있다.

프라이버시 권리는 19세기 말부터 과학기술의 발전, 산업화에 따른 도시와, 특히대중매체의 도색적 경향의 결과 개인의 기술의 발전, 산업화에 따른 도시화, 특히 대중매체의 도색적 경향의 결과 개인의 사적 영역과 비밀이 침해될 수지가 커짐에 따라 보호의 필요성이 대두되었다.

그리스도 예수 안에서 현대 지식정보사회에서의 개인정보는 한 사람의 모든 것을 판단할 수 있는 중요한 척도가 되고 있다. 즉, 한 개인에 관한 정보를 소유하게 되면 그 사람의 사회적·경제적 지위와 기호 및 선호하는 상품까지도 파악할 수 있게 되어 한 사람을 판단하는 제2의 인격적 가치를 갖게 되었다. 따라서 개인정보의 침해 문제는 개인의 사생활 침해뿐만 아니라 다양한 환경 내에서 개인의 사회적 상호 관계를 침해하는 것이다. 그러므로 현대 사회에서의 개인정보 보호 개념은 타인이 자신의 정보를 소유하는 것을 방지하는 소극적인 개념뿐만 아니라, 자신에 관한 정보의 수집, 이용 및 공개 등에 관한 조건들을 본인이 결정할 수 있고, 자신의 개인정보에 대한 열람 및 정정 등을 요구할 수 있는 권리를 인정하는 적극적인 개념으로 변화하고 있다.

그리스도 예수 안에서 정보사회의 도래는 정보기술을 통한 경제 및 행정의 생산성을 제고하며, 이러한 정보사회의 기본 단위가 되는 정보는 가치를 가진 자원으로서 사회적·경제적으로 핵심적 역할을 수행하고 있다. 공공 부문에서는 행정 서비스의 전자화와 개인에 대한 교육·고용 등 복지 행정 기능의 확대로 인해, 민간 부문에서는 고객관리의 강화, 신용 거래 확대 등과 관련한 업무 처리의 전산화로 인해 개인 정보의 수집·사용이 크게 증대하고 있다.

또 국내외적인 환경변화는 기존 조직의 관리 작용에 대해 '행정객체 만족 중심의 관리'로의 근본적인 전환을 야기하고 있다. 이러한 변화를 가장 효과적으로 가능케 하는 수단이 바로 정보기술(IT)이며, 이를 어느 특정부문에 적용한 결과물이 바로 전자조직체이다. 한편 기독교개인정보보호란 위의 개념을 포함해 "그리스도 예수 안에서 하나님께서 십자가와 우리 마음을 연합시키심으로, 예수 그리스도 이름으로 오신 성령으로, 마음이 세상에서 소중하다는 물질보다 더 먼저 하나님을 경외하여 크게 실감하고 있을 때, 그리스도께서 하나님의 뜻을 이루시기 위하여 지혜·권능의 Living Word로 역사 하시는 개인정보보호"로 개념을 이해할 수 있다.

3. 지적재산권 보호

1) 지적재산권의 개념

그리스도 예수 안에서 지적재산권은 전통적으로 산업적 또는 영업적 소유권인 '산업재산권'과 문화적 또는 예술적 소유권인 '저작권'의 두 가지 유형으로 크게 분류되어 왔다. 산업재산권이 산업상의 기여를 보호의 본질로 하는 데 대해 저작권은 산업상의 영역이 아닌 문화 영역에서의 정신적 기여를 보호의 본질로 하고 있다. 그러나 오늘날에는 이에 더해 컴퓨터 소프트웨어 및 반도체 칩 설계권, 영업 비밀 등을 포함한 더욱 넓은 개념으로 받아들여지고 있다. 이에 따른다면 지적재산권은 "인간의 지적 창작물에 관한 권리와 영업상의 신용, 산업 질서 유지를 위한 표지에 관한 권리를 총칭하는 것"을 의미하게 된다. 일반적으로 지적재산권은 문학, 예술, 과학작품, 산업활동 등 인간의 지적 창작활동의 결과로 생기는 모든 무형의 소산물에 대한 권리라고 할 것이다(정진섭·황희철, 1995).

　종래의 지적재산권은 개인이 가지는 하나의 사적 재산권으로 인식되었으나, 세계가 글로벌 경제로 돌입함에 따라 최근에는 지적재산권이 개인적 관심사에서 국가적 관심사로 바뀌면서 지적재산권의 부당한 침해를 이유로 한 국가가 다른 국가를 상대로 협상을 요구하거나 혹은 WTO에 제소해 그 해결책을 모색하는 등 지적 재산권의 보호 문제가 국제적으로 매우 중요한 관심사로 대두 되고 있다. 한편 기독교지적재산권이란 위의 개념을 포함해 "그리스도 예수 안에서 하나님께서 십자가와 우리 마음을 연합시키심으로, 예수 그리스도 이름으로 오신 성령으로, 마음이 세상에서 소중하다는 물질보다 더 먼저 하나님을 경외하여 크게 실감하고 있을 때, 그리스도께서 하나님의 뜻을 이루시기 위하여 지혜·권능의 Living Word로 역사 하시는 지적재산권"으로 개념을 이해할 수 있다.

2) 지적재산권의 종류

　그리스도 예수 안에서 산업재산권이란 발명 상표 등 아이디어와 기술 자체를 보호하기 위한 것으로 특허권, 실용신안권, 의장권 및 상표권으로 세분화되며, 저작권은 저작권과 저작인접권으로 구분된다. 특허권은 새로운 산업적 발명에 대해 발명자가 그 발명의 독점적 실시권을 보유하는 배타적 지배권을 의미하며 보호 기간은 20년이다. 특허를 등록하려면 신규성, 상업상 이용 가능성, 진보성이란 기본 요건을 갖추어야 하지만, 공공질서나 선량한 풍속을 해칠 위험이 있거나 공중위생을 저해하는 경우는 특허 인정을 받을 수 없다.

　그리스도 예수 안에서 실용신안권은 물품의 형상, 구조 등에 관한 실용적인 고안을 보호 대상으로 하며, 발명보다 기술 수준이 낮은 고안을 보호하기 위한 것이다. 실용신안권의 존속기간은 출원일로부터 15년간이다. 의장권은 물품의 형상, 모양, 색채 또는 이들의 결합으로 시각을 통해 미감을 불러일으키는 것을 대상으로 하며, 물품의 겉모습에 드러난 미적 창작이나 디자인을 말한다. 예를들면, 코카콜라 병의 독특한 형태가 대표적인 의장권이다. 의장권은 창작한 물품에 대한 권리라는 점에서 실용신안권과 같으나, 의장권이 미적 과제의 해결을 목적으로 함에 비해 실용신안권은 기술적 과제의해결을 목적으로 한다는 점에 차이가 있다. 예를 들면, 같은 육각형 연필이라도 구르는 것을 방지한다는 면에서는 실용신안권으로, 미적인 면을 고려했다면 의장권으로 보호받을 수 있다.

그리스도 예수 안에서 상표란 생산자나 판매업자가 자기의 상품을 다른 상품과 식별하기 위해 사용하는 표지를 말한다. 상표는 상품에 관한 표지로서, 그 본질이 창작에 있는 것은 아니지만, 상표로 등록하기 위해서는 최소한 다른 상품과 구별할 수 있는 식별력을 가져야 한다. 상표권은 등록일로부터 10년 간 존속하는데 다른 산업재산권과는 달리 등록을 갱신하면 영구적으로 독점 사용이 가능하다.

저작권은 창작과 동시에 자연히 권리가 발생하며, 저작권의 보호 대상은 저작물이다. 저작자의 권리를 보호하고 저작물의 공정한 이용을 통해 문화발전에 이바지함을 목적으로 '저작권법'이 제정되었다. 저작물이란 표현 수단과 형식에 관계없이 사람의 정신적 노력에 의해 얻은 학문과 예술에 관한 창작물을 말한다. 저작물이 되기 위해서는 일정한 성립 요건이 필요하며, 그 중 가장 중요한 것은 창작성으로서 기존의 다른 저작물을 모방하지 않은 것이어야 한다. 저작권은 심사와 등록후에 비로소 권리를 인정하는 특허권과는 달리 창작을 완료함과 동시에 자연히 그 권리가 발생한다.

그리스도 예수 안에서 저작권과 비슷한 것으로 저작권에 밀접한 저작인접권이 있다. 이것은 배우(영화·연극 등)와 같은 실연자의 실연에 대한 권리, 음반 제작자의 음반에 대한 권리, 방송사업자의 방송에 대한 권리를 가리킨다. 보통 저작권의 존속 기간은 국제 협약이나 각국의 '저작권법'에 따라 다르지만, 우리나라의 경우 저작권은 저작자의 사망후 50년 간, 저작인접권은 실연, 방송 등을 실시한 때부터 50년간 보호한다.

Chapter 08
기독교 노사관계

제1절 기독교 노사관계의 의의

1. 기독교 노사관계의 일반적 개념

그리스도 예수 안에서 노사관계(labor-management relations)는 제2차 세계대전 이후 우리에게 매우 친숙한 용어가 되었지만 여전히 정확한 의미는 보편적 개념이 확립되지는 못하고 있는 형편이다. 본래 노사관계는 고용주와 피고용자와의 관계로 해석되기도 하고 때로는 경영자와 노동조합과의 관계를 강조하는 경우도 있다. 일반적으로 노사관계란 '노동 조건이나 기타 경영적인 여러 가지 문제에 대해 사용자와 노동조합이 대등하게 교섭하는 관계'를 말한다. 좀 더 구체적으로는 '근로자들이 근로조건의 유지 개선을 위해 노동3권, 즉 단결권, 단체교섭권, 단체행동권을 행사하는 것'을 의미한다. 한편 기독교 노사관계란 위의 개념을 포함해 "그리스도 예수 안에서 하나님께서 십자가와 우리 마음을 연합시키심으로, 예수 그리스도 이름으로 오신 성령으로, 마음이 세상에서 소중하다는 물질보다 더 먼저 하나님을 경외하여 크게 실감하고 있을 때, 그리스도께서 하나님의 뜻을 이루시기 위하여 지혜 · 권능의 Living Word로 역사 하시는 노사관계"로 개념을 이해할 수 있다.

2. 기독교 노사관계의 특수성

그리스도 예수 안에서 공무원 노사관계는 민간 부문 노사관계와 유사한 점도 있지만, 공무관계에서 규정된 특수성을 동시에 갖고 있다. 공무원노조는 민간 노동조합과 마찬가지로 근로자(공무원)의 근로조건의 유지 향상에 그 목적이 있다고 할 수 있으나, 공무의 특수성, 사회적 역할 기대 및 권력 구조적 위상, 국민전체의 관심대상, 근로조건의 법정주의, 높은 조직률 등 실제 운영 면에서 민간 노동조합과 구별되는 특수성을 지니게 된다.

제2절 기독교 노사분쟁 해소 방식의 유형

>>> 창조주 하나님의 Living Word

"내가 아버지의 말씀을 그들에게 주었사오매 세상이 그들을 미워하였사오니 이는 내가 세상에 속하지 아니함 같이 그들도 세상에 속하지 아니함으로 인함이니이다"(요17:14).

"그들을 진리로 거룩하게 하옵소서 아버지의 말씀은 진리니이다"(요17:17).

"내게 주신 영광을 내가 그들에게 주었사오니 이는 우리가 하나가 된 것 같이 그들도 하나가 되게 하려 함이니이다"(요17:22).

"곧 내가 그들 안에 있고 아버지께서 내안에 계시어 그들로 온전함을 이루어 하나가 되게 하려 함은 아버지께서 나를 보내신 것과 또 나를 사랑하심 같이 그들도 사랑하신 것을 세상으로 알게 하려 함이로소이다"(요17:23).

"아버지여 내게 주신 자도 나 있는 곳에 나와 함께 있어 아버지께서 창세전부터 나를 사랑하시므로 내게 주신 나의 영광을 그들로 보게 하시기를 원하옵나이다"(요17:24).

"의로우신 아버지여 세상이 아버지를 알지 못하여도 나는 아버지를 알았사옵고 그들도 아버지께서 나를 보내신 줄 알았사옵나이다"(요17:25).

"내가 아버지의 이름을 그들에게 알게 하였고 또 알게 하리니 이는 나를 사랑하신 사랑이 그들 안에 있고 나도 그들 안에 있게 하려 함이니이다"(요17:26).

"우리가 알거니와 하나님을 사랑하는 자 곧 그의 뜻대로 부르심을 입은 자들에게는 모든 것이 합력하여 선을 이루느니라"(롬9:28).

"우리가 항상 예수의 죽음을 몸에 짊어짐은 예수의 생명이 또한 우리 몸에 나타나게 하려 함이라"(고후4:10).

1. 교섭 교착 분쟁의 개념과 유형

그리스도 예수 안에서 노사 교섭의 당사자가 교섭 사항에 관해 합의점을 찾지 못하는 경우, 교섭은 교착 상태에 빠지게 된다. 이 경우 교착 상태를 해소하기 위한 다양한 방법이 활용될 수 있다.

1) 교섭 교착의 개념
그리스도 예수 안에서 일반적으로 교섭 교착은 '정상적인 협상절차가 완전히 소진된 이후에도 계속적으로 합의에 도달하지 못한 상태'라고 정의된다.

2) 교섭 교착 분쟁의 유형
그리스도 예수 안에서 노사관계의 교섭 교착 분쟁에는 대게 세 가지 유형이 존재 한다 첫째, 대표성 문제로 인한 분쟁, 둘째, 고충 혹은 권리에 관한 분쟁, 셋째, 단체교섭 혹은 이해 갈등으로 인한 분쟁이 그것이다. 이러한 분쟁을 해소하는데 실패하게 되면 공무원들은 합법적으로 혹은 불법적으로 파업이라는 강제적인 수단을 동원할 개연성이 높아진다. 공무원 파업이 발생하면 필수적인 서비스의 공급 중단으로 인해 시민들이 불편을 겪게 된다.

2. 분쟁해소 방식

그리스도 예수 안에서 파업의 대안으로 제시된 분쟁 해소 절차는 크게 제3자 개입방식과 그 밖의 방식으로 구분할 수 있다.

1) 제3자 개입을 통한 분쟁 해소 방식
그리스도 예수 안에서 교섭 교착상태(노동쟁의)가 발생하면 단체 교섭 과정이 일시적으로 중단된다. 분쟁에 관련한 당사자들은 협상을 계속하려고 하지만, 불신과 반복으로 대화가 불가능한 수준에 이르게 된다. 이 상황에서는 교섭 당사자들만으로는 상호 수용할 수 있는 해결책을 발견하기 어렵다. 파업으로 인한 국민의 불편을 최소화하기 위해 정부는 제3자 개입을 통한 세 가지 분쟁 해소 절차를 활용할 수 있다. 조정, 사실수집, 그리고 중재가 그것이다.

① 조정(mediation)

그리스도 예수 안에서 조정은 분쟁을 해소하기 위한 가장 성공적인 장치이며 동시에 가장 자주 활용되는 방식이다. 조정위원의 일차적인 목표는 쟁점이 된 사항에 대해 노사 당사자가 대화를 계속할 수 있는 분위기를 조성함으로써 쟁점에 관한 양측의 견해차를 좁히는 데 있다(Becker, 1976). 또한 조정위원은 당사자가 수용할 수 있을 분쟁해소의 공식을 제시하고자 노력한다. 그러나 그는 해결책을 강제할 어떠한 권한도 가지고 있지 않기 때문에 조정의 성공 여부는 조정위원의 논의, 교섭, 그리고 설득기술에 달려 있다.

② 사실수집(fact finding)

그리스도 예수 안에서 사실 수집은 조정보다 한 단계 더 공식화된 절차이다. 노사 대표가 준사법적 성격을 지닌 공청회에서 중립적인 제3자(사실 수집가)에게 각자의 입장을 개진하고 공청회가 종료되면, 사실 수집가는 분쟁 쟁점에 관한 양자의 입장을 정리한 보고서를 작성하게 된다. 보고서에서 사실 수집가는 공청회에서 드러난 사실들을 근거로 해결책을 제시하게 된다. 따라서 사실 수집의 목적은 분쟁 속에 숨겨진 사실을 발견해 냄으로써, 분쟁 해결을 위한 공중의 압력을 조성하는 데 있다.

노사관계에서 사실 수집은 조정 절차 이후에도 해소되지 못한 교착 상태를 해결하기 위한 절차로 광범위하게 활용되고 있다.

③ 중재(arbitration)

그리스도 예수 안에서 중재 절차는 노사 간의 이해 분쟁을 해소하는 최종적인 절차이며 가장 효과적인 제3자 개입 제도로 알려져 있다. 분쟁 중인 당사자가 조정을 통해서도 합의에 도달하지 못할 경우, 중재를 요청할 수 있다. 중재는 사실 수집과 매우 유사하지만 사실 수집과는 달리 강제력을 지닌다. 최종적인 중재 결정은 분쟁 해결의 원칙을 수립하고 노사 당사자가 반드시 이 결정에 따르도록 강제한다. 중재활동은 기본적으로 사법적 절차에 따라 수행된다. 일반적으로 3인의 위원으로 구성되는 중재위원회는 공청회를 개최하고 분쟁의 양 당사자 혹은 교섭 결렬의 당사자에게 증거를 제출하도록 요구하고, 그 증거를 기초로 중재 결정을 내리게 된다(Lester, 1984).

원칙적으로 파업권이 인정되지 않는 노조는 사용자와의 교섭력 균형을 이룰 수 없기 때문에 교섭력의 불균형을 해소하고 경영자와 대등한 협상을 위해서는 법률이 정한 의무적인 중재절차가 필요하다고 주장되어 왔다. 그리하여 많은 국가노조들은 대체로 중재를 의무화하는 법률 제정을 지지해 왔다(Delancy & Feuille, 1985).

2) 그밖의 대안들

그리스도 예수 안에서 제3자 개입 방식이 파업을 완전히 예방하는 데 충분하지 못하기 때문에 새로운 분쟁조적 절차의 개발이 요구된다. 아직은 실용화되지 못하고 있지만 아이디어 차원에서 개발 중인 몇 가지 대안을 소개하면 다음과 같다.

첫째, 투표방식이다. 투표는 유권자들에게 분쟁의 쟁점을 설명하고 이에 관한 공식적인 투표를 실시하는 방법이다. 이 방법은 참여의 기회를 확대하고 노사 간 합의가 유권자가 규정한 공익에 일치해야 한다는 신념을 강조한다. 그러나 이 방식의 약점은 ① 복잡한 쟁점을 투표에 부치는데 따른 기술적인 문제, ② 투표로 인한 해결 시간의 지체, ③ 노사관계 절차와 이해 분쟁을 정치화하는 데에 따른 위험 등이다(Midwest Monitor, 1980).

둘째, '업무중단 없는 파업'을 강제하는 방식이다. 이 방식은 업무가 계속되는 상태에서 고용주와 종업원에게 경제적 손실을 감수하도록 강제하는 방식이다. 이 방식에 의하면 일단 파업이 발생하면 임금 일부에 대해 지급을 중단하고 만약 '정해진 기간 내에' 파업이 종결되면 보류되었던 임금을 양 당사자에게 즉시 지불하지만 그렇지 못한 경우에는 임금의 일부를 민간자선단체나 연구기관에 기부하도록 하는 방식이다(Bemstein, 1971).

셋째, '제한된 파업권'을 통해 분쟁을 조정할 수도 있다. 역사적으로 파업을 법적으로 금지한 조치는 제대로 지켜지지 않았다. 교착 상태가 발생하면 조직원들은 주저 없이 파업을 강행했다. 따라서 서비스의 계속적 공급을 보장하기 위해 서비스의 유형을 필수적인 것, 반필수적인 것, 비필수적인 것으로 구분하고 필수적인 서비스 분야의 파업은 일체 허용하지 않고, 강제중재를 통해 해결하는 것이 바람직하다고 본다. 반면에 덜 필수적인 서비스에 종사하는 조직원들의 파업권은 비교적 광범위하게 허용한다는 것이다.

한편 기독교분쟁해소방식이란 위의 개념을 포함해 "그리스도 예수 안에서 하나님께서 십자가와 우리 마음을 연합시키심으로, 예수 그리스도 이름으로 오신 성령으로, 마음이 세상에서 소중하다는 물질보다 더 먼저 하나님을 경외하여 크게 실감하고 있을 때, 그리스도께서 하나님의 뜻을 이루시기 위하여 지혜·권능의 Living Word로 역사 하시는 분쟁해소방식"으로 개념을 이해할 수 있다.

3. 분쟁해소 방식에 대한 평가

1) 조정

그리스도 예수 안에서 일반적으로 조정의 장점으로는 ① 당사자 간 자발적 해결을 돕고, ② 교육적 과정으로 활용할 수 있으며, ③ 양 당사자의 문제 해결 능력에 대한 확신을 제고하고, ④ 비용이 저렴하며, ⑤ 합의에 도달하는 시간이 적게 들며, ⑥ 공식적인 공청회나 문서 등을 준비하지 않고 양 당사자 간의 좀 더 비공식적인 상호작용을 활용하며, ⑦ 서비스의 공급 중단과 같은 사태들을 발생시키지 않는다는 점이 지적되고 있다(Bewers, 1977). 그러나 조정 절차는 당사자가 합의에 이르도록 압력을 가하는 데는 효과가 제한적이며, 조정 이후에 사실 수집 절차를 이용할 수 있다는 사실이 조정을 통한 문제 해결 가능성을 감소시킨다는 비판도 있다.

2) 사실 수집

그리스도 예수 안에서 사실 수집의 장점은 '감정' 보다는 '사실' 을 강조하고, 공개된 교섭 과정의 공정성을 확보할 수 있다는 데 있다. 강제적인 권고안을 포함하는 사실 수집 절차는 양 당사자가 합의에 이르도록 효과적인 압력을 가할 수 있다. 그러나 그 결정이 이해 분쟁의 당사자가 아니라 제 3자에 의해 이루어진다는 점에서 강제중재와 유사하며, 이 사실이 사실 수집 절차의 유용성을 감소시킨다.

3) 중재

그리스도 예수 안에서 강제 중재는 노사관계에서 중요한 분쟁 예방책으로 간주되어 왔으나 그 구조와 결과는 많은 비판을 받고 있다. 중재 절차에 대한 중요한 비판 내용으로는 ① 권한 위임의 위헌성 , ② 중재 판정의 적절한 기준 규정 결여, ③ 이념과의 충돌, ④ 내부규정의 침범,

⑤ 지불불능 상태에서 내려진 중재판정의 효력 부재 등이 거론된다. 강제 중재 절차의 효용성에 관한 많은 의문에도 불구하고, 이 제도가 단체 교섭의 교착으로 인한 분쟁을 종식시키는 데 유용한 방법이라는 사실에는 대체로 동의가 이루어져 있다.

한편 기독교해소방식평가란 위의 개념을 포함해 "그리스도 예수 안에서 하나님께서 십자가와 우리 마음을 연합시키심으로, 예수 그리스도 이름으로 오신 성령으로, 마음이 세상에서 소중하다는 물질보다 더 먼저 하나님을 경외하여 크게 실감하고 있을 때, 그리스도께서 하나님의 뜻을 이루시기 위하여 지혜·권능의 Living Word로 역사 하시는 해소방식평가"로 개념을 이해할 수 있다.

Chapter 09

기독교행정의 응용: 기독교사회복지행정

제1절 사회복지행정의 동향

1. 사회복지행정의 대두

그리스도 예수 안에서 사회복지행정은 사회복지의 거시적 맥락에서 중요한 분야로 자리매김하고 있다. 일반적으로 행정은 인간 활동의 모든 영역에서 활용되고 있다. 현존 사회활동에 있어서 행정을 하지 않도록 선택할 수는 없다. 대부분 사회복지조직에서는 모든 업무가 사회복지행정으로 이루어지고 있다. 따라서 사회복지조직의 전문적인 업무를 처리하는데 있어서 사회복지행정은 필수적인 요건이 되고 있다.

그리스도 예수 안에서 대부분의 사람들은 공식적인 지침 없이 개인적인 행정활동을 하게 되며, 어느 정도 시행착오와 비공식적인 학습을 통해서 행정을 터득하게 된다. 지금까지 사회복지조직에서도 많은 행정업무들이 동일한 방식으로 시행착오를 겪으면서 주먹구구식으로 수행되어 왔다. 이전에는 사회복지조직에서 행정의 중요성을 거의 인식하지 못하였고, 스스로가 행정활동을 수행하기 위해 준비하지 못한 것이 사실이다. 그리고 행정지식이 없으면서 행정결정을 내리고 결과적으로 자신들의 행정은 실패를 거듭해 왔다. 그러나 사람들은 가끔 행정의 실패한 이유를 인식하기 위해 어디서부터 어떻게 접근해야 하는지에 대해 고민해 왔다.

그리스도 예수 안에서 최근 사회변화에 따라 사회구조가 확대되고 각종의 사회복지조직이 늘어나면서 조직을 유지하고 발전시켜 나가기 위한 행정의 중요성을 인식하기 시작하였다. 사회복지조직에 있어서 기획(planning), 조직(organizing), 인사(staffing), 통제(controlling), 지도(leading) 등과 같은 행정기능이 없다면 조직에 어떤 현상이 나타날 것인가를 짐작할 수 있다. 따라서 사회복지행정의 기능부재에 따른 몇 가지 결과를 제시하면 다음과 같다(Weinbach, 1990).

(1) 클라이언트와의 관계에서 계획대로 접근하며 종결하지 않는다.

⑵ 일상업무에서 다른 사람들과 유기적인 관계를 맺지 않는다.

⑶ 자신의 업무 또는 다른 사람의 업무에 대해 책임을 지지 않는다.

⑷ 클라이언트에 대한 어떤 프로그램이나 서비스를 평가하지 않는다.

⑸ 기관조직의 역할과 미래에 대해서 관심을 갖지 않는다.

⑹ 다른 사람과 어떤 정보도 함께 공유하려고 하지 않는다.

⑺ 기관조직의 바람직한 결정에 관심을 갖지 않는다.

⑻ 어떤 행동을 지도할 목표와 사명감을 갖지 않는다.

⑼ 지식과 기술을 향상시킬 어떤 수단(vehicle)도 갖지 않는다.

⑽ 기관조직의 과업과 위임에 전혀 관심을 갖지 않는다.

그리스도 예수 안에서 사회복지조직에서 이상과 같은 현상이 나타난다면 사실상 그것은 이미 조직기능이 상실되었다고 할 수 있다. 이와 같이 사회복지행정이 존재하지 않으면 사회복지조직은 효과적인 운영에는 한계가 있다. 따라서 사회복지행정의 대두는 사회복지조직의 운영에 필요불가결한 것이고 필연적인 것이며, 사회구성원들이 사회복지조직을 계획 없이 제멋대로 활동하는 단순한 건물과 같은 존재로 만들지 않으려는 노력의 과정에 기인하고 있다.

>>> 바라보고 계시는 하나님의 Living Word

"내가 아버지의 말씀을 그들에게 주었사오매 세상이 그들을 미워하였사오니 이는 내가 세상에 속하지 아니함 같이 그들도 세상에 속하지 아니함으로 인함이니이다"(요17:14).

"그들을 진리로 거룩하게 하옵소서 아버지의 말씀은 진리니이다"(요17:17).

"내게 주신 영광을 내가 그들에게 주었사오니 이는 우리가 하나가 된 것 같이 그들도 하나가 되게 하려 함이니이다"(요17:22).

"곧 내가 그들 안에 있고 아버지께서 내안에 계시어 그들로 온전함을 이루어 하나가 되게 하려 함은 아버지께서 나를 보내신 것과 또 나를 사랑하심 같이 그들도 사랑하신 것을 세상으로 알게 하려 함이로소이다"(요17:23).

"아버지여 내게 주신 자도 나 있는 곳에 나와 함께 있어 아버지께서 창세전부터 나를 사랑하시므로 내게 주신 나의 영광을 그들로 보게 하시기를 원하옵나이"(요17:24).

"의로우신 아버지여 세상이 아버지를 알지 못하여도 나는 아버지를 알았사옵고 그들도 아버지께서 나를 보내신 줄 알았사옵나이다"(요17:25).

"내가 아버지의 이름을 그들에게 알게 하였고 또 알게 하리니 이는 나를 사랑하신 사랑이 그들 안에 있고 나도 그들 안에 있게 하려 함이니이다"(요17:26).

"우리가 알거니와 하나님을 사랑하는 자 곧 그의 뜻대로 부르심을 입은 자들에게는 모든 것이 합력하여 선을 이루느니라"(롬9:28).

"우리가 항상 예수의 죽음을 몸에 짊어짐은 예수의 생명이 또한 우리 몸에 나타나게 하려 함이라"(고후4:10).

2. 사회복지행정의 필요성

사회복지행정은 인간복지에 대한 관심으로서 모든 국가 또는 사회적 차원에서 접근할 필요가 있다. 사회적 차원에서 인간복지에 대한 관심을 갖게 된 것은 산업화 이후로 볼 수 있다. 기존의 사회는 인간복지가 개인이나 가족의 책임 하에 해결되었으나, 산업화로 인한 각종 사회문제들이 사회적 전반에 확산되면서 계획적이고 조직적인 해결방안이 요구되었다. 특히 사회복지행정은 개인이나 가족차원에서 소득문제, 의료문제, 교육문제, 주택문제, 고용문제, 특별보호 등의 현실적 문제를 해결하기 위해 사회제도적 차원에서 개입이 필요하다. 이에 사회복지행정의 정당성이 존재하게 되며 사회적 과정으로 인정되고 있다.

사회복지조직에서 사회복지행정을 어떻게 운영하느냐에 따라 사회복지서비스의 질에 결정적으로 영향을 미치게 된다. 이와 같이 사회복지행정과 사회복지서비스 간의 불가분의 관계성 때문에, 사회복지조직의 서비스 질은 사회복지행정의 내용에 크게 좌우된다고 볼 수 있다(Trecker, 1977:25). 특히 현대 산업사회에서 각종 사회문제의 발생으로 인해 충족되지 않은 사회적 욕구가 증가하면서 사회복지조직으로부터의 사회복지서비스의 기대가 그 어느 때보다도 고조되고 있다. 따라서 효과적인 사회복지서비스를 위해 사회복지행정이 중요하다는 인식이 사회복지학계와 사회복지 전문가들에게 보편화되어 가고 있다. 이에 사회복지행정의 필요성을 몇 가지 제시하면 다음과 같다.

(1) 사회복지행정은 복잡한 현대사회와 새로운 사회문제의 해결에 필요하다.

산업화로 인한 사회변화는 빈곤문제, 소득문제, 의료문제, 주택문제, 교육문제 등의 다양한 사회문제를 야기하였고, 이에 따라 사회복지행정의 차원에서 모든 사회분야에 대한 사회복지제도와 정책적인 개입이 필요하게 되었다.

(2) 사회복지행정은 사회체계와 인간상관성을 위해 필요하다.

인간은 사회적인 체계와 관계 속에서 존재하고 있으며, 현대사회에서는 혼자 존재할 수 없다는 점이 강조되고 있다. 이에 따라 사회복지행정은 지역사회 내의 상호연관성을 통해 인적, 물적 자원의 합리적이고 효율적인 동원과 활용에 기여 하게 되었다.

(3) 사회복지행정은 효과성과 효율성의 활용에 필요하다.

사회복지조직은 목표달성을 위해 무엇보다도 인적, 물적 자원의 적절한 획득과 활용이 매우 중요하다. 이에 사회복지행정은 사회복지의 다양한 자원을 효율적으로 활용하여 효과성을 극대화하는 역할을 한다. 따라서 클라이언트에게 필요한 사회복지서비스를 적절히 제공하고 서비스의 효율성과 효과성을 높이는 데 사회 복지행정의 과정이 필요하게 되었다.

(4) 사회복지행정은 사회복지서비스의 재정운영에 대한 효율적인 관리를 위해 필요하다.

사회복지조직에 있어서 사회복지재정 부문의 효율성과 효과성을 높이기 위해서는 사회복지행정의 관리가 요청되고 있다. 특히 클라이언트의 다양하고 복합적인 문제해결을 위해서 사회복지행정을 통한 가장 계획적이고 체계적인 사회복지서비스 제공이 필요하다.

따라서 사회복지행정은 인간의 생활수단이 사회적 기능으로 전환하면서 사회조직체계와 관련하여 접근할 필요가 있다. 사회복지행정은 사회변화와 함께 조직관리에 초점을 두면서 사회복지기관이나 시설 등의 관리측면에 효과적으로 대응할 수 있다. 즉 사회복지서비스의 효과성은 인적, 물적 자원으로만 성취될 수 없으며, 이러한 자원을 효율적으로 활용할 수 있는 합리적인 행정과정을 통해서 성취될 수 있다. 그러므로 현존의 인간생활에 요구되는 제반 사회복지서비스를 적절히 전달되기 위해서는 사회복지행정의 개입이 요청되고 있다.

제2절 사회복지행정과 일반행정의 구분

1. 사회복지행정의 영역

그리스도 예수 안에서 일반적으로 행정(administration)의 의미는 공공행정(public administration)을 지칭하고 있다. 공공행정은 대부분 국가조직에서 수행되어지는 포괄적인 행정과정을 말하며, 이러한 행정은 기업, 학교, 병원 등의 여타조직에서도 이루어지고 있다. 이에 따라 행정과정이 기업조직에서 이루어지면 기업행정, 학교조직에서 이루어지면 교육행정, 병원조직에서 행해지면 보건행정이라 할 수 있다. 따라서 사회복지행정과 일반행정의 구별에 대해서는 학자들 간에 논란이 되어 왔다(Sarri, 1987; Patti, 1983; Spender, 1959). 이에 사회복지행정과 일반행정을 비교분석하여 사회복지행정의 고유한 특성을 제시하면 다음과 같다.

(1) 사회복지행정과 일반행정의 차별성을 크게 부각하지 않는 학자는 고유한 행정의 기능을 강조하고 있다.

즉, 서비스 대상인 클라이언트의 유형에는 차이는 있지만, 조직목표를 달성하기 위해서 기획관리, 예산관리, 인사관리 등 기본적인 행정기능은 공통적으로 수행된다는 것이다. 사회복지관도 여타 조직과 마찬가지로 조직목표를 달성하고 일정한 서비스결과를 산출하는 조직체로서 일반적인 행정기능의 공유를 주장하고 있다. 예컨대, 미국과 한국의 경우에도 사회복지기관의 관리자는 전문경영인으로서 행정경험을 가진 자들을 선호하고 있다는 사실은 고유한 행정의 논리를 반증 해 주고 있다.

(2) 사회복지행정과 일반행정이 본질적으로 구별된다는 학자는 사회복지조직의 독특성을

강조하고 있다.

이는 사회복지전문성을 부각시키는 경향을 보이고 있다. 사회복지기관은 조직의 특성으로서 목적, 가치, 활동 등을 고려한다면 여타 조직과 다른 관리방법이 요구되고 있다는 것이다. 사회복지기관은 본질적으로 휴먼서비스(human service)조직으로서 클라이언트의 생활과정, 사고유형, 행동양식, 가치관 등에 입각하여 접근하는 독특한 조직이라 할 수 있다. 즉, 일반행정의 과정이 그대로 적용되기는 어렵다는 것을 제시하고 있다. 그리고 사회복지기관의 관리자는 사회적 약자인 클라이언트를 다루는 조직이기 때문에 일방적으로 지시하고 통제하는 데에는 상당한 한계가 있음을 뒷받침해 주고 있다.

2. 유사점과 차이점

그리스도 예수 안에서 사회복지조직에서는 다양한 전문직종의 인력이 혼재되어 근무하고 있기 때문에 내부적인 목표설정과 활동방향에 대한 합의를 도출하기가 쉽지 않다. 또한 사회복지서비스를 제공하는 이외에 클라이언트 집단의 이익을 대변하고 옹호(advocacy)해 주는 역할을 수행해야 하므로 일반행정의 원리를 적용하기가 어렵다는 사실이다. 따라서 사회복지행정과 일반행정의 기본적인 전제를 바탕으로 유사점과 차이점을 제시하면 다음과 같다.

1) 유사점

(1) 기본적으로 동일한 문제해결과정을 수행한다.

일반적으로 행정은 문제해결과정(problem solving process)을 내포하고 있다. 따라서 사회복지행정도 사회복지조직이 당면한 인적자원, 재정관리, 프로그램 및 서비스의 전달 등의 문제를 규명하고 대안을 모색하여 선택한 후 평가하는 일반적인 문제해결과정의 절차를 거치고 있다.

(2) 공통적으로 요구되는 조력의 역할을 수행한다.

행정은 조직 내의 개인과 집단이 조직목표를 달성할 수 있도록 도와주는 조력(enabling)의 역할이 요구되고 있다. 사회복지조직의 관리자는 전문 사회복지사들이 능력을 최대한 발휘하여 최선의 서비스를 클라이언트에게 제공될 수 있도록 동기부여와 자립의욕을 고취시키는 데 있다. 따라서 사회복지조직의 관리자는 조력자(enabler) 로서 중요한 역할을 수행하고 있다.

(3) 사회자원을 동원하고 활용하는 업무를 수행한다.

행정은 최적의 서비스를 제공하기 위하여 인적, 물적 자원을 동원하고 활용(practical use)하는 것에 초점을 두고 있다. 사회복지조직도 바람직한 사회복지서비스를 산출하기 위해 효과적이고 효율적으로 자원을 동원하고 있다. 그리고 기관조직의 부서를 팀제로 형성하여 적절한 인력배치와 프로그램 수행에 필요한 예산을 관리하는 기능을 수행하고 있다.

(4) 공공의 이익을 실현시키기 위한 목적을 수행한다.

사회복지기관은 사회적 필요성에 의해서 설립되고 유지되고 있다. 사회복지기관은 비영리조직의 형태로 존재하면서 정부기관이나 공동모금회의 지원에 의존하는 경우가 있다. 이는 사회복지기관의 운영이나 프로그램 실천을 위해 정부의 공공자원을 지원하는 것은 궁극적으로는 공공의 이익을 간접적으로 실현시키는 데 있다. 따라서 사회복지기관은 주로 비영리민간법인에 의해 운영되고 있지만 일반행정과 마찬가지로 공공의 사업을 대행하는 모습은 준공공적 성격을 지니고 있다. 즉, 사회복지기관의 행정은 표면적으로 민간기관의 행정이면서도 내용적인 측면에서 공공성의 행정을 공유하고 있다.

2) 차이점

(1) 사회복지행정이 산출하는 서비스는 독특한 성격을 지니고 있다.

사회복지행정은 본래 클라이언트를 대상으로 서비스의 즉흥성과 소멸성을 지니고 있기에 일반행정과 관리의 원칙에 차이가 존재한다. 특히 클라이언트가 어떤 서비스를 요청할 때 즉흥적으로 제공해야 하기 때문에 서비스를 보관할 수도 없는 성격의 차이가 있다.

(2) 사회복지행정은 운영관리에 관한 지식을 초월하는 경우가 있다.

사회복지행정은 지역사회 내에서 발생하는 각종 사회문제의 해결과 지역주민의 욕구충족을 위해 존재하고 있다. 따라서 지역사회 내에 환경관리의 문제가 대두되면 범위를 환경영역으로 확대되어 정치적, 경제적, 사회적 변화에 관한 다양한 지식과 관리기술을 요구하는 것의 차이가 있다.

(3) 사회복지행정은 관리자와 구성원들에 의해서 이루어지고 있다.

사회복지행정의 주체는 관리자를 포함한 조직구성원들에 의해 복잡하고 다양한 행정관리의 과정에 참여하고 있다. 즉, 일반행정은 대부분 최고관리자에 의해서 관리기능이 수행되지만, 사회복지행정은 비록 조직구성원들이 조직의 하층부에 위치해 있더라도 많은 재량권을 가지고 직접 프로그램 및 서비스 관리의 업무를 수행하는 차이가 있다.

(4) 사회복지행정의 과정은 사회복지사의 직무수행에 크게 의존하고 있다.

사회복지조직은 주로 사회복지사의 전문성과 자율성을 통해 다양한 클라이언트 집단에게 서비스를 제공하고 있다. 따라서 사회복지조직은 사회복지사의 업무수행능력과 자질 등에 의해 조직의 성패를 좌우하기 때문에, 사회복지사의 전문성을 인정하는 업무에 차이가 있다.

이상에서 사회복지행정과 일반행정의 유사점과 차이점을 분류하여 살펴보았다. 사회복지조직도 일반조직과 마찬가지로 조직의 목표를 설정하고 인력과 재정을 관리하는 기본적인 행정과정으로서, 기획(planning), 조직(organizing), 인사(staffing), 지시(directing), 조정(coordinating), 보고(reporting), 재정(budgeting), 평가(evaluating)등을 포함하는 유사성을 인정하고 있다. 그러나 사회복지행정은 사회복지조직의 고유의 특성으로서 클라이언트의 문제해결에 초점을 두고 사회복지전문직의 역할수행과 밀접히 관련되어 있기에 일반행정과의 차별성을 주장하고 있다. 본서의 사회복지행정은 일반행정과의 근본적인 유사성을 인정하면서 사회복지의 학문적 특수성에 입각하여 차별성을 지니고 있다.

그리스도 예수 안에서 사회복지행정은 행정력을 기반으로 휴먼서비스 제공이라는 사회복지의 목적을 효과적으로 달성하기 위한 거시적 실천 혹은 응용행정 영역이라 할 수 있다(허만형, 2004:10). 이상의 내용을 토대로 사회복지행정과 일반행정을 요약하여 비교해 보면, ①사회복지행정은 분야로서 응용행정에 초점을 두지만, 일반행정은 순수행정에 초점을 두고 있다. ②사회복지행정은 종류로서 휴먼서비스에 역점을 두지만, 일반행정은 포괄서비스에 역점을 두고 있다. ③사회복지행정은 수단으로서 행정기술에 우선을 두지만, 일반행정은 행정능력에 우선을 두고 있다.

제3절 기독교사회복지행정의 정의

>>> 창조주 하나님의 Living Word

"내가 아버지의 말씀을 그들에게 주었사오매 세상이 그들을 미워하였사오니 이는 내가 세상에 속하지 아니함 같이 그들도 세상에 속하지 아니함으로 인함이니이다"(요17:14).

"그들을 진리로 거룩하게 하옵소서 아버지의 말씀은 진리니이다"(요17:17).

"내게 주신 영광을 내가 그들에게 주었사오니 이는 우리가 하나가 된 것 같이 그들도 하나가 되게 하려 함이니이다"(요17:22).

"곧 내가 그들 안에 있고 아버지께서 내안에 계시어 그들로 온전함을 이루어 하나가 되게 하려 함은 아버지께서 나를 보내신 것과 또 나를 사랑하심 같이 그들도 사랑하신 것을 세상으로 알게 하려 함이로소이다"(요17:23).

"아버지여 내게 주신 자도 나 있는 곳에 나와 함께 있어 아버지께서 창세전부터 나를 사랑하시므로 내게 주신 나의 영광을 그들로 보게 하시기를 원하옵나이다"(요17:24).

"의로우신 아버지여 세상이 아버지를 알지 못하여도 나는 아버지를 알았사옵고 그들도 아버지께서 나를 보내신 줄 알았사옵나이다"(요17:25).

"내가 아버지의 이름을 그들에게 알게 하였고 또 알게 하리니 이는 나를 사랑하신 사랑이 그들 안에 있고 나도 그들 안에 있게 하려 함이니이다"(요17:26).

"우리가 알거니와 하나님을 사랑하는 자 곧 그의 뜻대로 부르심을 입은 자들에게는 모든 것이 합력하여 선을 이루느니라"(롬9:28).

"우리가 항상 예수의 죽음을 몸에 짊어짐은 예수의 생명이 또한 우리 몸에 나타나게 하려 함이라"(고후4:10).

사회복지학에서 행정(administration)의 의미는 국가의 사회복지정책을 구현하기 위한 정부 또는 지방단체의 공행정과 국가 또는 개인이 설립한 사회복지법인이 그 설립의 목적에 따라 효율적으로 운영하기 위한 행정기술을 강조하고 있다. 이에 따라 사회복지행정은 사회복지대상자의 삶의 질 변화와 성장을 촉진하고자 하는 사회복지실천의 한 영역으로서 공행정과 사행정을 포함하여 정의하고 있다(최성재·남기민,1993, 원용). 따라서 사회복지행정은 여러 학자들의 견해에 따라 다양하게 제시되고 있지만, 그 중에 대표적인 학자들의 정의를 중심으로 제시하고자 한다.

그리스도 예수 안에서 키드네이(Kidneigh)에 의하면, 사회복지행정은 사회정책을 사회복지서비스로 전환시키는 과정으로서 사회정책을 구체적인 서비스로 전환시키고 그 경험을 다시 정책수행에 반영하는 양 방향의 과정 속에 있는 것이라고 정의하였다(Kidneigh, 1950:58). 스테인(Stein)은 사회복지행정을 사회복지조직이 조정과 협력의 활동체계를 통해서 조직목표를 설정하고 달성하는 과정이라고 정의하였다(Stein, 1979:7). 패티(Patti)에 의하면, 사회복지행정은 사회복지실천의 한 방법으로서 조직목표를 달성하기 위해 관리자가 수행하는 상호의존적 업무과업, 업무기능, 업무활동 등의 체계적인 개입과정으로 정의하고 있다(Patti, 1983:24-25). 그리고 티트머스(Titmuss)는 사회복지행정을 사회적 서비스가 클라이언트들에게 전달되기 위한 인적조직과 기구로 정의하고 있다(Titmuss, 1974).

그리스도 예수 안에서 사회복지행정은 크게 현존 사회복지대상자를 위해서 ① '무엇'(what)을 제공할 것인지에 대한 결정을 하고, ② 사회정책과 함께 사회문제를 '어떻게'(how)해결할 것인지를 다루는 데 있다. 즉, 사회복지행정은 목적을 다루는 사회정책으로 표현된 추상적인 것을 구체적인 유형의 서비스로 전환하여 사회복지대상자에게 전달하는 수단을 다루는 모든 행정과정을 의미한다. 사회복지행정은 우선 조직목표를 다루는 정책형성이 이루어진 후 정책목표가 달성되도록 지원(support)과 통제(control)를 동시에 수행하고 교류하는 성향을 가진다(허만형, 2004:13-14 원용).

그리스도 예수 안에서 사회복지행정은 사회복지의 어떤 분야보다도 충분한 인적, 물적 자원의 획득은 물론, 효율적이고 효과적인 활용에 대해 중요하게 다루고 있다. 그러나 사회복지자원의 투입만으로 소기의 성과를 이룰 수 없으며, 자원들을 효율적으로 활용할 수 있는 합리적인 행정과정을 통해서 조직목표를 달성할 수 있다(장인협 외, 1999:118). 즉, 사회복지행정은 자원과 프로그램을 관리하는 일련의 과정을 말한다. 그리고 사회복지행정의 과정은 사회복지조직의 관리자만이 수행하는 기능이 아니라, 모든 조직구성원들의 협력적이고 역동적인 과정으로서 조직을 변화시키고 발전시키는 사회복지실천의 개입방법이라 할 수 있다(황성철 외, 2008:22-23 원용).

그리스도 예수 안에서 이상의 학자들의 견해를 종합적으로 정의해 보면, 사회복지행정은 사회복지정책을 사회적 서비스로 전환하는 공적·사적 사회복지조직의 총체적인 활동이라고 할 수 있다. 그리고 사회복지행정은 사회문제를 해결하기 위하여 국가나 지방단체, 사회복지기관 등이 수행하는 제반 활동을 의미하고 있다.

사회복지행정은 광의와 협의의 개념으로 크게 두 가지로 분류할 수 있다. ① 광의적 의미의 사회복지행정은 공공기관 및 민간기관의 업무를 포함해서 사회복지조직의 활동과정에 기여하는 조직구성원들의 협동적이고 조직적인 총체적인 활동을 의미한다. ② 협의적 의미의 사회복지행정은 대부분 사회사업행정에 국한하여 사회사업의 지식, 가치, 기술 등을 적용하여 사회복지기관의 특정한 목적을 달성하기 위해 목표를 설정하고 프로그램을 기획하며 자원을 활용하고 평가하는 전반적인 활동을 의미한다.

한편 기독교사회복지행정이란 위의 개념을 포함해 "그리스도 예수 안에서 하나님께서 십자가와 우리 마음을 연합시키심으로, 예수 그리스도 이름으로 오신 성령으로, 마음이 세상에서 소중하다는 물질보다 더 먼저 하나님을 경외하여 크게 실감하고 있을 때, 그리스도께서 하나님의 뜻을 이루시기 위하여 지혜·권능의 Living Word로 역사 하시는 사회복지행정"으로 개념을 이해할 수 있다.

제4절 기독교사회복지행정의 특성

그리스도 예수 안에서 사회복지행정은 휴먼서비스 조직으로서 사회복지조직의 독특한 특성으로 인해 여타 일반행정의 원리를 그대로 적용하기 어렵다. 사회복지조직은 휴먼서비스의 주 원료가 인간이며 전문가와 클라이언트 간의 상호작용을 중시하고 있다. 사회복지조직에 다양한 전문직종의 인력이 혼재하므로 내부적 목표설정과 이해관계자의 사이에 합당한 타협을 도출하기가 쉽지 않다. 사회복지서비스의 효과성은 제도적 측면보다 인간가치의 측면에서 판단하게 된다. 특히 사회복지행정은 클라이언트와 지역사회, 정치적, 경제적, 사회적 변화 등의 환경영역으로 확대되어 다양한 지식과 관리기술이 요구된다(황성철 외, 2008). 따라서 스키드모어가 강조한 사회복지행정의 특성을 네 가지 제시하면 다음과 같다(Skidmore, 1983).

(1) 사회복지행정은 국가의 이념이나 정책방향에 따라 결정된다.
사회복지행정은 사회복지가 지니는 공적인 성격에서 연유되고 있으며, 국가의 이념에 따라 사회복지행정의 실천과 방향이 다르게 나타날 수 있는 특성이 있다.

(2) 사회복지행정은 사회적으로 인지된 욕구를 충족시키는 데 우선된다.
사회복지행정은 클라이언트의 서비스제공을 위한 가용자원을 동원하고 활용할 수 있도록 하는 실천방법을 활용하는 특성이 있다.

(3) 사회복지행정은 결정된 일련의 절차와 과정에 따라 운영된다.
사회복지행정은 이윤추구나 권력을 목적으로 하는 것이 아니라, 다양하고 복합적인 클라이언트의 욕구충족에 우선순위를 두는 특성이 있다.

(4) 사회복지행정은 사회정책에서 결정된 목표를 구체적으로 실행한다.

사회복지행정은 사회정책의 성격, 내용 등과 밀접한 관련성을 가지고 클라이언트의 급여수준, 실천과정, 운영방법 등을 구체적으로 전달하는 특성이 있다.

이상에서 사회복지행정의 특성은 사회적인 책임성, 조직적인 활동, 사회복지대상자와의 관련성, 복지욕구의 우선순위 등을 결정하는 데 사회적 책임성이 강조되고 있다. 사회복지행정에 있어서 사회적 책임성은 사회적으로 취약한 계층들을 중심으로 행정과정을 집행해야 하기 때문이다.

사회복지행정의 특성을 파악함에 있어서 단순히 행정의 기술적인 측면과 프로그램의 측면을 강조하는 학자도 있으나, 사회복지조직의 구조와 기능을 결정하는 사회정책을 사회복지서비스로 전환시키는 과정을 주요 기능으로 보는 시각에 동의하고 있다(Gates, 1980). 사회복지행정은 사회복지조직의 다양성으로 인하여 상호갈등을 야기할 수 있는 목표설정과 목표달성의 내부적 조정과 협력활동을 강조한 내부적 특성을 지니고 있다. 이에 사회복지조직의 관리자는 자신에게 부여된 특정한 과업과 기능을 원만히 수행하면서 사회복지실천을 통해 체계적이고 합리적인 사회복지행정을 관리해야 한다. 따라서 사회복지조직의 목표달성을 위한 사회복지행정의 특성을 몇 가지 제시하면 다음과 같다.

(1) 사회복지조직을 중심으로 사회정책이 사회복지서비스로 전환되는 과정이다.

사회복지행정은 본래 사회정책을 집행하는 수단으로 수행하게 된다. 즉, 사회 복지행정은 사회정책을 집행하기 위해서 합당한 사회복지프로그램을 계획하 사회복지서비스를 산출하는 과정이라 할 수 있다. 따라서 사회복지기관의 관리자는 전반적으로 조직의 중심적 역할을 담당하면서 매우 중요한 부분인 사회복지서비스 전달체계에 전문성을 발휘해야 한다.

(2) 사회복지조직의 목표를 달성하기 위한 인적 · 물적 자원을 관리하는 과정이다.

사회복지행정은 사회복지조직의 존립근거와 설립취지에 근거하여 수행하게 된다. 즉, 사회복지기관의 목표로 달성하기 위해서 자원을 동원하고 관리하는 전반적인 과정을 의미한다. 따라서 사회복지기관의 관리자는 특정한 사회복지조직의 목표를 계획하고 성취하기 위해서 필요한 자원과 프로그램을 관리하는 데 역점을 두어야 한다.

(3) 사회복지조직의 관리자와 모든 조직구성원이 협력하는 역동적 활동의 과정이다.

사회복지행정은 단지 관리자만이 업무를 수행하는 것이 아니라, 중간관리자와 일선 사회복지사들이 상호 협력하여 수행하게 된다. 즉, 사회복지기관의 관리자의 성격에 따라 조직운영을 주관적으로 이끌어 가면 어려운 국면을 맞게 된다. 따라서 사회복지기관의 관리자는 합당한 리더십을 통해 조직구성원들이 조직목표를 효과적으로 성취하도록 역동적인 활동을 유도해야 한다.

(4) 사회복지조직을 변화시키고 발전시키는 사회복지실천 개입의 과정이다.

사회복지행정은 거시적 실천방법으로서 사회복지조직을 표적체계로 삼고 개입하여 수행하게 된다. 즉, 사회환경의 변화에 따라 사회복지기관의 관리자는 조직구성원에 동기를 부여하고 사회변화에 적응하여 기관조직을 발전시키는 데 일조할 수 있도록 적격히 개입해야 한다.

한편 기독교사회복지행정의 특성이란 위의 개념을 포함해 "그리스도 예수 안에서 하나님께서 십자가와 우리 마음을 연합시키심으로, 예수 그리스도 이름으로 오신 성령으로, 마음이 세상에서 소중하다는 물질보다 더 먼저 하나님을 경외하여 크게 실감하고 있을 때, 그리스도께서 하나님의 뜻을 이루시기 위하여 지혜·권능의 Living Word로 역사 하시는 사회복지행정의 특성"으로 개념을 이해할 수 있다.

제5절 기독교사회복지행정의 가치

사회복지행정을 담당하는 전문가는 사회복지기관의 모든 결정과 행동에 있어서 신념, 태도, 가치 등 내면화가 강조되고 있다. 즉, 그것이 의식적인 과정이든 무의식적인 과정이든 본질적인 가치의 문제를 사회복지행정에서 다룰 필요가 있다. 따라서 사회복지행정의 속성을 탐색하는 데 있어 쟁점이 되는 가치를 다섯 가지 제시하면 다음과 같다(Weiner, 1990:15-21 원용).

1. 인간의 존재성

사회복지행정의 맥락에서 인간은 사물(things)인가 살아있는 존재(beings)인가에 대한 논의가 필요하다. 현존 사회에서 인간은 살아있는 존재보다 사물을 중시하는 정치적, 사회적, 경제적 요소들에 둘러싸여 있다는 사실이다. 사회복지행정의 속성을 담고 있는 기본적인 가치 중의 하나가 인간은 독특하고 살아있는 존재하는 것이다. 즉, ① 개인은 하나의 가치 있고 독특한 실체로서 존재한다. ② 개인은 사물지향적 가치보다 존재지향적 가치가 우세하다. ③ 인간은 살아있는 존재로서 사물로 취급하지 않는 인간상을 지향한다. 따라서 인간의 가치는 추상적인 의미가 아니라 사회 속에서 상호간 실제로 공유는 중요한 요소라 할 수 있다.

인간은 독특한 존재로서 사물이 아니라 존재 속에서 '너와 나라는 사고'가 내재하고 있다. 즉, 우리는 다른 사람에게 인간다운 면을 보여주고 개인적인 관계를 맺고 교제하는데, 이러한 상황에서 '나와 너의 관계'(I-Thou relationship)가 존재한다는 것이다. 그러나 대인관계에서 정당한 인간관계를 공유하지 못하고 다른 사람을 사물로서 대한다면 '나와 그것의 관계'(I-It relationship)가 형성될 수 있다. 따라서 사회복지행정의 전문가는 클라이언트 대상으로 어떤 행동결정에 있어서 그들을 사물로 접근할 것인가 그렇지 않으면 가치 있는 존재로서 접근할 것인가의 중요한 선택을 해야 한다.

2. 인간의 본질성

인간은 동물(animal)인가, 신과 같은 존재(godlike)인가에 대해 언급해 왔다. 최근 사회변화와 문명발전으로 인하여 인간을 동물처럼 취급하는 탈인간화(dehumanization)현상이 만연하고 있다. 즉, 1940년대 유럽에서의 잔인하고 엄청난 유태인 집단학살이라든지, 1970년대에 발생했던 캄보디아의 무차별 인종학살 등은 당시 정치적 방편으로서 용납되어 온 사례로 들 수 있겠다. 지금도 지구촌에서는 여전히 인간을 동물과 다름없는 존재로서 인식하고 취급하는 현상이 나타나고 있다. 이는 사회변화의 과정에서 물질만능주의와 인간경시사상이 지배하면서, 현존하는 모든 죄악적 요소는 인간을 동물과 다름없는 존재로 보는 시각에서 비롯되고 있다.

사회복지행정의 기본적인 가치는 인간을 동물적으로 보는 것이 아니라, 고귀한 인간의 본질로서 계속적인 성장과 발전의 존재로 인식하는 것이다. 따라서 사회복지행정의 전문가는 모든 클라이언트를 동물적 존재가 아니라 신과 같은 존재로 간주하면서 접근할 필요가 있다. 즉, 클라이언트는 자신이 독특한 존재이고 고귀한 존재로 성장하기 위해 부단히 노력하며, 인간성에 대한 본질이 사회복지행정의 근간을 이룰 수 있다.

3. 인간의 독자성

인간은 개인의 독자성(uniqueness)을 추구하는 존재로 볼 수 있다. 모든 인간은 각자 개성이 다르며 어느 누구에게도 갖고 있지 않는 독특한 무엇을 지니고 있다. 우리는 일생을 살아가는 데 있어 어떤 수단에 불과한 자신이 수행하는 역할에 큰 비중을 두고 살아가고 있다. 즉, 자신의 지위. 권력, 부 등과 같은 현실적인 문제에 관심을 가지면서 삶을 영위하고 있지만, 그것은 인생을 가치 있게 산다고 볼 수 없다. 그러므로 사람들은 실제적인 인생의 단계에서 수행하는 역할과 지위가 구별되는 독자성의 삶의 과정을 인식해야 한다는 것이다.

사회복지행정의 전문가는 클라이언트 개개인의 독자성을 일반적인 가치로서 받아들이는 것이 중요하다. 즉, 사회복지행정을 수행하는 전문가로서 자신의 역할이 클라이언트의 독자성을 인정하고 사회적응력을 키우기 위한 방안을 강구해야 한다. 따라서 전문가는 자신과 관계하고 있는 클라이언트에게 개별화된 방식으로 접근하여 그들에게 합당한 사회복지서비스를 제공할 수 있도록 새로운 원조전략을 적극 활용할 필요가 있다.

4. 인간의 의미성

인간의 의미성(meaning)추구는 어떤 문제를 해결함에 있어서 중요한 단초가 되고 있다. 우리에게는 일반적으로 인간관계나 일상생활에 있어서 불합리하며 의미가 없다고 주장하는 경우들이 존재하기도 한다. 즉, 인생에는 의미가 없기 때문에 현존 사회에 대한 새로운 희망이나 어떤 미래의 이상이 전혀 없다고 불평하는 사례를 흔히 볼 수 있다. 이에 인간의 의미성은 보다 나은 사회를 이룩하기 위해 창조적이거나 혁신적인 사고를 도출할 수 있다. 즉, 의미성을 부여한다는 것은 현존 사회의 불합리하고 어려운 상황에서 보다 나은 사회를 건설하기 위해 노력할 수 있는 계기가 된다는 것이다.

사회복지행정의 전문가는 클라이언트의 의미탐구를 통해 자신의 삶의 의미를 갖게 하고 일차적인 기본욕구를 해결하는 데 역점을 둘 필요가 있다. 즉, 클라이언트 자신의 의미는 스스로의 힘으로 찾아야 하고 성취해야하며 이것으로 자신의 새로운 삶의 방향을 모색해 나가는 것이다. 그리고 전문가는 사회복지기관을 통해 업무를 수행하면서 부차적으로 인생의 의미를 찾을 수 있을 뿐 아니라, 사회적 공동선(共同善)에 기여하는 데 일조할 수 있다.

5. 인간의 잠재성

인간의 잠재성(potential)개발은 자신의 능력을 최대한 발휘하고 자아실현을 가능하게 하는 중요한 가치가 되고 있다 모든 인간은 발전할 수 있는 창조적 잠재력을 갖고 있기 때문에, 기본적 가치로서 자신의 잠재력을 어떻게 개발하고 적절히 활용하느냐가 관건이 될 수 있다. 최근 신(新) 인간 잠재력 운동은 전체 삶에 대한 총체적 접근과 육체, 정신, 영혼 등에 있어서 인간의 잠재력 개발을 위한 운동을 전개하고 있다. 로저스(Karl Rogers)는 인간의 잠재력 운동을 개인의 자아형성은 물론 정신과 육체의 풍요로움을 제공하고 성별, 종족, 지위, 소유 여부와 관계없이 현재 있는 그대로를 존중하는 것에 초점을 두고 있다.

사회복지행정의 전문가는 클라이언트를 대상으로 잠재력을 개발하여 낙관적 사고를 고취시키며 희망적인 삶을 영위하게 해야 한다. 대부분의 클라이언트는 그들의 능력과 잠재력을 극히 일부분만 사용하고 있기에, 사회복지행정의 가치로서 클라이언트의 잠재력을 일개우고 성취해 가는 것은 매우 중요하다. 따라서 사회복지행정을 통해 클라이언트로 하여금 자신의 창조적 잠재력을 최대한 개발하여 자립심을 고취시키고 스스로 삶을 터득할 수 있도록 가치관을 확립해 줄 필요가 있다.

한편 기독교사회복지행정의 가치란 위의 개념을 포함해 "그리스도 예수 안에서 하나님께서 십자가와 우리 마음을 연합시키심으로, 예수 그리스도 이름으로 오신 성령으로, 마음이 세상에서 소중하다는 물질보다 더 먼저 하나님을 경외하여 크게 실감하고 있을 때, 그리스도께서 하나님의 뜻을 이루시기 위하여 지혜·권능의 Living Word로 역사 하시는 사회복지행정가치"로 개념을 이해할 수 있다.

제6절 기독교사회복지행정의 이념

그리스도 예수 안에서 사회복지행정의 이념은 사회복지행정이 추구하는 기본적인 방향으로서 당대의 가치, 철학, 사상 등이 총체적으로 내포된 표준적인 행동규범을 의미하고 있다. 즉, 사회복지행정이 나아가야 할 방향과 지침을 결정해 주는 중요한 안내판의 역할을 한다는 것이다. 따라서 사회복지행정의 이념을 구체적으로 제시하면 다음과 같다.

1. 효과성

그리스도 예수 안에서 효과성(effectiveness)은 사회복지조직에 있어서 클라이언트의 욕구와 문제를 충족하기 위해 제공된 서비스나 프로그램 등이 그들에게 의도되거나 기대한 것과 같이 적절하게 성취되었는가를 판단하는 기준을 말한다. 즉, 효과성은 계획된 사회복지행정을 집행한 이후에 실질적으로 경제적 자립을 달성한 사람이 몇 명이나 되며 그 비율은 어느 정도인가의 결과를 도출하는 것이다.

2. 효율성

그리스도 예수 안에서 효율성(efficiency)은 사회복지조직에서 최소의 비용을 투입하여 최대의 능률을 추구하는 성향을 말한다. 사회복지행정의 자원이 희소한 현실에서 사회복지서비스의 집행에 중요한 기준이 되고 있다. 즉, 사회복지행정의 효율성을 제고함으로써 주어진 예산으로 보다 많은 서비스를 적절히 공급하는 방안이 될 수 있다는 것이다.

3. 형평성

그리스도 예수 안에서 형평성(equity)은 동등한 상황에 있는 클라이언트에게 유사한 수준의 서비스를 공평하게 제공하는 것을 말한다. 롤즈(J. Rawls)는 유사한 출발선상에서 출발하는 것이 형평성을 제고할 수 있다고 주장하며, 특히 사회구성원이 가지고 있는 원래의 지위를 회복해 줌으로써 형평성 있는 사회와 정의로운 사회를 이룩한다고 주장하였다(Rawls, 1971).

4. 접근성

그리스도 예수 안에서 접근성(accessivity)은 클라이언트가 활용 가능한 사회복지서비스가 어디에 있으며, 어떤 경로를 거쳐 그 서비스를 편리하게 이용할 수 있는가의 정도를 말한다. 즉, 접근성을 높이기 위해서는 기관위치, 교통수단 등의 물리적 요소뿐 아니라, 서비스의 비용, 서비스의 홍보 등에 대해서도 충분히 고려해야 한다. 그리고 접근가능성을 높일 때 보다 많은 클라이언트가 다양한 서비스를 활용할 수 있고 기대한 효과를 이끌어 낼 가능성이 높다.

5. 책임성

그리스도 예수 안에서 책임성(responsibility)은 사회복지행정의 목적에 충실히 임하고 집행과정에서 법을 준수하였는지의 여부에 대한 기준을 말한다. 즉, 사회복지행정에서 책임성이 제고되면 목적성과 합법성을 향상시킬 수 있으며, 클라이언트가 사회복지서비스를 받도록 함으로써 당면문제를 어느 정도 해결 할 수 있다는 것이다. 한편 기독교 사회복지행정이념이란 위의 개념을 포함해 "그리스도 예수 안에서 하나님께서 십자가와 우리 마음을 연합시키심으로, 예수 그리스도 이름으로 오신 성령으로, 마음이 세상에서 소중하다는 물질보다 더 먼저 하나님을 경외하여 크게 실감하고 있을 때, 그리스도께서 하나님의 뜻을 이루시기 위하여 지혜·권능의 Living Word로 역사 하시는 사회복지행정이념"으로 개념을 이해할 수 있다.

제7절 기독교사회복지행정의 접근방법

사회복지행정은 국가나 지방단체, 공공기관 등이 중심이 되어 사회서비스를 제공할 경우 공행정의 영역에 속하며, 순수한 민간기관이 비영리의 목적으로 사회복지를 제공할 경우 사행정의 영역에 속하게 된다. 이에 사회복지행정은 사회복지서비스를 제공하는 주체가 누구이며 어떤 관점에서 접근하느냐에 따라 그 방향이 틀려지게 된다. 따라서 사회복지행정의 접근방법은 크게 관료적 접근방법, 민주적 접근방법, 혼합적 접근방법의 세 가지를 제시하면 다음과 같다 (장인협·이정호, 2003 원용).

>>> 바라보고 계시는 하나님의 Living Word

"내가 아버지의 말씀을 그들에게 주었사오매 세상이 그들을 미워하였사오니 이는 내가 세상에 속하지 아니함 같이 그들도 세상에 속하지 아니함으로 인함이니이다"(요17:14).

"그들을 진리로 거룩하게 하옵소서 아버지의 말씀은 진리니이다"(요17:17).

"내게 주신 영광을 내가 그들에게 주었사오니 이는 우리가 하나가 된 것 같이 그들도 하나가 되게 하려 함이니이다"(요17:22).

"곧 내가 그들 안에 있고 아버지께서 내안에 계시어 그들로 온전함을 이루어 하나가 되게 하려 함은 아버지께서 나를 보내신 것과 또 나를 사랑하심 같이 그들도 사랑하신 것을 세상으로 알게 하려 함이로소이다"(요17:23).

"아버지여 내게 주신 자도 나 있는 곳에 나와 함께 있어 아버지께서 창세전부터 나를 사랑하시므로 내게 주신 나의 영광을 그들로 보게 하시기를 원하옵나이다"(요17:24).

"의로우신 아버지여 세상이 아버지를 알지 못하여도 나는 아버지를 알았사옵고 그들도 아버지께서 나를 보내신 줄 알았사옵나이다"(요17:25).

"내가 아버지의 이름을 그들에게 알게 하였고 또 알게 하리니 이는 나를 사랑하신 사랑이 그들 안에 있고 나도 그들 안에 있게 하려 함이니이다"(요17:26).

"우리가 알거니와 하나님을 사랑하는 자 곧 그의 뜻대로 부르심을 입은 자들에게는 모든 것이 합력하여 선을 이루느니라"(롬9:28).

"우리가 항상 예수의 죽음을 몸에 짊어짐은 예수의 생명이 또한 우리 몸에 나타나게 하려 함이라"(고후4:10).

1. 관료적 접근방법

그리스도 예수 안에서 관료적 접근방법은 사회복지조직에 있어서 피라미드구조의 명령계통을 특징으로 운영하는 방식을 강조하고 있다. 사회복지조직의 업무체계는 기관조직에 의해 설정된 절차와 규칙, 전문화에 기초한 활동의 분업, 기술적 능력에 기초한 채용과 승진, 조직의 인간관계에 있어서의 비인격성 등으로 이루어지고 있다. 즉, 사회복지조직은 다양한 전문가로 구성되어 있으므로 그들의 판단기준으로 의사결정이 분권화되어 있고 상호간 조정되지 않는 업무가 빈번히 나타나고 있다.

사회복지행정의 학문적 배경은 일반행정의 관료적 조직이론을 도입하여 일부 응용적으로 구축되었다. 사회복지행정에 있어서 관료적 방식은 사회복지사의 자율성 존중과 기관의 정책 방향 사이에서 갈등적 요소를 야기할 수 있다. 그리고 사회복지조직의 경직된 부분에 대해 조정기술이 표준화하기가 쉽지 않다. 따라서 사회복지행정은 조직운영에 있어서 사회복지의 특수성을 감안하여 관료적 접근을 반영하되 인간관계 중심으로 활용할 필요가 있다.

2. 민주적 접근방법

그리스도 예수 안에서 민주적 접근방법은 관료적 방식의 위계조직과는 달리 조직구성원의 자발적인 참여와 의사결정을 기초로 하고 있다. 사회복지조직의 운영은 조직목표와 계획 및 절차에 대해 조직구성원의 다수가 참여하고, 직원과 이사회 및 위원회의 협력을 조성하여 합리적인 조직운영에 역점을 두고 있다. 그러나 사회복지조직의 운영에 민주적 방식의 한계점은 조직구성원이 자칫 자율성이 지나쳐서 업무의 매너리즘에 빠지고 안일한 업무 태도로 인하여 조직목표를 달성하는데 저해요인으로 들 수 있다.

사회복지행정은 조직운영에 있어서 민주적 방식을 최대한 활용하되 조직구성원의 업무동기를 부여하여 합당한 업무활동에 이탈하지 않도록 접근해야 한다. 즉, 조직구성원의 다양한 능력과 경험에 기초한 인센티브를 통해 기관조직뿐 아니라, 각 구성원의 개인적 발전을 도모하고 집단이나 팀워크에 기초한 협력적인 업무관계를 형성하도록 노력할 필요가 있다.

3. 혼합적 접근방법

그리스도 예수 안에서 혼합적 접근방법은 관료적 접근방법과 민주적 접근방법을 절충한 방식을 활용하고 있다. 사회복지조직은 고정적이고 이상적인 조건에서만 조직운영이 이루어질 수 없기 때문에, 양자의 특성을 혼합한 조직구조로서 업무의 발전에 기여해야 한다. 혼합적 조직구조는 조직구성원의 위계적인 피라미드형의 명령계통을 포함하면서 관리자의 권위를 어느 정도 완화시키는 운영체계를 말한다.

사회복지행정은 조직목표를 달성하기 위해서 양면적인 접근방식을 적극 적용할 필요가 있다. 즉, 기관조직은 전체적인 입장에서 조직목표의 결과를 지원주체인 지자체와 법인이사회에 보고해야 한다. 그리고 기관조직의 각 구성원들은 나름대로의 개인적 목표를 지니고 기관에 대해 요구하게 된다. 이상의 관점에서 사회복지행정의 혼합적 접근방법을 통해 기관의 목표와 개인의 목표를 동시에 충족시킬 수 있도록 노력해야 한다.

4. 기독교사회복지접근방법

한편 기독교 사회복지접근방법이란 위의 개념을 포함해 "그리스도 예수 안에서 하나님께서 십자가와 우리 마음을 연합시키심으로, 예수 그리스도 이름으로 오신 성령으로, 마음이 세상에서 소중하다는 물질보다 더 먼저 하나님을 경외하여 크게 실감하고 있을 때, 그리스도께서 하나님의 뜻을 이루시기 위하여 지혜·권능의 Living Word로 역사 하시는 사회복지접근방법"으로 개념을 이해할 수 있다.

이 밖에도 기독교사회복지행정과 관련하여 기독교사회복지행정의 과정론에 기독교리더십, 기독교의사소통, 기독교조직구조, 기독교인사관리, 기독교재정관리, 기독교정보체계관리가 있고, 기독교사회복지행정의 관리론에 기독교사회복지프로그램, 기독교사회복지행정의 평가와 책임성, 기독사회복지조직의 마케팅과 홍보, 기독교 사회복지행정의 미래전망 등이 있다.

>>> 바라보고 계시는 하나님의 Living Word

"내가 아버지의 말씀을 그들에게 주었사오매 세상이 그들을 미워하였사오니 이는 내가 세상에 속하지 아니함 같이 그들도 세상에 속하지 아니함으로 인함이니이다"(요17:14).

"그들을 진리로 거룩하게 하옵소서 아버지의 말씀은 진리니이다"(요17:17).

"내게 주신 영광을 내가 그들에게 주었사오니 이는 우리가 하나가 된 것 같이 그들도 하나가 되게 하려 함이니이다"(요17:22).

"곧 내가 그들 안에 있고 아버지께서 내안에 계시어 그들로 온전함을 이루어 하나가 되게 하려 함은 아버지께서 나를 보내신 것과 또 나를 사랑하심 같이 그들도 사랑하신 것을 세상으로 알게 하려 함이로소이다"(요17:23).

"아버지여 내게 주신 자도 나 있는 곳에 나와 함께 있어 아버지께서 창세전부터 나를 사랑하시므로 내게 주신 나의 영광을 그들로 보게 하시기를 원하옵나이다"(요17:24).

"의로우신 아버지여 세상이 아버지를 알지 못하여도 나는 아버지를 알았사옵고 그들도 아버지께서 나를 보내신 줄 알았사옵나이다"(요17:25).

"내가 아버지의 이름을 그들에게 알게 하였고 또 알게 하리니 이는 나를 사랑하신 사랑이 그들 안에 있고 나도 그들 안에 있게 하려 함이니이다"(요17:26).

"우리가 알거니와 하나님을 사랑하는 자 곧 그의 뜻대로 부르심을 입은 자들에게는 모든 것이 합력하여 선을 이루느니라"(롬9:28).

"우리가 항상 예수의 죽음을 몸에 짊어짐은 예수의 생명이 또한 우리 몸에 나타나게 하려 함이라"(고후4:10).

장종현 목사의 개혁주의생명신학 선언문

하나님은 거룩하고 보편적인 하나의 교회를 세우셨다. 교회의 토대인 하나님의 말씀은 변함이 없지만, 세상 속의 교회는 시대의 흐름에 따라 변화되어 왔다.

중세교회가 예수 그리스도의 복음을 왜곡하였을 때 성령께서는 종교개혁자들을 일으켜 교회를 바른 길로 돌아오게 하셨다. 종교개혁 이후의 교회도 위기마다 성경을 재발견함으로 개혁되어 왔다. 개혁된 교회는 성령과 말씀의 인도하심에 따라 항상 개혁되어야 한다.

어둡고 공허하던 한반도에 복음의 빛이 비추인지 130여 년이 흘렀다. 하나님의 은혜로 한국교회는 부흥과 성장을 경험하며 국가 발전과 세계선교에 공헌했다. 그러나 우리는 죄와 허물로 인해 후손들에게 영광스러운 교회를 물려줄 수 없게 되었다. 우상숭배와 분열, 교권주의와 세속화에 빠져 교회의 본질이 흐려지고 영적 능력을 상실했다. 하나님께서는 위기의 시대를 살아가는 우리를 새로운 사명으로 부르신다. 지금은 성경을 통해 말씀하시는 성령의 음성을 듣고 우리의 신앙과 교회를 새롭게 해야 할 때다. 만일 우리가 현실에 안주하여 회개하지 않는다면 주께서 슬퍼하며 탄식하실 것이다.

한국교회의 근본 문제는 영적 생명을 잃어버린 데 있다. 일부 목회자들의 영적 타락으로 인해 사회적 지탄을 받고 있으며, 생명을 살리는 복음적 설교가 사라지고 있다. 또한 성도들도 십자가와 부활 그리고 내세 소망이 없는 세속적 설교에 길들여져 회개와 변화를 잃어버렸다. 이 모든 문제의 출발점에 잘못된 신학이 있다. 헬라 철학자들은 신학을 '인간이 신에 관하여 말하는 학문'으로 정의했다. 이는 유한한 인간이 창조주 하나님에 관해 성경을 따르지 않고 자신의 방식으로 말한 것이다.

피조물인 인간이 영이신 창조주 하나님을 학문의 대상으로 삼을 수 없다. 신학자들이 성령의 음성에 순종하기보다 학문만을 추구한 결과, 교회를 섬겨야 할 신학이 사변화(思辨化)되고 말았다. 참된 신학은 성령의 도우심으로 하나님과 예수 그리스도를 인격적으로 아는 것이다. 성령의 인도하심을 받지 않는 신학에는 예수 그리스도의 생명이 없다. 신학은 학문이 아니다.

예수 그리스도의 생명의 복음이다.

500년전 중세교회는 교황의 권위와 교회의 전통을 성경 위에 두는 죄를 범했다. 종교개혁자들은 이러한 잘못된 가르침에 맞서 '5대 솔라'의 신앙원리를 정립했다. '5대 솔라'는 '오직 성경', '오직 그리스도', '오직 믿음', '오직 은혜', '오직 하나님께 영광'이다. 이는 성경에 근거한 가르침으로, 개혁주의신학(Reformed Theology)의 핵심이다. 그러나 오늘의 개혁주의신학은 종교개혁의 정신을 잃어버렸다. 학문과 교리는 붙들면서도 말씀에 순종하는 삶은 소홀히 함으로 복음의 생명력을 약화시켰다.

개혁주의신학이 예수 그리스도의 생명을 회복하도록 우리는 '개혁주의생명신학'(Reformed Life Theology)을 주창하고 실천해 왔다. 이는 새로운 신학이 아니다. 개혁주의생명신학은 하나님 자신과 교회와 세상을 말씀에 비추어 그릇된 것은 바로잡고 올바른 것은 계승하는 개혁주의신학을 따른다. 개혁주의생명신학은 하나님의 말씀 가운데 나타나는 예수 그리스도의 생명의 역사가 회복되기를 소망한다. 이를 위해 성령의 인도하심을 따라 먼저 자신을 말씀과 기도 가운데 개혁하고, 교회를 예수 그리스도의 생명으로 새롭게 하며, 세상을 예수 그리스도의 복음과 사랑으로 변화시키려 한다.

우리는 예수 그리스도의 생명이 개혁주의생명신학을 통하여 한국교회에 다시 약동하게 되기를 소망한다. 하나님의 영이 마른 뼈에 들어가서 큰 군대가 된 것처럼 성도들이 살아나기를 기도한다. 성전에서 흘러나오는 성령의 강수가 광야에 꽃을 피우고 죽음의 바다를 살린 것처럼, 강단에서 흘러나오는 생명의 말씀이 세상을 살리기를 원한다. 두 막대기가 예언자의 손에서 하나 된 것처럼, 그리스도의 찢겨진 몸이 연합하고, 갈라진 한반도가 하나 되기를 소망한다.

성령이여, 오셔서 교회를 살리소서!

【오직 성경】
성경을 통하여 말씀하시는 성령

성경은 하나님의 아들 예수 그리스도의 복음이다(눅24:27;롬1:1-2). 성경은 인간의 구원과 삶의 모든 문제에 대한 유일하고 완전한 답이다. 성경에 기록된 하나님의 말씀이 선포되는 곳에서 성령도 함께 일하시며 예수 그리스도의 생명의 역사가 일어난다(요6:63 하).

종교개혁은 성경보다 전통을 신봉하는 중세교회의 가르침에 반대하여, 성경 66권만을 신앙과 삶의 표준으로 삼았다. 오늘날 한국 교회가 종교개혁의 성경관에 굳게 서지 못함은 안타까운 일이다. 자유주의와 보수주의를 막론하고 신학자들은 성경을 이성의 비평 대상으로 삼아 신학을 학문으로만 여긴다. 목회자와 성도들은 성경 전체의 가르침을 보지 않고 자기에게 필요한 구절만을 취한다.

성경은 성령의 감동으로 기록되었기에 성령만이 성경을 올바로 해석하여 적용하게 해 주시는 분이다(딤후3:16-17;벧후1:21). 성령께서 영의 눈을 열어 주실 때에야 비로소 우리는 성경을 생명의 말씀으로 체험한다(엡1:17-18). 성경을 학문적으로만 다루게 되면 영적 생명을 상실하게 된다. 율법 조문은 죽이는 것이고 영은 살리는 것이다(고후3:6). 영이 살아야 학문도 산다.

우리는 학문적 노력에 앞서 무릎을 꿇고 성령의 도우심을 간구해야 한다(고전 12:3). 신학은 하나님에 관한 인간의 말이 아니라, 하나님께서 인간에게 하시는 말씀이다. 신학은 학문이 아니라 예수 그리스도의 생명의 복음이다!

【오직 그리스도】
십자가와 부활의 삶

예수 그리스도만이 구원의 유일한 길이다. 하나님은 우리에게 그리스도 외에 구원받을 만한 다른 이름을 주시지 않았다(행4:12). 철학과 종교, 과학과 문화, 그 무엇도 우리를 죄와 사망으로부터 구원할 수 없다. '오직 그리스도'를 부정하는 종교혼합주의와 종교다원주의는 잘못된 사상이다. 하나님과 사람 사이의 유일한 중보자이신 예수 그리스도를 어느 누구도 대신

할 수 없다(딤전2:5).

모든 사람이 범죄 하여 하나님의 영광에 이르지 못하게 되었다(롬3:23).

우리의 마음이 어두워지고 어리석게 되어 하나님께 감사와 영광을 돌리지 않고 도리어 하나님의 영광을 썩어질 우상으로 바꾸었다(롬1:21-23).

하지만 하나님께서는 이런 우리를 사랑하셔서 독생자 예수 그리스도를 화목제물로 내어 주셨다(롬5:8;요일4:10). 예수 그리스도는 하늘의 영광된 보좌를 비워 두시고, 이 땅에 오셔서 십자가를 지기까지 하나님의 뜻에 순종하셨다.

예수 그리스도는 십자가에서 구원 사역을 다 이루시고(요19:30). 사흘 만에 부활하심으로 부활의 첫 열매가 되셨다(고전15:3-4;15:20). 예수 그리스도께서는 십자가에서 우리 죄를 사하셨고, 부활을 통해 우리를 의롭게 하셨다(롬4:25)

하나님의 형상과 영광을 회복하는 유일한 길은 예수 그리스도의 십자가와 부활을 믿는 것이다. 이러한 믿음은 십자가와 부활의 삶으로 나타나야한다(고후4:10-11). 이제는 내가 사는 것이 아니라 오직 내 안에 그리스도께서 사시는 것이다. 우리의 자아가 십자가에서 온전히 죽을 때 우리 안에서 예수 그리스도의 생명의 역사가 일어난다(갈2:20). 이것이 성령의 인도를 받는 삶이다(갈5:24-25). 성령의 도우심으로 부활의 삶을 살도록 우리는 날마다 무릎을 꿇고 기도 해야 한다(고후 4:11).

【오직 믿음】
순종하는 믿음과 기도

믿음은 하나님의 선물이며(엡2:8-9), 살아계신 하나님을 인격적으로 신뢰하는 삶이다. 우리의 구원은 '오직 믿음'으로만 가능하다. 진정한 믿음은 순종을 동반하기에(롬1:5) 행함이 없는 믿음은 죽은 것이다(약2:17).

중세 교회는 인간의 공로로 구원받을 수 있다는 율법주의를 주장함으로써 하나님의 주권을 부정했다(딛3:5). 종교개혁은 이러한 주장에 반대하여 오직 믿음으로만 의롭게 된다는 성경의 진리를 밝히 드러내었다(롬1:17). 하나님은 우리를 의로운 행위 때문에 구원하신 것이 아니라 예수 그리스도를 믿는 믿음을 보시고 구원하셨다.

참된 믿음은 순종으로 나타난다(갈5:6). 믿음이 순종을 동반하지 않아도 구원받을 수 있다고 가르치는 반율법주의는 하나님의 은혜를 오해한 것이다(약2:19).

그들은 순종 없는 믿음을 가르침으로써 하나님의 은혜가 삶으로 열매 맺는다는 사실을 부정한다. 오늘의 교회도 칭의 만을 강조한 나머지 성화를 소홀히 해왔다. 그러나 우리는 믿음으로 의롭다 함을 얻을 뿐 아니라 거룩함도 얻는다(고전1:30; 6:11). 하나님은 우리에게 죄 사함의 은혜를 주실 뿐 아니라 우리를 그 은혜에 합당한 거룩한 삶으로 부르신다. 믿음은 거룩한 부르심에 대한 우리 인간의 순종이다. 순종은 우리의 힘과 능력으로 되는 것이 아니라 오직 성령의 도우심으로만 가능하다(슥4:6).

성령의 인도하심을 따라 기도할 때 우리의 믿음이 더욱 깊어진다(유1:20). 믿음으로 기도할 때 주께서 병든 자를 고치시고 죄인을 구원하신다(약5:15). 마귀를 대적하며 시험을 인내로써 이기는 길은 주 앞에 엎드려 기도하는 것뿐이다(약4:7-8).믿음으로 구하는 것을 얻을 수 있으며(약 1:6). 믿음으로 고난을 견딘다(히 11:24-25).

성령 안에서 드리는 기도는 하나님의 부르심에 믿음으로 순종하는 길이다(엡 6:18).

【오직 은혜】
용서와 화해의 복음

구원은 하나님의 전적인 은혜다. 인간의 공로로 얻을 수 없다(엡2:7-9). 하나님은 사람이 범죄 하여 타락한 후에도 여전히 은혜 베풀기를 기뻐하셨다. 하나님의 은혜는 독생자 예수 그리스도의 십자가에서 절정에 이르렀다. 우리의 화평이신 예수님은 오랫동안 막힌 담을 무너뜨리고 화해와 통합을 이루셨다(엡2:14). 예수 그리스도의 생명을 화목제물로 값없이 내어 주신 하나님의 은혜가 헛되지 않도록 우리는 그 은혜를 삶에서 날마다 되새겨야 한다(롬3:25;요일4:10).

그러나 안타깝게도 오늘의 한국교회는 분열을 거듭하고 있다. 하나 되라고 하신 성령의 명령을(엡4:3) 지키지 못하고 이기적 욕망과 교권주의로 분열의 아픔을 겪고 있다. 교회의 연합은 시대적 사명이자 하나님의 명령이다.

우리는 하나님의 은혜를 헛되이 하지 않아야 한다. 오직 은혜로 구원받은 우리는 화해와 용서로 하나 되라는 하나님의 명령에 순종해야 한다. 십자가의 은혜로 죄 용서 받은 사람은 자신에게 죄 지은 사람을 용서해야 한다(마18:35).

하나님의 은혜를 체험한 사람은 용서할 수 없는 사람도 용서하고 사랑할 수 없는 사람까지도 사랑한다. 하나님의 은혜의 복음을 증언하는 것은 주 예수께 받은 사명이다(행20:24). 거저 받았으니 거저 주어야 한다(마10:8).

구원받은 이후에도 하나님의 은혜 없이는 살 수 없다. 하나님의 인도하심과 보호하심이 없으면 길을 잃는다.

때를 따라 돕는 은혜를 얻기 위하여 하나님의 보좌 앞에 담대히 나아가야 한다(히4:14-16; 고후5:18). 우리는 복음을 말로만 전파하지 말고 용서와 화해를 주시는 성령의 능력으로 전파해야 한다(엡2:18;살전1:5).

【오직 하나님께 영광】
희생과 봉사의 삶

우리 삶의 목적은 하나님께 영광을 돌리는 데 있다. 하나님은 온 천하 만물 가운데 홀로 거룩하시고 홀로 영광 받으실 분이다(사6:3; 롬11:36).

성자 예수님은 성부 하나님의 영광을 십자가와 부활을 통하여 나타내셨다(요1:14; 히1:3). 성령 하나님은 예수님을 죽은 자 가운데서 일으키시어 영화롭게 하셨다. 또한 우리 양심을 죽은 행실에서 깨끗하게 하시고 살아 계신 하나님을 섬기게 하심으로 하나님께 영광을 돌리셨다(롬1:4;히9:14).

구원받은 사람은 예수 그리스도를 본받아 십자가와 부활의 삶을 산다. 예수 그리스도는 우리의 주님이요, 모범이요, 인도자이시다. 우리는 그의 말씀을 지키고, 그의 성품을 본받아야 한다. 우리는 생명 살리는 복음을 전하기 위해 보냄 받은 그의 제자들이다(요20:21). 제자 된 우리는 소금과 빛의 삶을 통해 믿음의 본을 보여야 한다(마5:13-16;벧전5:3;딤전1:16-

17;4:12). 우리 자신의 힘으로는 제자의 삶을 살 수 없다. 제자는 자아를 십자가에 못 박고 그리스도의 생명으로 살아야 한다(갈2:20).

우리가 지금 받는 고난은 장차 우리에게 나타날 지극히 큰 영원한 영광과 비교할 수 없다(롬8:18;고후4:17). 십자가와 부활을 믿는 자들은 약속된 영광을 누릴 자로서(벧전5:1) 삶의 모든 영역에서 하나님께 영광을 돌려야 한다(고전10:31). 우리가 하나님께 영광을 돌리기 위해서는 날마다 자기 십자가를 지고 희생과 봉사의 삶을 살아야 한다(눅9:23).

하나님의 영광을 가리는 우리의 실상을 회개하고 그 회개에 합당한 열매를 맺어야 한다(마3:8). 주께서 영광의 보좌에 앉아 만물을 새롭게 하시는 날(마19:28) 그의 발 앞에 우리의 면류관을 벗어드리며 그의 영광과 존귀와 권능을 영원히 찬양하리라(계4:10-11)(장종현, 2017).

장종현 목사의 개혁주의생명신학 7대 실천운동

　개혁주의생명신학은 성경의 가르침과 개혁주의신학을 계승하여, 사변화된 신학을 반성하고, 회개와 용서로 하나 되며, 예수 그리스도께서 주신 영적 생명을 회복하고자 하는 신앙운동이다. 그리하여 성령의 도우심으로 삶의 모든 영역에서 예수 그리스도의 주권을 실현함으로써 오직 하나님께 영광을 돌린다. 이를 위해 나눔운동과 기도운동과 성령운동을 통해 자신과 교회와 세상을 변화시키는 역동적인 실천을 도모한다.

【 1.신앙운동 】

　'신앙운동'은 성경이 우리의 신앙과 삶의 유일한 표준임을 믿고, 개혁주의신학을 계승하려는 운동입니다. 개혁주의생명신학은 역사적 개혁주의신학에 생명력을 불어넣어서 오늘 이 땅에서 성령의 역사가 불일 듯 일어나게 하자는 신앙운동입니다. 개혁주의신학은 성경을 우리의 신앙과 삶의 유일한 표준으로 삼습니다. 그러므로 개혁주의신학을 받아들이고 계승한다는 것은 성경을 대단히 소중히 여긴다는 뜻입니다.

　우리는 성경이 말씀하는 바에 따라 우리의 삶의 모습을 바꾸어 가야 합니다. 그리고 우리의 모든 가치관과 세계관을 하나님의 말씀 아래 굴복시켜야 합니다. 우리의 모든 문제의 답은 하나님이 주신 성경말씀 속에 있습니다. 개혁주의생명신학이 강조하는 신앙운동의 출발점은 '성경이 답이다' 입니다. 성경은 이 세상의 그 어떤 학문이나 신앙 체험보다도 우위에 있습니다. 우리는 성경으로 돌아가야 합니다. 성경을 읽고 묵상하는 생활을 습관화해야 합니다. 성령의 조명 아래 성경을 읽고 해석해야 합니다. 성경을 통해 예수 그리스도의 생명력을 얻어 말씀에 순종해야 합니다.

　성경으로 돌아간다는 것이 무슨 뜻입니까?
　첫째, 성경을 읽고 묵상하는 생활을 습관화 하는 것입니다.
　둘째, 성령의 조명아래 성경을 읽고 해석하는 것입니다. 성경의 저자는 성령이십니다. 성경을 올바로 해석해 주시는 분도 성령이십니다. 성령께서 우리의 어두운 마음과 지성에 빛으로 비추어 주실 때, 우리는 성경의 뜻을 올바로 알 수 있습니다. " 어두운데서 빛이 비치라 말씀하셨던 그 하나님께서 예수 그리스도의 얼굴에 있는 하나님의 영광을 아는 빛을 우리 마음에 비추셨느니라"(고후4:6). 하나님의 말씀 앞에서 자아가 깨어지는 경험을 하지 못한 목사와 하나님의 말씀 때문에 가슴을 치며 통곡해 보지 못한 신학자는 진정한 하나님의 종이 될 수 없습니다.

셋째, 예수 그리스도의 생명을 받는다는 것입니다. 가지가 포도나무에 붙어 있지 않으면 열매를 맺을 수 없듯이, 생명 되시는 예수님 안에 거하지 않는 사람은 어떤 열매도 맺을 수 없습니다. 그분의 말씀 안에 거하는 사람이 예수님 안에 거하는 사람입니다(요15:7). 예수님의 말씀의 핵심은 '사랑'입니다. 하나님을 사랑하고 이웃을 사랑하는 것입니다. 이렇게 사랑을 실천하는 사람이 곧 예수님의 생명을 가진 사람입니다. 또 자기 안에 그리스도의 생명을 가진 사람은 성령을 따라 행하고 성령의 열매를 맺습니다(갈5:22-23).

넷째, 성경 말씀에 순종하는 것입니다. 예수님은 "너희가 나를 사랑하면, 나의 계명을 지키리라(요14:15). 히브리서 4장12절은 하나님의 말씀의 기능에 대해 이렇게 말합니다. "하나님의 말씀은 살아 있고 활력이 있어 좌우에 날선 어떤 검보다 예리하여 혼과 영과 및 관절과 골수를 찔러 쪼개기까지 하며 또 마음의 생각과 뜻을 판단하나니. " 하나님의 말씀은 생명력과 활력을 가졌기에 인간의 심령을 예리하게 파고들어 그를 완전히 새 사람으로 변화시키기에 충분합니다. 죄에 빠진 인간을 회복시키는 것은 오직 성경뿐 입니다.

【 2.신학회복운동 】

'신학회복운동'은 '신학은 학문이 아니다' 라는 외침과 함께 시작합니다. 신학회복운동은 신학의 학문성 자체를 전면적으로 부정하는 것은 아닙니다. 하지만 신학이 학문으로만 끝나서는 안 되며 하나님의 말씀인 성경을 돌아가야 함을 강조합니다. 전통적으로 기독교 국가였던 서구사회는 매우 세속화된 사회가 되고 말았습니다. 교회는 복음의 능력을 잃어버리고 신학은 교회 현장과 분리되어 학문적으로만 논의되고 있습니다. 신학은 일차적으로 하나님께 영광을 돌리고 생명을 살리는 신학이 되어야 합니다. 신학은 그런 의미에서 교회를 위한 신학이 되어야 합니다. 학문적인 관심을 우선시하는 신학은 사변화라는 치명적인 함정에 빠질 수밖에 없습니다. 그런 면에서 신학회복운동은 신학교육을 담당하는 신학교부터 달라져야 한다고 주장

합니다. 생명이 생명을 낳듯이 그리스도의 생명으로 불타오르는 교수들을 통해 그리스도의 생명을 전하는 목회자들이 양성됩니다. 신학을 배우는 학생들의 관심도 학문이 아니라 말씀과 기도에 모아져야 합니다. 아울러 성도들도 바른 신학에 대하여 관심을 기울여야 합니다.

요한복음17:3절에 있는 것처럼 하나님과 그분의 뜻을 아는 것이 신학입니다. 신학은 하나님을 아는 것이며 예수 그리스도를 아는 것입니다. 하나님을 아는 것은 곧 영원한 생명을 아는 것입니다. 하나님을 아는 것이 우리로 하여금 영생을 얻게 하고, 그 영생을 누리며 살게 합니다. 예수님께서는 요한복음 10장10절에서 이렇게 말씀하십니다. "내가 온 것은 양으로 생명을 얻게 하고, 더 풍성히 얻게 하려는 것이라." 신학은 그리스도인으로 하여금 하나님을 알게 해서, 그의 심령 가운데 영적인 생명을 더욱 풍성히 얻게 함으로써 영적으로 풍성한 열매를 맺도록 하는 것입니다. 참된 신학은 하나님과 그 분이 행하신 일들을 머리가 아니라 인격적으로 아는 살아있는 지식이어야 합니다. 참된 신학은 영원한 생명을 얻고 이 생명을 전파하는 신학입니다. 학문은 성경이 영적생명을 살리는 하나님의 말씀으로 역사할 수 있도록 돕는 수단일 뿐입니다. 신학은 학문으로 시작하지만 복음으로 끝나야 합니다. 신학은 학문으로 시작하지만 하나님의 말씀으로 끝나야 합니다.

【 3.회개용서운동 】

'회개용서운동'은 하나님 앞에서 자신을 돌아보고 회개하며, 서로를 용납하여 하나 됨을 추구하는 운동입니다. 자신의 죄를 깨닫고 철저히 회개한 사람은 구원이 하나님의 전적인 은혜임을 고백합니다. 하나님의 은혜의 복음을 감사하는 성도가 하나님께 드릴 수 있는 가장 큰 헌신은 용서와 화목입니다. 오늘날 우리 한국교회가 풀어야 할 문제 가운데 하나가 분열입니다. 성도가 제일 많은 장로교회의 분열이 가장 심각합니다. 우리나라에 복음을 전해 준 선교사들은 갈라지지 않은 한 교회를 세우기 위해 애썼고 실제로 단일 장로교회를 설립했습니다. 일제 강점기의 혹독한 압제 아래서도 하나였던 한국장로교회는 1950년대에 분열했습니다. 한국교회의 분열을 치유하고 다시 하나 되는 길은 회개용서운동입니다. 성경은 하나님께서 우리를 용서하신 것같이 우리도 서로를 용서하고 사랑하라고 말씀합니다. 회개용서운동의 궁극적 목표는 예수님의 사랑 안에서 우리 모두가 하나 되는 것입니다. '오직 은혜'를 진심으로 고백한다면, 예수님의 사랑으로 서로를 용서하고 하나가 되어야 합니다.

회개와 용서는 하나님의 말씀이 우리 속에 역사할 때 일어납니다. 회개와 용서는 매우 밀접한 관련이 있지만 그 대상은 서로 다릅니다. 회개는 하나님과 우리 사이에 있는 문제를 풀기 위해 우리 속에서 일어납니다. 용서는 우리 자신과 다른 사람들의 관계 가운데 일어납니다. 참된 회개 없이는 진심으로 용서할 수 없습니다. 회개는 생명회복의 시작입니다. 회개는 다른 사람이 아니라 바로 나 자신에서 시작합니다. 자신이 얼마나 많은 죄를 지었는지를 되돌아보며 그 대가로 처벌받는 일 외에는 마땅한 것이 없다는 것을 깨달아야 합니다. 요한일서 1장 9절은 "만일 우리가 우리 죄를 자백하면 그는 미쁘시고 의로우사 우리 죄를 사하시며 우리를 모든 불의에서 깨끗하게 하실 것이요"라고 말씀합니다. 회개의 시작은 자백입니다. 우리 죄를 하나님께 자백하면 하나님은 우리를 반드시 깨끗하게 하십니다. 우리를 모든 불의에서 건지십니다. 참된 회개는 사랑의 실천으로 나타납니다. 로마서 3장25절 말씀대로 모든 사람이 죄를 범했기 때문에 하나님 앞에서 의로운 사람은 아무도 없습니다. 예수님을 믿는 이들이 의롭다 여김을 받는 것은 우리 죗값을 대신 치러 주신 예수 그리스도의 십자가와 부활 때문입니다(롬4:24-25). 주님께 자신의 죄를 날마다 자백함으로 주님께서 우리를 모든 불의에서 깨끗하게 하시기를 간구해야 합니다.

【 4.영적생명운동 】

'영적생명운동'은 예수 그리스도의 복음으로 사람을 변화시키며, 우리 속에 그리스도의 영을 회복시키자는 운동입니다. 개혁주의생명신학은 이론의 전달이나 도덕적 감화가 아니라 예수 그리스도의 복음을 통한 영적 생명의 회복을 추구하는 영적생명운동입니다. 영적생명운동을 바르게 실천하기 위해서는 먼저 하나님을 전인격적으로 알아야 하며 그리고 하나님과 올바른 관계를 이루어야 합니다. 인간의 근본적인 문제를 해결해 주실 수 있는 분은 오직 예수 그리스도밖에 없습니다. 왜냐하면 인간의 근본적인 문제는 죄로 인한 하나님과의 단절인데, 그 문제를 해결해 주실 분은 오직 예수님밖에 없기 때문입니다. 예수 그리스도의 영이 말씀을 통해 나를 지배해야 그 생명이 내 안에 머물고, 나를 통해서 생명의 역사가 나타납니다. 사람을 변화시키고 영적 생명을 살리는 교육은 오직 하나님의 말씀에 의해서만 가능합니다. 하나님이 함께하는 백석학원을 통해 수많은 젊은이들에게 그리스도의 영적 생명을 심어 주는 것이 백석학원이 존재하는 가장 중요한 이유입니다.

예수 그리스도의 복음을 받아들이지 않은 자는 영적으로 죽은 자이므로 그들에게 복음을 전하여 영적생명을 얻도록 해야 합니다. 인간의 근본적인 문제는 죄로 인한 하나님과의 단절인데, 그 문제를 해결해 주실 분은 오직 예수님 밖에 없습니다. 우리가 나 자신과 교회, 세상을 살리려면 육으로만은 되지 않습니다. 육은 영적인 생명을 살리는 일에는 무익합니다(요6:63). 육적인 것을 통해서는 어떤 영적인 변화도 일어나지 않으며, 육적인 지식을 통해서는 어떤 회개와 개혁도 일어나지 않습니다. 더욱 큰 문제는 육적인 것을 영적인 것으로 알고, 거기서 그쳐 버리고 만다는 사실에 있습니다. 예수님께서 '살리는 것은 영'이라고 말씀하셨습니다. 죄를 이기게 하고, 악을 버리고 선을 택하며, 하나님의 뜻에 순종할 수 있게 하는 능력은 오직 성령의 능력입니다. 우리는 성령의 이와 같은 능력을 통해 영적인 생명력을 회복해야 합니다. 하나님의 말씀을 바로 아는 것, 즉 '영이요, 생명인 하나님의 말씀'을 회복할 때 영적인 생명력을 회복할 수 있습니다. 예수님께서는 영으로 살리시는 그 강력한 능력이 그분의 말씀에서 나온다고 말씀하셨습니다. 참된 생명, 영원한 생명은 예수님 안에 있습니다. 예수 그리스도의 영이 말씀을 통해서 나를 지배해야 그 생명이 내 안에 머물고, 나를 통해서 생명의 역사가 나타납니다. 하나님과의 올바른 관계가 이루어지면 다른 모든 문제는 하나님께서 친히 주권적으로 다루실 것입니다. "영생은 유일하신 참 하나님과 그의 보내신 자 예수 그리스도를 아는 것이니이다"(요17:3). 하나님을 아는 것은 예수 그리스도를 아는 것입니다. 하나님을 아는 것은 영원한 생명을 얻는 것입니다. 엠마오로 가던 두 제자처럼 부활하신 예수님을 만난 제자들은 자신들 속에 있는 참된 생명을 나누지 않고는 견딜 수가 없었던 것입니다. 바로 영적생명을 가져 부활신앙을 소유한 사람의 거룩한 변화입니다(눅24:32-33).

사도베드로가 성문 앞에 있던 앉은뱅이를 고칠 때 은과 금은 없었지만, 나사렛 예수 그리스도의 이름이 있었습니다. 베드로 속에 예수님의 영이 충만했습니다. 예수님의 생명으로 충만한 것이 참으로 하나님을 아는 것이고, 예수님의 생명을 줄 수 있는 사람의 모습입니다. 사도

행전7장에서 스데반은 순교현장에서 돌에 맞아 죽으면서도 하나님의 사랑, 예수님의 사랑을 보여 줄 수 있었습니다. 예수 그리스도의 영이 그의 속에 있었기 때문에 가능했습니다. 그는 예수 그리스도에 대해서 듣고 배웠을 뿐 아니라, 예수의 영이 그 안에 거하는 예수의 사람이 된 것입니다. 영적인 문제가 해결되지 않은 채 지엽적인 문제에 아무리 매달려 보아도 그것은 근본적인 해결책이 되지 못합니다. 모든 문제의 근원, 또한 우리가 스스로 해결할 수 없는 구원의 문제를 해결해 주실 분은 오직 우리 주 예수 그리스도뿐이십니다. "살리는 것은 영이니 육은 무익 하니라 내가 너희에게 이른 말은 영이요 생명이라"(요6:63). 예수 그리스도의 영이 우리의 삶을 지배해야 우리는 성령의 열매를 맺을 수 있습니다. 우리가 죄를 이길 수 있는 비결도 여기에 있습니다. 하나님의 영광을 위한 거룩한 삶도 하나님의 말씀이 우리를 지배해야 가능합니다. 예수 그리스도의 영이 말씀을 통해서 나를 지배해야 그 생명이 내 안에 머물고 나를 통해서 생명의 역사가 나타납니다. 예수님이 이 땅에 오신 이유는 양무리 같은 우리에게 영적생명을 주시기 위함이었습니다. 우리가 영적 생명을 받으면 우리의 삶이 풍요로워집니다. 영적으로 풍요로워질 뿐 아니라, 육적으로도 생명력과 활력이 넘치는 삶을 살게 됩니다. 성경에서 '하나님을 아는 지식'은 하나님에 대한 정보를 아는 것뿐만 아니라, 하나님을 사랑하고 경외하는 경건을 포함합니다. 하나님의 형상으로 지음 받은 우리는 영적생명이 회복되지 않으면 살 수 없습니다. 내 속에 그리스도의 영이 있어서 하나님의 말씀에 이끌림 받아 말씀을 새김질하여 영적인 말씀으로 살아가야 합니다. 그때야 비로소 우리 안에 회개와 용서가 있고, 사랑이 있고, 눈물이 있습니다. 자기 속에 영적 생명력인 예수의 생명이 풍성하게 차고 넘치면 그것을 전할 수 있는 사람으로 삽니다.

【 5. 하나님 나라운동 】

'하나님 나라운동'은 사회, 경제, 교육, 문화, 예술 등 우리의 신앙과 삶의 모든 영역에서 성령의 도우심을 통해 예수 그리스도의 주(主)되심을 실현하는 운동입니다. 우리가 섬기는 하나님은 온 우주를 창조하신 분이시며, 모든 만물의 왕이신 분이십니다. 하나님께서는 이 세상의 모든 분야에 있어서 왕으로서 통치하셔야 합니다. 예수 그리스도께서는 십자가를 통해 죄의 권세를 이기셨고, 이제 우리를 통해 모든 영역에서 자신의 왕권을 회복하기를 원하십니다. 개혁주의생명신학은 하나님의 이름이 세상 모든 분야에서 높아지시는 것을 목표로 두고 있고, 그것이 하나님 나라운동입니다. 하나님 나라운동을 실천하기 위해 필요한 성경적인 기준을 기독교 세계관이라고 부릅니다. 기독교대학이 기독교 세계관에 근거하여 학문과 행정을 연구하여 학생들을 가르칠 때 그들이 세상을 바꾸어 나갈 것입니다. 세상 사람들은 그런 모습을 보면서 복음을 더 잘 받아들이게 될 것입니다. 개혁주의생명신학은 영혼 구원만이 아니라 세상의 모든 분야에 있어서 그리스도께서 주님 되심을 실현하려는 하나님 나라운동입니다.

우리는 세상 모든 분야 속에서 하나님의 뜻을 실천해 나가도록 노력해야 하고 그렇게 함으로 복음을 전해야 합니다. 그것이 하나님 나라 운동입니다. 하나님 나라운동을 실천하기 위해 필요한 성경적인 기준을 기독교세계관이라고 부릅니다. 하나님이 만왕의 왕이시고 만주의 주이시기 때문에 하나님을 믿는 우리는 세상의 모든 것을 바라볼 때 하나님의 관점에서 바라보아야 합니다. 하나님의 관점이 어떤 것인지는 성경을 읽으면 발견할 수 있습니다. 성경이 제시하고 있는 하나님의 관점을 우리는 기독교세계관이라고 칭합니다. 이 세상에 복음을 전하는 일보다 더 소중하고 다급한 일은 없습니다. 왜냐하면 모든 사람은 죽게 되어 있으며 죽은 후에는 하나님의 심판이 있기 때문입니다. "한번 죽는 것은 사람에게 정해진 것이요 그 후에는 심판이 있으리니"(히9:27). 이 심판 후에는 영원한 천국 혹은 지옥이 그들을 기다리고 있습니다. 하지만 말로 전하는 것만으로는 부족합니다. 우리는 바른 행위를 통해 하나님이 살아계심을 드러내야 합니다. 그렇기 때문에 예수님께서는 "이같이 너희 빛이 사람 앞에 비치게 하여 그들로 너희 착한 행실을 보고 하늘에 계신 너희 아버지께 영광으로 돌리게 하라"(마5:16)고 말씀하셨습니다. 기독교인은 사는 모습이 달라야 합니다. 하나님 나라운동은 하나님의 자녀들이 하나님의 뜻대로 살아감을 통해 하나님께 영광을 돌리고, 그렇게 함으로써 복음을 전하고자 하는 운동입니다. 인간의 죄 때문에 세상에서 마귀들이 활개를 치고 있기는 하지만 원래 세상의 주인은 하나님이십니다. 그러므로 우리가 세상 속에서 살면서 마귀의 뜻이 아니라 하나님의 뜻이 세상 속에서 펼쳐지도록 노력하는 것은 지극히 당연한 일입니다. 기독교세계관은 세상의 모든 것을 세상 사람들이 보는 방식대로 보지 말고 하나님의 방식대로, 성경적인 방식대로 보자고 하는 것입니다. 하나님은 만왕의 왕이시고 만주의 주이십니다(딤전6:15;계17:14). 그렇기 때문에 우리 기독교인들은 세상의 정치,경제,사회,문화 그 어떤 분야이건 그것을 사탄의 손에

내어주는 것이 아니라 그곳에서도 하나님의 뜻이 이루어지도록 하기 위해 노력해야 합니다. 그러기 위해서는 무엇이 문제인지를 분석할 수 있어야 하고, 어떻게 해야 그곳에서 하나님의 영광이 드러나게 될지를 알고 있어야 합니다. 즉 전문적인 지식이 필요하다는 것입니다. 이것은 기독교세계관에 기초한 교육을 받은 사람들이 할 수 있는 일입니다. 그러나 한국교회는 성도들에게 각자의 전문분야 속에서 어떻게 행동해야 할지를 가르쳐 오지 않았습니다. 그렇기 때문에 백석학원에서는 이 일을 위해 노력해 오고 있습니다. 즉 학생들이 우리 학교에서 자신의 전공과목을 통해 하나님께 영광을 돌리며 사는 법을 배우고 실제로 평생 그렇게 살도록 격려하고 있습니다. 특히 가난하고 약한 사람들에 대한 사랑이 충만해서 그들을 돕기 위해 사랑의 손길을 내밀어야 할 것입니다(마25:40).

하나님 나라운동은 온 세상 모든 분야를 하나님의 나라로 만들어야 한다는 운동입니다. 교회만이 아니라 기독교대학만이 아니라 정치, 경제, 사회, 모든 분야를 하나님의 나라로 만들어서 그 가운데서 하나님의 뜻이 이루어지도록 만들어야 하는 운동입니다(창1:28). 정치 분야에서는 모든 사람이 하나님의 형상으로 소중하게 존중받으며 사 수 있는 세상을 만들어 나가도록 노력해야 할 것이고, 경제 분야에서는 인간이 돈을 벌기 위한 도구가 아니라 궁극적인 목적으로 대우받는 세상이 되도록 노력해야 할 것입니다. 또 사회, 문화 모든 분야에서도 성경이 가르쳐주시는 하나님의 뜻이 이루어지도록 노력해야 할 것입니다. "이는 만물이 주에게서 나오고 주로 말미암고 주에게로 돌아감이라 그에게 영광이 세세에 있을지어다 아멘"(롬11:36). 이 구절은 왜 우리가 교회뿐만 아니라 정치, 경제, 사회, 문화 모든 분야에서 하나님의 뜻을 실천하기 위해 노력해야 하는지를 잘 보여줍니다. 그것은 하나님이 세상 모든 것의 창조주이시고, 세상 모든 것의 주관자이시기 때문입니다. 세상의 그 어느 것도 하나님 없이는 존재할 수 없습니다. 세상 모든 것의 주인은 하나님이십니다. 하지만 사탄이 인간의 범죄를 틈타 세상에 들어와 하나님 대신 주인 노릇을 하고 있습니다. "이곳은 원래 하나님의 영토다. 나가라"고 하며 사탄을 내쫓아야 합니다. 이것은 지역적인 개념을 넘어서 이 세상의 모든 분야에 대한 이야기입니다. 하나님은 교회에서 뿐만 아니라 정치계, 체육계, 연예계 등에서도 모두 왕으로 섬김을 받으셔야 합니다. 그것이 하나님 나라 운동의 목표입니다. "만물이 그에게서 창조되되 하늘과 땅에서 보이는 것들과 보이지 않는 것들과 혹은 왕권들이나 주권들이나 통치자들이나 권세들이나 만물이 다 그로 말미암고 그를 위하여 창조되었고"(골1:16). 이 구절은 하나님이 만물의 창조자이시며 그것들은 모두 하나님을 위해 창조되었다고 말씀합니다. 즉 만물의 창조 목적은 하나님의 영광이라는 것입니다. 세상에 존재하는 모든 것은 하나님의 영광을 위해 쓰일 수 있습니다. 하나님을 믿는 자들은 그 방법을 밝혀내야 하고, 그 일을 연구하는 것을 우리는 기독교학문이라고 부릅니다.

【 6. 나눔운동 】

'나눔운동'은 그리스도의 희생과 섬김을 본받아 이웃을 섬기고, 모든 것을 그들과 나누자는 운동입니다. 우리는 하나님께서 우리에게 베풀어 주신 영적 축복과 물질적 축복을 이웃과 함께 나누어야 합니다. 하나님의 은혜를 받은 사람이라면 은혜 베푸시는 하나님을 닮아야 합니다. 이웃에게 구원의 기쁜 소식을 나누고, 하나님께서 허락해 주신 모든 좋은 것을 나누어야 합니다. 나눔운동은 올바른 자세를 갖는 것이 중요합니다. 우리는 죽기까지 낮아지셔서 종의 자세로 섬기신 예수님을 본받아야 합니다. 예수 그리스도의 은혜를 생각하고 십자가의 고난을 생각하며 하나님 앞에서 철저히 나를 낮추는 훈련을 할 때에 우리는 하나님께서 원하시는 참된 종의 모습으로 세상 사람들을 섬길 수 있습니다. 우리는 전도뿐만 아니라 구제와 봉사활동에 적극 동참해야 합니다. 나눔운동은 교회를 교회답게 하고 교회 밖의 사람들을 향해 예수님의 사랑을 전합니다. 나눔운동은 우리를 위해 모든 것을 희생해 주신 예수님의 십자가 사랑을 본받아 그분의 명령에 순종하는 것입니다.

나눔운동은 교회를 교회답게 하고 교회 밖의 세상 사람들을 향해 예수님의 사랑을 전할 수 있는 통로입니다. 예수님께서 관심을 가지시고 돌보셨던 사회적 약자인 어린이와 노약자, 장애인, 극빈자와 소외계층을 교회가 앞장서 품어야 합니다. "하나님을 사랑하는 것은 이것이니 우리가 그의 계명들을 지키는 것이라 그의 계명들은 무거운 것이 아니로다 무릇 하나님께로부터 난 자마다 세상을 이기느니라 세상을 이기는 승리는 이것이니 우리의 믿음이니라"(요일 5:3-4). 계명은 다름 아니라 하나님을 사랑하고 이웃을 사랑하는 것입니다. "우리는 기회 있는 대로 모든 이에게 착한 일을 하되 더욱 믿음의 가정들에게 할지니라"(갈6:10). 나눔운동은 교회 공동체 안에서 활발히 일어나는 동시에 교회 밖의 모든 사람을 향해서도 이루어져야 합니다. 생명은 살아서 움직입니다. 생명은 생명을 가져옵니다. 예수님의 생명을 소유한자는 예수님의 삶을 사는 자이며, 예수님의 사랑을 나누는 자입니다. 사랑은 나눔으로 나타납니다. 우리는 복음 전파를 통해 모든 영적축복을 이웃에게 나누어야 합니다. 로마서1장16절은 "내가 복음을 부끄러워하지 아니하노니 이 복음은 모든 믿는 자에게 구원을 주시는 하나님의 능력이 됨이라"고 말씀합니다. 우리는 구원의 소식뿐만이 아니라 하나님께서 허락해 주신 모든 좋은 것을 함께 나누는 자들이 되어야 합니다. 우리는 전도뿐만 아니라 구제와 봉사활동에 적극 동참해야 합니다. 우리의 믿음은 단순한 지적 동의에 머물지 말고 반드시 사랑의 나눔으로 표현되어야 합니다.

【 7.기도성령운동 】

'기도성령운동'은 하나님께서 우리에게 맡겨 주신 일을 올바로 실천하기 위해 사람의 힘이 아니라, 오직 성령님만이 이 모든 일을 가능하게 하심을 고백하고, 모든 일을 할 때 간절한 기도를 통해 성령님의 인도하심을 구하자는 운동입니다. 오늘날 한국교회에서 개혁의 외침이 많지만 기도성령운동이 없으면 그 모든 외침은 공허한 구호에 그치고 말 것입니다. 개혁주의생명신학의 실천은 기도성령운동을 통해서만 가능합니다. 기도성령운동이 신학교와 교회에서 힘차게 일어나면 신앙운동과 신학회복운동, 회개용서운동, 영적생명운동, 하나님 나라운동, 나눔운동은 자연스럽게 이루어지게 될 것입니다. 개혁주의생명신학은 오직 기도와 성령으로 나타나는 하나님의 능력과 지혜를 의지하는 실천운동입니다. 그러므로 개혁주의생명신학은 기도와 성령을 강조합니다. 올바른 신학을 회복하고 영적인 생명을 살리기 위해서는 성령의 도우심이 절대적으로 필요한데, 우리가 성령으로 충만해지기 위해서는 기도 외에는 다른 방법이 없기 때문입니다

인간의 무능함과 부패함을 하나님 앞에서 솔직하게 인정하고, 오직 성령의 능력에 의지하여 간절히 기도하면서 모든 일을 해야 합니다. 하나님께서 우리에게 맡기신 사명도 인간의 능력으로는 감당할 수 없습니다. 인간의 능력과 지혜로 이루었다고 해도 그것은 하나님 앞에 아무런 영광이 되지 않습니다. 하나님께서는 오직 성령의 능력으로 행하는 것을 기뻐하십니다. 기

도성령운동은 앞의 6가지 운동을 가능하게 하는 원동력이라고 할 수 있습니다. 개혁의 외침은 많지만, 개혁을 실천하는 능력이 우리에게 없습니다. 목회자와 신학자는 영적 지도자로서 육의 일을 버리고 영적인 일을 집중해야 합니다. 육적인 것은 무익하고 생명을 주시는 분은 성령이시기 때문에 성령을 따라 행해야 합니다. 성도들과 학생들의 외적인 모습을 변화시키는 윤리적이고 학문적인 설교나 강의가 아니라, 성령을 철저히 의지하는 가운데 하나님의 세미한 음성을 전하는 영적인 사역을 해야 합니다. 성령을 의지해서 무릎 꿇고 기도해야만 성령 충만한 말씀사역이 일어나고, 그 말씀을 들은 영혼들이 변화됩니다. 개혁주의생명신학은 사람의 지혜와 능력을 가지고 무언가를 해 보자는 것이 아닙니다. 오직 기도와 성령으로 나타나는 하나님의 능력과 지혜를 의지하는 것이 개혁주의생명신학의 핵심입니다. 설교를 아무리 잘해도, 기도의 능력에 대한 믿음이 없으면, 설교가 영혼을 변화시킬 수 없습니다. 행정을 아무리 잘하고, 소그룹을 아무리 잘 인도해도 기도에 헌신되어 있지 않으면, 그 목회자가 사역하는 교회는 영적으로 약해질 수밖에 없습니다. 인간의 지성은 성령님을 몰아냅니다. 기도 없이는 하나님 음성을 들을 수 없고, 기도 없이는 하나님의 말씀을 깨달을 수가 없습니다. '기도 외에 다른 것으로는 이런 종류가 나갈 수 없느니라'(막9:29). 그러나 제자들은 변론합니다. 말로 이렇게 저렇게 분석하고 핑계를 댑니다. 그러나 예수님은 말씀하십니다. 기도만이 이렇게 강력한 귀신을 이길 수 있다는 것입니다. 예수님이 눈에 보이지 않아도, 예수님의 능력이 역사하도록 하는 방법이 기도이기 때문입니다. 성령을 받을 수 있는 방법은 기도입니다. 누가복음11장 13절에서 예수님께서는 "너희가 악할지라도 좋은 것을 자식에게 줄줄 알거든 하물며 너희 하늘 아버지께서 구하는 자에게 성령을 주시지 않겠느냐"고 약속하셨습니다. 하나님께서는 성령을 달라고 기도하는 자에게 성령을 주십니다. 사도행전 8장 15절은 "그들이 내려가서 그들을 위하여 성령받기를 기도하니"라고 말씀합니다. 지금도 성령님은 우리의 기도 가운데 여전히 역사합니다. 그런데 성령이 단회적이니 연속적이니 이런 말을 하는 신학자들이 있습니다. 그 말을 하는 것 자체가 성령님의 역사를 제한하는 것입니다. 성령충만을 받을 때, 그가 전하는 말씀이 성도들이 심령 속으로 들어갑니다. 기도하면 복음의 문이 열립니다. 에베소서 6장 19절은 "또 나를 위하여 구할 것은 내게 말씀을 주사 나로 입을 열어 복음의 비밀을 담대히 알리게 하옵소서 할 것이니"라고 말씀하십니다. 기도하면 영혼구원의 역사가 일어납니다(장종현, 2018).

참/고/문/헌

국내 문헌

강성철 외 (2014).「새인사행정론」, 서울: 대영문화사.

강신택 (2000).「재무행정론」, 전정판. 박영사.

강신택 (1982). 정치학연구의 보편성과 특수성. 김운태 외.「한국 정치행정의 체제」. 박영사.

────── (1995).「사회과학연구의 논리. 개정판. 박영사.

강용기 (1999, 2008, 2014).「현대지방자치론」, 서울: 대영문화사,

────── 외 (2001).「새내기를 위한 행정학」, 서울: 대영문화사.

────── (2014).「새내기를 위한 행정학」, 서울: 대영문화사.

강충호 (2000). "공공부문의 단체교섭 실태조사," 미간행 논문.

강태호 (1985).「70년대 이후의 아시아와 한반도」, 서울: 한겨레.

강인재 · 이달곤 외 (1998).「한국행정론」. 대영문화사.

계희열 (1998). 헌법재판과 국가 기능.「헌법재판의 회고와 전망」. 헌법재판소.

곽채기 (1997). 중앙-지방정부간 재원배분 체계의 재구조화 방안.「한국행정연구」, 6(2).

권기헌 (1997).「전자정부와 행정개혁」. 커뮤니케이션북스.

권태환 · 조형제 편 (1997).「정보사회의 이해」. 미래미디어.

김 인 (1986).「공공서비스 배분의 결정요인과 형평성에 관한 연구」.서울대 박사학위 논문.

고숙희 외 공역 (1998).「미래의 국정관리」. B. Guy Peters 저, 서울: 법문사.

곽영길 · 신현기 (2008). "참여정부의 자치경찰법(안)에 관한 역사적 고찰,"「자치경찰연구」,1(1)(여름, 창간호). 한국자치경찰학회.

권기성 · 최진석 (1997). "가상조직에 대한 정체성 고찰,"「한국행정학회보」, 31(4): 155-168.

권순동 (2007). "Social Network 활용 현황과 공공서비스 적용 방안,"「정보사회에서의 IT 현안과 과제」, 한국정보사회진흥원.

권정호 외 (2008).「인간관계와 리더십」, 서울: 양서원.

권희재 · 김상수 역 (1994).「정책이란 무엇인가?」, R. L. Lineberry & I. Sharkansky 저, 강원대출판부.

김경동 (1982).「사회과학방법론」, 서울: 방송통신대학출판부.

────── (1995).「한국사회변동론」, 서울: 나남출판.

김관석 (2007). "전자정부의 법적 과제,"「미국헌법연구」, 18(1), 미국헌법학회.

────── (1999).「한국의 NGO」, 서울: 동명사.

김광웅 (1976).「사회과학연구방법론」, 서울: 박영사.

────── (1983).「행정과학서설」, 서울: 박영사.

김근세 (2004). 김대중 행정부의 정부 규모에 관한 실증 분석.「행정논총」, 43(1).

김근세 · 권순정 (1997). 작은 정부: 김영삼 행정부의 정부 규모에 대한 실증적 분석.「한국행정학보」, 31(3).

김규정 (1994, 1977, 1999).「행정학원론」, 서울: 법문사.

김기태 (1996). 「행정학」, 서울: 대왕사.
김도훈 외 (1988). 「행정학개론」, 서울: 대영문화사.
김동훈 (1995). 「지방의회론」, 서울: 박영사.
김동훈 (2000). 「행정법Ⅰ」, 제6판. 박영사.
김만기 편 (1998). 「2000년대에 대비한 정부조직의 혁신」, 서울: 대영문화사.
김명수 · 박 준 (1995). 「공공감사론」, 서울: 대영문화사.
김문성 (2000). 「행정학의 이해」, 서울: 박영사.
김병섭 외 (2000). 「조직의 이해와 관리」, 서울: 대영문화사.
─── (2008). 「휴먼조직론」, 서울: 대영문화사.
김병준 (2000). 「한국지방자치론」, (제2판), 서울: 법문사.
─── 외 (2015). 「전자정부 패러다임 변화 연구: 미래정부의 기능과 역할 전망」, 한국정보화진흥원.
김신복 (1993). 「발전기획론」. 박영사.
김상묵 (2000). "지식정부의 바람직한 조직모형 검토," 「한국행정학회 동계학술대회 발표논문집(1)」: 139-165.
김상호 (1999). 「공공부문의 단체교섭에 관한 연구」, 한국노총 중앙연구원.
김석준 외 (2000). 「뉴거버넌스 연구」, 서울: 대영문화사.
김성호 · 안영훈 · 이 효 (1998). 「자치경찰제의 준거틀과 모형설계」, 한국지방행정연구원.
김수영 (1996). 「총합 행정개혁론」, 서울: 법률계.
김영기 (1999). 「지방자치행정론」. 서울: 대영문화사.
─── (2000). 「지방자치제의 이해」, 서울: 대영문화사.
김영성 외 (1998). 「행정학원론」, 서울: 대영문화사.
김운태 외 (1994). 「한국정치론」, 서울: 박영사.
─── (1996). 「한국행정사」, 서울: 방송대학교출판부.
김인수 (1999). 「거시조직이론」, 개정판. 무역경영사.
김재기 (1991). 「행정학」, 서울: 법문사.
김재훈 (2000). 대도시 자치구제 개선. 지방자치제도 개선을 위한 국민대토론회 발표 논문.
김정렬 · 한인섭 (2008). 「행정개혁론」, 서울: 법문사.
김정렬 (2007). 정부혁신의 비교분석. 정부혁신지방분권위원회 편. 「참여정부의 정부혁신: 이론적 접근」.
김정형 · 송건섭 (1999). 「행정학의 강의」, 서울: 형설출판사.
김종근 (2013). "책임행정에 관한 공직윤리 연구," 「한국지방정부학회 2013 하계학술대회 발표논문집」, 1-31.
김종술 (1999). 포스트모더니즘을 통해서 본 행정학의 이해. 「정부학연구」, 5(1).
김종찬 (1983). "한국 행정기구 개혁에 관한 연구," 「강남논총」, 제10집, 강남대출판부.
─── (1992). "행정개혁의 본질에 관한 연구," 「강남논총」, 제22집, 강남대출판부.
김종표 (1997). 「신지방행정론」, 서울: 법문사.
김준기(2000). 정부-NGO 관계의 이론적 고찰: 자원의존모형의 관점에서. 「한국정책학보」, 9(2).
김중규 (2000). 「뉴밀레니엄 행정학」, 서울: 성지각.
김진복 외 (2000). 「행정학개론」, 서울: 형설출판사.

김창수 (2005). 점진주의 정책기획의 지혜.「한국행정학보」, 39(2).
김철수 (1992).「한국헌법」. 법영사.
―――― (2000).「헌법학개론」, 제12전정신판. 박영사.
김태룡 (2007).「행정이론」, 서울: 대영문화사.
김판석·권경득 (1999). "지방자치단체의 인사제도 개혁,"「한국행정학회보」, 33(1):99-118.
김한배·박혜자·오세윤·이원장·이용호·이정용·황영호 (2001).「행정학개론」. 서울: 대왕사.
김학로 (1994).「지방행정의 이론과 실제」, 서울: 박영사.
김해동 (1983). 관료부패의 제조건.「행정논총」, 21(1). 서울대 행정대학원.
김행범 (2000).「신행정학원론」, 서울: 금정출판사.
김호진 (1996).「한국정치체제론」, 서울: 박영사.
김호섭 (1991). 행정책임의 논리.「한국행정학보」, 25(3).
나성린·전영섭 (1995).「공공경제학」. 서울: 학현사.
남현호, 광주 연합뉴스, 2003.5.6.(www.naver.com).
노광표·하재룡·홍주환 (2007).「소통과 협력을 통한 공무원 노사관계 발전적 패러다임구축과 대국민 서비스 강화 방안」. 서울특별시공무원노동조합.
노사정위원회 (2000).「합의 사항 이행 현황」. 제67항.
노화준 (2004).「정책학원론」, 전정판. 박영사
대외경제정책연구원(2004).「일본의 지역경제 활성화 추진에 관한 연구, 재정경제부 특구 운영의 성과에 관한 영역보고서」.
동아일보, YS 지지율 초기 94%: 요즘 조사 못할 수준, 1998년 2월 23일자 5면.
데이빗 오스본·피터 플래스트리크 저, 최창현 역 (1998).「정부개혁의 5가지 전략」. 삼성경제 연구소.
드러커 외 (1997).「미래의 조직」. 한국경제신문사.
마틴 A. 레빈, 메리 B. 싱거(1997).「선진 행정의 길」, 서울: 삼성경제연구소.
문명재 (2007). 책임 있는 정부 운영을 위한 새로운 접근과 함정: 자율 vs. 책임. 정부혁신지
문태훈 (1994). "한국 정부조직의 변천과 개편 방향," 노정현 외(공편),「행정개혁론: 이론과실제」, 서울: 나남출판사.
문화일보, IMF사태로 물거품된 신한국 창조, 1998년 2월 13일자 5면.
민 진 (1996, 2014).「조직관리론」, 서울: 대영문화사.
박경원 외 (1999).「조직이론 강의」, 서울: 대영문화사.
박광주 (1985). "집정관적 신중상주의 국가론," 한국정치학회(편),「현대 한국의 정치와 국가」, 서울: 법문사.
박내회 (1989).「조직행동론」. 박영사.
박동서 (2001).「한국행정론」, 서울: 법문사.
―――― (1991).「한국행정의 개혁」, 서울: 법문사.
―――― (2001).「인사행정론」, 서울: 법문사.
―――― (1995). "정부조직의 개편-1994년 12월,"「행정논총」, 33(1), 서울대학교 행정대학원.
―――― (1997).「한국행정론」, 서울: 박영사.

박동서 · 김광웅 · 김신복(1995). 「비교행정론」, 서울: 박영사.
박석희 (2007). 「공기업 성과관리론」. (주)한국학술정보.
박세일 (2000). 「법경제학」, 개정판. 박영사.
박연호 (2000). 「행정학원론」, 서울: 박영사.
─── (2000). 「새행정론」, 서울: 대영문화사.
─── 외 (1985). 「조직관리론」, 서울: 법문사.
박영미 (2000). "지식정부의 복지정보시스템 구축," 「지식정부 구현을 위한 전략과 과제」, 한국행정학회.
박영범 · 이상덕 (1990). 「공공부문의 노사관계」. 한국노동연구원.
박영희 (1995). 「재무행정론」, 서울: 다산출판사.
박영희 · 김종희 (2006). 「신재무행정론」(제2개정판), 서울: 다산출판사.
박용치 (1996). 「행정학」, 서울: 고려원.
─── 역 (1984). 「공공정책평가론」, 서울: 고려원.
박응격 (1984). 「행정학강의」, 서울: 박영사.
─── (2000). 「지방행정론」, 서울: 신조사.
박의경 (1999). "독일의 지방자치와 지방의회, 그 구성과 원동력," 「지방포럼」, 1999년 9?박우순 (2002). 「행정학의 새로운 패러다임」. 법문사. 10월호.
박천오 외 (2000). 「인사행정의 이해」, 서울: 법문사.
박태견 (1995). 「앨고어 정보초고속도로」, 서울: 길벗.
박홍식 (1991). 내부고발: 이론, 실제 그리고 함축적 의미. 「한국행정학보」, 25(3).
박희봉 외 (2003). 우리나라 정부신뢰 특성 및 영향 요인 분석. 「한국행정학보」, 37(3).
방분권위원회 편. 「참여정부의 정부혁신: 이론적 접근」.
방석현 (1993). 「행정정보체계론」, 서울: 법문사.
배득종 (1996, 2005). 「신재무행정」, 서울: 박영사.
백기복 (1994). 「조직행동연구」. 법문사.
백완기 (1982). 「한국의 행정문화」, 서울: 고려대학교출판부.
─── (1992). 「행정학」, 서울 박영사.
─── (1994). 「민주주의 문화론」, 서울: 나남출판사.
─── (1998, 2000, 2006). 「행정학」. 서울: 박영사.
─── (2004). 「신판 행정학」, 서울: 박영사.
백종섭 외 (2018). 「인사행정론」, 서울: 창민사.
백종옥 (1999). 「신ISO9000 품질경영 한국을 살릴 수 있다」. 평단문화사.
베르너 바이덴 펠트, 신현기 외 공역(1998). 「독일통일백서」, 서울: 한겨레신문사.
소병희 (1993). 「공공선택의 정치경제학」, 서울: 박영사.
손봉숙 (1985). 「한국지방자치연구」, 서울: 삼영사.
손재식(1991). 「현대지방행정론」, 서울: 박영사.
손호중 · 채원호 (2005). 정부 신뢰의 영향 요인에 관한 연구. 「한국행정학보」, 39(3).

송 복 (1997). 「한국 사회의 갈등구조」, 서울: 경문사.
송태수 외 (2007). 「공무원 노사관계의 이해」. 한국노동교육원.
송희준·박기식 (2000). "지식정보사회의 정부 역할," 「지식정부 구현을 위한 전략과 과제」, 한국행정학회.
신대순 (1996). 「행정학원론」, 서울: 진명출판사.
신두범 (1987). 「행정학」, 서울: 박영사.
신무섭 (1993, 2007). 「재무행정학」, 서울: 대영문화사.
신윤표 (1997). 「행정학」, 서울: 박영사.
신희권 (1995). 지방자치와 지방정부: 기업 관계의 변화. 「한국행정학보」, 29(3).
신현기 (2000). 지방자치제도 발전 방안, 「2000년도 의회실무 과정」, 서울시 공무원교육원.
——— 외 (2017). 「서울시 특별사법경찰 10년 자치경찰제로의 전환을 위한 발전방안 연구보고서」, 서울특별시.
신현기·임종헌 (2011). "자치경찰제의 전국확대 실시 가능성에 대한 연구," 「자치경찰연구」, 한국자치경찰학회.
심익섭 (1997). "기초의회의 의정활동 활성화 방안," 「한국지방자치학회보」, 9(3).
심정근·정기섭 역 (1996). 「영기준예산; 경영효율화를 위한 혁명적 수법」, Peter A. Pyhrr, Zero-Base Buudgeting, 서울: 광암문화사.
安達智則 (2004). 「자치제 '구조개혁' 비판: 'NPM행혁'에서 시민의 자치체로」, 東京: 旬報社
안문석 (1995). "문민정부의 행정개혁," 「한국정책학회보」, 4(1), 한국정책학회.
안병만 (1993). 「한국정부론」, 서울: 다산출판사.
안병영 (1994). "한국 관료제의 전개 과정," 안해균(외), 「한국관료제의 전개 과정」, 서울: 다산출판사.
——— (2000). 21세기 국가 역할의 변화와 국정관리. 「계간 사상」, 2000 봄호. 사회
 과학원.
안용식·강동식·원구환(2000). 「지방행정론」, 서울: 대영문화사.
안해균 (1986), "행정개혁의 이론화를 위한 한 시론," 「행정논총」, 24(2), 서울대학교 행정대학원.
——— (1986), 「현대 행정학: 행정의 기본 개념과 원리」, 서울: 다산출판사.
——— 1987, 1988), 「정책학원론」, 서울: 다산문화사.
앤서니 기든스 (1999), 「현대 사회학」, 서울: 을유문화사.
——— (2000), 「제3의 길」, 서울: 생각의 나무.
엄석진 (2009). "행정의 책임성," 「한국행정학보」, 43(4): 19-45.
오석홍 (1984). "현대 행정학의 두 가지 반발적 기류: 공공선택론과 신행정학," 「행정논총」, 22(2), 서울대학교 행정대학원.
——— (1990). 「조직이론」, 서울: 박영사.
——— (1995). 「한국의 행정」, 서울: 경세원.
——— (1995). 「행정개혁론」, 서울: 박영사.
——— (1996). "개혁실패의 원인," 「행정논총」 32(2), 서울대학교 행정대학원.
——— (2000). 「인사행정론」, 서울: 박영사.
——— ((2004). 「행정학」, 서울: 박영사.
오성호 (1998). 「지방정부와 인사자치」, 서울: 자유기업센터.

오창섭·이재호 (2000). 「쉽게 풀어 쓴 행정학」, 서울; 대영문화사.
오철호 편 (2002). 「정보통신기술과 행정」, 서울: 대영문화사.
오희환 (1993). 「3섹터의 활성화 방안」, 한국지방행정연구원.
우양호·정명주 (2007). "주민의 정보격차가 행정정보 서비스 만족과 성과에 미치는 영향. 기초자치단체 전자민원 서비스를 중심으로," 「한국거버넌스학회보」, 14(2).
유민봉 (2006). 「한국 행정학」, 서울: 박영사.
유종해 (1982, 2000). 「현대행정학」, 서울: 박영사.
유해종 (1996). 「행정학」, 서울: 박영사.
유 훈 (1993). 「재무행정론」, 서울: 법문사.
───── (1995, 1998). 「행정학원론」, 서울: 대영문화사.
윤견수 외 (2000). 「딜레마와 행정」. 나남출판.
윤영진 (1998, 2006). 「새재무행정론」, 서울: 대영문화사.
윤영진·김태룡 외 (2002). 「새행정이론」. 대영문화사.
윤용희 (1995). 「지방자치행정법」, 서울: 법문사.
윤재풍 (1985). 「조직학원론」, 서울: 법문사.
───── (2014). 「조직론」, 서울: 대영문화사
윤재풍·정용덕 역 (1987). 「행정학: 구상과 문제 해결」, 서울: 박영사.
윤 준 (1999). 미국에서의 행정행위에 대한 사법심사. 「행정법원의 좌표와 진로: 개원 1주년 기념백서」. 서울 행정법원.
윤태범 (2000). 우리나라 정부의 반부패정책의 평가. 「한국행정학보」. 33(4).
은재호 (2006). 행정개혁의 어제와 오늘. 「정부혁신 이론연구보고서」. 혁신이론연구 T/F.
이광종 (2005). 「행정책임론: 책임과 통제」. 서울: 대영문화사.
이광택 (1994). "공공부문 노동관계법의 개선 방향," 「김치선박사 고희기념논문집」.
이계식·문형표 (1995). 「정부혁신: 선진국의 전략과 교훈」. 한국개발연구원.
이규환 (2000). 「도시행정론」, 서울: 법문사.
이기우 (1991). 「지방자치행정법」, 서울: 법문사.
이달곤 (2004). 「지방정부론」. 서울: 박영사.
이도형·김정렬 (2007). 「비교발전행정론」, 서울: 박영사.
이동기 (2000). "지식정부를 위한 지식 창출의 의미," 「지식정부 구현을 위한 전략과 과제」, 한국행정학회.
이명석 (2001). 신공공관리론, 신거버넌스로, 그리고 김대중 정부의 행정개혁. 한국행정학회 춘계학술대회 발표논문집.
이상희 (1982). 「지방행정론」, 서울: 계명사.
이석재 외 (1998). 「공공기관의 CIO제도 도입에 있어서의 현안문제와 대응 방안」. 한국전산원.
이성복 (1995). 「도시행정론」, 서울: 법문사.
이승종 (1997). "지역주민 참여의 활성화 방안," 「한국지방자치학회보」, 9(2).
이시원·김찬동 (2004). 행정전통과 행정개혁: 영미 행정전통을 통한 한국 행정개혁의 분석. 한국행정학회

동계학술대회 발표 논문집.
이신행 (1987). 끝내 풀지 못한 정통성 시비, 「신동아」, 동아일보사, 12월.
이용규 (1996). 「행정정보체계론」, 서울: 박영사.
────── (2004). 「사용자 중심의 행정정보 시스템」, 서울: 박영사.
이정식 (1986). 「현대 한국정치사: 제2공화국」, 서울: 성문각.
이재원 (1999). 성과지향적 지방재정 운영을 위한 예산과정 개혁. 「한국행정학보」, 33(1).
────── (2008). 「사회서비스 전자바우처」. 대영문화사.
이종범 (1996). "행정개혁과 저항: 행정쇄신위원회 3년간 활동을 중심으로," 「행정과 정책」, 제 12호. 고려대 행정문제연구소.
이종범 외 (1994). 「딜레마이론: 조직과 정책의 새로운 이해」. 나남출판.
이종수 (2000, 2009). 「행정학사전」, 서울: 대영문화사.
────── (2005). 「정부혁신의 메커니즘과 전략」, 서울: 대영문화사.
────── (2006). 근무성적평정 편차 시정에 관한 사례 연구. 「지방정부연구」, 10(1).
────── (2007). 「미래의 행정」. 한성대학교출판부.
이종수 · 윤영진 외 (1996, 1997, 2007, 2008, 2012, 2014). 「새 행정학」, 서울: 대영 문화사.
이종수 · 윤영진 · 곽채기 · 이재원 외 (2014).
이종훈 (1997). 「공기업 노사관계의 주요 쟁점과 정책대응」, 한국노동연구원.
이창원 외 (1997). 「새조직론」, 서울: 대영문화사.
이창원 (1994). 리더의 행동이 과업집단 효과성에 미치는 영향에 관한 현장 실험. 「한국행정학보」, 28(1).
이창원 · 전주상 (2003). 갈등당사자의 상대적 지위와 개인간 갈등의 관리방식. 「한국행정학보」. 37(2).
이창원 · 최창현 (1996). 「새 조직론」. 대영문화사.
이철수 (1996). 공공부문 노동관계에 관한 일 고찰, 「노동법연구」, 제5호.
이철수 · 강성태 (1997). 「공공부문의 노사관계법」, 한국노동연구원.
이홍배 (2005). "일본 구조개혁특구의 특징과 시사점," 「자치행정」, 3월호.
임도빈 (1997). 「지방조직론」, 서울: 박영사.
────── (2018). 「행정학: 시간의 관점에서」, 서울: 박영사.
임성한 (1994). "한국 정치와 관료주의," 「탈냉전 시대와 새로운 정치질서」, 동곡 김하룡 박사정년기념논문집 간행위원회(편), 서울: 산호출판사.
임승빈 (2003). 일본의 국가기구 형성에 관한 비판적 고찰. 「한국행정학보」, 37(4).
임정덕 · 최병호 (1996). 「지방화 시대의 지역산업정책: 패러다임 변화 속의 지역의 역할과 기능」, 서울: 비봉출판사.
임재현 (2017). 「지방행정론」, 서울: 대영문화사.
임지봉 (2008). "우리 전자정부법제의 현황과 개선 방안," 「세계헌법학연구」, 14(1), 국제헌법학회.
임희섭 (1995). "경제발전의 논리와 문화 발전의 논리," 「문화정책논총」, 제7집, 한국 문화정책개발원.
입법조사연구 (1997). "행정개혁의 이념과 방향에 대한 소고," http://www.nanet.go.kr/nal/3/3-1-

1/lib3112.htm

장병구 (1993). 「지방재정론」, 서울: 형설출판사.

장은주 (2003). "동북아 시대 정부 역할의 제고: 한국과 일본의 지방분권화 개혁,: 「한국행정학회 추계학술대회 발표논문집」.

장종현 (2017). 「개혁주의생명신학 선언문」. 서울: 기독교연합신문사.

장종현 (2018). 「개혁주의생명신학 7대 실천운동」. 서울: UCN.

장지호 (1981, 1995). 「지방행정론」, 서울: 대왕사.

전종섭 (1987). 윤재풍・정용덕(역), 「행정학」, 서울: 박영사.

제갈돈 외 (2017). 「행정학개론」, 파주: 법문사

정광호 (2008). 「바우처 연구」. 법문사.

정국환 외 (1996). 「미래 정보사회의 공공행정 모델」. 한국전산원.

정명주 (2007). 정보화 정책평가로서의 분과(sector)별 평가모형 구상. 「행정논총」, 45(2).

정보통신부 (1999a). 「정보화 역기능 방지 종합대책(안)」.

─── (1999b). 「정보화에 관한 연차보고서」.

─── (1999c). 「CYBER KOREA 21」.

정보통신부・한국정보보호센터 (2000). 「개인정보보호지침 해설서」.

정보통신정책연구원 (1999). 「지식기반국가 건설을 위한 정부개혁」.

─── (2000). 「국가지식경영을 위한 전략 수립과 정보화정책의 재조명」.

정보통신정책학회 (1999). 「전자정부의 구현과 행정효율성에 관한 연구」.

정세욱 (1990). 「지방행정학」, 서울: 법문사.

─── (1996). 「정부관계론」, 서울: 법문사.

─── (1997). 「한국지방자치의 과제」, 서울: 법문사.

─── (1999). 지방자치제 실시 50년의 변천과 지방의 역할 변화, 「지방포럼」, 9・10월호.

정용덕 (2001). 「현대 국가의 행정학」. 법문사.

─── 외 (1999). 「합리적 선택과 신제도주의」. 대영문화사.

정우일 (2006a). 「공공조직론」, 서울: 박영사.

─── (2006b). 「리더와 리더십」, 서울: 박영사.

─── 외 (2010). 「글로벌시대의 행정학」, 서울: 도서출판 오래.

정정길 (2002). 행정과 정책연구를 위한 시차적 접근방법: 제도의 정합성 문제를 중심으로, 「한국행정학보」, 36(1).

─── 외 (2005). 「정책학원론」. 대명출판사.

정정길 외 (1997). 「정책평가」, 서울: 법영사.

정진섭・황희철 (1995). 「국제지적재산권법」, 서울: 육법사.

정준금 (2002). 정책과 제도 변화의 시차적 요소. 한국행정학와 동계학술대회 발표논문집.

정철현 (1998). 「행정학개론」, 서울: 법문사.

정헌주 (1985). 민주당 정부는 과연 무능했는가?, 「신동아」, 4월호.

조경호·하재룡·주재복 (2002). "공공부문 단체교섭과 동반자적 협력규칙 모색,"「정부학연구」,

조석준 (1968). "한국 군사정부 하에 있어서의 두 개의 행정개혁에 관한 비교연구,"「행정논총」, 6(2), 서울대학교 행정대학원.

──── (1985). "국(局) 설치의 입법 사항화: 정부조직 개편과정의 설계,"「행정논총」, 23(1), 서울대학교 행정대학원.

──── (1986, 1993).「조직론」, 서울: 법문사.

──── (1992).「한국행정학」, 서울 박영사.

조선일보, 이명박 정부 국정과제, 2008년 10월 8일자, 1면.

조재승 (1995).「지방자치의 기초이론」, 서울: 세문사.

조창현 (1993).「지방자치론」, 서울: 박영사.

──── (1996).「지방재정론」, 서울: 박영사.

진노 나오히코 저, 이재은 역 (1999).「체제개혁의 정치경제학」. 한울.

진두범 (1987).「행정학개론」, 서울: 박영사.

진종순 외 (2016).「조직행태론」, 서울: 대영문화사.

주재현 (2000).「정부-기업 간 파트너십: 환경규제정책 사례연구」. 한국행정연구원.

차경은 (2009). "우리나라의 행정책임문화 확보방안,"「한국행정사학지」, 24: 83-107.

총무처 (1982).「행정개혁사: 10 ? 15 행정개혁을 중심으로」.

──── (1987).「정부조직변천사」.

──── (1997).「신정부혁신론」.

──── (1994/1996).「중앙지방사무총람」. 총론.

최병선 (1992).「정부규제론」. 법문사.

최석영 (1990). "세계 환경전략의 현황과 전망,"「외교」, 제13호.

최승범 (2002a). "한국의 지방관료제: 자율, 통제와 책임성."「한국행정학보」, 36(1): 173-192.

──── (2002b). "지방정치의 민주성과 지방행정의 책임성 확보를 위한 내적 조건,"「정부학연구」, 8(1): 159-200

최양식 (1998).「영국을 바꾼 정부개혁」. 매일경제신문사.

최영출 (2000). 영국 공무원제도 개혁의 최근 동향.「춘계학술논문집」. 서울행정학회.

최영훈 외 (2007).「전자정부론」, 서울: 대영문화사.

최창집 (2001).「이해행정학」, 부산: 부산대학교출판부.

최창호 (1995).「지방자치학」, 서울: 삼영사.

──── (1999).「새 행정학」, 서울: 삼영사.

최창호·정세욱 (1989).「행정학」, 서울: 법문사.

최창호·하미승 (2006).「새행정학」, 서울: 삼영사.

최홍기 (1992.11). "집단이기주의의 용광로인가,"「한국논단」,

秋山幹男 ? 三宅弘 ? 奧津茂樹 저, 최호준 역 (1994).「정보공개」, 서울: 교보문고.

하마다 준이치 지음 ? 이문호 역 (1995).「정보법」, 서울: 장산.

하미승 (1997). 「행정정보체계론」, 서울: 법문사.
하연섭 (2003). 「제도분석」. 다산출판사.
하원규·전재호·최남희·김동환 (1997). 「전자공간 시대의 정보통신정책학」, 대전: 한국전자통신연구원.
하인리히 숄러, 김해룡 역 (1994). 「독일지방자치법연구」, 서울: 한울아카데미.
하재룡 (2000). "공공부문의 협력적 노사관계 유지 방안," 「선문대학교 사회과학논집」, 3: 400-425.
──── (2000). "공공부문 노조가 근로자의 임금 결정에 미치는 영향," 「한독사회과학논총」, 10(2): 169-193.
──── (2000). "공공부문과 민간부문의 노사관계 비교." 「한국정책과학회보」, 4(2): 179-207.
──── (2000). "공무원 노사관계의 발전 방향," 「한국정책학회 2000년도 하계학술대회 발표논문집」, 299-317.
──── (2004). "공무원 단체교섭과 분쟁해소 절차," 「한국사회와 행정연구」.
──── (2005). "공무원 노사협력 증진 방안에 관한 연구," 「한국사회와 행정연구」.
──── (2006). "공무원 분쟁해결기구의 개혁 방향," 「정책분석평가학회보」.
──── (1997b). "인터넷 전자상거래의 정책적 이슈," 「한국정책학회 하계학술대회 PROCEEDING」.
하혜수 (1999). 「고객지향적 행정서비스를 위한 시민헌장제도에 관한 연구」. 경기개발연구원.
──── 외 (2007). 「대도시권 정부체제에 대비한 분권화 전략」. 상주대 산학협력단.
하혜수·양기용 (1998). 민선단체장 이후 주민참여제도의 운영실태 분석: 부천시, 평택시, 안성군의 사례를 중심으로. 「한국지방자치학회보」. 10(2).
한광석 외 (2000). 「지방자치행정 체제 발전모형 및 정책효과 분석」. 한국경제연구원.
한국전산원 (1996). 「전자정부 개념 정립 및 구현 방안에 관한 연구」.
──── (1999). 「일본의 행정정보화 추진 기본계획과 시사점」.
한국전자통신연구원 (1997a). 「전자공간 시대의 정보통신 정책학」.
──── (1997b). 「정보정책 기반 연구(Ⅱ)」.
한국정보문화센터 (2000). 「정보통신 용어해설집」.
한국지방자치학회 (1999). 「한국지방자치론」, 서울: 삼영사.
한부영 (1997). 「현지에서 본 독일지방자치제도」, 한국지방행정연구원.
한세억 (2000). "지식정부의 구조와 기능," "지식정부 구현을 위한 전략과 과제", 한국행정학회.
한승주 (2013). "공무원의 주관적 책임성," 「한국행정학보」, 47(1): 25-45.
한영석 (1991). "행정개혁과 저항," 「사회과학연구」, 건국대 사회정책연구소, 제1집.
한영수·강인호 (2008). 「인사행정론」, 서울: 형설출판사.
한영환 (1992). 「국가발전과 행정」, 서울: 아세아문화사.
한원택 (1992). 「도시 ? 지방행정론」, 서울: 법문사.
행정자치부 (1998). 「전자정부의 비전과 전략」.
행정자치부 (2006). 「2006 전자정부사업 연차보고서」.
행정차치부 자치경찰제실무추진단 (2008). 「자치경찰제 추진 중간보고서, 2004-2007」.
행정개혁위원회 (1989). 「행정개혁에 관한 건의」.

홍용기 (2000). 「조직론」, 서울: 형설출판사.
홍정선 (1994). 「행정법원론(상)」, 제3판. 박영사.
홍준형 (1998). 행정과 법. 강인재 외. 「한국행정론」. 대영문화사.
홍효식 (1998). 헌법재판소와 행정부와의 관계. 「헌법재판의 회고와 전망」. 헌법재판소.
황상재 외 (1999). 「커뮤니케이션혁명과 정보화 사회」, 서울: 법문사.
황윤원 (1996). 「재무행정론」, 서울: 법문사.
─── (2000). 「행정학원론」, 서울: 형설출판사.
황재민 (1995). "지방화·세계화시대의 산업구조 및 산업단지," 「지방화와 국가전략」, 제일경제연구소.
21세기위원회 편 (1994). 「21세기의 한국」, 서울: 서울프레스.
21세기정책연구소 (2004). "구조개혁특구의 가능성," http://www.21ppj.org

국외 문헌

Ackoff, R. L. et al. (1981). *A Prologue to National Development*. Philadelphia: Univ. of Pennsylvania Social Systems Sciences Department.

Adams, J. (1963). Toward an Understanding of Inequity. *Journal of Abnormal and Social Psychology*, 67.

Alderfer, C. (1969). An Empirical Test of a new Theory of Human Needs. *Organizational Behavior and Human Performance*, 4.

─── (1972). *Existence, Relatedness, and Growth*. N. Y.: Free Press.

Almond, Gabriel A. & Powell, Jr. G. Bingham(1978). *Comparative Politics: System*, Process, and policy, 2nd ed., Boston: Little, Brown and Company.

Anderson, Jmes E. (1975). *Public Policy-Making*, New York: Praeger Publishers, Inc.

Argyris, C. (1964). *Integrating the Individual and the Organization*. N. Y.: Wiley.

Bach, Stanley & George, Sulzner (1974). *Perspective on the Presidency*, Lexington, Mass,: D. C. Heath and Co.

Baechler, Jean (1995). *Le capitalisme*, Paris: Editions Gallimard.

Barton, Rayburn & Chappell, Jr., William L. (1985). *Public Administration: The Work of Government*, Glenview, IL.: Scott, Foresman and Company.

Barzelay, Michael (2001). *The New Public Management: Improving Research and Policy Dialogue*. California: University of California Press.

Bass, b. (1985). *Leadership and Performance Beyond Expectations*. N. Y.: Free Press.

─── (1990). *Bass and Stogdill's Handbook of Leadership: Theory, Research, & Managerial Applications* (3rd ed.), N. Y.: Free Press.Becker, H. A. (1976). Mechanism for Resolving

Collective Bargaining Impasses in Public Education, *Journal of Collective Negotiation*, 5: 319-329.

Bentham, J. (1780). *An Introduction to the Principles of Morals and Legislation*. M. P. Mack(ed.), A *Bentham Reader* (1969). N. Y.: Pegasus.

Bernstein, M. C. (1971). Alternatives to Strike in Public Labor Relations, *Harvard Law Review*, 85: 459-475.

Berman, P. (1980). Thinking about Programmed and Adaptive Implementation: Matching Strategies to Situations. H. M. Ingram & D. E. Mann (eds.), *Why Policies Succeed or Fail?*. Beverly Hills: Sage.

Blastos, G. (1962). Justice and Equality. R. B. Brandt (ed.), *Social Justice*. N. J.: Englewood Cliffs.

Blau, Peter M. & Scott, W. Richard (1962). *Formal Organization*, San Francisco: Chandler Publishing Company.

Bolino, M. C., Turnley, W. H. & Bloodgood, J. M. (2002). Citizenship Behavior and the Creation of Social Capital in Organizations, *Academy of Management Review*, 27(4).

Bouckaert, G. & Balk, W.(1991). Public Productivity Measurement: Diseases and Cures. *Public Productivity & Management Review*, 15(2).

Bourdieu, P. (1986). The Forms of Capital. J. G. Richardson, (ed,), *Handbook of Theory and Research of the Sociology of Education*, New York: Greenwood.

Borgatta, Edgar F. (1992). *Encyclopedia of Sociology*, New York: Macmillan Publishing Company.

Bowers, M. H. (1977). New Frontiers of Public Sector Labor Relations, *Arizona Review*, 26: 5-10.

Brazer, H. (1959). *City Expenditures in the United States*. N. Y.: National Bureau of Economic Research.

Brookshire, M. L. & Holly, J. R. (1973). Resolving Bargaining Impasses Through Gradual Pressure Strikes, *Labor Law Journal*, 24: 662-670.

Brubaker, Rogers (1984). *The Limits of Rationality: An Essay on the Social and Moral Thought of Max Weber*, London: George Allen and Unwin.

Bunker, Douglas R. (1972). Policy Science Perspectives on Implementation Process, *Policy Science*, Vol. 3.

Burke, W. W. (1987). *Organization Development: A Normative View, Mass.*: Addison-Wesley Publishing Company.

Burns, T. & Stalker, G. M. (1961). *The Management of Innovation*. London: Tavistock.

Burt, R. S. (1992). *Structural Holes: The Structure of Social Competition*. Cambridge, Mass.: Harvard University Press.

Cahen, G. (1911). *Les Fonctionares, leur action corporative*, Paris.

Caiden, G. (1969). *Administrative Reform*, Chicago: Aldine Publishing Company.

――― (1971). *The Dynamics of Public Administration: Guideline to Current*

Transformations in Theory and Practice, New York: Holt, Rinehart, and Winston, Inc.
────── (1974). Development Administrative Capacity and Administrative Reform, *International Review of Administrative Science*, 38(1).
────── (1982). *Public Administrative*, 2nd ed., Calif: Palisades Pub.
────── (1991). *Administrative Reform Comes of Age*, Berlin: Walter de Gruyter & Company.
Campbell, J. C. (1984). Policy Conflict and Its Resolution within the Governmental System. E. S. Krauss. et al. (ed.), *Conflict in Japan*. Honolulu: Univ. of Hawaii Press.
Campbell, J. C., Dunnette, M., Lawler, E. & Weick, K. (1970). *Managerial Behavior, Performance, and Effectiveness*. N. Y.: McGraw-Hill.
Chandler, J. A. (ed.) (1996). *The Citizen's Charter*. aldershot: Dartmouth.
Chelimsky, E. (1985). *Program Evaluation: Patterns and Directions*. Washington D. C. American Society for Public Administration.
Cayer, N. J. (1956). *Public Personnel Administration in the United States*, St. Martin's Press.
Chauhan, D. S. (1979). The Political and Legal Issues of Binding Arbitration in Government, *Monthly Labor Review*, 102: 35-41.
Chevallier, Jacques (1983). *Communication Administration-Administre*, Paris: Presses Universitaires de France.
────── (1986). Science administrative, Paris: Presses Universitaires de France.
Cunningham, James V. (1972). Citizen Participation in public Affairs, *Public Administration Review*, 32(4).
Cohen, M., March, J. & Olsen, J. (1972). A Garbage Can Model of Organization Choice, *Administrative Science Quarterly*, 17(1).
Cooper, P. J. et al. (1998). *Public Administration for the Twnty-First Century*. Fort Worth Philadelphia: Harcourt Brace College Publishers.
Coulter, P. B. (1980). Measuring the Inequality of Publish Services: A Methodological Discussion with Application. *Policy Studies Journal*, 8(1).
Crozier, Michel (1964). *The Bureaucratic Phenomenon*, London: Tavistock.
Cyert, Richard M. & March, James G. (1963). *A Behavioral Theory of the Firm*, New Jersey: Prentice-Hall.
Dahl, Robert (1947). The Science of Public Administration, *Public Administration Review*, 7(1).
Dawson, R. E. & Robinson, J. A. (1963). Inter-party Competition, Economic Variables, and Welfare Policies in the American States. *Journal of Politics*, 25(5).
Delaney, J. T. & Feuille, P. (1985). Collective Bargaining, Interest Arbitration, and Delivery of Police Services, *Review of Public Personnel Administration*, 5:21-36.
DeLeon, Linda & Denhardt, Robert B. (2000). The Political Theory of Reinvention, *Public Administration Review*, 60(2).

Denhart, J. V. & Denhart, R. B. (2003). *The New Public Service: Serving, Not Steering*, New York: M. E. Sharpe.

Dimock, Marshall E. (1936). The Criteria and Objectives of Public Administration, in Gaus, J. M., White, L. D. & Dimock, M. E.(eds.), *The Frontiers of Public Administration*, Chicago: University of Chicago Press.

Dimock, M. E. & Dimock, G. O. (1969). *Public Administration*, New York: Holt, Rinehart and Winston.

Dobel, J. P. (1999). *Public Integrity*. Johns Hopkins Univ. Press.

Douglas, J. M. (1987). Collective Bargaining and Public Sector Supervisors: A Trend Toward Exclusion?, *Public Administration Review*, 47: 485-497.

Dror, Yehezkel (1964). Muddling Through: Science or Inertia, *Public Administration Review*, 24(3).

――― (1968). *Public Policy Making Reexamined*, San Francisco: Chandler Publishing Co.

Drucker, P. (1993). *Post-Capitalist Society*. N. Y.: Harper Business.

――― (2002). *Managing in the Next Society*. New York: St. Martin's Press.

Dunn, W. N. (1981). *Public Policy Analysis*. Englewood Cliffs, N. J.: Prentice-Hall.

Dunlop, J. (1958). *Industrial Relations Systems*, New York: Henry Holt.

Dunsire, A. (1973). *Public Administration: The Word and the Science*. London: Martin Robertson.

Dye, Thomas R. (1966). *Politics, Economics, and the Public Policy Outcomes in the American States*, Rand-McNally.

Lutrin, E. Carl & Settle, Allen K. (1985). *American Public Administration: Concepts and Cases*, 3rd ed., Englewood Cliff, New Jersey: Prentice-Hall, Inc.

Easton, K. (1988). *Information Technology and Organizational Change*, London: Taylor & Francis Ltd.

Eggertsson, T. (1990). *Economic Behavior and Institutions*, Cambridge: Cambridge University Press.

Elcock, Howard (1994). *Local Goverment*, Londeo: Routledge.

Elmore, R. F. (1985). Forward and Backward Mapping. K. Hanf & T. Toonen (eds.), *Policy Implementation in Federal and Unitary Systems*. Dordrecht: Matinus Miihoff.

――― (1987). Instruments and Strategy in Public Policy Implementation, *Policy Studies Review*, 7(1).

Etzioni, Amitai (1961). *A Comparative Analysis of Complex Organizations: On Power, Involvement and Their Correlates*, New York: The Free Press.

――― (1967). Mixed-Scanning: A 'Third' Approach to Decision-Making, *Public Administration Review*, 27(5).

――― (1968). *The Active Society: A Theory of Societal and Political Processes*, New York: The Free Press.

Fabricant, S. (1952). *The Trend of Governments Activity in the United States Since 1900*. N. Y.: National Bureau of Economic Research.

Fayol, H. (1949). *General and Industrial Management*. Trans. by C. Storrs, London: Fells, R. E. (1993). Developing Trust in Negotiation. *Employee Relation*, 15(1).

Fisher, F. (1980). Politics, *Values, and Public Policy: The Problem of Methodology*. Boulder, Colorado: Westview Press. Pitman.

Flathman, R. E. (1973). *Concepts in Social and Political Philosophy*. N. Y.: Macmillan Publishing Co., Inc.

Freeman R. B. (1986). Unionism Comes to the Public Sector, *Journal of Economic Literature*, (24): 41-86.

Freeman, R. B. & Valletta, R. G. (1987). The Effect of Public Sector Labor Laws on Collective Bargaining, Wages and Employment, *NBER Working Paper Series* #2284, National Bureau of Economic Research, Washington, D.C.

Friedrich, Carl J. (1963). *Man and His Government*, New York: McGraw-Hall.

Frederickson, H. G. (1980). *New Public Administration*, Alabama: The Univ. of Fukuyama, F. (1995). *Trust: The Social Virtues and the Creation of Prosperity*. N. Y.: Free Press. Alabama Press.

Gaus, John M. (1947). *Reflections on Public Administration*, Alabama: University of Alabama Press.

Galbraith, J. K. (1983). *The Anatomy of Power*. Boston: Houghton Mifflin.

Gale, A. (1981). EEG Studies of Extroversion-Introversion: What's the Next Step?

GAO (1997). *Performance Budgeting: Past Initiatives Offer Insights for GPRA Implementation*. Report to Congressional Committee.

Gartner Group (2000). *Gartner's Four Phase of E-Government Model*. Research Note 12.

Gerhart, P. F. (1969). The Scope of Bargaining in Local Government Labor Negotiations, *Labor Law Journal*, 20: 545-552.

────── (1973). *Political Activity by Public Employee Organization at the Local Level: Threat or Promise*. Chicago: International Personnel Management Association.

Gerschenfeld, G. & Gerschenfeld, W. (1983). The Scope of Collective Bargaining, in J. Ravin et al,(eds.), *Handbook on Public Personnel Administration and Labor Relations*, new York: Marcel Dekker.

Gillbert, C. E. (1959). The Framework of Administrative Responsibility. *The Journal of Politics*, 21.

Gist, M. (1987). Self-efficacy: Implications for Organizational Behavior and Human Resource Management. *Academy of Management Review*, 12.

Godine, M. R. (1951). *The Labor Problem in the Public Service*. MA: Harvard University Press.

Gold, C. (1976). *Employer-Employee Committee and Worker Participation*, New York State School of Industrial and Labor Relations. New York: Cornell University Press.

Golembiewski, Robert T. (1977). Public Administration as a Developing Discipline Part I. *Perspectives on Past and Present*, New York: Marcel Dekker.

Grindle, M. S. (1980). *Politics and Policy Implementation in the Third World*. Princeton, N. J.: Princeton Univ. Press.

Grizzle, G. (2002). Performance Measurement and Dysfunction: The Dark Side of Quantifying Work. *Public Performance & Management Review*, 25(4).

Gulick, Luther H. (1937). Science, Value and Public Administration, in L. Gulick(eds.), *Paper on the Science of Administration*, New York: Inst. of Public Administration.

Hackman, J. & Richard, G. R. O. (1980). *Work Redesign*. Addison-Wesley Publishing Company.

Hampton, William (1991). *Local Government and Urban Politics*, London: Longman.

Handy, C. (1989). *The Age of Unreason*. Boston, Mass.: Harvard Business School Press.

Harmon, Michael M. (1981). *Action Theory for Public Administration*, New York: Longman.

Hechscher, C. C. (1988). *The New Unionism: Employee Involvement in the Changing Corporation*, New York: Basic Books.

Heclo, H. (1978). *Issue Networks and the Executive Establishment*. A. King(ed.), *The American Political System*. AEI.

Heidenheimer, A. J. (ed.)(1989). *Political Corruption*, New Brunswick: Transaction.

Hellriegel, Don & Slocum Jr., J. W. (1974). *Organizational Behavior*, Mason, OH.: South-Western.

Helsby, R. D (1973). A Political System for a Political World in Public Sector Labor Relations. *Labor Law Journal*, 24: 504-511.

Henderson, G. (1968). *korea: The Politics of the Vortex*, Boston: Harvard University press.

Hersey, P. & Blanchard, K. H. (1982). *Management of Organizational Behavior: Utilizing Human Resources*. Prentice-Hall.

Herzberg, F. (1966). *Work and the Nature of Man*. N. Y,: World Publishing Co.

Herzberg, F., Mausner, B & Snyderman, B. (1959). *The Motivation to Work*. N. Y.:Wiley.

Hogler, R. L. (1988). *Public Sector Strikes: Employee Rights, Union Responsibilities and Employee Prerogatives*, International and Personnel Management Association, Washington D. C.

Hood, Christopher(1991).A Public Management for All Seasons?. *Public Administration*, 69.

Hugh, O. E. (1994). *Public Management and Administration: An Introduction*. N. Y.: St. Martin's Press.

Hunter, F. (1963). *Community Power Structure*. Garden City, N. Y.: Doubleday and Company Inc.

Hyde, Albert C. (1972). Performance Appraisal in Post reform Era, *Public Personal Management*, 11(4).

Ingrassi, A. F. (1979). Reflections on the New Labor Law, *Labor Law Journal*, 539-544.

Isaak, Alan C. (1981). *Scope and Methods of Political Science: An Introduction to the Methodology of Political Inquiry*, Homewood, Illinois: The Dorsey Press.

Jackman, R. (1988). Local Government Finance and Microeconomic Policy, in S. J. Bailey & R.

Paddition(ed.), *The Reform of Local Finance in Britain*, London: Routledge.

Janis, I. L. (1972). *Victims of Groupthink*, Boston: Houghton Miffin.

Jones, Charles O. (1977). *An Introduction to the Study of Public Policy*, 2nd ed., North Scituate, MA: Duxbury Press.

Jones, B. (2006). Crossing the Digital Divide: Integrating Traditional and Virtual Organizing. *Social Policy*, 36(3).

Juris, H. A. & Feuille, P. (1973). *Police Unionism*, MA: Lexington.

Kalakota, R. & Whinston, A. B. (1996). *Frontiers of Electronic Commerce*, Addison-Wesley.

Kalberg, Stephen (1980). Max Weber's Types of Rationality, *American Journal of Sociology*, 85(5).

Kaplan, A. (1964). *The Conduct of Inquiry*. San Francisco: Chandler.

Katz, Daniel & Kahn, Robert L. (1966, 1978, 1987). *The Social Psychology of Organizations*, New York: Wiley.

Kearney, Richard C. (1992). *Labor Relations in Public Sector*, New York: Marcel Dekker.

Kettl, Donald F. (2000a). The Transformation of Governance: Globalization, Devolution, and the Role of Government, *Public Administration Review*, 60(6).

――― (2000b). *The Global Public Management Revolution: A Report on the Transformation of Governance*, Washington D.C.: Brookings Institution Press.

Kiel, L. D. (1994). *Managing Chaos and Complexity in Government: A New Paradigm for Managing Change, Innovation, and Organizational Renewal*. San Francisco: Jossey-Bass.

Kilpatrick, F. P. et al. (1984). *The Image of the Federal Service*, Washington D.C.: The Brookings Institution.

Kim, H. & Yukl, G.(1995).Relationships of Managerial Effectiveness and Advancement to Self-Reported and Subordinate-Reported Leadership Behaviors from the Multiple-Linkage Model. *Leadership Quarterly* 6(3).

Kochan, T. A., Mironi, M., Ehrenberg, R. G., Baderschneider, J., & Jick, T. (1979). *Dispute Resolution Under Fact-Finding and Arbitration: An Empirical analysis*, New York: American Arbitration Association.

Kramer, L. (1962). *Labor's Paradox*. New York: Wiley.

Kranz, H. (1976). *The Participatory Bureaucracy: Women and Minorities in a More Representative Public Service*. Lexington, M. A.: Lexington Books.

Kreitner, R. & Kinicki, A. (1995). *Organizational Behavior*, Chicago: Irwin.

Lasswell, Harold D. (1951). The Policy Orentation, in Daniel Lerner(ed.), *The Policy Science*, Stanford: Stanford University press.

――― (1975). Research in Policy Analysis: The Intelligence and Appraisal Functions, in Fred I. Greenstein & Nelson W. Polsby(eds.), *Handbook of Political Science, Vol. 6, Policies and Policymaking, Reading*, MA: Addison-Wesley Publishing Co.

Lassewll, Harold D. & Kaplan, A. (1970). *Power and Society*, New Haven: Yale University Press.

Latham, Earl (1956). The Group Basis of Politics, in Heinz Eulau, Samuel J. Eldersveld, & Morris Janowitz(eds.), *Political Behavior*, New York: Free

Lauman, E. O, & Knoke, D. (1987). *The Organizational State: Social Choice in National Policy Domains*. Madison, WI: Univ. of Wisconsin Press. Press.

Lawler, E. & Suttle, J. (1972). A Causal Correlation Test of the Need Hierarchy Concept. *Organizational Behavior and Human Performance*, 7.Lawson, E. (1979). Address to the 28th Annual Conference of the Association of Labor Relations Agencies. reported at *101 Labor Relations Reporter*, 387.

Leavitt, H. J. & Whisler, Thomas L. (1958). Management in The 1980's, *Harvard Business Review*, 36.

Leibenstein, H. (1966). Allocative Efficiency vs X-efficiency. American Economic Review, 56(6).

Lester, R. A (1984). *Labor Arbitration in State and Local Government: An Examination of Experience in Eight States and New York City*, Princeton.

Likert, R. (1967). *The Human Organization: Its Management and Value*. N. Y.: McGraw-Hill. N.J.: Industrial Relations Section.

Lindblom, Charles E. (1959). The Science of Muddling Through, Public Administration Review, 19(1).

Lipnack, J. (1995). The Organization of the Future: The Network. http://www.net-age.com/TNI/Publication/Articles/articles-solutions-sume15.html.

Lipsky, M. (1976). Toward a Theory of Street-Level Bureaucracy. M. Lipsky et al., *Theoretical Perspectives on Urban Politics*. Englewood Cliffs, N. J.: Prentice-Hall.

Lowi, Theodore J. (1972). Four Systems of Policy, Politics, and Choice, *Public Administration Review*, 32(4).

Luthans, F. (1995). *Organizational Behavior(7th ed.)*, N.Y.: McGrow-Hill.

March, James G. & Simon Herbert A. (1958). *Organizations*, New York: John Wiley & Sons, Inc.

May, P. (1992). Policy Learning and Failure. *Journal of Public Policy*, 12(4).

Maslow, A. H. (1954). *Motivation and Personality*. N. Y.: Harper & Row.

Mayo, Elton (1945). *The Social Problem of Industrial Civilization*, Boston: Harvard University Press.

McCelland, D. (1962). Business Drive and National Achievement. *Harvard Business Review*, 40(4).

McGregor, D. (1960). *The Human Side of Enterprise*. N. Y.: McGraw-Hill.

Midwest Monitor (1980). *Alternative Impasse Procedures in the Public Sector*, Midwest Center for Public Sector Labor Relations, Bloomington, IN, Nov./Dec. 1-8.

Miles, E. & Snow, C. C. (1992). Causes of Failure in Network Organizations, *California Management Review*, (Summer): 52-72.

Miller, M. E. (1964). Comments on Theoretical Models, Illustrated by the Development of Conflict

Behavior, *Journal of Personality*.

Miller, M. E. & Dollard, J. (1964). *Social Learning and Imitation*, New Haven.

MilMilward, H. B. (1994). Implications of Contracting Out: New Roles for the Hollow State. P. W. Ingraham, B. S. Romzek & Associates, *New Paradigms for Government: Isuues for the Changing Public Service*. San Francisco: Jossey-Bass.lett,

Milton, Musicus (1964). Reappraissing Reorganization, *Public Administration Review*, 24(2).

Minogu, Martin, Charles, Polidano, & Hulme, David(ed.) (1999). *Beyond the New Public Management: Changing Ideas and Practices in Governance*, Northamption, M.A.: Edward Elgar Publishing, Inc.

Mintzberg, Henry (1979). *The Structuring of Organizations*, Englewood Cliffs, New Jersey: Prentice-Hall.

Montgomery, John D. (1967). *Sources of Administrative Reform: Problems of Power, Purpose and Politics*, Bloomington: Indiana University Press.

Moorhead, G & Griffin, R. (1992). *Organizational Behavior*(3rd ed.), Boston: Houghton Mifflin.

Morgan, David R. & England, Robert E. (1988). The Two Face of Privatization, *Public Administration Review*, 58(6).

Morrow, William L. (1975). *Public Administration, Politics and Political System*, New York: Random House.

Morita, A. (2006). Government Reform in Japan. The International Conference for the 50th Anniversary of KAPA.

Mosher, Frederick C. (1963). Careers Services in the Public Service, *Public Personnel Review*, 24.

Mueller, Dennis (1989). *Public Choice*, Cambridge: Cambridge University Press.

Muramatsu, M. (1997). *Local Power in the Japanese State*. Berkeley: University of California Press.

Myrdal, G. (1971). *The Challenge of World Poverty*. Harmonds worth: Penguin.

Naisbitt, J. (1988). *Megatrend*. N. Y.: Random House.

Nakamura, Robert T. & Smallwood, Frank (1980). *The Politics of Policy Implementation*, New York: St. Martin's Press,

Nigro, Felix A. (1984). *Modern Public Administration*, 6th ed., New York: Harper & Row.

Nigro, Felix A. & Nigro, Lioyd G. (1994). *The New Public Personnel Administration*, Itasca, Illinois; F. E. Peacock Publishers, Inc.

Niskanen, Jr., W. A. (1971), *Bureaucracy and Representative Government*. Chicago: Aldine Publishing Co.

Nozick, R. (1974). *Anarchy*, State and Utopia. N. Y.: Basic Books.

OECD (1996). Ethics in the Public Service. Occasional Papers, 14.

────── (1998). *Countering Public Sector Corruption: An Overview of Corruption Prevention*

Measures in OECD Countries.

─── (2003). *Managing Conflict of Interest in the Public Service*.

─── (2005). *e-Government for better Government*.

Oppenheim, F. (1981), *Political Concepts: A Reconstruction*. Chicago: Univ. of Chicago.

Osbome, D. & Gaebler, T. (1992) *Reinventing Government: How the Entrepreneurial Spirit is Transforming the Public Sector*. M. A.: Addison-Wesley Publishing Company, Inc.

Ostrom, Elinor (1990). *Governing the Commons: The Evolution of Institutions for Collective Action*, Cambridge: Cambridge University Press.

─── (1992). Institutions and Common-Pool Resources, *Journal of Theoretical Politics*, 4(3).

Ostrom, Elinor, Gardner, R. & Walker, J. M. (1994). *Rules, Games, and Common Pool Resources*, Ann Arbor: University of Michigan Press.

Ostrom, Vincent (1973). *The Intellectual Crisis in American Public Administration*, Ala.: Alabama University Press.

Ostrom, Vincent & Ostrom, Elinor (1971). Public Choice: A Different Approach to the study of Public Administration, *Public Administration Review*, 31(2).

Parsons, Talcott (1960). *Structure and Process in Modern Societies*, Glencoe, Ill.: The Free Press.

─── (1966). *Societies: Evolutionary and Comparative Perspectives*, New Jersey: Prentice-Hall.

Perrow, C. (1967). A Framework for the Comparative Analysis of Organizations. *American Sociological Review*, 32.

─── (1970). *Organizational Analysis*. Belmont, Calif.: Wadsworth.

Perry, J. L. & Anderson, J. (1994). Comparing Public and Private Sector Labor Relations, in J. Rabin et al.(eds.), *Handbook of Public Sector Labor elations*, New York: Marcel Dekker.

Peter, B. G. (1996). *The Future of Governing: Four Emerging Models*. Lawrence: Kansas Univ. Press; 고숙희 외 역(1998). 「미래의 국정관리」. 법문사.

Pinder, C. (1984). *Work Motivation*. Glenview, I. L.: Scott, Foresman.

Policy Studies Organization (1972). *Policy Studies Journal*, Vol. 1(Autumn).

Porter, L. & Lawler, E. (1968). *Managerial Attitudes and Performance*. Homenwood, I. L.: Dorsey Press.

Posner, Marsshall (1984). Privatization: The Frontier between Public and Private, *Policy Studies*, 5.

Powell, Norman J, (1956). *Personnel Administration on Government*. Englewood Cliffs, New York: Prentice-Hall, Inc.

Pressman, Jeffrey L. & Wildavsky, Aaron B. (1973). *Implementation*, Berkeley: University of California Press.

Preston, Michael B. (1984). *The Politics of Bureaucratic Reform*, Urbana: University of Illinois Press.

Price, James L. (1968). *Organizational Effectiveness*, Homewood, Ill: Irwin.

Pritchard, J. (1998). Code of Ethics. *Encyclopedia of Applied Ethics*. Academic Press.
Provis, C. (2000). Ethics, Deception and Labor Negotiation. *Journal of Business Ethics*, 28(2).
Pugh, D. S. et al. (1968). Dimensions of Organizational Structure, *Adminstrative Science Quarterly*, 13(1).
Purnam, R. D. (1993a). *Making Democracy Work: Ciuic Traditions in Modern Italy*. Princeton, N. J.: Princeton University Press.
Rahim, M. (1986), *Managing Conflict in Organizations*. N. Y.: Praeger.
Rawls, J. (1971). *A Theory of Justice*. Cambridge: Harvard Univ. Press.
Reich, R. (1997). *Locked in the Cabinet*. N. Y.: Vintage Books.
Rein, Martin & Rabinovitz, Francine F. (1978). Implementation: A Theoretical Perspective, in Walter D. Burnham & Martha W. Weinberg(eds.), *American Politics and Public Policy*, Cambridge, Mass.: MIT Press.
Rhodes, R. A. W. (1996). The New Governance, Political Studies, 44.
─── (1997). *Understanding Governance: Policy Networks, Governance, Reflexivity and Accountability*. Buckingham: Open Univ. Press.
Rico, L. (1964). Organizational Conflict: A Framework for Reappraisal, *Industrial Management Review*, Winter, 67.
Riggs, Fred W. (1959). Agraria and Industria: Toward Typology of Comparative Administration, William J. Siffin(ed.), *Toward the Comparative Study of Public Administration*, Bloominton: Indiana University Press.
─── (1964). *Administration in Developing Countries: The Theory of Prismatic Society*, Boston: Houghton Mifflin Co.
Robbins, Stephen P. (1990). *Organization Theory*, 3rd ed., Englewood Cliffs, New Jersey: Prentice-Hall.
Robey, Daniel (1986). *Designing Organization*, Homewood: Richard D. Irwin.
Rogers, E. (1986). *The New Media in Society: Communication Technology*. N. Y.: The Free Press.
Sabatier, P. & Mazmanian, D, (1980). The Implementation of Public Policy: A Framework of Analysis. *Policy Studies Journal*, 8.
Salamon, L. M. & Lund, M. S. (1989). The Tools Approach: Basic Analytics. L. M. Salamon(ed.). *Beyond Privatization.: The Tools of Government Action*. Washington D.C.: Urban Institute Press.
Savas, E. c. (1982). *Privatizing the Public Sector*. Chatham: Chatham House.
Scheon, E. (1970). *Organizational Psychology*(2nd ed.), Englewood Cliffs, N. J.: Prentice-Hall.
Schick, A. (1966). The Road to PPB: The Stages of Budget Reform. *PAR*, 26(4).
Schneider, B. V. H. (1988). *Public Sector Bargaining*, 2nd ed., Bureau of National Affairs, Washington, D. C.
Scholler, Heinrich (1990). *Grundzuge des Kommunalrecbts in ter BRD*, C. F. Juristischer Verlag.

Schubert, G. (1960). *The Public Interest.* Glencoe: The Free Press.

Schuster, M. (1979). A Research Model of Labor-Management Productivity Program Effectiveness. *Academy of Management Proceedings.* 39th Annual Meeting. Atlanta. GA. August 8-11, 246-250.

Scott, W. R. & Mitchell, T. (1976). *Organization Theory: A Structural and Behavioral Analysis.* Homewood: Irwin.

Senge, P. (1990). *The Fifth Discipline: The Art and Practice of Learning Organizations.* N. Y.: Doubleday/Currency.

Shafritz, Jay M. (1981). *Public Personnel Administration*, New York: Praeger.

Sharfritz, Jay M., Riccucci, N. M., & Rosenbloom, D. H. & Hyde, A. C. (1992). *Personnel Management in Government*, 4th ed., New York: Marcel Dekker.

Shiller, H. (1976). *Information and the Crisis Economy.* Oxford Univ. Press.

Simon, Herbert A. (1945). *Administrative Behavior,* New York: The Free Press.

─── (1976). *The Administrative Behavior: A Study of Decision-Making Processes in Administrative Organization*, New York: Macmillan.

Smith, T. B. (1973). The Policy Implementation Process, *Policy Science*, 4.

Smith, R. A., Edwards, H. T., & Clark, Jr. R. T. (1974). *Labor Relations Law in the Public Sector: Cases and Materials*, Indianapolis: Bobbs-Merill.

Sorauf, F. J. (1962). The Conceptual Muddle. C. J. Friedrich(ed.), *The Public Interest.* N. Y.: Atherton.

Stahl, O. G. (1983). *Public Personnel Administration* (8th ed.), Harper & Row.

Starling, G. (1996). *Managing the Public Sector.* Dorsey Press.

Starr, Paul (1987). *The Limits of Privatization*, Washington D.C.: Economic Policy Institute.

Stefan, Klein (1996.9). *Electronic Commerce and the Internet*, CALS Pacific Korea '96. Taylor, Frederick W.(1911). *The Principles of Scientific Management*, New York: W. W. Norton.

Stoker, G. (1998). Governance as Theory: Five Propositions. *International Social science Journal*, 50.

Svara, J. H. (1985). Dichotomy and Duality: Reconceptualizing the Relationship between Policy and Administration in Council-Manager Cities. *PAR*, 45.

Taylor, F. W. (1911). *The Principles of Scientific Management.* N. Y.: Harper & Row.

Tendler, Judith (1997). *Good Government in the Tropics*, Baltimore and London: Johns Hopkins University Press.

Thomas, K. W. (1992). Conflict and Negotiation Process in Organization, in M. D. D. Dunnette(ed.), *Handbook of Industrial and Organizational Psychology.*

Thompson, G., Frances, J., Levacic, R. & Mitchell, J. (eds.) (1991). Markets, *Hierarchies and Networks: The Coordination of Social Life.* London: Sage.

Thompson, J. D. (1967). *Organizations in Action.* N. Y.: McGraw-Hill.

Tiziano, T. et al. (1987). *Public Service Labour Relations*. Geneva: ILO.

Toffler, A. (1990). *Power Shift: Knowledge, Wealth, and Violence at the Edge of the 21st Cenury*. N. Y.: Bantam Books.

Urban, Michael E. (1982). *The Idology of Administration: American and Soviet Cases*, Albany: State University of New York Press.

Uveges, J. & Keller, L. F. (1998). One Hundred Years of American Public Administration and Counting. J. Rabin. et al. (ed.). *Handbook of Public*

Van Meter D. & Van Horn (1975). The Policy Implementation Process: A Conceptual Framework. *Administration and Society*, Feburary.

Vigoda, E. (2002). From Responsiveness to Collaboration: Governance, Cities, and the Next Generation of Public Administration. *Public Administration Review*, 62(5).

Vroom, V. (1965). *Work and Motivation*. N. Y.: John Wiley and Sons. *Administration(2nd ed.)*, N. Y.: Marcel Dekker.

Waldo, Dwight(ed.) (1953). *Ideas and Issues in Public Administration*, New York: McGraw-Hill.

────── (1948). *The Administrative State*, New York: The Ronald Press Co.

Walton, R. E. (1975). Criteria for Quality of Working Life. L. E. Davis & A. B. Cherns(eds.), *The Quality of Working Life, Vol. 1: Problems, Prospects and the State of the Art*. The free Press.

Weber, Max (1978). *Economy and Society*, Berkeley, California: University of California Press.

Weiss, C. H. (1972). *Evaluation Research*. Englewood Cliffs, N. J.: Prentice-Hall.

Wildavsky, A. (1975). *Budgeting*. Boston: Little Brown.

Wilson, Woodrow (1887). The Study of Administration, *Political Science Quarterly*, 2(1).

Wolch, J. (1990). *The Shadow State: Government and Voluntary Sector in Transition*. N. Y.: Foundation Center.

Wolf, C. Jr., (1988). *Markets or Government: Choosing between Imperfect Alternatives*. Cambridge, Massachusetts: The MIT Press.

Woodward, J. (1965). *Industrial Organizations: Theory and Practice*. London: Oxford Univ. Press.

World Bank (2003). *The E-Government Handbook for Developing Countries*, Washington DC.: The World Bank.

Wright, D. S. (1978). *Understanding Intergovernmental Relations*. California: Books-Cole Publishing Co.

Yukl, G. (1994). *Leadership in Organizations*(3rd ed.), Englewood Cliffs, N. J.: Prentice-Hall.Zimmerman, Joseph F. (1995). *State-Local Relations*, 2nd ed., Connecticut: Westport Publishers.